도덕감정론

애덤 스미스(Adam Smith, 1723~1790)
(1787년, 제임스 태시 作, 65세)

현대지성 클래식 70

도덕감정론

THE THEORY OF MORAL SENTIMENTS

애덤 스미스 | 이종인 옮김

현대
지성

일러두기

1. 본 번역의 대본으로는 애덤 스미스가 생전에 최종적으로 개정한 제6판(1790년)을 사용했다. 이 판은 스미스가 임종 직전까지 내용을 전면적으로 수정하며 완성한 결정판으로, 특히 제6부「미덕의 성격에 대하여」를 새로 추가해 그의 도덕철학 체계를 완성한 버전이다. 오늘날 학계에서도 이 제6판이 『도덕감정론』의 표준 텍스트로 통용되고 있다. 보다 정확한 본문 이해를 위해 각주와 간주가 포함된 다른 번역본들도 함께 참고했다.

   Adam Smith, *The Theory of Moral Sentiments* (Based on the 6th edition of 1790), The Penguin Classics, London, 2009.

2. 『도덕감정론』 본문에는 소제목이 들어 있지 않지만 독자의 편의를 위해 일정한 길이마다 옮긴이가 임의로 소제목을 붙였다.

3. 본문 하단의 각주에서 애덤 스미스의 주(註)는 따로 '원주'로 표시했고, 별도 표시가 없으면 모두 옮긴이의 것이다. 필요에 따라 붙인 편집자의 주는 '편집주'로 따로 표시했다.

4. 본문 중간에 옮긴이가 병기하는 간략한 부연 설명은 대괄호(〔 〕)로, 애덤 스미스의 추가 설명이나 원문에 포함된 내용은 괄호(( ))로 표기했다.

◆◆ 차례 ◆◆

제2부
공로와 과실 혹은 포상과 처벌의 대상에 관하여

제3부
자기감정과 행위 판단의 근거, 그리고 의무감에 관하여

제4부
효용이 도덕적 승인의 감정에 미치는 영향에 관하여

저자 공지

1759년 초, 나는 이 책 『도덕감정론』의 초판을 세상에 내놓았다. 그 뒤로 여러 해가 흐르며, 책 속에서 다룬 여러 원리를 보완하거나 그 원리들을 잘 보여주는 좋은 사례들을 덧붙이고 싶다는 생각이 자주 들었다. 그러나 내 삶은 뜻밖의 사건들에 자주 가로막혀, 이 책을 내가 원하던 만큼 꼼꼼하고 치밀하게 다듬을 기회를 얻지 못했다.

그럼에도 이번 개정판에서는 몇 가지 중요한 변경 사항을 담을 수 있었다. 독자들은 다음의 주요 변화들을 확인할 수 있을 것이다.

1부 3편의 마지막 장이 일부 수정되었고, 3부의 첫 네 장 역시 다듬어졌다. 6부 전체는 완전히 새로 쓴 내용이다. 7부에서는 스토아 철학과 관련하여 예전 판본에 여기저기 흩어져 있던 문장들을 하나로 모아 정리했다. 이 유명한 철학 학파의 여러 교리를 좀 더 충실하게 설명하고, 보다 명확히 논의하고자 했다. 특히 7부 4편, 즉 마지막 편에서는 '진실성'의 의무와 원리에 관한 내 생각을 몇 가지 덧붙였다. 이 외에도 여러 부분에서 자잘한 변경과 수정을 가했지만 전체적인 맥락에서 크게 중요하지는 않다.

『도덕감정론』 초판의 마지막 문장에서 나는 이렇게 썼다. "나는 또 다른 저술에서 법과 정부의 일반 원칙들을 다루고, 그것이 사회의 여러 시대와 시기를 거치며 어떤 변화를 겪어왔는지도 살펴볼 예정이다. 여기에는 정의와 관련된 문제뿐 아니라 치안, 재정, 군사 제도 그리고 그 밖에 법의 대상이 되는 다양한 목적이 포함될 것이다."

나는 『국부론』에서 이 약속을 부분적으로 이행했다. 적어도 행정, 세수, 군사 문제에 관해서는 어느 정도 다루었다고 생각한다. 남은 과제는 법학 이론인데, 아직까지 이 약속을 완전히 지키지 못하고 있다. 『도덕감정론』의 개정을 방해한 여러 사건이 이 작업에도 영향을 미쳤다. 이제 노년에 접어든 나로서는, 이런 대작을 만족스러운 수준으로 완성하기란 현실적으로 쉽지 않음을 절감한다. 그럼에도 나는 그 계획을 완전히 포기하지 않았다. 여전히 내가 할 수 있는 모든 것을 해야 한다는 책임감을 느끼기에, 30여 년 전 『도덕감정론』 초판본의 마지막 문장을 이 6판에도 그대로 남겨두었다. 당시에는 이 마지막 문장에서 약속한 바를 충실히 이행할 수 있으리라 확신했던 것이다.

제1부

행위의 적절함에 관하여

제1편

어떤 행위가 적절하다고 느끼는 판단에 관하여

제1장
공감에 대하여

===========◆===========

인간이 아무리 이기적인 존재라 해도, 그의 본성 속에는 분명 몇 가지 원리가 자리하고 있다. 그로 인해 인간은 타인의 행운에 관심을 갖고, 그들의 행복을 자신의 필요처럼 느낀다. 비록 그 행복으로부터 얻는 것이 그저 바라보는 즐거움뿐일지라도, 인간은 남들이 행복하길 바란다. 이러한 심리가 연민 혹은 동정이다. 우리는 타인의 비참한 상태에 공감[1]할 때 이런 마음 상태가 된다. 우리가 그런 비참한 광경을 직접 목격하거나 또는 우리의 상상력 속에서 그것을 생생하게 떠올릴 때, 연민 또는 동정의 감정이 일어나는 것이다.

우리가 타인의 슬픔으로부터 슬픔을 느낀다는 사실은 너무나 자명하여 굳이 증명할 필요조차 없을 것이다. 이러한 슬픔의 감정은 인간 본

---

1   공감의 원어는 sympathy인데 『도덕감정론』에서 가장 중요한 용어 중 하나다. 이 번역서에서는 문맥에 따라 '공감' 혹은 '동감'으로 번역했다.

성에 깃든 다른 원초적 감정들과 마찬가지로 도덕적이고 인간적인 사람에게만 나타나는 것은 아니다. 물론 도덕적인 사람은 좀 더 민감하게 타인의 슬픔을 느끼기는 하겠지만 말이다. 심지어 인간 사회의 법을 무시하고 짓밟는 희대의 악당조차, 그런 감정이 전혀 없지는 않다.

상상력은 상대방에게 공감하는 힘

우리는 타인의 감정을 직접 경험할 수 없기에, 그 감정이 그들에게 어떤 영향을 주는지 정확히 알 수 없다. 다만, 우리가 동일한 상황에 처한다면 어떤 느낌일지를 상상함으로써 그 감정을 간접적으로 짐작할 수 있을 뿐이다. 설령 우리의 형제가 고문대에 묶여 있다 하더라도 우리가 편안한 상태라면 그의 고통이 직접 우리의 감각으로 전해지지는 않는다. 감각은 결코 우리 몸의 경계를 넘어설 수 없기 때문이다. 우리가 그의 고통을 이해하려 할 때 의지할 수 있는 것은 오직 상상력뿐이다. 이 상상은 우리가 같은 상황에 놓였을 때 느꼈을 법한 감정을 재현할 뿐이다. 우리가 상상 속에서 되살리는 것은, 형제가 실제로 느끼는 고통이 아니라 그런 상황에 처했을 때 우리가 느꼈을 법한 감각적 인상일 뿐이다.

우리는 상상력을 발휘해 스스로를 타인의 자리에 놓고, 그의 고통을 마치 함께 짊어진 듯 느끼려 한다. 말하자면 그의 몸속으로 들어가, 어느 정도는 그와 동일한 사람이 되어 그의 감각을 짐작해보는 것이다. 물론 실제보다는 강도가 약하겠지만 그가 느끼는 것과 유사한 감정을 경험하게 된다. 그렇게 그의 고통이 상상 속에서 우리에게 생생히 전달될 때, 우리는 마침내 그것을 자기 고통처럼 느끼게 되며, 때로는 몸을 떨고 전율하기까지 한다.

고통이나 번민이 얼마나 깊은 슬픔을 불러오는지는 각자 경험을 통해 익히 알고 있다. 실제로 그런 상황을 겪지 않더라도 그것을 생생히 상상하는 것만으로도 우리는 어느 정도 그에 상응하는 감정을 느낀다. 그리고 그 감정의 깊이는 전적으로 상상의 강도에 달려 있다.

타인의 비참함을 마주할 때 우리는 자연스레 동료 의식을 느낀다. 고통받는 이의 처지를 상상을 통해 체험하고, 그로부터 감정적 영향을 받는 것이다. 이 사실은 너무도 명백하지만 굳이 예를 들자면 다음과 같다.

누군가의 다리나 팔에 곧 타격이 가해질 것 같은 장면을 보면 우리는 무의식적으로 자신의 팔이나 다리를 움츠리며 몸을 뒤로 뺀다. 실제 타격이 가해질 경우에는, 우리 역시 어느 정도 그 고통을 느끼며 고통의 현장에 있는 사람 못지않은 불편함을 경험한다. 줄타기 곡예사를 바라보는 군중이 저도 모르게 몸을 비틀며 균형을 잡으려 하듯, 우리도 상상 속에서 마치 그 자리에 선 듯 반응한다.

신경이 예민하고 체질이 허약한 사람들은, 길가에 앉아 있는 거지의 부스럼투성이 팔과 다리를 보고 자기 몸의 그 부위에 가려움이나 통증을 느낀다고 말한다. 이는 그들이 바라보는 거지의 입장에 자신을 대입했을 때, 만약 자신의 팔다리에 그런 병변이 생긴다면 얼마나 불쾌하고 두려울지를 상상했기 때문이다. 단지 상상력의 작용만으로도, 그들의 허약한 신체에 실제로 가려움이나 통증 같은 감각이 일어나는 것이다. 마찬가지로 강건한 사람도 상대방의 눈에 병이 있을 때 자기 눈에 불편함을 느낀다고 한다. 아무리 건강하더라도 눈처럼 민감한 기관은 상상만으로도 영향을 받을 수 있다. 상상력은 이처럼 신체의 가장 예민한 부분까지 스며들어 실제 감각을 불러일으킨다.

이러한 동료 감정은 단지 슬픔이나 고통 같은 부정적 정서에 국한되지 않는다. 고통당하는 사람의 마음속에서 일어나는 강렬한 감정이 무엇이든, 사려 깊은 관찰자는 그 상황을 상상함으로써 유사한 감정을 체험하게 된다.

우리가 좋아하는 비극이나 로맨스의 주인공들이 고난 끝에 해방되는 장면에서 느끼는 기쁨은, 사실 그들이 겪은 고통에 대한 공감에서 비롯된다. 그들의 비참한 상황에 대한 우리의 동료의식은, 그들의 행복을 향한 기쁨만큼 깊고 절실하다. 우리는 그들을 끝까지 떠나지 않은 친구들에 대해 진심으로 감사함을 느끼고, 그들을 배신하거나 해한 자들에게는 분노를 함께 느낀다. 관찰자는 상상을 통해 인간이 경험할 수 있는 거의 모든 감정을, 설령 그 고통을 직접 겪지 않더라도 진심으로 느낄 수 있는 것이다.

연민과 공감은 관찰자의 동료 의식

연민과 공감은 우리가 타인의 슬픔에 대해 느끼는 동료 의식을 가리키는 말이다. 원래는 '동정'(sympathy)이라는 말이 그러한 의미로 쓰였지만, 이제는 다소 부적절하거나 오해의 소지가 있는 표현이 되었다.

어떤 경우에는, 다른 사람의 감정을 단지 바라보는 것만으로도 유사한 감정이 유발되기도 한다. 우리는 그 감정의 배경이나 맥락을 전혀 알지 못한 채, 당사자의 표정과 몸짓에서 강하게 드러나는 슬픔이나 기쁨에 깊이 감응하게 된다. 예컨대 어떤 사람의 표정과 몸짓에서 강하게 드러나는 슬픔이나 기쁨은 거의 같은 강도로 관찰자에게 곧바로 영향을 미친다. 웃는 얼굴은 누구에게나 유쾌하게 다가오며, 슬픈 표정은 보는 이에게도 우울함을 전달한다.

그러나 이런 감정의 전이 현상이 모든 감정에 똑같이 작용하는 것은 아니다. 때로는 공감이 일어나지 않거나, 오히려 반감이나 거부감을 불러일으키기도 한다. 예를 들어 누군가가 격분하며 화를 내는 장면을 목격했을 때, 우리는 그의 분노에 쉽게 공감하지 못한다. 도리어 그는 이성을 잃은 사람처럼 보이고, 우리는 그가 분노를 향하고 있는 대상보다는 그에게 분노를 느끼게 된다. 우리가 그 분노의 원인을 모르는 상태이기 때문이다. 우리는 그 감정의 정당성을 알지 못하므로 마음속에서 같은 감정을 일으킬 수 없다. 하지만 우리는 그가 분노를 표출하고 있는 대상이 어떤 위협에 처할지는 즉각 상상할 수 있고, 그래서 상대방이 느끼는 공포나 분노에 즉각적으로 감응하게 되며, 그를 위협하는 폭력에 함께 맞서 싸우고 싶은 충동을 느낀다.

우리가 슬픔이나 기쁨의 표정을 보기만 해도 어느 정도 그 감정을 함께 느낄 수 있는 것은, 그 표정을 통해 그 사람에게 닥친 행운이나 불운을 직관적으로 짐작할 수 있기 때문이다. 그러나 이런 감정의 효과는 대개 그것을 느끼는 당사자 안에서만 머문다. 슬픔이나 기쁨은 분노와는 달리, 그 감정을 일으킨 대립적인 타인의 존재를 직접적으로 드러내지 않기 때문이다.

행운(기쁨)이나 불운(슬픔)은 감정을 느끼는 당사자에게는 중대한 문제지만, 제3자인 우리에게는 맥락이 없는 막연한 인상에 불과하다. 반면 도발이라는 일반적 개념만으로는 누군가의 분노에 공감하기 어렵다. 그 도발이 벌어진 구체적인 상황을 알지 못한다면 우리는 그 분노에 선뜻 마음을 보태지 않는다. 마치 분노의 정당성을 이해하기 전에는 그 감정에 동조하지 말고 오히려 경계하라고 자연이 말하는 듯하다.

실제로 우리가 타인의 슬픔이나 기쁨에 공감할 때도 감정의 원인을 정확히 알기 전까지는 그 공감이 매우 불완전하게 머무는 경우가 많다. 당사자가 막연히 드러내는 슬픔은 우리에게 곧바로 공감을 불러오기보다는, 먼저 그의 사정에 대한 호기심을 일으킨다. 그래서 우리는 자연스럽게 묻게 된다. "무슨 일이 있었습니까?" 이 질문에 대한 답을 듣기 전까지는, 우리는 그의 불행을 짐작하며 불안과 불편함을 느낄 뿐이다. 그래서 공감도 깊이 있게 형성되지 않는다.

결국 진정한 공감은 단지 강렬한 감정을 목격함으로써 생기는 것이 아니라 그 감정을 일으킨 구체적 상황을 이해함으로써 생기는 것이다. 때로 우리는 어떤 사람에 대해, 정작 당사자는 느끼지 않는 감정을 느끼기도 한다. 그 이유는 우리가 느끼는 감정이 상상력을 통해 구성된 것이고, 당사자는 그러한 정서를 전혀 느끼지 않을 수도 있기 때문이다.

예컨대 우리는 어떤 사람의 뻔뻔함이나 무례함을 보고 얼굴을 붉히지만, 정작 그 사람은 자신의 행동에 대해 전혀 수치심을 느끼지 않을 수도 있다. 우리가 느끼는 그 당혹감은, 만약 우리 자신이 그런 행동을 했다면 얼마나 부끄럽고 혼란스러웠을지를 상상한 결과일 뿐이다.

필멸의 운명을 지닌 인류가 직면하는 가장 끔찍한 재앙 중 하나는 이성의 상실, 즉 광기이다. 인간다움이라곤 찾아볼 수 없는 사람조차 광기를 극도로 두려워하며, 그것을 인간이 도달할 수 있는 비참함의 최종 단계로 여기고 깊은 연민을 품는다. 그러나 정작 광기에 빠진 당사자는 웃고 노래하며 자신의 비참한 상태를 전혀 인식하지 못한다. 따라서 이런 실성한 사람을 보며 우리가 느끼는 고통은 당사자의 감정을 그대로 반영한 것이 아니다. 관찰자의 연민은 자신이 그런 광기에 빠졌을 때 느꼈을 감정과, 현재의 이성과 판단력으로 그런 상태를 바라보며(이는 실로 어려운 일이겠지만) 느끼는 감정에서 비롯되는 것이다.

갓난아기가 질병으로 고통받으며 그 괴로움을 표현하지 못해 내지르는 신음소리에, 그 어머니는 어떤 아픔을 느낄까? 어머니는 아이의 고통을 상상하며 그 처절한 무력함에 동참한다. 어머니는 그 무력함을 생생히 체감하고, 그 질병이 가져올 예측 불가능한 결과에 진정한 두려움을 느낀다. 이 모든 상황에서 어머니는 자신의 슬픔과 괴로움에 대한 생생한 이미지를 마음속에 그린다. 그러나 갓난아기는 단지 현재의 불편함만을 느낄 뿐이며, 그 강도도 크지 않다. 미래와 관련하여 갓난아기는 완전히 안전하다. 걱정이 없고 미래를 예측하는 능력이 없기 때문에 아기는 인간의 마음을 가장 심하게 괴롭히는 공포와 불안으로부터 완전히 보호받고 있다. 아이는 성장하여 어른이 되면 이성과 철학으로 그 공포와 불안을 극복하려 할 것이나, 뜻대로 되지 않을 것이다.

우리는 심지어 죽은 이들에 대해서도 공감할 수 있다. 죽은 이들의 상황에서 가장 중요한 문제―그들 앞에 놓인 미래의 실체―는 무시한 채, 우리는 주로 자신의 감각에 호소하는 요소들에 영향을 받지만, 실제로 망자의 행복과는 아무런 관련이 없는 것들이다. 우리는 햇빛을 보지 못하는 것을 비참한 일로 여긴다. 또한 삶과 대화로부터 소외되는 것, 차가운 무덤 속에 누워 있는 것, 부패하여 벌레의 먹이가 되는 것, 이 세상에서 더 이상 기억되지 않고 얼마 지나지 않아 지상의 친척과 친구들의 기억에서조차 사라지는 것 등에 영향을 받는다. 우리는 이처럼 비참한 운명을 맞은 이들에게 아무리 많은 애도를 표현해도 충분하지 않다고 여긴다. 그들에게 더욱 깊은 애도를 바쳐야 한다고 느끼는데, 이는 그들이 결국 모든 사람의 기억에서 사라지고 우리가 그들을 위해 지키려는 명예조차 곧 사라질 것이기 때문이다. 그래서 우리는 그들의 불행한 기억을 생생히 간직하기 위해 의식적으로 애써야 한다고 생각한다.

그러나 우리의 연민이 그들에게 아무런 위안도 주지 못한다는 사실은 그들의 비극을 더욱 비참하게 만든다. 우리의 모든 노력이 결국 무의미하며, 고통, 후회, 사랑 그리고 친구들의 슬픔을 덜어주는 것이 망자에게 아무런 도움이 되지 않는다는 현실은, 망자의 비참함에 대한 우리의 감정을 더욱 악화시킬 뿐이다.

하지만 망자의 행복은 이러한 상황들로부터 전혀 영향받지 않는다. 우리의 생각이 그들의 깊고 평온한 안식을 방해하지 못한다. 우리가 망자의 상태를 생각할 때 느끼는 그 깊고 끝없는 우울함은, 그들이 겪은 변화에 우리 자신을 투영하는 데서 비롯되며, 우리가 스스로를 죽은 이의 입장에 놓았다고 가정하는 데서, 그리고 말이 좀 무례할 수도 있으나, 그들의 차가운 육신에 우리의 생명 있는 영혼을 대입했을 때 어떤 느낌일지 상상하는 데서 비롯된다.

　이처럼 상상력이 빚어낸 착각 때문에 우리는 다가올 자신의 죽음을 그토록 두려워한다. 실제로 죽었을 때는 아무 고통도 주지 않을 일들이, 살아 있는 동안 우리를 괴롭히는 것이다. 여기서 인간성의 가장 중요한 특성 중 하나인 죽음에 대한 공포가 생겨난다. 이 공포는 우리의 행복을 해치는 강력한 독이지만 동시에 인간 사회의 불의와 부정을 억제하는 힘으로 작용한다. 그것은 개인에게 고통과 분노를 안겨주지만 인간 사회를 수호하고 보존하는 역할을 한다.

제2장

서로 공감할 때 오는 즐거움에 대하여

═══════════ ◆ ═══════════

감정은 공감 속에서 살아난다

공감이 어떤 방식으로 생기든, 타인이 우리 내면의 감정에 깊이 반응하고 함께 느끼는 모습을 보는 것만큼 큰 기쁨을 주는 경험도 드물다. 반대로 우리의 감정에 타인이 무관심하거나 냉담하게 반응할 때처럼 충격적인 일도 없다. 인간의 모든 감정이 세련된 자기애에 불과하다고 보는 이들에게 이러한 기쁨과 고통의 이유를 설명하는 일은 어렵지 않다. 그들에 따르면 자신의 연약함을 자각하고 타인의 도움이 필요하다고 느끼는 사람은 누군가 자신의 감정에 공감할 때 깊은 안도와 함께 기쁨을 느낀다. 그 공감이 곧 도움을 받을 수 있다는 확신을 주기 때문이다. 반대로 감정에 동조하지 않는 반응을 마주하면, 그는 그들이 자신에게 반대할 것이라는 두려움 때문에 슬픔을 느낀다고 말한다.

하지만 이 같은 설명은 충분하지 않다. 우리가 느끼는 기쁨이나 상처는 대부분 즉각적이고, 때론 사소한 상황에서도 발생하기 때문이다. 다시 말해, 그 감정들은 꼭 그런 자기중심적 동기에서 비롯된다고 보기는 어렵다. 예컨대 사람들을 웃기려 애쓴 뒤 정작 주변에서 아무도 웃지 않음을 깨달을 때 우리는 본능적으로 당혹함과 수치를 느낀다. 반대로 주변 사람들이 함께 웃고 즐거워한다면 그것만으로도 큰 위안을 얻는다. 타인이 우리의 감정에 호응해준다는 사실만으로도 하나의 강력한 인정이자 칭찬처럼 느껴지기 때문이다.

이때 우리가 느끼는 즐거움은 단순히 타인의 공감을 얻었다는 사실 그 자체에서 비롯되는 것은 아니다. 마찬가지로 느끼는 고통도 기대했던 공감을 얻지 못해 생기는 단순한 실망감 때문만은 아니다. 물론 그러한 감정들이 일부 작용할 수는 있겠지만 본질은 다르다. 예를 들어 우리가 너무 익숙해져 더는 감흥을 느끼지 못하는 시나 글이 있다 하더라도 그것을 처음 접하는 친구에게 읽어줄 때는 오히려 새롭게 즐거움을 느낄 수 있다. 우리는 그 친구의 신선한 반응과 감탄에 공감하며, 자신의 감정이 더 생생해지는 것을 경험한다. 우리는 종종 자기감정보다 타인의 감정에 더 크게 반응하고, 그 공감을 통해 잊고 있던 감정이 다시 살아나는 것을 경험한다.

반대로 우리가 어떤 글을 읽어주었는데도 친구가 전혀 즐거워하지 않는다면 우리는 실망하거나 불쾌함을 느끼며 그 행위에서 더 이상 즐거움을 얻지 못하게 된다. 이 경우 역시 앞서 말한 사례와 다르지 않다. 친구의 즐거움은 우리의 즐거움을 더욱 생생하게 만들어주고, 그들의 무반응은 오히려 실망을 안긴다. 물론 타인의 반응이 우리의 즐거움이나 고통에 일정 부분 영향을 미치긴 하지만 그것이 그 감정의 유일한 원인이라고 보기는 어렵다.

이처럼 나의 감정과 타인의 감정이 조화를 이룰 때, 그 일치는 내 감정을 더욱 선명하게 만들어 쾌감을 주기도 한다. 그러나 반대로 그들의 공감이 나의 슬픔을 더욱 또렷하게 드러나게 만든다면 그 공감은 결코 위안이 되지 못한다.

기쁨보다 고통의 상태에서 더 많은 공감을 원한다

공감은 즐거움을 더욱 증폭시키고, 슬픔을 어느 정도 덜어준다. 즐거움은 공감을 통해 또 다른 만족감을 더해주고, 슬픔은 그 공감 속에서 비로소 유일한 위안을 얻을 수 있기 때문이다. 흥미롭게도, 우리는 기쁜 감정보다 괴로운 감정을 타인과 더 자주, 더 깊이 나누고 싶어 한다. 그리고 불쾌한 감정에 공감을 받았을 때 더 큰 만족을 느끼며, 반대로 그런 공감을 받지 못했을 때는 기쁨을 공유하지 못한 경우보다 더 큰 실망을 경험한다.

불행한 사람이 자신의 고통을 친구에게 털어놓고 위안을 얻는 현상은 이 점을 잘 보여준다. 친구의 공감을 받을 때, 그는 마치 고통의 일부를 나누어 가진 듯한 느낌을 받는다. 친구는 단지 같은 종류의 슬픔을 함께 느낄 뿐 아니라 마치 고통의 일부를 함께 짊어진 듯 그 무게를 덜어준다.

반면 불행한 사람은 자신의 고통을 말로 꺼내는 순간, 그 슬픔을 어느 정도 다시 새롭게 체험하게 된다. 그 과정에서 고통을 불러온 기억들이 다시 떠오르고, 마음속에서 되살아나는 것이다. 그들은 괴로운 기억을 다시 떠올리며 눈물을 흘리고, 슬픔에 쉽게 자신을 내맡긴다. 그럼에도 공감을 통해 느끼는 감정은 결국 위안과 만족에 가깝다. 친구의 따뜻한 반응은 그들이 느끼는 고통의 쓸쓸함을 충분히 보상하고도 남는다. 그래서 그들은 기꺼이 그 슬픔을 다시 떠올리면서도, 공감을 기대하며 다시 이야기하려는 것이다.

이와 달리, 불행한 사람에게 가장 가혹한 모욕은 그의 고통을 하찮게 여기는 태도다. 친구가 우리의 기쁨에 무심하게 반응할 때는 무례한 정도로 여겨질 뿐이다. 하지만 우리의 고통을 이야기할 때 아무런 동정이나 염려의 기색도 보이지 않는다면 그것은 차가운 무관심이자 비인간적인 태도로 비칠 수 있다.

사랑은 유쾌한 감정이고, 분노는 불쾌한 감정이다. 그래서 우리는 기쁨을 함께 나누길 바라는 것보다 분노에 동참해주길 더 강하게 원한다. 실제로, 우리가 받은 좋은 대우나 혜택에 친구가 무심한 반응을 보일 경우에는 얼마든지 이해하고 넘길 수 있다. 그러나 우리가 입은 피해나 부당함에 대해 무관심하게 반응한다면 그것은 쉽게 용납되지 않는다.

친구가 우리의 감사에 공감하지 않는 것보다, 우리의 분노에 동참하지 않을 때 우리가 느끼는 불쾌감이 훨씬 크다. 이렇게 감정에 무심한 사람들은 자연히 우리 가까운 친구들의 친구가 되지 못할 뿐 아니라 우리와 갈등을 빚고 있는 이들과 어울리게 되면 필연적으로 적수가 되고 말 것이다.

우리는 평소 가까운 친구들과 갈등을 겪는다고 해서, 그 친구들과 어울리는 사람들에게까지 분노를 느끼지는 않는다. 그러나 우리가 불화 중인 사람들과 가까워지는 이들을 보면 본능적으로 분노하고, 때로는 노골적인 충돌로 이어지기도 한다.

사랑이나 즐거움처럼 본질적으로 유쾌한 감정은, 타인의 공감이 없더라도 어느 정도 우리를 지탱하고 만족시킨다. 하지만 슬픔이나 분노처럼 쓰라리고 고된 감정은, 누군가의 공감과 위로 없이는 감당하기 어려운 법이다.

우리가 공감하지 못하는 행동은 불쾌감을 준다

일상의 크고 작은 사건에 민감한 사람은, 우리가 자신에게 공감할 때 큰 만족을 느끼고, 반대로 무관심할 경우 마음의 상처를 입는다. 우리 역시 마찬가지다. 누군가와 감정을 공유할 수 있을 때는 기쁘지만, 그렇지 못할 경우에는 불편함이나 불쾌함을 느낀다. 우리는 흔히 성공한 사람에게는 축하를, 고통받는 사람에게는 위로를 건네며 사회적 관계를 이어간다. 그리고 타인의 감정에 온전히 공감할 수 있을 때, 그들과의 대화에서 깊은 즐거움을 얻는다. 때로는 그의 고통에 공감하면서 함께 느끼는 슬픔조차, 감정을 나누는 정서적 연결이 주는 기쁨에 비하면 충분히 감내할 만하다.

그러나 공감할 수 없는 상황은 언제나 어딘가 불편하고 불쾌하다. 이는 그의 고통을 피했다는 안도감 때문이 아니라 감정을 함께 나누지 못해 생기는 서운함과 단절감 때문이다. 예컨대 어떤 사람이 자신의 비극을 목소리 높여 호소할 때, 우리는 그의 감정을 이해하지 못한 채 당혹감이나 거부감을 느끼고 오히려 그 고통을 비겁함이나 과민함으로 치부하며 외면하기 쉽다.

비슷한 일이 즐거움의 감정에서도 나타난다. 누군가가 자신의 사소한 행운에 지나치게 들뜨거나 과하게 기뻐할 경우, 우리는 그 즐거움에 동참하지 못해 어딘가 모르게 울적해지고 불편해진다. 그렇게 감정이 어긋나면 그 반응을 경박하거나 유치하게 여기게 된다. 또 친구가 어떤 농담에 웃음을 터뜨릴 때, 그 웃음소리가 기대보다 지나치게 크거나 오래가면, 괜히 불쾌해지거나 짜증이 치밀기도 한다.

우리는 왜 어떤 감정은 정당하고, 어떤 감정은 부당하다고 여기는가 (1)

◆

타인의 감정이 내 감정과 완전히 일치한다고 느껴질 때, 우리는 그 감정을 정당하고 적절하다고 여긴다. 나아가, 그 감정이 향하는 대상 또한 충분히 그럴 만한 이유가 있다고 판단하게 된다. 반면 충분히 숙고한 끝에 그 감정이 내 감정과 어긋난다고 느끼면 우리는 그것을 부적절하거나 과도하다고 여기고, 그 감정의 대상 또한 정당성을 갖지 못한다고 판단한다.

감정을 승인한다는 것은 곧 공감한다는 것이다

그러므로 타인의 감정을 승인한다는 것은 본질적으로 그 감정에 공감하고 동의한다는 뜻이다. 반대로 승인하지 않는다는 것은 그 감정에 공감하지 못한다는 의미다. 누군가가 내가 당한 부당한 일을 보고 분노하며, 자신도 그랬을 것이라고 한다면 그는 나의 분노를 승인하는 것이다. 누군가 내 슬픔에 마음을 함께하며 그 감정을 공유할 때, 그는 내 슬픔이 타당하다고 인정하는 것이다. 내가 어떤 시나 그림을 존중하고, 상대도 그러하다면 그는 내 감정이 정당하다고 여기는 것이다. 같은 농담에 함께 웃는다는 것은, 적어도 내 웃음을 부정하지 않는다는 뜻이다.

이와 반대로 어떤 사람이 나의 감정에 공감하지 못하거나 그와 유사한 감정을 느끼지 못한다면 그는 본질적으로 내 감정을 승인하지 않는 셈이 된다.* 즉 감정의 불일치는 곧 정서적 승인 여부로 이어진다.

사람마다 감정의 강도는 다를 수 있다. 나의 적개심이 친구의 적개심보다 훨씬 강할 수 있고, 나의 슬픔이 친구의 공감 수준을 넘어설 수도 있다. 친구가 미소 지을 때 나는 큰 웃음을 터뜨릴 수도 있고, 그 반대도 마찬가지다. 이런 경우, 서로의 감정은 다소 차이를 보이며 완전히 일치하지 않는다. 결국 그 감정의 차이가, 상대의 감정을 받아들일지 거부할지를 판단하는 기준이 된다. 즉 타인의 감정에 대한 판단 기준은 결국 자기 자신의 감정인 셈이다.

남의 의견을 승인한다는 것은 곧 그것을 받아들이는 것이며, 받아들이는 행위 자체가 승인이다. 만약 어떤 논증이 당신에게 설득력 있고 내게도 그러하다면, 나는 당신의 납득을 승인하는 것이다. 하지만 내가 그 논증에 설득되지 않는다면 당신이 납득했다는 사실에도 쉽게 동의할 수 없다. 납득과 승인은 따로 움직이지 않는다. 마찬가지로 우리는 타인의

---

* 이 책에서 말하는 '불승인'(Disapprobation)은 단순한 반대나 거부를 뜻하지 않는다. 그것은 공정한 관찰자가 타인의 감정이나 동기에 공감하지 못하고, 그 감정이 특정 상황에서 과도하거나 부적절하다고 판단할 때 느끼는 도덕적 불편함, 당혹감 혹은 경멸의 감정을 가리킨다. 다시 말해 '불승인'은 외적 행위로 드러나는 거부가 아니라 내면에서 일어나는 '도덕적 부적절함에 대한 정서적 판단'이다. 따라서 본서 전반에서는 보다 쉬운 표현인 '거부' 대신, 의미의 정확성을 살리기 위해 다소 딱딱하지만 원어에 충실한 '불승인'이라는 용어를 사용했다. —편집주

감정에 대해서도 그것이 내 감정과 얼마나 일치하느냐에 따라 승인하거나 거부한다.

그러나 공감이나 감정의 일치 없이도 우리가 어떤 감정을 승인하는 경우가 있다. 이런 경우, 승인의 감정은 단순한 공감이나 감정의 일치와는 구별되는 것처럼 보인다. 그렇지만 곰곰이 들여다보면 그런 승인도 결국 공감이나 정서적 일치의 가능성을 전제로 함을 알 수 있다.

예를 들어 아주 단순한 사례를 들어보겠다. 인간의 판단력이 왜곡되기 어려운 상황, 곧 농담에 대한 반응이다. 우리는 어떤 농담을 들었을 때 비록 스스로 웃지 않더라도, 다른 이들의 웃음을 자연스럽고 타당한 반응으로 받아들인다. 그 웃음을 적절하다고 판단하는 것이다.

우리가 웃지 않은 이유는 다양할 수 있다. 우리가 보다 신중한 성격일 수도 있고, 혹은 그 자리에 앉아 있더라도 딴생각에 빠져 있었을 수도 있다. 하지만 우리는 경험상 어떤 종류의 농담이 사람들에게 웃음을 유발하는지 잘 알기 때문에 지금 들은 농담도 아마 그런 종류일 것이라고 짐작하고, 그 웃음을 승인하게 된다. 우리는 웃지 않더라도 그 농담이 웃음을 자아낼 만하다는 점에는 기꺼이 동의하는 것이다. 비록 지금은 그런 농담에 웃을 만한 마음의 여유가 없더라도, 우리는 이성적으로 그것이 웃음을 유발할 만한 농담임을 인정하고 그 반응에 동의한다.

다른 감정에 대해서도 이와 유사한 일이 일어난다. 예를 들어 거리에서 낯선 이가 고통스러운 표정을 짓고 지나간다고 하자. 그리고 그가 방금 아버지의 사망 소식을 들었다는 사실을 알게 된다면 우리는 그의 슬픔을 부정하거나 비판할 수는 없을 것이다. 자신이 꼭 그 슬픔에 깊이 공감하지는 않을 수도 있다. 우리는 그 사람도, 그의 아버지도 알지 못하고, 혹은 지금 다른 일에 마음이 쏠려 그의 고통을 상상하기 어려울 수도 있다.

그럼에도 우리는 그가 처한 상황이 어떤 감정을 불러일으키는지에 대해 경험적으로 알고 있다. 그래서 조금만 시간을 들여 그의 처지를 곰곰이 떠올린다면 우리는 자연스럽게 그 슬픔에 공감하게 될 것이다. 결국 우리가 그 감정을 승인하는 것은, 당장은 공감하지 못하더라도 일정한 조건에서는 분명히 공감할 수 있으리라는 이해에 바탕을 둔 것이다. 이처럼 즉각적 공감이 없어도, 과거의 경험이 빚은 일반적 정서 기준이 승인의 토대가 된다. 이런 기준들은 우리가 느끼는 현재의 감정이 부적절할 때, 그것을 바로잡아주는 역할을 한다.

감정을 판단하는 두 기준: 원인과 결과

인간의 감정은 행동을 일으키고, 결국 미덕이나 악덕의 기준이 되며, 두 가지 측면에서 평가된다.

첫째는 그 감정이 어떤 원인이나 동기에서 비롯되었는가, 둘째는 그 감정이 어떤 목적을 지향하고 어떤 결과를 낳는가 하는 점이다.

감정이 어떤 원인이나 대상과 맺는 관계, 다시 말해 그 감정이 그에 비례하는가 아니면 과도한가에 따라, 우리는 그것을 적절하거나 부적절한 것으로 판단하게 된다. 이는 곧 그 감정에서 비롯된 행동이 예의에 맞는지, 무례한지, 사회적으로 수용 가능한지를 가늠하는 기준이 된다.

감정이 지향하는 목표나 그로 인해 발생하는 실제 효과—즉 유익함이나 해로움—는 그 행동의 공공 가치, 유용성 그리고 사회적 보상이나 처벌의 정당성을 판단하는 근거가 된다.

근래의 철학자들은 주로 감정이 지닌 경향성과 효과에만 주목하는 경향이 있었고, 그 감정을 불러일으킨 원인과의 관계는 상대적으로 소홀히 다루어왔다. 그러나 일상에서 타인의 감정과 행동을 평가할 때, 우리는 언제나 이 두 가지를 함께 고려한다.

예를 들어 어떤 사람이 보인 지나치게 격한 사랑, 깊은 슬픔 혹은 극심한 분노를 비판할 때, 우리는 단지 그 감정의 결과만 보는 것이 아니다. 동시에 그 감정이 어떤 사건에서 비롯되었는지를 함께 살핀다. 우리는 그 애정의 대상이 그렇게까지 소중한 것이었는지, 그의 상실이 그토록 크고 중대한 것이었는지, 그의 분노를 유발한 자극이 정말로 그렇게 격렬한 반응을 부를 만했는지를 판단한다. 만약 원인에 비해 감정이 과도하지 않다고 판단되면, 우리는 그 감정을 납득하고 받아들인다.

우리가 어떤 감정이 그 원인에 비례하는지 아니면 불균형한지 판단할 때, 기준이 되는 규칙이나 척도는 거의 언제나 우리 안에 있는 상응하는 감정뿐이다. 우리가 같은 상황에 처했다고 가정하고, 마음속 깊이 그것을 상상해보았을 때, 그와 비슷한 감정을 느낄 수 있다면 우리는 그것을 타당하다고 승인하게 된다. 반대로 동일한 상황에서도 자신은 그런 감정을 느끼지 않을 것 같다면 우리는 그것을 과도하고 부적절한 감정이라고 여긴다.

사람은 자신 안에 있는 능력을 기준 삼아, 다른 사람의 동일한 능력을 판단한다. 나는 내 시각으로 당신의 시각을 판단하고, 나의 청각으로 당신의 청각을, 내 이성으로 당신의 이성을, 그리고 나의 사랑과 분노로 당신의 사랑과 분노를 판단한다. 이것이 인간에게 주어진 유일한 판단 기준이며, 우리는 그 외의 수단을 가지고 있지 않다.

우리는 왜 어떤 감정은 정당하고, 어떤 감정은 부당하다고 여기는가 (2)

━━━━━━━━━━ ♦ ━━━━━━━━━━

우리는 어떤 사람의 감정이 타당한지 여부를, 그것이 우리 자신의 감정과 얼마나 일치하거나 어긋나는지를 기준으로 판단한다.

첫째, 감정을 불러일으킨 대상이 우리 자신이나 우리가 판단하려는 사람과 직접적인 관련이 없는 경우.

둘째, 그 대상이 우리 자신이나 특정 인물과 직접 관련된 경우이다.

(1) 당사자와 무관한 대상에서 생긴 감정

첫 번째 경우에서 우리는 어떤 사람이 특정 대상에 대해 보이는 감정이 우리와 완전히 일치할 때, 그의 감각이나 판단이 뛰어나다고 여긴다. 예를 들어 들판의 아름다움, 산의 위엄, 건축물의 정교한 장식, 잘 그려진 그림, 논리적인 문장 구조, 제3자의 행동, 수학적 비례의 조화, 우주라는 거대한 체계와 그를 움직이는 보이지 않는 톱니바퀴와 용수철 같은 것들은 대체로 우리나 주변 사람들과 직접 관련이 없다.

이러한 과학적·취미 대상들에 대해 우리는 특별한 공감을 요구받지 않는다. 우리는 그 대상들을 같은 시각에서 바라보기 때문에 감정이나 판단의 조화를 이루기 위해 굳이 공감하거나 상상 속에서 처지를 바꿔볼 필요가 없다.

그럼에도 불구하고, 우리가 같은 현상에 서로 다른 반응을 보인다면 그것은 각자가 그 현상에 집중하는 정도가 다르기 때문이다. 생활방식이나 습관이 다르다 보니, 복잡한 대상 중에서도 각기 다른 부분에 주목하게 된다. 또한 사람마다 인지적 민감성이나 심리적 예리함에 차이가 있기 때문에 같은 대상을 두고도 서로 다른 감정을 가질 수 있다.

이러한 종류의 대상들에 대해 누군가의 감정이 우리의 감정과 일치할 때, 우리는 그것을 기꺼이 승인한다. 하지만 그것만으로는 그 사람에게 특별한 칭찬이나 존경을 보내지는 않는다. 그러한 대상은 대부분 명확하고, 그에 대한 평가에 있어 의견 차이를 보이는 사람은 거의 찾아볼 수 없기 때문이다.

하지만 만약 그 사람이 단지 우리의 감정과 일치하는 데 그치지 않고, 오히려 우리보다 먼저 감정을 이끌어내며 우리가 미처 보지 못한 측면까지 짚어내고, 그에 따라 자신의 감정을 정밀하게 조정하는 모습을 보인다면 우리는 단순한 승인 이상의 감정을 느끼게 된다. 그의 비범한 통찰, 의외의 예리함 그리고 포괄적인 시각에 놀라움과 감탄을 느끼며, 존경과 찬사를 아낌없이 보내게 된다.

이처럼 경탄과 놀라움이 더해진 감정적 승인은 곧 존경으로 이어지고 그에 따른 칭찬은 자연스러운 귀결이다. 우리는 혐오감을 주는 기형보다 조화롭고 세련된 아름다움을 선호하지만 2 곱하기 2는 4처럼 누구나 아는 명백한 사실에는 감탄이나 존경을 느끼지 않는다.

아름다움과 기형 사이의 미묘하고 판별하기 어려운 차이를 가려내는 능력은, 세련된 취향을 지닌 이의 예리하고 정교한 판단력에서 비롯된다. 마찬가지로 복잡하고 난해한 명제를 능숙하게 풀어내는 것은 숙련된 수학자의 폭넓고 정확한 사고 덕분이다. 이처럼 우리의 감정을 이끌고 새로운 관점을 제시하는 이들은 학문과 예술 분야의 위대한 선도자라 할 수 있다. 그들의 폭넓은 지식과 뛰어난 재능은 우리에게 놀라움과 감탄을 자아내며, 이는 자연스럽게 존경과 찬사로 이어진다. 우리가 지적 미덕이라 부르는 것에 찬사가 집중되는 이유도 여기에 있다.

이러한 지적 미덕들은 실용적인 면에서도 유익하기 때문에 우선적으로 중요하고 가치 있는 덕목으로 여겨진다. 그리고 우리가 그 실용성을 깊이 인식할수록 그 미덕을 더욱 존중하게 된다. 그러나 우리가 어떤 판단을 승인하는 본래 이유는 그것이 유용하기 때문이 아니라 옳고 타당하며 진리와 실제에 부합한다고 보기 때문이다. 물론 그 판단이 우리의 감정이나 의견과 일치하므로 가치를 부여하는 측면도 분명히 있다.

취미 또한 마찬가지다. 우리는 어떤 취향이나 감각을, 유용하기 때문이 아니라 정당하고 대상에 걸맞기에 승인한다. 어떤 판단이나 감정이 유익하다고 평가하는 것은, 승인 이후에 덧붙는 생각일 뿐 애초에 그것을 승인하게 만든 본래 이유는 아니다.

(2) 당사자에게 특별한 방식으로 영향을 미치는 대상에서 생긴 감정

이때는 감정의 당사자와 우리 같은 관찰자 사이에서 감정의 조화와 일치를 유지하기가 훨씬 더 어렵다. 동시에, 일치의 중요성은 그만큼 더 커진다.

예를 들어 나의 친구는 내가 겪은 불행이나 피해를, 내가 바라보는 것과 같은 시선으로 보기는 어렵다. 그 일들은 나에게 훨씬 더 직접적이고 깊게 영향을 미치기 때문이다. 우리는 그런 사건들을 한 폭의 그림이나 한 편의 시, 혹은 철학 체계처럼 대하지 않는다. 그 일들은 우리 감정에 훨씬 더 격렬하고 복잡한 영향을 미친다.

반면 나와 친구 모두와 무관한 대상에서 감정이 달라지면 우리는 대체로 그 차이를 너그럽게 받아들인다. 즉 당신이 내가 존중하는 그림이나 시, 철학 체계를 경멸하더라도 그것만으로 우리 사이에 심각한 갈등이 생기지는 않는다. 그런 주제들은 우리 모두에게 본질적으로 덜 중요한 문제이기 때문이다. 의견이 다르더라도 감정은 거의 일치할 수 있으며, 충돌은 일어나지 않는다.

그러나 특정 대상이 당신이나 나에게 직접적인 정서적 영향을 미치는 경우에는 상황이 완전히 달라진다. 당신의 감정이 철학적 취향이나 예술적 선호에서 나와 완전히 다르다 해도, 나는 그 차이를 비교적 가볍게 넘길 수 있다. 내가 마음이 어느 정도 여유로운 사람이라면, 당신과 그런 주제에 대해 흥미롭게 대화를 나눌 수도 있을 정도다.

하지만 당신이 내가 겪는 불행에 대해 전혀 공감하지 못하고, 내 슬픔에 비례하는 정서를 드러내지 않으며, 내가 겪은 부당함에 대해 나만큼 분노하지 않는다면 이야기는 달라진다. 그런 상황에서 우리는 더 이상 편안한 대화를 나누기 어려울 뿐 아니라 서로의 존재 자체를 불편하게 느끼게 된다. 나는 당신의 냉담함에 분노하고, 당신은 내 격렬한 감정 표현에 당황할 것이다.

그러나 관찰자와 당사자 사이에 어느 정도 감정 일치가 있으면, 관찰자는 무엇보다 먼저 자기 자신을 당사자의 입장에 두려 한다. 그는 상대에게 닥친 고통의 정황을 최대한 세심히 상상하고, 작은 세부 요소까지 마음으로 받아들이려 애쓴다. 이 상상 속의 입장 바꾸기가 그가 느끼는 공감의 바탕이 되며, 그는 그 과정을 가능한 한 철저하고 완전하게 수행하려 한다.

관찰자와 당사자의 감정 차이

하지만 관찰자의 감정은 당사자가 겪는 격렬한 고통에 미치지 못한다. 인간은 공감 능력을 타고났지만, 다른 사람에게 벌어진 불행에 대해 당사자처럼 강렬하게 느끼기는 어렵다. 공감의 바탕이 되는 입장 바꾸기는 어디까지나 일시적인 상상일 뿐이다. "나는 그 사람이 아니다", "나는 지금 안전하다"는 생각이 끊임없이 떠오르기 때문이다. 이런 생각들은 관찰자가 당사자의 고통을 어느 정도 이해하고 공감하게는 하지만 동시에 그 감정을 그대로 느끼지 못하게 하는 본질적인 간극을 만든다.

당사자도 이 사실을 알고는 있지만, 여전히 더 깊고 온전한 공감을 갈망한다. 그는 자기감정과 완전히 일치하는 타인의 반응에서 위안을 얻고자 한다. 특히 자신이 겪는 격렬하고 불쾌한 감정에 다른 이의 감정이 정확히 맞춰질 때, 비로소 진정한 위로를 느낀다. 그러나 이런 일치는 현실적으로 당사자가 자기감정의 강도를 조절할 때만 가능하다. 즉 그는 자신의 격한 감정을 주변 사람들의 감정 수준에 맞추어 낮춤으로써 정서적 조화를 이루어야 한다.

남들이 느끼는 감정은 언제나 당사자의 감정과 똑같을 수 없다. 그 까닭은 공감이 어디까지나 상상력에 의존하기 때문이다. 이러한 인식은 은연중에 작용하여 감정의 강도를 약화시킬 뿐 아니라 감정의 성격 자체를 달리해 전혀 다른 모습으로 드러나게 한다.

그러나 당사자의 감정과 관찰자의 감정, 이 두 감정은 완전히 일치하지는 않더라도 어느 정도 조화를 이루며, 이는 사회적 질서와 공존을 유지하는 데 충분히 기여한다. 두 감정이 완벽히 같은 목소리를 내지는 못하지만 일정 수준의 화음을 이룸으로써 필요한 정서적 균형을 만들어낸다. 이 절제된 일치야말로 우리가 실제로 필요로 하고, 또 반드시 존재해야 하는 감정의 형태다.

이러한 정서적 일치를 가능하게 하기 위해, 자연은 관찰자에게 당사자의 처지를 상상하도록 만들었듯, 당사자에게도 일정 부분 관찰자의 입장을 상상하도록 했다. 관찰자는 반복적으로 자신을 피해자의 자리에 놓아봄으로써 그가 겪는 고통에 어느 정도 가까운 감정을 느낀다. 마찬가지로 당사자 역시 자신을 관찰자의 입장에 놓아보며, 제3자의 시선으로 본다면 어떤 감정을 느낄지를 상상해보며, 그 과정에서 보다 절제되고 냉정한 감정 상태를 그려본다. 관찰자가 '내가 저 사람이라면'이라는 생각을 지속적으로 되새기며 공감을 형성하듯, 당사자도 '내가 다른 사람의 눈으로 나를 본다면'이라는 상상을 통해 자신의 상황을 보다 객관적으로 바라보게 되는 것이다.

관찰자가 공감으로 피해자의 눈을 통해 그 불행을 바라보듯, 피해자 역시 자신의 공감 능력을 발휘해 관찰자의 시선으로 자신을 들여다볼 수 있다. 관찰자가 곁에 있어 자신을 지켜보는 순간에도, 그는 잠시 관찰자의 자리로 이동해 자신의 처지를 상상해볼 수 있다. 이렇게 거울처럼 반사된 감정은 본래의 격렬한 감정보다 한층 약하다. 따라서 피해자는 관찰자와 실제로 마주하기 전에, 자신이 그들의 눈에 어떻게 비칠지를 미리 떠올려보는 것만으로도, 자신의 상황을 한 걸음 떨어져 객관적으로 바라보게 되고, 그에 따라 감정의 격렬함도 한층 누그러지게 된다.

감정의 조율자, 타인의 존재

그리하여 당사자의 마음은 극단적으로 흐트러지지 않으며, 친구의 등장은 그의 마음에 일정한 안정감과 침착함을 불어넣는다. 우리는 친구를 마주하는 순간, 자연스럽게 그가 우리 불행을 어떻게 바라볼지를 상상하며, 그의 시선에서 우리 처지를 다시 바라보게 된다. 공감은 본능적으로 즉각 작동하기 때문이다.

우리는 친구에게는 세세한 사정을 모두 털어놓을 수 있지만, 평범한 지인에게는 그러지 않는다. 그만큼 그들로부터 기대하는 공감의 수준이 낮기 때문이다. 그래서 우리는 그 지인 앞에서는 보다 차분한 태도를 취하며, 그들이 파악할 수 있는 일반적인 수준에서만 우리의 상황을 표현하려 한다. 낯선 이들에게는 더욱 그렇다. 우리는 그들로부터 거의 아무런 공감을 기대하지 않기에, 그들과 함께 있을 때는 스스로 감정을 더 한층 억제하게 된다.

이러한 반응은 단순한 체면치레나 외적 포장이 아니다. 만약 우리가 자기감정을 잘 다스릴 줄 아는 사람이라면, 친구보다 지인을 만날 때 더 빠르게 마음이 가라앉을 것이며, 지인보다 낯선 사람들 앞에서는 훨씬 더 침착한 태도를 보인다.

결국 사교와 대화는 불행이나 격정으로 흔들린 마음을 본래의 평온으로 되돌리는 가장 효과적인 치료제다. 또한 차분하고 평온한 성정을 유지함으로써 자기 만족과 인생의 기쁨을 누릴 수 있도록 돕는 가장 효과적인 방법이기도 하다. 반면 세상과 단절된 채 고립된 명상 속에서 살아가는 이들은 슬픔과 분노에 빠져 있을 때 그 감정을 더 깊이 곱씹는 경향이 있다. 비록 그들이 고결한 인격과 너그러운 마음씨, 그리고 고상한 명예의식을 지녔다 해도, 사회 속에서 흔히 볼 수 있는 평온하고 유쾌한 기질을 갖기는 어렵다.

제5장
친근한 미덕과 존경할 만한 미덕에 대하여

───── ◆ ─────

관찰자가 당사자의 입장이 되어보려는 노력과, 반대로 당사자가 관찰자의 시각을 상상해보려는 노력—이 두 상반된 감정 조율의 방식은 각기 다른 두 종류의 미덕에 뿌리를 두고 있다. 전자는 겸손하고 친절한 인격에서 비롯된 친근한 미덕, 곧 공감의 미덕이고, 후자는 자기 절제와 자기 부정의 능력에서 나온 위엄 있고 존경받을 미덕이다. 후자의 미덕은 감정을 인간의 품위, 명예, 절제라는 기준에 맞추어 통제할 수 있는 능력이다.

아, 친근한 미덕을 지닌 사람은 얼마나 따뜻하고 편안하게 다가오는가! 그는 대화 상대의 감정을 세심히 살피고, 고통받는 이의 슬픔에 깊이 공감하며, 억울한 이의 분노에 마음을 보태고, 행운을 맞이한 이의 기쁨에도 진심으로 함께한다. 우리는 친구의 처지를 진심으로 이해할 때, 그가 느끼는 감사의 마음에 공감하고, 다정한 친구가 건네는 따뜻한 위로에서 함께 위안을 느낀다.

반대로, 감정에 둔감하고 공감 능력이 부족한 사람은 얼마나 냉랭하고 불쾌하게 느껴지는가! 그는 자기 생각에만 몰두하며, 타인의 기쁨이나 슬픔에는 무관심하다. 이런 사람과의 대화는 불편할 뿐 아니라 특히 슬픔이나 상처를 겪고 있는 이들 앞에서는 존재 자체가 고통의 원인이 되기도 한다.

한편, 존경할 만한 미덕을 지닌 사람들은 얼마나 기품 있고 고상하게 보이는가! 이들은 뛰어난 상상력과 단단한 자기 통제력을 바탕으로, 감정을 지나치게 드러내지 않으면서도 정서적으로 풍부한 반응을 이끌어낸다. 그들은 감정을 절제해 관찰자가 받아들일 수 있는 수준으로 조율하고 표현함으로써 오히려 더 깊고 강한 감동을 준다.

우리는 자기 통제 없이 노골적으로 슬픔을 드러내거나, 한숨과 눈물, 탄식을 당연한 반응처럼 요구하는 태도에 불쾌함을 느낀다. 반면 아무 말 없이 엄숙하게 감정을 견디는 모습―부은 눈, 떨리는 입술과 뺨, 차분하면서도 절제된 감정 표현―에서는 깊은 존경심을 느낀다. 그러한 슬픔은 우리에게도 자연스레 침묵을 강요한다. 우리는 그 장면 앞에서 경건한 마음으로 자신을 되돌아보고, 우리의 말이나 행동이 그 절제된 평정에 누가 되지 않도록 조심하게 된다.

감정을 다스릴 줄 아는 사람이야말로 진정 고귀하다

절제 없이 거칠게 분출되는 분노는, 그 속에 깃든 오만함과 잔인함 때문에 인간의 감정 중 가장 혐오스러운 것으로 여겨진다. 그러나 고상하고 관대한 분노의 표현은 오히려 존경의 대상이 된다. 이는 엄청난 피해를 당한 당사자의 맹렬한 격노가 아니라 그 상황을 지켜보는 공정한 관찰자가 품을 법한 절제된 분노를 드러내는 경우다.

이처럼 고결한 마음을 지닌 사람은, 자신의 감정이 타인의 객관적 시선에서 벗어나지 않도록 통제한다. 그는 야비한 언사나 격렬한 제스처가 튀어나오지 않도록 자신을 억제하고, 심지어 마음속에서조차 꼭 필요한 만큼의 복수와 응징만을 떠올린다. 냉정하고 무심한 이들처럼 철저한 보복을 바라는 일은 없다.

따라서 남을 먼저 배려하고 자신은 뒤로 물리며, 본능적 이기심을 다스리고 타인에게 자비를 베푸는 마음, 이것이 인간성이 도달할 수 있는 가장 완전한 상태. 이러한 덕성은 인간 사회에 감정과 격정의 조화를 이끌어내며, 그 조화로움이 곧 예의이며 우아함이다.

기독교의 대원칙이 "네 이웃을 네 몸같이 사랑하라"는 것이라면, 자연의 위대한 교훈은 그 반대의 표현일 수 있다. 즉 "자신을 이웃처럼 사랑하라"는 것이다. 결국 요지는 같다. 우리가 이웃을 사랑하듯, 이웃 역시 우리를 사랑하게 하라는 의미다.

세련된 취향과 올바른 판단력은 감정의 품격과 이해의 깊이를 보여주는 자질이지만, 실제로는 좀처럼 보기 어렵다. 이처럼 감수성과 자기 통제 역시 평범함을 넘어서는 탁월함을 지녀야만 진정한 미덕으로 인정받는다. 인간의 소박한 덕성조차, 천박한 인물들이 보이는 것과는 비교할 수 없을 만큼 섬세한 감수성을 요구한다. 관대함이라는 위대한 덕목은 무엇보다도 높은 수준의 자기 통제를 필요로 한다. 허약한 사람이라도 약간의 절제는 할 수 있기 때문이다.

평범한 지성에는 탁월함이 없듯, 평범한 도덕성에는 참된 미덕이 없다. 미덕이란 탁월함이며, 세속적이고 일상적인 차원을 훨씬 넘어서는 고귀하고 아름다운 경지다. 친근한 미덕은 의외의 우아함과 부드러움으로 사람을 놀라게 하고, 탁월한 자기 통제는 일반인이 쉽게 다스릴 수 없는 감정들을 능숙하게 다루어 깊은 존경을 이끌어낸다.

완전하지 않아도 미덕으로 평가받을 수 있다

미덕과 단순한 적정함(예의범절) 사이에는 분명한 차이가 있다. 존경받고 칭송받아 마땅한 덕성과, 단지 사회적 인정을 받는 수준의 행동 사이에는 본질적인 거리가 있다. 일반적으로 예의범절을 지키는 데에는 그다지 높은 수준의 감수성이나 자기 통제가 필요하지 않다. 평범한 사람도 그 정도 수준은 유지할 수 있으며, 때로는 그조차 필요 없는 경우도 있다. 예를 들어 배고플 때 밥을 먹는 것은 언제나 적절하고 타당한 행동이다. 대부분은 이 행동에 아무런 이의를 제기하지 않는다. 누군가 이 행위를 두고 덕스럽다고 한다면 그것은 어색하고 우습게 느껴질 것이다.

반대로 어떤 행동들은 비록 완벽한 적정함의 기준에는 미치지 못하더라도 높은 수준의 미덕이 담겨 있다. 이는 매우 어려운 상황에서, 인간의 한계를 넘어선 자기 통제를 발휘하며 적정함에 최대한 가까이 다가가려 했기 때문이다. 실제로 어떤 상황에서 인간 본성은 극심한 압박을 받는다. 이때 인간은 아무리 자기 통제를 발휘해도 내면의 허약함이나 격한 감정을 완전히 억누르기 어렵다. 외부의 관찰자처럼 냉정하게 반응하기는 거의 불가능하다.

그렇기에 이런 상황에서 완벽한 적정함에 이르지 못했더라도, 당사자의 행동은 여전히 칭찬받을 수 있다. 심지어 진정한 미덕으로 평가받을 수도 있다. 그것은 대부분이 보여주지 못하는 수준의 관대함과 위대함의 노력으로 이루어진 것이기 때문이다. 비록 완전한 이상에는 도달하지 못했지만 그 어려운 상황 속에서 통상 기대되는 수준을 훨씬 뛰어넘는 태도였던 것이다.

완벽하지 않아도 찬사를 받는 이유

이러한 경우에 어떤 행위에 대해 비난할 것인지 칭찬할 것인지 결정할 때, 우리는 흔히 서로 다른 두 가지 기준을 적용한다.

첫째는 완전한 적정함이라는 기준이다. 어떤 행동이 그 자체로 얼마나 완벽하게 도덕적 규범을 충족시키는지를 따지는 기준이다. 그러나 현실에서는 이 완전한 적정함의 기준에 도달하는 것이 거의 불가능하다. 이 기준만으로 평가한다면 대부분의 인간 행동은 불완전하거나 비난받을 대상이 되고 만다.

둘째는 완전함에 얼마나 가까이 다가갔는가로 평가하는 기준이다. 비록 완벽하지는 않더라도 얼마나 그것에 근접했는지를 따지는 관점이다. 이 기준에 따르면 어떤 행동은 완전한 적정함에는 이르지 못했더라도 평균을 뛰어넘는 노력과 절제의 결과로 간주되어 충분히 칭찬을 받을 수 있다. 반대로 그 기준 이하의 행위는 비난을 받는다.

이러한 평가 방식은 예술 작품을 평가할 때도 마찬가지로 적용된다. 예를 들어 비평가가 시나 회화를 평가할 때 절대적 완성도를 기준으로 삼는다면 대부분의 작품은 결점투성이로 보인다. 어떤 작품도 이상적인 완벽함에는 도달하지 못하기 때문이다.

그러나 만약 그 비평가가 동시대 혹은 유사 장르의 평균적 수준을 고려하여 상대적으로 평가한다면 이야기가 달라진다. 같은 부류의 작품 중에서 그 작품이 두드러질 만큼 높은 수준에 도달했다면 그는 그것에 대해 최고의 찬사를 보낼 수 있다. 비록 완벽하진 않더라도, 그 분야에서 요구되는 수준을 훨씬 뛰어넘었기 때문이다.

제2편

적절함에 부합하는
서로 다른 감정의 강도에 관하여

서문

    우리 자신과 직접 관련된 사건에서 비롯된 감정이 적절한지 여부는, 관찰자가 그 감정에 얼마나 공감할 수 있는가와 밀접하게 관련되어 있다. 일반적으로 볼 때 감정의 강도는, 관찰자가 공감할 수 있을 만큼 적절한 수준일 때 가장 자연스럽게 받아들여진다. 감정이 지나치게 격하거나 반대로 지나치게 약할 경우, 타인은 그 감정에 쉽게 공감하지 못한다.

    예컨대 개인적 불행이나 손해를 둘러싼 비탄과 분노가 있으면 감정이 과도하게 고조되는 경향이 있다. 반대로 이례적으로 약한 감정도 드물다 뿐이지 전혀 없지는 않다. 감정이 지나치게 격한 경우, 우리는 그것을 성격의 허약함이나 과민성 혹은 격정적인 분노로 본다. 반면 감정이 지나치게 무디거나 미약하다면 우둔함, 무감각 혹은 기개 부족이라 여긴다. 우리는 이 두 극단 중 어느 쪽에도 쉽사리 공감하지 못하며, 그러한 태도를 마주하면 어색함이나 당혹감을 느낀다.

    그러나 적절한 수준이라고 할 수 있는 중간 지점은 모든 감정에 동일하게 적용되지 않는다. 감정의 종류에 따라 그 기준점은 달라진다. 어떤 감정은 과도한 표출이 오히려 무례로 여겨지므로 실제로 크게 느끼더라도 조심스레 절제해야 한다. 반대로 어떤 감정은 크게 표현되는 것이 오히려 고귀하거나 우아한 태도로 인식되기도 한다. 물론 그 감정이 모든 사람에게서 반드시 나타나는 것은 아니다.

이 차이는, 어떤 감정은 공감을 불러일으킬 만한 이유가 거의 없거나 전혀 없는 반면 어떤 감정은 강한 공감과 동조를 자극하기 때문이다. 우리가 인간의 모든 감정을 두루 살펴볼 때, 그 감정이 타인으로부터 공감을 끌어낼 수 있느냐에 따라, 그것은 예의에 부합하는 행동이 되기도 하고, 혹은 예의에 어긋나는 행위로 간주되기도 한다.

제1장

신체에서 유래하는 감정들에 대하여

════════════ ◆ ════════════

혐오감을 일으키는 신체적 감정들

신체의 특정한 상태나 상황에서 비롯된 감정을 노골적으로 드러내는 것은 예의에 어긋난다. 주변 사람들이 동일한 신체 상태에 있지 않기 때문에 그러한 감정에 쉽게 공감할 수 없기 때문이다. 예컨대 극심한 배고픔은 자연스럽고 불가피하지만, 이를 외적으로 과장해 드러내면 무례로 여겨지고 과도한 식욕 또한 일반적으로는 나쁜 매너로 간주된다.

그럼에도 때때로 배고픔이 공감을 유발하기도 한다. 예를 들어 친구가 건강한 식욕으로 맛있게 식사하는 모습을 보는 것은 유쾌한 경험이며, 이를 혐오스럽다고 느끼는 쪽이 오히려 예의에 어긋난다. 흥미롭게도, 건강한 사람의 평소 신체 상태는 앞서 말한 유쾌한 식욕보다는 오히려 더 원초적이고 강한 배고픔에 가까운 경우가 많다.

우리는 공성전이나 항해 중 극심한 기아 상태를 다룬 기록을 읽을 때, 그들이 겪은 고통에 공감한다. 독자로서 우리는 그들의 처지를 상상하며, 슬픔, 공포, 당혹감 같은 감정에 마음을 이입한다. 우리가 그런 감정을 실제로 약간이나마 체험하기 때문에 그 고통에 동참할 수 있는 것이다. 그러나 그 감정은 인식에 그칠 뿐 실제로 배고픈 것은 아니기에 엄밀히는 그 고통에 공감한다고 할 수 없다.

남녀 간의 감정을 결합시키는, 곧 사랑이라는 감정에 대해서도 마찬가지 논리가 적용된다. 사랑은 인간의 감정 가운데서도 손꼽히게 강렬한 것이지만 그 표현이 과도하면 언제나 예의에서 벗어난다. 비록 그 감정이 인간과 신의 법 아래 정당하게 허용된 관계에서 비롯되었다고 해도, 그것을 노골적으로 드러낸다면 예의범절에 어긋난다고 여겨진다.

하지만 이 감정에도 어느 정도 공감이 허용되는 정도가 있는 듯하다. 일반적으로 여성과 함께 있는 자리에서는 남성과 있을 때보다 더 즐겁고, 예의 바르며, 세심한 태도를 보이는 것이 바람직하다고 여겨진다. 반대로 어떤 남성이 여성에 대해 전혀 무관심하거나 무례하게 행동할 경우, 그는 남성 사회 안에서도 경멸의 대상이 된다.

이 모든 예는 우리가 신체적 욕구에 대해 본능적으로 불편함이나 반감을 느낀다는 사실을 보여준다. 이러한 욕구가 노골적으로 드러날 때, 우리는 본능적으로 혐오감이나 불쾌감을 느낀다. 고대의 몇몇 철학자들에 따르면 식욕과 성욕과 같은 본능적 충동은 동물과 공유하는 것이지만, 인간의 고귀한 본성이나 이성과는 무관한 것으로 간주되었다. 따라서 그런 욕구에 몰두하는 것은 품위 없는 행동으로 평가된다. 하지만 분노, 우정, 감사 같은 감정 역시 동물과 공유하는 감정임에도 불구하고, 우리가 그것을 표현할 때는 전혀 동물적인 행동으로 느껴지지 않는다.

타인의 신체적 욕구가 혐오감을 불러오는 진짜 이유는 우리가 그 욕구에 공감할 수 없기 때문이다. 욕구가 충족된 순간, 그것을 일으킨 대상은 더 이상 매력적으로 느껴지지 않으며, 오히려 불쾌한 대상으로 전락한다. 욕구가 해소된 이후, 그 사람은 불과 몇 분 전까지 자신을 사로잡았던 대상에서 매력을 느끼지 못하고, 오히려 이전의 자기감정에 당혹스러워진다. 그래서 우리는 식사를 마치면 식기들을 바로 치우고, 방금까지만 해도 욕망의 대상이었던 것을 가능한 한 빠르게 시야에서 없애려 한다. 특히 그것이 신체적 욕구에서 비롯된 것이라면 더욱 그렇다.

이처럼 신체적 욕구를 적절히 절제하는 것이 우리가 말하는 절제의 미덕이다. 건강과 운이 허락하는 범위 내에서 이러한 욕구를 잘 다스리는 것은 신중함의 표현이며, 그 표현이 우아하고 절도 있게 드러날 때 비로소 예의와 적절함으로 받아들여진다. 절제란 이러한 방식으로 작동하는 미덕인 것이다.

상상된 고통이 더 아프다

신체적 고통으로 인한 비명 역시, 아무리 극심한 고통이라 하더라도 남자답지 못하거나 예의에 어긋나는 행동으로 여겨지곤 한다. 하지만 이 경우에도 일정 수준의 공감은 일어난다. 앞서 언급했듯, 누군가가 주먹을 들어 다른 사람의 팔이나 다리를 가격하려는 상황을 보면 우리는 무의식적으로 자신의 팔이나 다리를 움츠리게 된다. 실제로 타격이 가해지면, 피해자가 느끼는 고통에 대해 일정 부분 공감한다.

그러나 우리가 느끼는 고통은 매우 경미하므로 피해자가 그에 비해 지나치게 격한 비명을 지른다면 우리는 그 감정에 공감하기보다는 오히려 과장되었다고 느끼고 경멸하게 된다. 이것은 신체에서 비롯된 모든 감정에 적용되는 원리다. 신체적 고통은 타인에게 거의 전달되지 않거나, 실제로 당사자가 느끼는 강도보다 훨씬 약하게 전달되기 때문이다.

반면 상상에서 비롯된 감정은 전혀 다른 양상을 보인다. 나의 신체는 타인의 고통에 약하게만 반응하지만 나의 상상력은 훨씬 더 유연하고 수용력이 크다. 상상력은 다른 사람의 감정 구조에 훨씬 깊이 이입할 수 있으며, 우리는 상상 속의 고통에 훨씬 강하게 공감한다. 실연이나 야망의 좌절처럼 상상에서 비롯된 고통은 실제 신체적 피해보다 훨씬 강력한 공감 반응을 이끌어낸다.

예를 들어 전 재산을 잃은 사람이 있다고 하자. 그는 신체적으로는 건강할지라도, 체면의 손상, 친구들의 외면, 적들의 조롱, 앞으로 닥쳐올 궁핍과 비참함을 상상하면서 심각한 고통을 겪는다. 우리는 이 경우 그의 상상력에 좀 더 강력하게 호응할 수 있다. 우리의 상상력은 그의 신체에 반응하는 것보다, 그의 상상력과 더 강하게 연결되기 때문이다.

다리를 잃는 일은 연인을 잃는 것보다 훨씬 현실적이고 심각한 재앙이지만, 비극이 신체 절단만을 중심 소재로 삼으면 진지함보다는 조롱을 부르기 쉽다. 반면 연인을 잃은 이야기는 그 구체적 내용이 아무리 사소하더라도 설득력 있는 비극으로 받아들여진다.

신체적 고통만큼 빠르게 잊히는 것도 없다. 고통이 사라지는 순간, 그 고뇌는 곧장 끝나며, 기억 속에서조차 별다른 감정 반응을 일으키지 않는다. 우리는 한때 자신이 얼마나 괴로워했는지를 제대로 상기하지 못하고, 그것에 더 이상 의미를 부여하지 않는다.

차라리 어떤 친구의 무심한 말 한마디가 우리에게 훨씬 더 깊은 불안을 남기곤 한다. 그런 말에서 비롯된 고통은 단지 그 순간에 머물지 않는다. 그 말이 불안을 일으킨 근본 원인이 신체적 감각이 아니라 우리 상상력 속에서 만들어진 관념이기 때문이다. 최초의 불안을 유발한 것이 신체 자극이 아니라 생각이었기 때문에 그 생각이 다른 사건들에 의해 기억에서 완전히 사라지기 전까지, 우리의 상상력은 끊임없이 그것에 매달려 초조함과 짜증을 반복하게 되는 것이다.

공감받지 못하는 고통, 존경받는 침묵

고통은 그것이 위험과 연결되지 않는 한, 사람들의 공감을 이끌어내기 어렵다. 우리는 타인의 고뇌에는 깊이 공감하지 않지만 공포에는 공감한다. 그런데 공포는 신체적 감각이 아닌 상상력에서 비롯된 감정이다. 우리가 실제로 무언가를 느끼는 것이 아니라 그로 인해 일어날 수 있는 잠재적 피해를 상상하기 때문이다. 물론 공포는 본질적으로 불확실하고 유동적인 감정이지만, 상상력을 통해 강하게 전달된다. 반면 동통(疼痛)이나 치통 같은 신체적 고통은 실제로 매우 극심하지만 그다지 공감을 불러일으키지 못한다. 오히려 고통이 덜하더라도 치명적인 결과로 이어질 수 있는 질병들은 강한 공감을 이끌어낸다.

예를 들어 어떤 사람들은 외과 수술 장면을 보기만 해도 기절하거나 구역질을 느낀다. 살을 찢는 고통은 일부 사람에게 극도의 공감 반응을 유발한다. 우리는 내과적 질병의 고통보다는, 외과적 손상에서 비롯된 고통에 대해 더 즉각적이고 구체적인 방식으로 반응하는 경향이 있다. 이웃이 통풍이나 결석으로 고통받는 모습은 쉽게 상상되지 않지만 찰과상·골절·자상처럼 눈에 보이는 상처에는 훨씬 더 생생하게 반응할 수 있다.

특정한 고통이 유독 강한 반응을 유발하는 것은, 그 고통이 감각적으로 새롭거나 보기 드문 경험으로 인식되기 때문이다. 외과 수술 장면을 여러 번 본 사람은 시간이 지나면 아무런 감흥 없이 그 장면을 받아들인다. 그러나 비극적인 연극을 수백 번 반복해 본다 해도, 그 안에서 다루는 심리적 고통에 대한 우리의 감수성은 거의 줄어들지 않는다.

일부 고대 그리스 비극은 신체적 고통을 극적으로 묘사하여 동정을 유도하려 했다. 필록테테스는 부상으로 비명을 지르다 기절하고, 히폴리토스와 헤라클레스는 극심한 고통 끝에 죽음을 맞는다. 그러나 이 모든 경우에서 우리의 관심을 끄는 것은 고통 그 자체가 아니라 그 고통을 둘러싼 상황과 맥락이다. 우리가 진정으로 영향을 받는 것은 필록테테스의 통증이 아니라 그의 고독이다. 극 전체에 흐르는 낭만적이고도 거칠게 빛나는 정서가 우리의 상상력을 자극하며, 그 점이 감정적 호소력을 만들어 낸다. 헤라클레스와 히폴리토스의 고통이 관객의 흥미를 끄는 것도 그 고통이 죽음이라는 결정적인 결말로 이어진다는 사실 때문이다. 만약 이들이 고통을 이겨내고 회복된다면 그들의 비명은 우스꽝스럽게 느껴졌을 것이다. 실제로 복통을 주제로 한 비극은 상상만 해도 우스꽝스럽다. 하지만 실제로는 복통처럼 참기 어려운 고통도 없다. 이러한 맥락에서 신체적 고통을 전면에 내세워 감정 이입을 유도하는 것은, 고전 비극의 규범에서 벗어난 것으로 간주되었다.

　　우리가 신체적 고통에 대해 강한 공감을 느끼지 못하기 때문에 그런 고통을 침착하게 견뎌내는 태도는 오히려 예의의 한 형태로 간주된다. 극심한 고통 속에서도 표정을 일그러뜨리거나 신음을 내지 않고, 타인의 공감을 이끌어내기 어려운 감정을 드러내지 않는 사람은, 오히려 더 큰 존경을 받는다. 그는 굳센 의지를 지녔기에, 우리의 무관심과 둔감함조차 묵묵히 받아들일 수 있는 인물로 여겨진다. 우리는 그 목적을 위해 발휘된 그의 강인한 절제와 인내에 공감하며, 그를 존경하게 된다. 단지 그의 행동을 승인하는 것을 넘어, 인간이 본래 허약한 존재라는 사실을 경험으로 잘 알고 있기 때문에 그가 보여주는 씩씩한 태도에 놀라움과 경외심을 함께 느낀다. 이러한 놀람과 경외가 뒤섞인 승인이 존경이며, 그 존경에는 자연스럽게 칭찬이 뒤따른다.

제2장

상상력의 특성과
습관에서 비롯되는 감정에 대하여

=================◆=================

상상력에서 비롯된 감정 중 일부는 특정한 경향이나 습관에 따라 형성되었기 때문에 그 자체로는 자연스럽고 정당하게 여겨진다. 그러나 아무리 자연스러운 감정이라도, 타인의 공감을 불러일으키지 못하는 경우가 있다. 이는 상대방의 상상력이 그와 같은 경험이나 감정 구조를 공유하지 않기 때문이며, 그 결과 그러한 감정은 일상적인 상황에서 나타나는 것이라 해도, 과장되거나 우스꽝스럽게 보이기 쉽다.

대표적인 사례는 남녀 간에 자연스럽게 생겨나는 강렬한 애정 감정이다. 두 사람은 오랜 시간 서로에게 몰입하며 깊은 애착을 키워왔지만, 그 감정에 공감하지 못하는 제3자의 눈에는 이들의 진지한 애정 표현이 어색하거나 과장된 것으로 비친다. 반면 우리가 쉽게 공감할 수 있는 감정도 있다. 예컨대 친구가 부상을 당했다면 우리는 그의 분노에 즉각적으로 공감하며, 그에게 상처를 입힌 사람에게 같은 분노를 품게 된다. 또한 친구가 누군가에게 큰 도움을 받았다면 우리는 그의 감사하는 마음을 자연스럽게 공유하며, 그 은혜를 베푼 사람의 선의를 인정하고 높이 평가한다.

감정을 비웃게 되는 사랑, 그러나 그 고통에는 공감한다

그러나 만약 누군가가 사랑에 빠졌다면 우리는 그의 감정이 그런 종류의 다른 감정들과 마찬가지로 자연스럽다고 여기면서도, 그와 동일한 감정을 느껴야 한다고 생각하지는 않는다. 마찬가지로 그가 사랑하는 대상에 대해서도 그런 공감이 일어나지 않는다. 사랑은 누구나 느낄 수 있는 보편적 감정이지만, 연인은 종종 상대의 실제 가치 이상으로 과도하게 몰입한다. 우리는 그 사랑이 자연스러운 감정임을 알기에, 특히 특정 나이대에서는 이해하려 하지만 함께 공감하지 못하기에 은근한 웃음거리로 여기게 된다. 제3자가 볼 때, 사랑의 감정을 지나치게 진지하고 강렬하게 표현하면 우스꽝스럽게 보이기 마련이다.

사랑에 빠진 남자는 자신이 사랑하는 여인에게는 훌륭한 동반자일지 모르나, 다른 사람들에게는 그렇게 매력적인 존재가 아니다. 그 연인 자신도 이러한 사실을 분명히 인식하고 있다. 그래서 그는 제정신을 유지하는 한, 자신의 사랑의 감정을 약간의 자기 조롱과 농담으로 풀어내려 한다. 그가 이런 태도를 견지할 때만 우리는 그의 감정을 너그럽게 받아들일 수 있다. 우리는 카울리와 페트라르카의 진지하고 현학적이며 장황한 연애시에 금방 지루함을 느낀다. 이 두 시인은 사랑의 감정을 너무도 강렬하게, 심지어 과장되게 표현하고 있기 때문이다. 그래서 우리는 시인 오비드의 쾌활함과 호라티우스의 명랑함을 언제나 더 즐겁게 받아들인다.

우리가 이런 종류의 애착 자체에는 별로 공감하지 못하고, 그런 감정을 지닌 사람의 입장이 되어 상상해보려 하지 않을지라도, 그 사랑이 이루어질 때 느끼는 깊은 행복감이나 실패했을 때 겪는 극심한 고통에 대해서는 즉각 공감한다. 우리의 관심을 끄는 것은 사랑의 감정 자체가 아니라 그 감정이 불러오는 다른 감정들이다. 구체적으로 말하자면, 사랑의 성공과 실패에 따르는 희망, 공포 그리고 여러 고통이 그것이다. 이는 마치 항해 이야기에서 우리의 흥미를 자극하는 것이 선원들의 단순한 배고픔이 아니라 그 배고픔에서 비롯되는 고통인 것과 같다. 우리는 연인이 느끼는 열정 그 자체에는 깊이 공감하지 못하지만 그 사랑이 가져올 수 있는 행복에 대한 기대와 설렘은 즉각적으로 함께 나눌 수 있다.

우리의 마음은 때로 고요한 평화를 찾아 안정을 취하기도 하고, 때로는 강렬한 열망으로 소진되기도 하는데, 우리는 이 두 상태 모두를 인간의 자연스러운 심리 상태로 받아들인다. 그래서 마음은 고요와 평안을 갈망하게 되고, 마음을 뒤흔든 격정을 해소함으로써 그러한 평온을 얻길 바란다. 또한 한적한 시골로 물러나 여유로운 삶을 살고 싶다는 생각에 깊이 빠지게 된다. 일찍이 정열적인 시인 티불루스는 그런 전원생활을 묘사하는 데서 크게 즐거워했다. 시인들은 이상적인 행운의 섬을 상상하고, 그곳에서의 삶—우정, 자유, 휴식이 있되 노동과 근심으로부터 해방되고 인간을 따라다니는 모든 소란스러운 감정에서 벗어난 삶—을 그려낸다. 흥미롭게도 이런 종류의 삶조차 실제로 누리고 있기보다는 희망의 대상으로 묘사될 때 우리의 관심을 크게 끌어낸다.

사랑의 기초가 되는 원초적 감정(성욕)은 아주 멀리 떨어져 있을 때는 그 원초적 본질이 가려지지만, 지금 당장 충족될 수 있는 것처럼 묘사되면 오히려 불쾌감을 준다. 이런 이유로 즐거운 감정은 두렵거나 우울한 감정에 비해 우리의 흥미를 훨씬 덜 유발한다. 우리는 이런 순수하고 희망찬 기대가 꺾이는 것을 본능적으로 경계하고 두려워한다. 그래서 우리는 사랑하는 사람의 불안, 근심, 고뇌에 깊이 공감할 수 있는 것이다.

사랑의 열정보다 고통이 더 공감을 일으킨다

이러한 이유로 몇몇 현대의 비극이나 로맨스에서 사랑이라는 감정은 매우 흥미로운 소재가 된다.《고아》라는 연극에서 우리의 관심을 끄는 것은 카스탈리오와 모니미아의 사랑 자체가 아니라 그 사랑이 불러일으키는 고통이다. 두 연인이 평온한 상황 속에서 애정을 나누는 장면은 미소를 자아낼 수는 있어도, 진정한 공감을 이끌어내기에는 부족하다. 이런 종류의 장면이 비극에 포함된다면 거의 언제나 부적절하다고 여긴다. 관객이 그런 장면을 인내하며 보는 것은 그 장면에 표현된 감정에 공감해서가 아니라 그러한 감정의 성취가 가져올 위험과 어려움을 미리 예상하기 때문이다.

사랑의 감정과 관련하여, 사회의 규범은 여성에게 절제된 태도를 강요한다. 이로 인해 여성은 사랑으로 인해 더 깊은 고통을 경험하게 되고, 이것이 연극을 더욱 흥미진진하게 만드는 요소가 된다. 우리는 그 사랑에 수반되는 죄책감과 무모한 행동에도 불구하고, 프랑스 비극『페드르』에 묘사된 페드르의 사랑에 매료된다.[2] 어떤 의미에서는 오히려 그런 죄책감과 무모함 때문에 우리가 그 비극에 끌리는 것이다. 페드르의 공포, 수치

---

2 장 바티스트 라신(1639-1699)의 신고전주의 비극『페드르』는 그리스 펠로폰네소스의 도시 트레제느를 배경으로, 하루라는 시간적 제약 안에서, 페드르의 금지된 사랑을 중심으로 모든 사건이 전개된다. 의붓아들 히폴리토스를 향한 왕비 페드르의 열정은 극이 진행될수록 더욱 강렬해진다. 불륜의 사랑이 극한까지 불타오르는 모습이라 할 수 있다. 죽음을 각오하고 금지된 사랑을 억누르려는 페드르의 절망적 몸부림, 사랑이 증오로 변모하면서 오히려 더 격렬해지는 감정, 결국 견디지 못하고 터져 나오는 애절한 고백, 그 금단의 사랑을 상대방(히폴리토스)에게 전가하는 무모함, 죄책감에서 비롯된 연민이 오히려 불씨가 되어 더욱 맹렬히 타오르는 사랑, 연적으로 등장한 젊은 공주를 향한 질투, 사랑하는 상대를 향한 거짓 고발, 그를 죽음으로 내모는 행위, 그리고 마침내 페드르 자신의 비극적 자살에 이르기까지… 이처럼 불꽃처럼 치솟는 사랑의 플롯을 중심으로 극의 모든 행동이 긴밀하게 응축되어 있다.

심, 후회, 죄책감, 절망 등이 그로 인해 매우 자연스럽고 강렬해진다. 페드르의 사랑에서 파생되는 이 모든 2차적 감정은 필연적으로 더욱 격렬하고 강렬해지는데, 우리는 이러한 2차적 감정에 공감하는 것이다.

대상의 진정한 가치에 비해 과도하게 표현되는 여러 감정 중에서, 사랑만이 유일하게 품위 있고 즐거운 성질을 지니고 있으며, 이는 가장 감성적인 사람들에게서도 마찬가지다. 이 감정은 때로 다소 우습게 보일 수 있지만, 본질적으로 거부감을 주지는 않는다. 사랑이 가져오는 결과가 종종 파괴적이거나 비극적일지라도, 그 본래 의도에는 악의가 없다. 사랑이라는 감정 자체는 적절한 정도를 유지하기 어렵지만, 사랑에서 파생되는 여러 감정은 상당히 적절한 모습을 보인다. 사랑에는 인정, 관용, 친절함, 우정, 존경 등의 감정이 깊이 얽혀 있다. 곧 설명될 이유로 인해 이러한 감정들은 타인의 공감을 불러일으키는 경향이 크다. 우리는 그런 감정들이 다소 과도하다고 느낄 때조차도 그것에 공감하게 된다.

우리가 이러한 2차적 감정에 느끼는 공감은 일차적 감정(사랑)을 덜 불쾌하게 만들며, 우리의 상상 속에서 그 사랑을 지지하도록 한다. 그것에 흔히 따르는 여러 부정적 측면에도 불구하고 말이다. 사랑에 빠진 관계에서 여성은 흔히 목숨을 잃거나 명예가 실추되는 위험에 처하고, 남성은 일상적인 활력을 잃고, 의무를 소홀히 하며, 명예를 가볍게 여기고, 사회적 체면을 훼손당하는 일에도 무감각해진다. 이러한 위험에도, 사랑에 따르는 섬세한 감수성과 관대함 덕분에 많은 이들은 사랑을 바람직한 자부심의 원천으로 여긴다. 그래서 사람들은 실제로 그런 감정을 느낀다고 해서 특별한 명예를 얻지 못함에도, 그런 감정을 느낄 수 있는 사람으로 보이길 원한다.

같은 이유로 우리는 친구들, 학문적 관심사, 직업 등에 대해 이야기할 때 절제된 태도(겸손함)를 유지하는 것이 필요하다. 이러한 대상들은 우리에게 불러일으키는 흥미만큼 친구들의 관심을 끌지 못한다. 이런 절제의 결핍 때문에 인류의 절반(여성)은 다른 절반(남성)에게 좋은 친구가 되기 어렵다. 철학자는 오로지 철학자들 사이에서만 진정한 친구를 찾고, 클럽 회원은 그 클럽에 소속된 소수의 회원과만 어울린다.

제3장

비사교적 감정에 대하여

━━━━━━━━━━━━━━━ ◆ ━━━━━━━━━━━━━━━

인간은 왜 분노에 공감하는가

상상력을 통해 발생하긴 하지만 또 다른 유형의 감정들이 있다. 우리가 공감하거나 우아하고 적절한 감정으로 받아들이려면, 즉각적으로 분출하는 원초적인 수준에서 그 본능이 일정 정도 조정되어야 하는 감정들이다. 대표적인 예가 증오와 분노이며, 이들은 여러 유형으로 나타난다. 이러한 감정들에 대한 우리의 공감은 가해자와 피해자 중 누구에게 향하느냐에 따라 달라진다. 이 두 인물은 이해관계가 상반되기 때문이다. 우리는 피해자가 느끼는 분노와 복수심에는 공감하지만 가해자에게는 두려움을 느낀다. 두 사람 모두 인간이기에 우리는 누구의 입장에 놓일 가능성도 배제할 수 없으며, 그래서 양쪽 모두에 일정한 관심을 기울인다. 하지만 고통받는 인간을 마주할 때 생기는 본능적인 두려움은 우리가 피해자에게 품는 분노의 강도를 자연스레 약화시킨다.

이 때문에 우리는 도발을 당한 사람이 느끼는 감정의 강도만큼 깊이 공감하지 못한다. 관찰자가 느끼는 분노는 언제나 피해자 자신의 감정보다 약하기 마련이다. 더욱이 그 분노의 대상인 가해자에게도 동시에 일정 부분 복합적인 감정을 품게 되기 때문이다. 따라서 분노가 공감을 얻는 우아한 감정으로 보이려면 본능적 격렬함을 절제해 한층 누그러진 모습이어야 한다.

인간은 타인에게 가해지는 피해에 대해 매우 민감하게 반응한다. 비극이나 희극 속 악역이 주인공 못지않게 우리의 공감과 감정적 주목을 받는 이유도 여기에 있다. 우리는 오셀로를 존중하는 만큼 이아고를 증오하고, 오셀로의 고뇌에 슬퍼하면서도 이아고의 파멸에는 기쁨을 느낀다. 이처럼 우리는 이웃이나 동료에게 가해지는 피해에 강하게 공감하지만 그러나 피해자를 대신해 우리가 그보다 더 격렬히 분노하는 일은 없다.

대개 피해자가 인내심 있고 부드러우며 인간적인 모습을 보일수록 우리는 오히려 가해자에 대해 더 큰 적개심을 갖게 된다. 단, 그 인내가 비겁함이나 공포에서 비롯된 것이라면 이야기는 달라진다. 그러나 피해자가 보이는 부드럽고 인내심 있는 태도를 우리가 진정성 있게 받아들일 수 있다면 오히려 우리는 그가 겪은 고통에 대해 더욱 생생하고 깊이 있게 공감하게 된다.

그럼에도 불구하고, 증오와 분노는 인간성의 필수적인 일부로 여겨진다. 누군가 모욕을 당하고도 아무런 반응 없이 앉아 있다면 우리는 그를 무감각하거나 비겁하다고 여겨 경멸하게 된다. 그런 태도에는 공감이 일어나지 않는다. 우리는 피해자의 무기력에 대해서도 분노하며, 때로는 그 비겁함을 가해자의 오만함만큼이나 비난한다.

일반 대중도 마찬가지다. 누군가가 모욕이나 학대 앞에서 침묵하고 굴복하는 모습을 보면 분노하고, 그에게 마땅히 반격하기를 기대한다. 사람들은 피해자가 분개하고, 일어서서 분노를 터뜨리길 바란다. 피해자가 마침내 분노의 감정을 드러낼 때, 그들은 적극 그를 응원하고 그 감정에 깊이 공감한다. 이는 가해자에 대한 반감을 자극하고, 피해자의 반격에 대해 마치 자신이 직접 경험하는 것처럼 대리 만족을 느끼기 때문이다. 단, 이때의 반격 역시 지나치지 않아야 한다.

어떤 사람에게 피해나 모욕을 가하면 위험한 결과를 초래할 수 있다는 점을 일깨운다는 점에서, 증오와 분노는 일정한 유용성을 지닌다. 이 감정들은 정의의 수호자로서, 사법적 정의가 공정하게 실현되도록 하는 데에도 기여한다. 개인적 차원에서뿐 아니라 사회 전체의 질서를 위해서도 이 감정들은 중요한 역할을 하며, 이에 대해서는 뒤에서[2부 2편 3장] 더 자세히 살펴볼 것이다.

그러나 증오와 분노는 여전히 본질적으로 불쾌한 감정이다. 우리는 다른 사람에게서 이 감정이 드러날 때, 자연스럽게 거부감을 느끼곤 한다. 주변 사람에게 분노를 표현했는데, 그것이 상대방의 무례한 행위를 지적하는 수준을 넘어선다면 우리는 이를 그 사람에 대한 모욕일 뿐 아니라 주변의 모든 사람에게 실례가 되는 행동으로 여긴다. 따라서 공적인 자리에서 다른 사람을 의식한다면 지나치게 거칠고 과격한 감정 표출은 삼가야 마땅하다.

이처럼 자제를 이끌어내는 것은 분노라는 감정의 간접적이면서도 유익한 효과다. 직접적인 효과는 분노의 대상에 대한 적대감이다. 하지만 이는 단순히 즉각적인 영향일 뿐 우리 마음속에서 진정한 즐거움과 고통을 결정하는 궁극적인 효과라고 볼 수는 없다.

불쾌한 도구들, 유쾌한 상상력

감옥은 궁전보다 공공의 이익에 확실히 더 유용하다. 또한 감옥을 세우는 사람은 대개 궁전을 짓는 사람보다 훨씬 더 올바른 애국심에 이끌린다. 그러나 감옥의 즉각적인 효과, 즉 그곳에 갇힌 불쌍한 이들의 구금은 불쾌한 것이다. 그리고 우리의 상상력은 그 먼 효과를 추적할 시간을 갖지 못하거나 그 효과가 너무 멀리 있어 제대로 인식하지 못한다. 따라서 감옥은 언제나 불쾌한 대상으로 남고, 그 목적에 충실할수록 오히려 더 불쾌하게 느껴진다.

반면에 궁전은 항상 즐거운 대상이다. 그러나 그 장기적 효과는 종종 대중에게 불편할 수 있다. 궁전은 사치를 조장하고 풍속의 해이를 부추기는 본보기가 될 수 있다. 그러나 궁전의 직접적 효과인 편리함, 즐거움, 그곳에 사는 사람들의 유쾌함은 모두 기분 좋은 것이어서 상상력에 수천 가지 즐거운 생각을 불러일으킨다. 그래서 우리의 상상력은 대개 이러한 즉각적인 인상에 머물며, 그보다 먼 결과까지 추적하는 경우는 드물다.

그림이나 부조에 자주 등장하는 악기나 농기구 등은 우리의 현관과 식당을 장식하는 유쾌한 대상이다. 그러나 외과 의사가 사용하는 수술 도구들, 예컨대 해부 칼, 절단용 메스, 뼈 자르는 톱, 두개골 절단 장치 등은 우리의 현관이나 식당에 놓이면 매우 부적절하고 충격적인 물건이 될 것이다. 그런데도 이런 외과 수술 도구들은 농기구들보다 항상 더 잘 관리되어 원래의 용도에 훨씬 더 적합하게 사용된다. 이러한 수술 도구들은 결국 환자의 건강 회복이라는 바람직한 결과를 가져오지만, 그 직접적 효과는 통증과 고통이므로 우리는 그것을 볼 때마다 불편함을 느낀다. 전쟁 무기들 역시 같은 맥락에서 이해할 수 있는데, 그 궁극적 목적은 유익할지 모르나 직접적 효과는 오직 고통과 괴로움뿐이다.

그러나 우리는 적들의 고통에 대해서는 별다른 공감을 느끼지 않는다. 우리가 무기를 바라볼 때 떠올리는 것은 용맹함, 승리의 순간 그리고 명예로운 행위들이다. 그래서 무기는 군복의 가장 고귀한 장식이 되며,

그 모조품은 건축물의 장식 요소로도 사용된다.

고대 스토아학파는 이런 생각을 품고 있었다. 이 세계는 현명하고 강력하며 선량한 신의 전지전능한 섭리로 다스려지므로, 모든 사건은 이 세계라는 거대한 계획의 필수불가결한 부분으로 보아야 한다. 따라서 그 사건들은 세계의 전체적 질서와 행복을 증진하는 것으로 이해해야 한다. 인간의 악덕과 어리석음도 지혜와 미덕 못지않게 이 세계 계획의 필수적인 요소이다. 그리하여 악덕과 어리석음은 악에서 선을 이끌어내는 영원한 조화의 법칙에 따라, 자연이라는 거대한 체계를 지혜와 미덕만큼이나 번성하게 하고 완벽하게 한다.

그러나 이런 사상이 아무리 우리 마음 깊은 곳에 뿌리내리고 있다 해도, 악덕에 대한 우리의 본능적 혐오감을 완전히 없애지는 못한다. 악덕의 즉각적 효과는 너무나 파괴적이고, 그 간접적 효과는 너무 멀리 있어 우리의 상상력이 미처 따라잡지 못하기 때문이다.

분노와 증오는 왜 공감을 불러일으키기 어려운가

지금까지 살펴본 여러 감정도 이와 다르지 않다. 그 감정들이 아무리 정당한 분노나 증오의 표현이라 하더라도 그 직접적인 효과는 지나치게 불쾌해서 우리에게 본능적인 거부감을 불러일으킨다. 따라서 우리는 그 감정의 정당한 원인을 알기 전까지는 좀처럼 공감하지 못한다. 이 점은 앞서 논의한 바 있다.

이를테면 멀리서 들려오는 슬픈 탄식 소리를 들으면 우리는 그 주인공을 무심히 지나칠 수 없다. 그 소리가 들려오는 순간, 우리는 자연스럽게 그의 불행에 관심을 가지게 되고, 그 목소리가 계속되면 거의 무의식적으로라도 그를 도와주려 달려갈 수도 있다.

마찬가지로 웃고 있는 얼굴을 마주할 때 울적한 사람도 그 밝고 명랑한 분위기에 이끌려 자연스레 기쁨의 감정에 동화된다. 그전까지 움츠러들었던 마음이 풀리며 기분이 고양된다.

그러나 분노와 증오는 전혀 다르다. 멀리서 들려오는 쉰 목소리, 소란스럽고 거친 분노의 외침은 공감보다는 공포와 혐오를 자극한다. 우리는 고통과 고뇌로 외치는 사람을 향해 달려가려 하지 않는다. 특히 여자들이나 감수성이 예민한 남성들은 그 분노의 대상이 자신이 아님을 알고 있으면서도 두려움에 휩싸인다. 그들은 본능적으로 분노의 대상이 된 이의 입장을 상상하며 공포를 느낀다. 심지가 굳은 사람조차도 마음이 흔들린다. 그들이 두려움을 느끼지 않는다 해도, 그 상황에 처했다면 느꼈을 감정이 분노이기에 본능적으로 불편함을 느낀다.

증오도 마찬가지다. 그 감정이 살짝 드러나는 정도라면, 대체로 그것은 다른 사람의 감정을 불러일으키지 않는다. 오히려 그런 감정은 표현한 당사자에게만 의미 있을 뿐 주변에는 별다른 반응을 불러오지 않는다. 증오와 분노는 그 성격상 원초적이고 거칠며, 우리가 본능적으로 꺼리는 감정이다. 이 감정들은 소란스럽고 불쾌한 방식으로 등장하며, 공감을 유도하기보다 사람들의 마음을 동요시키고 거리감을 만든다.

슬픔 역시 그 표현만으로는 반드시 타인의 마음을 끌어당기지는 못하지만 적어도 증오나 분노보다는 가까이 다가가려는 충동을 일으킨다. 반면 증오와 분노는 그 원인을 알지 못하면 우리는 오히려 그 감정을 표출하는 사람을 피하게 된다. 결국 사람들을 서로 떼어놓는 이러한 거칠고 차가운 감정들은 타인의 공감을 이끌어내기 어렵고, 설령 가능하더라도 아주 드물게 일어나는 일이다.

왜 어떤 감정은 음악이 되고, 어떤 감정은 불쾌한가

음악이 슬픔이나 기쁨 같은 감정 상태에 공명할 때, 우리는 그 감정을 자연스럽게 느끼게 되거나, 적어도 그 감정이 지배하는 분위기로 들어가게 된다. 반대로 음악이 분노의 감정과 맞닿을 경우, 그것은 우리에게 불쾌함이나 공포를 불러일으킬 수 있다.

기쁨, 슬픔, 사랑, 존경, 헌신과 같은 감정들은 본래 음악과 잘 어우러지는 정서들이다. 이 감정들이 지닌 어조는 부드럽고, 청명하며, 조화롭다. 이러한 감정은 규칙적인 쉼표로 구분된 악절 속에 자연스럽게 표현되며, 그로 인해 하나의 곡 안에서도 선율의 반복적인 구조에도 잘 녹아든다.

반대로, 분노나 이와 유사한 감정들의 목소리는 날카롭고 불협화음으로 가득하다. 그 악절은 매우 불규칙적이며, 때로는 지나치게 길고 때로는 갑작스럽게 짧으며, 규칙적인 쉼표도 없다. 음악이 이러한 감정을 모방하려 하면 그 자체가 매우 부자연스럽고, 듣는 이에게 불쾌함을 안긴다. 따라서 예의와 기쁨을 중시하는 사교적 환경에서는 사람을 기분 좋게 하는 감정을 담은 음악이 어울린다. 분노나 증오만을 표현하는 음악은 그저 기이한 오락거리에 불과하다.

이러한 감정들은 그것을 느끼는 사람뿐만 아니라 관찰자에게도 똑같이 불쾌하다. 증오와 분노는 마음의 평온을 깨뜨리는 독이다. 이 감정들에는 거칠고 삐걱거리는, 몸을 긴장시키는 뭔가가 있으며, 그것은 가슴을 찢고 내면을 흔들어놓는다. 행복에 필수적인 차분하고 안정된 마음가짐을 파괴하는 것이다. 평온한 마음은 감사와 사랑처럼, 분노나 증오와는 정반대되는 감정이 있어야만 유지될 수 있다.

관대하고 인정 많은 사람들에게 가장 큰 고통은, 그들과 함께 지내던 이들의 배신이나 배은망덕이다. 그들이 상실한 것이 물질적으로 아무리 크다 해도, 그것 없이도 충분히 행복할 수 있다. 그러나 그들이 진정 괴로워하는 것은 배신당했다는 사실 자체이며, 그 경험이 마음속에 깊은 불협화음과 불쾌감을 남긴다.

그렇다면 관찰자가 누군가의 분노에 공감하려면 어떤 조건이 필요할까? 무엇보다도 그 분노가 정당하려면 그에 앞선 도발이 명백히 부당하고 심각한 것이어야 한다. 이를테면 만약 우리가 부당한 공격 앞에서도 반격하지 않는다면 오히려 경멸과 모욕의 대상이 될 수도 있다. 하지만 사소한 모욕이나 충동에 매번 격하게 반응한다면 그것은 성격이 삐뚤어졌거나 예민하다는 인상을 줄 뿐이며, 그런 반응은 오히려 더 큰 경멸을 유발할 것이다.

분노를 드러내는 품격에 대하여

우리는 불쾌한 감정을 억제하지 못하여 분노를 폭발시키기보다는, 분노를 표현하더라도 적절한 한도 안에서 감정을 드러내야 한다. 다시 말해, 사람들이 기대하는 정도에 맞는 분노만 표현하는 것이 바람직하다.

인간의 감정 가운데 분노는 특히 복합적인 역할을 한다. 우리는 분노의 정당성과 적절성에 반복해서 의문을 갖게 되고, 실제로 분노를 드러내기 전에는, 그것이 우리의 기본적인 예의와 품위에 어긋나지 않는지 먼저 돌아보게 된다. 또한 냉정하고 공정한 제3자가 우리의 분노를 어떻게 받아들일지 진지하게 고려하게 된다.

이때 관대함, 사회적 지위나 체면에 대한 의식은 이런 불쾌한 감정 표현을 고상하게 만드는 중요한 동기로 작용한다. 이러한 동기들은 우리의 태도와 행동에 독특한 품격을 부여하며, 무엇보다 명확하고, 공개적이며, 직접적이어야 한다. 표현은 과감하되 독단적이어선 안 되고, 감정이 분명하되 오만해서는 안 된다. 무례하거나 저속하지 않으면서, 관대하고 솔직하며, 예의를 지키는 방식으로 나타나야 하며, 심지어 우리를 불쾌하게 만든 사람에게조차도 이런 자세를 유지해야 한다.

요약하자면, 분노 속에서도 우리의 인간성이 훼손되지 않았음을 억지로 드러내려 하기보다, 모든 행동에서 그것이 자연스럽게 배어 나와야 한다. 만약 우리가 보복이라는 선택을 하게 된다면 그것은 감정에 휘둘린 결과가 아니라 마지못한 필요에 의해, 그리고 심각한 도발이 반복되어 거기에 따른 불가피한 조처였음을 분명히 해야 한다. 이처럼 분노가 철저히 절제되고 품위 있게 다듬어질 때, 그것은 오히려 관대한 사람의 단호하고 정당한 대응으로 받아들여질 것이다.

제4장
사교적 감정에 대하여

— ◆ —

사람을 끌어당기는 감정들

앞에서 살펴본 감정들은, 다른 사람의 입장에서 쉽게 공감하기 어려워서 대체로 무례하고 불쾌하게 받아들여진다. 반대로 이와 상반된 감정들은 공감을 더욱 키우며, 거의 언제나 유쾌하고 품위 있는 인상을 남긴다. 표정이나 행동을 통해 관대함, 인정미, 친절함, 연민, 상호적인 우정과 존중 같은 사교적이고 호혜적인 감정들을 드러날 때, 우리와 무관한 이에게까지 따뜻한 인상을 주어, 무심했던 마음마저 움직이게 한다.

이런 따뜻한 감정을 보이는 사람을 지켜보면 우리는 그 사람뿐만 아니라 그런 대우를 받는 상대방까지 함께 좋아하게 되어 공감이 더욱 커진다. 우리는 존경받는 사람의 행복에 함께 기뻐하고, 존경을 표현하는 사람의 감정에도 쉽게 동화된다. 두 사람이 서로에게 긍정적인 감정을 품고 있기에 우리는 자연스레 이런 따뜻하고 자상한 감정에 크게 공감한다. 자상함은 언제나 호감 가는 감정으로 받아들여진다.

우리는 다른 사람을 존경하는 마음에 공감할 뿐만 아니라 그런 존경을 받아 기뻐하는 사람의 감정에도 자연스럽게 동화된다. 하지만 상황이 반대일 때는 어떨까? 누군가가 분노나 증오의 대상이 되면, 그에게 가해지는 고통이 클수록 우리는 그 상황을 더욱 잔혹하고 견디기 힘든 것으로 느낀다. 반면에 사랑받고 있다는 느낌은 감수성이 섬세한 사람에게 매우 중요한 행복의 원천이 된다. 이는 사랑을 통해 얻는 구체적인 혜택보다도 더 큰 의미를 지닌다.

그렇다면 우정을 무너뜨리고 다정한 애정을 치명적인 증오로 바꾸는 성향만큼 혐오스러운 것이 또 있을까? 그렇다면 이런 파괴적인 감정은 어디에서 비롯된 것일까? 단지 친구 사이에서 주고받던 실질적인 이득이 사라졌기 때문일까, 아니면 그보다 더 본질적으로, 서로 간에 느끼던 깊은 신뢰와 정서적 만족감이 무너졌기 때문일까?

그 이유는 우정이라는 조화로운 감정을 무너뜨리고, 오랜 세월 이어져 온 따뜻한 교류를 깨뜨렸기 때문이다. 이런 우호적 감정, 화합, 따뜻한 교류는 섬세하고 부드러운 사람들에게만 국한된 것이 아니다. 가장 거칠고 저속한 이들조차도 그 소중함을 알고 느낀다. 이 감정들은 인간관계에서 얻는 사소한 실익보다 훨씬 더 깊고 중요한 가치를 지닌다.

사랑의 감정은 관계를 유쾌하게 만든다

사랑의 감정은 그것을 느끼는 사람에게 본질적으로 유쾌한 경험이다. 사랑은 마음을 부드럽게 가라앉히고 평온하게 하며, 활력을 북돋아 건강한 몸 상태를 유지하는 데에도 긍정적으로 작용한다. 사랑이 더욱 기분 좋게 느껴지는 이유는 사랑받는 사람에게서 감사와 만족의 감정을 불러일으키기 때문이다. 사랑하는 사람과 사랑받는 사람 사이의 이러한 호혜적 감정은 서로를 더욱 유쾌한 존재로 만들고, 그 감정에 대한 주변의 공감은 두 사람 모두를 타인에게도 기분 좋은 존재로 느껴지게 한다.

우리는 조화롭고 따뜻한 가정을 바라보며 자연스럽게 기쁨을 느낀다. 부모와 자녀가 친구처럼 지내고, 자녀는 부모를 존경하고 사랑하며, 부모는 자녀에게 자상하게 대하는 모습을 보면서도 그러하다. 가족 구성원 사이에 위계적인 구분 없이 자유롭고 다정한 분위기가 흐르고, 서로 농담을 주고받으며 배려하고 감싸주는 공기가 집 안을 채운다. 물질적 이해관계로 인해 형제들이 갈라지는 일도 없고, 애정 문제로 자매들 간에 갈등이 생기는 일도 없다. 그런 가정에서는 일상의 사소한 일조차도 평화롭고 따뜻한 분위기를 자아내며, 보는 이는 기분 좋은 만족감을 느낀다.

반면 서로 분열되어 불화를 겪는 가정의 풍경은 우리에게 깊은 불안감을 안긴다. 그 안에서는 가족들이 서로 마음이 맞지 않아 갈등이 반복되며, 겉으로는 화목하고 평온한 모습처럼 보이려 애쓰지만, 불신이 서린 눈빛과 갑작스러운 감정의 분출은 그 안에 숨겨진 갈등과 긴장을 여실히 드러낸다. 손님이 있을 때는 억제하려 하지만 그런 불편한 감정들은 언제든 밖으로 터져 나올 듯 가득 차 있다.

좋은 감정은 과도해도 혐오스럽지 않다

이러한 우호적인 감정들은 설령 다소 과하게 표현된다 하더라도 결코 혐오의 대상이 되지 않는다. 심지어 온유한 마음에서 우러나온 우정이나 인정 어린 태도에서도 우리는 본능적으로 유쾌함을 느낀다. 마음이 지나치게 부드러운 어머니, 유난히 자상한 아버지, 너무 관대하고 따뜻한 친구—그 다정한 성품 덕분에 우리는 때로 이런 사람들을 사랑과 연민이 뒤섞인 시선으로 바라본다. 극단적으로 비열하거나 잔인한 사람이 아닌 이상, 이들을 증오하거나 경멸하는 경우는 없다.

우리는 그런 어머니, 아버지, 친구의 지나친 애정 표현을 비난하기보다는, 오히려 공감 어린 마음으로 다정하게 지적하거나 애정 섞인 농담으로 받아들인다. 지나치게 인정이 많은 사람에게는 때로는 어쩔 수 없는 순진함이 느껴지는데, 그 점 때문에 우리는 연민을 느낀다. 그런 성품은 결코 무례하거나 불쾌한 것이 아니지만, 세상살이에는 잘 어울리지 않는다. 세상은 그런 인정미를 받아들일 만한 그릇이 되지 못하기 때문이다.

오히려 현실은 그런 온유하고 다정한 사람들을 배신과 배은망덕, 거짓과 기만의 희생양으로 만들곤 한다. 그들은 누구보다도 그런 부당한 대우를 받아서는 안 되는 사람들이며, 실제로 타인을 배신하거나 해칠 만한 사람이 결코 아니다.

하지만 증오와 분노는 전혀 다르다. 이 두 감정에는 본질적으로 난폭함의 기운이 스며 있어, 이런 성향의 사람은 사회적 공감의 대상이 되기보다는 공포와 혐오의 대상으로 전락한다. 그래서 우리는 본능적으로 그들을 들판의 짐승처럼 여기며, 문명사회에서 배제해야 마땅하다고 느끼게 된다.

제5장

이기적 감정들에 대하어

$$\blacklozenge$$

왜 우리는 남의 기쁨에는 공감하지 못하는가

사교적 감정과 비사교적 감정이라는 두 극단 사이에는, 그 어느 쪽에도 명확히 속하지 않는 제3의 감정이 존재한다. 이 감정들은 사교적 감정처럼 우아하지도 않지만 그렇다고 비사교적 감정처럼 혐오스럽지도 않다. 슬픔과 기쁨이 대표적인 예로, 이는 개인적 행운이나 불운의 관점에서 이해되는 감정들이다.

이러한 감정들은 비록 지나치게 표현되더라도, 과도한 분노처럼 불쾌함을 유발하지는 않는다. 그에 대한 반감이나 정반대의 공감을 불러일으키지 않기 때문이다. 그러나 이 감정들은, 아무리 상황에 적절하게 표현된다 해도, 관대함이나 정의감처럼 보편적으로 유쾌하거나 고상하게 받아들여지지는 않는다. 이는 슬픔과 기쁨이, 감정을 느끼는 사람과 그 상대 모두에게 동시에 공감을 불러일으키는 감정은 아니기 때문이다.

한편, 슬픔과 기쁨에 대한 공감의 정도에도 차이가 있다. 일반적으로 사람들은 큰 슬픔보다는 소소한 기쁨에 더 쉽게 공감할 것 같지만, 실제로는 그 반대인 경우가 많다. 우리는 사소한 즐거움보다 심각한 불행이나 슬픔에 더 깊이 공감하는 경향이 있다. 예컨대 갑작스러운 행운으로 과거보다 훨씬 나은 삶의 조건을 누리게 된 사람을 볼 때, 그의 가까운 친구들조차 진심 어린 축하를 건네는 경우는 드물다. 아무리 정당한 노력의 결과라 해도 벼락 출세자는 흔히 불편한 인상으로 받아들여지기 쉽다. 이는 우리 안에 있는 질투심이 그의 즐거움을 온전히 받아들이지 못하게 하기 때문이다.

만약 그런 사람이 상황을 잘 이해하고 있다면 자신의 기쁨을 과시하기보다 오히려 자제하고 절제하는 쪽을 택할 것이다. 그는 예전의 사회적 위치에 맞는 검소한 옷차림을 유지하고, 오랜 친구들에게 더 공손하고 겸손하며 성실한 태도를 보이려 할 것이다. 대체로 우리는 그런 행동을 긍정적으로 받아들인다. 이는 우리가 그의 행복을 진심으로 기뻐하기보다는 오히려 우리의 질투심과 불편한 감정을 그가 배려해주길 기대하기 때문이다.

그러나 이러한 겸손이 성공적으로 유지되는 경우는 드물다. 주변 사람들은 그의 겸손이 진심인지 의심하고, 당사자는 끝없이 요구되는 자기절제에 피로를 느낀다. 결국 그는 예전 친구들과 멀어지고 그중에서 그에게 종속되기를 마다하지 않는 소수만 곁에 남는다. 반면 새 친구들도 그를 쉽게 받아들이지 않는다. 예전에는 자신보다 아래 있던 사람이 이제는 동등한 위치에 올랐다는 사실 자체가 그들에게 모욕처럼 다가오기 때문이다. 결국 그는 양쪽 모두와 어색하고 미묘한 거리를 두게 되고, 그런 상황을 극복하려면, 무엇보다도 진정성 있고 오래 지속되는 겸손이 필요하다.

그러나 대부분의 벼락 출세자는 그 과정을 견디지 못한다. 예전 상급자들의 자존심 섞인 냉대에 분노하고, 예전 친구들의 시큰둥한 태도에 실망하면서 점점 냉소적으로 변한다. 마침내 그는 예전 사람들을 무시하고, 새로 만난 이들을 경멸하기 시작하며, 결국 거만하고 고립된 인물로 전락한다. 그렇게 그는 모든 사람의 존경을 잃는다.

앞서 말했듯, 인간 행복의 본질은 사랑받고 있다는 느낌이다. 이 점에서 보면 갑작스러운 신분 상승은 오히려 행복을 증진하지 못한다. 반면 서서히 위로 올라간 사람은 다르다. 대중은 그가 승진하기 오래전부터 이미 그런 자리에 오를 것을 예상하고 있었으므로, 그의 성공은 주변에 큰 파장을 일으키지 않는다. 따라서 그를 질투하는 이도 적고, 오히려 담담한 인정을 받는다. 이런 경우에야 비로소 진정으로 안정된 행복이 가능하다.

사람은 사소한 즐거움에 더 잘 공감한다

사람들은 오히려 사소한 즐거움에 더 쉽게 공감한다. 아주 중요한 사건보다, 일상에서 마주치는 소박한 기쁨에 더 자연스럽게 반응하는 것이다. 누군가가 큰 성취를 이루고도 겸손하게 행동하는 것은 분명 예의에 부합하지만 우리를 진정으로 움직이는 것은 큰 사건이 아니라 일상에서 비롯된 작은 만족들이다.

마음이 맞는 친구들과 보낸 유쾌한 밤, 함께 웃고 즐겼던 가벼운 농담들, 우리가 주고받은 말과 행동, 지금 이 순간의 소소한 교류들, 그리고 인간의 공허한 틈을 메워주는 자잘한 사건들, 이 모든 것이 때로는 큰 성취 못지않은 만족감을 선사한다.

이처럼 일상의 기쁨을 귀하게 여기는 사람에게서 우러나는 쾌활함은, 보기 드문 우아한 성품이라 할 수 있다. 우리는 그런 사람의 밝은 기질에 쉽게 이끌리고, 자연스럽게 공감한다. 그 감정은 우리 안에서도 동일한 즐거움을 불러일으키며, 우리 역시 그의 눈으로 세상을 바라보게 된다. 그의 쾌활함이 비추는 방식대로 우리도 일상의 사건들을 받아들이게 되는 것이다.

그래서 우리는 청춘이라는 계절, 곧 쾌활함이 자연스럽게 피어나는 시기를 본능적으로 좋아하게 된다. 그 기질은 마치 꽃이 피어나는 장면에 생기를 불어넣는 것 같고, 젊고 아름다운 사람의 눈빛에서는 순수한 즐거움이 반짝이는 것처럼 느껴진다.

심지어 중년이나 노년조차도 그러한 밝은 기운 덕분에 평소보다 더 강한 활력을 느낀다. 노인들은 잠시 자신의 허약한 상태를 잊고, 오랫동안 잊고 지냈던 기쁨과 웃음을 떠올리며 감정에 몰입한다. 그들은 그 즐거운 감정들을 마치 오랜만에 다시 만난 소중한 친구처럼 마음 깊이 받아들인다. 오랜 이별 끝에 재회한 친구를 더 깊이 껴안듯이, 그들은 그 반가운 감정들을 더욱 강하게 끌어안는다.

사람은 커다란 슬픔에 더 잘 공감한다

그러나 슬픔의 경우는 즐거움과는 정반대 양상을 보인다. 사소한 분노가 타인의 공감을 거의 이끌어내지 못하듯, 가벼운 슬픔 역시 별다른 동정심을 유발하지 않는다. 삶의 자잘한 불편이나 일상적인 짜증을 과도하게 표출하는 이들이 있다. 이를테면 요리사나 집사의 사소한 실수에도 쉽게 화를 내거나, 인사 예법이 조금만 어긋나도 불쾌해하고, 오후에 만난 친구가 "굿모닝"이라고 인사하는 것조차 기분 나빠한다. 동생이 흥얼거리는 소리에 짜증을 내고, 시골로 떠난 휴가에서 날씨가 좋지 않거나, 여행 중 길이 좋지 않은 것도 그에겐 짜증 유발 요인이 된다. 심지어 도시에 있을 때 친구가 없거나 여가 활동이 지루하게 느껴져도 분노의 이유가 된다. 당사자에겐 나름의 불만이겠지만 이러한 반응은 대부분 타인의 공감을 얻지 못한다.

즐거움은 본래 유쾌한 감정이기에 아무리 작더라도 그것이 전달되면 우리는 기꺼이 그 감정에 동참한다. 물론 질투심이 방해하지 않는다면 말이다. 반면 슬픔은 고통스러운 감정이기에 정작 우리 자신에게 닥친 일조차도 마음은 그것을 외면하거나 애써 잊으려 한다. 우리가 슬픔을 기피한다고 해서, 사소한 경우에 자신에게 닥친 슬픔을 상상하지 못하는 것은 아니다. 그러나 타인의 슬픔, 특히 사소한 일에서 비롯된 슬픔에는 좀처럼 공감하려 하지 않는다. 이는 공감이라는 감정이 근본적으로 자기 경험을 기준으로 작동하며, 타인의 감정을 온전히 받아들이는 데에는 분명한 한계가 있기 때문이다.

게다가 인간에게는 악의적인 성향도 있어서, 사소한 슬픔은 오히려 조롱거리로 전락하기 쉽다. 우리는 이를 유쾌한 농담의 소재로 삼으며 즐거워하기도 한다. 어떤 친구가 억지로 떠안은 상황이나 집단적인 놀림에 분노를 표할 때조차, 그의 그 분노마저도 농담거리로 전락하곤 한다. 상류 계층 출신으로 교양 있게 자란 사람이라면, 일상에서 겪는 사소한 불쾌감을 외면하거나 감추려 하며, 사회에 원만하게 적응한 이들은 그런 경험마저 자발적으로 농담 소재로 삼는다. 이는 주위 사람들이 자신을 대하는 방식을 그대로 받아들이는 태도이자, 세상살이에 익숙한 사람들이 공통적으로 지닌 습관이다. 그들은 자신의 감정을 타인의 시선에서 바라보고, 그 시선 속에서 불운이 어떻게 비칠지 미리 인식한다. 그래서 그는 주변의 시선을 고려해 자신의 작은 불운도 대수롭지 않게 넘겨버린다.

반면 깊고 중대한 슬픔에 대해서는 전혀 다른 반응이 나타난다. 이 경우 우리는 훨씬 강하고 진실된 공감을 경험한다. 일일이 사례를 언급할 필요도 없다. 우리는 극장의 무대 위에서 벌어지는 허구의 비극조차 보고 눈물을 흘릴 수 있을 만큼, 진지한 고통 앞에서는 감정적으로 반응한다.

그러니 실제 삶에서 어떤 사람이 심각한 불행—예컨대 가난, 질병, 모욕, 실연, 실의 같은 고통—에 시달리고 있다면 그 불행이 비록 스스로 초래한 것이라 할지라도, 진정성 있는 동정과 위로를 받을 수 있다. 상황에 따라 친구들로부터 실제적인 도움도 기대할 수 있을 것이다. 물론 그 도움은 그들의 이해관계나 체면이 허용하는 범위 안에서 이루어질 것이다.

그러나 만약 그 슬픔이 삶의 궤도를 크게 뒤흔들 만큼 심각한 것이 아니라 단지 사업상의 작은 실패나 연인과의 이별 혹은 아내의 기세에 눌려 사는 불편함 정도라면, 그 사람은 오히려 친구들의 조롱과 농담을 감수해야 할 것이다.

번영과 역경이 인간의 행동 판단에 미치는 영향에 관하여, 그리고 우리는 왜 역경보다 번영 속에서 더 쉽게 사람들의 인정을 받는가

제1장

슬픔에 대한 공감은 즐거움보다 강렬하지만 결코 당사자의 고통에는 미치지 못한다

◆

우리는 즐거움보다는 슬픔에 대해 훨씬 더 진지하게 공감한다. 그러나 그것이 실제로 더 강한 감정이라는 뜻은 아니다. 공감이라는 말은 본래 타인의 고통에 대한 감정적 동조를 뜻했다. 최근 한 철학자는 타인의 기쁨에도 진정으로 공감하고 축하할 수 있음을 인간성의 본질로 보며 이를 굳이 논증하려 했다. 하지만 많은 이들은 그렇게 증명해야 할 필요를 느끼지 않을 것이다.

슬픔에 대한 공감은 더 널리 퍼진 감정이다

슬픔에 대한 공감은 즐거움에 대한 공감보다 훨씬 더 보편적으로 나타난다. 설령 슬픔이 다소 과장되었더라도, 우리는 그 감정에 자연스레 동료 의식을 느낀다. 물론 우리가 슬픔의 당사자처럼 울거나 한숨을 쉬고 탄식하는 일은 드물지만, 그의 연약함이나 감정 표현이 지나치다고 느끼면서도, 그 사정에 진지하게 관심을 기울인다.

반면 누군가의 기쁨에는 좀처럼 같은 방식으로 반응하지 않는다. 그 즐거움을 온전히 받아들일 때조차, 우리는 그 사람의 감정에 동참했다는 느낌을 갖지 못한다. 특히 어떤 사람이 기쁜 나머지 절제 없이 들떠서 깡충깡충 뛰거나 춤을 춘다면 우리는 그 모습을 공감의 대상으로 보기보다, 오히려 유치하거나 불쾌하게 받아들이기 쉽다.

신체적이든 정신적이든, 고통은 쾌락보다 더 강렬한 감각이다. 따라서 고통에 대한 공감은 실제 당사자가 느끼는 것만큼 깊지는 않지만 쾌락에 대한 공감보다 훨씬 더 강렬하고 뚜렷한 감각으로 다가온다. 반대로 즐거움에 대한 공감은 당사자의 기쁨에 거의 이를 만큼 쉽게 동조되지만, 그 강도나 선명함은 고통에 비해 훨씬 약하다. 이 점은 곧 더 자세히 살펴볼 것이다.

또한 우리는 종종 타인의 슬픔에 대한 공감이 과도하게 작용하지 않도록 일부러 억제하려는 경향이 있다. 슬픔의 당사자가 보지 않는 자리에서, 우리는 감정적으로 휩쓸리지 않기 위해 애쓰지만, 이런 시도가 항상 성공하는 것은 아니다. 우리는 그 감정에 쉽게 빠져들지 않기 위해 일정한 거리를 두려 하지만 그럴수록 오히려 슬픔에 더욱 주의를 기울이게 된다.

이에 비해 즐거움에 대한 공감은 거의 억제되지 않는다. 누군가의 즐거움이 우리에게 부러움을 유발하지 않는 한, 우리는 기꺼이 그 감정에 공감하고 그것을 드러낸다. 하지만 부러움이 개입되면, 우리는 그 즐거움에 거의 공감하지 못하게 되며, 마음에서조차 그 기쁨을 받아들이길 꺼린다.

우리는 보통 질투심을 부끄러운 감정으로 여기기 때문에 남의 기쁨을 진심으로 축하하는 척하거나 마치 그들의 즐거움에 공감하는 것처럼 행동하곤 한다. 실제로는 질투라는 불쾌한 감정 때문에 진정한 공감을 느끼지 못하면서도 겉으로는 "정말 잘됐네"라고 말한다. 속으로는 배가 아프면서도 이웃의 행운에 기뻐하는 듯한 태도를 취하는 것이다.

흥미롭게도 우리는 원치 않아도 슬픔에는 종종 공감하지만 반대로 기꺼이 그러고 싶어도 기쁨에는 쉽게 공감하지 못한다. 이는 우리의 시기심이 감정의 흐름을 방해하기 때문이다. 이러한 사실들을 객관적으로 관찰해보면 슬픔에 대한 공감은 매우 강력하지만 즐거움에 대한 공감은 상대적으로 매우 미약하다는 결론에 이르게 된다.

시기심이 없다면 즐거움의 공감은 슬픔의 그것보다 더 강력하다

이러한 경향에도 불구하고 나는 단언할 수 있다. 시기심이 개입되지 않는다면 우리는 타인의 기쁨에 대해 슬픔보다 훨씬 더 깊은 공감을 느낀다. 유쾌한 감정에 대한 우리의 동료 의식은, 괴로운 감정에 대한 공감보다 훨씬 생생하며, 즐거움의 당사자가 느끼는 감정에 거의 가까이 다가간다.

비록 우리가 과도한 슬픔에 완전히 공감할 수는 없어도, 일정 부분은 기꺼이 용납한다. 우리는 슬픔의 당사자가 타인의 감정 수준에 맞추기 위해 자신의 슬픔을 억제하는 데 얼마나 애를 써야 하는지 잘 알고 있다. 그래서 그 노력이 다소 부족해도 우리는 흔히 그것을 이해하고 받아들인다.

하지만 기쁨의 경우는 다르다. 과장된 기쁨의 표현에 대해서는 같은 관용을 보이지 않는다. 타인의 감정 수준에 맞추기 위해 즐거움을 절제하는 일은, 슬픔을 억제하는 일보다 훨씬 수월하다고 생각하기 때문이다. 큰 비극 앞에서도 자신의 감정을 절제하는 사람은 깊은 존경을 받는다. 반면 큰 행운 앞에서는 기쁨을 조절한다고 해도 그다지 높은 평가를 받지 못한다. 이는 슬픔과 즐거움 사이에서, 당사자와 관찰자가 느끼는 감정의 간극이 매우 크다는 사실을 우리가 알기 때문이다.

어떤 사람이 건강하고, 빚이 없으며, 떳떳한 양심을 지니고 있다면 그에게 더 이상 바랄 만한 행복이 무엇이 있겠는가? 그런 삶은 이미 충분히 만족스러운 상태이며, 여기에 어떤 행운이 덧붙는다 해도 그것은 단지 부가적인 것일 뿐이다. 그런데 만약 그가 그 부수적인 행운에 지나치게 기뻐한다면 이는 오히려 경박한 성정의 표현으로 보일 수 있다. 그러므로 인간이 바라는 가장 자연스럽고 평범한 삶의 조건은 건강, 경제적 안정 그리고 내면의 떳떳함일 것이다.

하지만 모두가 개탄하듯이, 오늘날 대다수 사람은 그런 기본적 조건조차 갖추지 못한 채 살아가고 있다. 세상의 비참함과 도덕적 타락이 많은 이들의 일상에 깊이 뿌리내려 있다. 그런 상황에 놓인 사람들은 작은 행운이나 사소한 즐거움에도 쉽게 기쁨을 느낀다.

요컨대, 이처럼 기본적으로 결핍된 상태에서는 더해질 것이 별로 없는 반면 제거해야 할 것들은 너무도 많다. 현재의 불행에서 최고의 행복까지는 생각보다 멀지 않다. 하지만 지금의 불행에서 최악으로 추락하는 길은 훨씬 깊고 가파르다. 그래서 나쁜 환경이 주는 부정적 영향은, 좋은 환경이 주는 긍정적 자극보다 훨씬 강하게 작용한다.

따라서 관찰자가 기쁨을 느끼는 사람에게 공감하는 것보다, 슬픔을 겪는 사람의 감정에 완전히 보조를 맞추며 공감하는 일이 훨씬 더 어렵다. 슬픔에 공감하려면 관찰자는 자신의 평온하고 안정된 정서 상태로부터 멀리 벗어나야 하기 때문이다. 이런 이유로 슬픔에 대한 공감은 종종 즐거움보다 더 강렬하지만 그 감정이 당사자가 느끼는 격렬한 슬픔에까지는 이르지 못한다.

즐거움에 공감하는 일은 본래 유쾌하다. 시기심만 끼어들지 않는다면 우리는 타인의 즐거운 감정에 기꺼이 동참하며 그 감정을 자연스럽게 받아들인다. 반면 슬픔에 공감하는 일은 고통스럽다. 그래서 우리는 그 감정에 마지못해 참여하거나 때로는 억지로 동참하는 모습을 보인다.[3]

연극을 관람할 때 우리는 작품이 불러일으키는 슬픔의 감정을 억누르려 애쓴다. 그러나 감정이 차오르다 결국 더 이상 참을 수 없는 순간이 오면 비로소 그 감정을 드러낸다. 그마저도 대개는 주변 사람들의 시선을 의식해 감정을 숨기려 한다. 만약 눈물을 흘리게 되면, 과도한 슬픔으로 보일까 봐 조심스럽게 감춘다. 옆자리에 앉은 관객이 그 감정에 공감하지 않을 경우, 그것이 나약함이나 의지 부족으로 보일 수 있기 때문이다.

동정의 대상인 불행한 사람 역시, 사람들이 마지못해 슬픔에 공감한다는 것을 알기에 자신의 고통을 쉽게 드러내지 못한다. 그는 세상이 냉정하다는 것을 알기 때문에 슬픔을 절반쯤 감춘 채 망설이며 털어놓는다.

즐거움과 성공에 들뜬 사람은 전혀 다르다. 그의 성공에 대해 우리가 시기하지 않는다면 그는 우리가 기꺼이 함께 기뻐해줄 것이라 믿고, 마음 놓고 그 기쁨을 드러낸다. 그래서 기꺼이 감정을 함께 나눌 것이라는 확신 속에 소리 높여 환호하는 것이다.

---

3   어떤 이들은 내 주장에 다음과 같은 이의를 제기했다. 나는 '승인의 감정'이란 언제나 유쾌하며, 그것이 공감(sympathy)에 바탕한다고 보았는데, 그렇다면 불쾌한 공감을 인정하는 것은 내 체계와 모순된다는 것이다. 이에 대한 나의 답변은 다음과 같다. '승인의 감정'을 구성하는 데는 두 가지 요소가 있다. 첫째는 관찰자가 타인의 감정을 따라 경험하는 공감적 감정, 둘째는 그 공감적 감정이 당사자의 원래 감정과 완벽히 일치함을 인식할 때 생기는 승인의 감정이다. 이 두 번째 감정이야말로 진정한 의미의 '승인'이며, 이는 언제나 유쾌하고 기쁨을 준다. 반면 첫 번째 공감적 감정은 원래의 감정이 어떤 것이냐에 따라 유쾌할 수도 있고 불쾌할 수도 있다. 공감은 필연적으로 대상 감정의 성격을 일정 부분 그대로 반영하기 때문이다. ─원주

기쁨은 함께하지만 슬픔은 혼자 감당한다

왜 우리는 사람들 앞에서 웃는 것보다 우는 것을 더 부끄럽게 여길까? 삶 속엔 웃을 일도, 울 일도 있지만, 우리는 대체로 주변 사람들이 고통보다는 기쁨에 더 쉽게 공감하고 동참할 것으로 기대한다. 그래서 큰 비극을 겪는 순간에도 고통을 드러내는 일은 왠지 모르게 비참하게 느껴진다. 반면 승리의 기쁨은 대체로 보기 거북한 장면으로 여겨지지 않는다. 물론 우리는 신중함이라는 미덕을 발휘해, 성공을 자랑하기보다는 절제된 태도로 드러내야 한다. 그래야만 그 성공이 불러올 수 있는 타인의 시기심을 피할 수 있기 때문이다.

그렇지만 우리보다 뛰어난 이들에 대해 대중이 쏟아내는 찬사의 말들은 대부분 진심에서 비롯된 것이다. 이를테면 전쟁에서 승리하고 귀국한 장군의 개선식이나 입성식을 보면 그 진심을 알 수 있다. 반면 죄수가 처형되는 장면 앞에서는 대중이 놀라울 만큼 침착하며, 슬픔조차 자제하는 모습을 보인다. 장례식에서 우리가 표현하는 슬픔은 대체로 의례적인 것에 불과하다. 그러나 세례식이나 결혼식에서 느끼는 기쁨은 순수하고 진실하다. 이처럼 즐거운 순간들에서 우리가 느끼는 만족은 오래가지는 않더라도 당사자의 감정에 버금갈 만큼 생생하게 다가온다.

진심으로 친구의 기쁨을 축하할 때, 그의 즐거움은 곧 우리의 즐거움이 된다. 다만 인간 본성이란 복잡한 법이어서, 이렇게 순수한 축하의 마음을 자주 내보이지는 않는다. 시기심이 늘 끼어들기 때문이다. 그럼에도 진심으로 축하하는 순간만큼은 우리 역시 친구만큼이나 행복하다. 가슴은 벅찬 기쁨으로 가득 차고, 눈빛은 환한 만족으로 빛나며, 표정은 밝게 피어나고, 몸짓 하나하나에도 생기가 넘친다.

그러나 장례식에 문상을 갔을 때, 우리가 느끼는 슬픔은 고인을 잃은 당사자의 슬픔에 비하면 매우 미미하다. 우리는 그의 곁에 앉아 진지하고 침착한 표정으로 그의 이야기를 듣는다. 때로 그가 말을 잇지 못하고 목이 메어도 우리는 그 깊은 감정에 쉽게 동조하지 못하고, 감정의 흐름에 자연스럽게 보조를 맞추기도 어렵다.

물론 우리는 그의 감정이 정당하고 자연스럽다고 생각하며, 만약 우리가 그 입장이었다면 같은 감정을 느꼈으리라 짐작한다. 그러나 실제로 그의 슬픔을 동일하게 느끼지는 못한다. 이런 냉담함에 스스로 당혹감을 느끼며, 억지로 감정을 만들어내려 애쓰기도 한다. 하지만 그런 공감은 일시적이고 얕은 것에 불과하다. 그리고 장례식장을 떠나는 순간, 그 감정은 흔적도 없이 사라지고 다시는 돌아오지 않는다.

마치 자연이 이렇게 말하는 듯하다. "너에게는 너만의 슬픔이 있고, 그것으로 충분하다. 타인의 슬픔에 대해서는 단지 의례적으로 위로하는 마음만 있으면 된다."

고통을 다스릴 줄 아는 사람은 존경받는다

이처럼 사람들은 타인의 슬픔에 무뎌지기 쉽다. 그래서 큰 슬픔 속에서도 의연함을 잃지 않는 모습은 언제나 품위와 우아함으로 다가온다. 여러 건의 사소한 불행 속에서도 쾌활함을 잃지 않는 모습은 신사적인 매너로 여겨지며, 만일 극심한 참사를 겪고도 담담함을 유지한다면 거의 초인적인 모습처럼 보인다. 대참사는 누구에게나 마음의 동요와 고통을 일으키고, 극심한 감정의 소용돌이로 몰아넣기 때문이다. 그 속에서 감정을 억제하려면 엄청난 정신적 노력이 필요하다는 사실을 우리는 잘 알고 있다. 그래서 그런 상황에서도 감정을 절제하며 품위를 지키는 사람을 보면 우리는 놀라움을 금치 못한다. 그는 자신의 고통을 억제하지만 동시에 우리의 무감함을 책망하지도 않고, 우리에게 동일한 감수성을 요구하지도 않는다. 오히려 그가 보여주는 절제된 태도는 우리의 감정과 자연스럽게 조화를 이루며, 그래서 우리는 그것을 적절한 예의라고 받아들인다.

그의 이러한 절제는, 인간이 본래 얼마나 연약한 존재인지 잘 알고 있는 우리로서는 결코 당연하게 기대할 수 없는 수준의 행동이다. 그처럼 고결하고도 의연한 태도는 보기 드문 정신적 힘의 산물이며, 우리는 그를 놀라움과 경외심으로 바라보게 된다. 앞서 여러 차례 언급했듯, 존경심이란 완전한 공감과 내면적 승인, 경탄과 놀람이 어우러진 감정의 총합인 것이다.

고대 로마의 장군 카토는 사방에서 적에게 포위되어 더는 저항이 불가능해지자, 항복을 수치로 여긴 나머지 당시의 숭고한 행동 원칙에 따라 스스로 생을 마감했다. 그러나 그는 자신의 불운에 위축되지 않았고, 자비를 구걸하는 비참한 목소리를 내지도 않았으며, 흔히 사람들이 무의식중에 흘리는 연민의 눈물조차 흘리지 않았다. 그는 자결 직전까지도 평소와 다름없는 침착함을 유지하며, 친구들의 안전을 위해 필요한 모든 지시를 내렸다. 초연함을 가르쳤던 스토아학파의 대표 사상가 세네카가 보기에, 그의 마지막 모습은 신들조차 경탄하며 내려다보았을 만한 광경이었다.

우리는 일상에서 이처럼 고귀한 의연함을 마주할 때 깊은 감동을 받는다. 감정에 휩쓸려 흐느끼는 이보다, 슬픔을 품위 있게 다스리는 이를 보며 오히려 더 깊이 슬퍼하고 눈물을 흘리게 된다. 이런 경우, 관찰자의 동정심 어린 슬픔은 당사자의 슬픔보다 더 진하게 느껴지기도 한다. 소크라테스가 독배를 마실 때, 그의 친구들은 눈물을 흘리며 슬퍼했지만 정작 소크라테스 자신은 평소처럼 즐겁고 쾌활한 평상심을 유지했다.

이처럼 숭고한 장면 앞에서 관찰자는 자신의 감정을 억누를 필요를 느끼지 않는다. 그 감정이 지나치거나 무례할까 봐 두려워할 이유도 없다. 그는 자신의 감수성에 충실하면서도 자기감정에 확신을 갖고 자연스럽게 그것을 표현한다. 친구의 비극 앞에서 그는 우울한 생각을 외면하지 않고, 그 친구에 대해 이전과는 또 다른 깊고도 슬픈 애정을 느끼게 된다. 그런 감정은, 어쩌면 그가 평소에 한 번도 경험해보지 못한 가장 진실한 공감일지도 모른다.

그러나 참사 속에서도 의연함을 유지하는 당사자의 경우, 상황은 전혀 다르게 전개된다. 그는 자신이 겪은 끔찍하고 불쾌한 현실로부터 가능한 한 시선을 멀리 두어야 한다. 고통을 지나치게 직시하면 감정의 무게에 압도되어 더 이상 스스로를 통제할 수 없게 되기 때문이다. 그렇게 되면 그는 슬픔의 주인공이 되어, 관찰자들의 동정과 인정에 기대게 된다.

그래서 그는 시선을 달리해, 의연한 태도가 불러오는 존경과 찬사에 집중한다. 이 끔찍한 상황 속에서도 자신은 고상하고 절제된 행동을 할 수 있다, 그런 상황에서도 스스로를 다스릴 수 있다는 생각은 그에게 내적인 기쁨을 주고, 그 기쁨이 다시 담담하고 당당한 태도를 유지하게 한다. 그는 그렇게 고통을 넘어선 승리의 정신을 자각하고, 그 품위 안에 머문다.

왜 남의 눈물에는 관대하고, 자기 눈물에는 냉정한가

반대로, 참사에 압도되어 슬픔에 함몰되고 낙담하는 사람은 대개 초라하고 나약해 보인다. 우리는 그의 감정을 그대로 공유하지 못하며, 설령 같은 처지에 놓인다 해도 꼭 그렇게 반응할 것 같지는 않기에 은연중 경멸의 감정을 품게 된다.

하지만 슬픔이 자연스러운 감정의 발현이라면, 그것을 비난하거나 깎아내리는 것은 부당하다. 물론 슬픔에 압도된 태도는 보기 유쾌한 모습은 아니다. 그러나 그 슬픔이 오롯이 타인을 향한 것, 다시 말해 이타적인 마음에서 비롯된 것이라면, 우리는 그 감정을 기꺼이 이해하고 수용할 수 있다. 예를 들어보면 다음과 같다. 존경하고 사랑하던 아버지를 여읜 아들이 자신의 슬픔을 마음껏 드러낸다 해도, 그것은 결코 비난받을 일이 아니다. 그의 슬픔이 주로 고인이 된 아버지를 향한 애도와 동정심에 바탕을 두고 있기 때문이다. 우리는 그런 감정에 자연스럽게 공감한다.

그러나 그 아들이 자기 자신과 관련된 불행에 대해 슬픔을 표현할 경우에는 이야기가 달라진다. 가령 자기 잘못으로 인해 몰락하여 떠돌이 신세가 되었거나, 극심한 위험에 처했거나, 심지어 공개 처형장에 끌려 나왔을 때, 만일 처형대 위에서 눈물을 흘린다면 용기와 절제를 중시하는 사람들의 눈에 그는 평생 스스로를 욕되게 한 인물로 기억될 것이다.

물론 그들 역시 마음속으로는 일정한 동정심을 품을 수 있다. 하지만 그런 눈물은 진정한 연민을 이끌어낼 만큼 고결한 감정으로 받아들여지지 않는다. 오히려 사람들 앞에서 그런 식으로 자신을 위해 눈물을 보인 행위는 동정보다 수치심을 불러일으키며, 그가 맞이한 불행 중 가장 개탄스러운 장면으로 기억된다.

이와 같은 예로, 프랑스의 용맹한 장군이었던 비롱 공작 사례가 있다. 그는 수많은 전장에서 두려움 없이 죽음을 마주해왔으나, 정작 왕명을 거역한 반역죄로 단두대에 오르던 순간, 눈물을 보이고 말았다. 그는 자신이 얼마나 비참하게 몰락했는지를 실감하며, 한때 누렸던 영광과 군주의 은혜를 되새기다가 끝내 울음을 터뜨리고 말았다. 그러나 그 눈물은 오히려 그가 평생 쌓아온 명예를 무너뜨리는 마지막 오점이 되었다. 비롱 공작은 안타깝게도, 자신의 무모한 선택으로 그 모든 것을 스스로 무너뜨린 것이다.

제2장
야망의 근원과 신분의 구분에 대하여

─────◆─────

　　인간은 본성상 슬픔보다 즐거움에 더 쉽게 공감한다. 그래서 우리는 가난은 숨기고, 부는 드러내고 싶어 한다. 특히 자신의 고통을 남들에게 보여주는 일만큼 수치스럽게 느껴지는 것도 없다. 우리의 고통을 모두가 알고 있는데, 정작 그 누구도 그것을 절반조차 공감해주지 않는다고 느낄 때, 우리는 깊은 굴욕을 경험한다. 이러한 감정 구조 때문에 우리는 부유함을 추구하고, 가난을 본능적으로 피하려 한다.

　　그렇다면 사람들은 왜 그렇게 열심히 일하고, 왜 그토록 분주하게 살아가는가? 탐욕과 야망은 무엇을 위한 것이며, 왜 그토록 부와 권력, 명예를 추구하는가? 단지 생존에 필요한 최소한의 필수품을 위해서라면 소박한 노동자의 임금만으로도 충분하다. 그는 그 돈으로 의식주를 해결하고, 가정을 꾸리며 살아간다. 생활을 자세히 들여다보면 필수품을 넘어서는 소비도 적지 않다. 그는 다양한 편의품에 지출하고, 때로는 허영이나 체면을 만족시키기 위한 지출도 마다하지 않는다.

우리는 왜 이런 소박한 노동자의 삶을 혐오하는가? 왜 상류층의 교육을 받은 이들은 이런 단순한 삶으로 내려앉는 것을 차라리 죽음보다 더한 치욕으로 여기는가? 오두막이 아닌 궁전에 살아야만 위장이 더 잘 작동하고, 숙면할 수 있다고 믿는 것일까? 실제로는 그렇지 않다는 사실을 수없이 관찰해왔고, 설령 그런 사례를 보지 못했다 해도 대부분은 그런 실상을 이미 잘 알고 있다.

허영은 인간의 강력한 욕구

이처럼 서로 다른 계층의 사람들이 느끼는 경쟁심은 어디에서 비롯되는가? 인간 삶의 큰 목적 중 하나인 생활 조건의 향상을 통해 우리가 진정으로 얻고자 하는 것은 무엇인가? 그 목적을 통해 우리가 얻는 가장 본질적인 보상은, 편안함이나 쾌락이 아니라 타인의 주목과 관심, 인정과 승인 그리고 거기서 비롯되는 내면의 만족이다. 우리가 진심으로 갈망하는 것은 쾌락이 아니라 허영이다.

허영은 자기 자신이 타인의 주목과 승인의 대상이라는 믿음에서 비롯되는 감정이다. 부자가 자신의 재산을 자랑스러워하는 이유도, 그것이 단지 물질적 유익을 주기 때문이 아니라 그 부 덕분에 자연스럽게 세상의 주목을 받는다고 믿기 때문이다. 사람들은 부자가 누리는 즐거움에 쉽게 공감하며, 그 감정에 동조한다. 그리고 부자는, 그 공감과 인정이 주는 쾌감으로 인해 가슴이 벅차오르고, 자신의 부를 더욱 자랑스럽게 여긴다. 그는 부가 제공하는 여러 실질적 이점보다도, 사람들로부터 받는 인정 때문에 더욱 부를 사랑하게 되는 것이다.

반면 가난한 사람은 자신의 처지를 수치스럽게 여긴다. 그는 가난 때문에 사람들의 관심 밖에 있다고 느끼며, 설령 누군가 그를 알아본다 해도, 자신의 고통에 아무런 공감도 하지 않는다고 생각한다. 그는 무시당하고, 인정받지 못한다는 이중의 고통에 시달린다.

물론 무시와 불승인은 엄연히 다른 것이지만, 무명인사가 세상의 주목과 인정을 받지 못하듯, 무시당한다는 감각은 우리의 희망을 꺾고, 인간 내면의 가장 강렬한 욕구인 허영을 좌절시킨다. 가난한 이는 어디서든 주목받지 못하며, 사람들 사이에 있어도 마치 오두막에 혼자 갇힌 것처럼 느낀다.

그의 일상 속 작은 고민과 고통은 방탕하게 살아가는 이들에게는 관심 밖이다. 그들은 가난한 사람에게 시선을 주지 않으며, 굳이 쳐다본다 해도, 그를 외면하거나 밀어내기 위해서일 뿐이다. 부유하고 거만한 이들은 비참한 몰골을 한 이가 자신들 앞에 나타난 것 자체를 불쾌하게 여기며, 그런 사람이 감히 그들의 평온하고 즐거운 삶을 방해하려 한다고 생각한다. 그 모습이 그들에게는 참으로 주제넘게 느껴지는 것이다.

반면 높은 계급과 지위를 가진 사람은 언제나 세상의 주목을 받는다. 누구나 그를 보고 싶어 하며, 그런 지위에 있는 사람이니 즐거움과 기쁨이 늘 함께할 것이라 여긴다. 그의 일거수일투족은 관심의 대상이 되고, 사람들은 말 한마디, 몸짓 하나조차도 가볍게 흘려보내지 않으려 한다. 사람이 많은 곳에 나타나면, 그는 자연스레 주목을 받으며, 사람들은 기대 섞인 눈으로 그를 바라본다. 특별히 엉뚱한 행동만 하지 않는다면 그는 곧 모든 이의 시선을 끌고, 자연스럽게 관심과 공감을 받는다.

바로 이 때문에 위대함은 선망의 대상이 되는 것이다. 그런 명성이 제약과 자유의 상실을 동반함에도, 사람들은 여전히 그것을 기꺼이 좇는다. 그 과정에서 겪는 고통, 불안, 모욕도, 일단 위대함을 얻고 나면 충분히 보상받는다고 믿는다. 하지만 여기서 중요한 점은 일단 그런 명성을 얻게 되면 여유와 평안, 걱정 없는 안락함은 모두 사라진다는 사실이다.

왜 인간은 권력자의 몰락에 더 깊은 감정을 이입하는가

사람들이 상상 속에서 그리는 허황하고 환상적인 관점에서 보면 위대한 이들의 삶은 마치 완벽하고 행복한 인생의 전형처럼 보인다. 우리의 백일몽과 나른한 몽상 속에서는 모든 인간의 욕망이 결국 그런 삶을 지향하는 것처럼 느낀다. 우리는 그들이 누리는 삶에 특별한 공감을 느끼며, 그들의 취향을 동경하고, 그들의 바람에 자연스레 마음을 보탠다.

그 찬란하고 여유로워 보이는 삶을 조금이라도 해치는 것이 있다면 우리는 그것을 마치 도리에 어긋난 일처럼 여긴다. 심지어 우리는 위대한 이들이 불멸의 존재처럼 느껴지기도 한다. 그렇게 완벽하게 인생을 즐기고 있는 그들이 언젠가 죽음을 맞이한다는 사실이 쉽게 믿기지 않는 것이다.

대자연이 결국 그들도 내려앉혀, 모든 인간이 마지막에 이르게 되는 그 소박하고 조용한 집으로 데려간다는 사실은, 어쩐지 지나치게 냉혹하게 느껴진다. 그래서 우리는 동양의 아첨 표현처럼 "위대한 왕이시여, 만수무강하시옵소서"라고 외치고 싶은 마음이 들기도 한다. 물론, 우리의 경험은 그런 찬양이 얼마나 허망한지를 이미 잘 알고 있다.

위대한 인물에게 닥친 참사나 고통은, 같은 일이 평범한 사람에게 벌어졌을 때보다 관찰자의 마음에 훨씬 더 큰 동정과 분노를 불러일으킨다. 그 강도는 때로 열 배 이상일 수도 있다. 그래서 비극의 주인공은 언제나 왕이나 고귀한 신분의 인물들이다. 이런 점에서 왕의 불행은 연인의 비극과 닮아 있다. 이 두 가지—왕과 연인의 불행—만이 연극에서 중심 주제가 될 수 있다.

이성과 경험은 현실이 그렇지 않다는 사실을 분명히 가르쳐주지만, 편향된 상상력은 이 두 주제에 다른 어떤 것보다 완벽한 행복을 부여한다. 그래서 그 행복을 흔들거나 파괴하는 일은 모든 불행 가운데서도 가장 잔혹한 일처럼 보인다.

국왕의 생명을 노리는 반역자는 어떤 살인자보다도 더 극악한 괴물로 여겨진다. 내전에서 무고한 수많은 사람이 피를 흘렸지만, 그들의 죽음은 찰스 1세의 처형만큼 강한 분노를 불러일으키지 못했다. 사람들은 하층민의 고통과 불행에는 대체로 무관심하면서, 고위층의 불운에는 깊이 개탄하고 격렬히 분노한다. 인간 본성을 잘 모르는 이가 이러한 차별적 반응을 목격한다면 고통의 강도조차 신분에 따라 다르며 심지어 죽음의 고통은 하층민보다 상류층이 더 클 것이라고 착각할지도 모른다.

신분 구조는 어떻게 작동하는가

신분의 구분과 사회 질서는 부유한 이들과 권력자들에게 감정적으로 동조하려는 인간 본성 위에 세워져 있다. 우리가 상급자에게 순종하는 이유는 그들의 호의로부터 어떤 직접적인 이익을 얻기 위해서라기보다, 그들이 가진 지위가 상징하는 사회적 의미와 위신을 존중하기 때문이다.

상급자가 베풀 수 있는 실질적 혜택은 극히 제한적이지만, 그들이 지닌 부와 권세는 거의 모든 사람의 흥미와 관심을 자극한다. 우리는 그들의 위상을 돋보이게 함으로써 완전한 행복 상태에 가까워지는 제도를 함께 완성하고자 한다. 이는 보상을 기대해서가 아니라 그들을 도왔다는 사실 자체가 주는 허영 또는 명예 감정을 충족시키기 위한 것이다.

우리가 그들의 취향을 존중하는 것도 단순한 복종의 유용성 때문이 아니라 그러한 순종이 뒷받침하는 사회 질서 자체를 가치 있게 여기기 때문이다. 심지어 사회가 특정 상황에서 상급자에 대한 저항을 요구할 때조차, 우리는 본능적으로 그 반항을 주저하게 된다. 왕은 백성의 하인이며, 필요에 따라 복종시킬 수도, 저항할 수도, 폐위하거나 처벌할 수도 있다는 생각은 이성과 철학이 가르치는 바이지, 자연의 가르침은 아니다.

자연은 우리에게 이렇게 가르친다. 우리는 왕에게 복종해야 하며, 그들의 높은 신분 앞에서 고개를 숙이고 전율해야 한다. 그들의 미소는 우리의 봉사에 대한 충분한 보상으로 여겨야 하고, 그들의 불쾌한 표정조차―비록 실제로 아무런 피해가 없더라도― 가장 큰 수치로 받아들여야 한다.

왕을 한낱 인간으로 보고 일상의 사안에 대해 이성적으로 논쟁하는 일은 매우 큰 결단을 요구한다. 이런 일을 감히 해낼 수 있는 사람은 드물며, 설사 그런 배포를 지녔다 해도 왕과 가까운 사이가 아니라면 더더욱 쉽지 않다. 심지어 가장 강한 동기와 격렬한 감정―두려움, 증오, 분노―조차도 왕에 대한 이 자연스러운 경외심을 꺾기에는 역부족이다. 군주의 행동이 옳든 그르든, 민중이 그에게 폭력으로 맞서거나, 처벌과 폐위를 원하게 되는 것은 오직 감정이 극에 달했을 때뿐이다.

그러나 민중의 증오와 분노가 아무리 격렬하다 해도, 그런 감정은 쉽게 사그라드는 법이다. 그들은 왕을 타고난 상급자로 경외해온 오랜 습관으로 다시 돌아가며, 군주가 굴욕당하는 모습을 차마 직시하지 못한다. 곧 분노는 물러나고, 그 자리를 연민이 대신한다. 민중은 과거의 모든 원한을 잊고, 왕에게 충성을 바쳐야 한다는 예전의 감정적 원칙을 되살린다. 그리고 왕정을 무너뜨리기 위해 쏟아부었던 그 기세로, 도리어 예전의 군주에게 권위를 돌려주려 한다.

찰스 1세의 처형은 결과적으로 왕정복고의 불씨가 되었다. 제임스 2세가 배를 타고 도망치려다 붙잡혀 돌아왔을 때도 민중은 오히려 그를 불쌍히 여겼다. 이러한 민심의 흐름 때문에 명예혁명은 자칫 성공하지 못할 뻔했고, 결국 혁명 이후의 왕정은 민중의 흔들리는 충성심과 동정심 속에서, 이전보다 더 많은 제약과 부담을 안고 운영될 수밖에 없었다.

그렇다면 위대한 이들은 과연 대중의 존경을 얻기 위해 치른 대가가 그리 크지 않았음을 알고 있을까? 아니면 그들 역시 다른 사람들과 마찬가지로 그 존경이 피와 땀의 대가라고 믿고 있을까? 젊은 귀족 청년은 어떤 위대한 업적을 이루었기에, 혹은 조상의 어떤 미덕 덕분에 귀족 계급의 위엄을 유지하며, 자신을 동료 시민들보다 우월한 존재로 여기는가? 그가 속한 신분은 지식이나 근면, 인내, 자기 절제 혹은 다른 어떤 미덕으로 획득된 것인가?

그는 자신의 말과 행동이 끊임없이 사람들의 주목을 받고 있다는 사실을 알고 있다. 그래서 일상의 모든 상황에서 습관적으로 자신을 관찰하고, 예의범절에 맞게 행동하며, 각종 사소한 의무까지도 정확하게 수행하려 애쓴다. 그는 자신이 늘 사람들의 주목을 받고 있으며, 사람들이 자신의 모든 성향을 호의적으로 받아들이려 한다는 사실을 잘 알고 있다. 그래서 그는 아주 사소한 상황에서도 자연스럽고 품위 있게 행동하려고 애쓴다. 주위의 시선을 의식하며, 그러한 태도가 마땅하다고 믿기 때문이다.

그의 외모와 매너, 품행은 모두 우아하고 점잖으며, 우월한 지위를 자연스럽게 드러낸다. 반면 낮은 신분으로 태어난 사람은 이런 태도나 품격을 쉽게 체득하지 못한다. 이러한 우월감은 귀족 청년에게 주변 사람들의 자발적인 복종을 이끌어내고, 자신의 의사에 따라 그들의 태도와 분위기를 조율하게 만드는 힘이 된다. 그는 이런 결과를 얻는 데 거의 실패하는 법이 없다. 계급과 신분이 뒷받침하는 이런 힘은 세상을 움직이는 데 늘 충분한 수단이 되어왔다.

권위의 연출과 진정한 미덕의 차이
루이 14세는 통치 기간 내내 프랑스뿐 아니라 유럽 전역에서 위대한 군주의 전형으로 칭송받았다. 그렇다면 그가 이처럼 높은 명성을 얻게 된 자질과 덕목은 과연 무엇이었을까? 그의 치세가 유난히 정의롭고 엄격했기 때문인가, 혹은 중대한 국정 과제를 수차례 위험을 무릅쓰고 해결한 탁월한 실행력 때문이었는가? 지치지 않는 열정, 박식한 교양, 날카로운 판단력, 영웅적 용기 때문이었는가? 사실, 그가 유럽 전체의 존경을 받은 까닭은 그런 능력이나 고매한 인품 때문이 아니었다. 그럼에도 루이 14세는 유럽에서 가장 강력한 군주로, 왕들 가운데 가장 높은 권위를 누렸다. 어느 한 역사가는 그에 대해 이렇게 평했다.

"그는 외모의 우아함과 위엄에서 궁정의 그 누구보다 뛰어났다. 그의 고상하면서도 다정한 목소리는 사람들의 마음을 단번에 사로잡았고, 걸음걸이와 몸짓 하나하나가 왕다운 위상에 어울렸다. 그러나 만일 다른 사람이 그런 행동을 흉내 냈다면 어설프고 우스꽝스러워 보였을 것이다. 그와 대화하는 이들은 압도감에 주눅이 들어 어찌할 바를 몰랐으며, 왕은 그런 상대의 당황한 모습을 조용히 즐기곤 했다. 어느 날, 한 노장(老將)이 왕 앞에서 청을 올리려다 긴장으로 말을 더듬자, 결국 이렇게 말했다. '폐하, 저는 폐하의 적들 앞에서는 이토록 떨지 않습니다.' 그 장교는 결국 자신이 바라던 것을 어렵지 않게 얻을 수 있었다."

이처럼 대단치 않은 업적에 왕이라는 신분이 결합되고, 여기에 약간의 다른 재능이나 미덕—물론 비범한 수준은 아니었을—이 덧붙여졌을 뿐인데도, 루이 14세는 생전에 유럽 전역에서 깊은 존경을 받았고, 사후에도 후세의 숭배를 받을 수 있었다. 당시 사람들의 눈에 비친 그의 위엄과 권위는 다른 어떤 미덕도 대적할 수 없는 절대적인 것이었다. 지식, 성실, 용기, 자비 같은 가치조차 그의 장엄한 존재 앞에서는 빛을 잃고 무력해졌다.

아무도 주목하지 않는 사람이 방 안을 지나가며 머리 각도나 손의 위치에 대해 과도하게 신경 쓴다면 그는 스스로를 중요한 인물로 착각하고 있는 셈이다. 그러나 그 착각에 동조할 이는 주위에 한 명도 없을 것이다.

그런 사람에게 어울리는 태도는 진실한 겸손과 소박함, 주변 사람들에 대한 절제된 존경 그리고 필요 이상으로 자신을 드러내지 않는 조용한 무관심일 것이다. 그럼에도 만약 그가 사회에서 자신의 존재감을 드러내려면, 그에 걸맞은 더 높은 차원의 미덕을 갖추어야 한다.

그는 위대한 인물들의 수행자들과 맞설 수 있는, 자신만의 수행원들을 갖춰야 한다. 하지만 의지할 외부 자원이 없다면 그 수행원은 다름 아닌 자신의 노동과 정신력이 될 수밖에 없다. 따라서 그는 자신의 힘으로 그 역할을 감당해낼 수 있도록, 그런 능력을 스스로 길러내야 한다. 자신이 속한 직업이나 분야에서 뛰어난 전문성을 갖추고, 그것을 성실하게 발휘해야 한다. 일에 꾸준히 매진하고, 위험 앞에서는 단호하게, 고통 앞에서는 흔들림 없이 버틸 수 있어야 한다. 그는 이러한 역량을 주변 사람들에게 자연스럽게 드러내야 하며, 자신이 감당한 일의 중요성과 난이도, 판단력 그리고 그 모든 것을 밀고 나간 끈기 또한 함께 보여주어야 한다.

그의 모든 행동은 성실함과 신중함, 관대함과 솔직함을 바탕으로 해야 한다. 동시에 예의범절을 지키면서도 재능과 미덕이 요구되는 일에는 기꺼이 헌신해야 한다. 이렇게 명예롭게 자신의 역할을 다해 나갈 때, 그는 마침내 사람들로부터 깊은 칭찬과 인정을 얻게 될 것이다.

현재의 처지를 넘어서고자 하는 기백과 야심을 지닌 사람이라면, 자신의 능력을 입증할 수 있는 기회를 애타게 찾아다닐 것이다. 그런 기회를 얻을 수 있는 상황이라면 어떤 위험도 마다하지 않는다. 그는 외국에서 벌어지는 전쟁이든, 심지어 자국 내의 내란이든, 그것이 자신의 존재를 드러낼 무대가 될 수 있다면 기꺼이 뛰어들 것이다. 그는 이러한 혼란과 유혈 속에서도 은밀한 매혹과 희열을 느끼며, 마침내 찾아올 자신의 기회를 기다린다. 그리고 결정적인 순간이 왔을 때, 그것을 정확히 포착함으로써 사람들의 이목과 존경을 단숨에 끌어안는다.

루이 14세와 페르세우스, 두 권력자의 삶이 말해주는 것

반면 신분과 계급이 높은 이들의 영광은 일상의 사소한 행동을 얼마나 품위 있게 수행하느냐에 달려 있다. 그는 그것이 자신에게 가져다주는 소소한 명성에 만족한다. 게다가 그 외에 별다른 재능이 없어, 굳이 고통스럽고 어려운 일을 감수하면서까지 자신의 입장을 위태롭게 만들 생각은 애초에 없다. 무도회에 우아하게 등장하는 것이 그의 승리이며, 은밀한 연애의 성공이 그의 최대 업적이다.

그는 공개적인 혼란이나 위기 상황을 본능적으로 혐오한다. 인류애가 있어서가 아니다. 단지 권력자들은 자신보다 낮은 지위에 있는 사람들을 동등한 인간으로 여기지 않기 때문이다. 그렇다고 그들이 비겁해서 그런 것도 아니다. 실제로 그들 중 많은 이는 개인적 용기만큼은 지니고 있다. 그들이 사회적 혼란을 꺼리는 진짜 이유는 그런 상황에서 요구되는 미덕―예컨대 인내, 근면, 자기 희생, 지적 통찰 등―을 자신이 갖추고 있지 않다는 사실을 너무나도 잘 알고 있기 때문이다. 또한 그러한 위기 상황에서는 사람들의 관심이 자신에게서 다른 곳으로 옮겨간다는 점도 그들을 불편하게 만든다.

권력자는 일시적인 유행처럼 위험을 감수하는 척할 수는 있다. 분위기에 편승해 어떤 캠페인을 벌이는 데는 주저함이 없다. 그러나 인내, 근면, 용기, 사려 깊은 판단력이 오랜 시간 동안 꾸준히 요구되는 진짜 상황 앞에서는 몸을 사린다. 그런 미덕들은 애초에 그들이 성장하며 길러온 자질이 아니기 때문이다.

그래서 모든 정부 체계에서―심지어 군주제 국가조차도― 정부의 최고위직과 주요 행정직은 대개 중산층이나 하류층 출신, 즉 그런 배경에서 태어나 교육받은 이들이 차지한다. 이들은 자신들보다 높은 신분으로 태어난 사람들의 질시와 견제를 받으면서도, 노력과 능력으로 묵묵히 자신의 길을 닦아 결국 그 자리에까지 오른다. 상류층 인사들은 처음엔 이들을 경멸하다가 점차 부러워하게 되고, 마침내 평민들에게 기대하는 아첨의 태도로 그들을 대한다.

한때 대중의 사랑을 한 몸에 받았던 권력자가 몰락하게 되면, 그 추락은 더욱 견디기 힘든 것이 된다. 고대 마케도니아의 왕 페르세우스가 로마 장군 파울루스 아이밀리우스의 개선식에 포로로 끌려나왔을 때, 그의 가족들은 쇠사슬에 묶인 채 비참한 모습으로 행렬에 참여했다. 이 장면에서 로마 시민들은 승리자 파울루스를 주목하는 한편, 왕실 가족들, 특히 자신의 처지를 제대로 이해하지 못한 채 행렬에 참여한 어린 자녀들에게도 깊은 연민을 보냈다. 그 아이들은 개선식의 환호 속에서도 끝없는 슬픔을 자아내는 존재였다.

페르세우스는 아이들 뒤를 따라 무표정하게 걸었다. 그는 압도적인 비극 앞에서 모든 감정을 잃고, 마치 혼이 빠져나간 사람처럼 보였다. 그 뒤를 따르던 그의 신하들과 측근들은 행렬 중간중간 왕을 바라보다 울음을 터뜨렸다. 그들의 눈물은 자신의 비참한 운명 때문이 아니라 몰락한 왕의 모습을 바라보며 느낀 슬픔에서 비롯된 것이었다. 이는 곧, 권력자의 추락이 개인적인 불행을 넘어선 더 큰 감정적 충격으로 다가온다는 사실을 보여준다.

반면 로마 시민들은 경멸과 분노의 시선으로 패배한 왕을 바라보았다. 그들은 이렇게 큰 치욕을 당하고도 여전히 숨 붙어 있는 왕은 결코 동정의 대상이 될 수 없다고 여겼다. 그렇다면 그 이후, 왕에게는 어떤 삶이 기다리고 있었을까? 여러 역사 기록에 따르면 그는 강력하고 자비로운 인물들의 보호 아래 평생을 편안하게 살았다. 그의 생활은 남들이 부러워할 만한 안락과 풍요, 여유와 안전으로 둘러싸여 있었으며, 설령 그가 경솔한 행동을 저질렀다 해도 그 상태에서 추락할 위험은 없었다.

그러나 왕의 삶은 완전히 달라져 있었다. 이제 더 이상 그에게는 과거처럼 그를 둘러싸고 아첨을 일삼던 바보들, 식객들, 기회주의자들이 따르지 않았다. 수많은 시선이 집중되던 대상도 아니었고, 그 누구도 그의 말과 표정에 맞춰 감정을 조절하거나 존경과 감사, 사랑을 연출하지 않았다. 그가 누리던 사회적 영광과 감정의 중심은 완전히 사라져버렸다.

바로 이처럼 참혹한 불명예가 그를 완전히 무기력한 상태로 만들었다. 감정을 잃고, 의욕도 사라진 채, 그는 그저 멍한 표정으로 하루하루를 보냈다. 그런 그의 모습을 바라보며 오히려 친구들은 자신의 불행을 잊었다. 그리고 명예를 생명처럼 여기는 사람들은 의아해했다. "어떻게 저토록 참담한 수치를 겪고도, 왕이라는 인물이 그저 살아남는 것을 택했단 말인가?"

처음부터 그 길에 들지 말 것

프랑스의 격언가 로슈푸코 공은 이렇게 말했다. "사랑에는 종종 야망이 따라오지만, 야망에는 사랑이 뒤따르지 않는다." 야망이 한번 사람의 마음을 완전히 장악하면, 경쟁자도, 후계자도 받아들이지 않는다. 야망에 사로잡혀 대중의 존경을 누리던 사람은, 다른 모든 쾌락이 시시하고 하찮게 느껴진다. 몰락한 정치인들 중에는 마음의 평정을 되찾기 위해 야망을 내려놓고, 더 이상 얻을 수 없는 명예를 잊으려 애쓰는 이들이 있다. 하지만 그 싸움에서 진정으로 이긴 사람은 과연 몇이나 되는가?

대다수는 무기력과 나태에 빠져, 몰락한 현실에 분개하며 살아간다. 한가로운 삶에는 관심이 없고, 오직 과거의 명성과 그 명예를 되찾게 해주는 허영심 가득한 일에만 생기를 느낀다. 과연 궁정의 삶보다 개인의 자유를 더 소중히 여기며, 자유롭고 독립적인 삶을 선택하는 정치인이 얼마나 될까? 그리고 그런 선택을 끝까지 지켜낼 수 있는 이는 몇이나 될까?

그런 결심을 지키는 방법은 단 하나뿐이다. 처음부터 그 길에 들어서지 않는 것이다. 야망의 동그라미 안으로 들어가지 않는 것이다. 사람들의 시선을 독점하는 권력자들과 애초에 자신을 비교하지 않는 것이다.

사람들은 남들의 주목과 동정을 받는 자리를 인생에서 가장 중요한 목표로 여긴다. 그래서 삶의 절반을, 좋은 자리를 차지하기 위한 경쟁에 써버린다. 그 자리는 시의원 아내들 사이까지 갈라놓고 사회의 혼란과 소동, 약탈과 불의를 불러오기도 한다. 이런 온갖 사태는 결국 인간의 탐욕과 야망이 만들어낸 결과물이다.

그러나 이성적인 사람은 그런 자리를 경멸한다. 그는 연회장에서 상석을 탐하지 않으며 누가 그 자리에 앉아 있는지도 개의치 않는다. 게다가 그 자리에 있는 사람조차 상황에 따라 손쉽게 교체되는 것을 잘 알기에, 애초에 그러한 자리 자체에 가치를 두지 않는다.

그렇다고 사람들이 계급이나 신분, 명성 자체를 경멸하는 것은 아니다. 단지 두 부류의 사람만이 그렇게 한다. 첫째, 탁월한 지혜와 철학으로 무장해 자기 행위가 충분히 타당하다는 내적 확신이 있기에 타인의 인정 없이도 흔들리지 않는 사람. 둘째, 자신의 낮은 지위에 너무 길들어져, 삶에 대한 열망이나 성취 욕망마저 사라진, 무기력에 빠진 사람이다.

불행보다 조롱이 더 고통스럽다

사업의 성공은 축하와 동정 어린 관심을 끌기에 더욱 눈부시고 멋지게 여겨지며 많은 이들이 바라는 대상이 된다. 반대로 사람들은 불행한 처지에 놓인 이에게 동료 의식을 느끼기보다는 경멸이나 혐오의 시선을 보낼 수 있다는 인식 때문에 열악한 환경 속에서 겪는 우울감은 더욱 깊어지고 암담해진다. 그래서 가장 견디기 힘든 고통이 반드시 가장 끔찍한 참사는 아니다. 엄청난 불운보다 오히려 사소한 실패를 안고 대중 앞에 서야 하는 일이 더 수치스럽게 느껴질 때가 있다. 사소한 불운은 타인의 동정을 이끌어내기 어렵지만, 큰 불행은 관찰자에게 같은 수준의 고통을 주진 않더라도 오히려 강한 연민을 불러일으킬 수 있다. 이러한 연민은 당사자의 고통에는 미치지 못하지만 그 부족한 동료 의식조차도 당사자에게는 고통을 견디는 데 적잖은 위안이 된다.

신사라면, 피와 상처로 얼룩진 모습으로 사람들 앞에 서는 것보다 더러운 오물에 뒤덮인 채, 누더기 같은 옷차림으로 나타나는 일을 더 수치스럽게 여긴다. 피 묻은 모습은 동정을 일으킬 수 있지만, 더러운 옷차림은 조롱과 비웃음을 살 뿐이다.

어떤 죄인을 교수대 대신 형틀에 세워 조리를 돌리게 하라고 판결하는 것은, 그에게 가장 모욕적인 형벌을 내리는 것이다. 몇 해 전, 한 국왕[4]이 군부대 앞에서 직접 단장을 들어 장군의 머리를 내리치며 질책하는 일이 있었다. 사병들이 지켜보는 가운데 이뤄진 그 행동은, 그 장군에게 다시는 회복할 수 없는 치욕을 안겨주었다. 차라리 왕이 그의 몸에 총을 쐈더라면, 그 수치는 오히려 덜했을 것이다.

이처럼, 단장으로 사람을 내리치는 행위는 명예의 규범에 따라 불명예로 간주되지만, 칼로 찌르는 행위는 같은 기준에서 그렇지 않다. 불명

---

4 1730년 프러시아의 프리드리히 2세의 아버지, 프리드리히 1세가 실제로 행한 일을 떠올리게 한다. 그는 유약한 왕세자에게 군기를 단련시키겠다며 이런 굴욕적인 처벌을 가했다. 당시 왕세자는 두 개 대대를 이끄는 영관급 장교였다.

예를 인생의 최대 모욕으로 여기는 신사들에게 이런 사소한 공개적 수치는 오히려 가장 잔혹한 처벌로 여겨진다. 그래서 높은 신분의 사람들에게는 이러한 형벌이 거의 내려지지 않으며, 경우에 따라서는 그들의 명예를 존중해 목숨을 거두는 형벌로 대체되기도 한다. 어떤 범죄를 저질렀든, 유럽 대부분의 국가는 신분 높은 사람을 채찍질하거나 형틀에 세우는 일을 하지 않는다. 그것은 야만적인 처사로 간주되기 때문이다. 하지만 러시아만은 예외에 속한다.

인간의 미덕은 고통, 가난, 위험, 죽음보다 우월하다

용감한 사람은 교수대에 끌려간다고 해서 경멸의 대상이 되지는 않는다. 오히려 그 장면은 때로 사람들의 존경과 감탄을 불러일으키기도 한다. 반면 형틀에 갇힌 이는 경멸을 피할 수 없다. 형틀에 묶인 사람은 어떤 경우에도 존경받는 인물로 보이기 어렵다. 교수대에서는 구경꾼들의 동정이 죄수를 수치로부터 일정 부분 보호해준다. 하지만 형틀에 묶인 죄수는 오직 자기만이 그 고통과 수치를 온전히 느끼고 있다는 생각에 사로잡히며, 이 고립감이야말로 가장 견디기 힘든 고통이다.

형틀 앞에서 동정이 아예 사라지는 것은 아니다. 그러나 그 동정은 그가 느끼는 고통 자체에 대한 공감이 아니라 아무도 그 고통을 공유해주지 않는 고립된 상황에 대한 연민일 뿐이다. 다시 말해, 사람들은 그의 슬픔에 공감하는 것이 아니라 그가 수치심에 빠져 있다는 사실 자체에 공감하는 것이다. 그래서 그를 연민하는 이들은 차마 그의 얼굴을 마주하지 못하고 고개를 숙인다. 죄수 또한 마찬가지로 시선을 내리깐다. 그는 자신의 죄 때문이 아니라 이 형벌이 자신에게 씻을 수 없는 수치를 안겼다고 느낀다.

반면 구경꾼의 존경과 인정을 받으며 죽음을 맞는 이는 끝까지 당당한 표정을 잃지 않는다. 그의 죄가 사람들의 존경을 거두어 가지 않았다면 그 어떤 형벌도 그의 품위를 무너뜨릴 수 없다. 그는 자신이 조롱이나 경멸의 대상이라고 여기지 않으며 오히려 평온함과 함께 승리감, 환희의 표정까지 짓는다.

프랑스의 레츠 추기경은 말했다. "큰 위험에는 고유의 매력이 있다. 설령 실패하더라도 어느 정도의 영광은 남는다. 하지만 작은 위험은 위험할 뿐이다. 그것조차 감당하지 못하면, 언제나 명성의 실추가 따르기 때문이다." 이 말은 처벌에 대한 우리의 논의와 같은 맥락에서 이해할 수 있다.

인간의 미덕은 고통이나 가난, 위험, 죽음보다 위에 있다. 미덕이 이런 것들을 경멸하는 데는 큰 힘이 필요하지 않다. 하지만 모욕과 조롱 앞에서, 족쇄를 차고 개선식에 나서는 수치 속에서는 아무리 덕망 높은 사람이라도 쉽게 흔들린다. 사람들의 경멸만큼 두려운 것도 없다. 외적으로 드러나는 다른 어떤 끔찍한 일이나 악덕도, 그것에 비하면 충분히 견딜 수 있다.

제3장

부자와 권력자를 숭배하고 가난한 사람을
멸시할 때, 도덕 감정은 어떻게 타락하는가

═══════════════ ◆ ═══════════════

부자와 권력자를 존중하고 나아가 숭배하며, 반대로 가난하고 비천한 사람을 경멸하거나 무시하는 경향은, 한편으로는 신분 질서를 확립하고 사회의 안정에 기여한다. 그러나 동시에 이는 도덕 감정을 타락시키는 가장 흔한 원인이기도 하다. 부와 권력은 마치 지혜와 미덕처럼 존경과 찬양의 대상이 된다. 하지만 경멸과 비난은 정작 악덕이나 불의가 아닌, 가난하고 사회적으로 낮은 위치에 있는 이들에게 부당하게 향하는 경우가 많다. 이러한 현상은 시대를 막론하고 수많은 도덕론자가 지적해온 문제였다.

세상의 이목과 존경은 야망과 경쟁의 목표가 된다

우리는 누구나 점잖고 존경받는 사람이 되기를 원한다. 경멸받는 사람이 되는 것은 누구에게나 두려운 일이다. 그러나 현실 세계에 나와 보면 곧 깨닫게 된다. 세상에서 존경이 언제나 지혜와 미덕에만 향하는 것은 아니며, 경멸이 늘 악덕과 불의에만 쏠리는 것도 아니다. 우리는 존경이 현자나 대덕이 아닌 부자와 권력자에게 향하는 경우를 자주 목격한다. 때로는 권력자의 악덕과 타락이 평범한 사람의 가난과 비천함보다 덜 경멸받는다는 사실도 알게 된다.

사람들이 야망과 경쟁을 통해 얻고자 하는 최종 목표는, 세상의 찬사와 명예다. 이 영광을 얻는 길은 두 가지로 나뉜다. 하나는 지혜를 닦고 미덕을 실천하는 길이며, 다른 하나는 부와 권력을 획득하는 길이다. 이로써 우리는 서로 다른 두 가지 인간상과 마주한다. 하나는 자부심과 과시욕으로 가득 찬 야심가의 모습이고, 다른 하나는 절제와 정의로 무장한 덕인의 모습이다.

이처럼 인간의 성품과 행동은 두 유형으로 갈라진다. 하나는 외적으로 화려하고 눈에 띄는 삶을 추구하는 유형이고, 다른 하나는 내적으로 정밀하고 아름다운 삶을 지향하는 유형이다. 전자는 사람들의 눈길을 단번에 끌지만, 후자는 예민하고 통찰력 있는 관찰자가 아니라면 알아차리기 어렵다. 실제로 지혜와 미덕을 일관되게 존중하는 이들은 언제나 극히 소수에 불과하다. 반면 세상의 다수는 부와 권력을 숭배한다. 더욱 역설적인 것은, 그들 대부분이 실제로는 어떤 부나 권력도 갖지 못한 사람들임에도 불구하고 그것을 열렬히 추구한다는 사실이다.

미덕 없는 부와 권력의 위상

우리가 지혜와 미덕에 느끼는 존경은 부와 권력에 대한 관심과는 근본적으로 다르다. 이 차이를 구분하는 데 특별한 분별력이 필요한 것도 아니다. 그러나 이토록 분명한 차이에도 불구하고, 두 감정 사이에는 공통된 외양이 존재한다. 이로 인해 많은 이들이 지혜와 미덕에 대한 존경과 부와 권력에 대한 숭배를 구별하지 못한다. 특히 겉모습만 보는 사람들에게는 두 감정이 거의 같은 것으로 보인다.

같은 공로가 있을 경우에도, 사람들은 가난하거나 사회적으로 낮은 위치에 있는 사람보다 부자나 권력자를 더 존경하는 경향이 있다. 대부분은 빈자의 실제적 공로보다 부유한 자의 오만과 허영을 더 높이 평가한다. 공로와 미덕 없이 얻은 부와 권력이라도 마땅히 존경받아야 한다는 주장은 선량한 도덕 감정에도 어긋나고, 표현의 품격마저 결여된 것이다. 그럼에도 현실에서는 이러한 부와 권력이 거의 예외 없이 존경을 받는다. 이 때문에 어떤 이들은 그것이 마치 존경의 정당한 대상인 것처럼 여긴다.

부자나 권력자의 지위는 악덕이나 부정으로 더러워질 수 있다. 그러나 그 악덕이 극단적인 수준에 이르지 않는 이상, 일반적으로 그들의 지위는 쉽게 손상되지 않는다. 같은 낭비라도, 부유한 사람의 사치스러운 소비는 가난한 사람의 무절제한 행동보다 훨씬 덜 비난받는다. 더욱이, 가난한 사람이 절제나 예의의 규칙을 한 번이라도 어기면, 그에 대한 비난은 동일한 규칙을 지속적으로 어기는 부유한 사람보다 훨씬 더 가혹하게 쏟아진다.

미덕은 가장 현실적인 전략이다

중산층과 하류층에게는 다행스럽게도, 미덕으로 가는 길과 재산을 획득하는 길은 대부분 일치한다. 이 계층의 직업적 능력이 신중함, 정의로움, 결단력, 절제 같은 덕목과 결합하면 거의 틀림없이 성공으로 이어진다. 설령 행동이 완벽하게 모범적이지 않더라도 일정 수준 이상의 직업 능력은 때때로 성공을 가능하게 만든다. 그러나 습관적인 경솔함, 불의, 나약함, 방탕함은 언제나 능력의 발현을 가로막는다.

중산층과 하류층의 사람들은 결코 법 위에 설 수 없다. 법은 이들에게 언제나 강력한 구속력과 위압으로 작용하며, 이로 인해 법질서를 더욱 철저히 존중하게 만든다.

　이 계층의 성공은 대개 이웃과 동료 집단으로부터 얻는 호의와 신뢰 그리고 좋은 평판에 달려 있다. 단정하고 도덕적인 행동 없이는 그런 평판을 얻기 어렵다. 정직이 최선의 전략이라는 오래된 격언은 이들의 삶에 정확히 들어맞는다. 이 말은 단지 교훈적 구호가 아니라 실질적인 생존의 지혜다. 그리고 이것이야말로 우리가 중산층 이하의 사람들에게 일정 수준의 미덕을 기대할 수 있는 이유다. 선량한 사회 구성원에게는 다행스럽게도, 대부분의 사람이 이런 조건 속에서 살아간다.

상류층의 타락과 대중의 모방 심리

　상류층의 경우, 안타깝게도 앞서 말한 도덕과 성공의 일치가 반드시 적용되지는 않는다. 군주의 궁정이나 권력자들의 응접실에서는 성공과 혜택이 이성과 식견을 갖춘 동료들의 평판에 따라 주어지는 것이 아니라 무지하고 뻔뻔하며 오만한 상급자들의 변덕에 좌우되곤 한다. 아첨과 거짓말이 공로와 능력을 압도하며, 진정한 봉사보다 비위를 맞추는 기술이 더 높이 평가된다.

　권력자가 평온한 시기에 접어들면, 더는 타인의 도움을 필요로 하지 않는다고 여기며, 오직 자신을 즐겁게 해주는 사람들만 곁에 두려 한다. 그리하여 어리석고 허영심 가득한 자들이 전사, 정치가, 철학자, 입법자의 묵직한 덕성과 능력보다 더 높은 대접을 받는 일이 벌어진다. 타락한 사회일수록 무례하고 뻔뻔한 아첨꾼들이 득세하며, 진정한 공적에 기초한 덕목들을 비웃고 조롱한다.

　프랑스의 루이 13세가 중대한 비상사태에 직면했을 때, 그는 술리 공작에게 조언을 구했다. 공작은 왕 주위에 모여 귓속말을 주고받으며 공작의 등장에 의미심장한 미소를 짓고 있는 궁정 신하들과 총신들을 천천히 둘러보았다. 그리고 마침내 노련한 전사이자 정치가였던 그는 입을 열었다. "선왕께서 제게 조언을 구하셨을 때는 이런 어리석은 자들에게 모두 대기실로 물러나 조용히 있으라고 명하셨습니다."

사람들은 부자와 권력자를 존경하고 그들을 모방하려는 경향이 강하다. 이 때문에 그들은 자연스럽게 유행을 이끄는 자리에 선다. 그들이 입는 옷은 곧 유행이 되고, 말투나 태도, 행동방식은 물론이고, 심지어 그들의 악행과 그릇된 습관조차 사회 전체의 유행으로 번진다. 대다수 사람은 그들을 흉내 내고, 그들과 닮아가려 애쓴다. 비록 그런 행동이 명예를 해치고 타락을 불러오더라도 개의치 않는다.

허영심이 강한 남자들 역시 유행을 좇아 방탕한 생활에 빠진다. 마음속으로는 그런 삶을 온전히 받아들이지 않으면서도, 별다른 죄의식 없이 따라 한다. 그들은 스스로 가치를 인정하지 않는 행동을 하면서도 그로 인해 칭찬받기를 기대하고, 반대로 자신이 몰래 실천하며 내심 존경하고 있는, 그러나 세상에서 인기가 없는 미덕들에 대해서는 오히려 부끄러워한다.

부와 권력, 종교와 미덕을 말할 때 겉과 속이 다른 위선자들이 존재한다. 허영심 많은 사람은 자신의 본질을 사실과 다르게 포장하고, 때로는 스스로를 영리한 사람처럼 꾸미려 한다. 그는 상급자들의 화려한 생활방식만을 본받으며, 그 행위가 실제로 칭찬받을 만한 것인지는 전혀 따져보지 않는다. 삶의 실제 가치를 따지기보다, 얼마나 그럴듯하게 흉내 냈는지를 기준으로 자신의 삶을 평가한다.

많은 가난한 이들 또한 남들에게 부자로 인정받는 것을 명예로 여긴다. 그러나 그들이 모방하려는 삶이 요구하는 책임이나 의무에 대해서는 전혀 고려하지 않는다. 그렇게 허세에 사로잡혀 살다가 결국 빈털터리가 되어, 차라리 처음부터 겸손하게 살았을 때보다 더 비참한 처지로 전락하곤 한다.

미덕을 버리고 권력을 좇는 자들

이처럼 많은 이들이 부러워하는 지위를 얻기 위해, 어떤 사람들은 미덕의 길을 기꺼이 포기한다. 안타깝게도 재산을 향한 길은 미덕으로 이끄는 길과는 종종 정반대 방향에 놓여 있다. 그러나 야심이 가득한 사람은 스스로를 이렇게 합리화한다. '내가 오르고자 하는 높은 지위는 타인의 존경과 찬사를 이끌어내는 자리다. 일단 그 자리에 오르면, 누구보다도 탁월한 품격과 세련됨을 보여줄 수 있을 것이다. 그 찬란한 미래는 내가 지금 밟고 있는 더럽고 비열한 길을 결국 가리고 없애줄 것이다.'

많은 나라에서 최고 권력의 자리를 노리는 이들은 법의 경계를 벗어난 존재처럼 행동한다. 그들은 목적만 달성할 수 있다면 그 과정에서 어떤 수단을 썼는지에 대해 해명하거나 책임질 일은 없다고 여긴다. 그리하여 기만과 거짓말 같은 술수는 기본이고, 필요하다면 암살과 살인, 반란과 내전까지도 서슴지 않는다. 이런 방법들은 대개 성공보다 실패로 끝나며, 대부분은 치욕스러운 처벌을 받고 파멸한다.

설령 운이 따라 권력을 손에 넣는다 해도, 그들이 기대했던 행복은 그 자리에 없다. 오히려 깊은 실망과 허무만이 기다린다. 이들이 진정 원했던 것은 안락이나 쾌락이 아니라 명예였다. 하지만 그들이 좇던 명예는 진정한 명예가 아니라 오해와 왜곡 속에서 만들어진 허상일 뿐이다.

권력자의 수치와 회한

그러나 그가 힘겹게 올라선 높은 지위는, 그 자리에 오르기까지 사용한 비열한 수단들로 인해 이미 명예를 잃고 오염되었다. 당사자도 그 오점을 뚜렷이 의식했고, 주변 사람들 역시 분명히 알아보았다. 그는 그 수치스러운 과거를 자신의 기억에서, 그리고 타인의 기억 속에서도 지워 버리기 위해 필사적으로 애쓴다. 이를 위해 그는 거침없이 돈을 낭비하고, 인격을 파괴하는 방탕한 쾌락에 빠지며, 성대한 공공사업을 벌이고, 요란하게 포장된 해외 전쟁까지 감행했다. 그러나 그 모든 과장된 행동들에도 불구하고, 과거의 오욕은 그에게서 지워지지 않고 따라다닌다.

그는 망각이라는 어둡고 씁쓸한 힘에 기대어 모든 기억을 지워보려 했지만 그것은 헛된 몸짓이었다. 그는 자신이 저질렀던 추악한 행위를 생생히 기억하며, 남들도 그 사실을 잊지 않았다는 것을 안다. 그는 때로 권력을 과시하며 화려하게 등장하고, 명망 있는 인물이나 학식 있는 이를 교묘하게 매수하며, 어리석은 대중의 찬사를 들으려 한다. 때로는 정복의 환희와 전쟁의 영광을 떠올리며 스스로 위로해보지만, 내면 깊은 곳에서는 언제나 거센 회한과 수치심에 쫓기고 있다. 겉으로는 영광이 사방에서 자신을 감싸는 듯 보여도, 마음속으로 알고 있다. 어둡고 지저분한 불명예가 자기 뒤를 바싹 따라오고 있으며, 어느 순간 등 뒤에서 그를 덮칠 것이라는 예감을 떨쳐내지 못한다.

심지어 위대한 카이사르조차도, 넓은 아량을 보이며 근위병을 해산했지만 자신의 내면 깊숙한 곳의 의심까지는 거두지 못했다. 라이벌 폼페이우스를 꺾은 파르살루스 전투의 기억[5]은 여전히 그의 곁을 떠나지 않았고, 끝내 그를 괴롭혔다.

그는 원로원의 요청에 따라 폼페이우스 측에 섰던 마르켈루스를 사면했다. 그러나 동시에 원로원 의원들 앞에서, 자신의 목숨을 노리는 음

---

5 파르살루스 전투 이후, 폼페이우스는 지원을 구하고자 이집트로 도망쳤으나, 이집트 왕은 그를 돕기는커녕 암살하고 그의 머리를 잘라 카이사르에게 보내는 잔혹한 선택을 했다.

모가 진행되고 있다는 사실을 알고 있다고 밝혔다. 그러면서도 그는 오래
도록 권세와 영예를 누려왔기에 이제 죽어도 여한이 없으며, 그따위 음모
쯤은 경멸한다고 덧붙였다. 어쩌면, 생물학적 수명이라는 관점에서 보자
면 그는 충분히 오래 살았는지도 모른다. 그러나 그는 자신이 한때 친구
라 믿었던 이들의 살의에 휘말렸고, 끝내 그들의 마음에서 우정을 되돌려
받지 못했다. 카이사르는 진정한 영광을 손에 넣지 못한 채, 너무 오래 살
아버린 셈이었다. 동료들의 사랑과 존경을 갈망했지만 끝내 그런 인간적
행복은 그의 몫이 아니었다.[6]

---

6   카이사르는 기원전 100년에 태어나 기원전 44년에 암살당했으며, 사망 당시 그의
　　　나이는 56세였다. 그는 로마의 절대 권력을 거머쥔 독재관의 자리에 올랐지만, 공
　　　화정을 지지하던 동료들의 전폭적인 지지를 얻는 데는 실패했다. 이에 대해 스미스
　　　는, 카이사르가 비록 최고의 지위에 도달했지만 그 과정이 결코 명예로운 것이 아니
　　　었다고 지적하며, 그의 권력이 도덕적으로 정당하지 않았음을 비판한다.

제2부

공로와 과실 혹은
포상과 처벌의 대상에 관하여

제1편

공로와 과실에 관한 인식

서문

인간의 행동을 평가하는 기준에는 옳고 그름, 적절함과 부적절함 외에 또 하나가 있다. 공로와 과실이다. 공로는 칭찬과 보상의 이유가 되고, 과실은 비난과 처벌의 이유가 된다. 이 둘은 사회가 어떤 행동을 인정하거나 거부하는 구체적인 잣대다.

앞서 언급했듯, 인간의 행위는 마음에서 비롯된 감정 또는 애정에서 출발한다. 그리고 이러한 감정은 두 가지 관점에서 고찰할 수 있다.

첫째, 그 감정을 불러일으킨 원인이나 대상과의 관계.

둘째, 그 감정이 가져온 결과나 목적과의 관계.

우리가 어떤 행위를 적절하거나 부적절하다고 판단하는 기준은 그 감정이 향한 대상과의 관계 속에서, 혹은 그 감정이 초래한 결과 속에서 결정된다. 다시 말해, 그 감정이 그 상황에서 타당했는가, 그리고 그 행위가 유익했는가 해로웠는가에 따라 판단된다. 따라서 공로와 과실은 그 감정이 초래한 결과의 성격, 즉 그 행위가 선한 효과를 낳았는지 해로운 효과를 가져왔는지에 따라 결정된다. 1편 앞부분에서는 이러한 기준을 중심으로 행위의 적절성과 부적절성에 대해 설명하고자 한다.

　이제, 인간의 행위가 어떻게 긍정적 혹은 부정적인 결과를 낳는지를 살펴보겠다.

제1장

우리가 감사하는 대상은 보상받아 마땅하고, 우리가 분노하는 대상은 처벌받아 마땅하다

━━━━━━━━━━ ◆ ━━━━━━━━━━

사랑은 바라보고, 분노는 움직인다

그러므로 적절하고 정당한 감정에서 비롯된 행동은 곧 포상의 대상이 된다. 그런 행동을 보면 우리는 자연스럽게 그 사람에게 보답하거나 다른 사람에게도 선을 베풀고 싶은 마음이 든다. 반대로 처벌받아 마땅한 행동은 즉각 해를 가하려는 감정을 불러일으키며 이는 자연스럽고 정당한 반응으로 간주된다.

우리는 누군가에게 고마움을 느낄 때 자연스럽게 포상하고 싶어지고 분노를 느낄 때는 본능적으로 벌을 주고 싶어진다. 따라서 감사의 대상이 되는 행동은 마땅히 포상받아야 하며, 분노의 대상이 되는 행동은 마땅히 처벌받아야 한다. 포상이란, 받은 선에 대해 선으로 되갚는 것이다. 처벌 또한 본질적으로는 되갚음이다. 다만 그 방식이 다를 뿐 그것은 이미 저질러진 악에 대해 악으로 응징하는 것이다.

감사와 분노 외에도 우리는 타인의 행복이나 불행에 관심을 갖게 만드는 여러 감정을 느낀다. 그러나 실제로 우리를 움직여 타인의 행복이나 불행에 직접 개입하게 하는 감정 가운데 감사와 분노만큼 강한 것은 없다.

사랑과 존경은 오랜 호감과 긍정적인 인식 속에서 천천히 자라난다. 그 대상이 행복할 때 우리는 함께 기뻐하며, 더 행복해지도록 돕고 싶어진다. 심지어 그의 행복이 우리의 도움 없이 이루어진다 해도, 우리는 그저 그가 잘되는 모습을 보는 것만으로도 만족한다. 사랑이 바라는 것은 단순하다. 그의 행복을 그저 지켜보는 것, 그것으로 충분하다.

하지만 감사는 그렇지 않다. 우리가 깊이 신세를 진 사람이 우리의 도움 없이 성공했다면 그 사실은 사랑의 감정을 만족시킬 수는 있어도, 감사의 감정을 온전히 채워주지는 못한다. 우리가 그의 행복에 조금도 기여하지 못했을 때, 우리는 여전히 그에게 빚지고 있다는 느낌을 받는다. 과거에 그가 우리에게 베푼 호의에 대해 아직 되갚지 못한 채 남아 있는 셈이다.

마찬가지로 증오와 혐오도 오랜 부정적인 인식과 거부감 속에서 서서히 쌓인다. 우리는 어떤 사람의 행동이나 성품이 미움을 살 만하다고 느낄 때, 그의 불행에 대해 은근한 통쾌함을 느끼곤 한다. 증오와 혐오는 동정심을 차단하고, 때로는 그 사람의 불행을 고소하게 여기게 만든다. 하지만 우리가 그의 행동이나 성품에 분노를 느끼지 않거나, 자신이나 가까운 이가 직접 모욕당하지 않았다면 우리는 그 불행을 직접 만들어내고자 하지는 않는다. 설령 그를 해쳐도 처벌받지 않을 상황이라도 대개는 우리가 직접 손을 대기보다는 다른 누군가가 그 역할을 해주길 바란다. 그래서 어떤 사람에 대해 깊은 증오를 품은 이는, 그가 사고로 죽었다는 소식을 들었을 때 묘한 통쾌함을 느끼는 것이다.

그러나 그에게 최소한의 정의감이 있다면 누군가의 불행을 고소하게 여기는 감정은 결코 미덕에 도움이 되지 않는다. 그가 설령 의도치 않게라도 그 가증스러운 자의 불행을 초래한 도구가 되었다면 깊은 심적 충격을 받게 될 것이다. 하물며 의도적으로 그를 해치고 싶다는 생각만으로도 그는 스스로에게 큰 충격을 받을 것이다. 그런 악한 의도를 떠올리는 것조차 본능적으로 거부하게 된다. 만약 자신이 실제로 그런 일을 저지를 수 있다고 믿는다면 그는 증오하던 상대만큼이나 자기 자신을 혐오하게 될 것이다.

분노는 왜 직접적인 응징을 요구하는가

그러나 분노의 경우, 우리의 반응은 분명히 다르다. 예를 들어 누군가 우리에게 심각한 해를 끼쳤다고 가정해보자. 가령 그는 우리 아버지나 형제를 죽인 자일 수도 있다. 그런 사람이 나중에 열병으로 죽었거나, 다른 범죄로 교수대에 올랐다 해도, 그 사실이 우리의 증오를 어느 정도 달래줄 수는 있을지 몰라도, 분노를 진정시키지는 못한다.

분노는 우리로 하여금 이렇게 생각하게 만든다. "그자는 우리에게 저지른 그 악행으로 인해, 마땅히 처벌받아야 한다. 그것도 내 손으로 직접 처벌해야 한다." 단지 고통을 받는 것만으로는 충분하지 않다. 그는 자신이 저지른 방식 그대로, 즉 눈에는 눈의 방식으로 고통을 겪어야만 우리의 분노는 진정된다. 그는 후회하고 반성해야 하며, 처벌에 대한 공포가 또 다른 범죄를 미연에 막아줄 수 있어야 한다. 결국 분노를 통해 우리는 단지 개인적인 감정을 해소하는 것을 넘어서, 범죄자의 교정과 사회적 경고라는 정치적 효과까지 이끌어낸다.

이처럼 감사와 분노는 직접적으로 포상과 처벌의 감정적 근거가 된다. 우리는 감사의 대상에게는 반드시 보상이 주어져야 한다고 믿고, 분노를 유발한 사람에게는 마땅히 처벌이 따를 것을 기대한다.

제2장

감사와 분노의 적절한 대상에 대하여

◆

도덕 감정은 공감에서 시작된다

감사와 분노의 적절하고 정당한 대상이 된다는 말은, 결국 그 행위가 감사나 분노를 불러일으키며, 그러한 감정이 정당하게 받아들여진다는 의미일 뿐이다.

그렇다면 인간의 감정이 정당하고 적절한 것으로 승인받는 순간은 언제인가? 그것은 공정한 관찰자가 그 감정에 전적으로 공감하거나 개별적인 방관자들이 그 감정에 자연스럽게 동참하여 비슷한 정서적 반응을 보일 때다. 따라서 사람들이 자연스럽게 공감하며 칭찬하는 행위는 감사의 대상이 되고, 마땅히 보상을 받을 자격이 있다. 반대로 합리적인 사람들이 즉각적으로 분노를 느끼게 되는 행위는 당연히 처벌받아야 한다.

사람들이 어떤 행동을 보고 '이것은 포상받아야 해'라고 생각하고, 실제로 포상이 주어졌을 때 기쁘게 받아들인다면 그 행동은 포상의 대상이 된다. 반대로 어떤 행동을 보고 '이건 처벌받아야 해'라고 느끼고, 실제로 처벌이 이루어졌을 때 만족한다면 그 행동은 당연히 처벌받아야 한다.

1. 우리는 친구가 번창하는 모습을 보면 기뻐하고, 그 만족에 자연스레 동참한다. 당연히 친구 본인도 자신의 번창을 가져온 원인에 대해 만족과 흐뭇함을 느낄 것이다. 우리는 그러한 친구의 감정, 즉 사랑과 애정에 공감하고, 그 감정 자체를 사랑하게 된다.

만약 그런 감정이 사라지거나, 우리가 친구에게서 멀리 떨어져 있어 그 감정을 나눌 수 없게 된다면 우리는 친구에게 미안함을 느낀다. 친구가 사랑과 배려, 보호의 범위 바깥에 놓여 있다는 사실만으로도 유감스러운 것이다. 특히 그 친구가 다른 이들의 행복에 크게 기여한 사람이라면, 함께하지 못하는 미안함은 더욱 커진다.

우리가 갑이라는 사람이 을에게 도움, 보호 혹은 구조를 받는 장면을 보았다고 하자. 우리가 갑의 기쁨에 공감하게 되는 것은, 실은 갑이 을에게 느끼는 감사의 감정에 대한 공감이다. 우리는 을이 스스로에게 느끼는 자긍심이나 따뜻한 감정을 상상하며 을을 바라보고, 그 순간 을은 우리 눈에 가장 우호적이고 매력적인 모습으로 비친다.

자연스럽게 우리는 갑이 을에게 느끼는 감사의 감정에 공감한다. 그리고 갑이 을의 은혜에 대해 그에 상응하는 방식으로 보답하려 한다면 우리는 그 감정을 높이 평가하게 된다. 우리는 그 보답에서 드러난 애정에 공감하며 그 감정을 적절하고 정당한 것으로 여긴다.

2. 마찬가지로 우리는 친구가 괴로워할 때 그의 슬픔에 공감한다. 그리고 그 슬픔을 불러온 원인에 대해서는 본능적으로 혐오와 불쾌함을 느낀다. 우리 마음이 그의 슬픔에 깊이 공명하므로, 그가 슬픔의 원인을 몰아내거나 제거하려는 태도를 보이면, 우리 역시 그런 마음에 자연스럽게 동조한다.

처음에는 그의 고통에 대해 그저 수동적이고 무력한 공감만 느낀다.

하지만 그가 고통의 원인을 없애려 하거나 그것에 대해 강한 거부나 저항의 감정을 드러낼 때는 우리도 그 감정에 즉각적으로 감화되어 함께 움직인다. 특히 그 고통의 원인이 다른 사람이라면, 우리의 동조는 훨씬 강해진다.

예를 들어 어떤 사람이 갑이란 인물에게 부당하게 피해를 주는 장면을 우리가 목격했다고 하자. 우리가 갑의 고통에 공감하는 것은, 사실 갑이 느끼는 을에 대한 분노에 동참하는 것이다. 우리는 갑이 을에게 반격하면 통쾌함을 느끼고, 그가 자기방어에 나서면 기꺼이 돕고 싶어진다. 심지어 그가 복수를 시도한다 해도, 일정한 선까지는 그 분노에 감정적으로 동조할 수 있다. 만약 갑이 결국 그 싸움에서 목숨을 잃는다면 우리는 살아 있는 그의 친구들이나 친지들의 분노에 공감할 뿐 아니라 이미 죽은 갑이 살아 있었다면 느꼈을 분노까지도 상상적으로 함께 느끼게 된다.

왜 우리는 복수를 정당하게 여기는가

그러니까 우리가 자신을 망자의 입장에 놓고, 마치 그의 시신으로 들어가 그 처지를 우리의 가슴으로 옮겨온다고 상상해보자. 이 경우 우리는, 다른 많은 경우와 마찬가지로 죽은 사람이 더는 느낄 수 없는 감정을 대신 느끼게 된다. 이것이 망자에게서 느끼는 상상적 공감이다. 우리가 상상 속에서 그의 돌이킬 수 없는 상실을 떠올리며 흘리는 눈물은, 그에 대한 도덕적 의무감의 한 표현일 뿐이다. 이때 우리는 그가 당한 피해를 가장 무겁게 여기며, 거기에 도덕적 관심을 기울인다.

만약 죽은 자의 차가운 몸에 세상에 대한 의식이 조금이라도 남아 있다면 그가 느꼈을 분노를 우리는 상상 속에서 느끼게 된다. 그의 피는 응보와 정의를 요구하며 끓어오를 것이다. 만약 그 피해가 아무런 보복 없이 잊힌다면 망자(亡者)의 유분(遺粉)이 일어나 몸부림칠 것이다. 살인자인 을의 침대를 유령이 맴돈다는 공포나, 무덤에서 되살아난 망자가 복수를 외친다는 미신은 모두 이러한 상상적 공감에서 비롯된 자연스러운 심리적 투영이다.

　　살인처럼 가장 혐오스러운 범죄 앞에서, 자연은 인간의 마음 깊숙한 곳에 신성하고 불가피한 복수의 감정, 즉 본능적인 정의의 법칙을 지울 수 없는 방식으로 새겨두었다. 이 신성한 법칙은 처벌의 유용성에 대한 모든 이성적 판단보다도 앞서, 이미 자연 그 자체속에 존재해온 질서인 것이다.

혜택을 베푼 자의 행위가 정당하지 않다면 감사에 공감할 수 없고, 해악을 끼친 자의 동기가 부당하지 않다면 분노에 공감할 수 없다

— ◆ —

감정의 적절성이 없으면 감사도, 분노도 정당하지 않다

어떤 행위가 을에게 혜택을 주거나 피해를 입혔다고 해도, 그 행위를 한 갑의 동기가 타당하지 않다면, 곧 그 감정에 공감할 수 없다면, 우리는 을의 감사에도 쉽게 동조하지 못한다. 반대로 갑의 행위가 을에게 고통을 주었더라도, 그 동기 자체에 부당함이 없고 감정이 충분히 이해 가능하고 자연스럽다면, 우리는 을의 분노에 동조하지 않는다. 이 경우, 첫 번째 행위는 크게 보상받을 이유가 없어 보이며, 두 번째 행위는 결코 처벌받을 이유가 없어 보인다.

1. 먼저, 우리가 행위자의 감정에 공감하지 못하고, 그 감정을 불러일으킨 동기에 적절성이 없다고 느끼는 경우, 우리는 그 행위로 혜택을 받은 사람의 감사에도 쉽게 동조하지 않는다. 가령 재산 상속이 그런 경우이다. 갑과 을이 서로 같은 성을 사용하고 부자 관계라는 이유 하나만으로 갑이 을에게 터무니없이 많은 재산을 넘긴다면 그 동기에 특별한 정

당성이 느껴지지 않기에, 우리는 그 행동에 공감하기 어렵다. 그런 유형의 서비스는, 그 혜택의 크기에 비해 정당한 보상을 요구할 근거가 부족해 보인다.

우리는 시혜자가 어리석다고 판단하면, 그로부터 혜택을 받은 사람의 감사에도 쉽게 공감하지 못한다. 그런 시혜자는 감사의 대상이 될 만한 가치가 없다고 느끼기 때문이다. 우리가 그 혜택을 받은 사람의 입장에 자신을 대입하더라도 시혜자에게 진정한 존경심을 느끼기는 어렵다. 그래서 우리는, 고귀한 성품을 지닌 사람에게 자연스럽게 품게 되는 존경과 숭배의 감정을 그에게는 전혀 느끼지 않는다.

그가 가난한 친구에게 늘 다정하고 따뜻하게 대하더라도 우리는 그에게 지위 높은 후원자에게서 기대하는 수준의 세심함이나 호의를 바라지 않는다. 오히려 권력과 부, 명예를 거침없이 베푸는 군주보다, 소박한 방식으로 진심 어린 도움을 주는 사람이 더 큰 존경과 사랑을 받는다.

정당한 감정과 그에 따르는 차별적 반응

영국의 제임스 1세[7]는 성품은 온화했지만 어리석을 만큼 낭비벽이 심했다. 그는 특별히 해를 끼친 일도 없었지만, 사람들의 진심 어린 호감을 얻지 못했다. 결국 그는 평생 진정한 친구 하나 없이 외롭게 살다가 세상을 떠났다. 반면 그의 아들 찰스 1세는 냉정하고 절제된 태도를 지녔지만, 잉글랜드의 향신과 귀족들은 그의 고결한 품성과 대의를 위해 기꺼이

---

7 제임스 1세(1566-1625)는 1567년부터 스코틀랜드 국왕(제임스 6세), 1603년부터는 잉글랜드와 아일랜드 국왕(제임스 1세)으로 재위했다. 그가 사망한 뒤 왕위는 아들 찰스 1세에게 넘어갔다. 찰스 1세(1600-1649)는 1625년부터 세 나라의 국왕으로 즉위했으며, 그의 통치 기간 중 영국 내전이 발발했다. 전쟁에서 패한 그는 재판 끝에 유죄 판결을 받고 반역죄로 처형되었으며, 훗날 순교자로 추앙받았다.

자신의 목숨과 재산을 바쳤다. 아버지와 달리, 그는 사람들로부터 존경과 충성을 한몸에 받았다.

　2. 다음은 두 번째 경우다. 어떤 행위가 우리가 전적으로 공감되고 정당하다고 여기는 감정과 동기에서 비롯되었다면 그로 인해 피해를 입은 사람이 아무리 큰 고통을 받았다고 해도, 우리는 그 피해자의 분노에 전혀 공감하지 않는다. 예를 들어 갑과 을이 충돌했을 때 우리가 갑의 분노에 동의하고 그의 편에 선다면 자연히 을에 대한 감정적 연대는 불가능해진다. 갑의 감정이 타당하다고 판단한 순간, 을의 고통은 정당한 결과로 받아들여지기 때문이다. 즉 우리가 공감하는 쪽의 의로운 분노가 을에게 그런 고통을 가한 것이므로, 그 고통은 부당하거나 불쾌하게 느껴지지 않는다.

　예를 들어 극악무도한 살인범이 교수대 앞에 끌려나오는 상황을 상상해보자. 우리는 그의 처지에 대해 약간의 연민은 느낄 수 있을지 몰라도, 그가 품는 분노에 대해서는 전혀 공감할 수 없다. 그가 어리석게도 검사나 판사를 향해 분노를 드러낸다 해도, 그 감정은 정당성을 갖지 못한다. 오히려 그처럼 악행을 저지른 자에 대해 검사나 판사가 느끼는 분노야말로, 그를 심판하고 파멸에 이르게 하는 강력하고 정당한 감정이다. 그리고 설사 우리가 잠시 죄수의 입장에서 그의 분노를 상상해본다 해도, 그 감정을 정당하다고 여기거나 동정심을 품지는 않을 것이다.

제4장

앞의 세 장에 대한 요약

— ◆ —

감정의 정당성이 도덕 판단을 이끈다

1. 따라서 우리는 을이 단지 갑의 행운에 어떤 원인을 제공했다는 이유만으로, 갑이 을에게 느끼는 감사의 감정에 전적으로 동의하지는 않는다. 을이 사람들의 공감을 얻기 위해서는, 반드시 우리가 전적으로 승인할 만한 동기에서 비롯된 행동을 해야만 한다.

우리는 먼저 행위자의 원칙을 받아들이고, 그의 행동을 유발한 감정들을 이해하고 승인할 수 있어야 한다. 그래야 비로소 을의 행동으로 혜택을 입은 갑의 감사하는 마음에 진심으로 공감하고, 그 감정에 보조를 맞출 수 있다. 반면 시혜자의 행동에 적정성이 없다면 설령 그 행위가 어떤 유익한 결과를 낳았더라도, 우리는 그에 상응하는 포상을 요구하거나 강제할 수 없다고 느낀다.

그러나 만약 선행을 유발한 감정이 적절하고, 우리가 그 감정에 충분히 공감하고 승인할 수 있다면 우리는 그 행위자에 대한 애정과 존중의 감정을 자연스럽게 품게 된다. 그리고 그의 선행으로 혜택을 입은 사람이 느끼는 감사에도 더욱 깊은 동료 의식을 느끼게 된다. 그 결과 우리는, 그 선행이 마땅히 보상을 받아야 한다고 여기며, 그러한 보상을 불러일으키는 감사의 감정에 기꺼이 공감하게 된다. 이처럼, 은혜를 베푼 사람은 포상의 적절한 대상이 되며, 우리는 그 포상을 유도하는 감정 자체에도 공감하고 이를 승인하게 된다.

결국 어떤 행위가 정당한 감정에서 비롯되고 우리가 그 감정을 함께 느끼며 격려할 수 있을 때, 우리는 그 행위를 승인하고 행위자를 존경과 보상의 대상으로 받아들이게 된다.

2. 마찬가지로 을이 갑의 불행을 초래했다고 해서 우리가 갑의 분노에 무조건 공감할 수 있는 것은 아니다. 특히 을의 행위가 그런 불행의 직접적인 원인이 아니거나, 그 동기에 뚜렷한 잘못이 없다고 여겨진다면 더욱 그러하다. 고통받는 갑의 분노에 공감하려면, 우리는 먼저 을의 행위를 이끈 동기를 부정적으로 판단하고, 그 동기에 내포된 감정에 동조할 수 없어야 한다. 을의 행위에서 어떤 부당함이나 부적절한 동기를 발견할 수 없다면 그 결과로 갑이 아무리 큰 고통을 겪었다 하더라도 을은 분노의 대상이 될 수 없으며, 더구나 처벌의 대상이 되어서는 안 된다.

반대로 해를 끼친 행위가 분명히 부적절한 동기에서 나왔고, 우리가 그 동기에 혐오를 느끼며 거리를 두게 된다면, 우리는 피해자인 갑의 분노에 전적으로 공감하게 된다. 이때 우리는 그 행위가 마땅히 처벌을 받아야 한다고 여기게 되며, 그러한 처벌을 촉구하는 피해자의 분노에 깊이 동조하게 된다.

우리가 어떤 사람을 벌하고자 하는 감정에 전적으로 공감하며 그것을 승인할 때, 그 사람은 필연적으로 처벌의 적절한 대상으로 보인다. 이 경우, 우리가 어떤 행위를 유발한 감정에 공감하고 이를 승인한다면 우리는 반드시 그 행위 자체도 승인하게 되며, 그 행위가 향한 대상 또한 마땅하고 합당한 대상으로 받아들이게 된다.

제5장

공로와 과실의 느낌에 대한 분석

공감의 이중 구조: 공로와 과실 판단의 감정적 기초

1. 어떤 행위가 적절한가에 대한 우리의 판단은, 그 행위를 한 사람인 갑의 감정과 동기에 우리가 얼마나 공감할 수 있는지에 달려 있다. 그리고 공로에 대한 우리의 판단은, 그 행위로 혜택을 입은 을의 감사하는 마음에 우리가 얼마나 간접적으로 공감하느냐에 달려 있다.

우리는 혜택을 받은 사람의 감사하는 감정을 온전히 이해할 수 없다. 먼저 시혜자인 갑의 동기를 승인하지 않았다면 더욱 그렇다. 따라서 공로에 대한 감정은 단순하지 않고, 여러 감정이 복합적으로 얽혀 있다. 즉 공로를 느끼는 감정은 두 가지로 구성된다. 하나는 그 행위 자체를 유발한 감정에 대한 직접적인 공감이고, 다른 하나는 그 행위로 혜택을 입은 사람의 감사하는 감정에 대한 간접적인 공감이다.

그래서 우리는 많은 경우, 어떤 인물이나 행위의 긍정적 결과―즉 공로―에 대한 우리의 판단이 두 가지 서로 다른 감정의 결합에서 비롯된다는 사실을 분명히 확인할 수 있다. 역사책을 통해 도덕적으로 적절하고 품위 있는 위인들의 행적을 접할 때, 우리는 그들의 동기에 얼마나 깊이 공감하는가? 그 고결하고 관대한 마음에서 비롯된 위대한 행위로부터 얼마나 큰 영감을 받는가? 또 그들이 실패하거나 좌절을 겪을 때, 우리는 얼마나 큰 실망을 느끼는가?

우리는 상상 속에서 종종 그 위인들이 된 듯한 감정을 맛본다. 머나먼 과거, 이미 사람들의 기억에서조차 흐릿해진 위대한 모험의 현장으로 달려가서, 마치 자신이 스키피오나 카밀루스 혹은 티몰레온이나 아리스티데스가 되어 그 현장에서 직접 행동하고 있는 듯한 기분을 느끼는 것이다.

지금까지 우리는 행위자와 직접적으로 공감하는 감정의 구조를 살펴보았다. 그러나 간접적 공감이라고 해서 그 강도가 덜하다는 뜻은 아니다. 우리가 자신을 수혜자의 입장에 놓고 상상할 때, 진심 어린 애정과 따뜻한 관심으로, 헌신한 사람에 대해 자연스럽게 깊은 감사의 감정을 느끼게 된다. 우리는 그 감정을 통해 시혜자를 마음속으로 따뜻하게 껴안는다.

우리의 마음은 수혜자가 느끼는 깊고 감동적인 감사의 정서에 즉각 반응한다. 시혜자가 베푼 선의에 대해 수혜자가 어떤 방식으로든 보답하거나 영예를 돌리는 모습을 보면 우리는 그것이 아무리 크다 하더라도 부족하지 않다고 생각한다. 수혜자가 진심 어린 태도로 그런 보답을 실천할 때, 우리는 그를 진심으로 칭찬하며 그 감정에 함께 동조한다. 반대로 그가 이러한 의무를 전혀 인식하지 못한 듯한 태도를 보이면, 우리는 놀라움을 넘어선 큰 충격을 받는다.

요약하면, 어떤 행위의 공로 혹은 긍정적인 효과에 대한 평가, 그에 상응하는 적절하고 정당한 보상, 그리고 시혜자를 기쁘게 하는 올바른 반응은 모두 감사와 애정이라는 공감적 정서에서 비롯된다. 시혜자의 입장을 상상하며 자신을 그 자리에 대입할 때, 우리는 그가 베푼 적절하고 타당한 선행에 대해 자연스럽게 마음이 움직이는 것을 느낀다.

2. 어떤 행위가 부적절하다는 판단은, 행위자의 감정과 동기에 대해 공감하지 못하거나 그에 대한 직접적인 반감을 느낄 때 생긴다. 이와 유사하게, 과실에 대한 우리의 도덕적 판단 역시 고통받는 자의 분노에 대한 간접적 공감에서 비롯된다.

우리가 먼저 행위자의 동기를 부정적으로 판단하지 않거나, 그 동기를 낳은 감정에 반감을 갖지 않는다면 피해자가 느끼는 분노에 온전히 공감할 수 없다. 이러한 이유로 해악과 공로에 대한 도덕 판단은 단순한 감정이 아니라 복합적인 정서 반응이다. 이는 두 가지 뚜렷이 다른 감정으로 구성된다. 하나는 행위자에 대한 직접적인 반감이며, 다른 하나는 피해자의 분노에 대한 간접적 공감이다.

정당한 분노는 어디에서 비롯되는가

우리는 이 경우에서도, 다른 많은 사례와 마찬가지로 어떤 인물이나 행위의 해악에 대한 도덕적 판단이 두 가지 상이한 감정의 결합에서 비롯된다는 사실을 확인할 수 있다. 예컨대 역사서에서 보르자나 네로와 같은 악인들의 변덕스러운 잔혹함을 읽을 때, 우리는 그들의 가증스러운 행위를 밀어붙인 혐오스러운 감정들에 본능적인 반감을 느낀다. 그들의 동기에 대해서는 전혀 동료 의식을 갖지 못하며, 오히려 강한 혐오와 염증을 느낀다. 이는 곧 행위자의 감정 자체에 대한 직접적 반감이다.

동시에, 우리는 그 악행으로 인해 고통받는 피해자들의 분노에 대해 간접적인 공감을 더욱 생생하게 경험한다. 우리가 그런 피해자들의 입장이 되어 상상할 때, 그들이 겪는 모욕과 배신, 폭력 상황이 곧 우리 자신의 일이 된 듯 마음이 움직인다. 그 결과, 무고한 이들이 느낄 정당하고 자연스러운 분노에 깊이 공감하게 되며, 그에 따라 가해자인 잔혹한 폭군에 대한 우리의 분노 역시 자연스럽게 솟구친다.

피해자의 갑작스럽고 부당한 고통에 대한 공감은, 그들이 느끼는 정당한 분노와의 감정적 연대만큼이나 깊고 강렬하다. 우리는 이처럼 피해자의 고통에 공감할수록 가해자에 대한 혐오와 적개심은 더욱 증폭되며, 그 분노는 도덕적 판단을 더욱 불붙이고 정당화하는 불씨가 된다.

우리는 피해자의 고통을 떠올리며, 그들이 품는 가해자에 대한 분노에 더욱 깊이 동참한다. 피해자 입장에서 감정을 이입할수록 우리는 그들의 복수심에도 자연스럽게 참여하며, 가해자에게 정당한 대가가 주어져야 한다고 확신한다.

우리의 동정적 분노는 가해자의 범죄에 상응하는 처벌을 계속 요구하게 만든다. 우리는 가해자의 잔혹한 행위에 경악하고, 그런 행위가 마땅한 처벌을 받았다는 소식에는 안도와 기쁨을 느낀다. 반대로 그가 정당한 보복을 모면했다는 이야기를 들으면 분노가 치민다.

요컨대, 우리는 피해자의 고통에 깊이 공감하면서, 동일한 고통이 가해자에게도 돌아가는 것이 정당하고 타당하다고 여긴다. 다시 말해, 이에는 이의 원리에 따라 가해자 역시 똑같은 피해를 입어야 마땅하다고 느끼는 것이다. 이러한 감정은 어디에서 비롯되는가? 그것은 공정한 관찰자가 피해자의 상황을 자기 일처럼 상상할 때, 마음 깊은 곳에서 끓어오르는 동정적 분노에서 나오는 것이다.[8]

---

8   이처럼 우리는 어떤 해로운 결과를 초래한 인간의 행동에 대해 자연스럽게 품는 도덕적 감정을, 피해자의 분노에 대한 공감에서 비롯된 것으로 본다. 그러나 많은 사람은, 악행에 대한 도덕적 판단이 분노라는 감정에서 비롯된다는 주장에 불편함을

느낀다. 그들은 분노를 본성적으로 혐오스럽고 낮은 감정이라 여기며, 어떤 행위를 악하다고 판단하는 고상한 원리가 그런 저급한 감정에 기초한다는 것은 받아들이기 어렵다고 생각한다.

반면 이들은 시혜자의 공로에 대한 우리의 도덕적 판단이 수혜자의 감사하는 마음에서 비롯된다고 보는 데는 큰 이의를 제기하지 않는다. 감사는 선한 감정이며, 다른 이타적 감정과 마찬가지로 고결한 정서로 여겨지기 때문이다. 이처럼 고상한 감정에서 도덕 판단이 유래한다는 것은 그 판단의 품격을 손상시키지 않는다.

그러나 분노와 감사는 본질적으로 서로 반대되는 감정이라기보다, 서로를 보완하는 감정이다. 시혜자의 공로를 인정할 때는 수혜자의 감사에 공감함으로써 마찬가지로 어떤 행위를 잘못이라 판단할 때는 피해자의 분노에 공감하고 연대함으로써 그렇게 하기 때문이다.

또한 다음과 같은 점을 함께 고려해보아야 한다. 우리가 일상에서 자주 목격하듯, 분노는 모든 감정 가운데 가장 혐오스러운 것으로 간주되곤 한다. 그러나 그것이 적절히 통제되고, 공정한 관찰자가 느끼는 수준의 동정적 분노로 절제된다면 그 경우에는 정당하게 받아들여질 수 있다.

예를 들어 이런 상황을 상상해보자. 관찰자인 우리가 피해자의 적개심과 완전히 일치할 정도로 공감하고, 피해자의 분노는 우리가 유사한 상황에서 느낄 법한 감정의 범위를 넘어서지 않으며, 말이나 행동으로 드러나는 격한 표현 역시 우리가 납득할 수 있는 수준일 때, 그리고 피해자가 가하는 처벌 역시 우리가 당사자였다면 마땅히 가했을 수준을 넘지 않을 때, 우리는 그 분노를 외면할 수 없고 기꺼이 공감하게 된다. 이런 경우, 우리의 감정은 피해자의 분노를 정당한 것으로 승인하게 된다.

그러나 실제로 분노 감정을 적절히 통제하는 데 대부분 어려움을 겪는다. 경험이 우리에게 보여주듯, 분노는 본질적으로 무례하고 폭력적인 충동을 내포하고 있으며, 이를 절제된 방식으로 다스리는 것은 결코 쉬운 일이 아니다. 그렇기에 인간 감정 중 가장 격정적인 이 분노를 다스릴 수 있는 사람에 대해 우리는 깊은 존경심을 품는 것이다.

피해자의 분노가 우리가 공감할 수 있는 수준을 넘어서고, 그 감정이 지나치게 격정적으로 표출되면, 우리는 더 이상 그 분노를 승인하지 않게 된다. 이는 분노에만 해당하는 것이 아니다. 어떤 감정이든, 그것이 과도하게 표현되면, 우리는 상상에서조차 그 감정을 불편하고 부적절한 것으로 여기며 거부한다.

지나치게 격렬하고 난폭한 분노는 공감을 이끌어내기보다는, 그 자체가 역으로 분노와 혐오의 대상이 된다. 이처럼 부당한 감정을 드러내는 사람에 대해 우리는 오히려 반대의 분노를 느끼게 되며, 그 사람은 결국 우리가 품은 그 반대의 분노로 인해 피해를 당할 위험에 놓인다.

보복은 인간 감정 중 가장 극단적인 분노의 형태로, 모든 감정 가운데 가장 혐오스럽게 여겨지며, 모든 이들의 두려움과 분노의 대상이 된다. 사람들 사이에서 흔히 발견되는 보복의 감정은, 절제된 분노에 비해 지나치게 과도하여, 어떤 경우에는 백배쯤 더 격렬하게 표현된다. 그래서 우리는 보복을 혐오스럽고 비난받아 마땅한 것으로 여긴다. 실제로도 보복은 대부분 그런 식으로 지나치게 표현된다.

하지만 인류가 지금처럼 타락한 상태에 있음에도, 자연은 인간을 그토록 잔혹하게 두지는 않았다. 인간에게 전적으로 사악한 성향만 준 것도 아니고, 반대로 전적으로 고귀하고 찬양받을 성향만 준 것도 아니다. 다시 말해 인간에게 주어진 감정들은 때로 격렬하게, 때로는 놀라울 정도로 약하게 발현되며, 그 스펙트럼은 매우 다양하다. 우리는 누군가가 지나치게 기개가 없어 자신의 피해조차 느끼지 못하는 모습에 실망하고, 그런 무감각을 경멸한다. 하지만 반대로 분노를 과도하게 품는 사람 또한 강한 거부감을 일으킨다. 결국 도덕적 판단은 감정의 적절한 균형과 절제를 기준으로 이루어진다.

영감 넘치는 작가들은 분노를 단지 사악하고 혐오스러운 감정으로만 보지 않았다. 오히려 인간처럼 불완전한 존재에게서도 의로운 분노를 묘사했으며, 더 나아가 신의 분노(진노)까지 서술했다.

여기서 한 가지 중요한 점을 덧붙이자. 이 책에서 우리가 다루는 것은 정의의 기준이 아니라 사실의 문제이다. 우리는 나쁜 행동을 처벌해야 한다는 완전무결한 존재의 원리를 찾고자 하는 것이 아니라 불완전한 인간이 실제로 어떤 원리에 따라 그런 판단을 내리는지를 탐구하고 있는 것이다. 사회가 유지되려면 부당한 해악이 적절한 처벌을 통해 통제되어야 하며, 그런 처벌은 정당하고 칭찬받을 만한 행위로 여겨져야 한다. 인간은 본능적으로 사회의 질서와 안녕을 지키고자 하지만 자연은 그들이 어떤 처벌이 사회 유지에 가장 적합한지를 이성적으로 판단할 능력까지는 부여하지 않았다.

그 대신, 자연은 우리에게 지금 이 순간, 해악을 목격했을 때 즉각 반응하게 만드는 본능적인 충동을 부여했다. 이러한 자연의 설계는 절제된 경제처럼 꼭 필요한 것은 주되, 넘치지 않게 하는 방식이다. 조금 더 구체적으로 말하자면, 자연은 인간이 특정한 목적—가령 인류의 생존과 보존을—을 강하게 욕망하도록 설계했으며, 동시에 그 목적을 달성하는 데 필요한 수단도 본능적으로 갈망하도록 만들었다. 인간이 그것을 이성적으로 따져서 도출해내기 이전에 말이다. 예컨대 자기 보존과 종족의 유지라는 자연의 근본 목적을 실현하기 위해, 인간은 배고픔, 목마름, 성욕, 쾌락의 추구, 고통의 회피 같은 감정을 갖게 되었다. 이러한 욕구들은 인간이 자연의 의도를 따르지 않더라도 그 목적을 수행하게끔 이끄는 자연의 장치다.

이 노트를 끝맺기 전에, '적절함을 인정하는 것'과 '공로를 인정하는 것'은 분명히 다르다는 점을 짚고자 한다. 우리가 어떤 사람의 감정을 적절하다고 승인하려면, 먼저 그 상황에 우리가 놓였을 때도 같은 감정을 느꼈을 것이라는 확신이 있어야 한다. 다시 말해, 그 사람의 감정과 우리의 감정 사이에 조화와 일치가 있어야 한다는 것을 인식해야 한다. 예를 들어 내 친구에게 불행한 일이 생겼다면 나는 그 친구가 느꼈을 슬픔의 깊이를 곧바로 이해해야 한다. 그러나 이를 위해서는, 그 친구가 보여준 반응이나 감정이 나의 정서와 자연스럽게 조응한다고 느껴야 한다. 그 확신이 서기 전까지는, 나는 그 친구의 감정을 온전히 승인할 수 없다.

따라서 적절성의 승인은 다음과 같은 조건을 요구한다. 우리는 어떤 행위를 한 사람의 감정에 전적으로 공감해야 하며, 동시에 그 감정이 우리의 감정과 완전히 일치하는지도 확인해야 한다. 반면 누군가(예: 갑)가 어떤 사람(예: 을)에게서 혜택을 받았다는 사실을 우리가 들었을 때, 그 감정에 공감하기 위해서는 먼저 갑의 입장에 자신을 대입해보아야 한다. 그런 방식으로 시혜자인 을의 행위를 승인한 뒤에야 비로소 수혜자인 갑의 감사하는 마음에 동참할 수 있으며, 그 혜택을 바람직한 행위, 즉 적절한 보상의 대상이라고 여길 수 있게 된다. 이때 갑이 실제로 고마움을 느꼈는지는, 우리가 을의 공로를 어떻게 평가하느냐에 큰 영향을 주지 않는다. 다시 말해, 공로를 판단할 때 수혜자와 제3자인 우리의 감정이 꼭 같을 필요는 없다. 갑이 고마움을 느낀다면 그것만으로 갑과 을 사이의 감정적 연결은 성립한다. 우리가 느끼는 공로에 대한 공감은 종종 이런 '가상의 감정 이입'에서 비롯된다. 즉 갑의 입장에 자신을 대입해, 실제로 갑이 느끼지 않은 감정을 우리가 대신 느끼는 경우다. 이런 정서적 차이는 과실이나 부당함을 판단할 때도 비슷하게 나타난다.—원주

제2편

정의와 자혜에 관하여

제1장

두 미덕의 비교

━━━━━━━━━━━━━━━ ◆ ━━━━━━━━━━━━━━━

은혜는 강요할 수 없고, 분노는 방어를 위해서만 정당화된다

유익한 결과를 낳은 행위라도 동기가 올바르지 않다면 포상의 대상
이 될 수 없다. 오직 적절한 동기에서 비롯된 행위만이 감사의 감정을 불
러일으키며, 공정한 관찰자의 공감 어린 승인을 얻는다. 반대로 해를 끼
치는 행위는 부적절한 동기에서 비롯된 경우에만 정당한 처벌의 대상이
된다. 이런 행위야말로 공정한 관찰자의 동정적 분노를 자극하고, 분노의
정당한 대상이 되는 것이다.

은혜로운 행위, 즉 자혜는 언제나 자발적인 행동이며, 강요로 이루
어질 수 없다. 이러한 선행을 하지 않는다고 해서 처벌받지는 않는다. 그
것은 적극적인 해악을 끼치는 것이 아니기 때문이다. 물론 기대되던 선행
을 외면한 데 대해 혐오나 불승인 감정이 생길 수는 있으나, 그것이 사회
적으로 정당화된 분노로 이어지지는 않는다. 예를 들어 시혜자 을에게서
도움을 받고도 보답하지 않는 수혜자 갑은 배은망덕의 대표적 사례다. 특

히 갑에게 보답할 여력이 충분하고, 을이 갑의 도움을 필요로 했음에도 외면했다면 공정한 관찰자는 갑의 이기적 태도에 전혀 공감하지 않을 것이며, 그의 행위를 도덕적으로 가장 심각한 불승인 대상으로 간주할 것이다.

그러나 이 경우 갑이 실제로 누구에게 해악을 가한 것은 아니다. 그는 단지 예의상 기대되던 선행을 하지 않았을 뿐이다. 그래서 그의 행위는 증오의 대상이 될 수는 있어도, 분노의 대상이 되지는 않는다. 증오는 부적절한 감정이나 행동에 대한 반응이며, 분노는 타인에게 실제적 해를 끼친 행위에 대한 감정이다. 따라서 갑의 배은망덕은 법적으로나 도덕적으로 처벌의 대상이 될 수 없다. 오히려, 갑에게 감사의 표현을 강요하는 것은 그의 배은망덕보다 더 부적절한 행위가 된다. 갑에게 보답을 강제하려 한다면 시혜자인 을 역시 자신의 고귀한 선행을 스스로 실추시키는 것이다. 또한 이 둘의 관계에 제3자가 개입하여 갑의 행동을 강요하려는 것도 마찬가지로 부당하다.

선행의 여러 의무 중에서도, 감은지정(感恩之情)에서 비롯된 의무는 소위 완전한 의무에 가장 가까운 것으로 여겨진다. 우정, 관대함, 자비심 같은 덕목은 보편적으로 승인되며, 우리에게 자발적 실천을 권장한다. 그러나 이러한 행위는 감은지정 외의 어떤 힘으로도 강제되지 않는다. 우리는 흔히 감사의 빚에 대해서는 이야기하지만 자비의 빚이나 우정의 빚에 대해서는 말하지 않는다. 특히 우정은 그것이 진심 어린 감사의 감정에 의해 강화되지 않는 한, 단지 형식적인 관계로 끝날 가능성이 크다.

한편, 분노는 본질적으로 방어를 위한 감정이다. 그것은 정의의 수호자이며, 무고함을 지키는 안전장치다. 분노를 통해 우리는 우리에게 가해진 부당함에 저항할 수 있고, 이미 발생한 악행에는 정당한 보복을 가할 수 있다. 그 결과, 가해자는 자신의 부정의에 대해 후회하게 되며, 다른 이들은 그 처벌을 두려워하여 유사한 악행을 미리 피하게 된다. 이처럼 분노는 오직 방어와 정의 실현을 위한 목적으로만 사용되어야 하며, 그 외의 용도로 사용될 경우 공정한 관찰자는 결코 이에 공감하지 않을 것이다. 반면에, 선행의 결핍은 실망스럽긴 해도, 그것이 우리를 해치거나 스스로 방어하게 만들 정도의 직접적 악행은 아니다. 그러므로 선행이 결여된 상황에서 분노는 정당화될 수 없다.

선의는 선택이지만, 정의는 의무다: 비난과 처벌을 가르는 기준

그러나 여기에는 또 다른 미덕이 있다. 이 미덕은 단순히 자유 의지에 맡겨질 수 없으며, 경우에 따라 그 실천이 강제로 요구된다. 나아가, 이 미덕을 위반한다면 우리는 단순한 불승인을 넘어서 분노하고 처벌을 정당화한다. 정의라는 이름에 의해서다. 정의의 위반은 실질적인 피해를 가져온다. 그것은 정당하지 못한 동기에서 비롯되어, 특정한 개인에게 실질적이고 직접적인 피해를 입힌다. 그렇기에 정의의 위반은 공정한 분노의 정당한 대상이 되고, 자연스럽게 처벌 대상이 된다.

인류는 오래전부터 부정의로 야기된 피해에 복수하는 폭력 사용을 묵인하거나 정당하다고 보았다. 더 나아가, 해악을 사전에 막고 이미 발생한 피해에 대응하며 가해자가 추가 피해를 주지 못하도록 막는 폭력 사용도 정당한 것으로 인정한다. 정의를 깊이 성찰한 사람이라면 이러한 원리를 잘 이해하고 있다. 폭력은 극히 신중하게 사용되어야 하며, 오직 피해자 본인 또는 범죄를 예방하거나 처벌하려는 이들에 한해 정당화될 수 있다고 인식한다.

이 지점에서 우리는 정의와 다른 사회적 미덕 사이의 본질적 차이를 확인할 수 있다. 어떤 통찰력 있는 사상가는 정의를 특히 강조하며, 우정, 자비, 관용보다도 정의에 기반한 행동을 더 엄격한 도덕적 의무로 보아야 한다고 주장했다. 실제로 우정이나 자비, 관용은 그 실천 여부를 개인의 선택에 일정 부분 맡기지만 정의는 다르다. 정의의 실천은 사회적 강제력을 지니며 도덕적 구속력을 동반한다. 정의와 관련된 규칙은 모든 사람의 승인 아래, 때로는 폭력 사용조차 신중하게 정당화하는 반면 자비나 관용과 같은 다른 미덕들은 강제력을 갖지 않으며, 반드시 실천되어야 하는 것은 아니다.

그러나 우리는 비난받을 만한 행동과 처벌의 대상이 되는 행동, 즉 폭력을 사용해 억제하거나 예방해야 할 행동을 명확히 구분할 필요가 있다. 경험적으로 볼 때, 모든 사람에게 기대되는 보통 수준의 선행 기준에 미치지 못한 경우 우리는 그 행동을 부적절하다고 판단하고 비난한다. 반대로 그 기준을 넘어서는 행동은 특별히 칭찬을 받는다.

보통 수준으로 행동하는 사람—예를 들어 한 사람이 아버지, 아들, 형제의 역할을 무난하게 수행할 경우—은 칭찬도 비난도 받지 않는다. 그러나 예외적으로 정당하고 적절한 행동을 한 사람은 깊은 인상을 주며 칭찬받는다. 반대로 예외적으로 부적절하고 불친절한 행동을 한 사람은 비난받는다.

동등한 지위에 있는 사람들 사이에서는 가장 일상적인 친절이나 선행조차도 결코 강제될 수 없다. 그러나 아직 민간 정부가 수립되기 이전이라도, 타인의 공격이나 위해에 대해서는 누구든 스스로 방어할 권리가 있으며, 자신에게 가해진 해악에 대해 어느 정도 처벌을 요구할 권리도 인정된다. 공정한 관찰자는 피해자가 이런 보복 행위를 할 때, 단지 묵인할 뿐만 아니라 기꺼이 그 복수에 동참할 만큼 깊은 공감을 느낀다. 예컨대 을이 갑을 공격하거나 강탈하거나 살해하려 할 경우, 이를 지켜보는 이웃들은 경악하며 함께 나서고, 피해를 입거나 위기에 처한 갑을 도우며 이를 정의로운 행동으로 간주한다.

하지만 다음과 같은 경우는 다르다. 아버지가 자식에 대한 의무를 다하지 않거나, 아들이 아버지에게 마땅한 존경심을 보이지 않거나, 형제 간에 우애가 부족하거나 누군가가 동료의 고통에 아무런 연민도 보이지 않고 돕기를 거부할 때, 이런 경우 사람들은 도덕적으로 비난할 수는 있지만, 무력을 사용해 그것을 강요해야 한다고 생각하지는 않는다.

선행의 부재나 인간적 의무의 결핍에 대해서는 실망스러울 수 있지만, 이는 무력으로 강제될 성질은 아니다. 피해자는 그저 불평할 수 있을 뿐이고, 공정한 관찰자는 조언이나 설득 외에는 개입할 방법이 없다. 따라서 이러한 부도덕함에 대해 동급자가 동급자에게 무력을 행사하려는 행위는, 오히려 극단적으로 오만하고 무례한 행동으로 여겨진다.

다만, 상급자는 보편적 승인을 바탕으로, 자신의 관할 아래 있는 동급자들—예컨대 갑과 을—에게 서로 일정 수준의 예의를 지킬 것을 요구할 수 있다. 실제로 모든 문명국의 법률은 부모에게 자녀를 양육할 의무를, 자녀에게는 부모를 봉양할 책임을 부과하며, 일반 시민에게도 다양한 형태의 선행 의무를 요청한다. 민간 행정관은 일정한 권한을 위임받아 부정의를 억제함으로써 공공의 질서와 안녕을 유지할 뿐 아니라 각종 악덕과 무례함의 발호를 제지하는 역할을 수행한다. 또한 동료 시민들 간에 상호 피해를 주지 않도록 막는 것은 물론, 서로에게 선의를 베풀도록 권장하기도 한다.

만일 군주가 새로운 칙령을 내려, 이전에는 사소하게 여겨져 지키지 않아도 비난받지 않던 행위를 이제 반드시 하도록 정했다면 이를 어길 경우 비난뿐 아니라 처벌까지 받을 수 있다. 반대로 그 행위가 원래부터 지키지 않으면 도덕적으로 비난받던 것이었다면 이제 불이행은 더 무거운 법적 처벌로 이어질 수 있다.

입법자는 이러한 칙령을 정할 때 도덕적 정당성과 판단의 적절성을 바탕으로 가장 신중해야 한다. 만약 군주의 명령이 완전히 무시되거나 무효화된다면 국가는 곧 무질서와 혼란에 빠지고 불복종이 극단으로 치달으면 자유와 안전, 정의 모두가 무너질 위험에 처하게 된다.

좋은 일은 강요할 수 없다

단순히 선행이 부족하다고 해서 처벌받지는 않지만 그 미덕을 적극적으로 실천한 사람은 가장 큰 찬사와 보상을 받는다. 크게 선행을 베푸는 사람은 자연스럽게 깊은 감사와 존경이라는 정서적 반응을 가져오며, 그에 합당한 인정을 받는다. 반면 정의를 위반한 자는 처벌을 받지만, 정의의 규칙을 지킨 것만으로는 특별한 찬사나 감사를 이끌어내지 못한다.

정의를 실천하는 행위는 분명히 도덕적으로 적절하며, 마땅한 인정을 받지만, 그것이 능동적으로 선을 행한 것으로 간주되지는 않는다. 대개 정의의 준수는 소극적 미덕에 속한다. 이는 단지 타인에게 해를 끼치지 않는 방식으로 나타나며, 이웃의 신체나 재산, 명예를 침해하지 않는 것에 머문다. 그런 사람은 어떤 특별한 공로를 인정받지 못할 수 있지만, 실상은 정의의 규칙을 모두 이행한 것이다. 그는 이웃에 예의를 갖추어야 한다는 모든 도덕적 요구를 충실히 따랐고, 그렇지 않으면 처벌받을 수도 있는 모든 규범도 이행한 셈이다. 그리고 이러한 이행은 때로는 아무 행동도 하지 않음으로써—즉, 침묵하거나 개입하지 않음으로써— 가능해진다.

다른 사람들이 행동하는 대로 우리도 행동하는 것, 즉 보복은 마치 자연이 우리에게 부여한 가장 위대한 법칙처럼 보인다. 우리는 오직 관대하고 선량한 사람만이 진정한 선행과 관용을 베푸는 자격이 있다고 믿는다. 그리고 타인의 감정에 마음을 닫고 무관심한 사람은, 공동체의 따뜻한 애정과 관심에서 철저히 배제되어야 마땅하다고 느낀다. 설령 그가 사회 속에서 살아가는 것이 허용되더라도, 누구의 보살핌도 없이, 마치 인간관계가 사라진 거대한 사막 속에 놓이도록 해야 한다고 여긴다.

정의의 법칙을 어긴 사람은, 자신이 남에게 가한 고통을 고스란히 돌려받아야 마땅하다. 그는 이웃의 고통에 무관심한 냉정함 때문에 부정의한 행동을 했으므로, 이제는 자신이 그 고통을 직접 경험하는 공포를 느껴야 한다.

간신히 무고한 척하는 태도로 살아가는 사람, 남들과의 관계에서 최소한의 정의만을 지키며, 무관심함으로써 이웃에게 해를 끼치지 않는 사람, 이런 사람은 이웃들로부터 그와 동일한 대우를 받는 것이 마땅하다. 이웃은 그의 표면적인 무고함은 인정하되, 그가 타인에게 보였던 무심한 태도 그대로 그에게 돌려주는 것으로 충분하다.

제2장

정의감, 회한, 공로의 인식에 대하여

━━━━━━━━━━ ◆ ━━━━━━━━━━

공정한 관찰자의 시선

남이 우리에게 저지른 악행에 대한 정당한 분노를 제외하면, 이웃에게 해를 끼치려는 행동에는 정당한 이유가 없다. 남의 행복이 우리의 행복을 방해한다는 이유로 해치려 하거나, 단순히 우리에게 더 이롭다는 이유로 남의 유익을 빼앗거나, 남을 희생시켜 자신의 이익을 추구하는 태도는 모두 자신을 남보다 앞세우는 행위다. 인간은 흔히 자신의 행복을 더 중요하게 여기지만, 공정한 관찰자는 이런 태도를 정당하다고 보지 않는다.

물론 누구나 본성적으로 자기 이익을 가장 우선시한다. 자신을 남보다 더 돌보는 것은 자연스럽고, 따라서 정당한 일이다. 그래서 사람들은 남의 일보다 자신의 일에 더 깊은 관심을 갖는다. 예컨대 우리와 직접적 관련이 없는 이의 죽음은 우리 자신의 사소한 불행보다도 마음을 덜 흔들며, 식욕을 잃게 하지도 않고 평온을 깨뜨리지도 않는다. 이처럼 이웃에게 닥친 비극이, 때로는 우리 자신의 작은 불행만큼도 마음을 흔들지 못할 때가 있다. 하지만 그렇다고 해서 우리의 사소한 불행이나 더 큰 위기를 피하기 위해 그에게 불행을 안겨서는 안 된다. 이 경우에도 우리는 자신을 바라보는 자기 시선이 아니라 타인이 우리를 바라보는 시선으로 우리를 관찰할 수 있어야 한다.

사람은 흔히 자신을 세상의 중심으로 여기지만 다른 이의 눈에는 전체 중 아주 작은 일부에 불과하다. 자기 행복이 세상의 모든 행복보다 중요하게 느껴질 수는 있어도, 타인에게는 그저 개인의 문제일 뿐이다. 누구나 자기 안에서는 자신을 가장 소중히 여기지만 그렇다고 인류 전체를 대표할 수는 없고, 그런 기준으로 행동한다고 주장할 수도 없다. 이처럼 자기 중심적 태도는 아무리 자연스럽다 해도, 타인에게는 늘 지나치고 이례적으로 비친다. 만약 그가 타인의 시선으로 자신을 바라본다면 자신이 남들보다 특별히 나을 것이 없다는 사실을 깨닫게 될 것이다.

공정한 관찰자가 수긍할 만한 원칙에 따라 행동하고, 그렇게 행동하고자 하는 강한 의지를 지닌 사람이라면, 이 경우에도 그는 자기애의 오만함을 누그러뜨려야 한다. 그리고 그 자기애를 타인도 수용할 수 있을 만큼 낮추어야 한다. 이렇게 겸손한 자기애를 지닌 사람만이, 자신의 행복을 남의 행복보다 더 열심히 추구하는 것을 타인에게 인정받을 수 있다. 타인이 그의 입장을 수긍할 수 있을 때, 그의 행동은 곧바로 정당한 것으로 인정된다.

재산이나 명예, 지위를 둘러싼 경쟁에서 그는 누구보다 열심히 뛰며 자신의 역량을 다할 수 있다. 하지만 경쟁자를 부당하게 밀치거나 해를 입힌다면 그 순간 관찰자의 승인은 사라진다. 그것은 페어플레이의 원칙을 어긴 행위로, 타인이 결코 받아들일 수 없다. 그들에게 피해자는 가해자만큼 중요한 존재이며, 가해자의 자기애적 동기는 정당화될 수 없다.

오히려 그들은 피해자의 분노에 공감하고, 가해자를 향한 분노와 증오의 감정을 정당하다고 여긴다. 그리고 가해자 역시, 그 감정들이 사방에서 터져 나올 것임을 잘 알고 있다.

악행에 대한 복수와 처벌

피해자에게 가해진 악행이 클수록 그리고 회복이 어려울수록 피해자의 분노는 더 깊어진다. 이에 따라 관찰자의 동정 어린 분노나 행위자의 죄책감 또한 더욱 커진다. 살인은 인간이 저지를 수 있는 가장 극단적이고 중대한 범죄다. 피해자의 가족에게는 이루 말할 수 없는 분노를, 인류 전체의 관점에서도 용서하기 어려운 악행을 남긴다.

우리가 이미 소유한 것을 빼앗기는 데 따른 상실감은, 가질지도 모른다고 기대하던 것이 좌절되는 것보다 훨씬 크다. 따라서 절도나 강도처럼 이미 가진 재산을 강제로 빼앗는 행위는, 단순히 약속을 어겨 기대를 저버리는 계약 위반보다 훨씬 더 심각하고 중대한 범죄로 간주된다. 이러한 이유로 가장 신성한 법은 생명과 신체를 보호하는 법이며, 이를 위반하는 행위는 즉각적인 복수와 처벌의 정당한 대상이 된다. 그다음으로 중요한 법은 재산과 소유권을 보호하는 법이며, 그다음이 계약을 통해 확보된 권리를 지키는 법이다.

정의라는 신성한 법을 어긴 사람은, 자신의 행동이 타인에게 어떤 감정을 불러일으키는지 제대로 인식하지 못한다. 그는 타인에게 불러온 수치심, 두려움 그리고 경악의 고통을 헤아리지 못한다. 시간이 지나 격정이 가라앉고 자기 행동을 차분히 되돌아보게 되었을 때조차, 그는 그 행위를 이끈 동기들조차 납득하지 못한다. 그 동기는 남들에게 혐오스러웠던 것처럼 이제는 자신에게도 혐오스럽게 느껴진다.

그는 타인이 자신에게 품고 있는 증오와 혐오에 공감하고, 어느새 자기 스스로를 증오하고 혐오하게 된다. 자신의 부정의로 고통받은 피해자의 처지가 연민을 불러일으키고, 그 순간 그는 슬픔에 잠긴다. 자신이 저지른 행위의 결과를 후회하고, 사람들이 자신을 분노와 적개심의 대상으로 바라보며 복수와 처벌을 요구하고 있다는 사실을 느낀다.

이런 고통스러운 자각은 그를 끊임없이 따라다니고, 그의 마음은 공포와 절망으로 가득 찬다. 그는 더 이상 인간 사회를 정면으로 바라볼 수 없고, 모든 사람의 호의로부터 배제된 채 세상으로부터 추방당한 느낌을 받는다. 그가 느끼는 깊고 끔찍한 고통에 대해 어느 누구도 연민 어린 위로를 건네지 않는다. 사람들은 그의 악행을 기억하며, 어떤 동료의식도 허락하지 않는다. 타인의 이 냉혹한 적대심이야말로 그가 가장 두려워하는 것이며, 세상의 모든 것이 자신을 향해 적대적으로 변한 듯 느껴진다.

그는 결국 사람들로부터 도망치듯 외딴 사막으로 달아나고 싶어 한다. 그곳에서는 더 이상 사람들의 얼굴을 마주하지 않아도 되고, 설사 마주하더라도 그들의 눈빛에서 자신의 죄를 단죄하고 증오하는 표정을 보지 않아도 되기 때문이다.

고독은 사회생활보다 더 무서운 것

그러나 고독은 사회보다 더 두렵다. 고독을 떠올릴 때마다 그는 어둡고 불행하며 참담한 이미지밖에 떠오르지 않는다. 그것은 알 수 없는 고통과 파멸에 대한 음울한 예감만을 안겨준다. 결국 그는 고독에 대한 두려움 때문에 다시 사회로 돌아온다. 이미 자신을 만장일치로 비난한 사람들, 그 무서운 재판관들의 얼굴을 마주하면서, 어떻게든 그들에게서 보호를 구하려 하지만 마음속엔 오직 수치와 공포만이 가득하다. 사회로 돌아왔으나 그들 앞에 서는 것 자체가 두려운 것이다. 이것이 회한이다.

회한은 인간 내면에서 솟아나는 감정 중 가장 고통스러운 감정이다.

그것은 자신의 과거 행위에 대한 수치심, 그 결과에 대한 슬픔, 피해자에 대한 연민 그리고 합리적인 이들이 품는 정당한 분노와 그로 인한 처벌에 대한 두려움이 뒤섞여 만들어진다.

　반대로, 악행과는 정반대의 행동은 정반대 감정을 일으킨다. 경솔한 변덕이 아닌 정당한 동기에서 우러나온 관대한 행위를 한 사람은, 도움을 받은 이들을 떠올릴 때 자연스럽게 그들에게 사랑과 감사의 대상이 되었다고 느낀다. 이러한 공감을 통해 그는 모든 사람의 존경과 인정을 경험하게 된다.

　자신의 행동을 되돌아보면서 그는 공정한 관찰자의 시선으로 보아도 여전히 그 동기를 긍정할 수 있다. 그래서 스스로에 대한 자부심을 느끼고, 자기 자신과 타인의 눈 모두에서 자신의 행동에 만족한다. 그런 행동을 떠올릴 때 마음은 평온하고 쾌활하며 침착한 기운으로 가득 찬다. 그는 사람들과의 조화와 우애를 느끼며, 타인에게 진심 어린 호의와 신뢰를 보낸다. 그리고 자신이 그런 호의를 받을 자격이 있다고 확신한다. 이처럼 다양한 긍정적 감정들이 합쳐져, 공로 혹은 보상의 감정이 자연스럽게 솟아나는 것이다.

제3장

이러한 인간 본성의 효용에 대하여

사회는 사랑과 정의로 존재한다

인간은 사회 속에서만 살아갈 수 있는 존재이며, 자연은 그를 그 사회적 조건에 알맞게 빚어두었다. 인간 사회의 구성원들은 서로의 도움이 필요하지만 동시에 서로에게 해를 끼칠 가능성도 있다. 사랑, 감사, 우애, 존경에서 비롯된 상호 협력의 정신이 살아 있을 때, 사회는 번영하고 구성원들은 행복을 누린다. 사회 구성원들은 애정과 호의의 유대를 통해 긴밀히 연결되어 있으며, 마치 하나의 공통된 중심을 향해 끌려가듯 서로에게 선의와 도움을 주고받는 관계 속에 있다.

이처럼 관대하고 공정한 동기에서 비롯된 상호 부조가 없다 하더라도 사회는 반드시 해체되지는 않는다. 물론 그런 사회는 더 삭막하고 덜 행복하겠지만 상인들 간의 거래처럼 상호 이용 가능성과 이익 교환만으로도 존속할 수는 있다. 구성원들이 서로에 대한 의무감이나 감사의 정을 느끼지 못하더라도 공통의 가치 기준에 따라 이루어지는 성실한 교환이 있다면 사회는 유지될 수 있다.

하지만 사회는 구성원 사이에 해악을 끼치려는 의도가 존재하는 한 존속할 수 없다. 피해가 발생하고, 상호 분노와 적대감이 일어난 그 순간부터 사회를 지탱하던 모든 유대는 무너지고 구성원은 서로 충돌하거나 공동체를 떠나게 된다. 강도와 살인자들 사이에서 사회가 유지되려면 최소한 그들끼리는 서로 강도나 살인을 하지 않는다는 규범이 필요하다. 결국 사회 존속에 있어 선행보다 더 본질적인 것은 정의다. 선행이 없으면 사회가 삭막해질 수는 있지만, 정의가 무너지면 사회는 반드시 붕괴한다.

선행이 장식이라면 정의는 기둥이다

자연은 인간이 선행을 통해 기쁨과 보람을 느끼도록 권면한다. 그러나 그 선행을 게을리한다고 해서, 자연은 그것을 강제하거나 처벌의 공포로 실행을 강요할 필요는 없다고 본다. 선행은 마치 건축물의 장식과 같아서, 그것이 있으면 아름답지만 없어도 구조 자체가 무너지지는 않는다. 다시 말해, 선행은 권장할 수는 있어도 반드시 강요되어야 할 것은 아니다.

반면 정의는 건물 전체를 떠받치는 주 기둥과 같다. 정의가 무너지는 순간, 자연이 특별한 정성으로 지탱해온 인간 사회의 견고한 구조는 산산이 부서지고 말 것이다. 그래서 자연은 정의의 실천을 보장하기 위해, 인간의 마음에 잘못에 대한 깊은 죄책감과 그것이 초래할 처벌에 대한 공포를 심어 놓았다. 이 공포는 사회를 지탱하는 가장 강력한 안전장치로, 약자를 보호하고, 난폭한 자를 억제하며, 범죄자를 응징하는 역할을 한다.

인간은 본성적으로 동정심을 지녔지만, 자신과 무관한 타인에게는 큰 감정을 느끼지 않는다. 멀리 있는 이웃의 비참함은, 자기에게 닥친 작은 불편보다도 덜 중요하게 여겨진다. 인간은 타인을 해칠 수 있는 능력을 지녔으며, 때때로 그런 유혹을 받기도 한다. 따라서 사회가 지속되려면, 무고한 이웃을 해쳐서는 안 된다는 원칙이 인간의 마음속에 확고히 자리 잡고 있어야 하며, 이를 강제하는 정의의 규범이 존재해야 한다. 그렇지 않으면 인간은 야생의 짐승처럼 언제든 서로를 공격하려 들 것이며, 그런 사회는 사자 굴이나 다름없게 될 것이다.

시계처럼 정교한 자연, 그 목적을 오해하는 인간

세상 곳곳에서 우리는 어떤 목적을 이루기 위해 정교하게 조율된 수많은 수단을 발견한다. 식물과 동물의 구조 역시 마찬가지다. 그 안의 모든 작동 원리와 조직은 자연의 두 가지 위대한 목적—개체의 생존과 종의 번식—을 실현하기 위해 정교하게 설계되어 있다.

이처럼 자연의 사물들 속에는 각각의 작용에 대한 효율적 원인과, 전체 구조가 지향하는 최종적 목적이 동시에 존재한다. 예컨대 음식의 소화, 혈액의 순환, 체액의 분비는 각각 뚜렷한 작동 원리를 지니고 있으며, 동시에 생명 유지라는 더 큰 목적을 향해 작동한다. 그러나 우리는 대개 이 각각의 작용들만 바라볼 뿐 그것이 전체 유기체의 목적에 어떻게 기여하는지는 놓치기 쉽다.

시계를 예로 들자면, 모든 부품은 시간을 정확히 알려주는 목적에 부합하도록 정밀하게 설계되어 있다. 마치 시간을 맞추고자 하는 의도를 지닌 것처럼 작동하지만 우리는 그런 목적의식을 부품 자체의 공로로 돌리지 않는다. 그것은 시계 제작자의 설계 덕분이다. 시계의 바늘과 톱니바퀴는 용수철의 작동에 따라 움직일 뿐이며, 그 목적을 인식하거나 의도하지 않는다. 중요한 것은 부품의 작동 자체가 아니라 그것이 조화를 이루어 시간을 정확히 알리는가에 있다.

그런데 사물의 작동을 설명할 때 우리는 종종 효율적 원인과 최종적 원인을 혼동한다. 특히 인간 정신의 작용을 설명할 때 이 오류가 두드러진다. 우리는 자연이 본래 부여한 목적에 따라 움직이면서도, 마치 계몽된 이성이 우리에게 그 목적을 추천하고 있다고 착각한다. 그 결과, 감정과 행동의 실제 동인을 인간의 이성에서 비롯된 것이라 오해하게 된다. 이는 마치 시계의 부품들이 시계 장인의 의도를 대신한다고 여기는 것과 같다. 그러나 진정한 목적과 설계는 이성 자체에 있는 것이 아니라 더 높은 차원의 질서, 즉 창조자의 지혜에 있다. 겉보기에는 이성이 인간의 모든 행동을 설명하는 것처럼 보이지만, 그 모든 과정을 단 하나의 원리로 환원하려는 시도는 인간 본성의 다층적이고 복잡한 구조를 지나치게 단순하게 보는 오류를 범하는 것이다.

정의 없이는 사회도 없다

사회는 정의의 법이 일정 수준 이상 지켜지지 않으면 존속할 수 없다. 타인에게 반복적으로 해를 끼치는 이들 사이에서는 어떤 형태의 사회적 교류도 이루어지지 않는다. 이러한 필연성에 기반해 우리는 정의를 어긴 자를 강제로 처벌하는 법 집행을 정당한 것으로 받아들인다.

사람은 본래 사회를 사랑하는 존재라 한다. 인류의 결속이 설령 자신에게 아무런 이익을 주지 않는다 하더라도 그 결속이 그 자체로 유지되기를 바라는 것이다. 잘 조직되고 번창하는 사회의 모습은 인간에게 본능적으로 기쁨을 준다. 인간은 그러한 상태를 단지 떠올리는 것만으로도 만족을 느낀다. 반면 사회의 무질서와 혼란은 혐오의 대상이며, 그러한 혼란을 초래한 원인에 대해 분노를 느낀다.

또한 인간은 자신의 이익과 안녕이 사회 전체의 안정과 직결되어 있다고 믿는다. 자신의 행복과 생존 역시 결국 사회가 유지되고 보호될 때 비로소 가능하다고 여기기 때문이다. 그래서 그는 사회를 파괴하려는 경향을 지닌 모든 것에 본능적으로 반감을 품으며, 그러한 사태가 벌어지지 않도록 자신이 가진 모든 수단을 동원하려 한다. 그리하여 부정의가 나타나는 순간, 그는 경악하며 재빨리 행동에 나선다. 소중한 것을 무너뜨리려는 상황을 막기 위해, 가능한 한 신속하게 개입하려 한다. 만약 부드럽고 공정한 방식으로 이를 막을 수 없다면 그는 폭력이나 강제력까지 동원해서라도 그 확산을 저지하려 한다. 이처럼 인간은 정의를 지키기 위해, 경우에 따라 사형과 같은 극단적 처벌조차 정당하다고 판단한다. 그렇게 함으로써 사회 질서를 위협하는 자는 제거되고, 나머지 구성원들은 이를 본보기 삼아 동일한 잘못을 반복하지 않게 된다.

　이상이 우리가 부정의에 대한 처벌을 정당하다고 여기는 이유다. 이는 분명한 진실이다. 우리는 처벌이 사회 질서를 유지하는 데 얼마나 필수적인지를 되새기며, 처벌의 정당성과 타당성을 스스로 확인하곤 한다. 범죄자가 응당한 보복을 받는 것은, 그의 범죄가 불러일으킨 인류 보편의 정당한 분노가 구체적 행동으로 실현된 결과다. 뻔뻔한 부정의는 사람들의 분노를 자극하고, 그 분노는 처벌이라는 두려움 속에서 응징과 제지의 힘으로 작용한다.

　하지만 그가 더 이상 위협적이지 않은 존재로 보일 때, 관대하고 따뜻한 성정을 지닌 사람들은 그를 연민의 시선으로 바라보게 된다. 그가 곧 겪게 될 고통을 떠올리면, 그가 저질렀던 범죄에 대한 분노 역시 어느 정도 누그러진다. 그들은 그를 사면하고 용서해주고 싶은 마음이 들기도 한다. 냉정한 판단 아래에서는 처벌이 당연하다고 생각했지만 시간이 지나면 그를 처벌로부터 구제해주고 싶어지는 것이다.

　이 지점에서 사람들은 사회 전체의 이익을 근거로 삼아, 자신 안의 연민이 단순한 감정의 충동이 아님을 정당화하려 한다. 그들은 순간적인 감정에 따라 움직이지 않고, 보다 넓고 균형 잡힌 인류애의 명령에 따르려 한다. 범죄자에 대한 자비가 무고한 이들에게는 잔인함이 될 수 있다는 사실을 잘 알기에, 개인에 대한 동정심을 인류 전체를 향한 더 넓은 연민과 대조하며 스스로 균형을 잡는다.

우리는 때때로 사회를 지탱하기 위해 정의의 일반 규칙을 지켜야 한다는 입장에서 그것을 적극 옹호하게 된다. 특히 우리는 종종 젊은이나 방종한 자들이 도덕의 가장 신성한 규범을 조롱하며 떠드는 소리를 듣는다. 그들은 타락한 성정이나 허영심 탓에, 가장 한심하고 왜곡된 행동 원칙을 거리낌 없이 말한다. 그러면 우리의 분노는 자연스레 치솟고, 우리는 그들의 혐오스러운 주장에 맞서 논박하고 폭로하고 싶어진다.

우리가 그들을 향해 분노를 표출하는 이유는 그들의 가증스럽고 타락한 인격 때문이다. 그러나 단지 그들이 밉고 역겹다는 이유만으로 그들을 비난하는 것은 아니다. 우리가 어떤 사람을 미워하는 것이 정당하다면 그 감정을 드러내는 것 또한 정당할 수 있다. 하지만 누군가 "왜 그런 식으로 행동하지 않는가?"라고 묻는다면 그 질문에는 이런 전제가 깔려 있다. 질문하는 사람은 우리가 그렇게 혐오하는 행동이 반드시 분노나 혐오의 대상인 것은 아니라고 생각하는 것이다. 따라서 우리는 그러한 감정의 표현이 정당하다는 것을, 보다 보편적인 근거를 통해 입증해야 할 필요를 느낀다.

그래서 우리는 다른 논거들을 떠올리게 되고, 맨 먼저 드는 생각은 방종한 행위가 불러오는 사회의 무질서와 혼란이다. 결국 사회 질서를 지키기 위해서는 정의가 반드시 필요하다는 점을 강조하게 된다.

사실, 방종한 행동이 사회의 안녕에 해를 끼친다는 점을 인식하는 데 특별한 지성이 필요한 것은 아니다. 그러나 우리가 그런 행동에 처음부터 반감을 품는 이유가 반드시 이성적인 사회적 고려 때문인 것은 아니다. 사람이라면 누구나—심지어 무지하고 둔감한 이들조차— 사기, 불성실, 부정의를 본능적으로 싫어하며, 그런 행위가 처벌받는 것을 통쾌하게 여긴다. 그럼에도 정의가 사회 존속에 반드시 필요한 요소라는 점을 진지하게 숙고하는 사람은 그리 많지 않다.

우리는 왜 낯선 이의 분노에 공감하는가

개인에게 저질러진 범죄를 처벌하는 데 우리가 처음부터 관심을 갖는 이유는 사회를 보존하려는 의식에서 비롯된 것이 아님을 여러 명백한 근거로 확인할 수 있다. 우리는 일상에서 누군가의 재산이나 행복에 대해 관심을 갖지만, 그것은 사회 전체의 재산이나 행복을 걱정해서가 아니다. 한 개인의 죽음이나 손실에 대해 반응할 때, 우리가 그를 사회 구성원으로 보기 때문도 아니며, 그로 인해 사회 질서가 무너질까 봐 염려해서도 아니다.

이런 태도는 다음과 같은 비유로 설명할 수 있다. 예컨대 우리가 1파운드를 잃었다고 해서, 그것이 1,000파운드의 일부라는 이유로 중요하게 여긴다거나, 향후 더 큰 손실로 이어질 수 있다는 점 때문에 슬퍼하는 것은 아니다. 두 경우 모두, 부분에 대한 관심이 전체에 대한 관심에서 나오는 것이 아니며, 오히려 전체에 대한 관심이 수많은 개별적인 부분에 대한 관심에서 비롯된다. 우리가 소액을 도난당했을 때도 전체 자산을 지키겠다는 의도라기보다 그 소액에 대한 손실을 문제 삼는다.

마찬가지로 누군가가 부상을 입거나 사망했을 때 우리는 그 사람에게 가해진 부정의를 바로잡기 위해 처벌을 요구한다. 그것은 사회 전체의 안녕이나 질서를 위해서가 아니라 피해자 개인에 대한 직접적인 관심에서 비롯된다. 이 관심은 반드시 사랑이나 존경, 친밀한 애정에서 비롯된 것은 아니다. 우리가 친구나 가족에게 느끼는 특별한 감정과는 다른 종류다.

이런 관심은 시민으로서 서로 간에 느끼는 일반적 연대감에 가깝다. 심지어 우리가 혐오하거나 경멸하던 사람이라 할지라도, 그가 무고하게 피해를 입었다면 그의 분노에 공감할 수 있다. 그의 성품이나 평소 행동이 불쾌했다고 해서, 우리가 그에 대해 느끼는 도덕적 감정까지 모두 사라지는 것은 아니다. 물론 어떤 사람들은 이런 동료 의식이 잘 생겨나지 않을 수도 있다. 특히 자기감정을 다스리거나 도덕적 규칙에 따라 통제하는 훈련이 되지 않은, 정직하지 못한 사람에게는 더욱 그러하다.

공익과 정의 사이, 감정은 어떻게 반응하는가

그러나 어떤 경우에는, 우리는 사회 전체의 이익을 기준으로 처벌을 내리거나 그 처벌을 정당하게 여긴다. 그런 기준 없이는 사회 질서가 유지되기 어렵기 때문이다. 대표적인 예로는 민간 치안이나 군대 규율을 위반한 행위에 대한 처벌이다. 이러한 범죄는 특정 개인에게 직접적이고 즉각적인 피해를 주지는 않지만 그 파급 효과는 사회 전체에 큰 혼란과 불편을 초래할 수 있다.

예를 들어 보초병이 경계 근무 중 졸았다면 그는 군법에 따라 사형에 처해질 수 있다. 그의 실수가 전체 군대의 안전을 위협할 수 있기 때문이다. 이런 처벌은 가혹하게 느껴질 수 있지만, 공익의 관점에서는 때때로 반드시 필요한 조치이며, 그런 이유로 정당성을 갖는다. 개인의 생명과 다수의 안전이 충돌할 때, 공동체는 당연히 다수의 이익을 우선시한다.

하지만 그럼에도 이런 처벌은 감정적으로 받아들이기 쉽지 않다. 잘못은 분명하나 그 행위 자체는 상대적으로 가볍고, 그에 비해 처벌은 지나치게 무겁게 느껴진다. 인정 많은 사람이라면, 이 처벌을 정당화하기 위해 마음을 다잡고 이성적으로 스스로 설득해야 하며, 누군가 이런 판결을 내리는 것을 보면서도 마음 한편으로는 안타까움을 느낀다. 그런 감정은 잔혹한 범죄자에게 느끼는 감정과는 본질적으로 다르다. 예컨대 배은망덕한 살인자나 부모를 살해한 자에게 정의로운 보복이 가해지는 것을 우리는 열렬히 지지하며, 오히려 통쾌한 감정마저 느낀다. 만약 그가 처벌을 피하고 달아났다면 우리는 분노와 실망에 휩싸일 것이다.

이처럼 공정한 관찰자는 이 두 처벌에 대해 서로 다른 감정 반응을 보이며, 그것이 서로 다른 원리에 근거하고 있다는 점을 인식한다. 그는 보초병을 게으르고 실책을 범한 병사로 보면서도, 동시에 불운한 희생자이자 구제해주고 싶은 인간으로 여긴다. 다수의 안전을 위해 어쩔 수 없이 그를 희생시켜야 하는 현실에 마음 아파하는 것이다.

인간의 분노는 죽음 이후까지 따라간다

그러나 만약 살인자가 처벌을 피한 채 달아난다면 사람들은 극심한 분노에 사로잡히고, 심지어 저승에서라도 하느님이 반드시 그 죄를 벌해주길 기도한다. 지상의 정의가 끝내 응징하지 못한 범죄에 대해 신의 정의가 대신 보복해주길 바라는 것이다.

우리는 지금까지 정의의 실현이 사회 질서를 유지하기 위해 지상에서 반드시 이루어져야 한다는 입장을 강조해왔다. 자연은 그렇게 가르치며, 그렇게 하지 않으면 사회 자체가 존립할 수 없다. 종교는 여기에 더해, 범죄자는 죽음 이후에도 그 죗값을 치러야 한다고 가르친다. 이 때문에 인간의 징벌 감정은 무덤 너머까지 범죄자를 추적하며, 사후의 심판에 대한 상상을 통해 정의의 회복을 갈망한다.

하지만 이런 사후 응징이 현실에서 또 다른 범죄가 일어나는 것을 막지는 못한다. 우리는 저승에서 벌어지는 처벌을 눈으로 본 적도, 실제로 확인한 적도 없기 때문이다. 그럼에도 사람들은 하느님의 정의가 여전히 살아 있다고 믿는다. 그리고 지상에서 억울함을 당한 과부나 고아의 고통을 신이 대신 갚아주실 것이라고 기대한다.

실제로 인류의 모든 종교와 신앙은 오래전부터 지옥(타르타루스)과 천국(엘리시움)의 존재를 가르쳐 왔다. 지옥은 악한 자들이 벌받는 곳이며, 천국은 정의로운 이들이 보상받는 곳이다.

제3편

공로와 과실에 대한 판단에서
운명이 인간의 감정에 미치는 영향에 관하여

서문

어떤 행동이 칭찬이나 비난의 대상이 되는 경우는 다음 세 가지이다.

첫째, 어떤 행동이 행위자의 내면적 의도나 감정에서 비롯된 경우.

둘째, 특정한 감정으로 인해 유발된 외부적 움직임이나 행위.

셋째, 좋든 나쁘든, 그 행동으로부터 실제로 나온 결과로 인해.

이 세 가지는 각각 서로 다른 차원이지만, 모두 행동의 성격과 맥락을 구성하며, 우리가 그 행동의 공과를 판단할 때 기준이 되는 요소들이다.

그러나 이 가운데 둘째와 셋째—즉, 외부적 움직임 자체와, 행동에 따른 결과—는 근본적으로 칭찬이나 비난을 위한 정당한 근거가 될 수 없다. 여기에 반대하는 사람은 없다. 신체의 외적 행위는 겉으로는 종종 동일하게 보일 수 있다. 예를 들어 새를 겨냥해 방아쇠를 당기는 동작과 사람을 겨냥해 방아쇠를 당기는 동작은 겉으로는 동일하지만 그 도덕적 의미는 전혀 다를 수 있다.

더 나아가, 어떤 행동이 낳은 결과는 겉으로 보이는 행위 자체보다도 칭찬이나 비난과 더욱 무관하다. 결과는 대부분 행위자의 통제 너머에 있으며, 우연이나 운명, 즉 행운 또는 불운에 달려 있기 때문이다. 따라서 결과 자체는 행위자의 성품이나 그 행위의 근원이 되는 감정이 어느 정도 적절한지 보여주는 근거가 될 수 없다.

사람이 도덕적 책임을 질 수 있는 결과란, 일정한 방식으로 의도된 것이거나, 최소한 그 의도가 선한지 악한지를 드러내는 경우에 한한다. 결국 우리가 어떤 행위를 칭찬하거나 비난하는 이유는 그 행위에 담긴 의도와 감정 그리고 그것의 적절성과 유익성(또는 해악성)에 달려 있다.

이 원칙을 이처럼 추상적이고 일반적인 수준에서 제시할 때, 여기에 반대할 사람은 거의 없을 것이다. 이 자명한 정의에 대해 대부분은 동의할 것이며, 일상적 상식 안에서도 널리 받아들여진다. 실제로 어떤 행동이 우연히 기대 이상의 좋은 결과를 낳았든, 또는 예상치 못한 나쁜 결과를 초래했든 간에, 그 행위의 도덕적 가치는 어디까지나 그 의도가 선의였는지 악의였는지에 따라 판단되어야 한다. 그래서 우리는 행위자를 여전히 칭찬하거나 비난하고, 감사하거나 분노하는 것이다.

그러나 이 공정한 원칙을 머리로 이해한다고 해서, 실제 상황에서 그대로 적용하기란 결코 쉬운 일이 아니다. 어떤 행위가 가져온 결과는 우리의 감정—특히 감사나 분노 같은 도덕 감정—에 매우 강하게 작용한다. 우리는 그 결과에 따라 감정을 더 키우거나 약화시키며, 실제로는 원칙만으로 감정을 조절하지 못하는 경우가 대부분이다.

이처럼 감정은 원칙에서 벗어나 불규칙하게 반응하는 경향이 있다. 누구나 이를 느끼지만, 그 원인을 충분히 인식하거나 기꺼이 인정하려 하지 않는다. 나는 이제 이 점을 분석하고자 한다. 특히 다음의 세 가지 측면에 주목하려 한다.

첫째, 감정의 불규칙성을 야기하는 원인, 혹은 자연(혹은 운명)이 그런 불균형을 만들어내는 방식.

둘째, 그러한 감정의 불규칙성이 운명의 영향을 받는 범위.

셋째, 자연의 설계자—조물주—가 그러한 감정의 불규칙성을 통해 의도한 목적은 무엇인가.

제1장

운명이 영향을 미치는 원인들에 대하여

———————— ◆ ————————

왜 우리는 돌을 때리고 개에게 화내고 인간을 원망하는가

쾌락이나 고통을 유발하는 원인이 무엇이든, 그것은 동물들에게 본능적으로 두 가지 강렬한 감정—감사와 분노—을 불러일으킨다. 생물이든 무생물이든 우리에게 즐거움을 주거나 고통을 안긴 대상은 곧 감정의 표적이 된다. 예컨대 돌부리에 걸려 넘어진 사람은 그 돌에 화를 내고, 아이는 돌을 때리며, 개는 짖고, 성급한 사람은 저주를 퍼붓는다. 그러나 잠시라도 이성을 되찾으면, 우리는 무생물이 복수의 대상이 될 수 없다는 사실을 깨닫는다.

그럼에도 그 무생물이 입힌 피해가 크고 그것을 볼 때마다 불쾌한 감정이 떠오른다면 우리는 그 물건을 없애거나 파괴함으로써 일종의 감정 정화를 시도한다. 친한 친구의 죽음에 우연히 사용된 도구를 불태워 없애는 것도 이와 유사한 예다. 이러한 행위가 다소 우스꽝스럽고 비이성적이라는 걸 알면서도, 그렇게 하지 않으면 도리어 우리가 냉혈한처럼 느껴져 죄책감을 품게 된다.

이처럼 무생물이라 할지라도 우리에게 자주 커다란 즐거움을 안겨주는 경우, 우리는 그 대상에 일종의 감정적 애착을 느낀다. 난파된 선원이 나무판자를 붙들고 간신히 해변에 도착했다면 그는 곧바로 그 판자를 태워 몸을 녹이기보다, 먼저 그것을 소중한 기념물처럼 간직하려는 충동을 느낄 것이다. 만약 그것을 곧바로 불쏘시개로 삼는다면 그는 부자연스러운 행동을 했다는 죄책감을 느낄 것이다.

우리는 그러한 물건에 자연스럽게 애정을 느끼고, 그것이 오랜 시간 함께해온 사물일수록 그 감정은 더 깊어진다. 오랫동안 쓴 담뱃갑, 지팡이, 주머니칼 같은 물건은 단순한 도구를 넘어 친숙한 존재가 된다. 그 물건을 잃어버렸을 때 느끼는 감정의 동요는, 그것의 실제 경제적 가치와는 전혀 어울리지 않을 만큼 클 수 있다. 집이나 정원처럼 오랜 시간 기쁨을 준 장소 역시 마찬가지다. 그곳이 사라지거나 파괴되면 우리는 금전적 손실이 없더라도 깊은 상실감을 느낀다. 아마 고대 신화 속 나무의 정령 드라이드나 집의 정령 라레스는 이러한 감정에서 비롯된 상상일 것이다. 만약 인간이 그러한 사물 안에서 생명력의 흔적을 전혀 느끼지 못했다면 그런 신화는 결코 나오지 않았을 것이다.

감사나 분노가 정당한 감정이 되기 위해서는, 그 대상이 단순히 고통이나 쾌락의 원인이 되었을 뿐만 아니라 실제로 그런 감정을 불러일으켰어야 한다. 이런 감정은 흔히 그 원인에 대한 보상이나 응징을 통해 풀린다. 그러나 무생물을 향한 보복은 실질적인 효과를 낼 수 없기에, 우리는 본능적으로 그보다는 생물—특히 동물—에게 감정을 집중하게 된다. 예컨대 사람을 문 개나 들이받은 소는 반드시 처벌받는다. 만약 그로 인해 사람이 죽었다면 고인의 가족과 사회는 그 동물이 죽임당하지 않고는 마음에서 응징이 끝났다고 느끼지 못할 것이다. 이러한 처벌은 살아 있는 사람들의 안전을 위한 조치일 뿐 아니라, 죽은 자를 위한 일종의 복수이기도 하다. 반대로 인간에게 크게 유익했던 동물은 분명한 감사의 대상이 된다. 그런데 감사는커녕 그런 동물을 잔인하게 대한 어떤 장교의 잔인함은 우리에게 큰 충격을 안겼다.

『터키의 스파이』[9]라는 책에는 이런 경우가 소개되어 있다. 어떤 장교는 자신을 위험한 해변에서 무사히 데려다준 말을, 그 공로가 다른 사람에게 돌아가 자신처럼 명성을 얻을까 봐 우려한 나머지 칼로 찔러 죽였다. 이 잔혹한 행위는 배은망덕을 넘어선 극단적인 이기심의 표현으로, 보는 이에게 깊은 충격과 분노를 불러일으킨다.

동물은 쾌락과 고통의 원인이 될 뿐 아니라 그런 감정을 스스로도 느끼는 존재다. 그러나 감정의 대상이 되기엔 여전히 뭔가 부족하다. 감사라는 감정이 진정으로 충족되려면, 시혜자가 기쁨을 느낄 수 있어야 하고, 도움을 받은 사람이 그 감정을 의식적으로 되돌려줄 수 있어야 한다. 또한 그 보답을 통해 수혜자가 그럴 자격이 있는 존재임을 인정받는 구조가 필요하다. 이러한 복합적인 상호작용은 동물에게는 어렵기에, 결국 인간만이 감사와 분노의 진정한 대상이 될 수 있는 것이다.

감사와 분노의 진짜 이유: 존경받고 인정받으려는 마음

시혜자에게 가장 큰 만족을 주는 것은, 자신과 수혜자의 감정이 완전히 일치한다고 느끼는 순간이다. 다시 말해, 수혜자의 성품이 은혜를 받을 만하고, 그가 자신을 존경할 만한 사람으로 인정한다고 확신할 때, 시혜자는 진정한 기쁨을 느낀다. 우리 역시 다른 사람이 우리를, 우리가 스스로를 평가하는 그대로 인정해줄 때 가장 큰 만족을 느낀다. 특히 우

---

9   마란나(G. P. Marana)가 쓴 책으로 원제는 『어느 터키 스파이가 쓴 편지』이다.

리가 스스로 특별하다고 여기는 그 관점에서 우리를 인정해주는 사람을 만났을 때, 우리는 강한 긍정의 감정을 경험한다.

그래서 수혜자가 시혜자에게 좋은 인상을 남기고, 그에 대한 존경심을 지키거나 더 높이려는 마음은 가장 중요한 보답 중 하나다. 고결한 성품의 소유자는 단지 더 많은 혜택을 얻기 위한 계산된 태도—이를테면 과도한 감사 표현이나 아첨—를 경멸한다. 반면 진심 어린 존중과 도덕적 가치로 시혜자의 존경을 이끌어내고 유지하는 일은, 진정으로 가치 있는 보답으로 여겨진다.

이 원리가 앞서 언급한, 감사를 느끼지 못하는 경우를 설명하는 핵심이다. 즉 시혜자의 인격이나 동기가 우리 기준에 부합하지 않을 때, 우리는 그가 어떤 도움을 주었더라도 깊은 감사를 느끼지 못한다. 그의 호의가 아무리 커도, 우리 마음속 감정의 문은 쉽게 열리지 않는다. 우리는 자신이 존경하지 않는 사람에게서 받은 존경을 대수롭지 않게 여기며, 그런 사람에게 특별히 고마움을 느끼지도 않는다.

한편, 분노의 감정은 감사와는 정반대 방향에서 작동한다. 우리가 누군가에게 분노를 터뜨리는 목적은 단지 똑같은 고통을 되갚기 위함이 아니라 상대에게 그의 행동이 잘못되었음을 분명히 인식시키고, 자신이 한 일이 도덕적으로 용납될 수 없음을 깨닫게 하려는 데 있다. 특히 그는 우리를 무시했고, 자신을 우리보다 더 우월한 존재로 여기며, 자신의 편의나 기분을 위해 타인을 아무렇지 않게 희생시켜도 된다고 여겼다.

결국 우리가 느끼는 분노의 핵심은 피해 그 자체가 아니라 그 뒤에 자리한 오만함과 부정의 그리고 뒤틀린 관계 인식이다. 우리가 진정으로 원하는 것은 그가 우리의 권리를 인정하고, 자신이 저지른 행위의 의미를 분명히 깨닫는 것이다. 이 목적이 달성되지 않는 한, 복수는 늘 불완전하다.

반대로, 만약 우리가 입은 피해가 정당하다고 느껴진다면 즉 상대가 부당한 행동을 한 것이 아니라고 판단된다면 우리는 분노를 느끼지 않는다. 우리 자신을 대입해보더라도 그의 입장이라면 같은 선택을 했으리라 생각될 때, 그리고 우리가 최소한의 정직성과 정의감을 갖고 있다면 설령 손해를 입었더라도 분노는 일어나지 않는다.

감사의 조건, 분노의 조건

어떤 대상이 감사나 분노의 온전하고 정당한 대상이 되려면 세 가지 조건이 필요하다.

첫째, 감사의 경우에는 쾌락, 분노의 경우에는 고통의 원인이 되어야 한다.

둘째, 그 대상이 그런 쾌락이나 고통을 느낄 수 있는 존재여야 한다.

셋째, 그 행위가 특정한 의도를 바탕으로 해야 한다. 감사라면 긍정적으로 인정할 수 있는 의도, 분노라면 비난받아 마땅한 의도여야 한다.

이 중 첫 번째는 감정을 유발하는 조건이며, 두 번째는 그 감정을 충족시킬 수 있는 조건이다. 세 번째는 감정을 온전히 만족시키는 데 필요한 요건이자, 감정을 더욱 자극하는 결정적인 요소다.

궁극적으로 인간의 감사와 분노는 쾌락과 고통이라는 경험에서 비롯된다. 행위자의 의도가 선의이든 악의이든 간에, 그 의도의 적절성에 따라 감정의 성격이 달라질 뿐 기본적으로는 고통을 주었는가, 즐거움을 주었는가가 감정을 일으키는 핵심 원인이다.

하지만 만약 행위자의 선의나 악의가 실제로 어떤 결과로 이어지지 않았다면 위의 세 조건 중 어느 하나도 충족되지 않으므로, 감사도 분노도 발생하지 않는다. 반면에, 행위자의 의도와 무관하게 결과적으로 큰 유익이나 해악이 발생했다면 비록 선의도 악의도 없었다 하더라도 우리는 감사하거나 분노하게 된다. 선의가 있었든 없었든 결과적으로 이로움을 준 경우, 그 사람에게는 공로의 그늘이 드리워지고 악의가 없었더라도 해를 끼쳤다면 과실의 그림자가 따라붙는다.

결국 행위의 실제 결과는 전적으로 운명의 손에 달려 있으며, 그 결과가 어떻게 드러나느냐에 따라 인간의 감정 또한 깊이 영향을 받게 된다.

제2장

운명이 영향력을 미치는 범위에 대하어

---◆---

운명이 인간 감정에 미치는 두 가지 영향

운명은 인간의 감정과 평가에 두 가지 방식으로 영향을 미친다.

첫째, 어떤 행동이 분명 칭찬받거나 비난받을 만한 의도에서 비롯되었지만, 의도한 결과를 내지 못한 경우, 우리는 그 행동의 공로나 과실을 약하게 평가한다.

둘째, 마찬가지로 어떤 행동이 칭찬하거나 비난할 의도에서 나왔고, 그 결과가 예기치 않게 큰 즐거움이나 고통을 낳은 경우, 우리는 그 행동의 공로나 과실을 더 크게 평가한다.

성과가 없으면 공로도 과실도 약해진다

1. 어떤 사람의 의도가 아무리 적절하고 이타적이거나, 반대로 아무리 부적절하고 악의적이라 해도, 그 의도가 실제로 효과를 내지 못한다면 전자의 경우에는 공로가 불완전해 보이고, 후자의 경우에는 과실이 온전

히 느껴지지 않는다. 이 감정의 불일치는 직접 영향을 받은 당사자뿐 아니라 공정한 관찰자인 제3자도 어느 정도 공유한다.

누군가 다른 사람을 위해 자리를 알아봐 주었지만 결국 실패했더라도, 그는 여전히 친구로서 애정과 호의를 받을 자격이 있다고 여겨진다. 그러나 자리를 알아봐주었을 뿐 아니라 실제로 자리를 얻어주었다면 그는 단순한 친구가 아니라 후원자이자 은인으로 간주되어, 더 깊은 존경과 감사를 받는다. 우리는 흔히, 도와주려 한 마음만으로도 충분히 고맙다고 말하지만 이는 실패한 사람에게 건네는 의례적 위로일 뿐 실제 감정은 그에 미치지 못한다.

물론 관대한 사람일수록 실패한 친구에게도 성공한 친구와 거의 같은 정도의 감정을 품는다. 그는 자신이 존경하는 사람으로부터 사랑받고 존중받는 것 자체를 더 큰 기쁨으로 여기며, 그로부터 어떤 실질적 이득을 얻는 것보다 더 감사한 일로 느낀다. 그렇기 때문에 그가 기대했던 실익이 사라지더라도, 잃는 것은 미미하다고 느끼는 것이다. 하지만 그렇다고 완전히 아무것도 잃지 않은 것은 아니다.

따라서 수혜자가 느끼는 기쁨과 감사는 온전히 충만하지 못하다. 같은 조건에서라면, 아무리 고결하고 관대한 사람일지라도 도움을 주려 했으나 실패한 친구보다는 실제로 성과를 거둔 친구에게 더 큰 애정과 감사를 느끼게 된다.

심지어 인간은 이 점에 있어서 놀라울 만큼 불공정하다. 어떤 혜택이 실제로 실현되었더라도, 그것이 특정인의 직접적인 도움 없이 이루어진 것이라면, 사람들은 그에게 느끼는 감사의 정도를 자연스럽게 낮추려는 경향이 있다. 예컨대 누군가가 아무리 최선을 다해 도우려 했다 하더라도 그 결과가 여러 사람의 협력 덕분에 가능해졌다고 생각하면, 사람들은 흔히 이렇게 말한다. "그 사람도 분명 도우려고 했고, 열심히 노력한 것은 사실이지만, 결과적으로 그 사람이 전부를 해낸 건 아니야. 그 사람 혼자 힘으로는 애초에 불가능했을 거야." 사람들은 이런 경우, 공정한 관찰자라 하더라도 그 사람에게 느끼는 도덕적 책임이나 감사의 무게가 줄어든다고 생각한다.

성과가 좌우하는 공로의 평가, 그리고 운명의 개입

아무리 충분한 재능과 역량을 지닌 사람이라도 운명이나 우연한 사정 때문에 능력을 발휘할 기회를 얻지 못하면, 그의 공로는 자연스레 불완전해 보인다.

예컨대 장군이 장관들의 질투로 인해 적을 압도할 수 있는 결정적 기회를 살리지 못했을 경우, 그는 그 기회를 놓친 것을 평생토록 후회하게 된다. 그 후회는 단순히 대중의 시선을 의식해서가 아니라 스스로의 눈으로 보더라도 자신의 명성에 찬란한 업적 하나를 더할 수 있었던 기회를 잃었다는 데에서 오는 것이다. 그 작전은 장군이 직접 수립했고, 내각이 제때 협조했더라면 실행 가능했으며, 실제 행동으로 옮겼다면 성공은 틀림없었을 것이다. 그러나 제때 승인받지 못한 탓에 위대한 작전은 실행되지 못했고, 그는 마땅한 공로를 인정받지 못했다. 결국 그의 탁월한 전략은, 운명의 개입으로 말미암아 실현되지 못하고 빛을 잃고 만 것이다.

누군가의 공적을 마무리 직전에 가로채는 일은 가장 비열한 형태의 부정의라 할 수 있다. 폼페이우스가 루쿨루스의 전과를 가로챈 것이 대표적이다.[10] 루쿨루스는 수많은 전과를 쌓았기에 마땅히 그에 걸맞은 공로를 인정받아야 한다. 그러나 마지막 순간, 폼페이우스가 끼어들어 루쿨루스의 행운과 용기에 돌아가야 할 월계관을 모두 가로채버렸다. 이로 인해 폼페이우스는 비난을 받게 되었다. 루쿨루스는 원정을 계속해도 좋다는 승인을 받지 못한 탓에, 그의 업적은 친구들 눈에도 미완의 영광으로 비쳤다. 그의 용기와 결단력이라면 원정은 충분히 성공했을 것이라는 생각이 여전히 남았기 때문이다.

건축가에게도 이와 비슷한 경우가 있다. 건축가에게 가장 뼈아픈 일은 자신이 설계한 도면이 아예 실현되지 않거나, 심하게 변경되어 건축물의 전체적인 효과를 망쳐버리는 경우다. 물론 설계 도면만으로도 건축가의 역량은 충분히 입증된다. 실제로 건물을 짓지 않더라도 그의 창의성과 안목은 도면 안에 고스란히 담겨 있다. 뛰어난 감식안이 있는 이들에게는 도면 속에서도 그의 안목과 천재성을 명확히 읽어낼 수 있다. 그럼에도 아무리 뛰어난 설계도라 해도, 고상하고 장엄한 건축물이 불러일으키는 감동과 경탄에는 미치지 못한다. 두 가지 모두 재능과 세련미를 드러내지만, 효과는 전혀 다르다. 도면이 주는 즐거움은 실물 건축이 안겨주는 경이와 감탄에 비할 수 없다.

우리는 종종 카이사르나 알렉산드로스보다 더 뛰어난 재능을 가졌다고 여겨지는 사람들을 알고 있다. 그들이 두 영웅과 동일한 환경에 놓였더라면 더 위대한 업적을 남겼을지도 모른다. 그러나 우리는 그런 인물들에게서 역사 속 영웅들이 받은 전 인류의 경탄과 존경을 느끼지 못한다. 냉정히 따지자면, 이름 없는 이들이 더 많은 찬사를 받을 자격이 있을 수도 있다. 그러나 그들에게는 위대한 업적이라는 외적 증거가 없다. 잠재된 미덕과 재능만으로는 실제 성취가 불러오는 장엄한 감동을 대신할 수 없다. 이처럼 행위의 위대함은 능력 자체보다 결과에 의해 더욱 극적으로 빛나는 것이다.

10　폼페이우스(기원전 106-48)는 고대 로마의 장군이다. 루쿨루스(기원전 118-57)는 아르메니아 정벌을 통해 동방에서 결정적인 승리를 거둘 기회를 앞두고 있었다. 그러나 폼페이우스가 중간에 개입하면서 그 영광을 가로채고 말았다.

은혜에 무감각하고 해악에는 예민한 인간의 눈

인간은 대체로 은혜에는 둔감하고, 해악에는 민감한 경향이 있다. 실패로 끝난 행위의 공로는 미수(未遂)였다는 이유로 가치가 줄어들며, 실패한 범죄 역시 실제 해악이 일어나지 않았다는 이유로 평가가 낮아진다. 실제로 범죄를 저지르려는 의도가 있었더라도, 실행에 이르지 않았다면 완전한 비난의 대상이 되지 않는다. 단, 대역죄(국가 반역)만은 예외다. 반역을 꾀했다는 의도 자체만으로도 극형에 처해지는 경우가 많다. 그것은 국가 체제와 군주의 존립에 대한 도전으로 여겨지기 때문이다.

일반적인 범죄에서 군주는 타인에게 가해진 해악에 분노하지만 대역죄의 경우 군주는 자신에 대한 모욕으로 받아들여 직접적인 분노를 터뜨린다. 따라서 이 경우 군주의 감정은 공정한 관찰자의 기준을 넘어설 가능성이 높다. 그는 아직 실행되지 않은 반역 행위조차, 실제 실행된 것처럼 강하게 처벌한다. 단지 모의에 불과하고, 구체적 실행이 없었더라도 많은 국가에서 동일한 수준의 중형으로 다스린다.

반면 대역죄를 제외한 대부분의 범죄는 실제로 실행되지 않으면 거의 처벌되지 않으며, 처벌된다 하더라도 경미한 수준에 그친다. 범죄의 의도는 실제 실행과는 다른 수준의 타락으로 간주되기 때문이다. 우리는 실제로 여러 일을 마음먹었지만 결국 실행에 옮기지 못하는 경우가 많다. 하지만 실행 직전까지 간 경우에는 평가가 달라진다. 예컨대 누군가 총을 쐈으나 빗나간 경우, 대부분의 나라에서 이를 살인으로 보지 않는다. 스코틀랜드의 옛 법에 따르면 상대방에게 총상을 입혔더라도 일정 기한 내에 사망하지 않으면 극형에 처하지 않았다.

물론 살인미수는 모든 사회에서 중범죄로 간주된다. 하지만 사소한 범죄의 미수는 거의 무시되거나 경미하게 처벌된다. 예컨대 남의 호주머니에 손을 넣었지만 아무것도 빼내지 못하면 창피를 당하는 정도로 끝나지만, 실제로 무언가를 가져가면 사형에 처해질 수도 있다. 남의 집 창문에 사다리를 걸었지만 진입하지 못한 경우는 주거침입으로 다뤄지지 않는다. 여성을 겁탈하려 한 시도는 강간죄로 처벌되지 않는다. 유부녀를 유혹하려는 의도만으로는 법적 처벌을 받지 않지만 그 의도가 실제로 실행되면 처벌 대상이 된다.

이처럼, 사람들은 단지 생각만 했을 뿐인 자에게는 강한 처벌을 요구하지 않는다. 그러나 그 생각이 실행에 옮겨졌다면 같은 동기라도 훨씬 강한 적개심을 느끼게 된다. 미수에 그쳤을 경우, 우리는 그 행위를 운 좋게 피했다는 안도감 때문에 그 행위가 지닌 본래의 사악함을 온전히 느끼지 못한다. 반면 기수의 경우, 실제로 당한 피해에 대한 슬픔이 분노를 더욱 증폭시킨다. 하지만 의도 자체는 동일했기에, 감정의 불균형이 발생한다.

그리하여 선진국이든 미개 사회든 대부분의 법은 이런 감정의 흐름을 따라, 미수의 경우 형을 감경하거나 면제한다. 문명사회는 그 결과가 인간 감정에 어떤 영향을 주는지를 따져 처벌 수위를 결정하고, 반면 야만 사회는 결과가 없으면 아예 책임조차 묻지 않는 경향을 보인다.

절벽 끝에서 멈춘 발걸음

어떤 사람이 격한 감정에 휘말리거나 나쁜 친구들의 영향을 받아 범죄를 모의했다고 하자. 다행히도 그는 그 범죄를 실행에 옮길 능력을 갖추지 못해 실제 범행은 일어나지 않았다. 만약 그에게 양심이 조금이라도 남아 있다면 그는 이 사건을 일생의 가장 큰 구원 혹은 기적처럼 여길 것이다. 그 순간을 떠올릴 때마다 하느님께 감사하며, 막 저지르려 했던 죄악에서 자신을 구해준 우연한 계기, 그리고 그로 인해 겪지 않게 된 공포와 회한, 후회의 나날들에 대해 깊은 고마움을 느낄 것이다.

그는 두 손은 깨끗할지라도 마음 한켠에는 여전히 죄의 그림자가 드리워진 듯한 무거움을 느낀다. 하지만 실제로 범죄가 일어나지 않았다는 사실은 그의 양심에 어느 정도 안도감을 준다. 이 결과가 자신의 도덕적 각성에서 비롯된 것이 아닌 것이 분명하더라도 말이다.

그리하여 그는 자기 자신에게 더 관대해진다. 우연히 주어진 이 기회가 죄책감을 덜어주거나 아예 씻어주었다고 느낀다. 심지어 한때 범죄를 굳게 결심했던 사실마저도 극적인 탈출을 위한 연출처럼 받아들인다. 그는 그 탈출에 감사하고, 그 일로 인해 위태로웠던 마음의 평화를 되찾은 것을 다행스럽게 여긴다. 아찔했던 그 순간을 떠올릴 때면 온몸이 오싹해지며, 절벽 끝에서 추락 직전에 가까스로 멈춰 선 사람처럼 떨게 된다.

감정은 공정한가: 운명, 감정, 도덕 판단의 불균형

2. 운명이 감정에 미치는 두 번째 효과는, 공로와 과실에 대한 인식을 더욱 강화한다는 점이다. 어떤 행위가 특별한 기쁨이나 고통을 불러일으킬 경우, 우리는 그 행위자의 공로 또는 과실을 더 크게 느끼게 된다. 그 사람이 실제로 그러한 찬사나 비난을 받을 만한 의도나 동기를 가지고 있지 않았다 하더라도 행위가 낳은 결과가 크다면 우리는 자연스럽게 그 책임의 그림자를 그에게까지 드리운다.

이 때문에 단지 나쁜 소식을 전했을 뿐인 사람조차도 우리에게는 불쾌한 존재처럼 여겨지고 반대로 좋은 소식을 가져온 사람은 고마운 존재로 느껴진다. 우리는 그들을 사건의 주인공인 양 대하며 전자는 불운의 상징으로, 후자는 행운의 전령으로 여긴다.

기쁜 소식을 전한 이는 자연히 따뜻한 환대와 감사를 받는다. 우리는 그에게 우호적인 감정을 품고, 친밀감을 느끼며, 그의 친절에 보답하고 싶어진다. 많은 나라의 궁중 전통에서도 승전 소식을 가져온 장교에게 특별한 포상을 내리는 관례가 있다. 장군들이 가장 믿는 심복에게 이 역할을 맡기는 이유이기도 하다.

반면 비보(悲報)를 처음 전하는 사람은 종종 순간적인 분노의 표적이 된다. 우리는 그를 불쾌하게 바라보고, 무례하거나 잔혹한 사람은 그 소식이 불러일으킨 감정까지 전령에게 폭력적으로 쏟아낸다. 고대 아르메니아의 왕 티그라네스는 강적이 다가온다는 소식을 전한 전령을 참수했다. 이처럼 나쁜 소식을 전한 이에게 벌을 주는 것은 비이성적이고 야만적이다. 반대로 좋은 소식을 전한 이에게 포상을 내리는 행위는 우리가 보기에 별로 거슬리지 않는다. 심지어 왕의 그런 처분은 당연하게 여겨진다.

그런데 우리는 왜 이런 차이를 두는가? 한쪽에 잘못이 없다면 다른 한쪽에도 특별한 공로가 있다고 볼 수 없다. 그럼에도 우리는 왜 한쪽은 칭찬하고, 다른 쪽은 비난하는가? 이는 사회적이고 호의적인 감정—예를 들어 친절이나 감사 같은 감정—은 그럴듯한 이유만 있어도 쉽게 정당화되는 반면 반사회적이고 악의적인 감정—분노나 원한 같은 감정—은 그 정당성을 인정받기 위해 훨씬 더 확고하고 타당한 근거를 요구하기 때문이다.

사람들은 사교적이고 선의적인 감정은 쉽게 받아들이지만, 비사교적이고 악의적인 감정에는 매우 높은 기준을 요구한다. 우리는 일반적으로 부정적 감정, 즉 분노나 증오 같은 정서를 품고 행동에 옮기는 것을 꺼린다. 설령 어떤 사람의 행동이 불행한 결과를 초래했더라도, 그에게 악의적인 의도가 없었다면 그에 대한 과도한 응징은 쉽게 정당화되지 않는다. 예컨대 누군가의 태만이 타인에게 우연한 손해를 입혔다면 피해자가 분노하는 것은 이해할 수 있다. 그러나 그 태만이 실제 피해로 이어지지 않았다면 우리는 그 분노를 정당한 감정이라기보다는 다소 과도한 반응으로 여긴다.

의도가 아닌 결과가 죄를 만든다

어떤 종류의 태만은, 실제 피해가 발생하지 않았더라도 처벌 대상이 될 수 있다. 예를 들어 한 사람이 통행인에게 어떤 경고도 없이, 낙하 지점조차 고려하지 않은 채 공공도로에 커다란 돌을 던졌다고 하자. 비록 그 돌이 아무에게도 해를 끼치지 않았다 하더라도 엄정한 공권력은 그의 그릇된 행동을 제재할 것이다. 이는 타인의 안전과 행복을 노골적으로 무시한 태도이며, 공동체 일원으로서 지켜야 할 최소한의 배려마저 저버린 행위다. 그는 정상적인 판단을 가진 사람이라면 결코 하지 않을 일을 무모하게 저지른 것이다.

노골적인 태만은 법적으로 악의적 의도와 거의 같은 것으로 취급된다.[11] 만약 이러한 태만이 불행한 결과를 초래했다면 책임 당사자는 마치 그 결과를 의도한 사람처럼 처벌을 받게 된다. 실제로 그의 잘못이 무관심에서 비롯된 오만한 태도였을 뿐이라 하더라도 사회는 이를 중대한 위협으로 간주하고 엄중한 처벌을 요구한다. 만약 그로 인해 사람이 목숨을 잃었다면 스코틀랜드 구법(舊法)을 비롯한 여러 나라의 법률은 극형까지도 가능하게 한다.

이러한 처벌은 다소 가혹하게 느껴질 수 있지만, 우리의 자연스러운 정의감과는 크게 어긋나지 않는다. 그가 저지른 어리석고 비인간적인 행

---

11   Lata culpa prope dolum est. 중대한 과실은 거의 고의와 같다. —원주
이 문장은 로마법과 이후 서구 법률 전통에서, 매우 심각한 부주의는 법적으로 거의 고의에 준해 판단된다는 원칙을 함축한다. 즉 결과를 의도하지 않았더라도, 주의 의무를 심각하게 위반하면 '고의'와 비슷한 책임을 묻는다는 뜻이다. —편집주

위에 대한 분노는, 피해자에 대한 연민과 결합되며 더욱 격렬해지기 때문이다. 그러나 만약 누군가가 길거리에 큰 돌을 던졌으나 아무도 다치지 않았을 때 그를 교수형에 처하는 것은 정의감에 깊은 충격을 주게 된다. 이 경우에도 행위 자체의 어리석음과 비인간성은 동일하지만 실제 피해 유무에 따라 우리의 감정적 반응은 현저히 달라진다.

이러한 차이를 상고해보면 우리의 분노 그리고 공정한 관찰자의 분노 역시 행위의 실제 결과에 따라 강도에 차이가 생긴다는 점을 알 수 있다. 실제로 사람을 죽인 경우에는 거의 모든 나라의 법률이 극형에 해당하는 중대한 처벌을 부과하도록 규정하고 있다. 반대로 누구도 다치지 않은 경우에는, 동일한 행위라 해도 처벌 수위는 현저히 낮아진다.

또 한편으로, 명백한 부정의가 개입하지 않은 다른 유형의 태만도 있다. 이런 경우 행위자는 자신을 대하듯 타인을 대하며, 신체적 해를 가하려는 의도도, 타인의 안전과 행복을 경멸하는 마음도 없다. 그러나 자신의 행위에 필요한 주의와 신중함을 기울이지 않은 만큼, 비난과 도덕적 질책은 피할 수 없다.

그러나 이러한 태만이[12] 실제로 타인에게 피해를 입혔다면 그는 법적으로 그 손해를 보상할 책임이 있다. 이러한 배상은 법률적 처벌과 다름없는 실질적 제재로 기능한다. 그의 행동이 아무런 사고도 초래하지 않았다면 누구도 그를 처벌해야 한다고 주장하지 않았을 것이다. 그럼에도 이런 법적 결정이 사회적으로 수용되는 것은, 인류가 공통으로 공유하는 자연스러운 감정에 부합하기 때문이다.

---

12 Culpa levis, 경과실.—원주
앞의 중대한 과실(gross negligence, lata culpa)과 대비되는 개념으로, 일반적인 주의 의무 위반보다도 경미한 수준의 부주의를 가리킨다.—편집주

또 다른 유형의 미미한 태만[13]은, 자신의 행동이 초래할 수 있는 결과에 대해 충분한 주의를 기울이지 않음으로써 발생하는 경우다. 만약 이처럼 과도한 부주의가 실제로 아무런 해를 일으키지 않았다면 그것은 대체로 질책 대상이 되지 않는다. 반대로 모든 상황을 과도하게 경계하고 지나치게 조심하는 태도는 미덕으로 평가되기보다는, 오히려 개인의 행동력과 실행력을 저해하는 성격적 결함으로 여겨지곤 한다.

그러나 이러한 주의 부족이 타인에게 구체적인 피해를 초래했다면 가해자는 법적으로 그 손해에 대해 배상할 책임을 지게 된다. 이 점에 있어 고대 로마의 아퀼리아법은 대표적인 예시를 제공한다. 만약 어떤 주인이 자신의 말을 제대로 관리하지 못해 말이 도망쳤고, 그 말이 이웃의 노예를 밟아 다치게 했다면 말의 주인은 그 피해에 대해 법적으로 보상할 의무가 있다.

이와 같은 사고가 실제로 발생하면, 우리는 흔히 이렇게 생각한다. 애초에 그처럼 난폭한 말을 타려 한 것이 잘못이었고, 말을 제대로 다룰 능력도 없는 주인이 무리하게 승마를 시도한 것은 경솔하고 용서받기 어려운 행동이었다고 말이다. 그러나 만약 그런 사고가 일어나지 않았다면 우리는 그 주인에 대해 그런 비난을 하지 않았을 것이며, 오히려 그가 말타기를 꺼렸다면 어떻게 받아들였을까? 아마도 지나치게 소심하거나 일어나지 않을 사고를 앞서 걱정하는 과도한 불안감의 표현으로 여겼을 것이다.

---

13   Culpa levissima, 극히 경미한 과실, 가장 가벼운 부주의.—원주
'중과실(lata culpa)' → '보통 과실(culpa levis)' → '극히 경미한 과실(culpa levissima)' 순서에서 가장 낮은 수준의 과실을 뜻한다. 통상적으로 '극도로 세심한 주의 의무'를 요구받는 특별한 상황(예: 금고지기, 신탁관리인 등)에서만 문제 삼을 수 있는 수준의 부주의이다.—편집주

이처럼 예기치 못한 사고로 타인에게 피해를 입힌 사람은, 그 순간 자신의 책임을 직감한다. 그는 피해자에게 곧장 달려가 불행한 사고에 깊은 유감을 표하고, 자신이 할 수 있는 모든 조치를 약속하려 한다. 만일 그가 상식과 양심을 지닌 사람이라면, 마땅히 피해를 보상하겠다고 나설 것이며, 피해자의 마음속에서 끓어오르는 분노를 진정시키기 위해 가능한 모든 노력을 기울일 것이다. 이처럼 불의의 사고 앞에서 사과도 없고 보상 의지도 보이지 않는다면 그것은 아주 잔인한 처사로 비칠 것이다.

하지만 생각해보자. 말 주인은 왜 다른 구경꾼들보다 더 무거운 책임을 져야 하는가? 그 역시 우연한 목격자에 불과하지 않은가? 과연 그에게 남의 불운에 대해 특별히 더 깊은 책임을 요구할 수 있을까? 그러나 공정한 관찰자조차 그 분노에 일정 부분 공감하기 때문에 결국 그에게도 책임의 몫이 돌아가게 된다.

제3장

감정의 불규칙성을 설명하는 마지막 원인에 대하여

━━━━━━━━━ ◆ ━━━━━━━━━

의도만으로 처벌할 수 있다면

행동이 가해자와 피해자의 감정에 미치는 영향은 실로 크다. 특히 그 결과가 긍정적이든 부정적이든, 그 효과는 강력하다. 이처럼 운명은 우리가 예상치 못한 방식으로 작용하며, 당사자와 주변인의 성격 그리고 행동에 관련된 이들의 감정에까지 깊숙이 개입한다. 사람들은 의도보다는 결과로 판단하는 경향이 있으며, 이는 인류 역사 내내 불만의 원인이자 미덕을 꺾는 요인이 되어왔다.

모두가 인정하는 한 가지 원칙이 있다. 어떤 사건이 행위자의 통제 밖에 있다면 그것은 그 사람의 공로나 책임 혹은 평가에 영향을 미쳐서는 안 된다는 것이다. 그러나 실제 상황에선 우리의 감정이 이 원칙에 충실히 따르지 않는다. 어떤 사건이 불러온 행운이나 불운은 우리에게 행위자의 신중함과 성품을 긍정적이거나 부정적으로 평가하게 한다. 그뿐만 아니라 그러한 사건은 행위자의 의도에 대한 우리의 감정 반응—감사나 분노─을 더욱 선명하고 강렬하게 자극한다.

자연이 이처럼 불규칙한 감정 반응을 인간의 마음에 새겨 넣은 것은, 다른 모든 경우와 마찬가지로 결국 인간 집단 전체의 행복과 완성을 염두에 둔 것이었다. 만약 해로운 의도나 악의적인 감정 자체만이 분노를 불러일으키는 유일한 근거라면, 아직 외부로 드러나지 않은 생각이나 감정, 의도에 대해서도 우리는 격렬한 분노를 느껴야 했을 것이다. 그 결과, 행위 이전의 마음속 악의를 지닌 사람조차도 마치 실제로 해를 가한 자처럼 처벌받게 되었을 것이다. 만약 실제로 행위로 이어지지 않은 악한 생각조차 행동과 동일한 수준의 응징을 요구받는 세상이라면, 모든 재판소는 외적 범죄가 아니라 내면의 생각과 신념을 심문하는 종교재판소로 변질되었을 것이다.

그렇게 되면, 아무리 정직하고 신중한 행동이라 해도 안심할 수 없게 된다. 사람들은 누군가의 나쁜 의도나 생각까지 감시하고 의심하게 되고, 그것이 행동만큼이나 분노를 불러일으킨다면 결국 나쁜 생각을 품은 자도 나쁜 행동을 한 자와 똑같이 처벌받게 될 것이다.

처벌과 분노의 근거는 행동이다

결국 실제적인 해악을 초래했거나 초래하려 한 행위야말로, 인간 사회에서 분노와 처벌의 정당한 대상이 된다. 이것이 자연의 창조자가 세상에 부여한 도덕적 질서이다. 인간의 이성은 감정, 의도, 동기에서 비롯된 행위의 공로나 과실을 평가하려 하지만 이 세 가지─감정, 의도, 애정─는 인간의 통제를 벗어난 영역이며, 신이 인간의 가슴에 직접 새겨 넣은 것이다. 따라서 이 감정들은 오직 신의 법정에서만 판단될 수 있고, 인간의 법정이 그것을 단죄할 수는 없다.

이러한 이유로 이 세상에서 인간이 받는 처벌은 실제로 발생한 행위에만 근거하며, 단순한 계획이나 의도만으로는 대상이 되지 않는다. 이것이 정의의 법칙이 수립된 방식이며, 이 법칙은 일관되지는 않지만 실용적인 인간 감정의 반응, 곧 감정이 때때로 보이는 유익한 불균형에 토대를 두고 있다. 표면적으로는 이같은 감정의 불균형이 어리석고 비논리적으로 보일 수 있다. 그러나 자연의 모든 현상을 정밀하게 살펴보면 우리는 그 속에서 창조주의 신성한 섭리를 발견하게 된다. 인간의 연약함과 모순된 감정조차, 결국에는 신의 지혜와 선의가 반영된 질서 속에 포함되어 있다는 사실을 깨닫는 것이다.

이러한 감정의 불규칙성은 나름의 기능과 효용이 있다. 이 불균형 덕분에 선한 의도가 있었더라도 그것이 실제 행동으로 이어지지 않았거나 시도가 실패에 그쳤을 경우, 그 공로는 제한적으로만 인정된다. 단순한 호의나 막연한 선의만으로는 완전한 미덕으로 평가받기 어렵다.

인간은 행동하도록 창조된 존재다. 그는 자신과 타인의 외적 현실을 개선하고 변화시키기 위해 능동적으로 움직이며, 이러한 행위가 인류 전체의 행복에 이바지할 수 있다고 믿는다. 게으른 선행에 머물지 않고, 단순히 마음으로 세상의 번영을 빌었다고 해서 인류의 친구라 자처하지도 않는다.

행동 없는 선의는 미덕이 아니다

자연이 인간에게 가르쳐준 바는 분명하다. 인간은 자신의 존재 목적이 되는 목표를 이루기 위해 온 정신의 활력과 몸의 근육을 총동원해야 한다. 그리고 실제로 그 목표를 성취하지 못한다면 자신에 대한 만족은 불완전할 수밖에 없고, 그 행위에 대해 온전한 찬사를 받을 수도 없다.

인간은 또한 이런 사실을 본능적으로 인지한다. 아무리 선한 의도를 품고 있어도, 실제 행동으로 이어지지 않는다면 그것은 세상의 큰 찬탄을 받지도 못하고, 스스로에 대한 깊은 만족도 이끌어내지 못한다. 중요한 일은 전혀 하지 않으면서 말과 허세만으로 자신이 정의롭고 고결하며 관대하다고 떠드는 사람은 진정한 공로를 주장할 자격이 없다. 행동하지 못한 이유가 기회가 없었기 때문이라 해도, 그것은 궁색한 변명일 뿐이다. 우리가 그의 공로를 인정하지 않는다고 해서 비난받을 일은 없다.

우리는 이렇게 물을 수 있다. 당신은 무엇을 했는가? 세상에 어떤 기여를 했기에 보상을 기대하는가? 우리는 그의 인품을 존중하고 호감을 느낄 수는 있지만, 그에게 아무것도 빚진 게 없다.

실행에 옮길 기회를 갖지 못해 잠재된 채 머물러 있는 미덕은 어느 정도 존중의 대상은 될 수 있다. 그러나 그런 미덕에 지나친 보상이나 특권을 요구하는 것은 예의를 벗어난 일이다. 반면 마음속에만 머물던 악한 감정을 실제 행동으로 옮기지 않았음에도 불구하고 처벌한다면 가장 오만하고 야만적인 폭정일 것이다. 진정한 선의는 기회를 마냥 기다리지 않고 가능한 한 빨리 행동으로 옮길 때 가장 빛난다. 그리고 악의적 감정은 그것이 실제 행동으로 옮겨지는 것을 최대한 늦추거나 억제할수록 그만큼 사회적으로 용납될 여지가 커진다.

행복은 침범할 수 없는 신성한 땅

고의 없는 악행조차도, 피해자와 가해자 모두에게 불행으로 인식되어야 한다. 이는 인간으로 하여금 타인의 행복을 침범하지 않도록 가르치고 경계하게 만든다. 사람은 자신이 의도치 않게 타인에게 해를 끼치지는 않았는지 두려워해야 한다. 설령 의도하지 않았더라도 누군가에게 불행을 초래한 존재로 여겨져 그들의 분노를 사게 되는 상황은, 인간이라면 누구나 두려워해야 할 일이다.

고대 이교도 종교에서는 신에게 바쳐진 신성한 땅은 경건하게 보존되어야 했고, 불가피한 경우가 아니라면 누구도 밟아서는 안 되는 성역이었다. 만약 누군가가 그 땅을 무심코 밟았다면 그는 즉시 속죄 의식을 치러야 했고, 그 속죄가 이루어지기 전까지는 그 땅을 수호하는 보이지 않는 신의 분노와 복수를 두려워해야 했다.

이와 마찬가지로 자연은 우리에게, 무고한 이의 행복은 결코 침범할 수 없는 신성한 영역임을 깨닫게 했다. 그 주변에는 보이지 않는 울타리가 세워져 있어, 누구든지 이를 함부로 넘어서는 안 된다. 그 울타리를 고의로 넘었든, 부주의하게 넘어섰든, 그 침범 정도에 따라 속죄의 책임이 발생한다.

마음이 여린 사람이라면, 단순한 사고로 혹은 전혀 책임 없는 상황에서조차 타인의 죽음이나 불행에 자신이 원치 않게 연루되었을 때, 그것을 인생 최대의 불행 중 하나로 여긴다. 만약 피해자의 유족이 가난하고, 자신이 비교적 유복한 처지에 있다면 그는 어떤 자격심사도 없이 즉시 그 가족의 보호자이자 후견인이 되어야 한다고 느낀다.

반대로 그 유족이 부유하다면 그 뜻에 따르고, 진심 어린 유감을 표현하며, 가능한 모든 방식의 도움을 제안하는 것이 마땅하다. 이런 행동은 의도치 않은 침해에 대한 자연스러운 속죄이자, 피해 가족이 느끼는 부당하지만 이해할 수 있는 분노를 달래려는 인간적인 노력이다.

의도와 결과 사이의 도덕적 딜레마

고대와 현대의 드라마에서 자주 등장하는 주제 중 하나는 무고한 인물이 우연한 사고로 인해 깊은 비난을 받는 상황에서 느끼는 심적 고통이다. 만약 사전에 그 상황을 인지했더라면, 그 인물은 결코 그런 행동을 하지 않았을 것이다. 그럼에도 그는 비난받을 행위를 저지른 사람이 되고 만다. 이러한 도덕적 역설은 연극에서 깊은 정서적 공감을 이끌어내는 가장 극적인 장면들을 구성한다.

우리는 이때 등장인물이 겪는 내면의 격정을 잘못된 죄책감이라 부를 수 있다. 이러한 죄책감은 그리스 비극에서는 오이디푸스와 그의 어머니이자 아내인 조카스타의 고뇌로, 영국 연극에서는 모니미아와 이사벨라[14]의 내적 번민으로 형상화된다. 이들은 법적·도덕적으로 아무런 잘못이 없음에도 불구하고, 가장 깊은 수준의 속죄와 자기 비난을 감내해야하는 인물들이다.

감정의 불규칙성은 종종 기묘한 상황을 낳는다. 누군가 전혀 의도하지 않았는데도 불행한 결과를 만들거나, 선의를 가지고 시도했으나 이루지 못했을 때도 자연은 그 무고함을 외면하지 않고 그의 선의에 일정한 보상을 남겨둔다. 즉 그는 정의롭고 공정한 원칙에 의지해 스스로를 지키고 위로받을 수 있다. 결국 우리의 뜻과 무관한 결과가 정당한 존경을 해쳐서는 안 되는 것이다. 그는 자기 안에 있는 모든 관대함과 굳건함을 끌어올려, 현재 실패한 자신의 모습이 아니라 만약 그 숭고한 계획이 성공했더라면 세상이 보았을 자신을 떠올리려 애쓴다. 만약 그 계획이 이루어졌다면 드러났을 용기와 덕성을 스스로 상기하며, 마치 그것이 실제였던 것처럼 행동하려는 것이다.

그는 자신의 행동이 아니라 불운한 결과 때문에 정당한 존경과 명예를 빼앗기지 않으려, 내면의 모든 강인함과 관대함을 끌어올린다. 그리고 실제로는 이루지 못한 일이지만, 만약 그것이 성공했다면 자신이 보여주었을 모습을 상상 속에서 구현해내려 애쓴다.

더 너그럽고 인간적인 사람들은, 그가 자신을 지키기 위해 기울이는

---

14 모니미아는 상대가 자신의 형부라는 사실을 모른 채 관계를 맺었고, 이사벨라는 남편이 사망한 줄 알고 착각한 끝에 중혼에 이르게 된 인물이다.

노력에 진심으로 공감하며 마음을 보탠다. 그들은 인간 본성의 불규칙함을 바로잡고자 모든 관대함과 고결함을 쏟아 그를 새롭게 바라본다. 그리고 그의 고귀한 시도가 성공했더라면 품었을 존중의 마음을 지금이라도 불러내어 그에게 되돌려주려 한다.

제3부

자기감정과 행위 판단의 근거, 그리고 의무감에 관하여

자기 승인과 불승인의 원리에 대하여

◆

앞선 두 개의 부(部)에서는 우리가 타인의 감정과 행위에 대해 어떻게 판단하는지를 주로 살폈다. 이제부터는, 우리가 자신의 감정과 행동을 어떤 원리에 따라 판단하는지를 보다 자세히 논의하려 한다.

자기 판단과 타인 판단의 동일한 원리

우리가 스스로의 행동을 승인하거나 비판하는 데 사용하는 기준은, 타인의 행동을 평가할 때 적용하는 기준과 본질적으로 다르지 않다. 우리는 타인의 행위를 볼 때 그 사람의 입장에 자신을 놓아보고, 그 감정과 동기에 진정으로 공감할 수 있는지 여부로 판단을 내린다.

마찬가지로 자신의 행동을 평가할 때도 우리 자신을 하나의 관찰자처럼 떨어진 자리에서 바라봐야 한다. 즉 남의 입장에서 행동의 동기와 감정을 객관적으로 살펴보고, 그 감정에 공감할 수 있는지 여부에 따라 자기 행동을 승인하거나 거부하게 되는 것이다.

자신의 현재 입장에서 벗어나 한 걸음 떨어진 시점에서 자신의 감정과 동기를 들여다보지 않는 한, 그것을 면밀히 관찰하거나 올바르게 판단할 수 없다. 그렇게 하려면 결국 타인의 눈, 혹은 타인이 가질 법한 시선으로 스스로를 바라볼 수밖에 없다. 우리가 내리는 판단에는 언제나 보이지 않는 기준점이 숨어 있다. 예컨대 다른 사람이라면 어떻게 판단할까, 세상 사람들은 이 행동을 어떻게 받아들일까와 같은 질문들이다. 우리가 자신을 타인의 입장에 놓고, 그 행동을 일으킨 감정과 동기에 진심으로 공감할 수 있다면 우리는 그 행동을 승인하게 된다. 그것은 이른바 가상의 공정한 재판관—즉 타인의 시선—에 자신이 동의한다는 뜻이다. 반대로 그런 감정과 동기에 공감하지 못한다면 우리는 그 행동을 불승인하고 비난하게 된다.

　어떤 사람이 완전히 고립된 환경에서 다른 인간과 전혀 접촉 없이, 어린 시절부터 성인이 될 때까지 성장했다면 그는 자신의 성품이나 감정, 행동의 적절성과 가치를 판단할 기준을 전혀 갖고 있지 않다. 자신의 마음이 아름다운지 추한지도, 더 나아가 얼굴이 잘생겼는지 그렇지 않은지도 알 길이 없다. 그런 것들은 그가 스스로 알아차릴 수 있는 성질의 것이 아니며, 그것을 비춰볼 거울 역시 없기 때문이다.

　하지만 그를 사회 안으로 데려오면 상황은 달라진다. 그는 곧바로 이전까지 한 번도 가져보지 못한 거울을 갖게 된다. 함께 살아가는 사람들의 표정과 반응, 태도가 곧 그의 감정과 행동에 대한 승인 혹은 불승인의 표시가 되어 돌아오는 것이다. 그때, 그는 처음으로 자신의 감정이 적절한지 부적절한지, 자신의 마음이 아름다운지 추한지를 비로소 비춰보게 된다.

내가 나를 보듯, 남도 나를 본다

사회와 완전히 단절된 채 태어난 갑에게, 그의 마음을 사로잡는 유일한 것은 오직 자기 자신의 감정과 그 감정에 반응을 일으키는 외부의 물체들뿐이다. 다시 말해, 그를 기쁘게 하거나 괴롭게 만드는 사물들이 그의 감정과 의식을 자극하는 전부다. 그러나 이러한 가까운 자극물들이 유발하는 욕망이나 혐오, 기쁨이나 슬픔은 단순한 반응에 그칠 뿐 그로 하여금 사유나 숙고의 대상이 되지는 않는다. 설령 그 사물들에 대한 감정이 일시적인 즐거움이나 고통을 불러온다 해도, 그 감정이 더 깊은 감정으로 연결되거나 새로운 감정을 낳지는 않는다.

하지만 그가 사회 속에 들어오면 상황은 완전히 바뀐다. 이제 그의 감정은 단지 즉각적인 반응에 그치지 않고, 새로운 감정을 유발하는 원인이 된다. 그는 자신의 감정이 타인의 승인이나 불승인을 받는다는 사실을 깨닫는다. 누군가가 자신의 감정을 긍정하면 기분이 좋아지고 반대로 부정하면 마음이 위축된다. 그의 욕망과 혐오, 기쁨과 슬픔은 더 이상 고립된 감정이 아니다. 그것은 새로운 욕망과 혐오, 기쁨과 슬픔을 낳는 근원이 된다. 그렇게 그는 자신의 감정에 대해 깊은 관심을 갖게 되고, 처음으로 그것을 진지하게 사유하기 시작한다.

우리가 아름다움이나 추함에 대해 처음으로 가지는 인식은 자신의 외모를 보면서가 아니라 타인의 모습과 외양을 관찰하면서 비롯된다. 우리는 남들이 우리를 어떻게 평가할지를 늘 의식하며, 우리 모습이 아름답다고 들으면 기쁨을 느끼고, 혐오스럽다는 평가를 받으면 불쾌감을 느낀다. 이러한 경험을 통해 우리는 자기 외모가 타인의 시선에서 어떻게 보일지를 끊임없이 궁금해하고, 사람들이 나를 좋게 볼지, 아니면 나쁘게 볼지 알고 싶어 안달이 난다. 그래서 우리는 전신 거울 앞에 서서 자신의 얼굴과 사지를 유심히 살펴보거나, 이와 유사한 도구들을 활용해 스스로 점검하려 한다. 즉 우리는 자신으로부터 한 걸음 떨어져, 가능한 한 타인의 시선으로 자신을 바라보려 애쓰는 것이다.

이처럼 자신의 외모에 어느 정도 만족감을 느낀다면 타인의 부정적인 평가도 비교적 쉽게 감내할 수 있다. 반면 스스로 혐오의 대상이라고 인식한다면 남들의 불승인은 말로 표현할 수 없을 만큼 고통스럽게 다가온다. 예컨대 자기 외모에 어느 정도 만족한다면 누군가가 그의 외모에서 사소한 흠을 지적하거나 농담해도 대수롭지 않게 웃어넘긴다. 그러나 스스로가 남들의 혐오감을 살 만한 외모를 가졌다고 느낀다면 비슷한 농담조차도 참기 어려운 모욕으로 받아들인다. 이렇게 우리가 외모의 아름다움이나 추함에 민감하게 반응하는 이유는 그것이 타인에게 주는 영향을 의식하기 때문이다. 만약 우리가 완전히 사회와 단절된 상태에 있다면 외모의 아름다움과 추함에 전혀 관심을 두지 않을 것이다.

마찬가지로 우리가 처음으로 갖게 되는 도덕적 판단은 타인의 성품과 행동에 대한 경험에서 비롯된다. 우리는 그것이 우리에게 주는 영향을 자연스럽게 받아들인다. 하지만 곧 우리처럼 다른 사람도 역시 이러한 영향을 받는다는 사실을 깨닫는다. 그리고 그들이 우리를 얼마나 칭찬 혹은 비난하는지, 우리가 그들에게 얼마나 유쾌하거나 불쾌한 존재로 보이는지를 무척 알고 싶어 한다. 마치 우리가 타인을 평가하듯, 타인의 시선에 비친 자신을 끊임없이 의식하는 것이다.

그래서 우리는 자신의 감정과 행동을 돌아보며, 그것이 다른 사람에게 어떻게 보이는지를 생각한다. 만약 우리가 타인의 입장이라면, 그 감정이나 행동을 어떻게 받아들일지를 곰곰이 따져보는 것이다. 우리는 자신을 외부 관찰자로 상상하며 그 행동이 어떤 인상을 남길지 가늠한다. 이처럼 타인의 눈으로 자신을 바라보는 것이, 행동의 적절성을 점검할 수 있는 유일한 거울이다.

거울 속 모습이 만족스럽다면 우리는 자신에 대해 한층 더 만족한다. 그러면 남들의 칭찬에는 덜 연연하게 되고, 세상의 비난도 어느 정도 견뎌낼 수 있다. 한번 내 행동이 괜찮다고 확신하면, 설령 세상에서 오해를 받거나 욕을 먹더라도 마음속에서는 여전히 당당할 수 있다.

반대로, 자신의 행동이 정당하다는 확신이 없으면, 그 불확실성 때문에 오히려 더 간절히 남들의 인정을 원하게 된다. 나쁜 평판을 감수할 각오가 서 있지 않다면 남들이 나를 나쁘게 볼지도 모른다는 걱정만으로도 마음이 몹시 불안해진다. 그럴 땐 남의 비난이 두 배로 더 아프게 느껴진다.

내 안의 두 사람: 나를 판단하는 나

우리가 자신의 행동을 돌아보고, 그에 대해 스스로 승인할지, 아니면 비난할지를 판단하려 하는 순간, 우리는 자기 자신을 둘로 나누게 된다. 하나는 행동을 판단하는 관찰자로서의 나이고, 다른 하나는 그 행동을 판단받는 행위자로서의 나다.

관찰자인 나는, 마치 남이 나를 보듯 스스로를 바라보며, 그 입장에서 내 행동을 평가하려 애쓴다. 내가 스스로에게 묻는 것이다. "내가 다른 사람이었다면 이런 행동을 어떻게 봤을까?"

행위자인 나는 그 평가를 받는 대상이다. 이렇게 마음속에 이중 구조가 만들어지는 것이다. 관찰자는 재판관의 역할을, 행위자는 피고인의 역할을 맡는다. 그러나 한 사람이 완전히 동일한 기준으로 두 역할을 동시에 수행하는 것은 불가능하다. 마치 원인과 결과가 동시에 존재하길 바라는 것만큼 불가능한 일이다.

우리가 덕이라고 부르는 것은, 다른 사람의 사랑과 보상을 이끌어내는 성질을 가질 때만 비로소 덕이 된다. 다시 말해, 덕은 상냥하고 유익하다는 특성을 갖지만, 그 자체로 사랑받는 것이 아니라 남들에게 그러한 감정을 불러일으키기 때문에 사랑과 감사의 대상이 되는 것이다.

이처럼 타인의 긍정적 평가를 받고, 또 내가 그 평가를 받을 자격이 있다는 확신은 내면의 평온과 자기만족을 준다. 이 평온과 만족이야말로 덕이 가져다주는 내적 보상이다. 반대로 악덕은 타인의 인정이나 공감을 받지 못한다는 의심을 일으키고, 이것이 깊은 내적 고통을 낳는다. 내가 다른 사람들의 사랑을 받고 있으며, 또 그 사랑을 받을 자격이 충분하다는 확신, 이보다 더 큰 행복이 있을까? 반대로, 내가 미움을 받고 있고, 그 미움이 정당하다는 인식, 이보다 더 큰 불행도 없을 것이다.

제2장

칭찬과 칭찬받을 자격, 비난과 비난받을 자격에 대하여

— ◆ —

인간은 사랑받고 싶어 하는 것만으로 만족하지 않는다. 스스로 사랑받을 만한 사람이 되기를 바란다. 즉 자연스럽고 정당한 사랑의 대상이 되기를 욕망한다. 사람은 타인의 미움이나 혐오를 두려워할 뿐 아니라 미움받을 만한 존재가 되는 것 자체를 두려워한다.

칭찬도 마찬가지다. 단지 남들의 칭찬을 바라는 것이 아니라 스스로 칭찬받을 자격이 있는 사람이고 싶어 한다. 비록 칭찬해주는 사람이 없어도 당연히 칭찬받을 만한 존재가 되기를 바란다. 반대로 사람은 비난을 받을까 봐 두려워할 뿐 아니라 비난받아 마땅한 사람이 되는 것 자체를 두려워한다. 설령 아무도 비난하지 않더라도 말이다.

자격 없는 인정이 불편한 이유: 칭찬과 칭찬받는 자격의 구분

우리가 칭찬받을 자격을 중시하는 마음은 단순히 칭찬 그 자체를 좋아하는 감정에서 비롯된 것이 아니다. 이 두 감정은 서로 비슷하고 밀접하게 연결되어 있으며, 때때로 뒤섞이기도 하지만 본질적으로는 뚜렷이 구분되고 독립된 원리다.

우리는 어떤 성품과 행동을 승인하게 되면, 자연스럽게 그것을 지닌 사람에게 사랑과 존경의 감정을 품게 된다. 그리고 그런 감정의 대상이 되는 이들을 보며, 자신도 그처럼 사랑받고 존경받는 사람이 되기를 바란다. 우리가 가장 깊이 사랑하고 존경하는 사람과 닮고 싶다는 마음, 그처럼 훌륭해지고 싶다는 열망은 본래 존경심에서 비롯된 경쟁심이다. 그래서 우리는 단지 다른 사람들처럼 칭찬을 받는 것만으로는 만족하지 못한다. 무엇보다도 그 칭찬이 정당하고 근거 있다고 확신해야 만족할 수 있다. 남들이 칭찬받는 이유가 타당하다고 믿기에, 우리도 그런 자격을 갖추고 싶어 한다.

하지만 이런 만족을 얻으려면, 우리는 자신의 성품과 행동에 대해 공정한 관찰자가 되어야 한다. 곧 다른 사람의 시선 혹은 다른 사람이 가질 법한 관점으로 자신을 바라보아야 한다. 그 관점에서 볼 때 우리의 성품과 행동이 바람직하게 보인다면 우리는 자연스럽게 기쁨과 만족을 느낀다. 그리고 실제로 타인도 우리가 상상했던 그 관점을 유지한 채 우리를 바라보며 동일한 판단을 내린다면 그들의 인정은 우리 내면의 자기 승인을 확고히 한다. 남들의 칭찬은 우리가 느낀 칭찬받을 만한 자격에 대한 확신을 더욱 강화한다.

이럴 때는 칭찬과 칭찬받을 자격 사이의 경계가 흐려진다. 칭찬이 자격에서 비롯되었으므로, 칭찬을 향한 우리의 욕망은 자연스럽게 그 자격을 향한 욕망과 거의 구분되지 않게 된다.

가장 진실한 칭찬이라 해도, 그 칭찬이 우리의 자격을 뒷받침해주지 못한다면 별다른 기쁨을 주지 못한다. 무지나 오해로 인해 누군가가 우리에게 감사나 존경을 표현한다 해도, 그것만으로는 결코 만족스럽지 않다.

우리가 그런 인정을 받을 자격이 없다는 것을 스스로 알고 있다면 그리고 진실이 밝혀졌을 때 상대의 감정이 완전히 바뀔 수 있다는 점을 안다면 그 칭찬은 오히려 껄끄럽고 불편한 감정만을 남긴다.

예컨대 어떤 사람이, 우리가 하지도 않은 행동이나 전혀 관련 없는 동기를 근거로 우리를 칭찬한다면 실상 그는 우리를 칭찬하는 것이 아니라 전혀 다른 사람을 칭찬하고 있는 셈이다. 우리는 그런 칭찬에서 아무런 만족도 얻지 못할 것이다. 오히려 그 칭찬은 우리에게 이렇게 말하는 듯하다. "나는 당신이 이랬으면 하는 이상적인 모습을 칭찬하는 거예요. 하지만 지금의 당신은 그 모습이 아니군요." 이런 인식은 부끄럽고 모욕적인 감정을 불러일으킨다.

화장으로 얼굴을 가꾼 여성은 안색이 좋아 보인다는 칭찬을 들었을 때, 오히려 불편함을 느낄 수 있다. 그 말은 그녀에게 원래의 안색과 화장한 얼굴을 대비시켜 보여주는 효과를 내고, 그 선명한 차이는 오히려 굴욕감을 크게 키운다. 만약 그런 칭찬에 기뻐한다면 그 사람은 겉모습에 집착하는 피상적인 허영심과 경박성을 드러내는 셈이다. 이런 허영은 진실을 꾸미고 감추려는 기만으로 이어져, 가장 우스꽝스럽고도 경멸스러운 악덕의 바탕이 된다.

우리는 일상에서 이런 장면을 수도 없이 목격한다. 하지만 그런 직접적 경험이 없다 해도, 최소한의 상식만 있다면 이런 종류의 우스꽝스러운 잘못으로부터 스스로를 지킬 수 있을 것이다.

인정받지 못하더라도 가치 있는 행동은 스스로를 만족시킨다

어리석은 거짓말쟁이는 자신이 겪지도 않은 모험담으로 남의 존경을 얻으려 하고, 일부러 잘난 척하는 허풍쟁이는 자신이 높은 지위에 있거나 유명한 사람인 척한다. 이들은 아무 근거 없는 칭찬을 받고도 기뻐하지만 그 허영은 전적으로 잘못된 상상에서 비롯된다. 이성적인 사람들이 그런 허세에 속아 넘어갈 가능성은 거의 없다.

그럼에도 이들은 자신이 속였다고 믿는 사람들의 눈을 빌려 자기 자신에게 감탄한다. 즉 실제 자기 모습을 기준으로 판단하는 것이 아니라 속아 넘어간 사람들의 관점에서 자신을 바라보는 것이다. 결국 스스로 만든 환상에 취해 있는 셈이다. 이러한 피상적인 허영과 자만은 자기 인식을 흐리고, 양심이 알려주는 진실에 눈을 감게 만든다. 자신이 실제 어떤 사람인지 직면하지 못하게 하고, 세상 사람들의 눈에 얼마나 비참하고 한심하게 보일지를 가늠하지 못하게 만든다.

무지하거나 근거 없는 칭찬은 진정한 기쁨을 주지 못할 뿐 아니라 깊은 성찰을 통해 얻어지는 만족감도 안겨주지 못한다. 반면 우리에게 실제적인 위안을 주는 생각도 있다. 가령 우리가 어떤 행동을 했는데 아무도 칭찬해주지 않았다고 하자. 비록 아무도 알아주지 않아도, 그 행동이 칭찬받을 만하다고 확신하면 우리는 스스로 뿌듯함을 느낄 수 있다. 우리는 단지 칭찬을 받는 데서가 아니라 칭찬받을 자격을 갖췄다는 사실 자체에서 기쁨을 느낀다. 실제로 아무런 승인이나 찬사가 없더라도, 우리는 자기 행동이 마땅히 승인받을 만한 것이라 믿기에 기쁜 것이다. 반대로 실제로는 누구에게도 비난받지 않았더라도, 이웃이라면 틀림없이 나를 비난했을 것이라고 느낀다면 깊은 괴로움을 면할 수 없다.

경험상 긍정적인 평가를 받는 행위의 기준을 모두 충족했다고 믿는 사람은, 자신의 행동이 적절했다고 느끼며 만족감을 얻는다. 그는 그 행동을 공정한 관찰자의 시선으로 되돌아볼 때, 그 행동을 이끈 모든 동기에 깊이 공감한다. 그래서 그 행동의 모든 부분을 승인과 긍정의 감정으로 기억한다.

비록 그 행동이 다른 사람들에게 알려지지 않았다 해도, 그는 사람들의 현재 관점[즉, 진상을 모르는 상태]이 아니라 진상이 밝혀졌을 때의 시선에서 바라본다. 그리고 그 사실이 알려졌을 때 자신이 받게 될 칭찬과 존경을 미리 떠올리며, 감정에 공감함으로써 스스로 칭찬하고 존경한다.

이 감정은 지금 당장은 대중의 무지 때문에 현실에서 나타나지 않았지만, 그는 자신의 행동이 그러한 반응을 자연스럽고 정당하게 이끌어낼 것이라 믿는다. 다시 말해, 그는 사람들이 자신을 알게 되었을 때 보였을 칭찬과 감탄을 미리 떠올리며, 그 상상을 현재의 자기 만족으로 삼는다.

사람들은 종종 이 세상에서는 누리지 못할 명성을 죽은 뒤에라도 얻기 위해 자신의 생명을 내던진다. 그들은 언젠가 미래에 자신에게 명예가 주어질 것이라고 상상하고, 지금은 들을 수 없는 갈채의 박수 소리가 이미 귓가에 들리는 듯 느낀다. 이승에서 누리지 못할 존경을 사후에 받게 될 거라는 기대가 그들의 가슴을 벅차게 만든다. 그렇게 해서 마음속 깊은 곳에서 꿈틀대던 죽음에 대한 두려움을 몰아내고, 인간의 본성으로는 도저히 감당하기 어려운 일마저 해내게 되는 것이다.

그러나 현실적으로, 우리가 죽기 전까지 결코 받을 수 없는 인정과, 앞으로도 상황이 바뀌지 않는 한 절대 받을 수 없는 인정 사이에는 큰 차이가 없다. 여기서 말하는 상황이 바뀌는 것이란, 세상이 언젠가는 우리의 행동과 그 맥락을 올바르게 이해해주는 때가 온다는 뜻이다. 언젠가 받을 수 있다는 인정은 큰 힘이 되기도 하고, 끝내 받지 못할 인정이라 해도 그 가치는 충분히 의미 있게 여겨진다.

자연은 인간에게 사회를 이루고자 하는 본능적 성향을 부여했다. 그리고 그에 따라 타인을 기쁘게 하고 싶어 하는 원초적인 욕망과, 불쾌하게 만들지 않으려는 욕망도 함께 심어주었다. 자연은 우리가 타인의 호의를 받을 때 기쁨을 느끼고, 배척당할 때 고통을 느끼도록 설계했다. 그래서 우리는 타인의 인정을 가장 유쾌하고 즐거운 것으로, 반대로 타인의 거부나 비난을 굴욕적이고 불쾌한 것으로 여기게 된다.

칭찬보다 중요한 것은 자격이다

하지만 인간이 사회적 존재로 성장하는 데 필요한 조건은, 단지 타인의 인정을 갈망하고 거절을 두려워하는 본능만으로는 충분하지 않다. 자연은 인간에게 단순히 칭찬을 받고 싶어 하는 욕망만이 아니라 칭찬받을 만한 사람이 되고자 하는 욕망도 함께 심어놓았다. 그리고 인간은 이 욕망을 스스로에게만 적용하는 것이 아니라 다른 사람에게도 그런 사람이 되기를 기대한다.

첫 번째 욕망은, 인간이 겉으로는 사회에 어울리는 존재처럼 보이도록 만든다.

두 번째 욕망은, 인간이 실제로 사회에 유익한 존재가 되도록 이끈다.

전자는 선한 척하고 악을 숨기게 하지만 후자는 진심으로 선을 사랑하고 악을 미워하게 만든다. 마음이 성숙한 사람일수록 이 두 번째 욕구가 더 강하다. 근거 없는 칭찬을 듣고 기뻐하는 사람은 내면이 약하고 피상적인 사람이다. 마음이 약한 사람은 때때로 그런 공허한 칭찬에 흔들리지만, 현명한 사람은 모든 경우에 그것을 거절한다.

"스스로 떳떳한가?"-남보다 자기 자신에게 묻는 사람

현명한 사람은 근거 없는 칭찬을 달갑게 여기지 않는다. 그는 자신의 행동이 진정으로 칭찬받을 만한 경우에만 칭찬을 기쁘게 받아들인다. 나아가 전혀 주목받지 않더라도 그 행동이 도덕적으로 옳다고 확신할 수 있다면 그 자체로 깊은 만족을 느낀다. 남들의 인정을 얻는 것이 그에게 중요한 목적은 아니다. 더 중요한 것은 실제로 인정받을 만한 사람이 되는 것이다. 사람들의 평가와는 무관하게, 자기 행동이 올바르다고 확신할 수 있는 상태, 그것이 그가 가장 소중히 여기는 목표다.

칭찬받을 일이 아닌 상황에서 칭찬을 기대하거나 심지어 그런 칭찬을 기꺼이 받아들이는 태도는 가장 천박한 허영의 표현이다. 반면 진정한 미덕에서 비롯된 칭찬은 도덕적 가치에 부합하는 정당한 보상이다. 비록 영예와 영광이 아무런 실질적 이익을 가져다주지 않는다 해도 정당한 명예에 대한 사랑과, 진정한 영광에 대한 사랑은 그 자체로 가치 있고, 결코 부끄러운 일이 아니다. 이러한 영예조차도 때때로 무시하거나 거부할 수 있는 사람이 현명한 사람이다. 그는 자신이 도덕적으로 바르게 행동했음을 확신할 수 있다면 외부의 어떤 찬사도 필요치 않다.

그에게는 자기 승인 하나만으로 충분하다. 그는 스스로의 판단으로 만족할 수 있을 만큼 내면의 기준을 소중히 여긴다. 비록 그것이 미덕의 전부는 아닐지라도, 자기 승인 없이는 어떤 것도 온전한 미덕이라 할 수 없다고 믿는다. 이 자기 승인에 대한 사랑이 미덕을 사랑하는 마음이다.

양심은 죄인을 절대 놓아주지 않는다

우리는 자연스럽게 어떤 사람에게는 사랑과 존경을 느끼고, 또 어떤 사람에게는 혐오와 경멸을 느낀다. 그리고 그러한 감정은 우리 자신에게도 영향을 미친다. 우리는 사랑과 존경의 대상이 되기를 바라고, 반대로 혐오와 경멸의 대상이 되는 것을 두려워한다. 단지 그런 사람이 되는 것을 경계하는 데 그치지 않고, 남들의 눈에 그런 존재로 비치게 되는 일 자체를 끔찍이 꺼린다. 심지어 실제로 누군가의 경멸이나 비난이 쏟아지지 않더라도 그 가능성 자체가 내면의 두려움을 유발한다.

행동의 모든 기준, 즉 사람을 호감 가는 존재로 만들어주는 도덕적 기준을 철저히 어긴 사람이 있다고 하자. 그는 자신이 저지른 행동이 외부로 드러나지 않고 완벽히 은폐될 수 있다고 믿는다. 그러나 그런 외적 보안이 확보되어 있다고 해서 그의 내면이 편안한 것은 아니다. 그는 그 행동을 되돌아보며 마치 공정한 관찰자의 시선으로 자신을 들여다본다. 그러면 그 행동의 동기에 대해 스스로 전혀 납득할 수 없고, 그 기억만으로도 부끄럽고 불편한 감정이 몰려온다. 행동의 진상이 세상에 알려지게 된다면 그는 극도의 수치심에 사로잡힐 것을 예감한다.

비록 그런 일이 일어나지 않아도 그는 상상만으로도 사람들의 멸시와 조롱이 자신에게 쏟아질 것을 그려보며 괴로워한다. 주변 사람들이 그 사실을 전혀 모른다면 잠시 안도할 수는 있겠지만 그는 여전히 마음속 깊은 곳에서 자신이 그러한 부정적 감정의 정당한 대상임을 인식하고 있다. 그리고 그 감정이 실제로 터져 나오는 순간을 상상하면, 그는 두려움에 몸을 떨게 된다.

그러나 그가 저지른 일이 단순한 불쾌감이나 경미한 부적절함이 아니라 사람들로 하여금 강한 혐오와 분노를 일으키는 중대한 범죄라면 상황은 훨씬 달라진다. 그가 정신적으로 온전한 사람이라면, 그 행동을 떠올릴 때마다 깊은 공포와 회한에 사로잡혀 괴로워할 수밖에 없다. 설령 그 범죄를 아는 이가 아무도 없고, 그에 대한 복수를 행할 신조차 존재하지 않는다고 확신하더라도 그는 그 행위가 평생 자신을 괴롭힐 것을 안다. 그는 자신이 여전히 모든 이웃의 증오와 분노의 정당한 대상이라는 사실을 부인하지 못한다. 마음이 범죄에 무감각해져 마음이 돌처럼 굳지 않았다면 진실이 드러났을 때 사람들이 보낼 표정과 눈길을 떠올리는 것만으로도 그는 몸서리친다.

괴로워하는 양심의 고통은 곧 다이몬[그리스 신화 속 악령]이며, 퓨리 [복수의 여신] 그 자체다. 그것은 이 세상에서 죄를 저지른 자를 끝까지 따라다니며, 그들의 평온과 안식을 끊임없이 파괴한다. 결국 그들을 절망과 혼란의 깊은 나락으로 밀어 넣는다. 어떤 비밀도 그들을 그 나락으로부터 지켜주지 못한다. 종교적 원리를 떠난 이성의 힘만으로는 그들을 구제할 수 없다. 어떤 외부의 힘도 그들을 해방할 수 없다. 그렇게 그들은 도덕적 기준이 완전히 무너진 채, 사악하고 비참한 상태로 추락한다. 명예와 불명예의 차이를 인식하지 못하고, 미덕과 악덕조차 분간하지 못한 채 살아간다.

가장 혐오스러운 성격의 소유자들은 가장 끔찍한 범죄를 저지르고도 치밀하고 냉정하게 대비책을 세워, 의심이나 추궁의 가능성을 완전히 차단해버리곤 한다. 그러나 때로는 그들 자신도, 스스로 만들어낸 그 흉악한 현실에 몰려 인간의 통찰력으로는 결코 닿을 수 없는 어떤 깨달음에 이르기도 한다. 그들은 자신의 죄를 인정하고, 피해를 입은 시민들의 분노를 있는 그대로 받아들인다. 그리고 마침내, 자신이 응당한 복수의 대상이 되었음을 받아들이고 그 분노를 만족시켜야 함을 깨닫는다. 그들은 자신의 죽음을 통해 인류의 정당한 분노를 조금이나마 달래고, 피해자의 증오와 분노를 일부라도 덜어주었다는 사실에 스스로 위안을 얻는다.

이처럼 자신의 죄를 어느 정도라도 속죄함으로써 그들은 끝내 공포의 대상이 아니라 동정의 대상으로 전환되고, 동료 시민들의 용서 속에서 평온한 죽음을 맞이할 수 있게 된다. 과거의 냉혹한 자신과 비교할 때, 이런 생각에 도달했다는 사실만으로도 어쩌면 행복이라고 부를 수 있는 순간일지도 모른다.

사형대에 선 무고한 자, 그보다 더한 고통은 없다

이 둘을 비교해 보면 비난받을 자격에 대한 두려움이 사람들에게 얼마나 강력한 영향을 미치는지 알 수 있다. 심지어 감수성이 특별히 섬세하지 않은 사람조차도, 그 두려움 덕분에 비난 자체에 대한 공포를 어느 정도 억제하게 된다. 이런 심리적 구조 덕분에 사람들은 종종 자신의 양심에서 비롯된 회한과 괴로움을 덜기 위해, 그리고 내면의 불편함을 해소하기 위해, 스스로 비난과 처벌—충분히 회피할 수 있었던 그것—을 감수한다.

반면 전혀 칭찬받을 이유가 없음에도 공치사에 기뻐하는 사람들은 가장 천박하고 피상적인 부류다. 그러나 이유 없는 비난은 정신적으로 강인한 사람에게조차도 깊은 상처가 된다. 물론 강한 사람들은 세상에 떠도는 어리석은 소문이나 근거 없는 비방쯤은 대수롭지 않게 넘길 줄 안다. 그런 것들은 본질적으로 허술하고 무의미해서 며칠 혹은 몇 주만 지나도 자연스럽게 사라지기 마련이다.

그러나 상황이 달라지는 경우가 있다. 무고한 사람이 엉뚱한 비방이나 잘못된 의심을 받게 되면, 아무리 강인한 정신의 소유자라도 커다란 충격과 굴욕감을 느낀다. 특히 그 비방이 우연히 몇몇 상황과 맞물려 그럴듯해 보일 경우, 그는 자신이 사람들로부터 의심받고 있다는 사실만으로도 심각한 수치심과 괴로움에 휩싸인다. 비록 본인이 자신의 결백을 완전히 확신하고 있더라도, 세간의 비난은 그의 성품에 지울 수 없는 치욕의 그림자를 드리운다. 그리고 이로 인해 발생하는 정당한 분노는 그것만으로도 참기 힘든 고통이 된다.

이러한 분노는 억울함을 훌쩍 넘어선다. 너무 부당해서 심지어 복수할 가치조차 느껴지지 않는 그런 비난일지라도, 풀리지 않는 격렬한 분노는 인간에게 견디기 힘든 고통이다.

치욕스러운 범죄자로 무고하게 몰려 사형대에 오르는 사람의 고통은 상상 그 이상이다. 그는 진정으로 말할 수 없는 비참함을 겪는다. 실제로 그런 범죄를 저질러 처벌받는 이들의 고통보다도 훨씬 더 크다. 도둑이나 강도 같은 범죄자들은 자신의 행위에 거의 아무런 죄책감을 느끼지 않는다. 그들은 정의나 부정의에 별 관심이 없으며, 교수대조차 그저 다른 도둑들처럼 운이 없어 피해가지 못한 결과일 뿐이라고 여긴다. 죽음 외에는 별다른 두려움도 없다. 그리고 놀랍게도, 그런 비열하고 무가치한 자들조차 죽음의 공포를 아주 손쉽게, 그리고 완전히 극복하는 모습을 우리는 자주 목격한다.

그러나 무고한 사람은 다르다. 그는 단순히 죽음의 공포만으로 고통받지 않는다. 오히려 자신에게 가해진 부정의와 억울함에서 비롯된 분노와 수치심이 더 크다. 그 처벌이 자신의 삶과 명예에 드리울 불명예의 그림자를 떠올리는 것만으로도 온몸이 떨린다. 게다가 자신의 친구들과 가족이 그 허위의 죄에 대해 슬퍼하고 실망하며, 심지어 수치심과 경악에 사로잡힐 것을 생각하면 숨이 막힐 정도다. 이처럼 그의 죽음은 단순한 생명의 소멸이 아니라 더 어둡고 무거운 형태로 다가온다.

이런 참극은 어떤 사회든 일어나지 않는 것이 바람직하다. 인류의 평온함과 정의의 이름으로 결코 있어서는 안 될 일이다. 그러나 현실은 다르다. 이런 비극은 어느 나라에서든 벌어지며, 심지어 정의가 잘 실현된다고 여겨지는 국가조차도 예외가 아니다.

장 칼라스 사건: 무고함은 왜 가장 잔혹한 형벌이 되는가

강인한 심성을 지녔던 불운한 장 칼라스[15]는, 자살한 아들을 살해했다는 누명을 쓰고 끔찍한 형벌을 받았다. 그는 바퀴에 사지가 묶인 채 철봉으로 뼈가 산산이 부서졌고, 결국 툴루즈의 화형대에서 불타 죽었다. 그러나 마지막 순간까지 그는 자신에게 가해진 형벌의 잔인함을 저주하지 않았다. 오히려 그를 더 괴롭게 만든 것은, 이 억울한 처형이 자신에게 남길 불명예와 오명 그리고 그것이 죽음 이후에도 자신의 기억 속에 영원히 드리워질 것이라는 사실이었다.

그의 사지가 박살 나고, 불길 속으로 던져지기 직전, 처형식에 참석한 한 사제가 마지막으로 권유했다. "당신이 저지른 죄를 이제는 솔직히 고백하십시오." 그러자 칼라스는 단호히 이렇게 되물었다. "신부님, 도대체 어떻게 제가 유죄라고 믿으실 수 있습니까?"

이런 불운한 상황에 처한 사람들에게, 삶을 오직 이승에만 국한해 바라보는 속 좁은 철학은 아무런 위안을 주지 못한다. 삶과 죽음을 지켜주는 마지막 존엄조차 그들에게는 허락되지 않았던 것이다. 그들은 법정에서 유죄를 선고받고, 세상으로부터 영원한 불명예라는 형벌까지 뒤집어썼다.

이때 오직 종교만이 그들에게 진정한 위로가 된다. 종교만이 이렇게 말해줄 수 있다. "사람들이 너를 어떻게 판단하든, 그것은 중요하지 않다. 이 세계의 궁극적인 판관은 너의 진실을 알고 있고, 너의 무고함을 인정한다." 종교만이 저 너머 세상을 보여준다. 이승보다 더 정의롭고, 더 정직하며, 더 인간적인 세계, 그곳에서는 그들의 무고함이 밝혀지고 그들의 미덕은 마침내 정당한 보상을 받게 될 것이다. 악덕이 세상을 지배하는

---

15 장 칼라스(1698-1762)는 프랑스 툴루즈의 상인이었다. 어느 날, 그의 아들 마르크 앙투안이 목을 매 자살하는 비극이 벌어졌다. 아들의 시신을 발견한 칼라스는 큰 두려움에 사로잡혔다. 당시 프랑스에서는 자살자의 시신을 거리로 끌고 다니다가 마을의 쓰레기장에 내던지는 모욕적인 풍습이 있었기 때문이다.
그것을 막기 위해 칼라스는 처음 현장 검시에서 아들이 누군가에게 살해당한 것처럼 거짓 증언을 했다. 그러나 양심의 가책을 이기지 못한 그는 곧바로 진실을 현지 치안판사에게 털어놓았다. 문제는 그다음이었다. 치안판사는 그의 해명을 믿지 않았다. 오히려 칼라스가 아들을 살해했다고 단정해버렸다. 왜 이런 판단이 내려졌을까? 당시 프랑스에서는 가톨릭 외의 신앙은 법적으로 금지되어 있었고, 칼라스는 위그노, 즉 개신교 신자였다. 사람들은 아들이 가톨릭으로 개종하려 하자, 아버지가 이를 막기 위해 아들을 죽였다고 섣부르게 결론 내렸다. 종교적 편견과 혐오가 진실을 왜곡한 것이다.

듯 보일 때조차, 이 숭고한 원리는 억울하게 수치와 모욕을 견뎌야 하는 이들에게 가장 강력한 위로가 된다.

경미한 죄든 중대한 죄든, 감수성이 예민한 사람에게 부당한 비방은 실로 견디기 힘든 고통이다. 그 고통은 오히려 실제 범죄자가 죗값으로 받는 고통보다 훨씬 더 크다. 바람난 여자는 자신에 대한 온갖 근거 있는 추문을 듣고도 오히려 웃어넘긴다. 그러나 순결한 처녀에게 그런 의심과 비방은 치명적인 상처가 된다. 고의적으로 불명예스러운 행동을 저지르는 사람은 그 불명예를 별로 의식하지 않는다. 심지어 고의가 아닌, 습관적으로 불명예스러운 행동을 하는 사람조차도 마찬가지다.

흥미롭게도 사람들은 근거 없는 칭찬에는 즉각적으로 냉소하고 경멸한다. 심지어 평범한 지성을 가진 이들도 마찬가지다. 그런데도 근거 없는 비난이 오히려 그토록 강하게 사람의 가슴을 후벼 파는 이유는 무엇일까? 왜 근거 없는 비방은 이렇게도 깊은 상처가 되는가? 우리는 이 문제를 훨씬 더 진지하게, 깊이 생각해볼 필요가 있다.

인간은 왜 칭찬보다 비난에 더 아파하는가

이미 다른 곳에서도 언급했듯이, 고통은 그것과 정반대되는 쾌락보다 훨씬 더 강력한 감각이다. 쾌락이 우리를 행복의 정상으로 부드럽게 끌어올린다면 고통은 훨씬 더 강한 힘으로 우리의 행복을 아래로 짓누른다.

감수성이 예민한 사람일수록 정당한 칭찬을 받을 때 느끼는 긍지보다, 정당한 비난을 받을 때 느끼는 수치심이 훨씬 더 강렬하다. 자신이 하지 않은 일로 오해받아 칭찬을 받거나, 정당하지 않은 공로가 자신에게 돌아올 때, 그는 순간적으로 부끄러움과 죄책감을 느낀다. 그런 칭찬은 존경이 아니라 잘못된 착각에서 비롯된 것이기에 오히려 경멸을 받아 마땅하다고 여긴다.

자신이 하지 않은 일로 칭찬을 받을 때, 그것이 잠시 기쁨으로 다가올 수는 있다. 하지만 그는 그런 잘못된 인식에 대해 감사하는 마음과 동시에, 즉시 바로잡지 않는다면 스스로 비열한 행동을 하고 있다고 느낀다. 언젠가 진실이 밝혀진다면 지금 자신에게 보내지는 칭찬과 존경이 얼마나 무의미한 것인지 너무나 잘 알고 있기 때문이다.

반면 마음이 연약한 사람은 이런 잘못된 인정조차도 달콤하게 받아들인다. 그는 자신에게 돌아온 잘못된 칭찬은 물론이고, 애초에 자신과는 아무 상관도 없다고 생각했던 공로까지 기꺼이 자신의 것으로 가로챈다. 심지어는 하지 않은 일을 했다고 주장하고, 쓰지 않은 글을 썼다고 하고, 남이 발명한 것을 자신이 발명했다고 우긴다. 그렇게 표절과 거짓말이라는 저열한 악덕 속으로 점점 빠져든다.

평범한 상식과 양심을 가진 사람이라면, 하지도 않은 일에 대한 칭찬은 별다른 기쁨이 되지 않는다. 그리고 현명한 사람일수록 자신이 저지르지 않은 범죄에 대해 억울하게 비난받을 때 그 고통은 상상 이상으로 크다. 자연은 이런 고통을 결코 단순히 쾌락의 반대 정도로 가볍게 처리하지 않는다. 오히려 평소보다 훨씬 더 강렬하고, 훨씬 더 날카로운 형태로 다가오게 만든다.

자기 확신이 없을수록 타인에게 끌린다

사람이 자신에게 잘못 주어진 공로를 부인하면, 그 어처구니없는 기쁨은 쉽게 사라진다. 그러나 고통은 그렇게 간단히 사라지지 않는다. 자신에게 돌아온 엉뚱한 칭찬을 거부한다고 해서, 그걸 두고 그의 진심을 의심하는 사람은 없다. 하지만 자신이 저지르지도 않은 범죄를 부인할 때는 상황이 전혀 다르다. 사람들은 그 부인을 쉽게 믿지 않을지도 모른다.

그는 터무니없는 혐의에 분노하지만 정작 주변 사람들이 그 말을 곧이곧 대로 믿는 모습을 보며 깊은 굴욕을 느낀다. '내 평소 성품이, 나라는 사람이, 나를 변호해주지 못한단 말인가?' 하는 자괴감이 밀려든다.

그는 자신이 그런 일을 저지르지 않았음을 분명히 알고 있다. 나아가 자신의 행동과 성향, 삶의 태도까지도 너무나 잘 알고 있다. 하지만 문제는 남들이다. 그들은 그가 실제로 어떤 사람인지, 어떤 일을 할 수 있고 무엇을 결코 하지 않을 사람인지 알지 못한다. 남들 눈에 비친 그의 성향과 기질은 그런 범죄쯤은 충분히 저지를 수 있을 것처럼 보인다.

주변 사람들의 불신과 냉담한 시선은 그 의심을 더욱 굳힌다. 그는 자신의 결백을 확신한다. 그러나 그런 확신이 있다고 해서, 타인의 잘못된 판단이 그의 마음에 드리우는 불쾌하고 불길한 그림자까지 완전히 막아낼 수는 없다. 오히려 그의 감수성이 섬세할수록 인간으로서의 품격과 도덕적 자의식이 클수록 그 그림자는 더 짙고 깊게 드리워진다.

자신의 감정이 정말 적절한지, 그리고 자신의 판단이 과연 옳은지 확신하지 못할수록 우리는 타인의 시선을 더 의식하게 된다. 결국 내 생각을 남들의 감정과 판단에 맞춰야 할지, 아니면 그럴 필요는 없는지를 끊임없이 고민하게 된다.

특히 감수성이 예민한 사람은 이런 불안을 쉽게 느낀다. "혹시 나는 명예라는 감정에 너무 쉽게 휘둘리는 건 아닐까? 아니면, 정의를 앞세운 분노가 지나쳐서 결국 나 자신과 친구에게까지 해를 끼치는 건 아닐까?" 하는 식으로 말이다.

그는 또 이런 생각에 사로잡힌다. '나는 정당하게 행동한다고 믿었지만, 그 과정에서 분노가 지나쳐 누군가에게 과도한 상처를 주는 것은 아닐까? 물론 그 사람이 완전히 무고한 사람은 아니지만, 처음 생각했던 것만큼 격렬하게 비난받을 사람은 아니었을지도 모른다.' 이럴 때, 타인의 의견은 그에게 매우 중요해진다. 주변 사람들의 인정은 그의 불안을 진정시키는 가장 효과적인 치유제가 된다. 반대로 그들의 불승인과 냉소는 그의 마음에 스며드는 가장 쓰라린 독이 된다.

그러나 자신이 한 행동의 모든 부분에 대해 충분히 만족하고 확신할 수 있다면 타인의 평가는 더 이상 그에게 중요한 문제가 아니다.

이러한 심리는 예술에서도 마찬가지다. 매우 고상하고 아름다운 예술 작품은 섬세한 취향과 정교함의 수준에 따라 가치를 인정받는다. 그러나 그 섬세함에 대한 평가는 본질적으로 모호하고 불확실하다. 반면 과학이나 다른 학문에서는 성공 여부가 훨씬 명확하다. 증거와 논리로 성과를 입증할 수 있기 때문이다. 따라서 예술처럼 주관적 판단이 크게 작용하는 영역에서는 여론의 영향력이 훨씬 더 크다. 반대로 학문처럼 객관적 검증이 가능한 분야에서는 여론이 상대적으로 덜 중요하다.

왜 시인은 상처받고, 수학자는 담담한가

시의 아름다움은 본질적으로 섬세함의 문제다. 그래서 젊은 시인은 자신이 쓴 작품이 그런 섬세함에 도달했는지 확신하지 못한다. 이 때문에 친구들이나 대중으로부터 받는 우호적인 평가만큼 그를 기쁘게 하는 것은 없다. 반대로 비우호적인 평가는 그의 사기를 심하게 꺾어버린다. 앞의 평가는 그의 문학적 자신감을 세워주지만, 뒤의 평가는 쉽게 그를 흔들어놓는다. 그래서 그는 자신의 작품에 대한 긍정적인 평가를 얻기 위해 끊임없이 애쓴다. 시간이 흐르며 경험이 쌓이고 성공이 뒤따르면 그는 점차 자신의 판단을 더 신뢰하게 된다. 그럼에도 대중의 비판은 여전히 그의 마음을 흔든다.

프랑스의 극작가 라신은 그의 대표작이자 최고의 걸작인 『파이드라』가 예상치 못한 대중적 성공을 거두자 오히려 그것을 몹시 불편해했다. 『파이드라』는 어떤 언어로 쓰인 비극과 비교해도 단연 돋보이는 최고의 작품이었지만, 라신은 창작의 절정에서 더는 무대 작품을 쓰지 않기로 했다. 이 위대한 시인은 아들에게 자주 이렇게 말했다. "최고의 찬사가 주는 기쁨보다, 사소하고 터무니없는 비난이 주는 고통이 훨씬 더 크다."

볼테르 역시 사소한 비판에 민감하게 반응했던 것으로 유명하다. 영국 시인 알렉산더 포프의 『바보 열전』은 영국 문학사에서 가장 우아하고 정교하며 통렬한 작품으로 손꼽힌다. 그러나 포프조차도 하찮고 경멸스러운 삼류 작가들의 비난에 쉽게 상처받곤 했다.

토머스 그레이 역시 마찬가지다. 그는 존 밀턴의 고상함과 포프의 균형미를 모두 갖춘 영국 시인으로, 작품 수는 많지 않지만 그 품격만큼은 단연 최고다. 그런데도 자신의 뛰어난 시 두 편을 대상으로 발표된 한심하고 무례한 패러디 시 때문에 큰 충격을 받고, 이후로 사실상 창작을 멈추고 말았다. 산문으로 명성을 얻은 문인들도 마찬가지다. 그들 역시 시인들과 다를 바 없이 남들의 평가에 민감하며, 비난에 쉽게 흔들린다.

반면 수학자들의 세계는 전혀 다르다. 그들은 자신이 발견한 진리의 정확성과 중요성에 절대적인 확신을 갖는다. 그래서 대중의 반응 따위는 아예 관심 밖이다.

내가 아는 두 명의 수학자―글래스고의 로버트 심슨과 에든버러의 매슈 스튜어트―는 우리 시대 최고의 수학자들이다. 이들은 자신의 저서가 무지한 대중으로부터 외면당한다고 해서 조금도 마음이 흔들리지 않았다. 아이작 뉴턴의 불멸의 저서 『자연 철학의 수학적 원리』 역시 한동안 대중의 외면을 받았다. 그러나 이 위대한 인물은 단 15분도 마음이 흔들린 적이 없었다. 자연 철학자들 또한 마찬가지다. 그들은 수학자들처럼 대중의 여론과 무관하게 스스로의 발견과 관찰을 신뢰하며, 확고한 평정심을 유지한다.

하지만 문인들은 다르다. 그들은 자신의 지위와 명성이 대중의 평가에 크고도 직접적인 영향을 받는다.

수학자와 자연 철학자들은 대중의 인정을 얻기 위해 특별히 애쓸 필요가 없다. 그들에게는 명성을 위해 당파를 만들거나, 경쟁자의 명성을 깎아내리기 위해 음모를 꾸밀 이유가 없다. 그래서 그들은 소박하고 친근한 태도로 서로를 대하며, 서로의 업적과 명성을 진심으로 존중한다. 대중의 찬사에 목매지 않고, 자신의 저서가 인정받으면 기뻐하지만 외면당한다고 해서 크게 불쾌해하지도 않는다.

그러나 시인과 아름다운 산문을 쓰는 문필가들의 세계는 전혀 다르다. 이들은 너무나 쉽게 문학적 파벌을 만든다. 때로는 공개적으로, 때로는 은밀하게 손을 잡고 다른 작가들의 명성을 깎아내리려 한다. 또한 자신이 속한 파벌의 작가들이 대중의 호평을 더 많이 받게 하려고 온갖 음모와 책략, 유혹의 술수를 동원한다.

프랑스에서도 부알로 데프레오와 라신 같은 작가들은 문학적 당파의 수장 역할을 맡는 것을 조금도 부끄럽게 여기지 않았다. 그들은 먼저 퀴노와 페로의 명성을 깎아내렸고, 이후에는 퐁트넬과 라모트를 공격했다. 심지어 선량한 라퐁텐에게조차, 마치 자신들이 더 선량한 사람인 양, 위선적인 태도로 대했다.

영국도 다르지 않았다. 온화한 성품으로 알려진 애디슨조차 문학적 당파의 수장이 되어, 떠오르는 알렉산더 포프의 명성을 견제하는 것을 전혀 부끄러워하지 않았다.

퐁트넬은 수학자와 자연 철학자들이 모인 과학 아카데미의 회원들에 대해 글을 쓰면서, 그들의 삶이 얼마나 소박하고 친근하며 인간적인지를 여러 차례 강조했다. 그리고 그러한 태도는 일부 개인만의 특성이 아니라 그 학문 공동체 전체에 공통된 특징이라고 덧붙였다.

반면 달랑베르는 프랑스 시인들과 문장가들의 모임인 예술 아카데미의 구성원들에 대한 글을 쓰면서, 과학자들에게서 볼 수 있었던 그런 소박하고 우호적인 태도는 거의 언급하지 않았다. 그가 깊이 존경했던 문인들의 세계에서조차, 그런 소박하고 인간적인 태도는 좀처럼 찾아보기 어려웠기 때문이다.

칭찬이 필요한 걸까, 칭찬받을 자격이 필요한 걸까

우리가 자신의 공로에 대해 불확실함을 느낄수록 그리고 그것을 인정받고자 조급해질수록 타인의 의견은 더 절실하게 다가온다. 타인의 평가가 호의적이면 기분이 평소보다 한층 고양되고, 반대로 비우호적이면 기분은 쉽게 가라앉는다. 그렇다고 음모나 술수를 써서 호의적인 평가를 얻거나 비판을 피하려 해서는 안 된다.

예를 들어 누군가 재판관에게 뇌물을 주어 만장일치로 승소 판결을 받는다고 해서, 그것이 그가 정말 옳다는 확신을 가져다주지는 않는다. 만약 그가 단순히 진실을 확인하는 것만이 목적이었다면 애초에 뇌물 같은 부정한 수단은 생각하지 않았을 것이다. 하지만 그는 자신이 옳다고 믿으면서도, 그 믿음만으로는 부족하다고 느낀다. 그래서 반드시 승소하고 싶은 마음에 부정한 방법을 선택한다.

마찬가지로 우리가 칭찬을 단순히 자신의 자격을 증명하는 도구로만 여긴다면 그것을 부정한 방법으로 얻을 이유는 없었을 것이다. 하지만 칭찬을 받을 수 있을지 불확실할 때, 그 불확실성 때문에 심지어 현명한 사람조차도 칭찬을 간절히 원하게 된다. 그리고 그런 사람은, 이것을 현명하다고 할 수 있을지는 의문이지만, 부정한 방법으로라도 칭찬을 얻고 비난을 피하려 한다.

원래 칭찬과 비난은 단순히 말의 문제가 아니다. 그것은 타인이 우리를 바라보는 자연스러운 감정의 표현이다. 칭찬은 곧 타인의 우호적 감정이고, 비난은 그 반대다. 우리가 칭찬을 원하는 것은 곧 타인의 우호적 감정을 얻고 싶기 때문이다. 반면 칭찬받을 만한 자격을 원한다는 것은, 단순히 우호적 감정을 넘어서 그 감정의 정당한 대상이 되기를 바라는 것이다.

지금까지 살펴보았듯 칭찬에 대한 사랑과 칭찬받을 자격에 대한 사랑은 서로 매우 닮아 있다. 비난과 비난 자격 역시 같은 관계로 연결된다. 어떤 사람이 칭찬받을 만한 행동을 하려 하거나 실제로 그렇게 행동했다면 그는 자연스럽게 칭찬 자체를 바라게 되고, 때로는 그 이상의 인정까지 원하게 된다. 이 두 가지 욕망은 때때로 명확히 구분되지 않는다. 어느 정도는 타인의 칭찬을 단순히 얻고 싶은 욕구에서 비롯되고, 또 어느 정도는 스스로 그런 칭찬에 합당한 존재가 되고 싶다는 더 근원적인 욕구에서 비롯된다. 당사자조차 이 둘을 명확히 구분하기 어렵다.

다른 사람의 행동을 바라보는 입장에서도 상황은 비슷하다. 누군가는 어떤 사람의 공로를 폄하하면서 그것을 단지 칭찬에 대한 사랑, 즉 허영심 때문이라고 말한다. 반대로 또 다른 누군가는 그 공로를 높이 평가하며, 그것이 단순한 허영이 아니라 칭찬받을 자격에 대한 사랑, 즉 명예롭고 고상한 욕망이라고 해석한다.

결국 관찰자의 상상력이 그 행동의 의미를 결정한다. 그리고 그 상상력의 빛깔은 관찰자의 사고방식과 가치관, 대상에 대한 호불호에 달려 있다.

왜 우리는 칭찬에 목마르고, 비난에 예민할까―인정 욕망의 본질

일부 비관적인 철학자들은 인간 본성을 바라보는 방식에서, 마치 성격이 거칠고 쉽게 분노하는 사람들이 타인을 성급하게 판단하듯이, 인간을 지나치게 부정적으로 단정 짓는다. 그들은 칭찬을 향한 열망, 곧 허영심이 인간 행동의 주된 동기라고 본다. 심지어 명예롭고 고결한 욕망인 칭찬받을 자격에 대한 사랑조차 허영심으로 몰아간다. 이 철학적 관점에 대해서는 뒤에서 따로 논의할 것이므로 여기서는 더 언급하지 않겠다.

예를 들어 어떤 사람이 스스로 칭찬받을 만한 성품을 갖추었고, 그것을 행동으로 실천했다고 하자. 그는 그동안 타인의 그런 성품과 행동을 존중하고 칭찬해온 사람이었다. 이런 경우, 그는 단순히 자기 스스로 '나는 그런 사람이다'라고 인식하는 것만으로는 만족하지 못한다. 무엇보다 중요한 것은 그 성품과 행동에 대해 마땅히 받아야 할 타인의 인정을 실제로 얻는 일이다. 다시 말해, 자신이 보여준 성품과 행동이 남들로부터 칭찬이라는 형태로 확인되어야 비로소 충분히 만족한다.

하지만 사람들은 이 지점에서 저마다 다른 반응을 보인다. 어떤 사람들은 자신의 내면에서 칭찬받을 자격이 있다는 확신만으로도 충분하다. 남들이 실제로 칭찬하든 말든 크게 개의치 않는다. 반면 어떤 사람들은 그런 내면의 확신보다, 남들이 실제로 보내는 칭찬과 인정 그 자체를 더 중시한다.

또한 누구도 자신의 행동이 전혀 비난받을 소지가 없다고 확신할 수는 없다. 남들의 비난이나 질책을 완전히 피하는 것은 사실상 불가능하기 때문이다. 현명한 사람은 자신이 칭찬받을 자격이 충분하다고 판단되면, 때로는 그런 칭찬 자체를 대수롭지 않게 여긴다. 하지만 사안이 중대할 경우 그는 더 신중해진다. 단순히 비난받을 행동을 피하는 데 머무르지 않고, 본인의 책임으로 돌려질 만한 모든 오해나 비난의 가능성 자체를 사전에 차단하려고 노력한다.

만약 비난받을 만한 행동을 했거나, 의무를 소홀히 했거나 혹은 칭찬받을 만한 일을 실천할 기회를 흘려보냈다면 그에 따르는 비난은 결코 피하지 않는다. 이런 경우가 아니라면, 드러내지 않으면서도 세심하게, 불필요한 비난의 그림자조차 비껴가려고 애쓴다.

반대로 칭찬에 매달리거나 조급하게 칭찬을 구하는 태도는 결코 지혜로운 모습이 아니다. 오히려 이런 태도는 대개 불안하고 허약한 성품에서 비롯된다. 하지만 비난이나 질책의 그림자를 피하려고 신중하게 행동하는 것은 결코 약한 심성의 징후가 아니다. 오히려 그것은 종종 신중함과 현명함의 표현이다.

키케로는 이렇게 말했다. "부당한 비난에 크게 상처받은 사람들은 결국 명예 그 자체를 경멸하게 된다. 이것이야말로 인간 본성이 지닌 심각한 불일치다." 그러나 이런 불일치는 인간 본성에 깊이 각인된, 변하지 않는 원리 중 하나다.

모든 것을 아는 자연의 조물주는 인간에게 남들의 감정과 판단을 존중하도록 가르쳤다. 남들이 자신의 행동을 승인하면 기뻐하고, 불승인하면 상심하도록 설계한 것이다. 그분은 인간을 인류의 재판관으로 세웠다. 이런 점에서 조물주는 인간을 자신의 형상대로 창조했다고 할 수 있다. 더 나아가 인간을 지상의 대리인으로 임명해 서로의 행동을 감시하고 판단하는 역할을 맡겼다.

인간은 본능적으로 이런 가르침을 자연으로부터 부여받았다. 그래서 인간은 남들로부터 비난을 받으면 마땅히 고개를 숙이고 부끄러워해야 하며, 반대로 칭찬을 받으면 기쁨과 자부심을 느낀다. 우리는 조물주가 인간에게 부여한 이 힘과 판단력을 받아들여야 한다.

인간은 이렇게 인류의 직접적인 판관으로 임명되었지만, 이 역할은 어디까지나 1차적인 판단에 그친다. 인간은 이 판결을 넘어 더 높은 법정에 항소할 수 있다. 자신의 양심이라는 법정, 공정하고 충분한 정보를 가진 관찰자의 법정, 그리고 인간 내면 깊숙이 존재하는 위대한 존재, 즉 모든 행동을 판단하고 궁극적으로 중재하는 절대적 법정이다.

외부의 재판소 vs. 내면의 재판소

우리 안에는 두 개의 재판소가 존재한다. 외부의 재판소와 내면의 재판소. 이 둘은 겉으로는 비슷해 보이지만, 실은 전혀 다른 원리에 따라 작동한다.

외부의 재판소는 타인의 실제 칭찬과 실제 비난, 즉 외적인 평가와 감정에 근거한다. 반면 내면의 재판소는 칭찬받을 자격과 비난받을 자격, 즉 도덕적 정당성에 대한 우리의 내적 기준에 따라 판단한다. 다시 말해, 우리는 타인에게서 발견한 칭찬받을 성품을 본받고자 노력하며, 반대로 타인에게서 목격한 비난받을 성품을 피하고자 한다. 내면의 재판소는 이러한 도덕적 기준 위에서 작동한다.

예를 들어 외부의 사람이 우리가 하지도 않은 행동이나, 우리 행동과 무관한 동기를 들먹이며 우리를 칭찬한다고 하자. 그러면 내면의 사람은 그 칭찬이 주는 일시적인 유쾌함과 자만심을 즉각 거부하며 말한다. "너는 그런 칭찬을 받을 자격이 없다. 만약 기꺼이 받아들인다면 오히려 경멸의 대상이 될 것이다." 반대로, 외부의 사람이 마찬가지로 근거 없는 이유로 우리를 비난할 때, 내면의 사람은 단호하게 나선다. "너는 그런 비난을 받을 사람이 아니다. 그 비난은 터무니없고 부당하다."

그러나 이런 이상적인 역할에도 불구하고, 내면의 사람 역시 외부 사람들의 압도적인 비난 앞에서는 흔들릴 수 있다. 외부로부터 쏟아지는 강력한 질책과 공격은 우리 안의 자연스러운 도덕 감각—즉, 칭찬 자격과 비난 자격에 대한 내적 기준—을 일시적으로 마비시키기도 한다. 내면의 사람은 본질적으로 쉽게 변하거나 왜곡되지 않는다. 그럼에도 거센 외부의 압박은 내면의 판단력과 결단력을 흔들어놓고, 때로는 마음의 평정마저 무너뜨린다.

모두가 우리를 비난할 때, 우리는 스스로 무고하다고 주장하는 것조차 두렵고 망설여진다. 그럼에도 우리 안에 있는 공정한 관찰자는 여전히 우리 편에 서 있다. 그는 두려움과 불안 속에서도 우리의 행동이 옳다고 속삭이며 우리를 지지한다. 그러나 외부 세계에 실제로 존재하는 관찰자들—즉 사회적 지위를 갖춘 사람들, 두 눈을 가진 이웃들—은 결코 만장일치로 우리를 지지하지 않는다. 오히려 그들은 우리를 향해 단호히 반대 목소리를 낸다.

이런 상황에서 내면의 사람은 마치 절반은 신이고 절반은 인간인 '반신'(半神)처럼 보인다. 내면의 사람이 칭찬받을 자격과 비난받을 자격이라는 기준을 끝까지 단호하게 붙든다면 그는 신적인 품위를 유지하는 것이다. 하지만 외부 세계의 무지와 왜곡된 판단 앞에서 충격을 받고 혼란스러워진다면 그는 인간적인 연약함을 드러내며, 더 이상 신적인 존재가 아니라 평범한 인간으로 내려온다.

이런 극심한 고통과 굴욕 속에서 상처받은 사람이 의지할 수 있는 최후의 위안은 단 하나뿐이다. 세상 모든 것을 꿰뚫어 보는 최고 법정—조물주의 법정—에 호소하는 것이다. 그 법정의 눈은 결코 속임당하지 않고, 그 법정의 판단은 절대로 왜곡되지 않는다. 오직 그 법정만이 진실을 알고, 오류 없는 정의를 실현한다.

이곳에서 우리의 무고함은 반드시 밝혀지고 우리의 미덕은 정당한 보상을 받을 것이다. 이 최고 법정에 대한 확고한 믿음만이, 우리의 마음이 약해져 쓰러지려 할 때, 내면의 사람이 불안과 경악 속에서 힘을 잃을 때, 우리를 다시 붙잡아준다. 내면의 사람은 본래 우리의 무고함과 마음의 평정을 지키는 훌륭한 수호자다. 그러나 그조차 힘을 잃을 때는 오직 이 위대한 법정에 대한 믿음만이 우리를 지탱한다.

결국 이승에서 누릴 수 있는 인간의 행복은 저승에 대한 소박하지만 확고한 희망과 기대에 달려 있다. 이 희망은 인간 본성 깊숙이 자리 잡은 것이다. 바로 이것이 인간 존재의 위엄을 떠받치는 힘이다. 그리고 이것만이 죽음이라는 황량한 미래 앞에서도 우리의 내면을 환하게 밝혀주고, 아무리 커다란 고통과 참사가 덮쳐와도 여전히 쾌활함과 생명력을 잃지 않게 해준다. 이승의 삶이 본질적으로 불완전하고 무질서하므로 인간은 때로 그런 참사에 직면해야만 한다.

사후세계가 주는 위안: 인간은 왜 그것을 믿고 싶어 하는가

사후 세계, 즉 저승이 존재한다는 믿음은 특히 마음이 연약한 사람들에게 커다란 위안과 평안을 준다. 저승에서는 단 한 치의 오차도 없이 완벽한 정의가 실현된다. 그곳에서는 모든 이가 지적·도덕적 성품에 따라 동등하게 평가된다.

소박한 재능과 미덕을 가진 이들—이승에서 불운이나 가난, 환경 때문에 빛을 보지 못했던 사람들—도 저승에서는 마침내 진가를 드러낼 수 있다. 그들은 이승에서는 대중에게 알려지지 않았고, 심지어 자신의 내면조차도 그 재능과 미덕을 완전히 확신하지 못했다. 그러나 저승에서는 이들의 소박하고 조용한 공로가, 지상에서 부와 권력을 누리며 큰 명성을 얻었던 사람들의 공로와 동등하게, 때로는 그보다 더 높게 평가될 수 있다. 이승에서는 권력을 가진 자들이 높은 지위를 이용해 화려하고 매력적인 덕행을 쉽게 드러낼 수 있었지만, 저승에서는 그런 외적 조건이 더 이상 아무런 의미가 없다. 이제 그들과 같은 행동을, 같은 기준으로 평가받으며 할 수 있게 되는 것이다.

저승에 대한 이런 믿음은 인간이 본성적으로 지닌 숭고함과 절대적 정의에 대한 갈망을 채운다. 그래서 평생 저승의 존재를 의심해온 사람조차도, 정작 내면 깊은 곳에서는 저승이 정말 있기를 간절히 소망하게 된다.

그러나 흥미롭게도, 저승의 교리를 열정적으로 설파하는 이들은 종종 저승의 도덕 질서가 이승의 도덕 감정과는 정반대라고 강조한다. 만약 그런 설명이 없었더라면, 저승이라는 개념은 아마도 세속의 냉소적 비판자들로부터 그렇게 심하게 조롱받지는 않았을 것이다.

생각해보라. 아첨과 시중은 진정한 공로나 헌신보다 훨씬 더 빠르고 확실하게 인정을 받는 지름길이다. 충실하고 유능한 하인보다 간사한 아첨꾼이 더 높은 평가를 받는다. 베르사유 궁전이나 세인트 제임스 궁전의 로비 활동은, 독일이나 플랑드르 전선에서 목숨을 걸고 싸우는 것보다 두세 배는 더 큰 효과를 낸다. 이런 냉소적 불평은 충성스럽지만 불만이 가득한 늙은 장교들로부터 흔히 들을 수 있다.

이런 현상은 지상의 군주들이 얼마나 불완전하고 허약한 존재인지에 대한 가장 통렬한 비판이다. 그러나 아이러니하게도 이런 불완전한 질서조차도 신의 완전성과 정의의 구현으로 주장되곤 했다. 게다가 미덕과 능력을 갖춘 사람들조차도 이런 논리를 기꺼이 받아들인다. 저승에서 받을 보상 혹은 면제될 벌은 이승에서 얼마나 신에게 헌신하고 열심히 예배했느냐에 따라 결정된다고 믿는다. 특히 성직자들에게는 이것이야말로 그들의 신분과 역할에 가장 잘 어울리는 미덕이다. 또한 그들은 이 분야에서 누구보다도 능숙하다. 결국 누구나 자신이 잘하는 것, 즉 자신만의 강점과 전문성을 과대평가하고 싶어 하는 법이다.

마시용 주교의 경고—저승은 무엇을 공로로 보는가

웅변가이자 철학자였던 마시용 주교는 카티나 연대의 부대 깃발 축복 기도에서 장교들을 향해 이렇게 설교했다.

"장교 여러분, 여러분의 지위에서 가장 비극적인 점은 이것입니다.

여러분의 봉사와 헌신은 수도자의 고행보다 훨씬 더 엄격하고 가혹합니다. 그러나 여러분의 노고는 저승에서는 아무런 가치도 없고, 심지어 이승에서도 헛되이 사라집니다.

아! 외로운 암자에서 묵묵히 수행하는 수도자는 자신의 육신을 철저히 단련하며, 그것을 정신의 지배에 복종시킵니다. 그는 그 고행이 주님의 은총으로 반드시 보상받을 것임을 믿으며, 구속을 덜어주는 은밀한 성유를 자신에게 바릅니다. 그러나 임종의 순간, 여러분은 그 노고와 고통을 하느님께 내세울 수 있습니까? 평생의 노력 가운데 무엇이 하느님의 책에 기록될 만한 가치가 있습니까?

여러분은 인생의 가장 좋은 시절을 군인으로 바쳤고, 10년간의 군복무는 수도자의 평생 고행보다도 더 혹독했습니다. 아! 나의 형제들이여, 그 고통 가운데 단 하루라도 주님께 봉헌했더라면, 여러분은 영원한 행복을 얻었을 것입니다. 신체를 괴롭히는 단 하나의 행위라도 그분께 드렸다면 여러분은 성인들의 통공[通功, 가톨릭에서 성인들이 하느님 앞에서 쌓은 공덕이 신자들에게도 나눠진다는 믿음]을 누릴 수 있었을 것입니다. 그런데 여러분이 해온 모든 것은 오직 이 세상을 위한 헛된 일이었을 뿐입니다."

마시용 주교는 전쟁터의 위험과 고통을 수도원의 고행과 견주며, 평생 전쟁에 헌신해도 수도원에서 하루, 한 시간을 보내는 것만큼의 영적 공로도 인정받지 못한다고 주장한다.

하지만 이러한 논리는 일반적인 도덕 감정과는 분명히 충돌한다. 더 나아가, 자연이 우리에게 가르쳐온 본능적 도덕 기준—누가 경멸받고 누가 존경받아야 하는지를 구분하는 기준—과도 정면으로 배치된다. 그럼에도 종교는 이 논리에 따라 사제와 수도자 그리고 그와 뜻을 같이하는 이들을 위한 천상의 자리를 따로 마련했다. 반대로 인류의 역사를 이끈 위대한 이들은 지옥으로 내몰았다. 영웅, 전략가, 법률가, 시인, 철학자들─인류의 삶을 개선하고 풍요롭게 만든 이들─ 모두가 저승의 논리에 따르면 지옥으로 떨어진다.

인간의 삶을 지탱하고 편리하게 하며 아름답게 가꾼 수많은 기술을 발명·발전시킨 이들조차 저승의 논리에 따르면 지옥에 떨어졌다. 인류의 보호자이자 교사, 시혜자 그리고 우리의 도덕적 관점에서 볼 때 가장 높은 공로와 탁월한 미덕을 지닌 이들마저도 지옥으로 보내졌다.

이처럼 숭고한 저승의 교리가 종종 경멸과 조롱의 대상이 되는 것은 도대체 왜일까? 아이러니하게도, 경건한 미덕이나 독실함에 별다른 흥미도 관심도 없는 이들이 오히려 그것을 가장 앞장서서 비웃고 조롱하고 있으니 말이다.[16]

---

16 볼테르는 이렇게 표현했다. "그곳[지옥]에서는 현명하고 박식한 플라톤, 고결한 호메로스, 웅변가 키케로가 석쇠 위에 올려져 구워진다."─원주
단테의 『신곡』 지옥편 역시 이들이 모두 지옥에 떨어져 고통받는 모습으로 묘사하고 있다.

제3장

양심의 영향과 권위에 대하여

=================== ◆ ===================

공정함의 조건: 나도 아니고, 너도 아닌 제3자의 시선

　　자기 양심의 승인, 즉 내면의 판관이 주는 만족감은 어떤 특별한 상황에서는 연약한 사람의 마음을 온전히 위로하지 못한다. 내면 깊숙이 자리한 공정한 관찰자, 즉 마음속 위대한 친구도 언제나 충분한 힘이 되지는 않는다. 그렇다고 이 원리가 가진 영향력과 권위가 약해지는 것은 아니다. 오히려 그것은 모든 상황에서 막강한 힘을 발휘한다. 우리는 이 내면의 판관과 대화함으로써 우리 삶에서 벌어지는 여러 사건의 진짜 모습과 크기를 평가하고, 자신의 이해관계와 타인의 이해관계를 적절히 비교할 수 있다.

　　우리의 두 눈은 사물의 크기를 절대적 기준으로 보지 않는다. 물체의 크기는 그 자체가 아니라 우리와 그 물체 사이의 거리―가까운지 먼지―에 따라 달라진다. 이 원리는 마음의 눈, 즉 정신적 시각에도 똑같이 적용된다.

예를 들어보자. 내가 지금 앉아 글을 쓰고 있는 방 창문 너머로 보이는 잔디밭, 숲 그리고 저 멀리 펼쳐진 산맥은 실제로 방보다 훨씬 크다. 하지만 내 눈에는 방보다 작게 보인다. 이것은 단지 거리 차이 때문이다. 나는 상상력을 동원해 나 자신을 그 멀리 있는 숲이나 산 가까이에 위치시킨다. 그러면 즉시 두 사물의 실제 크기를 올바르게 비교하고 판단할 수 있다. 이러한 정신적 보정은 오랜 습관과 경험 덕분에 거의 무의식적으로 이루어진다.

우리는 시각적 지각의 원리를 잘 이해해야 한다. 멀리 있는 물체는 단순히 보면 작게 보이지만, 상상력을 발휘해 그 실제 크기를 가늠하고, 그 지식에 따라 마음속에서 자연스럽게 확대해 인식한다.

도덕적 판단에서도 같은 일이 일어난다. 인간의 이기적 본능은 사소한 자기 이익의 손실이나 획득을 남의 중대한 이해관계보다 훨씬 더 중요하게 보이게 만든다. 그 결과, 우리의 감정은 타인의 매우 중요한 손해나 이익보다도 우리 자신의 작은 성공이나 실패에 훨씬 더 강하게 반응한다.

이런 상태에서 타인의 이해관계를 공정하게 바라보는 것은 거의 불가능하다. 심지어 그것이 상대에게 얼마나 큰 피해를 주는 일이든, 우리는 본능적으로 우리 자신의 이해를 우선하려는 경향을 멈추지 못한다.

따라서 이런 왜곡된 감정적 시각을 교정하려면, 우리는 현재의 자리에서 벗어나야 한다. 나의 입장도, 상대의 입장도 아닌, 완전히 제3자의 시각에서 사태를 바라봐야 한다. 그 제3자는 나와도, 상대와도 아무런 이해관계가 없는 공정한 관찰자여야 한다.

마찬가지로 우리는 오랜 습관과 경험 덕분에 이런 도덕적 시각 보정 역시 어느 정도 자동으로 실행한다. 물론 이 과정에도 일정 수준의 성찰과 철학적 훈련이 반드시 필요하다. 도덕적 적절성과 정의에 대한 감수성이 충분하지 않다면 우리는 이웃의 중대한 관심사에 대해 무감각해지고 나와 남 사이의 정서적 불공정성은 결코 바로잡히지 않는다.

"중국의 지진보다 내 새끼손가락이 더 아프다"

다음과 같은 상황을 가정해보자. 무수한 주민이 사는 중국에서 거대한 지진이 발생해 수많은 사람이 순식간에 목숨을 잃었다. 그런데 여기, 중국과는 아무런 직접적 연관이 없는 온정적인 유럽인 한 사람이 있다. 그는 이 대참사의 소식을 듣고 어떻게 반응할까?

먼저 그는 불행한 중국인들의 참혹한 운명에 대해 깊은 슬픔을 표할 것이다. 그리고 인생의 덧없음과 불확실성에 대해 우울한 사색에 잠길 것이다. 그렇게 한순간에 모든 것을 잃고 마는 인간의 모든 노고가 얼마나 허망한 것인가 하고 한탄할 것이다. 그가 사려 깊은 사람이라면 이 대참사가 유럽의 무역과 국제 상업에 어떤 악영향을 미칠지까지 깊이 있게 추론할 것이다.

그러나 이런 생각과 인간적 슬픔이 어느 정도 표현되고 나면 그는 다시 자신의 일상으로 돌아간다. 마치 그런 비극이 일어나지 않았던 것처럼 평소와 다름없이 일하고, 즐기고, 휴식을 취하며, 오락을 즐긴다. 그는 사소한 사고에도, 이 대참사보다 더 큰 마음의 동요를 느낀다. 내일 그가 새끼손가락 하나를 잃는다면 밤새 뒤척이며 잠을 이루지 못할 것이다. 그러나 중국에서 1억 명이 죽었다는 소식은 직접 보지 않는 한 현실적 충격을 주지 않는다. 그는 여전히 코를 골며 평안하게 잠들 것이다. 이처럼, 자신에게 일어나는 아주 작은 불행이, 지구 반대편에서 수억 명이 죽는 대참사보다 훨씬 더 강한 감정적 반응을 불러일으킨다.

만약 자신의 사소한 불행을 막을 수만 있다면 이 온정적인 사람은 1억 명의 생명과 그것을 맞바꿀 수 있을까? 본능적으로 인간은 이런 끔찍한 상상에 소스라치게 놀란다. 아무리 세상이 타락했다 해도, 이런 생각을 아무렇지 않게 받아들이는 악인은 존재하지 않는다. 역사상 그런 비정한 인물조차 본 적이 없다.

그렇다면 이런 극명한 차이는 도대체 어디서 비롯되는 것일까? 우리의 소극적 감정은 거의 언제나 지극히 이기적이고 지저분하다. 그런데 놀랍게도 우리의 적극적 원리, 즉 도덕적 실천의 원천은 그토록 고상하고 관대하다니, 이건 또 어떻게 이해해야 할까? 우리는 대부분, 남의 일보다 자신의 일에 훨씬 더 민감하게 반응하지 않는가? 현실에서는 많은 경우 인색한 사람들조차도 자기 이익을 내려놓고, 타인의 더 큰 이익을 위해 기꺼이 헌신한다.

그렇다면 그들을 이렇게 움직이게 하는 힘은 무엇인가? 이처럼 강력한 자기애의 충동을 거스르고, 개인적 이해관계를 넘어설 수 있도록 만드는 힘은 단순한 인정의 부드러운 감정이나, 자연이 인간 마음속에 불어넣은 자애의 희미한 섬광이 아니다. 그것은 그보다 훨씬 더 강력한 힘, 더 근원적이고 단단한 동기다. 그 힘이 인간을 움직인다.

이성, 원리 그리고 양심: 내면의 위대한 판관

그것은 이성, 원리 그리고 양심이다.

우리 마음속에 거주하는 이 존재는 곧 내면의 사람, 우리 행동의 위대한 판관이자 중재자다. 우리가 타인의 행복에 영향을 미칠 행동을 하려는 순간, 이 내면의 사람은 즉각 우리를 불러 세운다. 그리고 단호한 목소리로 경고한다. "너는 수많은 사람 중 단 한 명일 뿐이다. 그 어떤 이보다 더 우월하지도, 더 특별하지도 않다. 네가 남보다 더 많은 대우를 당연하다는 듯이 요구하거나 뻔뻔스럽게 주장하고 나선다면 너는 곧 분노와 혐오 그리고 저주의 대상이 될 것이다."

우리는 이 내면의 판관으로부터 명백한 사실을 배운다. 우리 자신과 우리의 이해관계는 사실 지극히 사소하다. 자기애가 만들어내는 과대망상은 오직 이 공정한 관찰자의 시선을 통해서만 교정될 수 있다. 이 내면의 판관은 정의의 적절함과 부정의의 기형성을 우리에게 명확히 보여준다. 즉 정의란 타인의 더 큰 이익을 위해 자신의 이익을 기꺼이 포기하는 것이고, 반대로 자신의 이익을 위해 남에게 사소한 해를 끼치는 것은 본질적으로 추악하다는 사실을 보여준다.

우리가 때로 이런 숭고한 미덕을 실천하는 이유는 단순히 이웃에 대한 사랑 때문도, 인류 전체에 대한 사랑 때문도 아니다. 그보다는 더 강력한 사랑, 더 강한 동기가 우리를 움직인다. 다름 아닌 우리 인격의 품위와 장엄함 그리고 인간다운 위엄에 대한 본능적 사랑이다. 이것이 우리를 옳은 길로 이끈다.

우리의 행동이 타인의 행복이나 불행에 직접적인 영향을 미칠 때, 우리는 자기애만을 따라 다수보다 한 사람, 즉 자기 자신의 이익만을 좇는 행동을 감히 할 수 없다. 그 순간 내면의 사람은 즉각 우리에게 경고한다. "너는 오직 자신의 이익만을 챙기고, 다른 사람들의 고통과 피해는 전혀 고려하지 않는구나. 그렇게 행동한다면 너는 곧 남들의 경멸과 분노의 대상이 될 것이다."

이런 도덕적 감각은 결코 관대함과 덕성을 갖춘 비범한 사람만의 전유물이 아니다. 오히려 훌륭한 병사라면 누구나 본능적으로 알고 있다. 전우애와 용기가 요구되는 전투 상황에서, 만약 어떤 병사가 위험을 회피하거나 기꺼이 목숨을 내놓기를 거부한다면 그는 곧 동료 병사들의 경멸과 공개적인 질책의 대상이 될 것이다.

한 개인이 다른 개인을 대할 때도 이 원리는 똑같이 적용된다. 그는 결코 자신이 상대보다 우월하다고 생각해서 상대에게 피해나 손해를 입히려 해서는 안 된다. 설령 그 행동이 자신에게 더 큰 이익을 주고 상대에게는 작은 손해만 끼친다 해도 그런 행위는 결코 정당화될 수 없다.

예를 들어 가난한 사람이 부자를 속이거나 훔쳐서는 안 된다. 설령 그 행위로 인해 가난한 자가 얻는 이익이 부자가 입는 손해보다 훨씬 크고, 또 부자가 그 정도 손실쯤은 아무렇지도 않게 여긴다 해도 마찬가지다.

이때도 내면의 사람은 그 가난한 자에게 분명하게 경고한다. "너는 네 이웃보다 결코 더 나은 존재가 아니다. 네가 부당하게 이익을 취한다면 너는 반드시 사람들의 경멸과 분노의 대상이 될 것이다. 그리고 그 경멸과 분노는 결국 너에게 실질적인 처벌로 돌아올 것이다. 너는 그 행위로 인간 공동체의 근본 질서, 성스러운 도덕적 준칙을 위반했기 때문이다." 결국 따지고 보면 인간 사회의 안전과 평화는 이 도덕적 준칙이 가능한 한 철저히 지켜질 때만 유지될 수 있다. 이것이 인간 사회를 지탱하는 가장 근본적인 질서다.

정직한 사람은 자기 책임이 아닌 외부의 거대한 참사보다, 자신의 행동에 대한 내면의 질책을 훨씬 더 두려워한다. 마음속에 지워지지 않는 도덕적 오점이 남는 것, 그것을 가장 두려워한다. 그리고 그 두려움 속에서, 스토아철학의 진실이 단순한 이상이 아니라 반드시 지켜야 할 도덕적 진리임을 내면 깊이 깨닫는다. 즉 누군가 남에게서 부당하게 무언가를 빼앗거나, 남에게 피해를 주면서 자기 이익을 챙기는 일은 단순히 잘못된 정도가 아니다. 그것은 자연의 질서 자체를 거스르는 일이다. 이런 행위는 죽음이나 가난, 고통, 신체 상해 같은 외부적 참사보다 훨씬 더 악하다.

그렇다면 만약 우리의 행동이 남들의 행복이나 불행과 전혀 관계가 없고, 우리의 이해관계가 그들의 이해관계와 완전히 독립적이라면 어떨까? 즉, 양쪽 사이에 아무런 이해의 충돌이나 경쟁이 없다면 우리는 우리의 개인적 이해에 대해 자연스럽게 집중해도 문제될 것이 없고, 남의 일에 무관심하다고 해서 도덕적 비난을 받을 이유도 없다.

대중 교육은 이런 상황에서도 중립을 지키라 가르친다. 중요한 선택 때마다 자신과 타인 사이에서 균형을 잡으라 요구한다. 심지어 일상적인 상업의 세계조차도 적극적인 행동의 원리를 일정한 적정성의 기준에 맞춰 조정한다. 그러나 가장 고급스럽고 세련된 교육은 여기서 한 걸음 더 나아간다. 그것은 우리의 소극적 감정 속에 존재하는 불공정성마저 바로 잡아야 한다고 가르친다. 그리고 이를 위해서는 단순한 사회적 교육이나 관습적 윤리로는 부족하다. 반드시 가장 엄격하고, 가장 심오한 철학적 성찰과 가르침이 뒷받침되어야 한다.

도덕에 대한 두 시선: 타인의 고통에 어디까지 공감해야 하는가

도덕에 대해 두 개의 철학적 입장이 존재한다. 이들은 모두 인간에게 가장 엄격한 도덕적 기준을 가르치려 한다. 한쪽은 타인의 이해관계에 대한 우리의 감수성을 최대한 키워야 한다고 주장하고, 다른 한쪽은 우리 자신의 이해관계를 가능한 한 줄여야 한다고 가르친다. 후자의 입장은, 우리가 타인에게 적용하는 객관적 시선을 동일하게 자신에게도 적용해야 한다고 강조한다. 즉 자신에 대한 집착을 내려놓고, 자신을 타인과 똑같은 하나의 존재로 바라보라는 것이다. 이 두 입장은 모두 인간 본성의 한계를 넘어서는 요구다.

첫 번째 입장은 지나치게 불평이 많고 우울한 도덕주의자들의 관점이다. 이들은 우리가 지나치게 자기 행복만을 추구한다고 비난한다. 이 순간에도 누군가는 불행 속에 있고, 재난과 빈곤, 질병, 죽음의 공포, 적의 모욕과 억압 속에서 고통받고 있는데, 그런 세상에서 너만 혼자 행복해도 되냐는 것이다.[17] 따라서 이들은 우리가 알지도 못하고, 본 적도 없는 사람들이지만, 그들의 불행을 떠올리며 우리 자신의 행복을 절제하고, 세상에 만연한 슬픔과 우울을 의식하며 살아야 한다고 주장한다.

하지만 이런 태도는 이성적으로 보나 현실적으로 보나 매우 불합리해 보인다. 전 세계를 평균적으로 본다면 불행한 사람이 한 명 있을 때, 나름대로 만족스럽게 사는 사람이 스무 명쯤은 된다. 그렇다면 굳이 그 한 명과 함께 슬퍼하기 위해 나머지 스무 명과 함께 기뻐하는 일을 포기할 이유가 없다. 이런 인위적인 연민은 지속 가능하지도 않다. 오히려 과도한 감상주의로 비칠 뿐이다. 그렇게 사는 사람은 결국 자신을 황량하고 불쾌한 존재로 만들고, 타인과의 관계에서도 매력을 잃는다.

설사 이런 마음가짐을 계속 유지해도 결과는 뻔하다. 자신만 비참해질 뿐, 세상 누구에게도 도움이 되지 않는다. 우리가 전혀 알지 못하고, 아무런 관계도 없는 사람들의 불운에 대해 지나치게 신경 쓴다 한들, 그것은 오히려 자신의 불안과 스트레스만 키울 뿐이다. 달나라에서 무슨 일이 벌어지든 그것이 우리 삶과 무슨 상관이 있겠는가? 물론 인간으로서 멀리 있는 타인에게도 선의를 품는 것은 자연스럽고 바람직하다. 그러나 그들의 불행이 곧바로 우리의 불안과 고통이 되어야 할 이유는 없다. 우리가 그들에게 해를 끼친 것도 아니고, 실질적으로 도울 수도 없다면 그 일에 과도하게 마음을 쓸 필요는 없다. 오히려 이런 심리적 거리 두기는 자연이 설계한 현명한 질서처럼 보인다. 그리고 이 질서를 억지로 거스른다고 해서 얻을 수 있는 실질적인 보상도 없다.

흥미롭게도, 우리는 타인의 성공에 대해 깊은 동료 의식을 느끼지 않는다고 해서 비난받지 않는다. 사실 타인의 성공을 향한 축하는 대부분 얄팍하고 형식적이며, 시기심만 드러나지 않으면 문제 삼지 않는다. 그런

---

17 탐슨(Thomson)의 시집, 『사계』 중 '겨울' 참조. "아, 쾌락에 빠진 오만한 자들은 전혀 깨닫지 못한다…" 등. 또한 파스칼도 같은 맥락에서 논의한다. —원주

데 불행에 무심하다고 꾸짖는 도덕주의자들은, 역설적으로 우리가 권력자나 부자에게 너무 쉽게 찬탄과 존경을 보낸다며 그 가벼운 태도도 비판한다.

스토아식 평정의 태도: 세상이 나를 보듯, 자기 자신을 보라

앞서 소개한 두 번째 철학 학파는, 자신의 이해관계에 대한 감수성을 의도적으로 줄임으로써 소극적 감정의 불공정성을 바로잡아야 한다고 주장한다. 이 입장을 대표하는 고대 철학 학파가 스토아학파다. 스토아 철학자들은 이렇게 가르친다. 인간은 결코 자신을 독립적이고 고립된 존재로 여겨서는 안 된다. 오히려 자연이라는 거대한 공동체, 즉 세계 시민의 일원으로 자신을 인식해야 한다. 그리고 이 거대한 공동체의 이익과 질서에 부합하기 위해, 자신의 사소한 이해관계는 언제든 기꺼이 희생할 준비가 되어 있어야 한다. 곧 나의 이해관계는 공동체 안의 그 누구보다 특별하거나 더 중요할 수 없다. 우리는 본능적 자기애나 이기심에 따라 행동해서는 안 된다. 오히려 세상의 다른 사람들이 우리를 바라보는 시선, 그 시선에 입각해 자신의 일을 바라보고 행동해야 한다. 쉽게 말해, 타인에게 벌어진 일을 바라보는 태도로, 자신의 일 또한 바라보아야 한다는 것이다. 다시 말해, 세상이 우리를 바라보는 시선으로 우리 자신을 바라보라는 것이다.

에픽테토스는 이렇게 말한다. "이웃이 자기 아내나 자식을 잃었을 때, 우리는 흔히 이렇게 생각한다. '그건 누구에게나 일어날 수 있는 일이다. 자연의 섭리다. 담담히 받아들여야 한다.' 그러나 같은 일이 우리 자신에게 벌어지면, 우리는 통곡하고 절망하며 세상에서 가장 큰 불행을 당한 사람처럼 행동한다. 하지만 우리는 기억해야 한다. 남에게 그 일이 벌어졌을 때 우리는 어떤 태도를 보였는가? 그 태도로 나에게 일어난 일도 대해야 한다."

감정은 억제할 것이 아니라 품격 있게 드러내야 한다

우리의 감정이 적절함의 범위를 넘어서는 개인적 불행에는 두 가지 유형이 있다.

첫 번째는 간접적으로 영향을 주는 불행, 즉 자신이 아닌 타인에게 벌어지는 불행이다. 예를 들면 부모, 자녀, 형제자매와 같이 가까운 가족에게 닥치는 불행이 이에 해당한다.

두 번째는 직접적으로 우리 자신에게 벌어지는 불행으로, 신체적 손상, 경제적 손실, 명예의 실추 등으로 이어지는 고통, 질병, 빈사, 가난, 불명예와 같은 일들이다.

첫 번째 유형의 불행에 대해, 우리의 감정은 때로 적절한 예의의 범위를 넘어서기도 하고, 반대로 그 기준에 미치지 못하는 경우도 많다. 예를 들어 어떤 사람이 아버지나 아들의 죽음을 남의 일처럼 거의 아무 감정도 느끼지 않는다면 그는 훌륭한 아들도, 훌륭한 아버지도 아니다. 이런 무감각하고 냉담한 태도는 결코 칭찬받을 일이 아니라 오히려 가장 강한 도덕적 비난의 대상이 된다. 가족 관계에서 형성되는 감정들은 그 정도가 지나치면 타인에게 불쾌감을 주고, 반대로 너무 부족하면 냉혹하고 비인간적으로 보인다.

자연은 종족의 생존과 번식을 위한 목적에 따라, 거의 모든 인간에게 부모가 자식에게 품는 애정이 자식이 부모에게 품는 애정보다 훨씬 강하도록 설계했다. 종의 지속은 전적으로 부모의 보호와 보살핌에 달려 있기 때문이다. 자식의 애정은 이 생존 과정에서 거의 본질적인 역할을 하지 않는다. 일반적으로 자식은 부모의 돌봄 없이는 존재할 수 없지만, 부모는 자식의 돌봄 없이도 살아갈 수 있다.

이런 이유로 자연은 부모의 애정을 본능적으로 아주 강하게 설계해 두었고, 이 강한 애정은 자극해야 할 대상이 아니라 오히려 통제하고 조절해야 할 감정이다. 그래서 도덕주의자들은 자녀에 대한 과도한 애정, 남의 자식보다 자기 자식을 부당하게 더 사랑하는 편애는 적극적으로 절제해야 한다고 가르친다. 반면 부모에 대한 효심은 적극적으로 길러야 한다고 강조한다. 나이 든 부모를 충분히 봉양하고, 우리가 어릴 적 받았던 보호와 사랑을 정당하게 되돌려야 한다는 것이다.

십계명에는 부모를 공경하라는 계명은 있어도 자녀를 사랑하라는 계명은 없다. 이미 자연이 자식을 사랑하도록 충분히 준비해두었기 때문이다. 인간은 자녀를 과하게 사랑한다는 이유로 비난받는 일이 거의 없다. 반대로 부모에 대한 효심을 지나치게 드러내면 오히려 그 진정성을 의심받기 쉽다. 과부의 지나치게 과장된 슬픔이 가식으로 보이는 것도 같은 이유다. 그러나 만약 그 감정이 진실한 것이라고 확신한다면 우리는 그것을 존중해야 한다. 비록 완전히 공감하거나 지지하지는 않더라도 적어도 가혹하게 비난해서는 안 된다. 그 감정을 드러내는 사람은 그조차도 칭찬받을 만한 가치가 있다고 믿기에 그렇게 표현하는 것이기 때문이다.

설령 그런 과장된 감정이 때때로 우리에게 불편함을 주고, 지나치게 감상적으로 느껴진다 해도, 그것은 불쾌할 뿐이지 결코 혐오스러운 것은 아니다. 우리는 종종 부모의 과도한 애정이나 불안이 오히려 아이에게 해롭다고 비판한다. 하지만 그런 감정이 부모에게 불편함을 주는 것은 사실일지라도, 본능적으로 이해하게 되고, 결코 증오나 혐오의 시선으로 바라보지는 않는다.

반대로 그런 감정조차 없는 경우는 심히 혐오스럽게 보인다. 자녀에 대한 애정이 전혀 없이 늘 가혹함과 냉혹한 엄격함으로만 대하는 아버지는 세상 어떤 짐승 같은 아버지보다도 최악으로 여겨질 것이다. 우리 안의 도덕적 적절함은 가까운 가족의 불행에 대해 자연스럽게 솟아나는 깊은 감수성까지 억제하라고 요구하지 않는다. 오히려 그런 감정은 과도해서 문제가 되기보다는, 부족하거나 결여될 때 더 큰 불쾌감을 가져온다.

이런 맥락에서 본다면 스토아학파가 주장하는 냉철한 초연함은 결코 인간적으로 매력적이지 않다. 그리고 그들의 초연함을 정당화하려는 형이상학적 논변 역시 설득력을 갖지 못한다. 그런 주장은 본래 냉담한 사람이 자기 무감각을 더 노골적이고 당당히 합리화하는 도구일 뿐이다. 사랑, 우정 그리고 가족적·개인적 애정의 고귀함과 섬세함을 이해하고 묘사하는 데 있어 라신, 볼테르, 리처드슨, 마리보, 리코보니 같은 시인들과 소설가들은 제논, 크리시포스, 에픽테토스 같은 스토아 철학자들보다 훨씬 더 뛰어난 스승이다.

게다가 타인의 불행에 대해 절제된 감수성을 지니는 것은 우리의 도덕적 의무를 수행하는 데 전혀 방해가 되지 않는다. 시인 토머스 그레이가 말했듯, 죽은 친구들을 떠올리며 느끼는 우울하고 감상적인 회상, 즉 은밀한 슬픔이 주는 마음의 고통은 결코 불쾌하거나 불편한 감정이 아니다. 겉으로는 슬픔과 고통의 모습으로 드러나지만, 그 내면에는 미덕과 자기 승인이라는 고상한 가치가 깃들어 있다.

자기 불행은 커 보이고, 남의 불행은 작아 보인다

우리 자신에게 직접적인 영향을 미치는 불행, 즉 신체, 재산, 명성에 타격을 주는 불행은 이야기의 결이 다르다. 이 경우에는 감수성의 결핍보다는 오히려 과잉이 더 불쾌하게 느껴진다. 스토아학파가 말하는 초연함이나 무관심에 가까워지는 일은 실제로 극히 드물다.

신체적 고통과 관련된 격정에 대해, 우리는 본능적으로 강한 공감을 느끼지 않는다. 다만 원인이 명확한 신체적 고통—가령 베이거나 찢기는 고통—에 대해서는 관찰자 역시 강한 공감을 보인다. 또한 누군가가 죽음에 직면했을 때도 상당한 감정적 반응이 따라온다. 그러나 이 두 경우 모두, 관찰자가 느끼는 감정은 당사자가 겪는 고통에 비하면 매우 미미하다. 그래서 당사자가 담담하게 자신의 고통을 견딘다고 해서, 그것이 관찰자에게 불쾌하게 보이는 일은 거의 없다.

반면 가난은 동정을 유발하지 못한다. 오히려 사람들은 가난한 사람에게 동정을 보내기보다는 경멸을 느낀다. 구걸하는 거지가 불쾌하게 보이는 이유는 귀찮게 구걸해서가 아니라 그 자체로 깊은 동정의 대상이 되지 못하기 때문이다.

그러나 과거에 부유했던 사람이 몰락했다면 상황은 다르다. 그는 당사자로서 엄청난 고통을 겪으며, 관찰자 역시 더 깊은 동정을 보낸다. 다만 현대 사회에서 이런 몰락은 대부분 그 사람의 중대한 잘못에서 비롯된 것으로 여겨진다. 그렇다 하더라도 그는 완전히 밑바닥까지 떨어지지 않는다. 친구들의 도움이나 그동안 그를 비난하던 채권자들이 보이는 어느 정도의 관용 덕분에 최소한의 체면은 유지된다. 이런 불행을 겪은 사람에게 우리는 일정 정도의 나약함과 흔들림을 너그러이 이해한다. 그러나 만약 그 사람이 변화된 처지를 전혀 부끄러워하지 않고, 자신의 사회적 지위를 재산이 아닌 인격과 행동에 두고 당당하게 살아간다면 우리는 오히려 그에게 최대한의 존경과 찬탄을 보낸다.

외부적 불행 가운데 가장 고통스러운 것은 부당하게 명예를 잃는 일이다. 이처럼 극심한 고통을 불러오는 상황에 과민하게 반응하는 것은 결코 천박하거나 불쾌해 보이지 않는다. 우리는 자신의 명예와 인격이 근거 없이 훼손당했을 때 분노를 터뜨리는 젊은이를 존중한다. 또한 무고함에도 불구하고 억울한 소문으로 고통받는 젊은 여성에게는 오히려 깊은 연민과 애정을 느낀다.

반면 나이 든 사람들은 세상의 어리석음과 부정의를 오랫동안 겪어 왔기에, 더 이상 세상의 비난도 찬양도, 무시도 크게 신경 쓰지 않는다. 아첨하는 사람들을 경멸하되, 그조차도 진지한 분노의 대상으로 삼지 않는다. 그들의 이런 태도는 오랜 경험과 확립된 성품, 그리고 깊은 자기 확신에서 비롯된 것이다.

그러나 이런 무심함은 경험도, 자신감도 아직 부족한 젊은 이들에게는 불편하고 불쾌하게 보인다. 젊은 사람들은 오히려, 저들은 나이가 든 탓에 명예와 불명예의 구분조차 둔감해진 것이라고 판단한다. 즉 노인의 자신감은 성숙함의 표현이 아니라 무감각과 둔감함으로 비춰진다.

한편, 우리에게 직접적이고 즉각적인 영향을 미치는 불행들에 대해, 우리가 담담하게 반응한다고 해서 그것이 타인에게 불쾌하게 보이는 경우는 거의 없다. 남들의 불행에 대해 느꼈던 우리의 감수성은 돌이켜보면 언제나 일종의 도덕적 만족과 따뜻한 정서적 기억으로 남는다. 그러나 자기 불행에 과하게 반응했던 기억은 시간이 지나면 늘 수치심과 굴욕으로 남는다.

우리는 누군가의 시선 덕분에 강해진다

우리가 일상에서 마주하는 나약함과 자기 통제의 다양한 양상을 면밀히 들여다보면 한 가지 분명한 결론에 쉽게 도달한다. 감정을 다스리는 힘은 추상적 변증법이나 논리적 삼단논법에서 비롯되지 않는다. 그것은 실제든 상상이든, 우리 행동을 바라보는 관찰자의 시선 속에서 단련되는 자연스러운 훈련의 산물이다.

어린아이는 자기 제어 능력이 없다. 공포든, 슬픔이든, 분노든 어떤 감정이든 아이는 울음으로 즉각 반응한다. 그리고 그 울음은 유모나 부모 같은 편파적인 보호자의 주의를 끌기 위한 것이다. 이처럼 아이가 그런 보호자의 감독 아래에 있는 동안, 절제가 요구되는 유일한 감정은 분노다. 보호자들은 소리치고 위협함으로써 아이의 분노를 억누르고, 공격적 감정을 잠재운다. 즉 아이가 느끼는 특정한 격정을, 안전을 위한 또 다른 감정으로 제어하도록 유도하는 것이다.

하지만 아이가 자라 또래 친구들과 어울리기 시작하면 상황은 달라진다. 그는 이제 부모의 편파적 애정만으로는 살아갈 수 없다는 사실을 깨닫는다. 또래 친구들의 호의를 얻고 싶고, 반대로 그들의 경멸이나 무시는 피하고 싶어 한다. 자연스럽게 그는 자신의 분노와 충동적 감정을 제어해야 한다는 사실을 배우게 된다. 사회적 관계 속에서 인정받기 위한 최소한의 감정 통제가 필수임을 본능적으로 깨닫는 것이다. 이렇게 아이는 자기 제어라는 위대한 학교에 입학한다. 이 과정에서 아이는 자신을 다스리고 감정을 통제하는 법을 배운다.

그러나 이런 단련은 수십 년이 흘러도 완벽해지기 어렵다. 고통과 질병, 슬픔 같은 개인적 불행에 압도당한 사람이라도, 친구나 낯선 이가 찾아오면 즉각 이런 생각이 스친다. "저 사람들은 지금 나를 어떻게 보고 있을까?" 그 순간만큼은 자신의 고통에서 잠시 벗어나, 타인의 시선으로 자신의 처지를 바라보게 된다. 이 효과는 거의 기계적으로, 즉각적으로 나타난다. 그리고 일시적으로 그의 마음을 진정시킨다.

하지만 이런 효과는 오래가지 않는다. 시간이 지나면 고통스러운 자기 상황에 대한 당사자의 시선이 다시 되살아난다. 그러면 그는 다시 전처럼 한숨과 눈물, 탄식 속에 스스로를 내던진다. 아직 단련의 학교에 들어가지 못한 아이처럼 그는 자신의 슬픔과 타인의 동정 사이에서 조화를 이루려 애쓴다. 그러나 실제로는 슬픔을 억누르는 것이 아니라 타인의 동정을 끌어내 그 속에서 위안을 얻으려는 시도에 가깝다.

반면 자기 통제가 잘 훈련된 강인한 사람은 전혀 다르다. 그는 외부 사람들이 자신을 어떻게 바라볼지에 온 신경을 집중한다. 그리고 그런 시선을 의식하는 것만으로도 마음의 평정을 유지하며, 그 평정 속에서 타인으로부터 자연스럽게 존경과 인정을 얻는다는 사실을 깊이 실감한다. 큰 불행을 막 겪은 상황에서도 그는 마치 자신의 감정이 주변 사람들이 느끼는 수준을 넘지 않는 듯 담담하게 행동한다. 타인의 인정을 함께 느끼며 스스로를 긍정하고 자부심을 품고, 그 만족감이 그의 고귀한 절제를 오래 지속할 힘이 된다.

이런 사람은 대부분 자신의 불행을 스스로 언급하지 않는다. 그리고 방문자들도 교양과 예의를 갖춘 사람이라면, 결코 그 참사를 떠올릴 만한 말을 하지 않는다. 대신 그는 현재의 참사와는 전혀 무관한 화제로 손님을 맞이하며 대화를 이끈다. 그가 아주 강인한 사람이라면, 참사에 대해서도 차분히 이야기할 것이다. 이때 그는 남들이 보통 그럴 법한 수준으로만 슬픔을 표현하려 애쓰고, 또 그들과 비슷한 감정을 느끼려 노력한다. 그러나 이런 자기 통제에 아직 익숙하지 않은 사람이라면, 곧 피로감이 몰려온다. 친구들과의 긴 대화는 그를 점점 지치게 하고, 방문이 끝나갈 무렵 그는 슬픔에 잠식되기 직전의 상태로 다시 돌아간다. 즉 과도한 슬픔과 나약함 속으로 다시 빠져드는 것이다.

현대 사회의 세련된 예법은 인간의 나약함에 대해 극도로 관대하다. 그래서 심각한 가족 참사를 겪은 사람에게는, 외부 인사들이 찾아가는 일 자체가 한동안 금기시된다. 그를 찾는 것은 오직 아주 가까운 친척이나 절친한 친구들뿐이다. 이런 친척과 친구들은 외부 사람들보다 슬픔을 자제해야 한다는 압박을 훨씬 덜 준다. 그리고 참사의 당사자 역시, 그들에게는 더 많은 동정과 공감을 기대할 수 있다.

그런데 종종 이런 상황을 악용하는 사람도 있다. 자신의 정체가 들키지 않았다고 착각하며, 가장 친한 친구인 척하며 슬쩍 초반 위문객 사이에 끼어드는 은밀한 적들이다. 그러나 놀랍게도 가장 나약한 사람조차 그들의 악의를 본능적으로 알아차린다. 그리고 그들 앞에서는 최대한 쾌활하고 의연하며 평정을 잃지 않으려 한다.

진짜 강한 사람은 결국 자기 자신을 지켜내는 사람

진정으로 일관성과 단호함을 갖춘 사람, 자기 통제라는 위대한 학교에서 철저히 단련된 사람은 혼란스럽고 소란스러운 세상 한가운데서도 흔들리지 않는다. 그는 이미 파벌의 폭력, 부정의, 전쟁의 가혹함과 위험 속을 온몸으로 통과한 사람이다. 그렇기에 자신의 소극적 감정을 강하게 통제할 줄 안다. 혼자 있을 때나 사람들 속에 있을 때나 늘 같은 표정과 거의 변함없는 태도를 유지하며, 성공과 실패, 번영과 역경, 친구와 적 어느 상황에서도 변함없이 자신을 지켜야 한다는 확고한 믿음을 품고 있다.

그는 마음속 공정한 관찰자가 늘 자신의 감정과 행동을 지켜보고 있음을 단 한순간도 잊지 않는다. 그는 그 관찰자의 시선을 자신의 삶에서 절대로 놓치지 않는다. 이제 그는 습관이 아니라 본능처럼, 자신에게 벌어지는 모든 일을 그 위대한 동료의 두 눈으로 바라본다.

그의 단호함은 잠시 힘을 짜내는 연습이 아니라 세월 속에서 길러진 굳건한 습관이다. 그는 끊임없는 단련을 통해 행동은 물론 감정과 느낌까지 공정한 관찰자의 기준에 맞게 다듬어왔다. 그리고 그 과정은 단순한 흉내나 연기가 아니라 이제는 완전히 그의 인격과 하나가 되어버렸다. 그는 더 이상 공정한 관찰자를 의식하는 사람이 아니다. 그는 이제 그 관찰자 자체가 된다. 그 위대한 내면의 재판관이 요구하는 감정과 태도는 이제 그의 본성이 되었다. 더 이상 의식적으로 노력하지 않아도 저절로 반응한다.

이 수준에 오르면, 자기 승인과 존중의 깊이는 상황이 얼마나 큰 자기 통제를 필요로 하는지에 따라 달라진다. 스스로를 통제할 필요가 거의 없는 상황에서는 자기 승인도 별로 크지 않다. 예를 들어 손가락에 작은 상처가 났을 때 그저 아무렇지 않은 듯한 표정을 짓는 것은 특별히 자신을 칭찬할 이유가 되지 않는다. 그러나 포탄에 다리를 잃고도 평소처럼 침착하고 조용하게 말하고 행동할 수 있는 사람은, 훨씬 더 높은 수준의 자기 통제를 해낸 것이다. 그리고 그는 스스로가 그런 통제에 성공했음을 느끼며, 자연스럽게 더 깊고 강한 자기 승인과 자기 존중을 경험한다.

대부분은 이런 극한의 상황에서 즉시 무너진다. 극심한 고통과 공포가 너무나 강력하게 밀고 들어와서, 더 이상 다른 어떤 관점도 떠올릴 여지가 없다. 그 순간 그들의 머릿속은 오직 "지금 나에게 얼마나 끔찍한 일이 벌어졌는가"라는 생각으로 가득 찬다. 내면의 공정한 재판관의 시선도, 주변 사람들이 자신을 어떻게 바라보는지도 완전히 사라진다. 오직 자기 자신의 고통만이 압도적으로 존재할 뿐이다.

고통은 사라지지 않는다, 그러나 품위 있게 견디는 법은 있다

자연이 불행 속에서 내려주는 보상은, 우리가 얼마나 단호하게 그리고 얼마나 품위 있게 그것을 견뎌내느냐에 정확히 비례한다. 고통과 고뇌가 클수록 그에 맞서는 자기 통제와 자기 극복의 강도가 높을수록 그 보상도 커진다. 자연이 고통에 대해 줄 수 있는 유일한 보상은 그것을 견뎌내는 자기 통제에서 비롯된 자부심과 성취감이다.

이 성취감은 단순한 만족을 넘어선다. 이 감정은 너무나 강력해서, 한 번 제대로 느껴본 사람은 결코 완전히 불행해질 수 없다. 온전한 자기 승인이 깃든 마음에는 비참함과 절망이 결코 들어설 수 없다.

물론, 스토아학파 철학자라 할지라도 이렇게 말하는 것은 지나친 주장일 수 있다. "포탄에 다리가 날아가는 참혹한 상황 속에서도 현명한 사람이 느끼는 행복은 평소와 조금도 다르지 않아야 한다." 다만 확실한 것은 있다. 그토록 극심한 고통 속에서도, 온전한 자기 존중과 자기 승인은 실제로 고통을 완전히 지워주지는 못하더라도 그것을 상당히 약화시키고 완화한다는 것이다.

다만 이런 평정은 쉽게 얻어지는 것이 아니다. 진정으로 단호하고 현명한 사람조차도, 극심한 고통 앞에서는 평정을 유지하기 위해 엄청난 노력을 기울여야만 한다. 자연스럽게 밀려드는 고통과 고뇌의 감각, 그리고 본능적으로 솟아오르는 자기 연민의 목소리는 그를 거세게 압박한다. 이때 그는 극심한 에너지를 쏟아부어 공정한 관찰자의 시선에 주의를 집중하려 애써야만 한다.

고통에 사로잡힌 본능의 시선과 공정한 관찰자의 이상적 시선, 이 두 관점은 그의 내면에서 정면으로 맞부딪친다. 그리고 두 관점은 서로 이렇게 말하며 강하게 주장한다. "내가 옳다. 저 관점은 틀렸다. 저것을 배제하라." 이 상황에서 그의 명예감, 자기 존중, 인간으로서의 위엄은 공정한 관찰자의 관점을 선택하라고 명령한다. 반면 교육받지 않고 단련되지 않은 자연 상태의 감정은 그에게 속삭인다. "아니야. 그냥 울어버려. 그냥 절망해도 돼. 이건 너무 끔찍하잖아."

이런 팽팽한 줄다리기 속에서 그가 만약 자기 존엄과 명예가 요구하는 쪽—공정한 관찰자의 관점—을 따른다면 자연은 그에게 확실한 보상을 준다. 그는 온전한 자기 승인을 얻고, 스스로에게 떳떳하며, 동시에 공정하고 정직한 타인의 인정과 존중도 함께 얻게 된다.

하지만 그렇다고 자연의 불변 법칙이 가하는 물리적 고통이 완전히 사라지는 것은 아니다. 자연은 그에게 상당한 보상을 주지만, 그 보상이 고통을 전부 덮어버릴 만큼 절대적이지는 않다. 그리고 그것은 결코 그렇게 되어서는 안 된다. 만약 고통이 완전히 사라진다면 인간은 위험을 피하려는 본능 자체를 잃게 될 것이다. "어차피 참으면 돼. 고통은 이겨내면 그만이야"라고 여기는 순간, 그는 더 이상 위험을 피할 동기를 잃는다.

결국 그 결과는, 개인뿐 아니라 사회 전체의 질서와 안전마저 무너지는 것으로 이어진다. 그래서 자연은 이 두 가지를 정교하게 균형 잡는다. 하나는 고통이라는 신호를 통해 위험을 피하도록 경고하고, 다른 하나는 그 고통 속에서도 인간으로서의 존엄과 품위를 지킬 수 있도록 정당한 보상을 제공한다. 마비될 듯한 고통 속에서도 사나이다운 침착함을 잃지 않고 명확한 판단력을 유지하기란 결코 쉬운 일이 아니다. 그는 지속적으로 자신을 다잡으며 끝없는 내적 싸움을 벌여야 한다.

그럼에도 인간의 본성은 끝없는 고통 속에 머물도록 만들어지지 않았다. 고통이 그를 덮치고, 마비시키고, 좌절하게 만들더라도, 결국 그는 조금씩 본래의 평온으로 되돌아온다. 목발을 짚고 살아가는 사람도 처음에는 자신의 불편한 삶에 깊은 절망을 느낀다. 그러나 시간이 흐르면, 그는 그 불편함을 공정한 관찰자의 눈으로 바라보는 법을 배우게 된다. 그리고 그렇게 된 그는 여전히 고독도, 사교도, 일상의 즐거움도 충분히 누릴 수 있다. 결국 그는 내면의 이상적 인간과 자신을 다시 일치시킨다. 더 이상 울거나 절망하지 않고, 공정한 관찰자의 시선은 그에게 습관처럼 자리 잡는다. 이제 특별히 애쓰지 않아도 불행을 자연스럽게 공정한 눈으로 바라본다.

행복은 상황이 아니라 마음의 평정에서 온다

인간은 누구나 더 이상 바꿀 수 없는 상황에 결국 적응하게 되어 있다. 이 사실은 스토아학파의 주장이 상당 부분 진실에 가깝다는 점을 일깨운다. 즉 어떤 항구적 상태든, 진정한 행복의 관점에서 보면 그 차이는 생각보다 크지 않다. 차이가 있다 해도, 그것은 단지 선택과 선호의 문제일 뿐 어떤 상태도 간절히 갈망하거나 열렬히 욕망할 대상은 아니다. 마찬가지로 일부 상황은 분명 거부되거나 회피 대상이 되지만, 그것조차도 본능적이고 격렬한 혐오의 감정으로까지 이어지지는 않는다.

행복은 평온과 만족으로 이루어진다. 마음이 평온하지 않다면 만족도 있을 수 없다. 완전한 평정의 마음으로 세상을 바라보는 사람에게는, 세상에 흥미롭지 않은 것도, 무의미한 것도 존재하지 않는다. 어떠한 변화도 더 이상 일어나지 않는 고정된 상황 속에서도, 사람의 마음은 시간이 흐르면 자연스럽게 다시 일상의 평온으로 돌아온다. 좋은 상황이든 나쁜 상황이든 그 법칙은 같다.

프랑스의 유행 추종자로 유명했던 로쟁 공작[18]의 일화가 이를 잘 보여준다. 그는 바스티유 감옥에 투옥되어 극도의 고립과 절망을 겪었지만, 시간이 지나자 다시 평정을 회복했다. 그리고 감옥 한구석에서 거미를 발견하고, 그것에게 먹이를 주며 키우는 일을 일종의 오락으로 삼았다. 훈련되고 단련된 마음은 훨씬 더 빠르게 평정 상태로 복귀하고, 심지어 자신의 생각 속에서 훨씬 더 세련되고 고귀한 오락을 스스로 만들어낸다.

차이를 과장할수록 인생은 불행해진다

인간의 비참함과 사회적 무질서의 주요 원인은, 서로 다른 항구적 상태들 간의 차이를 지나치게 과대평가하는 데서 비롯된다. 탐욕은 가난과 부의 차이를, 야망은 개인적 지위와 공적 지위의 차이를, 허영은 무명과 명성의 차이를 지나치게 부풀려 본다.

---

18 로쟁 공작(1633-1723)이 바스티유 감옥에서 거미를 키운 일은 18세기 유럽에서 잘 알려진 일화다. 감옥 간수가 그 거미를 발견하자 별생각 없이 밟아 죽였고, 로쟁은 그 일로 오랫동안 슬픔에 잠겼다. 이 이야기는 인간의 무심함과 악의를 드러내는 사례로 자주 인용된다.

이런 감정에 휘둘리는 사람은 자신을 불행하게 만들 뿐 아니라 사회의 평화마저 해칠 위험이 크다. 그가 그토록 갈망하는 상태에 도달하기 위해서라면 무모함도 서슴지 않기 때문이다. 그러나 조금만 세상을 주의 깊게 관찰해보면 금세 깨닫게 된다. 균형 잡힌 마음을 가진 사람은 어떤 삶의 상태에서도 평온하고, 쾌활하며, 만족스럽게 살아간다.

물론 상황에 따라, 더 나은 재산, 더 높은 지위, 더 큰 명성을 다른 것보다 선호할 수 있다. 하지만 그렇다고 신중함과 정의의 법칙을 어기면서까지 열정적으로 쫓을 만큼의 가치는 결코 아니다. 만약 우리가 이런 상황 변화를 무리하게 시도하고, 결국 그 대가로 나중에 자신의 어리석음을 돌아보며 수치심에 빠지고 자신의 부정의를 후회하며 고통받게 된다면 그것이야말로 최악의 선택이다. 신중함도 정의도 뒷받침하지 않는 변화를 쫓는 사람은, 결국 승산이 거의 없는 게임에 뛰어드는 셈이다. 별것 아닌 것에 자신의 모든 것을 걸어버리는 어리석은 도박꾼일 뿐이다.

행복은 멀리 있지 않다

에피로스 왕의 총신이 왕에게 던진 말은 사실, 인간 삶의 대부분의 통상적 상황에도 똑같이 적용된다. 왕이 앞으로 수행할 정복 사업을 차례로 이야기하자, 총신이 물었다.

"폐하, 그 모든 정복을 끝낸 뒤에는 무엇을 하시겠습니까?"

왕이 대답했다. "그때가 되면 친구들을 불러 즐거운 시간을 보내야지. 술도 마시고, 마음껏 쉬고 즐기면서 말이야."

그러자 총신이 다시 물었다. "폐하, 그렇다면 왜 지금 당장 그렇게 하지 않으십니까?"

우리가 상상 속에서나 존재할 법한, 찬란하고 완벽한 상황을 떠올려보자. 그곳에서 누릴 수 있는 진정한 행복의 즐거움이란, 실상 우리가 지금 이 자리에서도 얼마든지 누릴 수 있는 것과 다르지 않다. 그 즐거움은 언제나 우리 곁에 있고, 우리의 능력 안에 있으며, 결코 멀리 있는 것이 아니다. 허영과 우월감 같은 덧없는 만족을 제외하면, 단지 자유롭고 소박한 삶 속에서도 귀족들이 누리는 것과 다를 바 없는 깊은 즐거움을 충분히 누릴 수 있다. 허영과 우월감이 주는 즐거움은, 진정한 평온이 선사하는 깊고 단단한 만족과는 본질적으로 전혀 다른 것이다. 결국 마음의 평온이야말로 모든 실제적이고 지속 가능한 행복의 근원이자, 가장 확실한 원리다.

우리가 열망하는 높은 지위에서 오는 즐거움이, 정작 우리가 벗어나고 싶어 하는 낮은 지위에서 누릴 수 있는 소박한 즐거움만큼 안전하고 만족스러운 것인지는 확실하지 않다. 역사를 들여다보라. 그리고 당신 주변에서 실제로 벌어진 일을 떠올려보라. 책에서 읽었거나, 다른 사람에게 들었거나, 직접 목격했던 사람들의 삶을 주의 깊게 살펴보라.

그러면 그들이 겪은 불행 중 대부분은 단순한 무지에서 비롯되었음을 깨닫게 될 것이다. 지금 이 순간이야말로 멈추어 만족할 수 있는 순간이라는 사실을 그들은 알지 못했다. 그들은 이미 충분히 누릴 수 있는 평온과 만족이 앞에 있었음에도, 그것을 깨닫지 못한 채 더 높은 것을 좇다가 불행에 이르렀다.

언젠가는 괜찮아질 거라면, 왜 지금 당장 괜찮아지지 않는가

별 탈 없이 건강하던 한 사람이 몸을 더 단련하겠다며 무리한 운동을 하다 끝내 목숨을 잃었다. 그의 묘비명에는 이렇게 적혀 있었다. "나는 건강했다. 그러나 더 건강해지고 싶었다. 그래서 결국 여기까지 오게 되었다." 이 짧은 문장은 탐욕과 야망으로 괴로워하는 모든 사람에게 그대로 적용된다.

다소 특이한 소견처럼 들릴지 모르지만 나는 이것이 매우 정당한 관찰이라고 믿는다. 희망이 남아 있는 불행은 오히려 사람을 더 오래 괴롭힌다. 계속 기대하고, 갈등하면서 스스로를 갉아먹기 때문이다. 반면 되돌릴 수 없는 불행은 결국 받아들일 수밖에 없기에 상대적으로 더 빠르게 평정을 회복한다. 여기서 현명한 사람과 나약한 사람의 차이는 초기 반응에서 드러난다. 즉 그 충격 앞에서 감각이 마비되느냐 아니냐의 차이다.

물론 시간은 위대하고 보편적인 치료자다. 시간이 지나면 나약한 사람조차도 어느 정도 평온을 되찾는다. 그러나 현명한 사람은 불행의 순간에도 처음부터 자신의 품위와 위엄을 지키며, 감각의 마비 없이 평정을 유지한다. 목발을 짚고 살아가는 사람이 처음에는 불편을 겪지만, 시간이 지나면 그 상태 자체를 자연스럽게 받아들이고 살아가는 것과 같다.

자녀, 친구 혹은 사랑하는 가족의 죽음처럼 돌이킬 수 없는 불행 앞에서는 아무리 현명한 사람도 일정한 슬픔을 느낀다. 다정하고 연약한 사람일수록 특히 여성은 이런 경우 거의 넋이 나가버리고 하염없이 울며 쉽게 진정하지 못한다. 그러나 시간이 흐르면 이 연약한 사람도 결국 진정된다. 그리고 불행의 초기에 이미 마음의 평정을 지켜낸 강인한 사람과 비슷한 수준의 평온으로 돌아온다.

현명한 사람은 자신의 삶에 닥친 회복 불가능한 불행조차도 처음부터 이렇게 받아들인다. 그는 몇 달 혹은 몇 년 후면 결국 평정을 되찾게 될 것임을 미리 예상하고, 그 다가올 평정을 현재로 끌어와 마음속에 단단히 붙들어두려 한다.

자연의 질서 속에는 구제의 가능성이 존재하지만 정작 그 구제의 손길이 피해자 자신에게는 닿지 않는 경우가 있다. 당사자는 원래의 상태로 돌아가려 끊임없이 애쓰지만 번번이 실패하고, 그럴수록 더 깊은 불안과 실망에 빠져든다. 이런 상황에서는 평생 자연스러운 평온을 회복하지 못한 채 비참하게 살아가게 된다. 그러나 역설적이게도 그보다 더 큰 불행, 즉 도저히 되돌릴 수 없는 불행을 겪었다면 오히려 상황은 달라졌을 것이다. 그 경우 그는 불과 2주 안에 심리적 혼란에서 벗어나 평정을 되찾았을 것이다.

왕실의 총애에서 추락하거나 권력자로 살다가 실각하거나 부유하다가 몰락하거나 자유를 누리다 감옥에 갇히거나, 건강하던 사람이 불치병에 걸리는 경우가 그렇다. 이런 불행 앞에서 조금도 저항하지 않고 담담히 받아들이는 사람은 오히려 빠르게 평온을 회복한다. 그는 마치 자신의 처지를 무심한 관찰자의 시선으로 바라보는 듯, 자신의 불행조차 그리 나쁘지 않다고 받아들인다.

반면 당파 싸움, 음모, 권모술수는 실각한 정치인의 마음을 끊임없이 뒤흔들어 놓는다. 금광 개발 같은 과도한 사업에 뛰어들었다가 실패한 사람은 몰락 이후에도 끊임없이 초조함에 시달린다. 탈옥을 꿈꾸는 죄수는 감옥이 제공하는 불편하지만 안전한 평온조차 누리지 못한다. 또 불치병 환자는 끝없는 치료 시도와 약물 처방으로 인해 오히려 더 큰 고통을 겪는다.

사랑하는 남편 펠리페 왕자가 세상을 떠나자, 한 수도자가 그녀를 위로하며 이런 말을 전했다. "어느 왕비가 간절히 기도한 끝에, 사망한 지 14년이 지난 남편이 환생했다는 이야기가 있습니다." 그러나 이런 전설 같은 이야기는 극심한 슬픔에 압도되어 정신이 붕괴된 조안나 공주에게 위로가 되지 못했다. 오히려 그것은 희망 고문이었고, 그녀는 같은 기적을 바라는 집착 속에서 그 이야기를 맹목적으로 붙잡았다. 조안나는 오랫동안 남편의 장례를 거부했다. 시신이 묻힌 뒤에도 무덤에서 꺼내 늘 곁에 두었다. 그녀는 광적인 불안과 집착 속에서 시신을 지켜보며, 언젠가

사랑하는 펠리페가 다시 살아날 것이라는 헛된 희망 속에 사로잡혀 있었다.[19]

타인의 감정에 대한 공감은 결코 나약함이 아니다. 오히려 그것은 자기 절제와 품위 있는 강인함을 가능하게 하는 본질적인 토대다. 이 원리에 따라 우리는 타인의 슬픔에는 진심으로 공감하지만 자신의 슬픔 앞에서는 감정을 절제해 스스로를 더 비참하게 만들지 않는다. 같은 맥락에서 우리는 타인의 성공과 번영은 기꺼이 축하하면서도 우리 자신의 기쁨은 지나치게 경박하거나 무절제하지 않도록 조절한다.

결국 우리 자신의 감정과 행동이 적절한지 여부는, 타인의 감정과 처지를 얼마나 생생하게 공감하고 이해하느냐에 달려 있다. 우리가 가장 사랑하고 존경하는 사람은 자기중심적인 감정을 철저히 통제하면서도 동시에 타인의 감정에는 깊이 공감하는 사람이다. 온화하고 친근한 미덕과 더불어 위대하고 존엄하며 경외심을 불러일으키는 품격을 두루 갖춘 사람, 그런 사람이야말로 가장 높은 형태의 사랑과 존경을 받을 만한 존재다.

고통은 나를 단련하고, 사람들은 나를 바로잡는다

자연스럽게 온화하고 친근하며 고상한 미덕을 갖춘 사람은, 동시에 위대하고 존경스러우며 두려움을 불러일으키는 미덕 또한 함께 지닌다. 남들의 기쁨과 슬픔에 깊이 공감하는 사람일수록 자신의 기쁨과 슬픔은 놀라울 만큼 철저히 통제한다. 최고의 인간성을 갖춘 사람은 결국 가장

---

19 로버트슨의『카를 5세』제2권, 14-15쪽, 초판—원주
카스티야의 조안나(1479-1555)는 신성 로마 황제 카를 5세의 어머니로, '미친 조안나'라는 별칭으로도 알려져 있다.

높은 수준의 자기 통제력을 갖춘 사람이다. 물론 그가 언제나 그 기질을 완벽하게 발휘하는 것은 아니다. 때로는 그렇지 못할 때도 있다. 그는 파당의 폭력, 전쟁의 간난신고, 상급자의 오만, 동료의 질투, 하급자의 비열한 술수를 겪어보지 않았을 수도 있다. 하지만 인생 후반부, 운명의 우연한 변화 속에서 이런 일을 마주하게 된다면 그것은 그에게 깊은 인상을 남길 것이다.

그는 원래 완전한 자기 통제를 갖출 수 있는 충분한 자질을 지니고 있었지만, 그것을 실제로 획득하지 못했다. 훈련과 단련이 부족했기 때문이다. 이런 미덕은 단지 이론으로만 길러지는 것이 아니다. 연습과 습관이 필요하다. 그리고 이런 훈련과 단련은 오직 역경, 위험, 부상, 불운 같은 삶의 가혹한 환경 속에서만 가능하다. 그러나 그런 환경은 누구도 자발적으로 찾아가 배우고 싶어 하지 않는, 가장 혹독하고 불친절한 스승이다.

고상한 미덕이 행복하게 꽃피울 수 있는 환경은, 자기 통제라는 엄격한 미덕이 자라나는 환경과는 근본적으로 다르다. 삶이 평온한 사람일수록 타인의 고통을 더 세심하게 배려할 수 있다. 반면 고통을 직접 경험해본 사람은 타인의 고통을 깊이 이해할 수 있으며 동시에 자신의 감정을 통제할 수 있다. 따뜻한 햇살과 고요한 사색이 깃든 평온한 여가 속에서 온화하고 고상한 미덕은 가장 잘 자라 깊이 성숙한다. 그러나 이런 환경에서는 단단하고 위대한 자기 통제가 발휘될 기회는 거의 없다. 전쟁과 당파 싸움, 사회적 소란과 혼란이 뒤엉킨 거칠고 험난한 환경 속에서만 강인한 자기 통제력은 비로소 단련되고 성장한다.

하지만 그런 거칠고 가혹한 환경 속에서는 인간 본성의 가장 고귀한 충동조차 종종 짓눌리거나 외면당한다. 이런 무시는 결국 인간성 자체를 약화시킨다. 항복한 적에게 자비를 베풀지 않는 것이 병사의 의무가 되듯 때로는 적의 자비를 거절하는 것도 또 다른 의무가 된다. 이런 불쾌한 의무를 반복해서 겪다 보면 결국 인간성은 점점 왜곡되고 메말라 간다. 그는 자신이 어쩔 수 없이 겪어야 했던 비극과 고통을 점점 가볍게 여기게 되고, 마침내 그것을 무시하는 태도를 스스로 정당화하게 된다.

자기 통제가 요구되는 상황은 종종 타인의 재산과 생명을 빼앗아야만 하는 비극적 선택을 강요한다. 이런 경험은 결국, 타인의 생명과 재산—곧 정의와 인도주의의 근본 토대—에 대한 존중을 서서히 갉아먹거나, 심하면 아예 파괴해버린다. 세상을 둘러보면 이런 양극단이 존재한다. 한쪽에는 인간적 온정과 친절함을 지녔지만 자기 통제 능력이 부족해 역경이나 위험 앞에서 쉽게 주저앉는 사람들이 있다. 반면에 다른 한쪽에는 놀라운 수준의 자기 통제와 강인함을 지닌 사람들이 있다. 이들은 어떤 역경에도 흔들리지 않고, 위험 속에서도 과감하게 행동할 준비가 되어 있다. 그러나 정의와 인도주의에 관한 감각은 그들에게서 찾아보기 어렵다.

혼자 있으면 문제를 실제보다 크게 받아들이기 쉽다. 자신이 행한 선행은 과장되게 평가하고, 자신이 겪은 피해는 지나치게 확대해 인식하기 쉽다. 행운은 우리를 쉽게 의기양양하게 만들고, 불운은 깊은 우울과 절망으로 끌고 간다. 그러나 사람들과의 대화는 이 왜곡된 감정에 균형을 가져온다. 친구와의 대화는 우리를 차분하게 만들고, 심지어 낯선 이와의 대화는 그것보다 더 큰 평정과 안정감을 준다.

우리 내면의 공정한 관찰자—자기 성찰의 목소리—는 외부의 실제 관찰자들로부터 도움을 받아야 제대로 작동한다. 외부 시선은 우리를 현실로 깨우고, 우리의 도덕적 의무를 다시 일깨운다. 그들의 냉철한 시선 앞에서 우리는 자신을 지나치게 연민하거나 지나치게 오만해질 수 없다. 그 시선은 동정도, 관용도 아닌, 진정한 자기 통제와 절제의 교훈을 가르쳐준다.

만약 당신이 지금 어려운 환경에 처해 있다면 고독 속에서 슬픔에 잠기지 말라. 가까운 친구들의 동정 어린 위로에만 의존해 슬픔을 달래려 하지도 말라. 가능한 한 빨리 세상 속으로, 사람들 속으로 나아가라. 당신의 불행에 아무런 관심도 없고, 아무런 연민도 품지 않는 낯선 이들과 어울려라. 심지어 당신의 불행을 비웃을지 모르는 적들과도 마주하라. 그리고 그 자리에서 당신은 이 불행에 무너지지 않는다는 것을 의연하게 보여주어야 한다. 당신이 그것을 초월하고 있다는 사실을 보여줌으로써 그들의 악의적 즐거움은 오히려 좌절될 것이다.

반대로 당신이 지금 좋은 행운을 누리고 있다면 그 행운을 집 안에만, 혹은 친구들과의 사적 모임 안에만 가두지 말라. 아첨하는 사람들의 무리 속에만 머물지도 말라. 당신의 운이나 지위가 아니라 오직 인격과 행동으로만 당신을 평가할 수 있는 사람들 속으로 자주 들어가라.

과거엔 상급자였지만 이제는 당신과 동등하거나 오히려 낮아진 것을 불편해할 사람들이 있을 것이다. 그러나 그런 사람들을 굳이 피하려 하지 말고, 그렇다고 일부러 찾아가 과시하려고도 하지 말라. 그들과의 만남은 때로 불편하고, 그들의 자부심은 불쾌하게 느껴질 수도 있다. 그러나 그들이야말로 당신에게 가장 가치 있는 교류 대상임을 기억하라.

겸손하고 소박한 태도로 그들과 마주하라. 그러면 그들의 호의와 진정한 친절을 얻을 것이다. 무엇보다도 그렇게 행동함으로써 당신은 행운 때문에 거만해지지 않았음을, 행운에 도취되지 않고 여전히 온전한 정신을 유지하고 있음을 증명하게 될 것이다.

정의는 멀고, 편견은 가까이 있다

도덕적 감정의 균형이 가장 쉽게 무너지는 상황은 편파적인 관찰자가 가까이에 있고, 공정한 관찰자는 너무 멀리 있을 때다. 한 독립국이 다른 독립국을 상대로 벌이는 행동을 공정하게 평가할 수 있는 사람은 오직 제3국의 중립국 시민들뿐이다. 그러나 그들은 너무 멀리 떨어져 있어, 없는 것과 다름없다.

두 나라가 적대 관계에 있을 때, 각 나라의 시민들은 외부 세계가 자신들의 행동을 어떻게 판단할지 거의 신경 쓰지 않는다. 오직 신경 쓰는 것은 자국 시민들의 인정과 지지뿐이다. 그리고 이 시민들 역시 똑같은 적개심에 사로잡혀 있으므로 적국을 화나게 하고 모욕하는 행동이야말로 자국민의 환호와 칭찬을 불러일으킨다.

결국 편파적 관찰자는 가까이 있고 공정한 관찰자는 너무 멀다. 이로 인해 전쟁이나 외교 협상에서는 정의의 원칙이 거의 지켜지지 않는다. 진실도, 공정한 거래도 무시당하며, 조약은 아무렇지 않게 파기된다. 그 위반이 자국에 조금이라도 이익을 가져다준다면 위반한 자에게 불명예는 전혀 돌아가지 않는다.

오히려 외교 현장에서 상대국의 장관을 교묘히 속여 넘긴 대사는 유능하고 존경받는 인물로 칭송된다. 일상에서는 이익보다는 정의와 관용을 중시하는 사람이 존경받지만, 외교 현장에서는 오히려 그런 사람이 무능한 바보 취급을 받는다. 이익을 포기하는 행동은 단순한 어리석음으로 간주되고, 그런 사람은 동료 시민들로부터 경멸과 혐오의 대상이 된다.

전쟁터에서도 마찬가지다. 국제법은 자주 무시된다. 하지만 그 법을 어긴 사람이 자국민의 승인만 얻으면, 그에게 어떠한 불명예도 돌아가지 않는다. 더욱 심각한 문제는, 애초에 국제법 자체가 정의의 가장 기본적 원칙조차 제대로 반영하지 못하고 있다는 데 있다.

죄 없는 사람이 설령 범죄자와 어느 정도 연관이 있거나 그에게 의

존하는 처지에 있더라도, 그 이유만으로 범죄자의 죄를 대신해 고통받거나 처벌받아서는 안 된다. 이것은 가장 명확하고 기본적인 정의의 원칙 중 하나다. 그럼에도 전쟁에서는 이 원칙이 공공연히 무시된다. 대부분의 불의한 전쟁에서 진짜 죄인은 군주나 통치자다. 그들의 신하와 국민은 거의 언제나 죄 없는 존재다. 그런데도 공공의 적이라는 명분 아래, 평화롭게 살아가던 시민들의 재산은 육지와 바다에서 무차별적으로 압수된다. 그들의 땅은 유린당하고, 집은 불타며, 저항하는 사람들은 죽임을 당하거나 포로가 된다. 이 모든 야만적인 행위들이 놀랍게도 국제법 준수라는 이름으로 정당화된다. 즉 국제법은 정의의 가장 근본적인 원칙마저 보호하지 못한 채, 오히려 정당한 폭력의 도구로 이용된다.

적대적 당파들은 공정한 관찰자를 무시한다

민간 사회든 종교계든, 적대적 당파들 간의 증오와 적개심은 국가 간의 전쟁보다 훨씬 더 격렬하다. 서로를 향한 태도는 더욱 잔인하고 포악하다. 이른바 당파법은 국제법보다도 정의의 원칙을 훨씬 더 노골적으로 무시한다. 더 놀라운 것은, 이런 불의한 규칙들이 언제나 진지한 얼굴을 한 학자들에 의해 정당화되어 왔다는 사실이다.

심지어 가장 열렬한 애국자조차도 이런 질문을 진지하게 고민해본 적이 없다. "반역자에게 신의를 지켜야 하는가?", "이단자에게도 약속을 지켜야 하는가?" 그러나 이런 질문은 역사 내내 민간 사회와 종교계에서 저명한 학자들 사이에 격렬한 논쟁의 대상이 되어왔다. 당파 싸움에서 낙인찍힌 반역자와 이단자는 불운한 존재들이다. 충돌이 폭력으로 번질 때, 이들은 늘 약자이자 희생자로 전락한다.

물론 이런 광적인 당파 싸움 속에서도 독립적이고 공정한 판단을 유지하는 소수가 존재한다. 그러나 이들은 흩어져 있는 외로운 개인일 뿐 어떤 집단으로도 형성되지 못한다. 영향력도 거의 없고, 오히려 그들의 솔직함과 정직함은 어느 당파에서나 미움을 산다. 이들은 지혜롭고 양심적인데도, 바로 그 덕분에 사회에서 가장 무력한 존재로 전락한다. 그리고 분노로 들끓는 양당의 극렬 지지자들에게 조롱과 멸시 그리고 증오의 대상이 된다.

진정한 당파인은 정직과 공정을 미덕으로 여기지 않는다. 그들에게 그것은 오히려 배신이나 나약함으로 보이는 결격 사유다. 그렇게 서로를 향해 분노와 폭력을 퍼붓는 당파의 세계에서, 공정한 관찰자는 천리만리 먼 곳에 존재하는 신기루 같은 존재일 뿐이다. 그들의 눈에 그런 관찰자는 세상 어디에도 없다. 심지어 그들은 스스로의 편견과 광기를 마치 우주의 재판관이 내린 정의인 양 착각한다. 그들은 심지어 자기들의 복수심과 광적인 열정조차 신이 함께 나누고 있다고 굳게 믿는다. 이처럼 도덕적 감정을 가장 심각하게 오염시키는 것은 다름 아닌 당파성과 광신이다.

자기 제어라는 주제에 대해 한 가지 덧붙이고 싶다. 갑작스럽고 극단적인 불행 속에서도 용기와 단호함을 잃지 않는 사람을 우리는 진심으로 존경한다. 그는 그런 불행에 대해 남들 못지않은 깊은 감수성을 지녔음에도, 그 감정을 스스로 통제하고 다스리기 위해 엄청난 노력을 기울였을 것이기 때문이다. 반대로 신체적 고통에 무감각하거나 죽음의 공포가 거의 없는 사람이 아무리 차분히 고통과 위험을 견뎌도 우리는 그를 높이 평가하지 않는다. 그는 용감한 것이 아니라 단지 느끼지 못했을 뿐이기 때문이다.

이런 맥락에서, 세네카가 스토아학파의 현인을 가리켜 신보다 더 위대한 존재라고 주장한 것은 다소 지나친 표현이었다. 세네카는 이렇게 말했다. "신은 본성상 고통에서 자유롭지만, 현인은 자발적 노력으로 고통을 이겨낸다. 그렇기에 신보다 더 위대하다."

또 어떤 사람들은 자신에게 닥친 특정 위험이나 고통에 대해 지나치게 예민하게 반응한다. 그 감수성이 너무 강렬해서, 어떤 명예심이나 자기 제어의 의지로도 감정을 통제하는 것이 거의 불가능해진다. 극도의 공포에 빠져 기절하거나 발작적 경련에 휘말리는 경우가 그런 예다. 이런 신경적 쇠약이나 극단적 감정 반응이 훈련이나 반복적 단련으로 개선될 수 있는지에 대해서는 여전히 의문이다. 하지만 한 가지는 확실하다. 이런 상태는 결코 믿어서도, 그것에 의지해서도 안 된다는 것이다.

제4장

자기기만의 속성과, 일반 규칙의 기원 및 활용에 대하여

━━━━━━◆━━━━━━

우리 행동의 적절성에 대해 내리는 판단은, 단순히 공정한 관찰자가 멀리 있기 때문만으로 왜곡되는 것은 아니다. 공정한 관찰자가 가까이 있거나 내면에 있더라도, 격렬하고 불의한 이기적 감정은 내면의 사람조차 속여 상황을 왜곡한다.

판단은 가장 필요할 때 가장 왜곡되기 쉽다

우리가 자신의 행동을 점검하며 공정한 관찰자의 시선으로 바라볼 수 있는 순간은 두 번 있다. 하나는 행동하기 직전, 다른 하나는 행동이 끝난 직후이다. 그리고 이 두 시점 모두 판단은 쉽게 왜곡된다. 놀랍게도, 판단이 가장 엄정해야 할 중요한 순간일수록 오히려 더 심하게 편향된다.

우리가 막 어떤 행동을 하려는 순간, 그 행동을 제3자의 냉철한 시선으로 보기란 쉽지 않다. 그 순간 우리를 사로잡은 격렬한 감정은 마음을 크게 흔들어놓고 사물에 대한 판단을 흐리게 만든다. 남의 입장에서 스스로를 객관적으로 보려고 해도 그 감정의 소용돌이 속에서는 제대로 된 관점을 유지하기 어렵다. 강한 감정은 우리를 철저히 자기 입장에만 매몰되게 한다. 그 순간 자기애는 비정상적으로 팽창하고 이해관계는 지나치게 부풀려진다. 반면 제3자가 보는 사물의 모습, 즉 객관적 시선은 희미하게 의식될 뿐이다. 순간적으로 떠오른다 해도, 그 시선은 나에게 부당하고 불합리하게 느껴진다.

설령 잠시 남의 시선을 의식하게 되더라도 우리에게 특유한 상황에서 비롯된 강렬한 감정을 떨쳐내기는 쉽지 않다. 그 감정은 여전히 우리를 지배하고, 공정한 재판관의 냉정하고 객관적인 시선으로 우리의 행동을 바라보는 일을 가로막는다. 그래서 말브랑슈 신부는 이렇게 말한다. "우리가 강한 감정에 휩싸이면, 그 감정은 단순히 우리 편을 드는 데서 그치지 않는다. 동시에 우리는 그 감정이 향하는 대상도 마땅히 그만큼 강한 반응을 불러일으켜야 한다고 믿게 된다."

행동이 끝나고, 그 행동을 촉발했던 격렬한 감정이 어느 정도 가라앉은 뒤에야 우리는 비로소 침착하게 공정한 관찰자의 시선을 가질 수 있다. 이제는 어제 우리를 사로잡았던 강렬한 관심과 집착을 조금은 거리를 두고 바라볼 수 있게 된다. 우리의 행동 역시 제3자의 시선으로 보다 솔직하고 객관적으로 평가할 수 있다. 어제의 나를 휘어잡았던 감정의 소용돌이는 이제 더 이상 오늘의 나를 지배하지 않는다. 마치 통증이 마비되었다가 서서히 풀리는 것처럼 감정의 마비가 끝난 뒤 우리는 내면의 이상적 인간과 자신을 다시 일치시킨다. 어제는 자기 입장에서만 상황을 보았지만 오늘은 공정한 관찰자의 눈으로 그 행동을 되돌아본다.

그러나 문제는 여기 있다. 이런 뒤늦은 성찰은 어제의 행동을 막을 수 없고, 그저 쓸모없는 후회와 무력한 참회만을 남길 뿐이다. 그렇다고 해서 비슷한 상황이 다시 닥쳤을 때, 반드시 같은 실수를 반복하지 않으리라는 보장도 없다. 게다가 이마저도 솔직하고 정직한 성찰로 이루어지는 경우는 드물다.

자기기만: 인생 무질서의 근원

우리 자신의 성품에 대한 평가는 결국 과거 행동에 대한 우리의 판단에 달려 있다. 그런데 자기 자신을 나쁘게 바라보는 일은 극도로 불쾌하기에 우리는 그런 판단을 피하려고 의식적으로 외면한다. 자신의 몸에 직접 메스를 들이대는 외과의사가 용감하다고 하듯이, 자기기만이라는 두꺼운 베일—곧 과거 행동의 추함과 부끄러움을 가리고 있는 베일—을 스스로 걷어낼 수 있는 사람 역시 그에 못지않은 용기 있는 사람이다.

하지만 현실은 정반대다. 우리는 잘못을 직시하기보다 오히려 과거에 우리를 그릇된 길로 이끌었던 불의한 감정을 되살린다. 잊힌 증오와 분노를 다시 일깨우고, 그 감정을 의도적으로 되살린다. 그렇게 해서 우리는 지난 잘못을 정당화하고, 심지어 또다시 저지를 이유로 삼는다. 그것이 잘못된 행동이었다는 사실을 인정하는 것이 너무나 수치스럽고 두렵기 때문이다.

행동 전이든 후든 우리는 자신의 행동을 공정하게 평가하지 못한다. 대부분은 본능적으로 공정한 관찰자의 시선을 피한다. 그러나 만약 도덕 감각—감정과 행위의 아름다움과 추함을 직관적으로 식별할 수 있는 내면의 감각—이 충분히 작동한다면 상황은 다르다. 도덕 감각이 뛰어난 사람은 타인의 감정보다 오히려 자기 자신의 감정을 더 정확하게 판단한다. 타인의 감정은 상대적으로 거리감이 있기 때문이다.

자기기만은 인간 본성의 가장 치명적인 약점이며, 사회의 혼란과 무질서의 절반 이상이 여기에서 비롯된다. 남이 우리를 바라보듯 스스로를 바라볼 수 있다면 우리는 삶의 전반적인 태도와 행동 양식을 근본적으로 바꿀 수밖에 없을 것이다. 그런 제3자의 시선 없이는 끝없이 자기합리화 속에 빠지고 스스로의 한심한 모습을 도무지 견뎌내지 못하게 된다.

우리는 보고, 느끼고, 배우며 도덕을 만든다

그러나 자연은 이러한 인간 본성의 중대한 결함에 대해 하나의 치유책을 마련해두었다. 즉 우리가 자기애의 망상 속에 완전히 빠져들지 않도록 방지하는 장치를 갖춘 것이다. 우리는 늘 타인의 행동을 관찰하며, 그 과정에서 의식하지 않는 사이에 행동의 일반 규칙을 스스로 세워간다. 어떤 행동이 적절하고, 어떤 행동이 피해야 할 것인지 스스로 단속하게 되는 것이다.

예를 들어 어떤 행동은 우리의 자연스러운 감정에 강한 불쾌감을 불러일으킨다. 그리고 우리는 주변 사람들이 그런 행동을 두고 얼마나 강한 혐오와 비난을 쏟아내는지 반복해서 목격한다. 이런 반응은 그 행동이 얼마나 추악한지를 확인시켜줄 뿐만 아니라 우리의 내면에도 자연스럽게 분노와 거부감을 일으킨다. 더욱이, 타인 역시 그 행동을 우리와 같은 시선으로 바라본다는 사실은 우리에게 깊은 정서적 만족을 준다. 그렇게 우리는 그 행동을 절대 하지 말아야겠다는 결심에 이른다. 사회적 비난, 경멸, 처벌의 대상이 되는 것을 본능적으로 회피하게 되는 것이다.

반대로, 우리의 승인을 얻는 행동은 어디서나 사람들의 호의적 반응을 이끌어낸다. 모두가 그 행동을 명예로운 것으로 여기고, 적극적으로 칭찬하거나 보상하려 한다. 그런 행동은 인간 본성이 가장 강하게 원하는 감정, 곧 사랑·감사·존경을 불러일으킨다. 우리는 자연스럽게 이런 행동을 더 자주, 더 적극적으로 실천해야겠다는 결심에 이른다. 그리고 이런 결심은 우리 안에 또 다른 행동 규범을 만들어낸다. 바로, 타인의 존경과 애정을 얻는 방향으로 행동하려는 규범이다.

도덕의 일반 규칙은 이런 방식으로 형성된다. 이 규칙들은 결국 우리의 도덕적 감각—즉, 어떤 행동이 적절하다 혹은 부적절하다고 느끼는 자연스러운 직관—이 승인하거나 불승인하는 감정적 반응을 바탕으로 정립된다. 여기서 중요한 점은 애초부터 우리가 어떤 행동을 본능적으로 승인하거나 불승인하는 것이 아니라는 사실이다. 실제로는 수많은 경험적 사례가 먼저 쌓이고, 그 사례 속에서 어떤 상황에서 어떤 행동이 칭찬받았는지 혹은 비난받았는지를 관찰하는 과정을 통해 일반 규칙이 만들어진다. 즉 경험적 사례가 먼저 오고 일반 규칙은 그 뒤에 따라온다.

예를 들어보자. 만약 누군가가 탐욕, 질투, 부당한 원한 같은 이유로 자신을 믿고 따르던 사람을 살해했다고 가정해보자. 더구나 그 끔찍한 현장을 직접 목격한 제3자가 있다면 그는 죽어가는 피해자가 단말마의 고통 속에서 신체적 고통보다도 배신당한 슬픔과 원망을 더 크게 탄식하는 모습을 직접 보게 된다. 사실, 살인이 얼마나 끔찍한 행위인지 깨닫기 위해 이런 장면을 반드시 목격해야 하는 것은 아니다. 인류 보편의 도덕 규칙 중 하나는 너무나 자명하다. 바로, 무고한 타인의 목숨을 빼앗아서는 안 된다는 것이다. 가해자의 행동은 이 명백한 도덕 규범을 정면으로 위반한 것이며, 그래서 지극히 당연하게도 모든 이의 비난과 혐오의 대상이 된다.

제3자는 그런 일반적인 도덕 규칙을 배우기 전에도 이미 그 범죄에 본능적으로 혐오감을 느꼈을 것이다. 즉 선후 관계는 명확하다. 나중에 형성된 도덕 규칙은, 살인과 같은 극악한 행위를 목격했을 때 마음속에서 자연스럽게 솟아오른 강렬한 혐오감 위에 세워진 것이다.

우리는 역사책이나 로맨스 소설 속에서 관대한 사람의 행동을 읽고는 자연스럽게 존경을 느끼고, 야비한 사람의 행동을 접하면 본능적으로 경멸을 품는다. 그러나 이러한 감정은 미리 학습된 도덕적 일반 규칙을 깊이 고민한 끝에 나오는 것이 아니다. 오히려 그 반대다. 도덕적 일반 규칙은 다양한 행동들이 실제로 우리 감정에 어떤 영향을 미쳤는지에 대한 경험에서 형성된다.

사랑스럽거나 존경스럽거나 혹은 두려움을 유발하는 행동은 자연스럽게 그 행위자에 대한 사랑, 존경, 공포의 감정을 불러일으킨다. 그리고 어떤 행동이 이러한 감정의 대상이 되는지는, 그 행동이 실제로 사람들에게 어떤 반응을 일으키는지를 반복적으로 관찰하고 체험하는 과정에서 일반 규칙으로 정립된다.

규칙은 본능이 아니고 경험이 만든다

이처럼 형성된 일반 규칙은 사람들의 반복적인 동의와 공감을 통해 널리 확립된다. 그리고 그것은 도덕적 판단의 기준으로 활용된다. 즉 어떤 복잡하거나 판단이 애매한 행동에 대해 칭찬해야 할지 비난해야 할지를 논의할 때, 이 규칙이 기준으로 소환된다. 이렇게 해서 일반 규칙은 인간 행동의 정의와 불의를 최종적으로 판단하는 준거가 된다.

하지만 이러한 과정은 오히려 많은 도덕 철학자를 오도했다. 그들은 일반 규칙이 마치 인간의 마음속에 선천적으로 내재한 것처럼 가정했다. 그래서 이 규칙이 법원의 판결처럼 선악과 옳고 그름에 대한 최초의 판단 근거가 된다고 여긴 것이다. 그 결과, 그들은 규칙을 먼저 세우고 나서 구체적인 행동이 그 규칙에 부합하는지를 나중에 따지는 방식으로 도덕 체계를 구성했다. 하지만 이는 순서가 뒤바뀐 것이다. 실제로는 행동이 먼저 있고, 그에 대한 경험과 관찰이 반복되며 규칙이 뒤따라 형성된다.

습관적 반성을 통해 마음속에 자리 잡은 도덕적 일반 규칙은 자기애에서 비롯된 과대망상을 효과적으로 바로잡는다. 이는 어떤 상황에서 어떻게 행동하는 것이 타당한지 판단하는 기준이 된다. 극도로 분노한 갑은 그 감정에 휩쓸려 을을 해치는 것이 정당하다고 착각할 수 있다. 을이 실제로 끼친 피해는 사소할지라도, 분노는 그것을 과장해 인식하게 만든다. 그러나 갑은 살아오면서, 그런 복수가 얼마나 끔찍하고 부도덕한지 반복적으로 목격해왔다. 보통의 도덕 교육을 받은 사람이라면, 아무리 미워도 폭력은 안 된다는 규칙을 마음에 새기고 있다.

이 규칙은 갑에게 강력한 제동 장치로 작용해, 무도한 폭력을 저지르는 일을 막는다. 그러나 만약 갑의 분노가 지나치게 격렬하고, 그런 격정을 처음 경험하는 것이라면 그는 그것을 정당하고 타당한 보복이라고 착각할 수 있다. 그 순간에는 공정한 관찰자의 시선이나 승인 여부 따위는 아예 의식하지 못할지도 모른다.

그러나 갑은 과거의 경험을 통해 형성된 일반 규칙에 대한 깊은 존중심을 지니고 있다. 이 존중심은 그 격렬한 감정의 충동을 억제하고, 순간적으로 품었을지도 모를 왜곡된 판단을 바로잡는다. 만약 이러한 규칙이 개입하지 않았다면 그의 자기애는 지금 이 분노의 상황을 정당한 보복의 기회로 착각하게 했을 것이다. 설령 갑이 결국 감정에 휩싸여 그 규칙을 어긴다 해도, 그동안 내면에 쌓여온 규칙에 대한 존경과 두려움까지 완전히 저버리지는 못한다. 그래서 막상 행동에 옮기려는 순간, 그는 자신이 하려는 일을 떠올리며 주저하고, 순간적으로 몸을 떤다.

망설이다 무너지고 무너진 뒤에야 깨닫는다

그는 지금 자신의 행동이 평소라면 결코 어기지 않았을 그 일반 규칙을 명백히 위반하고 있음을 직감한다. 또한 그는 그런 규칙을 어긴 사람이 사회에서 얼마나 심하게 비난받고 경멸당하는지도 잘 안다. 그래서 자신도 머지않아 사람들의 혐오와 비난의 대상이 될 것임을 본능적으로 느낀다. 이런 생각은 그의 내면에서 강한 경고처럼 울린다. 그는 최종적이고 돌이킬 수 없는 결정을 내리기 직전까지도 깊은 불안과 고통 속에서 갈등한다. 신성한 규칙을 깨뜨리는 데서 오는 두려움과, 동시에 그 규칙을 어기고자 하는 격렬한 충동 사이에서 끊임없이 흔들린다.

그는 매 순간 마음을 바꾼다. 때로는 자신의 원칙을 지키기로 결심하며, 순간적인 격정에 휘둘리지 않으려 한다. 그런 감정에 굴복하면, 수치와 후회의 공포가 남은 삶을 갉아먹을 것임을 잘 알기 때문이다. 이 결심은 그에게 잠시나마 안도와 평온을 준다. 위험한 행동을 피함으로써 얻는 안전과 평정 때문이다. 그러나 그 평온은 오래가지 않는다. 그 순간, 억눌렸던 격정이 다시금 불타오르고, 이전에 단호히 버리기로 결심했던 행동으로 그를 거세게 몰아간다.

계속되는 망설임과 번민에 지친 그는 마침내 일종의 절망 속에서 돌이킬 수 없는 최악의 선택을 한다. 그 순간 그의 마음은 마치 뒤쫓아오는 적에게서 도망치다 절벽 아래로 몸을 던지는 병사처럼 더 큰 파멸로 자신을 내던진다.

이것이 그가 규칙을 어기는 그 순간의 심정이다. 물론 그때 그는, 나중에 격정이 가라앉고 나서야 뼈저리게 느끼게 될 자기 행동의 부당함을 제대로 인식하지 못한다. 하지만 시간이 지나 열정이 식으면, 그는 점차 남들의 시선으로 자신의 행동을 바라보게 된다. 이전에는 희미했던 회한과 양심의 가책이 점점 선명해지며 후회의 고통이 본격적으로 그를 파고든다.

제5장

도덕적 일반 규칙의 권위와 영향력, 그리고 그것이 신성한 법칙으로 여겨지는 이유에 대하여

━━━━━━━ ◆ ━━━━━━━

행동의 일반 규칙에 대한 존중은 우리가 말하는 의무감이라는 개념을 만들어낸다. 의무감은 인간 삶을 지탱하는 가장 핵심적인 원리 중 하나이며, 대부분은 이 의무감을 바탕으로 자신의 행동을 규제한다. 많은 사람은 평생 남들의 비난을 살 만한 행동을 하지 않고 예의 바르고 모범적으로 살아간다. 그러나 그들은 타인의 올바른 행동에서 자연스럽게 감동이나 공감을 느끼지 않더라도 단지 규칙이 요구하기 때문에 행동하는 경우가 많다. 다시 말해, 단순히 행동의 일반 규칙을 따르는 것만으로도 사회적 의무를 충실히 수행하는 삶을 살아가는 것이다.

따뜻한 감정은 부족해도, 훌륭한 행동은 가능하다

갑이라는 남자가 있다. 그는 을에게서 막대한 도움을 받았지만, 그에 상응하는 감사의 감정은 거의 느끼지 못한다. 다만 그는 도덕 교육을 통해 따뜻한 감정 없이 의무적으로만 행동하는 태도가 얼마나 냉담하고 혐오스럽게 비칠 수 있는지 잘 안다. 동시에 진정한 감정에서 우러나온 감사는 얼마나 큰 호감과 사랑을 불러일으키는지도 안다. 그래서 그는 내심 감사의 감정이 전혀 들지 않지만 마치 그런 감정을 품고 있는 것처럼 행동하려 애쓴다. 그는 후원자 을에게 진심인 듯한 관심과 배려를 꾸준히 보이려고 노력한다. 을을 정기적으로 찾아가고, 항상 공손하게 대하며, 언제나 존경심 어린 표정으로 을을 대하고 그에 대해 이야기한다. 또 을에게 큰 신세를 졌다고 공공연히 말한다.

더 나아가, 과거에 받았던 은혜를 적절하게 갚을 기회가 찾아오면 반드시 그 기회를 붙잡아 행동으로 실천한다. 그의 행동에는 위선도, 비난받을 만한 가식도, 을에게서 새로운 이익을 얻으려는 얄팍한 계산도 없다. 그저 자신이 배워온 의무의 규칙에 따라, 감사라는 도덕적 원칙에 맞게 행동할 뿐이다.

이번에는 한 아내의 사례를 생각해보자. 그녀는 남편에게 마땅히 기대할 만한 따뜻한 애정이나 다정한 감정을 거의 느끼지 못한다. 하지만 그녀는 도덕 교육을 충실히 받아왔기에, 그런 감정을 실제로 느끼지는 못해도 마치 느끼는 사람처럼 행동하려고 애쓴다. 그녀는 남편에게 신중하고 성실하게 대하며 부부로서 지켜야 할 세심한 배려를 놓치지 않으려 애쓴다.

이 남편과 아내는 인간으로서 최고의 이상형은 아닐지 모른다. 그들은 의무로 요구되는 모든 일을 성실히 이행하려 하지만 세심함과 섬세함 면에서는 아쉬움이 있다. 만약 그들이 따뜻한 감정까지 갖추고 있었다면 아마도 훨씬 더 많은 좋은 기회를 발견하고 활용했을 것이다. 이들은 가장 이상적인 인물은 아니지만, 도덕적 기준으로 보자면 충분히 훌륭한 사람들이다.

다만 이 두 사람이 행동의 일반 규칙을 진심으로 내면화했더라면,

의무가 지닌 본질적 의미를 더욱 뚜렷하게 인식했을 것이다. 가장 훌륭한 성품을 가진 사람만이 자신의 감정과 행동을 매우 섬세하게 조율하면서, 상황마다 가장 적절하고 세련된 방식으로 반응할 수 있다. 그러나 대부분은 그렇게 완성된 기질로 빚어지지 않는다. 그렇다고 아예 불가능한 일도 아니다. 교육과 훈련, 좋은 본보기를 통해 규칙을 존중하는 마음을 내면화하면, 대부분의 상황에서 적절히 행동할 수 있다. 그리고 평생 심각한 비난이나 불명예를 피하며 살아갈 수 있다.

일반 규칙의 존중이 인간 사회의 기반이 되는 이유

도덕적 일반 원칙을 신성하게 여기고 지키지 않는다면 그 어떤 사람의 행동도 근본적으로 신뢰할 수 없다. 명예를 중시하는 사람과 그렇지 않은 사람의 본질적인 차이는 여기에 있다. 명예로운 사람은 어떤 상황에서도 원칙을 지키며 평생 변함없는 행동 기준을 유지한다. 반면 가치 없는 사람은 그때그때 기질과 충동, 즉흥적 흥미에 따라 아무런 원칙 없이 변덕스럽게 행동한다.

실제로 사람들의 감정은 생각보다 쉽게 요동친다. 평소에는 도덕적 기준에 민감한 사람조차도 어느 순간 충동이나 우울감에 휘둘리면 뜻밖의 경솔한 행동을 저지를 수 있다. 일관된 행동 원칙이 없다면 이런 감정의 기복을 스스로 다스리기란 어렵다.

가령 당신이 손님을 맞을 기분이 전혀 나지 않는 날 친구가 불쑥 찾아왔다고 해보자. 이때 당신은 친구의 방문을 반갑게 받아들이기보다는, 오히려 불청객처럼 느낄 가능성이 크다. 순간적으로 삐딱한 시선으로 세상을 바라보는 상태에 빠진다면 당신은 친구에게 냉담하거나 심지어 경멸조차 드러낼 수 있다. 그러나 이런 충동을 억제하게 만드는 것이 공손함과 환대라는 도덕적 일반 규칙이다. 이전의 삶에서 축적된 경험과, 이러한 규칙을 존중해온 습관 덕분에 우리는 순간적인 기분이나 충동에 휘둘리지 않고 일관된 도덕적 행동을 유지할 수 있는 것이다.

하지만 이런 일반 규칙에 대한 존중이 없다면 어떻게 되는가? 공손함조차도 지키지 않는다면 훨씬 더 어려운 덕목들—정의, 진실, 정절, 신의—는 결코 유지될 수 없다. 공손은 비교적 지키기 쉬운 규칙이다. 그런데도 그것마저 무너진다면 훨씬 지키기 어렵고 유혹이 많은 정의와 신의는 말할 것도 없다. 결국 이런 핵심 규칙들이 지켜지지 않는다면 사회는 곧 무너지고 만다. 인간 사회는 최소한 이 정도의 도덕적 기준을 유지할 때에만 존속할 수 있다. 사람들이 이러한 본질적인 규칙들을 존중하고 지켜야 한다는 인식을 잃는다면 사회는 결국 무너져 먼지처럼 흩어지고 말 것이다.

도덕은 인간이 만든 법이 아니다: 자연이 부여한 절대 법칙

이러한 규칙에 대한 존중은, 도덕의 핵심 규칙들은 신성(神性)의 명령이며 율법이라는 신념으로 더욱 강화된다. 이 생각은 먼저 자연에 의해 인간 내면에 각인되었고, 이후 이성과 철학에 의해 확증되었다. 신의 율법은 결국 도덕적 규칙을 따르는 이에게는 보상으로, 그것을 어기는 이에게는 처벌로 작용한다는 생각이다.

이 신념은 인간 본성 속에 자연스럽게 각인되어 있다. 그래서 사람들은 자신의 감정과 격정의 근원을 본능적으로 어떤 신비로운 존재에게 돌린다. 그 존재가 무엇이든, 어느 나라에서나 종교적 경외의 대상으로 숭배되어 왔다. 인간은 자신 안에서 일어나는 크고 강력한 감정의 근원을 자기 자신 바깥에 있다고 느꼈고, 그 신비로운 존재 없이는 그것을 설명할 수 없었다. 비록 그 존재를 직접 볼 수는 없지만 사람들은 자신이 이미 아는 존재들과 비슷하리라고 상상하며 그 모습을 그려냈다.

문명이 덜 발달하고 미신과 무지가 지배하던 시절, 인류는 신들을 매우 투박하게 형상화했다. 사람들은 신들 역시 인간과 마찬가지로 온갖 감정을 지니고 있다고 여겼다. 심지어 인간이 부끄럽게 여기는 욕망, 배고픔, 탐욕, 질투, 복수심 같은 감정조차 신에게 투영했다. 동시에 인간 본성 중에서도 가장 고귀한 감정들—예를 들면 미덕과 자애에 대한 사랑, 그리고 악덕과 불의에 대한 혐오—은 신들에게 더욱 숭고한 형태로 부여되었고, 그것은 신성함의 완성으로까지 격상되었다.

피해자 갑은 자신이 당한 부당한 일을 신에게 알리고 정의의 증인이 되어달라며 유피테르 신에게 간절히 기도한다. 그는 유피테르가 자신의 억울한 상황을 보고 있으며, 불의가 행해질 때 인간이라면 누구나 느낄 분노와 울분을 신도 똑같이 느꼈으리라 믿는다.

반면 가해자 을은 자신이 사회적 분노와 혐오의 대상이 되었음을 절실히 느낀다. 그는 본능적으로 두려움을 느끼고, 그 두려움이 신들로부터 비롯된 것이라 확신한다. 이제 그는 그 신적 존재를 피할 수도, 그 힘에 맞설 수도 없다.

이처럼 인간의 자연스러운 희망과 공포 그리고 의심은 공감의 메커니즘을 통해 퍼지고 교육과 사회적 전승을 통해 더욱 확증된다. 그렇게 신은 선한 행위와 인정에는 보상으로 응답하고, 배신과 불의에는 반드시 처벌로 응징하는 존재로 표상된다. 신앙은 결국 도덕 질서의 수호자로 작동한다.

가장 원시적이고 투박한 형태의 종교조차도 도덕 규칙의 정당성을 승인한다. 이 사실은 인류가 철학적 이성의 시대에 도달하기 훨씬 이전부터 존재해왔다. 종교적 경외와 두려움은 인간 내면의 자연스러운 도덕 의식을 강제로 강화해온 것이다. 이것은 인류의 행복과 질서에 너무도 근본적인 요소다.

그래서 자연[20]은 도덕 질서의 인식을 느리고 불확실한 인간의 철학적 탐구에만 맡기지 않았다. 이후 이루어진 철학적 탐구는 자연의 이런 본래 의도를 확인하는 데 그쳤다. 우리의 도덕 기능이 이성의 산물인지, 본능적 도덕 감각인지 혹은 다른 자연의 원리인지는 논쟁의 여지가 있지만, 그것이 자연이 우리에게 부여한 행동 지침이라는 사실만큼은 분명하다.

도덕 기능은 절대적인 권위를 지닌다. 그것은 인간 행동의 최고 중재자이며 최종 심판자다. 우리의 모든 감정, 욕망, 충동을 끊임없이 감독하며, 무엇이 어느 정도까지 허용되고 어디서부터 억제되어야 하는지를 판단한다.

도덕 기능은 결코 다른 본능이나 신체적 욕구와 같은 수준에 머물지 않는다. 일부 철학자들은 도덕 감각을 단순히 여러 본능 중 하나로 보지만, 이는 명백한 오해다. 도덕 기능은 본능 위에 서서 그것을 평가하고 규제할 권위를 가지며, 다른 본능은 결코 도덕 기능을 제한하거나 견제할 수 없다.

예를 들어 사랑은 분노를 심판하지 못하고, 분노 역시 사랑을 평가

---

20 '자연'(nature 혹은 Nature)은 애덤 스미스가 『도덕 감정론』에서 반복적으로 사용하는 개념으로, 신이 부여한 세계의 질서를 뜻한다. 스미스에게 '자연'은 단순한 물리적 세계가 아니라 인간 본성과 사회적 관계까지 아우르는 규범적 질서다.
그가 말하는 '자연의 저자'(Author of Nature) 역시 조물주, 즉 신을 가리키지만, 기독교적 인격신이라기보다는 자연종교·자연신학에서 말하는 비인격적 신에 가깝다. 세계를 설계하고 질서를 부여했으나 이후 인간의 자유와 도덕 감각에 맡겨진 '질서의 원천'으로 이해된다.
이는 18세기 계몽주의 시대의 신학·철학적 분위기와도 맞닿아 있다. 뉴턴의 조화로운 세계관과, 섀프츠베리·흄 같은 사상가들의 도덕 감각론이 결합해, '자연'은 곧 인간 사회의 도덕적 질서를 정당화하는 근거가 되었다. 스미스 역시 동정심(sympathy)과 도덕 감정(moral sentiments)을 이 '자연의 질서' 속에서 이해하고자 했다.

하지 못한다. 이 두 감정은 정반대이지만 어느 한쪽도 다른 쪽을 승인하거나 거부할 수 없다.

도덕은 인간 본성 속에 심어진 신의 법이다

그러나 지금 우리가 논의하는 도덕 기능은 단순히 느끼는 것을 넘어 명확한 판단 능력을 지니고 있다. 도덕 기능은 다른 자연의 원리들에 대해 칭찬하거나 비난하며, 그것을 평가의 대상으로 삼는다. 즉 도덕 기능은 감각 기관처럼 작동하면서도 행동의 원리들을 판단한다. 모든 감각은 그 대상에 대해 최종적이고 절대적인 판단 권한을 갖는다. 예를 들어 색채의 아름다움은 눈이, 소리의 조화는 귀가, 맛의 좋고 나쁨은 혀가 판단한다. 각 감각은 자신이 다루는 대상에 대해 최종적인 결정을 내린다. 눈을 즐겁게 하는 것은 아름다움이고, 귀를 만족시키는 것은 조화로움이며, 혀를 기쁘게 하는 것은 달콤함이다. 이러한 성질들은 단순한 주관적 느낌이 아니라 그 감각을 만족시키는 본질적 속성이다.

도덕 기능도 마찬가지다. 눈이 아름다움을, 귀가 소리의 조화를, 혀가 맛의 좋고 나쁨을 판단하는 것처럼 도덕 기능은 본성 안의 감정과 욕구가 어느 정도까지 허용될지, 어디서 억제되어야 할지를 결정한다. 도덕 기능이 유쾌하게 받아들이는 것은 행동하기에 적합하고 옳으며 정당한 것이다. 반대로 불쾌하게 여기는 것은 부적절하고 그릇된 것이다. 도덕 기능이 승인하는 감정과 행동은 우아하고 합리적이며, 거부하는 것은 어색하고 부조화스럽다. 결국 옳음과 그름, 적합함과 부적합함, 우아함과 거북함이라는 판단은 도덕 기능이 그것을 승인하느냐, 거부하느냐에 달려 있다. 인간의 감정과 행동은 모두 이 도덕 기능의 기준에 따라 평가되고 규율된다.

이러한 도덕 기능은 인간 본성을 지배하는 원리로 의도된 것이며,

그 기능이 부과하는 규칙들은 신성의 명령이자 율법으로 간주되어야 한다. 이 율법은 신이 우리 내면에 심어놓은 대리자, 즉 공정한 관찰자에 의해 선포된 것이다. 마치 신체가 움직임과 관련해 자연스럽게 따르는 일반 규칙을 운동의 법칙이라고 부르듯, 우리의 도덕 기능이 감정이나 행동을 판단할 때 적용하는 일반 규칙들 또한 동일하게 하나의 법칙이라 부를 수 있다.

도덕 규칙들은 통상적으로 법률이라 부르는 것, 즉 국왕이 신하와 백성의 행동을 규제하기 위해 제정한 일반 규칙들과 매우 유사하다. 국왕의 법이 백성의 행동을 지도하고 통제하듯, 도덕의 일반 규칙도 인간의 자유로운 행동을 이끈다. 그리고 국왕의 법률에 보상과 처벌이 따르듯, 도덕 규칙 역시 합법적 상급자가 부과한 것으로서 그에 상응하는 제재가 뒤따른다. 인간 내면에 존재하는 이 도덕적 대리인은 도덕 규칙을 어긴 자에게는 내적 수치심과 자기 비난이라는 고통을 가하고, 그 규칙에 충실히 따르는 자에게는 마음의 평온과 자족 그리고 깊은 자기 만족을 부여한다.

자연이 설계한 행복의 법칙

이와 동일한 결론을 확증해주는 또 다른 여러 근거가 있다. 인류를 포함한 모든 이성적 존재의 행복은 자연의 저자, 즉 조물주가 세상을 만들 때 가장 먼저 의도한 근본적인 목적이다. 이보다 더 조물주의 지혜와 자비를 잘 보여주는 목적은 없다. 우리는 신의 무한한 지혜와 완전함이라는 추상적 관념으로 자연스럽게 이끌린다. 그리고 이러한 신념은 자연의 작품들을 자세히 들여다볼수록 더욱 확고해진다. 자연의 모든 구조와 질서는 명백히 행복을 증진하고 불행을 최소화하는 방향으로 설계된 것처럼 보인다.

우리가 도덕 기능의 명령에 따라 행동할 때, 그것은 곧 인류의 행복을 증진하는 가장 강력하고 효과적인 수단을 따르는 것이다. 이런 점에서 우리는 신성과 협력하고 있으며, 우리 능력이 닿는 한 신의 섭리를 실현하고 확장하는 데 기여하는 것이다. 반대로 도덕 기능의 명령을 거스르는 것은 자연의 저자가 세상의 행복과 질서를 위해 세워놓은 계획을 훼손하고, 본질적으로 우리 자신을 신의 적으로 선언하는 일이다. 그러므로 도덕 기능의 명령에 순응하는 삶은 신의 막대한 은총과 보상을 기대할 수 있는 삶이며, 반대로 그것을 어기는 삶은 신의 징벌과 응징을 두려워해야 하는 삶이다.

이런 유익한 도덕적 교리를 증명하고 지지하는 다른 근거와 자연의 법칙도 풍부하다. 우리가 세상에서 행복과 불행이 어떻게 나누어지는지를 결정하는 일반적인 법칙을 잘 들여다보면 다음과 같은 분명한 사실을 발견하게 된다. 겉으로 보기에 세상의 일들이 혼란스럽고 무질서해 보인다 해도, 실제로는 모든 미덕이 자연스럽게 합당한 보상을 받고 있으며, 동시에 그 미덕을 장려하는 결과를 낳는다는 것이다. 그것은 너무나 분명한 사실이어서 미덕의 보상이 무너지는 일은 극히 드물고, 여러 예외적 불운이 겹칠 때만 가능하다.

예를 들어 근면, 신중함 그리고 조심성 같은 미덕이 있다. 이 미덕들이 가져오는 가장 적절한 보상은 무엇인가? 다양한 사업과 인생의 영역에서 성공을 거두는 것이다. 그렇다면 평생 이런 미덕을 지녔음에도 그에 합당한 보상을 전혀 얻지 못하는 일은 과연 가능한가? 무척 드물다. 부와 명예 같은 외적 보상은 이런 미덕의 자연스러운 결과물이며, 이런 보상으로부터 완전히 배제되는 경우는 현실에서 거의 찾아보기 어렵다.

진실은 결국 드러나고, 미덕은 신뢰로 보답받는다
진리, 정의, 자애를 실천하는 사람은 어떤 보상을 기대할 수 있을까?

함께 살아가는 사람들로부터 받는 신뢰, 존경 그리고 사랑이다. 자애는 위대해지려 하지 않는다. 다만 사랑받기를 원한다. 진리와 정의가 바라는 것도 부나 권력이 아니다. 오직 사람들의 신뢰와 믿음만을 원한다. 그리고 이런 미덕은 대개 그에 합당한 형태의 보답을 얻는다.

물론 아주 예외적이고 불행한 일이 발생할 수 있다. 예를 들어 선량한 사람이 결코 저지를 수 없는 범죄에 억울하게 연루되어, 평생 사람들의 공포와 혐오 속에 살아야 하는 경우가 있을 수 있다. 이런 억울한 누명으로 인해 아무리 성실하고 정의로운 사람이라도 전 재산을 잃게 될 수 있다. 마찬가지로 아무리 조심스럽게 살아도 지진이나 해일 같은 자연재해로 모든 것을 잃을 수 있다. 그러나 억울한 누명 같은 일은 자연재해보다 훨씬 더 드물게 일어나며, 세상의 일반적인 질서와도 크게 어긋나는 극히 이례적인 사건이다. 이런 극단적인 경우에도 진리, 정의, 자애를 실천하는 사람은 결국 이웃의 신뢰와 사랑이라는 본래의 보상을 대부분 얻는다.

어떤 사람이 특정한 행동으로 오해를 받는 일은 충분히 생길 수 있다. 하지만 그 사람의 전반적인 삶의 태도와 인격이 오해받는 경우는 거의 없다. 무고한 사람이 어떤 잘못을 했다고 의심받을 수는 있지만 그런 일은 흔치 않다. 오히려 평소 정직하게 살아온 사람이라면, 설령 잘못이 드러났더라도 사람들은 그가 결백하다고 믿으려는 경향이 강하다.

반대로 악인은 어떨까? 악인도 때로는 우연히 오해로 인해 자신의 악행을 들키지 않고 심지어 칭찬까지 받을 수 있다. 하지만 이런 사람도 결국 그의 평소 행실과 삶의 태도 때문에 끝까지 속여넘길 수는 없다. 악인은 결국 본모습이 드러난다. 심지어 아무 잘못이 드러나지 않은 상황에서도 또 다른 악행을 저질렀을 것이라고 의심받는다.

결국 미덕과 악덕은 사람들의 감정과 판단을 통해 사회적 보상과 처벌을 받는다. 그리고 비록 오해와 착오가 있을지라도, 시간이 흐르면 미덕은 정당한 보상을, 악덕은 정당한 처벌을 받게 된다.

자연의 법칙은 냉정하고, 인간의 법칙은 뜨겁다

냉정하고 철학적인 관점에서 보면 역경과 순경을 분배하는 일반적인 규칙들은 인간 삶에 꽤 잘 맞게 설계된 것처럼 보인다. 하지만 이 규칙들이 우리의 자연스러운 감정과 완전히 일치하지 않는 경우도 있다. 우리는 어떤 미덕을 너무도 사랑하고 존경한 나머지, 그 미덕에 모든 형태의 명예와 보상을 안겨주고 싶어 한다. 심지어 그 미덕과는 상관없는 다른 훌륭한 특성에 돌아가야 할 보상까지도 덧붙여주려 한다. 반대로 어떤 악덕에 대한 우리의 혐오와 분노는 너무 강해서, 그 악덕에 온갖 불명예와 불운을 안겨주려 하고, 심지어 전혀 다른 나쁜 특성에 돌아가야 할 비난마저도 그 악덕에 덧씌우려 한다.

구체적인 예를 들어보자. 사람들은 아량, 관대함, 정의 같은 덕목을 너무 높이 평가하기 때문에 거기에 부와 권력, 명예까지 얹어주고 싶어 한다. 하지만 이런 보상은 사실 신중함, 근면, 집중 같은 덕목의 자연스러운 결과일 뿐이며, 아량이나 정의와는 직접적인 관련이 없다. 반대로 사기, 거짓, 폭력, 잔인함 같은 악덕은 사람들의 마음에 강한 혐오와 경멸을 불러일으킨다. 사람들은 그 악덕에 너무나 분노한 나머지, 심지어 그 악덕과 함께 나타나는 근면과 노력이라는 긍정적 요소마저도 부정적으로 본다.

가령 근면한 악인이 자신의 땅을 열심히 경작하고, 반대로 게으른 선인이 그 땅을 방치했다고 해보자. 그렇다면 그 땅에서 나오는 곡식은 누구의 몫이어야 하는가? 누가 굶주리고, 누가 풍족하게 살아야 하는가? 자연의 객관적인 법칙에 따르면 열심히 일한 악인이 그 곡식을 가져가는 것이 옳다. 하지만 사람들의 자연스러운 감정은 이 경우에도 선인을 더 유리하게 만들어주고 싶어 한다.

사람들은 선과 악을 먼저 판단 기준으로 삼고 이렇게 생각한다. 근면하다는 이유 하나로 악인이 보상받는 것은 과하고, 게으르다는 이유 하나로 선인이 아무런 수확도 얻지 못한 채 고통받는 것은 지나치게 가혹하다.

실제로 인간 감정의 산물인 인간의 법률도 이런 방식으로 작동한다. 법은 근면하고 신중하게 행동한 반역자의 목숨과 재산을 가차 없이 몰수하지만 준비 부족과 부주의 속에서도 충성심과 공공 정신을 보여준 선량한 시민에게는 지나칠 정도로 후한 보상을 준다.

이처럼 인간은 자연이 정해둔 분배 방식을 일정 부분 수정하라는 명령을 자연으로부터 부여받았다. 만약 자연이 인간의 개입 없이 모든 것을 알아서 배분했다면 그 결과는 지금 인간이 수정한 것과는 분명히 달랐을 것이다. 이런 이유로 자연은 인간에게 따로 지켜야 할 규칙을 부여하는데, 그 규칙은 자연 스스로 따르는 법칙과는 다르다. 자연은 오직 미덕을 키우고 악덕을 억제하기 위해 미덕과 악덕에 대해 공정하고 균형 잡힌 보상과 처벌만을 내린다. 자연은 오직 이 목적에 따라 움직일 뿐 인간 감정 속에 얽힌 다양한 공로나 잘못의 정도는 고려하지 않는다.

하지만 인간은 자연과 다르다. 인간은 사랑과 존경 또는 경멸과 혐오의 강도에 따라 미덕과 악덕을 평가한다. 즉 인간은 자신의 감정을 기준으로 미덕을 판단하고, 그 감정의 크기에 비례해 보상하거나 처벌한다. 결국 자연이 따르는 규칙은 자연의 목적에 맞고, 인간이 따르는 규칙은 인간에게 적합하다. 그러나 이 두 규칙은 결국 같은 목적을 향한다. 세상의 질서, 인간 본성의 완성 그리고 인간의 행복이다.

인간은 본능적으로 자연이 정한 사물의 분배를 바꾸려 한다. 마치 시인들이 노래하는 인격화된 신들처럼, 인간은 미덕을 드높이고 악덕을 억누르려는 비상한 노력을 기울이며 끊임없이 분배에 개입한다. 정의로운 사람을 향해 날아가는 불행의 화살을 막으려 하고, 악인에게 내리칠 파멸의 칼날은 더 빠르고 더 강하게 떨어지기를 바란다. 그러나 인간은 결국 선인과 악인의 운명을 자기감정과 바람대로 바꿀 수 없다. 세상의 자연스러운 질서는 인간이 결코 완전히 통제할 수 없다. 사태의 흐름은 너무나 빠르고 강력해서 인간이 멈추거나 거스를 수 없다.

인간 사회의 규칙들은 분명 현명하고 선한 목적을 위해 세워졌지만, 때로는 인간의 자연스러운 감정과 충돌한다. 다수가 힘을 합치면 소수를 압도하고, 철저히 준비한 사람은 아무런 준비 없는 사람보다 쉽게 성공한다. 세상의 모든 목적은 자연이 허락한 정당한 수단을 통해서만 이루어져야 한다. 이 규칙은 단순히 세상에 필요해서 존재하는 것만은 아니다. 그것은 사람들에게 근면하고 집중하라는 요구이자, 노력 없이는 어떤 결과도 얻을 수 없다는 사실을 가르치는 교육적인 역할도 한다.

그러나 이런 규칙 아래에서도 폭력과 술수가 성실과 정의를 짓밟는 모습을 보게 된다면 누구라도 분노를 억누르기 어려울 것이다. 무고한 사람들의 고통 앞에서는 슬픔과 연민이 솟구치고, 반대로 압제자의 성공 앞에서는 불같은 분노가 치밀어 오른다. 우리는 그런 불의를 목격하며 분노하지만 동시에 그것을 바로잡을 힘이 없다는 사실을 절망 속에서 깨닫는다.

이렇게 세상에는 불의의 승리를 막을 힘이 없다는 사실을 절감할 때, 인간은 자연스럽게 하늘을 올려다보며 간절히 기도하게 된다. "위대한 자연의 저자여, 지금껏 우리에게 맡기신 이 세상의 규칙을 이제 당신께서 직접 실행해주소서. 우리가 실천하라고 주신 그 계획을 당신이 스스로 완성해주소서. 그리고 저승에서는 이 세상에서 인간이 쌓은 공과 과를 따라 공정하게 심판해주소서."

결국 우리는 내세의 존재를 믿게 된다. 그것은 단순히 인간의 나약함이나 본능적인 희망과 두려움 때문만은 아니다. 인간의 본성 깊은 곳에 자리한 가장 고귀한 감정, 즉 미덕에 대한 사랑과 악덕과 불의에 대한 강한 혐오가 우리로 하여금 내세를 믿게 만든다.

정말 신은 불의를 보고도 침묵하는가

웅변적이고 철학적인 클레르몽 주교는 이렇게 말한다. 그의 말은 상상력과 열정이 과하게 덧칠되어 때로는 예의의 선을 넘어서기도 한다.

"당신께서 창조하신 세상을 이렇게 보편적인 무질서 속에 방치하는 것이 정말 당신의 위대함에 걸맞은 일입니까? 왜 악인은 거의 항상 선한 사람을 이기고, 정직한 사람은 강탈자에게 자리를 빼앗깁니까? 아버지는 불충한 아들의 야망에 희생당하고, 남편은 야만적이고 부정한 아내의 압제에 시달리다 끝내 목숨마저 잃습니다. 하늘 높이 계신 당신은 이런 일들에 전혀 개입하지 않은 채, 오히려 이 우울한 비극을 기이한 오락거리처럼 지켜보기만 하십니까? 위대하시다면서 어째서 이렇게 허약하고 불공정하고 야만적인 일을 그대로 내버려두십니까? 인간이 하찮은 존재라서 방탕한 자를 벌하지 않고, 덕 있는 자에게 보상하지 않으십니까?

오, 하느님! 만약 이것이 지고한 존재의 본성이라면, 이런 끔찍한 상황에서도 당신을 숭배해야 한다면 나는 더 이상 당신을 나의 아버지, 나의 보호자, 내 슬픔의 위로자, 내 연약함의 후원자, 그리고 내 성실함의 보상자로 여기지 않겠습니다. 당신은 오만과 허영을 위해 인류를 희생시키고, 단지 변덕스러운 오락과 심심풀이로 무(無)에서 인간을 만든 존재일 뿐입니다. 당신은 한낱 게으르고 기이한 폭군일 뿐입니다."

하지만 인간 행동의 옳고 그름을 판단하는 규칙도, 그것이 전능한 신의 법이라고 여겨지는 순간, 더 이상 단순한 규칙이 아니라 신성한 권위를 가진 법이 된다. 신은 우리가 이 세상에서 살아가는 동안 우리의 행동을 지켜보며, 내세에서는 그 규칙을 얼마나 지켰는지에 따라 보상하거나 처벌하시는 분이기 때문이다. 신을 믿는 사람이라면 신의 뜻에 복종하는 것이 인간 행동의 가장 높은 규범이 되어야 한다. 그 뜻에 불복종하겠다는 생각 자체가 가장 심각하고 충격적인 부도덕이다.

무한한 지혜와 권능을 지닌 존재가 내린 명령을 거부하거나 무시하는 것은 얼마나 어리석고 허망한가! 더 나아가, 무한히 선하고 자비로운 창조주가 우리에게 부여한 도덕적 원칙을 존중하지 않는다는 것은 얼마나 부자연스럽고 배은망덕한 일인가! 설령 그런 불경함이 이 세상에서는 아무런 처벌을 받지 않는다 해도 말이다.

이러한 도덕적 원칙은 단순히 신에 대한 경외심뿐만 아니라 인간 본성 안에 있는 가장 강력한 본능인 자기애에도 뿌리를 두고 있다. 설사 인간의 눈을 피하고 인간 세상의 처벌을 모면한다 해도, 우리는 결국 정의의 최종 심판자인 하느님의 응징을 피할 수 없다. 이러한 생각은 인간의 가장 강한 욕망과 충동조차 효과적으로 억제할 수 있다. 그리고 끊임없는 성찰을 통해 이 생각을 내면화한 사람에게는 그 억제력은 더욱 강력하게 작동한다.

종교는 어떻게 인간을 더 성실하게 만드는가

종교는 이런 방식으로 의무감을 자연스럽게 강제한다. 그래서 사람들은 종교적 신념이 깊은 이들의 성실성을 더욱 신뢰한다. 이런 사람들은 다른 사람의 행동을 제한하는 일반적인 사회적 규범 외에, 종교라는 더 강력한 내적 속박을 가지고 있다고 여기기 때문이다.

사실 행동의 적절성, 명성에 대한 관심, 스스로에 대한 자부심 그리고 타인의 인정과 칭찬에 대한 욕구는 종교인이든 세속인이든 누구에게나 영향을 미치는 공통된 동기다. 그러나 종교인은 여기에 더해 하나의 강력한 제약을 더 갖고 있다. 그는 언제나 신이 모든 것을 지켜보고 있다고 믿고, 신이 자신의 행동을 언젠가 반드시 보상하거나 심판한다고 확신한다. 이 믿음은 그가 한결같이 성실하고 규칙적으로 행동할 것이라는 강한 신뢰를 다른 이들에게 준다.

그래서 사람들은 종교인을 올바르고 믿을 수 있는 존재로 평가하며, 그의 정직함과 성실함에 세속인보다 더 큰 신뢰를 부여한다. 진정한 종교는 쓸모없는 종파 싸움이나 아무 의미 없는 형식주의로 타락하지 않는다. 종교적 의무란 단순한 형식적 예식이 아니라 정의와 자애의 실천이며, 도덕적 규칙을 성실하게 지키는 것이다. 희생제물이나 형식적 기도, 무의미한 탄원 따위로 인간의 사기, 배신, 폭력에 대해 신의 용서를 구하려 해서는 안 된다고 종교는 가르친다.

제6장

의무감만으로 행동해야 할 때, 그리고 다른 동기와 함께해야 할 때

— ◆ —

종교는 사람들이 미덕을 실천하고 악덕을 멀리하도록 이끄는 강력한 동기 중 하나다. 그래서 많은 이들이 종교적 원칙만이 인간 행동의 유일한 바람직한 동기가 되어야 한다고 믿는다. 이들은 다음과 같이 주장한다. "감사하는 마음이 들어서 보상을 하거나 분노 때문에 처벌해서는 안 된다. 연민이나 자애심 때문에 약자를 돕거나 노부모를 봉양해서도 안 된다. 개인적인 호감이나 정서적 유대에 따라 행동하는 것을 모두 버려야한다. 그 대신 오직 하나의 감정만 품어야 하는데, 그것은 곧 신에 대한 사랑이다."

그에 따르면 우리는 자신을 신이 기뻐하실 존재로 만들어야 하며, 우리의 모든 행동은 철저히 신의 뜻에 복종하는 것이어야 한다. 고마운 감정이 들어서 감사하는 마음을 표현하거나 자애로운 감정에서 자비로운 행동이 나와서는 안 된다는 것이다. 나라를 사랑해서 공공 정신을 발휘하거나 인류애에서 비롯된 관용과 정의감 역시 바람직하지 않다. 이러한 모든 의무는 오직 신이 그렇게 하라고 명령하셨기 때문에 수행되어야 한다는 것이다.

나는 여기서 이 견해를 본격적으로 논박하지는 않겠다. 다만 한 가지는 짚고 넘어가야 한다. 이런 관점은 특정 종교에만 국한된 것이 아니라 거의 모든 종교가 이와 유사한 가르침을 담고 있다. 예를 들어 기독교에서는 하나님을 온 마음을 다해 사랑하라는 것이 제1계명이요, 네 이웃을 네 몸처럼 사랑하라는 것이 제2계명이다.

하지만 우리는 자기 자신을 사랑하라는 명령 때문이 아니라 본래 자기 이익을 위해 자신을 돌본다. 기독교는 오직 의무감만이 유일한 행동 원리여야 한다고 가르치지 않는다. 그럼에도 철학과 상식은 의무감이 우리의 주된 행동 원리가 되어야 한다고 말한다.

그렇다면 우리는 질문을 던지게 된다. 어떤 경우에 인간의 행동은 오직 의무감이나 도덕 규칙에 대한 존중에서 비롯되는가? 또 어떤 경우에는 그와 무관한 감정이 우리의 행동을 이끄는가?

구두쇠와 상인의 차이—감정이 아닌 원칙으로 살아간다는 것

이 질문에 대해 정확하게 답하는 것은 간단한 일이 아니다. 그 답은 크게 두 가지 상황에 따라 달라진다. 하나는 감정 자체가, 규칙과 무관하게 행동의 이유로 삼을 수 있을 만큼 적절하고 바람직한가에 달려 있고, 다른 하나는 그 일반 규칙 자체가 얼마나 엄격하거나 관대한가에 달려 있다.

1. 첫 번째 조건에 관해 말하자면, 우리의 행동이 감정에서 자연스럽게 흘러나온 것인지, 아니면 도덕 규칙을 존중하는 마음에서 비롯된 것인지를 살펴보아야 한다.

자비의 감정에서 나오는 고결하고 존경스러운 행동들은, 그런 감정 자체에서 비롯된 것이든, 또는 도덕 규칙에 대한 존중에서 비롯된 것이든, 결과적으로는 같은 가치를 지닌다. 그러나 감정 없이 의무감만으로 행동한다면 우리는 그 행위에서 온기를 느끼기 어렵다.

가령 누군가에게 도움을 받은 사람이 그 은혜에 대해 감사나 호감 없이, 오로지 의무감 때문에 형식적으로 보답한다면 시혜자는 자신이 무시당했다고 느낄 수 있다. 남편 또한 아내의 모든 행동이 사랑이나 애정이 아니라 단지 아내로서의 의무 때문이라고 느낀다면 실망할 것이다. 마찬가지로 아들이 아무리 도리를 다해 부모를 공경해도, 애정 어린 존경이 담기지 않으면 부모는 서운함을 느낀다. 반대로 아들이 정성을 다해 효도하는데도 아버지가 아무런 호의나 감정을 보이지 않는다면 아들도 아버지에게 실망할 것이다.

이처럼 인간관계에서 비롯되는 자발적인 호의와 애정은, 오로지 의무감에 의해 형성되는 것보다 훨씬 더 자연스럽고 감동적이다. 감정이 먼저 일어나고, 의무감이 그것을 적절히 다듬는 것이 더 이상적으로 여겨진다. 예를 들어 아버지가 먼저 아들에게 따뜻한 애정을 보인 뒤에 의무감으로 그 감정을 조절하려 하거나 친구가 자신의 선의를 도덕적 기준에 맞춰 스스로 절제하거나 은혜를 입은 사람이 과도한 감정 표현을 자제하는 모습은 모두 자연스럽고 품격 있는 행동으로 받아들여진다.

악의적이거나 비사교적인 감정과 관련된 경우에는 정반대의 원리가 적용된다. 고마움이나 관대함에 대해서는 마음에서 우러나오는 즉각적인 보답이 자연스럽다. 그럴 땐 보상이 과연 어느 정도가 적절한지 지나치게 따질 필요도 없다. 하지만 누군가를 처벌할 때는 이야기가 다르다. 처벌은 감정과 복수심에 휘둘려서는 안 되고, 신중하게 따져 가능하다면 마지못해 내리는 결정이어야 한다.

따라서 다음과 같은 태도는 매우 절제되고 우아한 행동으로 여겨진다. 큰 피해를 입고도, 그 분노가 단순히 자신이 상처받았다는 감정에서 비롯된 것이 아니라 그 피해가 객관적으로 분노할 만한 일이기 때문에 표출된 분노라면 그것은 품위 있는 반응이다. 보복의 강도를 결정할 때도 감정이 아니라 일반 규칙을 기준 삼아야 한다. 그 규칙을 적용할 때는 피해자인 자신보다 오히려 가해자의 입장을 먼저 고려하는 것이 더욱 고귀한 태도다. 분명 화가 나지만, 자비를 잊지 않는 것이다. 가장 온건한 방식으로 규칙을 해석하고, 상식과 인간미가 허용하는 선 안에서 최대한 관대하게 판단하려는 태도야말로 정의를 가장 진실하게 실현하는 길이다.

앞에서 살펴본 것처럼 이기적 감정은 사교적 감정과 비사교적 감정의 중간쯤에 위치한다. 이 경우에도 원칙은 같다. 일상적인 사소한 상황 속에서 작은 이익을 추구할 때는 그 이익 자체에 대한 열정보다 일반 규칙에 대한 존중이 앞서야 한다. 하지만 그 이익이 우리 내면에 강한 열정을 불러일으키지 못한다면 설령 그것이 중요한 사안이라 하더라도 우리의 태도는 어색하고 무기력하며 감흥 없이 보일 수 있다. 예를 들어 1실링이라도 더 벌거나 아끼려고 불안해하고 애면글면하는 천박한 자영업자는, 아무리 형편이 궁박하더라도 이웃의 눈에는 비천하게 보인다. 그의 형편이 아무리 어려워도 그런 사소한 금액에 지나치게 연연해하며 애쓰는 모습은 격에 맞지 않다.

물론 그가 처한 현실은 절약과 근면이 절실한 상황일 수 있다. 그러나 그의 절약과 근면은 단순히 1실링을 아끼기 위해서가 아니라 상인이라면 당연히 따라야 할 일반적인 생활 규칙에 따라 이루어지는 것으로 보이는 것이 바람직하다.

상인이 오늘 3펜스를 절약하는 이유가 단지 돈이 아깝기 때문이거나, 하루 종일 상점에 머무는 이유가 그저 10펜스를 벌려는 집착 때문이라면, 그것은 참된 상인 정신이 아니다. 진짜 상인은 상업 활동에서 요구되는 절약과 근면을 자기 삶의 원칙으로 받아들이고, 그 원칙에 따라 작은 일에도 성실하게 임한다. 이것이 무조건 아끼려는 구두쇠와, 원칙에 따라 절약과 근면을 실천하는 상인을 구분짓는 지점이다. 구두쇠는 단순히 푼돈이 아까워 움직이고, 상인은 스스로 세운 질서와 계획에 따라 행동한다.

진지함 없이 얻는 것은 없다

그러나 상황이 달라지는 경우도 있다. 특별히 중요하고 이례적인 대상에 대해서는 단순한 규칙만으로 설명되지 않는다. 예를 들어 사소한 일이라도 상인이라면 진지하게 다뤄야 한다. 그런 진지함 없이 가볍게 넘기는 사람은 비열하게 보인다. 우리는 나라를 지키거나 확장할 의지도 없는 군주를 경멸하며, 부정이나 불의를 저지르지 않고도 땅이나 지위를 얻을 수 있는 기회를 외면하는 재야의 신사를 존경하지 않는다. 또한 의회 의원이 선거에 열의를 보이지 않으면, 그의 친구들조차 그를 지지하지 않는다. 심지어 작은 가게를 운영하는 상인도 특별한 사업 기회나 이익이 앞에 있을 때 성실히 뛰지 않는다면 이웃들은 그를 한심하게 여길 것이다.

이러한 기상과 열의가 진취적인 사람과 단조로운 일상에 안주하는 사람을 구분 짓는다. 자기 삶에서 중요한 목표—즉, 자기애의 핵심을 이루는 목적—를 추구할 때, 그것을 얻느냐 잃느냐는 인생의 방향과 지위를 크게 바꾸는 요인이 된다. 그렇기에 이것은 야망이라는 열정이 향해야 할 적절한 대상이 된다.

신중함과 정의의 테두리 안에서 움직이는 열정은 언제나 존경을 받는다. 때로는 신중함이나 정의로움을 넘어서 다소 무리하거나 불공정하게 보일 수 있지만, 그 규모와 과감함이 사람들의 상상력을 사로잡는다. 그래서 우리는 영웅, 정복자, 심지어 정치가들까지도 존경한다. 그들의 계획은 거대하고 담대하며, 때로 정의롭지 못하지만 그 비범함만으로도 경외감을 준다. 리슐리외 추기경이나 레츠 추기경 같은 인물이 그렇다. 구두쇠와 야심가의 차이는 목표의 크기에 있다. 구두쇠는 단 한 푼을 아끼기 위해 집착하지만 야심가는 나라를 얻으려 한다. 방향은 같지만 스케일이 다를 뿐이다.

2. 두 번째 요소는 일반 규칙 그 자체의 엄격함이나 느슨함에 관련된 것이다. 즉 어떤 상황에서, 어느 정도까지 일반 규칙을 따를 것인가의 문제다. 예컨대 신중함, 자비, 관대함, 감사, 우정 등 여러 미덕은 일반 규칙에 따라 형성되지만, 그 규칙은 대부분 느슨하고 명확하지 않으며, 예외가 많다. 그래서 실생활에서는 그 규칙들을 상황에 맞게 조정해야 하는 경우가 빈번하다. 그 결과, 우리의 행동을 오로지 일반 규칙만으로 조율하는 것은 거의 불가능하다.

감사의 규칙은 생각보다 복잡하다

신중함과 관련된 일반적인 규칙들은 대부분 보편적인 경험을 바탕으로 형성된 것이기 때문에 인간 행동을 조율하는 가장 신뢰할 만한 기준으로 여겨진다. 하지만 이러한 규칙들을 하나하나 빠짐없이, 문자 그대로 엄격하게 따르라고 요구하는 것은 지나치게 세심하고 융통성 없는 태도로, 때로는 우스꽝스러울 정도로 비현실적인 행동이 된다.

내가 앞서 언급한 여러 미덕 가운데 감사에 관한 규칙은 가장 분명한 편이다. 우리는 누군가에게 도움을 받았다면 가능한 한 신속하게 그에 상응하거나 그 이상으로 보답해야 한다. 이처럼 감사는 거의 예외가 허용되지 않는 명확한 규칙처럼 보인다. 그러나 자세히 들여다보면 이 규칙도 느슨하고 애매한 부분이 많아 예외 상황이 수없이 생길 수밖에 없다.

누군가가 당신이 아플 때 병문안을 왔다면 당신도 그 사람이 아플 때 반드시 찾아가야 할까? 만약 직접 병문안을 가지 않는다면 다른 방식으로 보답하는 것으로도 감사의 의무를 다했다고 볼 수 있을까? 병문안을 간다면 얼마나 오래 머물러야 적절할까? 상대가 머물렀던 시간과 똑같거나 그보다 길어야 할까? 또한 친구가 당신이 곤란할 때 돈을 빌려주었다면 그가 어려움에 처했을 때 당신도 반드시 같은 방식으로 도와야 하는가? 얼마만큼의 금액을, 언제, 어떤 조건으로 빌려주는 것이 마땅할까? 지금 당장인가, 며칠 뒤인가, 한 달 후인가? 또 그 기간은 얼마나 되는 것이 적절할까?

이러한 질문들에 명확한 답을 제시하는 일반 규칙을 세우는 것은 사실상 불가능하다. 그 이유는 상대의 성격과 당신의 성격, 그와 당신의 상황이 워낙 다르기 때문이다. 당신이 진심으로 고마워하는 마음을 갖고 있더라도, 실질적으로는 그에게 단 한 푼도 빌려주지 못할 수도 있다. 반대로 당신은 기꺼이 도와줄 준비가 되어 있고, 심지어 지난번 빌렸던 돈의 열 배를 빌려줄 의향이 있을 수 있다. 그럼에도 어떤 이들은 당신의 행동을 배은망덕한 처사라고 비난하며, 최소한의 도리조차 하지 않았다고 판단할 수도 있다.

이처럼 상황을 세세히 따지고 들어가면 판단이 복잡해진다. 그럼에도 감사는 자애에서 비롯된 여러 미덕 가운데 가장 본질적이고 신성한 덕목이다. 따라서 감사를 규율하는 일반 규칙은 앞서 언급했듯이 상대적으로 더 명확하게 정립되어 있다. 하지만 우정, 인간애, 환대, 관대함 같은 미덕을 조율하는 일반 규칙들은 감사에 비해 훨씬 더 모호하고 불확실하며, 상황에 따라 다양하게 해석될 수밖에 없다.

정의는 타협하지 않는다

그러나 외적인 행동과 관련하여 가장 엄격하게 일반 규칙이 적용되는 미덕이 하나 있다. 정의다. 정의의 규칙은 그 어떤 미덕보다도 명확하게 규정되어 있으며, 거의 예외나 조정을 허용하지 않는다. 이러한 규칙은 다른 일반 규칙들만큼이나 정밀하게 확정할 수 있으며, 같은 원리에서 유래한다. 예를 들어 내가 어떤 사람에게 10파운드를 빚졌다면 정의는 이렇게 명령한다. "그 돈을 약속한 날짜에, 혹은 상대가 요구하는 즉시 갚아야 한다." 이와 관련된 행동의 조건, 맥락, 방식은 이미 정확하게 정해져 있으며, 사전에 결정되어 있다.

신중함이나 관대함의 규칙을 지나치게 철저히 지키면 사람들에게는 융통성 없는 까다로운 사람으로 보일 수 있다. 하지만 정의의 규칙을 엄격히 따르는 사람에게 그런 비난은 통하지 않는다. 오히려 정의는 신성하게 준수되어야 할 원칙이며, 이 규칙을 실천하는 가장 바람직한 방식은, 그것을 경건하면서도 일관되게 존중하는 태도에서 비롯된다.

다른 미덕을 실천할 때 우리는 적절한 태도나 정서적 분위기를 중시한다. 규칙 자체보다는 그 규칙이 지향하는 취지를 더 중요하게 여긴다. 하지만 정의만큼은 다르다. 정의에 있어서는, 규칙을 일절 수정하지 않고, 완고할 정도로 원칙에 충실한 사람이 가장 신뢰받고 바람직한 인물로 평가된다.

정의의 규칙은 본질적으로 우리가 타인에게 해를 끼치지 않게 하려는 것이며, 동시에 스스로도 그 선을 넘지 않도록 지켜주는 경계선이다. 하지만 사람들은 종종 이런 경계를 스스로 무너뜨리려 한다. "이번 한 번쯤은 괜찮겠지." "이건 누가 피해를 입는 일도 아니니까."

이처럼 자기기만으로 규칙을 조금씩 왜곡하는 순간, 이미 악행으로 향하는 문은 열리고 만다. 정의의 신성한 원칙을 일부라도 거스르겠다는 마음을 먹는 그 순간, 그는 신뢰할 수 없는 사람으로 전락한다. 사람들은 결국 그가 이제 못할 짓이 없다고 판단하게 된다.

도둑은 부자의 재산을 훔치면서도 스스로 악인이라고 여기지 않는다. "저 사람은 워낙 부자라 이 물건 하나쯤 잃어도 전혀 모를 거야. 설령 알아도 큰 피해는 없겠지." 자기 합리화가 도둑질을 정당화하기도 한다. 간통하는 사람 역시 친구의 아내를 유혹하면서도 자신이 악한 일을 한다고 여기지 않는다. "남편에게 들키지 않으면 가정에 아무 문제도 없을 거야. 가정을 무너뜨릴 생각은 없으니까." 이처럼 겉보기에 평화만 유지되면 괜찮다고 착각한다.

하지만 우리가 정의의 규칙을 상황에 따라 자기 입맛대로 고쳐 쓰기 시작한다면 결국 우리에게 저지르지 못할 악행은 하나도 남지 않게 된다.

문법처럼 정의롭고, 문학처럼 인간답게

정의의 규칙은 문법의 규칙에 비유할 수 있다. 문법이 숭고하고 우아한 문장을 만들기 위해 문학 평론가들이 설정한 또 다른 규칙 체계이듯, 정의의 규칙 역시 인간 행동의 미덕을 위한 기준이다. 그러나 이 둘은 근본적으로 성격이 다르다. 정의의 규칙은 정밀하고 명확하며 필수불가결한 반면 문법의 규칙은 비교적 느슨하고 모호하며 불확정적이다. 문법은 우리에게 정확성을 보장하는 확고한 지침을 제공하지 않는다. 다만 우리가 도달하고자 하는 언어적 완성도의 대략적인 이상(理想)을 제시할 뿐이다.

문법의 규칙을 따르면 문법적으로 틀리지 않는 문장을 쓸 수는 있다. 마찬가지로 정의의 규칙을 따르면 공정한 행동을 할 수 있다. 그러나 문법 규칙을 철저히 따른다고 해서 반드시 고상하고 우아한 문장을 쓸 수 있는 것은 아니다. 이는 마치 어떤 규칙을 따른다고 해서 반드시 신중하거나 자애롭거나 관대한 행동을 보장받을 수 없는 것과 같다. 물론 그런 규칙들은 우리가 막연하게 품고 있는 고상한 문장이나 미덕에 대한 이상적인 이미지—즉, 어떤 것이 이상적인가에 대한 감각—를 보다 구체화하고 정교하게 다듬는 데는 도움을 줄 수 있다.

이와 마찬가지로 신중함, 관대함, 자애와 같은 미덕들도 어떤 규칙을 철저히 따른다고 해서 반드시 실천할 수 있는 것은 아니다. 물론 몇몇 규칙은 우리가 마음속에 그리는 미덕의 모호한 이미지를 구체화하고 다듬는 데 일정한 도움을 줄 수 있다.

우리는 때때로 어떤 행동이 옳다고 굳게 믿고, 진지한 마음으로 실행에 옮기지만, 정작 그 행동을 이끄는 원칙을 잘못 이해할 때가 있다. 그럴 경우 잘못된 규칙을 따르면서도 마치 그 행동이 당연히 타인의 인정을 받을 것이라 착각한다. 그러나 우리가 따랐던 그릇된 원칙에 사람들이 공감하지 않는 이상, 우리의 행동은 결국 인정받지 못한다.

그럼에도 이처럼 잘못된 양심, 그릇된 의무감으로 인해 악덕에 빠진 사람에게조차 우리는 일정한 존경심을 느낀다. 설령 그가 큰 잘못을 저질렀더라도, 그 안에는 여전히 선을 좇고자 했던 진지한 노력의 흔적이 있기 때문이다. 그래서 그는 관대하고 인간적인 사람들에게 증오나 비난의 대상이 되기보다는 연민의 대상이 된다. 그들은 인간 본성의 나약함을 안타까워한다. 인간은 종종 성실하게 완성을 향해 나아가려는 중에도, 불완전한 이성 때문에 잘못된 신념과 행동에 빠질 수 있기 때문이다.

그릇된 종교관은 인간의 자연스러운 감정을 왜곡하는 거의 유일한 원인이다. 종교는 인간 행동의 규범을 가장 강력하게 뒷받침하지만 동시에 그 기준을 크게 왜곡하기도 한다. 종교를 제외한 대부분의 경우, 상식은 우리를 적절한 방향으로 인도할 수 있다. 상식이 완전한 판단을 보장하지는 않지만 적어도 행위의 적절성에서 크게 벗어나지 않도록 해준다. 우리가 진심으로 올바르게 행동하고자 한다면 결국 우리의 행동은 대부분 칭찬받을 만한 수준에 이른다.

"신의 뜻에 복종하는 것이 인간의 의무다"라는 원칙에는 대부분이 동의한다. 그러나 신이 실제로 어떤 계율을 명령했는지에 대해서는 사람마다 해석이 다르다. 그렇기에 이런 영역에서는 서로에 대한 최대한의 관용과 자제가 필요하다.

한편, 인간 사회의 질서를 유지하려면 그 동기가 무엇이었든 간에 범죄는 반드시 처벌되어야 한다. 그러나 선량한 사람은 그런 처벌을 결코 기꺼이 내리지 않는다. 특히 그 범죄가 잘못된 종교적 의무감에서 비롯된 것이라면 더욱 그렇다. 그는 그런 사람에게 일반적인 범죄자에게 느끼는 혐오와 분노 대신, 깊은 유감과 안타까움을 느낀다. 심지어 그는 그들을 처벌하는 순간에도, 그들의 잘못된 믿음에서 비롯된 확고한 의지와 고결한 열정을 존경하는 마음을 거두지 않는다.

종교적 광신이 만들어낸 비극

볼테르의 명작 희곡 한 편은 마호멧의 비극을 다루는데, 왜곡된 종교적 신념에서 비롯된 범죄에 대해 우리가 어떤 감정을 품어야 하는지를 탁월하게 그려내고 있다.[21] 이 비극 속에는 두 명의 젊은 남녀, 팔미라와 세이드가 등장한다. 이들은 순수하고 고결한 인격을 지닌 인물로, 따뜻한 성품과 깊은 사랑 외에는 흠잡을 데 없는 존재였다. 그러나 그들은 종교적 광신에 의해 조종당한 끝에, 인간 본성의 가장 숭고한 원칙들을 거스르는 끔찍한 살인을 저지르게 된다.

---

21 볼테르의 희곡 『광신주의 혹은 예언자 마호멧』(1736)은 종교적 광신과 편견을 통렬히 풍자한 작품이다. 극 중 마호멧은 아름다운 여인 팔미라에 대한 자신의 욕망을 채우기 위해, 그녀의 경건한 애인이자 충직한 신자인 세이드를 조종하여 자신의 정치적 라이벌인 조피르를 살해하게 만든다. 조피르는 실은 팔미라와 세이드의 아버

조피르라는 한 존경받는 노인은 두 남녀를 향해 한없는 애정과 따뜻한 관심을 품고 있었다. 그는 그들이 믿는 종교에서 공인된 적으로 간주되는 인물이었지만, 두 사람은 그럼에도 불구하고 그에게 깊은 존경과 애정을 느끼고 있었다. 그들은 조피르가 누구인지 알지 못했지만 실은 자신의 친아버지였다. 그런데 그 노인이, 알라가 직접 명령한 희생제물로 지목되었고, 두 사람은 자신들의 손으로 그를 죽이라는 명령을 받는다.

살인을 앞둔 이들의 내면은 처절한 갈등으로 가득하다. 한편으로는 신의 명령을 어길 수 없다는 신앙적 의무감, 다른 한편으로는 조피르에 대한 연민과 감사, 존경의 감정이 교차한다. 이 강렬한 충돌은 연극 무대 위에서 가장 심오하고 감동적인 장면으로 구현된다.

결국, 종교적 의무감은 이들의 인간적인 미덕을 압도하고, 그들은 살인을 저지른다. 그러나 곧 자신들이 속았다는 것을 깨닫고, 그 행위가 종교의 이름을 빌린 사기였음을 알게 된다. 이후 두 사람은 공포, 후회, 분노에 휩싸인다. 우리는 이 불행한 남녀에게 깊은 연민을 느낄 수밖에 없다.

우리가 세이드와 팔미라에게 연민을 느끼듯, 만약 누군가가 실제로 종교적 신념에 따라 잘못된 길로 이끌렸다는 것이 분명하다면 그러한 사람에게도 마땅히 연민과 이해의 감정을 가져야 한다. 다만, 그것이 진정한 종교적 확신에서 비롯된 경우여야 한다. 종교는 때때로 인간의 가장 이기적이고 파괴적인 욕망을 은폐하기 위한 수단으로 악용되기도 한다. 그런 경우에는 같은 연민을 느낄 수 없다.

지였는데 어릴 적에 남매를 잃어버려 그 사실을 알지 못한다. 이 비밀은 오직 마호멧만 알고 있었고, 그는 자신의 사적 욕망과 신의 계명을 동일시하며, 세이드를 속여 끔찍한 범행을 저지르게 한다. 애덤 스미스가 '가장 감동적인 장면'이라 언급한 부분은 이 희곡의 4막 3장에 나온다.

미덕은 의무가 아니라 자기 승인에서 시작된다

사람은 때때로 잘못된 의무감에 이끌려 잘못된 행동을 하기도 한다. 반대로 자연은 어떤 순간에 강력한 감정을 통해 인간이 본래 의무를 어기면서도 옳은 일을 하도록 만들기도 한다. 이처럼 예상치 못한 동기가 결과적으로 옳은 행동으로 이어지는 모습을 우리는 크게 불쾌하게 여기지 않는다. 비록 그 행동이 당사자의 나약함에서 비롯된 것일지라도 말이다. 하지만 그런 경우, 우리는 그 행동이 원칙에서가 아니라 약한 성품에서 비롯된 것이기에 온전히 찬성하거나 높이 평가할 수는 없다.

예컨대 성 바돌로뮤 대학살[22] 당시 어떤 완고한 로마 가톨릭 신자가 연민을 느껴 자신이 처형하기로 되어 있던 개신교도 몇 명을 살려주었다면 우리는 그에게 온전한 도덕적 찬사를 보내고 싶지는 않을 것이다. 그의 연민은 인상 깊지만, 그런 행동이 확고한 자기 승인에서 나온 것이 아니기에 우리는 단지 연민의 감정을 느낄 뿐 진정한 미덕에 대한 경외심까지 품지는 않는다.

다른 감정의 경우도 마찬가지다. 어떤 격정이 상황에 맞게 적절히 표현되는 모습을 보면 설령 당사자가 잘못된 의무감 때문에 그 감정을 억누르려 했더라도 우리는 그것을 불쾌하게 받아들이지 않는다. 이를테면

---

22 성 바돌로뮤 대학살은 1572년 8월 24일, 프랑스에서 발생한 대표적인 종교적 학살 사건이다. 이날 가톨릭 세력은 개신교도인 위그노들을 상대로 대규모 학살을 자행했다. 당시 위그노 측 지도자 콜리니는 프랑스 국왕 샤를 9세의 신임을 얻어 가톨릭을 지원하던 스페인과의 전쟁을 통해 신구교 간 내전을 종식시키려는 구상을 하고 있었다. 그러나 국왕의 어머니이자 섭정인 카트린 드 메디시스는 개신교 세력이 지나치게 커지는 것을 우려해 가톨릭 진영의 수장 기즈 공 앙리와 결탁했고, 결국 성 바돌로뮤 축일 새벽, 제례의 종소리를 신호로 콜리니를 비롯한 수천, 많게는 수만 명에 이르는 위그노 신도들을 조직적으로 학살했다. 이 사건은 프랑스 종교 전쟁의 전환점이 되었으며, 이후 신구교 간 갈등은 더욱 격화되었다.

매우 독실한 퀘이커교도가 폭행을 당한 후 예수의 가르침대로 왼쪽 뺨을 내밀지 않고, 오히려 자신을 때린 자를 단호하게 응징했다면 우리는 그 기개 있는 행동에 오히려 유쾌한 인상을 받으며 그를 더 호감 있게 바라볼 수 있을 것이다.

그러나 그런 행동은 찬탄이나 존경의 대상이 되기는 어렵다. 존경과 찬탄은 상황에서 가장 적절한 행동을 신중히 판단하고 자기 승인과 함께 실천한 사람에게 돌아가야 한다. 자기 승인이 따르지 않는 행동은 결코 완전한 미덕의 실현이라 할 수 없다.

제4부

효용이
도덕적 승인의 감정에 미치는
영향에 관하여

예술 작품에서 효용이 만들어내는 아름다움과 그 영향에 대하여

━━━━━━━━◆━━━━━━━━

아름다움은 효용에서 시작된다

효용은 우리가 아름다움을 느끼는 데 있어 매우 중요한 요소 중 하나이다. 아름다움의 본질에 대해 깊이 고민해본 사람이라면 누구나 이 점을 부인하지 않는다. 가령 어떤 집이 구조적으로 편리하게 설계되어 있다면 그 기능성은 집의 외형이 단정하게 생긴 것만큼이나 보는 이에게 만족을 준다. 반대로 창문이 서로 짝이 맞지 않거나 현관이 건물 정중앙에서 벗어나 있으면 우리는 본능적으로 불쾌함을 느낀다. 어떤 체계나 장치가 본래 목적에 잘 맞으면 우리는 바라보거나 떠올리는 것만으로도 기쁨을 느낀다. 이것은 너무나 자명하여 이 원칙을 무시하고 지나치는 사람은 거의 없다.

효용이 왜 즐거움을 주는가에 대해서는 최근 한 독창적이고 기지 넘치는 철학자[23]가 흥미로운 설명을 제시한 바 있다. 그는 심오한 사유를 우아하게 표현할 줄 알았고, 매우 추상적인 주제를 꿰뚫어본 뒤 생동감

넘치는 문장으로 풀어내는 특별한 재능을 지닌 인물이었다. 그의 견해에 따르면 어떤 사물이 지닌 효용은 그 소유자에게 본래의 목적—즉, 편리함이나 즐거움—을 끊임없이 떠오르게 하여 만족을 준다. 소유자는 그 사물을 볼 때마다 자신이 누릴 편의와 쾌락을 떠올리고, 그 사물은 그렇게 반복적으로 기쁨을 불러오는 원천이 된다.

관찰자는 동감(sympathy)을 통해 그 소유자의 감정을 함께 느끼며, 동일한 기쁨의 시선으로 그 사물을 바라본다. 우리가 위대한 인물의 궁전을 방문할 때, 마치 그 궁전이 내 것인 양 만족을 느끼는 것도 같은 이유다. 궁전의 정교한 장식과 독창적 구조는 소유자가 느꼈을 자부심과 기쁨을 우리에게 간접적으로 전한다. 반대로 어떤 건물이 불편하거나 조잡해 보인다면 그것은 그 건물의 소유자뿐만 아니라 이를 바라보는 우리에게도 불쾌감을 안긴다.

흥미로운 점은 예술 작품이 목적을 얼마나 잘 이루었는가보다 그 목적을 위한 정밀한 설계와 기능의 배치 같은 수단이 더 높게 평가되는 경우가 많다는 사실이다. 효용성보다 효율적인 구성 자체가 더 아름답게 느껴지는 것이다. 내가 아는 한, 이처럼 목적보다 수단이 더 중요하게 여겨지는 현상에 대해 주목한 사람은 거의 없었다. 그러나 이는 사소한 일상에서부터 중대한 사안에 이르기까지, 수천 가지 사례에서 반복적으로 확인되는 보편적인 현상이다.

만약 누군가 방 안에 들어섰을 때, 모든 의자가 방 한가운데 몰려 있는 광경을 보았다고 해보자. 그는 아마 하인에게 불쾌감을 드러내거나, 스스로 나서서 그 의자들을 방의 벽 쪽으로 옮겨 정돈할 것이다. 이렇게

---

23 이 부분에서 스미스에게 큰 영향을 준 인물은 스코틀랜드 철학자 데이비드 흄 (1711-1776)이었다.

의자의 위치를 재배치하려는 행동은, 방 중앙이 비어 있을 때 더 편리하다는 인식에서 비롯된 것이다. 그 편리함을 되찾기 위해 그는 수고를 마다하지 않고 불편한 상태를 바로잡으려 하는 것이다.

그는 의자들을 옮긴 뒤, 그중 하나에 앉았을 수도 있다. 아마도 그것이 가장 편안했기 때문일 것이다. 하지만 그가 진정으로 원했던 것은 단지 앉아서 편해지는 것이 아니라 그런 편안함이 자연스럽게 느껴지도록 의자들이 잘 정돈된 상태였다. 결국 핵심은 편리함이다. 그 편리함을 위해 의자들을 다시 정리한 것이며, 그 결과 그 행동이 보기에 알맞고 아름답게까지 느껴지게 된 것이다.

쓸모보다 정교함에 끌리는 마음

시계에 대해서도 비슷한 이야기를 할 수 있다. 만약 하루에 2분 이상 오차가 나는 시계가 있다면 시계에 관심이 많은 사람은 그것을 성능이 떨어지는 기계로 여길 것이다. 그는 그 시계를 2기니에 팔고, 50기니를 주고라도 2주 동안 1분의 오차도 나지 않는 정밀한 시계를 살 것이다. 시계의 본래 목적은 현 시간을 알려주는 데 있다. 그것은 우리가 약속 시간에 늦거나 시간 관리를 잘못해 겪게 되는 불편을 줄이기 위해서다.

그러나 곰곰이 따져보면 정밀한 시계를 고집한다고 해서 그가 다른 사람보다 시간을 더 철저히 지키거나 시간 정보를 더 절실히 필요로 하는 것도 아니다. 그가 진짜로 원하는 것은 정확한 시간이라기보다는 그 정확함을 만들어내는 기계의 정교함이다.

많은 사람은 실제로 쓸모는 크지 않은 물건들에 큰돈을 들이고 낭패를 보기도 한다. 이들이 그 물건에서 느끼는 만족은 실용성 때문이 아니라 얼마나 섬세하고 정밀하게 만들어졌는가에서 비롯된다. 이런 취향을 가진 사람들은 여러 종류의 소품을 몸에 지니고 다니며, 이를 위해 보통 옷에서는 볼 수 없는 특별한 주머니를 만들어 차기도 한다.

몸에 지니고 다니는 자질구레한 물건의 무게와 부피는 유대인 잡화상이 지고 다니던 행상 상자에 견줄 만큼 많다. 그중 일부는 분명 약간의 실용성도 있지만 대부분은 없어도 되는 것이다. 순수하게 효용만 따진다면 그 무게를 짊어지고 다닐 만큼의 가치는 없다.

이런 행동 양식은 단지 사소한 물품에만 국한되지 않는다. 때때로 개인적인 생활이나 공적인 사안에서조차도, 이러한 정밀함이나 완성도에 대한 집착이 은밀한 동기가 되어 중요한 결정을 이끌기도 한다.

부자가 되면 행복할 줄 알았다

어느 가난한 집에 아들이 있었다. 그는 부유한 사람들의 삶을 바라보며 그들의 생활 환경을 부러워했다. 그러던 어느 날, 하늘이 그의 마음 속에 야망을 불어넣었다. 그는 아버지의 좁고 허름한 오두막이 답답하게 느껴졌고, 넓고 편안한 집에서 살고 싶다는 열망이 생겼다. 걸어 다니는 것도 힘들었고, 멀리까지 말을 타고 가는 일도 성가시게 여겼다. 마차를 타고 다니는 부자들을 보며, 저런 마차가 있다면 훨씬 편하겠다고 생각했다. 스스로 게으른 성격이라 여긴 그는 손수 일하는 시간을 줄이고 싶어 했고, 많은 하인을 두면 그만큼 수고를 덜 수 있으리라 믿었다.

그는 이런 것을 모두 갖추면 편안한 의자에 기대어 조용하고 여유로운 나날을 보낼 수 있으리라 생각했다. 그러한 지위가 가져다줄 행복과 평온을 마음속에 그리며, 언젠가는 꼭 그런 복을 누릴 수 있으리라 확신했다. 그것이야말로 신분 높은 사람의 삶이라고 여겼고, 그 삶을 손에 넣기 위해 온 힘을 다해 부와 명예를 추구하기 시작했다.

그는 부와 명성이 가져다줄 편리함을 얻기 위해, 사회에 첫발을 내디딘 해, 아니 첫 달부터 몸이 지치고 마음이 불안해질 정도로 과도하게 자신을 몰아붙였다. 평생에 걸쳐 겪을 법한 신체적 피로와 정신적 긴장을, 그 짧은 기간에 모두 경험한 셈이었다. 그는 고된 직업 속에서 이름을 알리려 온 힘을 기울였다. 경쟁자보다 앞서기 위해 밤낮없이 기술을 갈고 닦고 그것을 대중 앞에서 드러내며 활용할 기회를 끊임없이 구했다.

그 과정에서 그는 모든 사람의 환심을 사기 위해 애썼다. 미워하는 사람을 위해서도 일했고, 내심 경멸하는 이들에게조차 친절하게 굴었다. 그렇게 그는 평생 인위적이고 우아한 휴식의 삶을 꿈꿨지만, 정작 그것은 머릿속에만 존재하는 상상의 산물일 뿐이었다. 현실에서 도달할 수 있는 평온은 늘 그의 손이 닿는 곳에 있었지만, 그는 스스로 외면했다. 설령 노년에 마침내 원하던 우아한 휴식을 누린다 해도 그는 젊을 때 잃어버린 소박한 평온과 잔잔한 만족이야말로 삶의 본질이며 더 값진 것임을 알게 된다.

생의 마지막 시기에 이르면 그는 자신의 몸이 오랜 고생과 질병으로 쇠약해졌음을, 마음은 수많은 상처와 실망의 기억으로 너덜너덜해졌음을 깨닫는다. 그는 자신이 겪은 고초의 원인을 적들의 악의, 친구들의 배신과 배은망덕 때문이라고 여길지 모른다. 하지만 그가 얻은 부와 명성은 결국 장난감 수집가의 만물상자와 다를 바 없다. 겉보기에는 화려하지만 몸의 편안함이나 마음의 평화를 거의 주지 못했기 때문이다. 오히려 그런 것을 지닌 채 살아가는 삶은 더 번거롭고 불편하기까지 하다. 많은 사람이 부러워하는 부와 명성 역시, 실상은 외적인 장식물일 뿐이며 삶의 본질적 만족에는 크게 기여하지 않는다.

결국 가난한 집 아들과 장난감 애호가 사이에는 본질적인 차이가 없다. 단지 그들이 추구하는 편리함이 눈에 얼마나 잘 띄는가의 차이만 있을 뿐이다. 부자의 저택, 정원, 마차, 하인들처럼 명확하게 드러나는 편리함은 누구나 쉽게 인지하고 감탄할 수 있다. 그 주인이 나서서 그 물건들의 장점을 굳이 설명하지 않아도, 우리는 자연스레 그가 누리는 만족에 공감하고 동조할 수 있다.

하지만 이쑤시개, 귀이개, 손톱깎이 같은 소소한 물건들은 그 효용이 눈에 잘 띄지 않는다. 그런 물건들 역시 나름의 편리함을 제공하지만 겉으로 드러나는 위대함이 부족하기 때문에 그 주인의 만족을 쉽게 상상하거나 공유하기 어렵다. 그래서 사람들은 그것을 허영의 대상으로 삼지 않는다.

부와 명성의 힘은 여기서 나온다. 그것은 누구나 가진 탁월함에 대한 갈망, 곧 허영심을 가장 효과적으로 자극하고 충족시키는 수단이 되기 때문이다.

만약 어떤 사람이 인적 없는 황량한 섬에서 혼자 살아가야 한다면 어떨까? 그런 상황에서는 대저택도, 각종 편의품이 가득 담긴 만물상자도 그의 행복이나 만족에 크게 기여하지 못할 것이다. 그러나 그가 사회 속에서, 사람들 사이에서 살아간다면 이야기는 전혀 달라진다. 이 경우에는 당사자가 느끼는 감정보다 오히려 타인의 시선, 곧 관찰자의 감정이 훨씬 더 중요해지기 때문이다. 그의 생활이 그 자신에게 어떤 의미로 다가오느냐보다, 다른 사람이 그것을 어떻게 보느냐가 더 큰 영향을 미친다.

그렇다면 왜 우리는 부자나 권력자의 생활 조건을 그토록 높이 평가하고 존경하는 것일까? 조금만 깊이 들여다보면 그들이 실제로 더 큰 즐거움이나 안락함을 누리기 때문이라기보다는, 그런 즐거움과 안락함을 가능하게 만드는 정교하고 세련된 장치들—이를테면 대저택, 넓은 정원, 고급 가구와 사치품들— 때문인 것을 알 수 있다.

우리는 그들이 우리보다 더 큰 행복을 누리고 있으리라 상상하지만 우리가 그들을 존경하는 이유는 사실상 그들이 이 모든 장치를 얼마나 교묘하고 창의적으로 갖추었는가에 있다. 그러나 세월이 흘러, 질병으로 쇠약해지고 노년의 피로가 쌓이면, 그토록 열망했던 명성과 부의 허영은 더 이상 의미를 주지 못한다. 그런 정교한 장치들도 더 이상 아무런 만족을 주지 못한다.

그때가 되면 그는 마음속으로 젊은 날의 야망을 저주하게 된다. 헛되이 흘려보낸 편안함과 게으른 평온을 그리워하고, 이제는 되돌릴 수 없는 옛날의 소박한 기쁨을 애석해한다. 결국 그는, 자신이 애초에 아무런 실질적 만족도 주지 못할 목표를 위해 너무 많은 것을 희생했다는 사실을 깨닫고 깊이 후회한다.

이런 비참한 상황에서 명성은 허망한 허상에 불과하다는 사실이 드러난다. 우울과 질병에 시달리며 어쩔 수 없이 자신의 삶을 되돌아보게 된 그는, 진정으로 결핍된 것이 무엇인지 깊이 성찰한다. 그제야 권력과 부의 실체가 드러난다. 그것은 사람의 신체에 약간의 편리함을 제공하기 위해 고안된, 거대하고 복잡한 장치일 뿐이다. 이 정교하고 민감한 기계는 끊임없는 관리와 세심한 주의를 요구하며, 아무리 잘 관리해도 언제든 산산조각 날 위험을 안고 있다. 그런 일이 벌어지면, 그것을 지니고 있던 불운한 주인은 파멸을 맞게 된다.

권력과 부는 마치 평생을 들여 세운 웅장한 건축물과 같다. 그러나 그 안에 사는 사람에게 끊임없이 퇴거를 경고하는 불안정한 거처이기도 하다. 그것은 하찮은 불편함으로부터 주인을 일시적으로 보호할 수는 있지만, 계절의 거센 기후 변화까지 막아내지는 못한다. 여름의 소나기는 피할 수 있지만, 겨울의 혹독한 폭풍은 그대로 맞아야 한다. 결국 주인은 더 깊은 불안과 공포, 슬픔에 내던져지고 질병과 위험, 죽음에 이르기까지 고스란히 노출되고 만다.

상상력이 만들어낸 허상

아플 때나 의기소침할 때 모든 사람에게 나타나는 이 우울한 철학은 인간이 열렬히 선망하는 대상들을 모두 평가절하해버린다. 그러다가 건강이 좋아지고 기분이 향상되면 우리는 그런 선망의 대상들을 좀 더 우호적인 관점으로 바라보게 된다. 고통과 슬픔의 시기에는 우리의 몸에 갇혀서 똬리를 틀고 있던 상상력은 호시절을 만나면 우리 주위의 모든 사물에게 그 촉수를 내뻗는다. 그때 우리는 권력자들의 궁정을 지배하는 대저택의 아름다움에 매혹된다. 모든 것이 그들의 편안함을 증진하고 결핍을 막아주며 소망을 달성하게 해주고 그들의 경박한 욕구를 충족시킨다면서 존경의 찬사를 연발한다.

아플 때나 기운이 빠졌을 때, 누구에게나 찾아오는 이 우울한 철학은 인간이 열렬히 추구해온 모든 대상의 가치를 한껏 깎아내린다. 그러나 건강이 회복되고 기분이 나아지면 우리는 다시금 그 대상들을 너그럽고 호의적인 시선으로 바라보게 된다. 고통과 슬픔에 갇혀 있던 상상력은 좋은 시절이 오면 활짝 열려, 주변의 모든 사물로 촉수를 뻗는다. 그제야 우리는 권력자들의 대저택과 화려한 생활의 겉모습에 매혹된다. 그것이 그들의 삶을 더 편안하게 만들고, 부족함을 채워주며, 욕망을 이루고 만족시키는 것처럼 보이기 때문이다.

그러나 과연 그런 사치와 풍요가 실제로 얼마나 진정한 만족을 주는지를 곰곰이 생각해보면 어떨까? 우리가 그런 삶에서 느낄 수 있는 만족감을 그 만족을 만들어낸 수단들—정교한 구조, 조화로운 작동, 질서잡힌 체계—에서 떼어내어, 오직 그 만족 자체만을 바라본다면 결국 그 대저택의 주인이 누릴 수 있는 실질적인 만족은 의외로 하찮고 사소한 것에 불과하다는 사실을 깨닫게 된다.

하지만 우리는 일상에서 그런 추상적이고 철학적인 방식으로 대상을 보지 않는다. 우리의 상상은 그 만족과, 그 만족을 가능하게 한 수단들—기계처럼 정교하게 짜인 환경과 설비, 체계적인 서비스—을 혼동한

다.[24] 이런 혼합된 관점으로 볼 때, 부와 권력이 주는 즐거움은 한없이 장
엄하고 아름다우며 고상한 것으로 비친다. 그래서 우리는 그걸 얻기 위해
평생의 노고와 불안을 감수할 만하다고 여기게 되는 것이다.

자연은 인간을 속여 문명을 만든다

자연이 이런 방식으로 인간을 부추기는 것은 오히려 바람직한 일이
다. 인간이 쉼 없이 일하고 새로운 사업을 벌이게 만드는 힘은, 사실 자연
이 인간에게 베푸는 일종의 기만 덕분이다. 이 기만[25]으로 인간은 땅을 일
구고, 집을 짓고, 도시와 국가를 세우며, 삶을 고상하고 아름답게 하는 각
종 학문과 예술을 창조하고 발전시키는 것이다. 그 결과 지구의 거친 삼
림은 쾌적하고 비옥한 평야로 바뀌고, 황량한 바다는 인간의 생계를 위한
새로운 자원으로 전환되며, 대륙과 나라를 잇는 길이 열려 각지의 교류가
가능해진다. 이처럼 인간의 노동은 대지의 생산력을 키워 인류가 훨씬 더
많은 수를 부양할 수 있도록 만든다.

---

24 우리는 종종 어떤 사물이나 환경의 외형적 아름다움에 압도되어, 그것과 연관된 사
람이나 감정까지도 과장되게 평가하곤 한다. 이를테면 웅장하고 정교하게 설계된
대저택을 보면 그곳에 사는 사람 역시 고결하고 고상한 인격의 소유자일 것이라 쉽
게 믿어버린다. 하지만 이는 외형이 내면의 질을 대변할 것이라는 무의식적 연상 작
용에 불과하다. 실제로는, 그런 화려한 거처에 사는 이가 반드시 도덕적 품격이나
정신적 깊이를 지닌 것은 아니다. 그럼에도 우리는 그 집의 규모, 장식, 정원, 하인
등 수단들이 보여주는 정돈된 질서와 복잡한 구조에 매혹되어, 그 집 주인의 삶 자
체도 그만큼 고상하고 충만하리라는 착각에 빠지곤 한다.

25 지주는 자신의 웅장한 저택을 짓고 유지하는 데 큰돈을 쓰지만, 그 결과 오히려 가
난한 사람들에게 생계의 기회가 돌아간다. 다시 말해, 자연은 지주에게 허영과 사치
심이라는 변덕스러운 욕망을 불어넣었고, 그 욕망을 좇는 과정에서 자기도 모르게
가난한 이들의 생계를 돕게 만든 것이다. 개인의 탐욕이 의도치 않게 사회 전체의
이익에 기여하는 이 역설적인 메커니즘을 스미스는 '자연의 기만'(deception of
nature)이라 불렀다.

예컨대 거만하고 이기적인 지주는 자신의 광활한 토지를 바라보며, 그 땅에서 나는 곡식을 온전히 자신이 소비하겠다는 터무니없는 욕심을 품는다. 흔히 눈은 배보다 크다는 말처럼, 그의 욕망은 실제로 필요한 것을 훨씬 초과한다. 아무리 욕심이 많아도 그는 가장 가난한 농부보다 더 많이 먹을 수는 없다. 결국 그가 먹고 남긴 나머지는 어쩔 수 없이 다른 이들에게 돌아간다. 지주의 저택을 짓고 관리하는 사람들, 그의 사치를 꾸며줄 장식품을 만들고 운용하는 사람들 그리고 그의 식탁에 음식을 올리는 수많은 이들에게 그 몫이 분배되는 것이다.

지주는 자신이 먹는 소량의 식량을 마련해준 사람들, 그 식량이 소비되는 대저택을 짓고 관리하는 사람들, 그리고 그의 권력과 사치를 뒷받침하는 각종 소품과 장식품을 공급하고 유지하는 이들에게 나머지를 나누어 줄 수밖에 없다. 이들은 지주의 사치와 변덕 덕분에 생계에 필요한 몫을 얻게 된다. 하지만 이 분배는 결코 지주의 인간적인 배려나 정의감에서 비롯된 것이 아니다. 그것은 단지 그의 욕망을 충족하는 과정에서 우연히 흘러나온 부산물일 뿐이다. 결국 어떤 시대든, 토지가 생산해내는 자원은 그 땅이 실제로 부양할 수 있는 인구만큼만 유지하게 되어 있다.

보이지 않는 손

부자는 단지 자신에게 돌아온 생산물 중 가장 귀하고 쾌적한 부분만을 선택할 뿐 실제로 가난한 이들보다 더 많은 양을 소비하지 않는다. 그는 수천 명의 사람을 고용하고, 그들의 노동을 통해 이룬 모든 개량의 혜택을 자기 혼자 누리려 하지만 결과적으로 그 열매를 자연스럽게 가난한 이들과 나누게 된다. 아무리 허영과 끝없는 욕망을 좇는다고 해도 그는 결국 보이지 않는 손에 의해 자신도 모르게 가난한 이들과 생필품을 나누게 된다. 이는 마치 토지가 모든 사람에게 골고루 분배되었을 때와 거의 같은 결과를 낳는다.

그는 의도하지도, 인식하지도 못한 채 사회 전체의 이익을 증진하고 인류의 번영에 기여하는 수단을 만들어낸다. 신의 섭리는 토지를 몇몇 지배자에게 나누어 주면서도 그 안에 사는 모든 사람을 결코 잊지 않았다. 토지의 생산물은 사회의 모든 구성원에게 일정한 몫으로 돌아간다. 그래서 실제 삶의 행복이라는 기준으로 볼 때, 이들은 상류층에 비해 결코 덜 행복하다고 할 수 없다. 신체적 안락과 정신적 평온이라는 기준에서 보자면, 사회의 여러 계층은 거의 비슷한 수준을 공유한다. 심지어 큰길가에 앉아 햇볕을 쬐는 거지조차 왕들이 피땀 흘려야 얻을 수 있는 안전이라는 축복을 이미 누리고 있다.

이와 같은 원리는 인간 사회의 제도에도 동일하게 적용된다. 우리는 단순히 제도의 실용성 때문이 아니라 그 안에 깃든 질서의 아름다움, 기술과 고안의 정교함, 그리고 전체가 조화롭게 움직이는 시스템에 본능적으로 끌린다. 애국자가 치안 제도를 개선하고자 힘쓰는 이유는 단지 대중의 행복을 염두에 두었기 때문만은 아니다. 공공정신이 강한 이가 간선도로의 정비를 주장하는 것도, 단지 마차꾼이나 수레꾼을 향한 동료의식에서 비롯된 것만은 아니다. 입법부가 리넨이나 모직 제조업을 장려하기 위해 상여금이나 보조금을 지급하더라도 그것이 싼 옷을 입는 이들에 대한 연민에서 비롯된 경우는 드물며, 생산자나 상인을 향한 공감에서 나온 경우는 더욱 보기 어렵다.

우리가 이런 제도적 개선에 마음을 쏟는 이유는 그것이 궁극적으로 고귀하고 세련된 목표로 보이기 때문이다. 치안 확립, 무역과 제조업 발전은 행정체계의 일부로, 정치적 기구의 톱니바퀴를 보다 정교하고 조화롭게 돌게 만드는 핵심 요소다. 우리는 그런 웅장한 시스템이 안정적으로 완성되어 가는 모습을 보면 기분이 좋아지고 반대로 그 작동이 어딘가에서 삐걱거리는 것을 보면 불편함을 느낀다. 결국 우리는 공공의 행복 자체보다는, 그것을 가능케 하는 정돈된 체계의 질서와 아름다움에 더욱 강하게 이끌리는 것이다.

정부 조직은 시민의 행복을 위한 것

정부 조직의 가치는 그 통치 아래 있는 사람들의 행복을 얼마나 증진시키느냐에 달려 있다. 이것이 정부의 유일한 목적이자 존재 이유다. 그러나 우리는 때때로, 어떤 정치 제도의 정교한 설계나 구조적인 아름다움에 감탄한 나머지, 그 제도가 실제로 사람들의 삶을 얼마나 나아지게 하는가보다 그 자체의 모습과 작동 방식에 더 큰 가치를 두는 경향이 있다. 그래서 동료 시민의 실제 고통이나 기쁨에 대한 직접적인 공감보다는, 질서 정연하고 아름답게 작동하는 공공 제도의 완성과 개선이라는 관점에서 그들의 행복을 염원하는 경우도 있다.

공공 정신은 투철하지만 인간적인 따뜻함이나 감정에는 무딘 사람이 있는가 하면, 그와는 반대로 깊은 인간애는 지녔지만 공공 정신은 거의 없는 사람도 있다. 우리가 속한 어떤 조직에서든 이 두 부류의 인물을 쉽게 만날 수 있을 것이다. 모스크바 대공국의 위대한 입법자였던 표트르 대제는 공공 정신의 화신이었지만, 인간적인 연민이나 감정에는 냉담한 인물이었다. 반대로 영국의 제임스 1세는 사람들과 어울리는 데는 능했지만 국가의 이익이나 명예에는 전혀 관심이 없었다.

야망이 거의 없는 사람에게는, 위인들이 얼마나 따뜻하고 안락한 집에서 살아가는지, 그들이 추위와 배고픔, 피로와 결핍으로부터 얼마나 잘 보호받고 있는지를 아무리 말해줘도 아무런 자극이 되지 않는다. 그런 사람을 움직이게 하려면, 대저택의 방이 얼마나 정교하게 배치되어 있는지, 장식은 얼마나 화려한지, 하인은 몇 명이며 무슨 일을 하는지 같은 구체적이고 시각적인 세부 묘사가 필요하다. 이런 정보는 결국 해와 비를 피하고 추위와 배고픔을 막으며 결핍과 피로에서 벗어나게 하는 것과 다르지 않다. 그러나 그는 이런 수단적 요소들에서 더 큰 감흥을 느낀다.

　마찬가지로 국가의 이익에 무관심한 사람에게 잘 다스려지는 나라의 국민이 얼마나 호의호식하는지를 이야기해봐야 별 효과가 없다. 오히려 그에게는, 각종 이익을 보장하는 치안 제도가 어떤 원리로 작동하는지, 제도의 각 부분이 서로 어떤 방식으로 연결되어 있는지, 또 전체 시스템이 어떻게 국민의 삶에 기여하는지 자세히 설명해주어야 설득력이 있다. 나아가 그 제도를 자국에 어떻게 도입할지, 어떤 장애물이 가로막고 있는지, 또 정부라는 기계의 톱니바퀴들이 마찰 없이 조화롭게 돌아가려면 무엇이 필요한지를 설명해야 비로소 그의 공공 정신이 자극된다.

정치학 연구는 공공 정신의 증진을 위한 것

　이러한 이야기를 충분히 들은 사람이라면 누구든, 일정 부분 공공 정신에 관심을 갖게 마련이다. 그는 최소한 한동안은, 정부라는 아름답고 질서정연한 기계의 작동을 방해하는 장애물을 걷어내고, 그 체제가 제대로 작동하도록 돕고 싶다는 열망을 느끼게 될 것이다.

　공공 정신을 기르는 데 가장 효과적인 방법은 정치학 연구다. 정치학은 다양한 정부 제도와 그 장단점을 분석하고, 자국의 헌법과 정치적 위상, 외교적 이해관계, 무역과 국방 문제 그리고 그에 따르는 제약과 위험 요소들을 체계적으로 고찰한다. 나아가 이러한 불리한 조건을 어떻게 극복하고, 국가를 잠재적 위협으로부터 지킬 수 있을지를 탐구한다.

　이처럼 정치학은 정당하고 타당하며 실행 가능한 것이라면, 사변적 학문 가운데에서도 가장 실용적인 분야라 할 수 있다. 이론적으로 미완성이고 설득력이 부족한 정치학 연구조차도 의미가 있다. 그것은 사람들에

게 공동체를 위한 책임감을 일깨우고, 모두의 삶을 개선할 수 있는 방안
을 자연스럽게 찾게 만들기 때문이다.

인간의 성품과 행위에서 나타나는 효용의 아름다움과, 그것이 도덕적 승인의 근원이 되는가에 대하여

━━━━━━━━━━ ◆ ━━━━━━━━━━

개인의 성품, 기술의 발명, 민간 정부의 제도는 모두 개인과 사회의 행복을 증진시킬 수도, 반대로 방해할 수도 있다. 신중하고 공정하며, 적극적이고 단호하며 건전한 성품은 당사자뿐 아니라 그와 관계된 모든 사람에게 번영과 만족을 가져다준다. 반대로 무모하고 우유부단하며, 게으르고 유약하며 탐욕스러운 성품은 결국 당사자를 파멸로 이끌고, 주변 사람에게도 불행을 안긴다. 전자의 성품은 정교하고 유용한 목적을 위해 설계된 정밀한 기계의 아름다움과 같고, 후자의 성품은 조잡하고 성능이 떨어지는 기계가 주는 불균형과 추함을 떠올리게 한다.

민간 정부 제도 역시 마찬가지다. 좋은 정부는 지혜롭고 도덕적인 행동이 만들어내는 결과처럼, 사람들의 행복을 이루는 수단이 된다. 하지만 어떤 정부든 본질적으로는 인간의 부족함, 즉 지혜와 덕이 충분하지 않은 현실을 보완하려는 장치일 뿐이다. 그것은 완전한 해결책이 아니라 결핍을 메우려는 임시적 보완책에 불과하다. 따라서 민간 정부가 지니는 유용성에서 비롯된 아름다움은, 결국 그것이 얼마나 지혜롭고 도덕적으로 정립되었는가에 달려 있다. 반대로 어떤 제도보다도 위험하고 해로운 것이 있다면 그것은 인간의 악덕이 그대로 제도화된 나쁜 정부일 것이다. 그런 정부는 악행을 억제하기는커녕 오히려 인간의 악덕이 초래하는 피해를 그대로 방치하거나 확대시킨다.

미덕의 기준: 효용성 그 이상

유용함이나 편리함에서 비롯된 성품의 아름다움은 특히 사물을 추상적이고 철학적인 시각에서 판단하려는 사람들에게 독특하게 작용한다. 이를테면 한 철학자가 인간애를 칭송하거나 잔혹함을 비난한다고 해보자. 그는 행동이 실제로 어떻게 드러났는지를 살피기보다, 인간애나 잔인함 같은 추상적 개념에서 떠오른 막연하고 흐릿한 인상에 의존해 판단하려 할 것이다.

그러나 어떤 행위가 적절한지 혹은 잘못된 것인지에 대한 판단은 오직 구체적인 상황을 면밀히 들여다볼 때만 명확해진다. 실제 사례를 접했을 때 우리는 그 행위자의 감정과 우리 자신의 감정 사이에 어떤 일치나 불일치가 있는지를 느낄 수 있고, 일치하면 따뜻한 공감과 감사의 감정이, 불일치하면 분노나 거부감이 생긴다. 미덕과 악덕을 이렇게 추상적으로만 나누면 그에 따른 감정은 흐려지고, 감정의 강도와 반응도 점차 희미해진다. 하지만 구체적인 사례를 만나면 미덕의 긍정적인 결과와 악덕의 파괴적인 결과가 눈앞에 선명히 드러나므로 두 개념이 뚜렷이 구분되어 인식된다.

앞서 언급한 재치 있고 통찰력 있는 철학자 데이비드 흄은, 왜 효용성이 인간에게 기쁨을 주는가를 최초로 분석한 인물이다. 그는 이 관찰에서 깊은 인상을 받아, 우리가 어떤 성품을 미덕으로 여기는 이유는 그 속에 효용이라는 일종의 아름다움을 보기 때문이라고 주장했다. 즉 마음의 상태 중에서 우리 자신이나 타인에게 유익하거나 즐거움을 주는 것만 덕으로 승인받으며, 그 반대되는 경향은 모두 악덕으로 간주된다는 것이다.

실제로 자연은 우리가 어떤 행동이나 성품을 좋거나 나쁘다고 여길 때, 그것이 개인 혹은 사회 전체에 얼마나 도움이 되는지를 기준으로 그런 감정을 느끼도록 설계해놓았다. 그리고 이 원리는 세계 어디서나 동일하게 적용되는 보편적인 기준으로 작용하고 있다.

그럼에도 나는 이렇게 주장한다. 유익함이나 해로움은 우리가 무언가를 승인하거나 거부할 때 첫째이자 주된 근거가 되지 않는다. 물론 효용성은 어떤 대상에서 아름다움을 인식할 때 함께 작용해 우리의 감정을 더 강하게 자극할 수 있다. 하지만 그것은 아름다움 자체와는 본질적으로 다른 차원의 것이다.

첫째, 우리가 미덕을 칭찬할 때 느끼는 감정은, 편리하고 잘 설계된 건축물이나 가구를 칭찬할 때 드는 감정과는 명백히 다르다. 우리는 단정하게 만들어진 서랍장을 칭찬하듯이 어떤 사람의 성품을 칭찬하지는 않는다.

둘째, 어떤 마음가짐이 가진 효용성은 도덕적 승인을 이끄는 첫 번째 근거가 되기에는 부족하다. 우리가 어떤 성품을 도덕적으로 승인할 때, 그 판단에는 단순한 효용성을 넘어선 적절함의 감각이 항상 동반된다. 이 감각은, 그 성향이 자기 자신에게 이익을 주든 타인에게 이익을 주든, 모든 경우에 공통적으로 드러난다.

절제는 왜 미덕이 되는가

첫째, 인간에게 가장 유익한 성향은 탁월한 이성 혹은 통찰력이다. 이성은 우리의 행동이 가져올 장기적 결과를 예측하게 하여 얻을 이익이나 닥칠 피해를 미리 헤아리게 한다. 둘째는 자기 통제력이다. 이 능력을 통해 우리는 당장의 쾌락을 유보하거나 현재의 고통을 감내함으로써 미래에 더 큰 즐거움을 얻거나 더 큰 고통을 피할 수 있다. 이러한 두 능력이 잘 결합할 때 신중함이라는 미덕이 형성되며, 이 외에도 개인에게 유익한 다양한 미덕이 파생된다.

탁월한 이성에 관해서는 앞서 언급한 바 있다[1부 1편 제4장]. 이성은 단지 유익하다는 이유만으로 높이 평가되는 것이 아니라 그것이 지닌 올바름과 정확성 덕분에 도덕적으로도 승인받는다. 이러한 이성의 기능은 특히 추상적 학문, 그중에서도 고등 수학에서 가장 두드러지게 존경받는다. 하지만 그 효용은 개인이나 대중에게 즉각 체감되지는 않으며, 이를 입증하려면 전문적이고 치밀한 논증이 필요하다. 그래서 일반 대중이 고등 수학이나 추상적 학문을 존경하는 이유는 실용성 때문이라기보다, 그 안에 담긴 정밀함과 정신적 고결함에 대해 직관적으로 느끼는 경외심 때문이다. 그러나 무지한 이들은 이러한 학문적 발견의 위대함을 제대로 이해하지 못한 채, 단지 실용성이 부족하다는 이유로 경시하거나 무용하다고 비판하곤 한다.

장래의 더 큰 만족을 위해 현재의 욕구를 억제하는 자기 제어는 그저 유용해서가 아니라 그 자체로 적절하고 마땅한 태도이므로 우리의 승인을 받는다. 우리가 이러한 방식으로 행동할 때, 우리의 감정 상태는 제3자인 관찰자의 감정과 거의 완벽하게 일치하는 것처럼 보인다. 관찰자는 당사자가 느끼는 현재의 강한 유혹에 직접 노출되지 않기 때문에 오히려 앞으로 일주일이나 1년 뒤에 얻게 될 즐거움도 지금 당장의 즐거움만큼이나 충분히 가치 있고 매력적인 것으로 인식한다. 따라서 우리가 현재의 이익을 좇느라 미래의 더 큰 가치를 버린다면 관찰자는 그것을 어리석고 지나친 결정으로 여기고 그 판단에 공감하지 않는다.

반대로, 미래의 더 큰 즐거움을 위해 현재의 욕망을 자제한다면 우리가 멀리 있는 대상에도 똑같이 관심과 흥미를 보이는 것이므로, 관찰자의 감정과 자연스럽게 조화를 이루게 된다. 이때 그는 우리의 절제 있는 행동을 본능적으로 승인할 뿐 아니라 이러한 자기 제어가 실제로 얼마나 어려운 일인지 경험적으로 알고 있기에 경탄과 존경의 감정까지 함께 느낀다. 그래서 비록 그 목적이 단순한 재산 축적이라 하더라도 절약과 근면, 몰입과 같은 성향은 대체로 타인의 깊은 존중을 불러일으킨다. 장기적인 이익을 고려해 현재의 즐거움을 기꺼이 유보하고, 자신의 모든 역량을 다해 고된 노력을 감수하는 사람은 반드시 도덕적 승인과 찬사를 얻게 된다.

　그의 행동을 규율하는 이해관계나 행복관이, 우리가 그 행동을 평가할 때 사용하는 기준과 정확히 일치할 때, 우리는 그의 감정과 우리의 감정 사이에 완벽한 조화를 느낀다. 이런 조응은 현실에서는 드물게 경험되기에, 우리는 그 행동을 단순히 승인하는 데 그치지 않고, 존경심을 더해 진심으로 칭찬받을 만하다고 여긴다. 이처럼 타당한 승인과 존경은, 사람의 행동 기준과 태도를 뒷받침하는 중요한 근거가 된다.

　지금으로부터 10년 뒤에 누리게 될 즐거움은 지금 당장 손에 쥘 수 있는 즐거움에 비해 그다지 매력적으로 느껴지지 않는다. 10년 뒤의 열정은 지금 이 순간의 욕망과는 비교가 되지 않는다. 그렇기에 우리는 적절함이라는 감각을 불러내야 하며, 자기 절제에 기반한 태도로 행동해야만 다른 사람들로부터 존경과 인정을 받을 수 있다. 반대로 단기적인 욕망에 따라 행동하면, 오히려 경멸과 조롱의 대상이 되기 쉽다.

　또한 인간애, 정의, 관대함, 공공 정신은 다른 사람들에게 가장 유익한 덕성들이다. 인간애와 정의가 도덕적으로 타당하다고 여겨지는 이유에 대해서는 앞서 이미 살펴보았다[1부 1편 제3장]. 그 장에서, 이러한 성품들이 존경과 승인을 받는 정도는 행위자의 감정이 관찰자의 감정과 얼마나 조화를 이루는가에 달려 있다고 설명한 바 있다.

인간애와 관대함의 차이: 관찰자의 시선으로 살아간다는 것

관대함과 공공 정신의 타당성은 정의와 마찬가지로 동일한 원칙 위에 놓여 있다. 관대함은 인간애와 유사해 보이지만, 그 본질은 다르다. 이 두 덕목은 자주 함께 언급되지만, 실제로 동일한 사람에게서 항상 동시에 나타나는 것은 아니다. 인간애는 전통적으로 여성적 미덕으로 간주되고, 관대함은 남성적 미덕으로 여겨져 왔다. 여성은 남성보다 감성이 섬세하고 부드러운 편이지만 실제로 관대함을 실천하는 경우는 많지 않다. 로마 민법도 "여자는 좀처럼 기부하지 않는다"라고 보고 있다.

인간애는 타인의 감정에 대해 섬세하게 반응하는 공감의 감정이다. 관찰자는 타인의 고통을 함께 아파하고, 그의 피해에 분노하며, 그의 행운에 기쁨을 느낀다. 인간애는 복잡한 판단이나 절제 없이도 자연스럽게 발생하는 감정이다. 그저 공감이 이끄는 대로 움직이는 것이다.

그러나 관대함은 한 차원 더 깊은 도덕적 판단과 자기 초월을 요구한다. 우리가 누군가를 우리 자신보다 더 귀하게 여기거나, 친구나 상사의 이해관계를 위해 자신의 중요한 이익을 기꺼이 포기할 때 비로소 관대함이 나타난다. 예컨대 갑이 평생 원해온 자리를 을에게 양보한다면 그것은 단순한 호의가 아니라 을이 그 일을 더 잘해낼 수 있다고 갑이 판단했기 때문이다. 또는 친구의 생명을 구하기 위해 자신의 생명을 내놓는 이는, 그 친구가 자신보다 더 중요한 존재라고 여기기 때문이다.

이들은 인간애 때문에 그런 행동을 하는 것이 아니다. 즉 타인의 상황을 자신보다 더 중요하게 느껴서가 아니라 마치 제3자의 입장에서 그 상황을 바라보고 판단하기 때문에 그런 선택을 한다. 공정한 관찰자라면 그렇게 판단할 것이라는 확신에서 비롯된 행동이다. 이처럼 관대함은 자기감정보다 더 객관적인 판단 기준, 즉 공정한 제3자의 시선을 내면화하고 받아들일 때 비로소 실현된다.

예를 들어 장교를 구하기 위해 자신의 목숨을 기꺼이 내던지는 병사가 있다고 해보자. 만약 그 장교의 죽음이 병사에게 아무런 책임이 없는 상황에서 발생했다면 병사는 아마도 그 죽음을 그다지 마음에 두지 않았을 것이다. 오히려 자신에게 벌어진 사소한 사고가 훨씬 더 큰 슬픔으로 다가왔을 것이다. 그러나 그 장교와 병사는 함께 전투에 나선 동료로서, 강력한 공동의 목표를 공유하고 있다. 병사가 진심으로 타인의 찬사를 받고자 하거나 공정한 관찰자가 그의 행동을 타당하고 적절하다고 여기길 바란다면 그는 한 가지 사실을 받아들여야 한다. 즉 제3자의 입장에서 볼 때, 병사의 생명은 장교의 생명보다 상대적으로 덜 중요하다는 것이다. 따라서 병사가 자신의 생명을 희생해 장교를 구하는 행동은 공정한 관찰자의 눈에는 적절하고 정당한 것으로 비친다.

의무가 감정을 이길 때 우리는 영웅을 기억한다

공공 정신의 발현도 마찬가지다. 젊은 장교가 국토를 확장하기 위해 목숨을 걸고 싸우기로 결심하는 것은, 그에게 조국의 영토가 자신의 생명보다 더 중요해서가 아니다. 사실, 그의 입장에서 보면 자신의 생명은 어떤 영토보다도 소중하다. 그러나 그는 자신이 아니라 조국의 시선으로 그 가치를 비교한다. 조국의 관점에서는 전쟁 승리가 최우선이며, 한 개인의 생명은 그에 비해 상대적으로 덜 중요하다.

그런 시각으로 생각하면 그는 곧 깨닫는다. 자신의 피를 흘려 그런 중대한 목표를 이룰 수 있다면 그 어떤 희생도 아깝지 않다는 것이다. 이처럼 의무감과 적절함의 감각이 강력한 본능적 충동을 억제할 수 있을 때, 우리는 그 행위를 영웅적이라고 부른다.

많은 정직한 영국인은, 순전히 개인적 입장에서 본다면 미노르카 요새[26]의 국가적 손실보다 자기 지갑에서 1기니를 잃는 일이 더 아프게 느껴질 수도 있다. 하지만 만약 그 요새를 지키는 책임이 그에게 있었다면 자신이 잘못해 그 요새가 적에게 넘어가는 일을 막기 위해서라면, 그는 주저 없이 수천 번이라도 목숨을 내놓았을 것이다.

로마 공화국의 창건자 브루투스는 두 아들이 신생 공화정을 전복하려는 음모에 가담했을 때, 직접 그들을 사형에 처했다. 개인적인 입장에서 보자면, 그는 자식에 대한 강렬한 사랑을 공화국이라는 상대적으로 덜 절실한 가치 앞에 내던진 셈이었다. 브루투스의 마음속에서는 설령 선공후사의 위대한 본보기가 없었다 해도, 로마가 입었을지도 모를 손실보다 아들에 대한 애정이 훨씬 더 절실했을 것이다. 그러나 그는 이 사건을 아버지의 시선이 아니라 로마 시민의 시선에서 바라보았다. 그는 시민들의 감정에 철저히 자신을 동일시했고, 부자(父子)라는 혈연적 유대보다 공화국을 우선시했다. 로마 시민의 입장에서는 설령 그가 집정관 브루투스의 아들이라 하더라도 로마 공화국의 사소한 이익보다 더 소중할 수는 없었던 것이다.

이런 사례에서 우리가 느끼는 존경은 단순한 효용성 때문이 아니다. 오히려 그러한 예상 밖의 결단이 지닌 위엄과 고귀함 그리고 적절함 때문이며, 그것이 우리에게 깊은 인상을 남긴다. 물론 그 행동이 지닌 효용은 그러한 미덕에 또 다른 아름다움을 덧붙이고, 그로 인해 우리는 그 행동

---

26 미노르카는 지중해의 전략적 요충지로, 1708년 영국이 점령했지만 1756년 7년 전쟁 발발과 함께 프랑스에 빼앗겼다. 당시 영국 함대 사령관 존 빙 제독은 요새를 방어하지 못했을 뿐 아니라 수비병 구출에도 실패했다. 이로 인해 그는 군법회의에 회부되어 처형되었다. 이후 1763년 파리 조약을 통해 미노르카는 다시 영국에 반환되었으나 프랑스가 재차 점령했고, 결국 1783년에는 스페인 영토가 되었다.

을 더욱 강하게 승인하게 된다. 그러나 이 아름다움은 주로 깊이 있는 사유와 성찰 속에서 감지되며, 대다수 사람에게 자연스럽게 떠오르는 감정은 아니다.

타인의 시선이 있어야 도덕이 태어난다

유용성에서 비롯된 아름다움에 대한 감각은 타인의 감정과는 무관하게 형성된다. 만약 어떤 사람이 사회와 완전히 단절된 채 유아기부터 성인이 될 때까지 성장했다면 그는 자신의 행동이 자신에게 주는 행복이나 불행에 따라 그 행동을 기분 좋은 것 혹은 불쾌한 것으로 판단하게 될 것이다. 그는 신중함이나 절제, 바람직한 성품에서 일종의 구조적 아름다움을 느낄 수 있고, 반대로 무절제하고 부주의한 성향에서는 거칠고 부조화한 추함을 느낄 수도 있을 것이다. 이때의 감정은 마치 잘 설계된 기계에서 효율과 정밀함을 볼 때 느끼는 만족감과 비슷하다. 반대로 형편없는 구조물에서 받는 실망과 불쾌함과도 유사하다.

하지만 사회에서 고립된 이가 가지는 이런 감각은 단순한 취향의 문제일 뿐이고 극히 미약하며 개인적인 수준에 그친다. 이런 고립된 존재는 타인과의 교류 속에서 발생하는 도덕적 감정, 즉 아름다운 행동에 대한 자긍심이나 추한 행동에 대한 수치심 같은 것을 경험하지 못하기 때문이다. 설령 어떤 행동을 아름답다고 여겨도 마음이 벅차거나 뿌듯해지지 않고, 추한 행동을 했다고 해도 양심의 가책이나 수치심으로 괴로워하지 않는다.

이런 미적 판단이나 수치심은 본질적으로 타인의 존재를 전제로 한다. 누군가는 우리의 행위에 대해 판단하고 반응해야 하며, 우리는 그들의 판단에 공감할 수 있을 때만 비로소 내면에서 의기양양함이나 깊은 부끄러움을 진정으로 느낄 수 있는 것이다.

제5부

도덕적 승인과 불승인 감정에 영향을 미치는 관습과 유행에 관하여

우리의 미추(美醜) 개념에 영향을 미치는 관습과 유행에 대하여

━━━━━━━━━━◆━━━━━━━━━━

이미 앞에서 언급한 요소들 외에도, 인류의 도덕 감정에 중대한 영향을 미치는 또 다른 원리가 존재한다. 이러한 원리들은 각 시대와 문화권에서 도덕적 칭찬과 비난의 기준이 제각각인 주된 원인이 되기도 한다. 그 대표적인 원리가 관습과 유행이다. 이는 우리가 아름다움에 대해 판단할 때도 강력한 영향을 미치는 요소다.

어떤 두 대상—갑과 을—이 자주 함께 등장한다면 우리의 상상력은 갑에서 을로, 혹은 을에서 갑으로 자연스럽게 이동한다. 먼저 갑이 나타나면 우리는 곧 을이 뒤따라 등장할 것이라 기대하게 된다. 갑과 을 사이에 본래 미적 연관이 없어도 관습적으로 함께 연결돼 왔다면 둘이 분리될 때 우리는 부조화와 어색함을 느낀다. 평소 함께 등장하던 을이 없이 갑만 보게 된다면 우리는 익숙한 기대가 깨졌다는 실망감을 느끼고, 그것이 인식의 혼란으로 이어진다.

구체적인 예를 들어보자. 옷 한 벌에는 보통 함께 착용하는 몇 가지 사소한 장신구나 부속품이 있기 마련이다. 그런데 그중 하나라도 빠지면 어딘가 허전하고, 바지에서 단추 하나만 없어도 전체적인 인상에서 어색함이나 불편함이 느껴진다. 어떤 조합이 조화롭게 어울리면 우리는 그것을 원래부터 그랬던 듯 자연스럽고 당연하게 여긴다. 관습은 이런 인식을 더욱 강화한다. 반대로 그런 조화가 없다면 우리는 본래 있어야 할 배열이 무너졌다고 느끼며 강한 불쾌감을 경험한다.

미적 감각이 예민하고 좋은 취향을 지닌 사람일수록 이처럼 어설프거나 부적절한 구성에 더욱 민감하게 반응하며, 그 무엇이 되었든 간에 깊은 혐오를 느낀다. 어떤 요소들이 서로 어색하게 결합되어 있더라도, 관습은 우리가 느껴야 할 불편함이나 부조화를 점차 무디게 만들거나 아예 느끼지 못하게 하기도 한다. 이를테면 지저분하고 어수선한 곳에 오래 있으면 원래 가져야 할 단정함이나 세련됨의 감각을 점차 잃게 된다. 외부 손님 눈에는 터무니없어 보이는 가구나 의복도, 그들에겐 아무런 불편함이 없는 익숙한 풍경일 뿐이다.

유행은 관습과는 다르지만 관습의 한 형태로 볼 수도 있다. 모두가 사용하는 것은 유행이 아니다. 오히려 유행은 주로 상류층이나 고귀한 인물들로부터 비롯된다. 품위 있고 위엄 있으며 여유 있는 태도를 지닌 사람들이 자주 입는 화려하고 장중한 옷차림은, 그 옷의 형태 자체에도 자연스럽게 우아함을 부여한다.

이처럼 특정한 형태가 권위 있고 고상한 이미지와 자주 연결되다 보면 본래는 특별할 것 없는 형식이나 물건이라 해도 그것이 사회적으로 존경받는 사람들과 연결된 경우 우리의 상상 속에서는 자연스레 고귀하고 우아한 의미를 띠게 된다. 그러나 그들이 그 형태를 더 이상 따르지 않으면 그것은 우아함의 상징이 아니라 하층 계급의 흔한 옷차림으로 전락해 투박하고 촌스러운 인상을 준다.

유행은 시와 건축까지 지배한다

의복과 가구는 전적으로 관습과 유행의 지배를 받는다는 것은 누구나 인정한다. 그러나 이러한 원칙의 영향력은 한정된 영역에 국한되지 않는다. 일단 취향의 대상이 되는 것이라면 음악, 시, 건축을 포함해 거의 모든 분야에까지 그 영향이 미친다.

의복과 가구의 양식은 끊임없이 변화하고 있으며, 불과 5년 전만 해도 감탄의 대상이었던 유행이 오늘날에는 우스꽝스럽게 보이는 일도 흔하다. 이러한 현상을 통해 우리는 해당 양식의 인기가 주로 관습과 유행에 근거한 것이라는 사실을 자연스럽게 확인한다. 의복과 가구는 대개 오래 사용할 수 있도록 제작되지 않는다. 아무리 정교하게 만든 웃옷도 유행을 따라가지 못하면 1년을 버티기 어렵고, 그 형태 그대로는 새 유행을 이끌 수 없다. 가구는 의복에 비해 변화 속도가 느린 편이지만, 일반적으로 5-6년이 지나면 전체적인 스타일이 바뀌는 것이 보통이다. 이처럼 동시대의 누구든 다양한 방식을 통해 유행 변화가 실제로 어떻게 나타나는지를 확인할 수 있다.

기술 제품 중에는 훨씬 더 오랫동안 사용 가능한 것들이 있다. 잘 설계된 제품일수록 그 유행도 오래 지속되며, 사람들의 취향 속에 오랫동안 자리 잡을 수 있다. 정교하게 지어진 건물은 수 세기를 버티고, 아름다운 선율은 여러 세대를 거쳐 전해지며 전통의 일부가 된다. 잘 쓰인 시는 세상이 존재하는 한 영속할 수 있다.

이처럼 오래 살아남은 작품들은 오랜 시간 사람들의 감성과 취향에 영향을 주며, 그 작품이 지닌 형식과 구성 방식은 하나의 기준이 된다. 그래서 특정한 스타일이나 감정적 태도가 정통처럼 받아들여진다. 그러나 삶 속에서 기술과 예술의 유행이 크게 바뀌는 장면을 몸소 경험하는 이는 많지 않다. 또한 멀리 떨어진 시대와 국가에서 나타난 다양한 유행을 두루 파악할 만한 경험과 지식을 갖춘 이도 거의 없다. 더욱이 그러한 유행들을 철저히 비교하고, 그 속에서 공정한 태도로 자기 시대와 국가의 상황을 평가할 수 있는 사람은 더욱 드물다.

그 결과, 사람들은 건축, 시, 음악처럼 고급 기술이 개입된 분야에서는 유행이나 관습의 영향을 좀처럼 인정하려 하지 않는다. 이들은 미의 기준은 어디까지나 이성과 본질에 기반해야 하며, 개인적 편견이나 관습 따위에 좌우되어서는 안 된다고 생각한다. 하지만 조금만 세심하게 살펴보아도 실상은 전혀 다르다는 사실을 알 수 있다. 사람들은 흔히 의복이나 가구처럼 일상적인 물건에서만 유행이 작용한다고 생각하지만 사실 건축·시·음악처럼 격조 높은 분야일수록 관습과 유행의 영향이 더 깊고 오래간다.

아름다움은 익숙함에서 나온다

예를 들어 다음과 같은 질문을 이론적으로 설명할 수 있을까? 왜 도리아식 기둥머리는 기둥 지름의 8배 높이를 가진 기둥에, 이오니아식 소용돌이 장식은 지름의 9배, 코린트식 잎사귀 장식은 지름의 10배 높이 기둥에 사용되어야만 할까? 이러한 건축 양식의 적절성은 결국 습관과 관습에 기초할 수밖에 없다. 사람의 눈은 특정한 장식과 특정한 비례가 함께 어우러진 모습을 익숙하게 보아왔기에 이 둘이 어긋나면 본능적으로 불쾌감을 느낀다. 고전 건축의 다섯 가지 양식에는 각각 고유한 장식이 있으며, 이러한 장식은 서로 교환될 수 없는 고유성을 지닌다. 건축의 규칙을 조금이라도 아는 사람이라면, 이러한 장식의 교체가 얼마나 부자연스럽고 불편하게 느껴지는지 쉽게 알 수 있다. 실제로 몇몇 건축가는 고대인들이 탁월한 안목으로 각 양식에 가장 적절한 장식을 배정했으며, 그 결과 서로 중복되지 않는 독립적인 미의 체계를 완성했다고 평가한다.

관습은 일단 정해지면 좀처럼 변화를 허용하지 않는다. 예를 들어 건축 양식에 관해 일정한 규칙이 자리를 잡았다면 그 규칙이 특별히 불합리하지 않은 한, 단지 동등하게 훌륭하거나 심지어 더 세련되고 자연스러운 다른 양식으로 바꾸려는 시도조차 관습은 쉽게 받아들이지 않는다.[27] 한 사람이 평소와 전혀 다른 형태의 옷을 입고 나타났다고 해보자. 그 옷이 아무리 우아하고 실용적이라 해도 사람들 눈에는 낯설고 우스꽝스럽게 보일 것이다. 마찬가지로 유행이나 관습과 현저히 다른 방식으로 집을 장식한다면 그 새로운 장식이 객관적으로 더 우수하다고 해도 사람들의 거부감을 피하기 어렵다. 관습은 아름다움이라는 판단조차도 일정한 범주로 제한하며, 그 범주 밖의 시도는 종종 부조리하게 느껴지게 만든다.

어떤 형식도 절대적이지 않다

고대 수사학자들에 따르면 운문에서 사용되는 특정한 운율은 원래 특정한 유형의 글에만 적합한 것으로 여겨졌다. 이는 그 운율이 해당 글의 주요 특성, 감정 또는 정서를 자연스럽게 표현하기 때문이었다. 수사학자들은 어떤 운율은 장중하고 심각한 주제에 어울리고, 어떤 운율은 경박하고 가벼운 주제에 더 적합하다고 보았다. 그들은 이런 운율이 다른 것으로 교체되면 큰 어색함과 부조화를 낳는다고 여겼다.

그러나 현대의 경험은 이와 상반되는 사례를 보여준다. 설령 원칙

---

27 고전 건축의 비례가 자연 법칙에 근거한 것인지, 아니면 단지 관습의 산물인지를 둘러싼 논의는 1750년대 에든버러의 여러 철학 클럽에서 활발히 이어졌으며, 케임스 경의 『비판의 요소들』(*Elements of Criticism*) 서문에서 피터 존스가 이를 언급한 바 있다. 이 논의에서 애덤 스미스는 프랑스 건축가이자 비트루비우스의 저서를 번역한 클로드 페로의 견해를 따르고 있다. 페로 역시 고대인들이 설정한 건축 비율은 본질적으로 임의적이지만, 일단 확립된 이후에는 좀처럼 변경될 수 없는 것이라고 주장했다.

자체는 매우 설득력 있어 보이더라도, 현실은 그와는 모순되는 것처럼 보일 때가 많다. 예를 들어 영어에서 풍자시에 사용되는 운율은 프랑스어에서는 오히려 장엄한 서사시에 사용되는 영웅적 운율이 된다. 실제로 라신의 비극이나 볼테르의 『라 앙리아드』는 다음과 같은 문장과 거의 동일한 운율을 사용한다.

> Let me have your advice in a weighty affair.
> (이 중대한 문제에 당신의 조언이 필요합니다.)

반대로, 프랑스에서 풍자시에 사용되는 운율은 영어권에서는 장중한 10음절 영웅시의 운율과 거의 구별되지 않는다. 결국 관습은 한 언어에서는 숭고하고 진지한 감정을 담는 운율을, 다른 언어에서는 가볍고 유희적이며 심지어 조롱의 운율로 바꿔놓을 수 있다. 프랑스어로 알렉상드랭 운율(12음절)로 쓰인 비극이나, 영어로 된 10음절 영웅시는 언어와 문화의 차이로 인해 서로 전혀 다른 인상을 줄 수 있으며, 때로는 상대 언어권에서는 우스꽝스럽게까지 느껴지기도 한다.

하지만 유행 형성에 있어, 뛰어난 장인은 언제나 예외를 만든다. 위대한 장인은 문장, 음악, 건축 등 각기 다른 분야에서 기존 유행을 바꾸고 새로운 스타일을 창출할 수 있다. 마치 지위 있고 매력적인 인물이 다소 기이하고 독특한 옷차림을 하고 등장하더라도 곧 사람들의 찬탄과 모방을 불러일으키는 것처럼 말이다. 마찬가지로 뛰어난 장인의 탁월한 개성은 독특함을 곧 미덕으로 승화시켜 그의 스타일을 그 분야의 새로운 유행으로 만든다. 실제로 지난 50년 동안 음악과 건축 분야에서 이탈리아의 취향은 큰 변화를 겪었고, 이는 모두 몇몇 뛰어난 장인들의 독특한 양식을 모방한 결과였다.

좋은 문체란 결국 익숙한 문체일 뿐

퀸틸리아누스는 세네카가 로마인의 문학적 취향을 타락시켰다고 비난했다. 그는 세네카가 원래 웅변이 갖추어야 할 위엄 있는 이성과 남성적인 설득력을 버리고, 가볍고 꾸민 듯한 말장난과 미사여구를 끌어들였다고 지적했다. 살루스티우스와 타키투스 역시 다른 방식으로 비슷한 비판을 받았다. 두 사람은 극도로 간결하고 세련되며, 표현력이 뛰어나고 시적인 문체로 찬사를 받았지만, 동시에 그들의 문체는 자연스러움과 단순함 그리고 진솔함이 부족하고, 지나치게 계산되고 공들여 꾸민 인위적 산물이라는 지적이었다.

이처럼 분명한 결함에도 불구하고, 독자들이 그들의 글에 매력을 느끼는 것은 그만큼 그들이 탁월한 작가적 자질을 지니고 있었기 때문이다. 오히려 한 작가에게 줄 수 있는 최고의 찬사가 "한 시대의 문학적 취향을 고양시켰다"는 말이라면, 그에 못지않은 또 하나의 찬사는 "그 시대의 취향을 타락시켰다"는 평가일 것이다. 이는 그 작가가 그 시대에 막강한 영향력을 끼쳤다는 의미다.

영어 문학에서도 이와 유사한 사례를 찾을 수 있다. 포프와 스위프트는 각기 전통적인 운문 규범에서 벗어나 새로운 스타일을 제시했다. 한 사람은 긴 운문에서, 다른 한 사람은 짧은 운문에서 기존 형식을 탈피했다. 스위프트의 간결하고 솔직한 문체는 버틀러의 고풍스러운 표현을 대체했으며, 드라이든의 자유분방한 문체나 애디슨의 때로는 단조롭고 지루한 형식도 점차 구식이 되었다. 오늘날 긴 운문은 대체로 포프의 지나치게 정밀하고 치밀한 형식을 따른다.

관습과 유행은 이처럼 문학이나 예술 작품에만 영향을 미치는 것이 아니다. 그것은 우리가 자연물의 아름다움을 판단하는 방식에도 깊숙이 스며들어 있다. 예컨대 동물의 형태를 볼 때도 우리는 종류에 따라 전혀 다른 비율과 구조를 아름답다고 여긴다. 한 동물에게서 감탄하게 되는 이상적인 신체 비례는, 다른 동물에게서는 그다지 매력적으로 보이지 않을 수 있다. 모든 사물은 그 자체로 고유한 형식미와 아름다움을 지니며, 그것은 각 부류마다 다르게 규정되고 평가된다.

아름다움은 익숙함에서 태어난다

이런 이유로 박식한 예수회 신부 뷔피에는, 어떤 대상의 아름다움은 그것이 속한 부류 안에서 가장 보편적인 형태와 색에 있다고 보았다. 예를 들어 사람의 얼굴에서 눈·코·입 등 각 부분의 아름다움은 추한 여러 형태 사이의 중간 지점에 위치한다는 것이다. 아름다운 코란 지나치게 길거나 짧지 않고, 너무 곧거나 지나치게 굽지도 않은, 여러 극단 사이의 균형 잡힌 형태라는 설명이다. 이처럼 중간형은 가장 흔하게 나타나는 이상적인 형태이며, 자연은 이를 목표로 하지만 다양한 방식으로 이탈하기 때문에 실제로 정확히 일치하는 경우는 드물다.

그러나 이탈한 형태들조차도 공통된 유사성을 지니고 있다. 마치 하나의 원본을 기준 삼아 수많은 모작을 만들었을 때, 각각의 모작은 완벽하진 않지만 여전히 원본의 특징을 어느 정도 간직하고 있으며, 서로보다는 원본에 더 가까운 형태를 보인다. 완전한 재현은 어렵지만, 어설픈 모작이라도 서로보다는 오히려 원형과 더 많이 비슷한 경우가 많다.

같은 방식으로 각 생물 종 안에서도 가장 아름다운 개체는 그 종의 일반적 특성을 가장 잘 드러내며, 다수의 개체와 가장 큰 유사성을 지닌다. 반면 기형이나 괴이한 개체는 그 종의 공통성과 가장 거리가 먼 존재로 인식된다. 이처럼 아름다움은 한편으로는 매우 드물다. 정확히 그 중간형을 구현한 개체가 많지 않기 때문이다. 하지만 동시에 가장 보편적이기도 하다. 다양한 일탈형들도 서로보다는 그 이상형[중간형]과 더 많이 닮아 있기 때문이다.

따라서 뷔피에 신부에 따르면 각 사물의 유형에서 가장 일반적이고 익숙한 형태가 가장 아름답다고 할 수 있다. 그렇기에 어떤 사물의 아름다움을 제대로 판단하려면, 그 사물이 속한 종류에 대한 충분한 경험과 훈련이 필요하다. 다시 말해, 중간적이고 보편적인 형태가 무엇인지 파악하려면 해당 대상의 범주에 대한 충분한 숙고가 선행되어야 한다. 인간의 아름다움에 탁월한 감각을 지닌 사람이라도 그것이 꽃이나 말 같은 다른 존재의 아름다움을 판단하는 데 곧바로 도움이 되지는 않는다.

같은 이유로 서로 다른 기후나 문화, 생활 방식에 따라 일반적 형태가 다르게 형성되면서, 그에 따라 아름다움에 대한 관념 역시 달라진다. 예를 들어 무어인에게 있어 말의 이상적인 외형은 영국인들이 추구하는 형태와는 분명히 다르다.

인간의 체형과 용모에 대해서도 민족에 따라 미의 기준은 매우 다르게 형성된다. 기니 연안에서는 창백한 피부색이 오히려 기형처럼 여겨지며, 두꺼운 입술과 납작한 코가 아름다움의 기준이 된다. 어떤 문화권에서는 어깨까지 늘어지는 긴 귀가 미의 표본이 되며, 중국에서는 전족 풍습으로 인해 작고 오목한 발이 아름답다고 여겨진다. 북아메리카의 일부 미개 부족은 아이의 뼈가 아직 부드러울 때 머리에 네 개의 판자를 대어 눌렀다. 그렇게 하여 두개골을 정사각형에 가까운 형태로 만들고자 했다.

유럽인들은 이런 관습을 터무니없는 야만이라며 놀라워하고, 몇몇 선교사들은 이를 그 민족의 무지와 어리석음 탓으로 돌렸다. 하지만 그 야만을 손가락질하던 유럽인들 역시, 불과 몇 년 전까지만 해도 유럽 여성들이 거의 한 세기에 걸쳐 타고난 둥근 체형을 억지로 조여 사각형에 가까운 모습으로 만들려 했다는 사실을 망각하고 있었다. 그렇게 강제로 몸을 변형해 수많은 질병과 뒤틀림을 겪으면서도, 이 기형적인 관습은 세계에서 가장 문명화되었다고 자부하던 유럽의 몇몇 사회에서조차 관습의 힘으로 아름다움으로 인정받았던 것이다.

아름다움은 익숙함과 유용성 사이에 있다

이상이 아름다움의 본질에 대해 박식하고 재능 있는 뷔피에 신부가 제시한 미학 이론이다. 그의 주장에 따르면 어떤 대상을 아름답다고 느끼는 이유는 그 부류의 사물에 대해 우리가 관습적으로 익숙해진 이미지와 일치하기 때문이라는 것이다.

하지만 나는 외적 아름다움에 대한 우리의 감각이 전적으로 관습에 기반한다고 보는 견해에는 동의하지 않는다. 어떤 형태가 유용해 보이거나, 본래 의도된 목적에 잘 들어맞는 경우 우리는 그것이 보기에도 좋고 자연스럽다고 느낀다. 이는 관습과는 무관하게 작동하는 감각이다.

예컨대 특정 색상은 다른 색보다 더 쾌적하고 눈에 즐거움을 준다. 매끄러운 표면은 거친 표면보다 더 기분 좋게 느껴진다. 다양한 요소가 어우러진 구성은 단조롭고 획일적인 배열보다 훨씬 더 생기 있고 유쾌하다. 특히 다양한 요소들이 서로 자연스럽게 연결되어 있을 때, 다시 말해 각 부분이 앞선 부분과 어색하지 않게 이어지고 인접한 요소들 사이에 조화로운 관련성이 느껴질 때, 우리는 그것을 훨씬 더 정돈되고 쾌적한 형태로 인식한다. 반대로 아무 연관 없는 요소들이 무질서하게 나열된 구성은 그 자체로 혼란스럽고 거슬린다.

나는 관습이 아름다움의 유일한 원리라고는 생각하지 않는다. 그러나 만약 어떤 외적 형태가 기존 관습과 완전히 어긋나 있고, 우리가 익숙하게 보아온 그 부류의 일반적 이미지와 전혀 다르다면 그것이 아무리 새롭고 독창적이라 해도 우리에게 즉각적인 쾌감을 주지는 못한다고 여긴다. 관습이 일정한 형태를 오랫동안 유지하고, 사람들이 그 형태에 익숙해지도록 길들여졌다면 그 형태는 어느새 당연하고 자연스러운 것으로 인식된다. 그런 맥락에서는 비록 그 대상이 객관적으로 볼 때 조악하거나 미흡해 보여도 불쾌함까지는 일으키지 않는다.

관습과 유행이 도덕 감정에 미치는
영향에 대하여

◆

우리가 아름다움을 느끼는 감각은 전반적으로 관습과 유행의 영향을 많이 받는다. 그러니 인간 행위의 아름다움에 대한 감각 역시 이러한 원칙들로부터 완전히 자유롭기는 어렵다. 그러나 이 경우, 그 영향력은 외형적 아름다움에서만큼 강하지 않다. 설령 외형이 기묘하고 낯설다 해도 관습이 인정하거나 유행이 뒷받침하면 받아들여질 수 있다. 그러나 네로나 클라우디우스와 같은 인물의 성향과 행위는 어떤 문화적 관습으로도 받아들여질 수 없고, 어떤 유행도 그것을 정당화할 수 없다. 네로는 항상 공포와 증오의 대상이 될 것이며, 클라우디우스는 조롱과 경멸의 대상으로 남을 것이다.

외형적 아름다움에 대한 감각은 우리의 상상력과 결합된 미묘하고 세련된 원칙에 의존하며, 교육과 습관에 의해 비교적 쉽게 변화할 수 있다. 반면 도덕적 승인과 불승인이라는 감정은 인간 본성 깊은 곳에서 비롯된 강렬하고 본능적인 정념에 뿌리를 두고 있어 어느 정도 왜곡될 수는 있어도 완전히 바뀌는 일은 드물다.

도덕 감정도 길들여진다

관습과 유행이 도덕 감정에 미치는 영향은 크지 않지만 그 작용 방식은 대체로 어디에서나 비슷하다. 관습과 유행이 정의롭고 부정한 행위에 대한 우리의 자연스러운 판단 기준과 맞아떨어질 때, 도덕 감정은 더욱 예민해지고 악에 대한 본능적인 혐오도 한층 더 강렬해진다.

예를 들어 정의와 겸손, 배려와 질서 속에서 참으로 훌륭한 사람들과 함께 성장한 이들에게는, 이 미덕에 어긋나는 행동이 무엇이든 충격적으로 다가온다. 반대로 폭력과 방종, 거짓과 부정의 속에서 성장한 불운한 사람들은 이러한 행위의 부도덕성을 완전히 잊지는 않더라도 극악한 범죄나 그에 따르는 처벌의 정당성에 대한 감각은 상당 부분 무뎌진다. 그들은 어릴 적부터 그런 행위들에 익숙해졌고, 결국 그것을 일종의 세상 이치로 받아들이기에 이른다. 정직하게 살면 바보가 될 것이라는 두려움 속에서 그들은 부정을 생존을 위한 불가피한 현실로 받아들이며 내면화한다.

유행 또한 도덕 감정에 영향을 미친다. 때로는 유행이 일정 수준의 무질서를 오히려 멋진 것으로 포장하고, 진정으로 존중받아야 할 자질들을 퇴물처럼 밀어내기도 한다. 예컨대 찰스 2세 시대의 영국에서는 어느 정도의 방탕함이 세련된 교양인의 상징처럼 여겨졌다. 당대 사람들은 이런 태도를 너그러움, 솔직함, 용기, 충직함과 연결 지었고, 이런 식으로 행동하는 사람이야말로 가식적인 청교도가 아니라 진짜 신사라고 여겼다. 반면 검소함이나 단정한 생활 태도는 시대의 유행에 어울리지 않는 것으로 간주되었으며, 위선적 말투나 교활함, 위악적인 태도, 속물 근성과 결부되곤 했다.

알팍한 생각을 가진 사람들에게는, 상류층의 악덕조차도 세련되고 매력적으로 보인다. 그들은 그런 악덕을 단지 특권층의 부유함이나 높은 지위와 연결할 뿐만 아니라 도량과 자유로움, 인간미, 기품 등 그들이 선망하는 덕성과도 결부시킨다. 반대로 절약이나 근면, 규칙을 중시하는 미덕은, 하층민 특유의 촌스럽고 천한 습성으로 여기게 된다. 이들은 그러한 미덕이 가난한 사람들에게서 흔히 발견되는, 비굴하고, 짜증을 잘 내고, 거짓말하며, 사소한 이익을 슬쩍 빼돌리는 성향과 맞물려 있다고 믿는다. 그런 자질들은 하류층이 속한 사회적 지위의 천박함과 연결되어 있다고 보는 것이다.

서로 다른 직업과 사회적 지위에 있는 사람들이 익숙하게 접하는 대상은 매우 다르며, 그에 따라 그들이 길들여지는 감정이나 성향도 서로 다를 수밖에 없다. 이런 차이는 자연스럽게 각기 다른 성격과 태도로 이어진다. 그래서 우리는 각 계층이나 직업군에 대해 일정한 성격과 태도를 기대하게 되고, 직업과 성향을 서로 연관 지어 받아들인다.

그러나 어떤 사회 집단이나 계층에 속한 사람이든, 우리는 그들에게 자연스럽게 기대되는 일반적인 기준, 곧 지나치지도 모자라지도 않은 중간적 특성을 가장 조화로운 모습으로 받아들이는 경향이 있다. 예컨대 우리는 어떤 계층이나 인종에 속한 이들이 그에 어울리는 기질을 지나치게 드러내거나 지나치게 부족하게 보이지 않기를 바란다. 사람은 자신이 속한 환경과 직업에 적합한 중간적인 태도를 갖출 때 가장 자연스럽고 조화롭게 보이는 것이다. 어떤 직업이든 그 전문 영역에 과도하게 집착하며 사사건건 따지는 모습은 오히려 불편하고 부자연스럽게 느껴진다.

마찬가지로 인생의 각 시기 또한 서로 다른 성향과 태도를 요구한다. 우리는 노인에게서 엄숙함과 침착함을 기대한다. 그런 태도는 그들의 노쇠함, 축적된 경험, 감정의 둔화와 더불어 자연스럽고 존경할 만한 모습으로 받아들여진다. 반대로 젊은이에게는 예민한 감수성과 활력, 유쾌함을 기대한다. 젊은이는 세상의 자극에 민감하게 반응하고, 그 생생한 반응이야말로 우리가 젊음에 기대하는 미덕이다.

공감의 기준: 상황이 감정을 만든다

각 연령대에는 그에 어울리는 태도가 있지만, 그 특성이 지나치면 도리어 부정적인 인상을 준다. 젊은이의 가벼운 말장난이나 지나친 경박함, 노인의 무감각하고 완고한 태도는 어느 쪽이든 똑같이 불쾌하게 다가온다. 사람들은 청년이 어느 정도 노인의 신중함을 지닐 때 신선하다고 여기고, 노인이 청년의 생기와 유쾌함을 잃지 않을 때 더 호감을 느낀다. 그러나 이 균형이 무너져, 젊은이가 노인 특유의 엄숙함이나 따분한 형식주의에 깊이 빠져 있다면 그는 우스꽝스럽게 보이고, 반대로 노인이 청년다운 경박함이나 허영, 부주의를 지닌다면 경멸의 대상이 되기 쉽다.

관습을 통해 우리는 각 지위나 직업에 고유한 기질과 태도가 있다는 사실을 익히 알게 된다. 이러한 태도들은 단순히 관습 때문에 생긴 것만은 아니다. 때로는 삶의 여러 조건 속에서 자연스럽게 형성된 적절한 태도로서 의미를 갖는다. 그렇기에 그 적절성은 충분히 존중할 만하다. 어떤 사람의 행동이 적절한지는 그가 어떤 상황에 처해 있는지만으로 판단되지 않는다. 중요한 것은 '내가 그 상황에 처했다면 과연 같은 반응을 보였을까?'라는 물음을 던져, 그 행동에 공감할 수 있는지 살펴보는 것이다. 만약 그가 한 가지 상황에 지나치게 몰입한 나머지 다른 중요한 맥락들을 완전히 무시하고 있다면 우리는 그의 행위를 부적절하다고 판단하게 된다. 모든 상황을 균형 있게 고려하지 못한 행동은 전적으로 지지받기 어렵기 때문이다.

물론 다른 중요한 일이 없을 때라면, 한 사람이 어떤 대상에 대해 보이는 감정은 충분히 이해되고 수용될 수 있다. 예를 들어 사생활 영역에서 한 부모가 외아들을 잃었을 때, 이들이 깊은 슬픔과 상심을 표현하더라도 타인으로부터 비난을 받지는 않는다. 그러나 군대의 사령관이자 지휘관인 장군이 같은 방식으로 감정을 드러낸다면 이야기는 다르다. 장군은 개인 감정보다는 조국의 안보와 전장의 명예에 더 큰 주의를 기울여야 할 위치에 있기 때문이다.

일반적으로 말해, 직업이 다르면 그 직업에 따라 관심을 두는 대상과 거기서 비롯되는 감정도 달라진다. 사람들은 각자의 환경 속에서 특정한 감정과 태도를 습관적으로 익히게 된다. 따라서 우리는 타인의 감정 반응을 이해하기 위해, 그가 처한 환경과 직업적 상황이 그의 감정에 어떤 영향을 주었는지를 살펴야 한다. 그리고 그가 겪는 사건이 그의 익숙한 기질과 조화를 이루는지 혹은 그에 어긋나는지를 고려함으로써 그 반응이 과도한지 아니면 적절한지를 판단할 수 있다.

삶의 기쁨이나 오락을 즐기는 감수성은 정부 관료에게는 어느 정도 기대할 수 있지만 성직자에게까지 똑같이 요구하기는 어렵다. 성직자는 장차 다가올 심판을 일깨우고 도덕적 타락의 위험을 경고하며 신앙과 규범을 몸소 실천하는 모범이 되어야 하기 때문이다. 다시 말해 그는 복음을 전하는 자로서 언행은 언제나 경건하고 엄숙해야 하며 경박하거나 무관심한 태도를 보여서는 안 된다.

성직자의 정신은 언제나 숭고하고 신성한 사유에 머물러 있어야 하며, 쾌락과 유흥에 빠진 사람들의 감정적 대상이 마음을 점유해서는 안 된다. 따라서 성직자라는 직업 자체가, 관습과는 별개로 특정한 태도와 품위를 요구하는 직업적 기준을 만들어낸다. 근엄하고 진지하게 맡은 바 임무에 전념하는 모습은 성직자에게 가장 어울리는 태도이며, 우리는 그에게서 마땅히 그런 모습이 나타나기를 기대한다. 이는 대부분이 쉽게 수

긍할 수 있는 기대이며, 신중한 사람이라면 누구나 성직자의 행동 기준을 이렇게 설명할 수 있을 것이다.

감정을 연기하는 사람들: 직업이 만든 표정들

그러나 직업의 특성과 관련된 기질은 언제나 자명하거나 논리적으로 설명되지 않는다. 그래서 우리는 그것을 받아들일 때 이성적 판단보다는 익숙한 관습에 의존하는 경우가 많다. 논리적인 이유라기보다는 자주 봐온 모습에 따라 자연스럽게 수용하게 되는 것이다. 예컨대 우리는 군인의 기질로 흔히 흥겨움, 경쾌함, 활기찬 자유로움, 심지어 일정 수준의 방탕함까지도 자연스럽게 연상한다. 군대라는 직업이 본래 위험과 맞닿아 있는 일자리이기 때문이다.

하지만 과연 그런 기질이 군인에게 정말로 어울리는 것일까? 오히려 우리는 본능적으로, 군인에게는 가장 진지하고 사려 깊은 성향이 더 적합하다고 느낀다. 군인의 일상은 지속적으로 위험에 노출되어 있고, 따라서 누구보다 죽음과 그 여파에 대해 깊이 성찰하게 만들기 때문이다.

그런데 아이러니하게도, 이러한 극한의 환경 속에서 사람들은 오히려 반대의 방식으로 반응한다. 죽음에 대한 공포를 이겨내기 위해 단순히 의지의 힘만으로는 부족하며, 많은 경우 오히려 생각을 외면하고 전혀 다른 곳으로 돌리는 쪽을 택하게 된다. 그래서 군인들은 스스로 무관심과 경쾌한 태도로 무장하고, 유쾌한 오락이나 때로는 방탕한 즐거움에 자신을 내맡긴다.

실제로 군대의 막사는 사색적이거나 우울한 성향에게는 어울리지 않는 환경이다. 물론 이런 신중하고 결의에 찬 기질을 지닌 사람 중에는 극도의 자기통제를 통해 불가피한 죽음 앞에서도 흔들림 없이 담대함을 드러내는 경우도 있다.

그러나 당장 닥치지 않은 위험에 오래 노출되어 끊임없이 인내와 긴장을 유지하다 보면 마음은 억눌리고 소진되어 결국 피폐해진다. 그렇게 되면 어떤 기쁨이나 즐거움도 제대로 느낄 수 없게 된다. 반면 앞일을 크게 걱정하지 않고, 늘 쾌락과 즐거움에 몰두하며 현재 상황에 별다른 불안을 느끼지 않는 쾌활하고 경솔한 사람들은 이런 환경을 오히려 더 잘 견뎌낸다. 어떤 특수한 상황 속에서 장교가 지속적인 위험을 인식할 수밖에 없는 위치에 놓이면, 그는 평소 지녔던 쾌활함이나 가벼운 태도를 잃고 만다. 도시의 경비대장이 일반 시민들 못지않게 신중하고 검소한 성격을 지닌 경우가 많은 것도 이와 같은 맥락에서 이해할 수 있다. 이처럼 오랜 평화는 민간인과 군인의 기질 차이를 흐릿하게 만든다.

그럼에도 불구하고, 군인의 일상은 직업상 일정한 정도의 쾌활함과 자유분방함을 기질로 자리 잡게 한다. 우리의 상상 속에 자리한 관습적 이미지도 이러한 기질을 군인의 성격과 강하게 연결한다. 그래서 누군가가 군인이라는 직업을 가지고 있으면서도 이러한 특유의 경쾌한 기질을 전혀 보이지 않으면, 우리는 그 사람을 다소 불편하거나 심지어 경멸스럽게 바라보게 된다. 가령 도시 경비대가 지나치게 근엄하고 신중한 태도를 보이면, 우리는 그 표정이나 태도가 직업적 정체성과 어울리지 않는다고 느끼며 비웃게 된다. 심지어 그들 자신도 자신의 지나치게 딱딱하고 정형화된 태도를 스스로 어색해하거나 부끄러워할 수 있다. 이는 그들이 속한 직업이 고지식하다는 인상을 주지 않기 위해, 일부러 가볍고 자유로운 태도를 흉내 내려는 의식적인 시도일 가능성도 있다.

우리는 존중하는 사회계층이 보이는 일상적 태도와 행실을 무의식적으로 그 계층의 본질적 특성으로 여긴다. 그래서 어떤 행동이 그런 이미지에서 벗어나 있다면 우리는 그것을 쉽게 받아들이지 못한다. 낯선 행동이 기존의 계층 이미지와 어긋나면 우리는 잠시 멈칫하며 그것을 어떤 범주에 넣어야 할지 혼란스러워한다.

도덕 감정은 시대와 장소를 타고난다

시대와 국가가 달라지면, 그에 따라 사람들에게 일반적으로 형성되는 기질 또한 달라진다. 그리고 그러한 기질이 칭찬받을 만한 것인지, 비난받아야 할 것인지는 각 시대와 장소의 정서와 문화적 기준에 따라 다르게 평가된다.[28] 예컨대 러시아에서 높이 평가되는 여성적인 부드러움과 유순한 공손함은 프랑스 궁정에서는 무례하고 야만적인 태도로 받아들여질 수 있다. 반대로 폴란드 귀족의 절제와 검소함은 암스테르담 시민들에게는 오히려 사치로 보일 수도 있다.

각 시대와 사회는 존경받는 인물들에게서 자주 관찰되는 특징적인 자질을 토대로, 그 사회가 이상적으로 여기는 재능과 미덕의 표준을 정립한다. 다만, 각 사회의 제도·환경·관습 등이 사람들에게 일정한 기질을 습관처럼 길러주기 때문에 어떤 행동이나 성격이 적절하다고 여겨지는 기준도 시대와 지역에 따라 달라지게 된다.

문명화된 사회에서는 보통 인간애와 관용이 절제나 자기 부정의 미덕보다 자연스럽게 길러진다.[29] 반대로, 무례하고 야만적인 사회에서는

---

28 스미스가 제시한 여러 국가의 사례들은, 당시 유행하던 여행 문학과 맞물려 계몽주의 정치 사상이 주목했던 문제의식을 잘 보여준다. 여행 문학은 각국의 제도와 관습이 어떻게 국민적 성격을 형성하는지를 철학적으로 탐구하는 데 중요한 자료가 되었다.

29 야만과 미개 상태에서 문명 사회로의 이행은 스코틀랜드 계몽주의가 중점적으로 탐구한 역사적·정치적 주제였으며, 이는 스미스의 경제학 연구에서도 핵심적인 이론적 기반을 이룬다. 스코틀랜드 계몽주의는 특히 현대 문명이 중시하는 인간 중심의 미덕들을, 원시 사회에서 강조된 거칠고 극단적인 덕성과 뚜렷이 대비시키는 데 큰 의미를 두었다.

감정 절제나 고통 감내 같은 자기 부정의 미덕이 더 잘 양성된다. 문명화된 사회에서는 대체로 보편적인 안전과 삶의 안락함이 널리 퍼져 있기 때문에 위험을 개의치 않거나 극심한 고통을 묵묵히 견디는 태도는 점점 보기 어려워진다.

또한 가난은 비교적 쉽게 피할 수 있게 되었으므로, 빈곤을 개의치 않는 태도는 더 이상 특별한 미덕으로 여겨지지 않는다. 쾌락을 절제할 필요도 줄어들면서 사람들의 정신은 느슨해지고 본래의 기질과 욕망이 제약 없이 드러나게 된다.

감정을 숨기는 사람들

미개 사회와 야만 상태에서는 정반대 상황이 펼쳐진다. 미개인은 일종의 스파르타식 규율 속에서 자란다. 외부 환경의 혹독함으로 그는 온갖 고통을 견딜 수밖에 없다. 그는 끊임없는 위험에 노출되고, 극심한 굶주림과 생필품의 결핍을 일상적으로 겪는다. 많은 이들이 결국 그러한 결핍 속에서 생명을 잃는다.

이러한 삶의 조건은 단순히 육체만을 단련하는 데서 끝나지 않는다. 그는 감정적으로도 고통이 불러일으키는 격정에 휘둘리지 않도록 훈련된다. 공동체가 어떤 나약함도 용납하지 않기 때문이다. 그곳에서는 누구도 타인의 고통에 연민을 보이지 않으며, 공감을 기대할 여지조차 거의 없다. 당연한 말이지만, 누군가를 진심으로 동정하려면 자신이 어느 정도 여유를 지니고 있어야 한다. 극심한 고통 속에 있는 자에게 타인을 향한 연민은 사치다.

미개인은 자신이 처한 결핍과 생존의 필요성에 집중하느라 타인의 고통에 신경 쓸 여유가 없다. 그런 상황에서 그는 자신의 약점을 드러내는 것을 철저히 경계하고, 사소한 감정조차 외부로 새어나가지 않도록 단련된다. 물론 이들의 내면에는 격정이 거칠게 일렁일 때도 있지만, 그런 감정이 겉으로 드러나 표정이나 태도의 침착함을 흐트러뜨리는 일은 거의 없다. 그들의 사회에서는 감정의 격한 표현이 철저히 억제되며, 오히려 그것은 수치로 여겨진다.

북아메리카의 야만인들은 어떤 상황에서도 극도의 무심한 태도를 유지한다. 사랑이나 슬픔, 분노와 같은 감정에 휘둘리는 모습을 드러내는 것은 품위를 잃은 행동이라 여긴다. 이들이 보여주는 담대함과 자기 절제는, 감정 표현에 익숙한 유럽인의 시각으로는 거의 이해하기 어려울 정도다.

가령 지위와 재산 면에서 모두가 평등한 사회에서는 결혼에 있어 당사자 간의 자유로운 선택이 가능할 것처럼 보인다. 그러나 북아메리카 부족 사회에서는 예외 없이 결혼 상대가 부모에 의해 정해지며, 젊은 남성이 특정 여성을 조금이라도 더 선호하는 기색을 드러내거나, 배우자 선택이나 결혼 시기에 감정적 반응을 보일 경우 그것은 평생 씻을 수 없는 수치로 간주된다.[30]

인간애와 정중함이 강조되는 문명 사회에서는 사랑의 부드러운 감정이 크게 존중받지만, 미개 사회에서는 그것이 가장 용서할 수 없는 나약함으로 간주된다. 혼인한 이후에도 이들은 남녀 간의 결합을 단지 육체적 필요에 기반한 수치스러운 일로 여긴다. 부부는 함께 살지 않으며, 서로를 은밀히 만날 뿐이다. 각자 부모의 집에서 계속 지내며, 다른 문화권

---

30 스미스는 북아메리카 야만인의 관습을 서술할 때, 프랑스 출신 캐나다 선교사 라피토 조세프-프랑수아(1681-1746)의 저작에 많은 영향을 받았다. 라피토는 아메리카 원주민들의 생활양식을 기술하면서, 젊은이들이 부모에게는 깊은 존경을 표하면서도 성직자에게는 무관심한 태도를 보인다는 점을 지적했다. 그는 또한 신혼 부부가 함께 거주하지 않는 풍습을 소개하며, 이를 고대 스파르타의 관습과 유사하다고 평했다.

에서는 자연스럽게 허용되는 남녀의 공적인 동거를 가장 외설적이고 비겁한 행동으로 여긴다.

이들이 절대적으로 억제하고자 하는 감정은 단지 사랑의 감정만이 아니다. 이들은 명예를 훼손당하거나 조롱과 모욕을 당해도 분노를 드러내지 않고, 극단적인 무감각으로 참고 견딘다. 미개인은 전쟁 포로가 되어 사형을 선고받더라도 어떤 감정도 내비치지 않고 침묵 속에 받아들인다. 그는 끔찍한 고문을 당하면서도 비명조차 지르지 않고, 오히려 고문자들을 조롱하며 자신이 붙잡은 적들을 더 잔인하게 고문한 이야기를 늘어놓는다. 그렇게 몇 시간 동안 온몸의 가장 민감하고 연약한 부위가 불에 그슬리고, 타고, 찢기는 고문을 당한다.

마침내 말뚝에서 끌어내려진 뒤 잠시 휴식을 취하지만 그것조차도 고통을 더 오래 지속하기 위한 의도임을 알기에 개의치 않는다. 그 짧은 시간 동안 그는 부족의 안부를 묻거나 하찮은 대화를 나누며, 자신의 처지에 대해선 아무런 감정을 보이지 않는다. 이 끔찍한 장면을 지켜보는 부족민들 역시 완전히 무감각하다. 그들은 고문을 가하는 순간 외에는 거의 포로를 쳐다보지 않으며, 마치 아무 일도 없다는 듯 담배를 피우거나 손에 쥔 잡동사니를 만지작거린다.

참는 민족, 말하는 민족

모든 미개인은 아주 어린 시절부터 그러한 끔찍한 최후를 각오하며 살아간다고 한다. 이 목적을 위해, 이들은 일명 죽음의 노래를 만들어 부른다. 이는 적에게 붙잡혀 온갖 고문을 당하며 죽음을 맞이할 때 부르는 노래로, 고문자에 대한 조롱과 죽음, 고통에 대한 철저한 경멸을 담고 있다. 이 노래는 특별한 상황이 아니더라도 일상적으로 불리며, 전쟁에 나서기 전이나 전장에서 적을 마주했을 때, 또는 어떠한 인간적인 불운이나 공포도 자신의 결의나 목표를 흔들 수 없음을 보여주고자 할 때 반드시 부른다.

이와 같은 죽음과 고통에 대한 경멸의 태도는 다른 미개 부족에도 폭넓게 퍼져 있다. 아프리카 해안 출신의 흑인들 역시 이러한 기질을 지녔으며, 오히려 그들을 노예로 삼은 추악한 주인들의 편협한 정신이 이를 이해하지 못할 뿐이다. 운명은 때때로 인류에게 가혹한 명령을 내렸다. 강인한 아프리카 부족들이, 유럽 감옥에서 풀려난 천박한 자들의 지배 아래 놓이게 된 것이다. 그들은 고상한 미덕은커녕 최소한의 인간적 품위조차 갖추지 못한 자들이었다. 그렇기에 아프리카 노예들이 그처럼 저열하고 잔혹한 정복자들을 깊이 경멸한 것은 지극히 당연한 일이었다.

미개 사회의 관습과 교육이 그 구성원들에게 요구하는 이 영웅적이고 결연한 의지는, 문명 사회에서 자란 사람들에게는 더 이상 필요하지 않다. 문명국의 사람들은 고통 앞에서 불평하거나 괴로움에 슬픔을 드러내거나, 사랑에 도취되거나 분노로 평정을 잃더라도 쉽게 용서받는다. 그런 감정 표현은 성품 전체를 부정하거나 정의·인간애에 어긋나는 행동만 아니라면, 다소간의 평판 손실 외에는 큰 비난을 받지 않는다. 물론 그러한 격정은 얼굴의 평온한 표정이나 언행의 절제된 균형을 어느 정도 흐트러뜨릴 수밖에 없다.

세련되고 감수성이 풍부한 사람일수록 타인의 격정에 더 쉽게 반응하고, 감정 표현이 다소 지나친 경우라도 관대하게 받아들이는 경향이 있다. 일반적으로 당사자 역시, 자신을 지켜보는 사람들이 공정한 평가를 내릴 것이라는 믿음이 있다면 더 자유롭게 감정을 드러낼 수 있다. 감정을 강하게 표현하면서도 타인의 경멸을 덜 두려워하게 되는 것이다.

우리는 낯선 이들 앞보다 친한 친구 앞에서 감정을 더 솔직하고 격렬하게 표현한다. 친구로부터는 더 많은 이해와 관용을 기대하기 때문이다. 마찬가지로 문명화된 사회에서는 예절의 규범이 격정을 억누르기보다는, 오히려 보다 활기찬 감정 표현을 허용한다. 문명인은 친구 사이에서나 보일 법한 진솔함으로 소통하는 반면 야만인은 낯선 이 앞에서 경계하고 감정을 감추는 태도를 취한다.

프랑스인과 이탈리아인은 유럽 대륙에서 가장 세련된 두 민족으로 꼽히며, 그들이 흥미로운 순간에 보이는 감정 표현의 생동감은 널리 알려져 있다. 이들의 활기찬 언행은 외부인에게 종종 놀라움으로 다가오며, 감정 표현에 상대적으로 억제적인 문화에서 자란 이들은 그런 열정적인 반응을 쉽게 이해하거나 수용하지 못한다.

프랑스의 젊은 귀족은 자신이 원하는 육군 연대에 배속되지 않으면, 궁정 사람들이 지켜보는 앞에서도 눈물을 흘리는 것을 전혀 부끄러워하지 않는다. 수도원장 뒤보 신부는 어느 이탈리아인이 20실링의 벌금을 선고받고도, 사형을 선고받은 잉글랜드인보다 더 격렬하게 감정을 표출했다고 언급했다. 고대 로마의 키케로 역시, 로마의 예의범절이 가장 세련되었던 시기에도, 자신의 품위를 조금도 떨어뜨리는 일 없이 온 원로원과 시민 앞에서 슬픔에 겨운 눈물을 거리낌 없이 흘릴 수 있었다. 실제로 그는 거의 모든 연설의 끝에서 눈물로 마무리하곤 했다.

하지만 키케로보다 더 이른 시대, 교양이 덜 갖춰졌던 로마의 연설가들은 그처럼 감정을 드러내는 일이 예의에 어긋난다고 여겼다. 만약 스키피오, 라일리우스, 대(大) 카토와 같은 고대 전사들이 시민들 앞에서 그토록 노골적인 감정 표현을 했다면 이는 로마 고유의 기개와 예절을 훼손했다고 비난받았을 것이다. 이들 초기 로마의 인물들은 절제, 엄숙함, 분별력으로 자기 품격을 드러냈으며, 키케로 시대 직전까지만 해도 격정적이고 수사적인 웅변술은 거의 존재하지 않았다. 그런 웅변은 그라쿠스 형제, 크라수스, 술피키우스에 이르러서야 처음으로 로마 무대에 등장하게 된다.

이처럼 활기차고 감정을 동반한 웅변술은, 성공 여부와 상관없이 프랑스와 이탈리아에서는 오랜 전통으로 자리 잡아 왔고, 이제 막 영국에서도 수용되기 시작한 단계다. 이처럼 문명국과 야만국 사이에서는 자기 억제의 정도가 크게 다르므로, 행동의 적절성에 대해서도 각기 다른 기준이 필요하다.

감정은 억제될수록 위험해진다

이러한 차이는 필연적으로 본성의 다른 많은 측면에서도 중요한 차이를 만들어낸다. 문명화된 민족은 어느 정도 감정의 자연스러운 흐름에 자신을 내맡기며, 보다 솔직하고 개방적이며 진실한 태도를 보인다. 반대로 야만인은 자신의 모든 감정을 억누르고 드러나지 않도록 숨기는 데 익숙하다. 그 결과, 점차 감정을 감추고 시치미를 떼는 습관이 몸에 밴다.

아시아, 아프리카, 아메리카 등지의 여러 야만 민족을 가까이에서 관찰한 사람들에 따르면 이들은 공통적으로 의도를 파악하기 어렵고, 일단 무언가를 숨기기로 마음먹으면 어떤 심문이나 질문에도 절대로 본심을 드러내지 않는다. 아무리 교묘하게 질문해도 허점을 보이지 않으며 일단 침묵을 선택하면 고문으로도 고백을 받아낼 수 없다고 한다.

미개인의 감정은 외면상 거의 드러나지 않지만 실제로는 내면 깊숙이 응축되어 있으며 극단적 분노로 타오르고 있다. 그들은 좀처럼 분노의 기색을 표정이나 말로 드러내지 않지만 한계에 다다르면 그 보복은 언제나 유혈이 낭자할 만큼 맹렬하고 치명적이다.

심지어 아주 사소한 모욕에도 치명적으로 반응하는 경우가 많다. 겉으로는 언제나 차분하고 냉정한 얼굴, 조용하고 절제된 말투로 마음의 평정을 유지하는 듯 보이지만, 실제로는 그 안에 숨겨진 감정이 매우 위험한 방식으로 폭발하곤 한다. 예를 들어 북아메리카의 일부 부족 사회에서는 가장 연약한 나이에 있는 소녀가 어머니에게 약간의 꾸중만 들어도, 아무런 감정 표현이나 말 한마디 없이 물에 뛰어들어 자살하는 일이 흔하다고 한다. 그녀는 죽기 전 단지 이렇게 말할 뿐이다. "당신에게는 앞으로 딸은 없습니다."

반면 문명화된 여러 민족에서 감정은 그처럼 맹렬하거나 자포자기식으로 터져 나오지 않는다. 문명인의 감정 표현은 다소 소란스럽고 요란할 수 있지만, 실제로 상처를 주는 일은 드물다. 그들은 보통 이쯤에서 멈춘다. 자신의 격정이 정당하다는 것을 공정한 관찰자에게 알리고, 그로부터 동정과 인정을 얻는 것으로 만족한다.

그러나 관습과 유행이 인간의 도덕 감정에 미치는 이러한 영향은, 그것이 다른 영역에서 일으키는 왜곡에 비하면 비교적 사소한 편이다. 도덕 판단을 가장 심각하게 흐트러뜨리는 요인은 사람의 성격이나 전반적 태도보다도, 특정 관습이 과연 적절한가에 대한 평가 방식에 있다.

직업이나 삶의 방식에 따라 관습이 요구하는 다양한 행동 양식은 본질적인 문제는 아니다. 우리는 노인이든 젊은이든, 성직자든 장교든, 누구에게나 공통으로 진실성과 정의로움을 기대한다. 각자의 역할에 따라 드러나는 성격적 특징이나 뉘앙스는 그저 부수적인 차이에 불과하다.

여기에서도 흔히 간과되는 점이 있다. 그런 특징들이 과연 각 직업에 걸맞은 것인지, 즉 관습이 부여한 성격적 특성이 정말 적절한지에 대한 성찰이다. 이 경우, 감정의 자연스러운 흐름이 왜곡된다고 해도 크게 비난하기는 어렵다. 각 민족의 예의범절이 그러한 특성의 차이를 요구하기 때문이다. 하지만 이조차도 도를 지나칠 경우 심각한 왜곡이 일어난다. 예컨대 어떤 미덕이 지나치게 강조되면 다른 미덕의 자리를 빼앗는 경우가 있다.

폴란드에서는 시골 특유의 후한 환대가 절제와 사회 질서를 어느 정도 해칠 수 있다. 네덜란드에서 높이 평가되는 절약과 검소함은 오히려 관대함과 사교성을 억제할 수 있다. 미개 사회에서는 강인한 기질이 요구되기 때문에 인간애가 위축된다. 반면 고도로 문명화된 사회에서는 세심한 감수성이 요구되며, 이는 때로 남성적인 굳은 결단력을 약화시킨다.

이처럼 각 민족이 발전시킨 예의범절은 그 사회의 환경에 가장 알맞은 형태라고 볼 수 있다. 강인함은 미개 사회의 열악한 조건에 적합한 기질이며, 감수성은 복잡하고 세련된 문명 사회에 더욱 어울리는 성향이다. 따라서 이러한 차이들을 두고 도덕 감정이 지나치게 왜곡되었다고 비난할 수는 없다.

결국, 관습이 도덕 감정을 흐트러뜨리는 가장 큰 문제는 행위의 전반적인 태도나 스타일이 아니라 개별 습관들에 있다. 어떤 특정한 관습은 올바른 도덕 감각을 훼손하고, 때로는 명백히 그릇된 행동마저도 정당하고 합법적인 것처럼 포장해버린다. 관습은 이처럼 선과 악, 옳고 그름의 분명한 경계를 무디게 만들기도 한다.

고대 그리스의 영아 살해 관행과 철학자들의 침묵

예컨대 갓난아기를 해치는 것보다 더 끔찍한 만행이 과연 있을 수 있을까? 아기의 무력함, 순수함 그리고 사랑스러움은 심지어 적의 마음에도 동정심을 불러일으킨다. 그래서 그런 어린 생명을 해치지 않는 것이야말로 가장 잔혹한 정복자조차 지키려는 마지막 자비의 선으로 여겨진다. 그런 아기를 해치는 부모의 마음이란 도대체 어떤 것일까? 우리는 과연 그것을 상상이나 할 수 있을까?

하지만 현실은 냉혹했다. 신생아 유기, 즉 사실상의 영아 살해는 고대 그리스의 거의 모든 도시국가에서 허용된 관행이었다. 세련되고 문명화되었다 자부한 아테네인들조차 이 관행을 끝내 버리지 못했다. 부모들은 가난 등의 이유로 아이를 기를 수 없을 경우, 갓난아이를 거리나 길가에 내다 버렸고, 아이는 굶어 죽거나 짐승의 먹잇감이 되곤 했다. 그런데도 이러한 야만적인 행위는 사회적 비난의 대상이 되지 않았다.

이런 관습은 아마도 가장 미개했던 시대부터 시작되었을 것이다. 인간이 집단을 이루고 사회를 형성하던 초기부터 이런 관행이 이어졌고, 오랜 반복을 통해 너무나 익숙해져 그 참혹함조차 제대로 인식되지 못했다. 오늘날 우리는 이런 풍습이 거의 모든 미개 사회에서 흔히 있었다는 사실을 안다. 더 나아가, 사회가 열악하고 조잡할수록 이러한 행위가 거의 아무런 의심 없이 용인된다는 점도 잘 알려져 있다.

미개한 사회의 부모들은 극심한 빈곤에 시달리고, 생필품조차 제대로 구할 수 없는 상황에 자주 놓인다. 때로는 그들 자신도 굶주림으로 목숨을 잃고 만다. 그러한 조건에서 부모가 자신의 생존조차 감당하기 어려운 상황에서 아이를 함께 부양하는 것은 사실상 불가능하다. 이런 맥락에서, 아이를 버리는 일이 전적으로 납득되지 않더라도 전혀 이해할 수 없는 행동이라고만 치부하기는 어렵다.

도망치는 이가 도저히 맞설 수 없는 적으로부터 몸을 피할 때, 아이가 발목을 붙잡는다면 그 아이를 버리고 도망치는 행위는 어쩌면 불가피한 선택일지도 모른다. 아이를 구하려 들면 함께 죽을 가능성밖에 없기 때문이다. 이런 사회에서는 부모가 아이를 기를 수 있을지 스스로 판단할 권한이 주어지며, 그런 판단이 내려졌다고 해도 우리는 그것이 그다지 놀랍거나 충격적인 일이라고 느끼지 않는다.

그러나 그리스 후기에는 이러한 영아 살해가 단순한 생존의 불가피한 선택이 아니라 간접적인 이해관계와 사회적 편의라는 명분 아래 정당화되었다. 이것은 결코 용서될 수 없는 일이다.

단절 없이 이어진 이 관습은 당시 사회 전반에 깊이 뿌리내려 있었고, 문명화된 세상의 느슨한 도덕 기준은 이러한 야만적인 특권을 묵인했을 뿐 아니라 더욱 엄정하고 도덕적이어야 할 철학자들의 이론조차 이 관습을 비호하기에 이르렀다.

그들은 영아 살해를 강하게 비판하기는커녕 공공의 이익이라는 빈약한 논리를 앞세워 이 끔찍한 행위를 정당화했다. 심지어 아리스토텔레스는 경우에 따라 정부가 이러한 관행을 적극 장려해야 한다고까지 주장했다. 플라톤은 인도주의자로 알려져 있지만, 그의 글에 담긴 따뜻한 인간애와는 달리 영아 살해 관행에 대해서는 아무런 비판도 하지 않았다.

관습이 이런 노골적인 인간애의 파괴까지도 정당화할 수 있다면, 세상에 관습이 허락하지 않을 끔찍한 행위란 사실상 없다는 뜻이다. 우리는 종종 사람들로부터 "그런 일은 흔히 있는 일이지"라는 말을 듣는다. 하지만 그 말은 무엇을 의미하는가? 그것은 가장 부당하고 불합리한 행위조차 단지 '흔하다'는 이유만으로 가볍게 정당화될 수 있다는 믿음을 드러내는 말일 뿐이다.

관습은 우리가 어떤 행동을 옳다고 느낄지, 그르다고 여길지에 분명 영향을 준다. 하지만 그것이 사람들의 평소 성격이나 행동 방식에 대한 판단까지 똑같이 왜곡하지는 않는다. 왜일까? 이유는 분명하다. 만약 한 사회의 구성원 대부분이 영아 유기와 같은 반인륜적 행위를 당연한 성격이나 행동 양식으로 받아들인다면 그 사회는 단 한순간도 존속할 수 없기 때문이다.

제6부

미덕의 성격에 관하여[31]

서문

　우리는 한 개인의 성격을 살필 때, 자연스럽게 두 가지 측면에서 그
성격을 평가하게 된다.
　첫째, 그 성격이 본인의 행복에 어떤 영향을 미치는가?
　둘째, 그것이 타인의 행복에 어떤 영향을 미치는가?

31　제6부 전체는 1790년 여섯 번째 판본에서 새롭게 추가된 부분이다. 스미스는 출판
　　　사에 보낸 편지에서 이 6부를 "도덕성의 실제적 체계"라고 불렀다. 이는 제7부 서문
　　　에서 제기되는 두 가지 질문 중 첫 번째, 즉 "미덕은 어디에 존재하는가?"라는 물음
　　　에 대한 가장 충실한 대답이기도 하다. 두 번째 질문은 "미덕은 어떤 마음의 동기에
　　　서 비롯되는가?"이다. 따라서 제6부와 제7부는 서로 밀접하게 연결되어 있다.

제1편

자신의 행복에 영향을 미치는 개인의 성격 혹은 신중함에 관하여

신체를 보존하고 건강하게 유지하는 일은 자연이 모든 개인에게 가장 먼저 주의를 기울이도록 요구하는 과제다. 굶주림과 갈증, 쾌락과 고통, 더위와 추위 같은 감각은 무엇을 추구하고 무엇을 피해야 할지를 알려주는 자연의 목소리이며, 이는 일종의 지침으로 작용한다. 우리가 어린 시절 의지하던 보호자들이 가르쳐준 첫 번째 교훈들 역시, 대부분 이런 목적을 위한 것이었다. 즉 그 교훈의 핵심은 자신을 다치지 않게 보호하는 법을 익히는 데 있었다.

인간은 성장하면서 쾌락을 얻고 고통을 피하며, 적절한 온도를 찾기 위해 다양한 수단을 모색한다. 이 과정에서 그는 자연스럽게, 어느 정도의 주의력과 앞을 내다보는 안목이 필요하다는 사실을 깨닫게 된다. 그리고 이 주의력과 예측 능력은 점차 외적인 재산, 즉 건강, 물질, 사회적 신용 같은 것을 잘 지키고 키워나가는 기술로 발전해간다.

존중받고 싶은 마음, 그리고 돈

우리가 외적 재산에서 얻는 이점은 단지 육체적인 필요와 편의 제공에 그치지 않는다. 인간은 동료들로부터 존중받고 싶어 하며, 사회 속에서 일정한 신용과 지위를 갖기 원한다. 그리고 이러한 지위는 우리가 현재 보유한 것, 또는 앞으로 얻게 될 재산의 규모와 무관하지 않다.

이러한 욕구는, 현실을 살아가는 누구라도 부정하기 어려운 것이다. 다른 사람들로부터 적절한 평가를 받고자 하는 욕망, 그들 사이에서 신용과 지위를 획득하고 유지하고자 하는 욕망은 인간의 가장 강한 본성 중 하나다. 우리가 재산을 얻고자 하는 열망도, 본질적으로는 육체적 필요보다 이런 사회적 욕망에서 더욱 강하게 발현된다. 사회적 지위와 신용은 결국 우리의 성격, 행동 그리고 우리 주변 사람이 느끼는 신뢰, 존중, 호의에 달려 있다. 따라서 도덕적인 인간은 본질적으로 이러한 신뢰와 호의에 기대어 살아간다.

개인의 건강, 재산, 지위, 평판은 모두 그의 삶의 안락함과 행복에 직접적인 영향을 준다. 이러한 것을 잘 관리하고 지키는 일은 신중함이라는 미덕의 몫이다. 앞서 살펴본 바와 같이, 인간은 나쁜 상태에서 좋은 상태로 나아갈 때보다, 좋은 상태에서 나쁜 상태로 추락할 때 훨씬 더 큰 고통을 느낀다. 그렇기에 신중함이 가장 우선시하는 가치는 안전이다. 신중함은 건강, 재산, 지위, 평판이 어떤 위험에도 노출되지 않기를 바란다.

그 성격은 대체로 보수적이며, 더 큰 이익을 추구하기보다는 현재 가진 것을 안전하게 보존하려는 쪽에 가깝다. 신중함은 재산을 늘릴 때 손실과 위험을 피하는 방식을 택하라고 권한다. 이러한 성향 덕분에 신중함이라는 미덕은 자기 업종에서 실제적인 지식과 기술을 익히고, 그것을 성실하게 실행하며, 모든 지출에 있어 절제를 강조한다.

신중한 사람의 특징: 진실하게, 조용하게, 꾸준하게

신중한 사람은 자신이 알고 있다고 말한 것을 진정으로 이해하고자 언제나 진지하고 성실하게 탐구한다. 그는 타인에게 자신의 말과 행동이 일치한다는 확신을 주려 노력한다. 재능이 언제나 눈에 띄게 탁월한 것은 아닐 수 있지만 진실성만큼은 분명하다. 그는 교활한 사기꾼처럼 기묘한 술수를 부리지 않으며, 건방진 탁상공론가처럼 오만한 태도를 보이지도 않는다. 또한 천박한 현학자처럼 무례하게 자신만만한 주장을 펴지도 않는다. 자신의 능력을 내놓고 과시하는 일도 삼간다. 그의 말은 담백하고 겸허하며, 많은 이들이 평판을 얻기 위해 흔히 사용하는 얄팍한 수법들을 혐오한다. 그는 자신의 직업에서 인정을 받기 위해 본질적인 실력과 지식에 의존한다.

고급 기술이나 학문 연구에 있어서도 시시한 파벌이나 클럽의 지지를 구하려 하지 않는다. 그런 파벌은 흔히 자신들이 마치 최고의 심판자인 양 군림하며 서로를 치켜세우는 한편 경쟁자를 마구 비방하기도 한다. 신중한 사람이 이들과 어울린다면 그것은 어디까지나 자신을 지키기 위한 방편일 뿐이다. 대중을 조종하려는 의도가 아니라 어떤 집단의 선동이나 음모에 대중이 쉽게 휘둘리는 상황이 자신에게도 불리하게 작용할 수 있다는 점을 알기에 그러한 폐해를 미연에 막으려는 것이다.

신중한 사람은 언제나 진실을 말한다. 거짓이 탄로 나는 것만으로도 깊은 수치심과 공포를 느낀다. 그러나 진실을 말한다는 것이 곧 모든 사실을 가감 없이 드러낸다는 뜻은 아니다. 그는 꼭 필요할 때만 진실을 말하고 굳이 묻지 않은 사실을 함부로 내놓지 않는다. 그는 행동에서처럼 말에서도 절제와 신중함을 지키며, 사물이나 사람에 대한 자신의 의견을 경솔하게 흘리거나 불필요하게 드러내지 않는다. 또한 자신의 견해를 타인에게 강요하는 법도 없다.

신중한 사람이 언제나 감정적으로 섬세하거나 특별히 감수성이 뛰어난 것은 아니다. 그럼에도 그는 타인과의 관계에서 안정적이고 조화로운 우정을 쌓는 데 능하다. 그의 우정은 종종 불같이 열정적이지는 않지만 오히려 조용하고 꾸준한 애정에 기반을 둔다. 세상 물정을 모르는 젊은이들이 보기에는 그의 이런 태도가 냉정해 보일 수도 있다. 그러나 그의 우정은 충분한 검증을 거쳐 선택된 몇몇에게만 향하며, 가식 없는 충실함으로 지속된다. 그는 친구를 고를 때 외적인 성공이나 화려한 성취보다 겸손함과 신중함, 바른 행실에 기반한 내면의 진실한 자질을 더욱 중시한다.

그렇다고 그가 사교적인 성격을 지녔다고 말할 수는 없다. 그는 유쾌한 대화를 즐기고 명랑한 분위기를 주도하는 사교적인 모임에 자주 얼굴을 비추지 않으며, 설령 참여하더라도 깊이 관여하는 일은 드물다. 그런 집단의 생활 방식은 절제된 균형 감각을 지나치게 흔들고, 그가 지키고자 하는 꾸준한 근면성과 철저한 절약을 방해하기 때문이다.

공정한 관찰자의 지지를 받는 신중한 사람

그의 대화가 늘 활기차고 유쾌하지는 않지만 남의 마음을 상하게 하지는 않는다. 그는 무례한 행동을 깊이 혐오하며, 심지어 자신이 누군가에게 건방지거나 무례하게 굴었을지도 모른다는 생각이 떠오르는 것조차 몹시 꺼린다. 그는 결코 다른 사람에게 주제넘게 굴지 않으며, 어떤 상황에서도 기꺼이 자신을 동료들보다 낮은 위치에 두려는 태도를 보인다. 말과 행동 모든 면에서 예절을 정확히 지키며, 사회에서 확립된 예의범절을 거의 종교적인 수준으로 철저히 존중한다.

이 점에서 그는, 자신보다 훨씬 더 탁월한 재능과 미덕을 갖추었음에도 일상적인 예의범절을 무시하거나 경멸했던 여러 인물보다 오히려 더 나은 모범을 보인다. 예컨대 소크라테스와 아리스티포스, 그 이후로는 스위프트 박사, 볼테르, 필리포스와 알렉산드로스대왕, 그리고 모스크바 대공국의 위대한 차르 표트르에 이르기까지. 이들은 모두 때때로, 아니 자주, 일상적이고 기본적인 예절조차 경멸하며 무례하게 굴었다. 결국 이 뛰어난 인물들은 자신의 진짜 장점은 외면한 채, 괴팍한 태도와 결점을 흉내 내려는 어설픈 모방자들에게 나쁜 본보기를 남기고 말았다.

신중한 사람은 언젠가 더 오래 지속될 편안함과 깊은 만족이 찾아 올 것이라는 믿음으로, 근면과 절약 속에서 현재의 희생을 기꺼이 감수한 다. 그는 언제나 공정한 관찰자, 곧 그의 내면에서 양심의 역할을 하는 가 슴속 사람(the man within the breast)의 전적인 찬성과 지지를 통해 위안을 얻는다. 공정한 관찰자는 당사자의 현재 노력과 고통을 주의 깊게 지켜보 며, 눈앞의 충동적 욕구에 흔들리지 않는다. 공정한 관찰자의 눈에는 지 금 욕망을 따르는 일과 더 큰 만족을 위해 참는 일이 결국 같은 욕구 충족 의 두 시점일 뿐이다. 그는 이 두 시점을 거의 같은 위치에서 바라보며 비 슷한 정도로 영향을 받는다.

그러나 공정한 관찰자는 또한 잘 알고 있다. 당사자에게는 이 두 시 점이 전혀 다르게 느껴진다는 것과, 그에 따라 영향을 받는 방식도 크게 다르다는 것을 말이다. 따라서 신중한 사람이 자신처럼 현재와 미래를 동 일한 무게로 바라보며, 미래를 위해 현재의 욕망을 절제할 줄 안다면 그 는 그러한 태도와 인격을 깊이 존중하고 아낌없이 칭찬한다.

자신의 수입 범위 안에서 살아가는 사람은 다소 느리더라도 매일 조금씩 나아지는 삶의 흐름에 자연스럽게 만족한다. 그는 점차 절약과 근 면의 긴장을 내려놓고, 늘어난 여유와 즐거움을 누리며 과거의 부족했던 시절을 되새길 때 오히려 더 깊은 만족을 느낀다. 그는 이 평온한 상태를 바꿔야 할 이유를 느끼지 않으며, 현재의 안정을 깨뜨릴 수 있는 사업이나 모험에 쉽게 뛰어들지 않는다. 만약 어떤 새로운 계획에 착수한다면 그것은 철저히 준비된 이후일 것이다. 그는 절박한 필요나 조급한 욕망에 끌려 무모하게 나서지 않고 결과를 충분히 따진 뒤에 행동한다.

신중함은 머리로 생각하고 가슴으로 선택하는 미덕

신중한 사람은 자신에게 명확히 부여되지 않은 책임을 자청하지 않는다. 그는 자기와 관련 없는 일에는 나서지 않으며 남의 일에 간섭하거나 원치 않는 충고를 함부로 늘어놓는 법이 없다. 그는 의무가 허락하는 범위 내에서 자신의 일에 집중할 뿐이며, 많은 이들이 남의 일에 끼어들어 영향력을 얻으려 애쓰지만, 그는 조금도 관심을 두지 않는다.

그는 파벌 다툼에 휘말리는 것을 싫어하고, 파벌 자체를 혐오하며, 고상한 포부로 포장된 정치적 야심에도 쉽게 귀를 기울이지 않는다. 조국을 위한 봉사가 정식으로 요청된다면 마다하지 않지만 그 일을 얻기 위해 음모를 꾸미거나 경쟁하지는 않는다. 오히려 공적인 책무를 맡아 번거로움을 감수하기보다는, 누군가 그 일을 더 잘 처리해주기를 선호한다. 마음 깊은 곳에서는 성공한 야망이 가져오는 온갖 헛된 화려함뿐 아니라 가장 위대한 행동을 실천했을 때 주어지는 실질적인 영예조차도 갈망하지 않는다. 그가 진정으로 바라는 것은 오직 누구의 방해도 받지 않고 자신이 이미 누리고 있는 평온한 삶을 지속하는 것이다.

요컨대, 신중함은 개인의 건강, 재산, 지위, 평판을 잘 돌보는 태도라는 점에서 존중받기에 충분하며, 어느 정도 기분 좋은 덕성으로도 여겨진다. 그러나 그것은 가장 매혹적이거나 고결한 미덕으로는 간주되지 않는다. 이런 개인적 신중함은 조용한 존경은 받지만 뜨거운 사랑이나 찬탄의 대상은 되지 않는다.

현명하고 신중한 행동은 단순히 개인의 건강, 재산, 지위, 평판에 대한 관심을 넘어, 더 크고 고귀한 목적을 향할 때 비로소 참된 신중함으로 여겨진다. 여기서 말하는 신중함은 위대한 장군, 정치가, 입법자의 신중함이다. 이런 차원의 신중함은 언제나 용기, 넓고 강인한 자애, 그리고 정의의 원칙에 대한 깊은 존중과 함께한다. 그리고 이 덕성이 제대로 발휘되려면 반드시 자기 절제가 뒷받침되어야 한다. 신중함이 이처럼 높은 경지에 이르면, 어떤 상황에서도 올바르게 판단하고 행동할 수 있는 실천적 지혜로 이어진다. 동시에, 그것은 인간의 지적·도덕적 능력을 최고도로 발휘하는 행위이기도 하다.

이런 의미에서의 신중함은 최고의 지성이 최고의 도덕성과 결합된 상태이며, 가장 완성된 이성이 가장 고귀한 미덕과 조화를 이룬 모습이다. 이는 플라톤의 아카데미학파와 아리스토텔레스의 소요학파에서 이상적으로 추구했던 현자의 성격과 거의 동일하다. 에피쿠로스 학파의 신중함 역시 유사한 성격과 원칙을 갖고 있으나, 보다 실용적인 차원에 머물러 상대적으로 덜 고결한 형태로 평가된다.[32]

자기 관리를 못 하거나 지나치게 무분별한 사람은, 인도적이고 따뜻한 성품을 지닌 사람들에게는 연민의 대상이 된다. 반면 감정이 둔하거나

---

32 18세기 철학자들은 고대 그리스-로마 철학 전통을 네 가지 대표 학파로 구분했다. 즉 스토아학파, 에피쿠로스학파, 아카데미학파, 그리고 소요(페리파토스)학파다. 이 가운데 아카데미학파는 플라톤의 제자들과 그 후계자들이 이끈 철학적 전통을, 페리파토스학파는 아리스토텔레스와 그의 학파를 가리킨다. 스토아와 에피쿠로스학파는 각각 금욕주의와 쾌락주의를 대표하며, 인간의 행복과 도덕적 삶에 대한 서로 다른 해석을 제시했다.

애덤 스미스는 이 책『도덕감정론』의 제7부에서 이 네 학파의 도덕 체계를 종합적으로 검토한다. 그는 이들 철학 체계를 비교함으로써 미덕, 행복, 도덕 판단의 기초가 무엇인지에 대해 보다 보편적이고 실천적인 통찰을 도출하려 한다. 특히 스미스는 고대 도덕 철학의 이상형들을 '공정한 관찰자' 개념과 연결하여, 당대 도덕 심리학 이론과의 접점을 모색한다.

냉소적인 사람들에게는 무시당하거나 심할 경우 경멸의 대상이 되지만, 그렇다고 분노나 증오의 대상이 되지는 않는다. 하지만 이 무분별이 다른 악덕과 결합할 때, 그 사람은 가장 지독한 비난과 수치심을 감수해야 한다. 교활한 파렴치한은 의심을 사긴 하지만 영리하고 능란한 처신 덕분에 종종 처벌이나 폭로를 피하며, 때로는 사회적 관용 속에 용납되기도 한다. 그와 달리 약삭빠르지도 않고 어리석기까지 한 자는 결국 유죄 판결을 받고 처벌당하며, 대중의 증오와 경멸, 조롱의 표적이 된다.

사법이 제대로 작동하지 않는 나라에서는 중범죄도 시간이 지나면 아무 일 없던 듯 잊힌다. 그 결과, 정의가 신속하고 명확하게 실현되는 나라에서라면 누구나 공포심을 가질 만한 행위조차도, 그런 나라의 사람들에게는 점차 둔감하게 받아들여진다. 실제로 부정의는 두 나라에서 동일한 개념으로 간주되지만, 무분별함은 전혀 다르게 인식된다. 법 집행이 엄격한 나라에서는 중대한 범죄일수록 그만큼 심각한 어리석음의 결과로 비친다. 그러나 법이 제대로 기능하지 않는 나라에서는 그 범죄가 반드시 그에 상응하는 처벌을 받는 것이 아니기에, 그런 인식이 희미해진다.

16세기 대부분의 이탈리아 상류층 사회에서는 암살, 살해, 심지어 청부살인조차도 일상적인 사건처럼 받아들여졌던 것으로 보인다. 체사레 보르자는 인근 소국의 네 군주에게 친선을 명목으로 세니갈리아에 모이자고 제안했다. 그들은 모두 자국 내에서 소규모 병력을 거느리고 제한된 통치권을 행사하는 인물들이었다. 그러나 이들이 도착하자마자, 보르자는 그들을 전원 체포한 뒤 곧바로 처형했다. 이처럼 악명이 높은 행위는, 심지어 당시처럼 범죄가 만연하던 시대조차도 쉽게 받아들이기 어려운 일이었다. 그럼에도 이 사건은 체사레 보르자의 평판에 치명상을 입히지 않았고 그의 몰락을 불러온 직접적인 원인도 아니었다. 실제로 그의 파멸은 이 사건과는 무관한 몇 가지 다른 이유로 몇 년 뒤에 찾아왔다.

당시 피렌체 공화국의 외교 사절로 보르자의 궁정에 파견돼 있었던 마키아벨리는, 그다지 높은 도덕 기준을 가진 인물은 아니었지만, 특유의 솔직하고 절제된 문체로 이 사건을 세밀하게 기록했다. 마키아벨리는 체사레 보르자가 살인을 저지르며 남긴 연설에 내심 만족감을 드러내며, 고통받은 자들이 그 속임수에 당한 모습과 나약함에 커다란 경멸을 표할 뿐이다. 그는 이들의 비참하고 참혹한 죽음에 어떤 동정도 보이지 않았고, 보르자의 잔인함과 기만에 대해서도 분노나 도덕적 비난을 표현하지 않았다.[33]

사람들은 위대한 정복자들이 저지른 폭력과 부당함에는 어리석게도 경탄과 찬사를 보내면서, 정작 소소한 도둑이나 강도, 살인자들의 같은 행위에는 경멸과 증오, 심지어 두려움으로 반응한다. 정복자들의 행위는 실제로 수십 배 더 파괴적이고 해로움에도 불구하고, 일단 성공하기만 하면 곧잘 영웅적 기개로 포장된다. 반면 하층 범죄자들의 행위는 언제나 혐오와 증오의 대상이 되며, 인류 사회에서 가장 천박하고 쓸모없는 악행으로 여겨진다.

그러나 본질적으로 어리석음이나 무분별은 결코 위대할 수 없다. 사악하지만 능력 있는 자는 종종 과분한 신뢰 속에 살아가지만 사악하면서도 어리석은 자는 누구보다 심한 증오와 경멸을 받는다. 신중함은 다른 미덕들과 결합할 때 가장 고귀한 성품을 이루지만, 신중함이 결여된 무분별은 다른 악덕들과 어울려 가장 추악한 인격으로 전락한다.

---

33 마키아벨리는 이러한 사건들이 실제로 벌어졌던 시기, 즉 1503년 1월 무렵 피렌체 공화국의 대사 자격으로 체사레 보르자의 궁정에 머물고 있었다. 그는 훗날 저술한 『군주론』에서 이 사건들을 간접적으로 언급하며, "발렌티노 공작이 비텔로초 비텔리, 올리베로토 다 페르모 등 몇몇 인물을 제거할 때 사용한 방법에 대한 설명"이라는 대목에서 이 사건의 전모를 보다 구체적으로 서술하고 있다.

제2편

다른 사람의 행복에 영향을 미칠 수 있는
개인의 성격에 관하여

서문

    다른 사람의 행복에 영향을 미치는 개인의 성격은, 반드시 그 사람이 지닌 본래의 성향—즉, 타인에게 해를 끼치거나 이롭게 하려는 성향—을 통해 그러한 영향을 발휘한다.

    공정한 관찰자가 볼 때 타인의 행복을 해치거나 방해하는 행위를 정당화할 수 있는 감정은 오직 부정의가 시도되었거나 실제로 행해졌을 때 느끼는 정당한 분노뿐이다. 이 외의 동기에서 비롯된 행위는 정의의 원칙 자체를 어기는 것이며, 그러한 행위는 반드시 제지되거나 처벌되어야 한다. 이때 필요한 수단이 사회의 물리적 힘이다.

    모든 사회와 국가는, 그 통치 아래 있는 사람들이 서로의 행복을 해치거나 방해하지 않도록 법과 제도를 마련한다. 이러한 목적을 위해 수립된 규범들이 각국의 민법과 형법을 구성한다.

자연이 정한 배려의 우선순위

이런 규칙들이 바탕을 두는, 혹은 바탕을 두어야 하는 원리는 자연법이라는 철학 분야의 핵심 주제이다. 자연법은 모든 학문 가운데 가장 중요하면서도 그동안 가장 제대로 체계화되지 못한 영역이다. 이 학문은 분명히 탐구할 만한 가치를 지니지만, 지금 우리가 집중하려는 주제는 아니다. 설령 어떤 상황에서 법률이 제대로 작동하지 않아 보호를 제공하지 못한다 하더라도 우리는 이웃의 행복을 해치거나 방해해서는 안 된다는 내면 깊은 도덕적 배려심, 즉 일종의 신성한 양심을 가져야 한다. 이런 마음가짐은 결백하고 공정한 사람에게 반드시 기대되는 태도이며 그저 세심히 주의하는 모습만으로도 존중과 경외의 대상이 된다. 나아가 이러한 공정한 성품은 흔히 뛰어난 동정심, 인간애, 자애 같은 다른 도덕적 미덕을 동반한다.

이러한 성품은 그 자체로 충분히 이해 가능하므로 더 이상의 설명은 필요치 않다. 나는 2편에서 자연이 우리가 가진 자혜를 어떤 방식으로 배분하길 권하는지, 그리고 우리의 제한된 자원을 어떤 순서로 사용하도록 유도하는지를 살펴볼 것이다. 그 순서는 첫째, 개인을 향한 자혜의 분배이고, 다음으로는 사회를 향한 자혜의 방향과 사용이다.

자연의 다른 모든 행동을 조율하는 보편적 이성처럼, 자혜의 실천 역시 자연이 제시하는 우선순위에 따라 정렬되어야 한다. 이 권장된 순서는, 우리의 자혜가 어디에 더 절실하게 필요하고 또 어디에서 더 유용할지를 기준으로 그 강도가 자연스럽게 조절되도록 한다.

제1장
자연이 우리에게 정해준
관심과 배려의 순서에 대하여[34]

=========== ◆ ===========

스토아학파의 주장처럼, 인간은 무엇보다 먼저 자기 자신을 돌보고 주의를 기울이도록 자연으로부터 권장받는다. 그리고 실제로도 사람은 다른 누구보다 자기 자신을 돌보고 이해하는 데 가장 익숙하며 유능하다. 사람은 자신의 즐거움과 고통을, 다른 사람의 그것보다 훨씬 더 생생하고 강하게 느낀다. 전자는 직접 겪는 경험이지만 후자는 그 경험이 비쳐 나온 공감을 통해 간접적으로 느끼는 감정에 가깝다. 전자가 실체라면 후자는 그림자라고 할 수 있다.

자기 자신 다음으로 사람에게 가장 깊은 애정을 불러일으키는 대상은 함께 생활하는 가족, 즉 부모, 자녀, 형제자매다. 인간은 자신의 행동이 이들 가족의 행복과 고통에 가장 직접적이고 뚜렷한 영향을 미친다는 사

---

34 제1장과 이어지는 2장, 3장은 모두 타인의 행복에 관련된 인간의 배려와 자혜(선행), 그리고 자애의 성질과 그 작용을 다루고 있다.

실을 본능적으로 인식한다. 그래서 가족에 대한 공감은 반복적으로 길러져 더욱 섬세하고 뚜렷하게 작동한다. 요약하자면, 가족에 대한 감정은 자기 자신에 대한 감정과 매우 가까운 곳에 위치해 있으며, 인간적 관심과 배려의 순서 속에서 자연스럽게 두 번째 자리를 차지한다.

부모보다 자식에 대한 애정이 더 강하다

이런 동정심 그리고 그에 기반한 애정은 본래 부모보다는 자식에게 더 강하게 향한다. 그래서 자식을 향한 애정은 일반적으로 부모에 대한 존경과 감사보다 더 강력하고 즉각적인 감정이다. 앞서 살펴보았듯이 자연 상태에서 아이는 생후 일정 기간 전적으로 부모의 보살핌에 의존해 살아간다. 반면 부모의 생존은 자식의 보살핌에 달려 있지 않다. 자연의 시선에서 보면 어린아이는 노인보다 더 중요한 존재로 여겨지고 더 생생하고도 보편적인 동정심을 자아내는 대상이다. 이는 자연스러운 일이다. 아이에게서는 많은 것을 기대할 수 있고, 설령 그렇지 않더라도 미래에 대한 희망은 남아 있다.

하지만 대체로 노인은 기대하거나 바랄 수 있는 것이 거의 없다. 어린 시절의 연약함은 가장 냉혹한 사람에게도 연민을 불러일으키지만 노년의 병약함은 흔히 경멸과 혐오의 대상이 되며 이를 연민으로 여기는 사람은 도덕적이거나 인도적인 이들뿐이다. 일반적으로 노인의 죽음은 크게 슬퍼하지 않지만 아이가 죽었을 때는 사람들의 마음에 깊은 슬픔을 남긴다.

인간이 가장 먼저 경험하는 우애는 감정에 민감한 어린 시절에 자연스럽게 형성되며, 이는 대개 형제자매 사이에서 비롯된다. 한 가족으로 함께 살아가는 동안 형제자매가 조화를 이루는 것은 가족 전체의 평온과 행복에 꼭 필요하다. 그들은 대다수 타인보다 서로에게 훨씬 더 큰 즐거움이나 고통을 안겨줄 수 있는 존재다. 이러한 밀접한 관계는 서로의 행복에 큰 영향을 미치며, 그로 인해 자연스럽게 깊고 지속적인 동정심이 형성된다. 자연의 섬세한 설계에 따라 형제자매는 서로 협력해야 하는 상황에 자주 놓인다. 이런 경험이 반복되면서 그들 사이의 동정심은 하나의 습관처럼 굳어지고 그로 인해 유대감은 더욱 깊고 확실하며 끊을 수 없는 것이 된다.

형제자매의 자녀들, 즉 사촌들 사이에도 일정한 유대가 형성되는데, 이는 주로 부모 세대 사이에 지속되는 우애에서 비롯된다. 사촌 간의 화목은 그 우애의 기쁨을 더 크게 만들지만, 반대로 불화는 그러한 유대를 약화시킨다. 사촌들은 일반적인 타인보다는 서로에게 더 중요한 존재이긴 하지만 한 가족으로 함께 살아가는 경우는 드물기 때문에 형제자매 간의 우애에 비해 훨씬 약하다. 함께 살지 않거나 접촉이 드문 경우에는 서로의 감정을 이해하고 공감해야 할 필요성이 줄어들기 때문에 우애는 점차 습관적이지 않게 되고, 그만큼 유대감도 약해진다. 촌수가 멀어질수록, 즉 5촌·6촌·8촌처럼 거리가 먼 친척일수록 서로에 대한 애정은 점차 옅어진다.

애정은 습관이다: 가족이라는 기대와 감정의 실제

우리가 애정이라 부르는 감정은, 그 대상이 되는 사람의 행복과 고통에 대해 우리가 지속적으로 기울이는 관심, 그리고 그 행복을 증진시키고 고통을 줄이려는 욕구에서 비롯된다. 이는 결국 반복적이고 습관적인 동정에서 생겨난 실제 감정이거나, 그런 감정이 자연스럽게 낳는 결과다.

혈연관계에 있는 친척들은 이러한 습관적 동정을 형성하기에 적합한 조건 속에 있으므로 이들 사이에서 자연스럽게 애정이 생기는 것은 당연하다. 우리는 그런 일이 자주 일어남을 확인하고, 앞으로도 그런 애정이 자연스레 생길 것이라 기대한다. 그런 기대가 있기 때문에 오히려 그 관계 안에서 애정이 없다는 사실을 알게 될 때 우리는 강한 충격을 받는다.

일반적으로 일정한 관계에 있는 사람들은 서로에게 일정한 방식으로 영향을 주고받길 기대한다. 만약 이 기대에서 벗어난 방식으로 행동하거나 감정을 표현하면, 그것은 큰 부적절함으로 간주되며, 심한 경우 불경으로까지 여겨진다. 예컨대 부모가 자식에게 애정을 보이지 않거나, 자식이 부모에게 효심을 전혀 보이지 않으면 우리는 그들을 사람다운 존재가 아니라 괴물로 여기고, 혐오를 넘어 공포의 대상으로 느낀다.

물론 예외도 있다. 어릴 적 사고나 사정으로 인해 자식과 부모가 떨어져 지내며 정서적 유대가 형성되지 못한 경우, 당연히 자연스러운 애정도 약할 수 있다. 예를 들어 유아기에 헤어져 성인이 되어서야 다시 만난 자식이라면, 부모는 함께 살아온 자식에게 느끼는 애정만큼 강한 정을 느끼기 어렵다. 자식 역시 부모에 대한 효심이 약할 수 있다. 멀리 떨어진 나라에서 성장한 형제자매 사이에서도 마찬가지 현상이 나타난다. 하지만 도덕적으로 성숙한 사람이라면, 이러한 자연적인 조건이 결여된 상황에서도, 일반적 규칙에 대한 존중과 도덕적 의무감에서 비롯된 의지적 애정을 만들어낸다.

서로 오랜 시간 떨어져 지내더라도, 아버지와 자식, 형제자매는 결코 서로에게 무관심하지 않다. 그들은 서로를 자연스럽게 애정을 주고받아야 할 대상으로 여기며, 언젠가 다시 만나 진정한 가족애를 나누게 되기를 기대한다. 그리움 속에 있는 아버지와 아들은 그 자체로 서로에게 소중한 존재가 되며, 과거에 혹시 불편했던 일이 있었더라도 기억할 가치조차 없는 어린 시절의 장난으로 여겨 쉽게 잊는다.

떨어져 있는 가족이나 친족에 대해 들려오는 이야기가 믿을 만하고 인품이 온화한 사람에게서 전해질 경우, 사람들은 그런 이야기를 기꺼이 받아들이고 자연스럽게 호감을 느낀다. 멀리 떨어져 있는 아들이나 형제는, 실제 모습과는 상관없이, 평범한 가족 구성원보다 더 이상적이고 완전한 존재로 기억되곤 한다. 가장 낭만적인 기대는, 언젠가 그들과 다시 만나 우애를 나누고 정답게 대화하며 행복을 함께 누리는 것이다. 실제로 재회하는 순간, 그들 안에 자리한 가족애가 자연스레 되살아나 강하게 드러나며, 그 감정에 이끌려 행동한다.

하지만 시간이 흐르고 서로에 대한 경험이 쌓이면서, 이들은 종종 냉정한 현실을 깨닫게 된다. 더욱 가까워져 일상적인 친밀감이 형성되면, 서로의 성격이나 습관, 기질이 처음 기대했던 모습과는 다르다는 점을 자주 발견한다. 이는 오랜 이별로 인해 습관적 동정이 형성되지 못했고, 결과적으로 가족애의 실제 기반이 결핍되어 있기 때문이다. 그렇게 되면 반가웠던 재회가 서서히 거리감으로 바뀌어 결국 예전만큼 서로를 자연스럽게 받아들이지 못하게 되기도 한다.

서로 간의 조화를 자연스럽게 익히고 체득할 수 있는 환경에서 함께 살아본 적이 한 번도 없기에, 이제 와서 진심으로 조화를 이루고자 해도 실제로는 좀처럼 이루어지지 않는다. 처음에는 반가움 속에 나눴던 대화와 교류도 시간이 지나면 점차 덜 유쾌해지고 그로 인해 만남의 빈도도 서서히 줄어든다. 겉으로는 서로 예의와 호의를 주고받으며 충분히 배려하는 모습으로 함께 살아가는 데 큰 어려움이 없어 보인다. 그러나 오랜 세월을 함께하며 자연스럽게 쌓이는 다정한 만족감, 섬세하게 이어지는 정서적 공감, 마음을 터놓는 개방성과 편안함은 좀처럼 누리지 못한다.

도덕은 함께 살아야 배운다

하지만 일반적인 도덕 규범은 본분을 지키며 고결하게 살아가는 사람들에게나 영향력을 발휘할 뿐이다. 방탕하고 낭비벽이 심하며 허영심에 사로잡힌 사람들에게는 그런 규범이 전혀 통하지 않는다. 그들은 도덕 규범을 존중할 줄 모르기 때문에 입에 올리는 일조차 드물고, 설사 언급하더라도 대부분 조롱조나 비웃음으로 일관한다. 이러한 부류는 일반적인 규범에서 너무 일찍, 그리고 너무 멀리 벗어났기 때문에 이제는 가족 간에도 서먹한 사이가 되어 남남처럼 지낸다. 겉으로는 규범을 지키는 듯해도 그것은 진정한 배려가 아닌 얄팍한 예의일 뿐이고 기분이 상하거나 이해관계가 조금만 틀어져도 금세 사라진다.

상류층은 아들을 먼 지방의 명문학교나 대학에, 딸은 수녀원이나 기숙학교에 보내 교육시키는 일이 흔하다. 이러한 방식의 필수적인 교육 과정은 가정 내 도덕을 약화시키고, 결국 가족 간의 정서적 유대와 가정의 행복을 해치는 결과를 낳는다. 이런 현상은 프랑스와 영국 모두에서 공통으로 관찰된다.[35]

자녀가 부모에게 효성을 다하고, 형제자매에게 다정하게 행동하길 바라는가? 그렇다면 그들을 자연스럽게 그런 사람이 될 수 있는 환경에 두면 된다. 즉 집에서 함께 살며 교육하는 것이다. 자녀는 기숙사 대신 부모의 집에서 지내면서 매일 학교에 통학할 수 있고, 이는 전혀 불편하지 않으며 오히려 많은 유익을 준다. 집이야말로 자녀가 자라야 할 진정한 공간이다. 부모를 향한 존중심은 아이들의 행동에 자연스러운 제약을 가하고, 반대로 자녀에 대한 사랑과 책임은 부모의 행동에도 긍정적인 영향을 준다. 혹시 기숙학교에서 얻을 수 있는 것이 있더라도, 그로 인해 잃게

---

35 스미스는 자녀를 기숙 학교에 보내기보다는 애정 어린 가정 교육을 받게 해야 한다고 주장하는데, 이는 존 로크의 교육론과도 공통점을 지닌다. 그는 또한 상류층 자제들이 관습처럼 떠나는 유럽 순회 여행에 대해서도 비판적인 시각을 드러낸다.

되는 것은 결코 보완할 수 없다. 가정 교육은 자연의 제도이며 기숙사 교육은 인위적인 제도에 불과하다. 어느 쪽이 더 바람직한지는 따로 설명할 필요조차 없을 만큼 명백하다.

비극적인 연극이나 낭만적인 소설 속에서 우리는 때때로 혈통의 힘이라 불리는 감동적인 장면들을 접하곤 한다. 서로의 존재를 알기도 전에 마치 운명처럼 끌리는 친족 간의 애정이 그것이다. 그러나 이런 애정은 문학 속 상상에서나 존재할 뿐이다. 실제로는 오직 함께 자라며 일상적으로 정을 쌓은 가족, 즉 부모와 자녀, 형제자매 사이에서만 그런 애정이 형성된다. 사촌, 삼촌, 고모나 이모, 조카 사이에 그런 신비로운 애정이 자연스럽게 생긴다고 믿는 것은 지나치게 낭만적인 환상일 뿐이다.

가족을 만드는 진정한 연결고리

농업 중심의 국가이거나, 법의 권위만으로는 모든 국민에게 완전한 안전을 보장할 수 없는 나라들에서는 같은 씨족이나 가문의 일원들이 종종 한 지역에 모여 살아간다. 이들은 공동의 방어를 위해 연합이 필수적이며, 이러한 이유로 서로를 중요한 존재로 여긴다. 씨족 내부에서도 지위의 높고 낮음에 따라 차이는 있지만, 구성원들은 서로에게 일정한 유대감을 느끼며 상호 중요성을 인식한다. 이들의 화합은 연합을 더욱 굳건히 만들고, 반대로 불화는 그 결속을 약화시키며, 심할 경우 붕괴시키기도 한다.

그들은 같은 씨족이 아닌 사람들과 비교할 때 서로 더 자주, 더 활발히 교류한다. 씨족 안에서 가장 먼 친척조차 자신들이 어떤 방식으로든 연결되어 있다고 주장하며, 같은 조건이라면 그런 연관성이 없는 사람들보다 더 많은 관심과 대우를 기대한다. 실제로 불과 몇 년 전까지만 해도, 스코틀랜드의 고지대에서는 족장이 자신과 혈연적 연관이 있는 가장 가난한 씨족 구성원까지도 사촌이자 친족으로 여겼다. 이와 비슷한 혈연적 배려는 타타르인, 아랍인, 투르크멘인 사회에서도 확인된다. 오늘날과 달리, 지금 세기가 시작될 무렵까지만 해도 스코틀랜드 고지대에서는 씨족 중심의 연대 구조가 여전히 생생하게 유지되고 있었다. 이는 다른 민족들의 과거 사회에서도 마찬가지였을 것으로 보인다.

상업이 발달한 국가에서는 법의 권위가 사회의 가장 낮은 계층까지도 안전하게 지켜준다. 이런 환경에서는 같은 가문의 후손들이 단결할 필요성을 느끼지 못하고, 자연스럽게 각자의 이해관계나 성향에 따라 흩어져 살아가게 된다. 그 결과, 그들은 점차 서로를 중요하게 여기지 않게 되고, 몇 세대 안에 서로에 대한 모든 관심뿐만 아니라 공통된 혈통과 선조들 사이의 관계에 대한 기억까지도 잃어버린다. 문명이 오랜 시간 뿌리내린 사회일수록 먼 친척에 대한 관심과 배려는 점차 사라진다. 예컨대 잉글랜드는 스코틀랜드보다 더 오래, 더 철저하게 이런 문명 상태를 유지해 왔으므로 스코틀랜드에서는 아직도 먼 친척 간의 관계를 상대적으로 더 중요하게 여긴다. 물론 두 나라 사이의 이러한 차이도 점차 사라지고 있다.

한편, 모든 나라에서 대귀족들은 설령 친족 관계가 매우 멀더라도 자신의 가문에 속한 인물들과의 연계를 자랑스럽게 여기며, 그런 위대한 선조들에 대한 기억은 전체 가문의 자긍심을 고양하는 데 큰 역할을 한다. 그러나 이러한 기억은 진정한 애정이나 친밀함 때문이 아니라 대부분 하찮고 유치한 허영심에서 비롯된 것이다.

그에 반해, 자신과 가까운 혈연관계에 있는 사람이지만 사회적 지위가 낮은 이가 자신이 친척임을 상기시키려 할 경우, 귀족들은 대개 자신은 족보에 대해 잘 몰라서, 가문 내력에 무지하다는 반응을 보일 것이다. 이처럼 어리둥절한 반응은 실제로 그가 관계를 애써 무시하고 싶다는 뜻을 내비치는 것이다. 그런 계층에서는 자연스러운 애정이 그리 널리 퍼지지 않는다.

내 생각에 부모와 자식 사이의 자연적인 애정은 단순한 생물학적 관계보다는 도덕적 유대에 더 깊이 뿌리내리고 있다. 실제로 아무리 도덕적 관계가 분명해 보여도 의심이 많은 남편은 종종 자기 자식을 아내의 부정에서 비롯된 존재로 간주해 혐오와 증오를 숨기지 않는다. 그 아이는 그 남자에게 불쾌한 불륜의 증거이자 자신의 수치이며 가문의 오명을 드러내는 살아 있는 흔적이 된다.

함께 지내면 닮아간다

호의적인 사람들 사이에서는 상호 적응이나 편의 때문에 자연스럽게 친밀한 우애가 생기곤 한다. 이러한 우애는 같은 가문에서 태어나 함께 살아온 사람들 사이에서 자연스럽게 형성되는 정서와 유사하다. 직장 동료나 사업 파트너를 두고 형제라고 부르며, 실제로 그런 관계처럼 느끼기도 한다. 서로 잘 협력하면 양쪽 모두에게 유익하며, 이성적인 사람이라면 자연스럽게 화합하려 한다. 우리는 그들에게서 그런 조화를 기대한다. 반대로 불화가 생기면 사회적으로 작은 스캔들처럼 비친다. 로마인들은 이러한 유형의 애착을 '네세시투도'(necessitudo)라고 불렀는데 어원적으로 이는 "상황이 요구한 관계"를 뜻한다.

같은 이웃에 산다는 사실조차도 비슷한 영향을 미친다. 상대방이 지금까지 우리에게 특별히 불쾌한 일을 저지르지 않았다면 우리는 매일 마주치는 사람의 체면을 자연스럽게 존중한다. 이웃은 때로 매우 유익한 존재일 수 있고, 반대로 커다란 골칫거리가 될 수도 있다. 만일 그들이 좋은 사람이라면, 우리는 자연스럽게 그들과 잘 지내고자 하고, 또한 그렇게 되기를 기대한다. 누군가를 나쁜 이웃이라고 한다면 그의 성격에 문제가 있다는 뜻이다. 그래서 우리는 전혀 모르는 사람보다 이웃에게 먼저 작은 호의를 베풀게 된다. 이는 그들이 우리 일상에 더 자주 등장하고, 우리가 그들과 좋은 관계를 유지하길 바라기 때문이다.

우리는 본능적으로 자주 어울리고 대화하는 사람들의 감정과 생각, 분위기에 자신을 맞추려는 경향을 보인다. 그래서 좋은 친구든 나쁜 친구든 서로의 태도와 기질은 쉽게 전염되듯 영향을 주고받는다. 현명하고 고결한 사람과 가까이 지내면, 비록 스스로 같은 인품을 지니지 못했더라도 최소한 지혜와 미덕에 대한 존경심은 품게 된다. 반면 방탕하고 무절제한 사람들과 어울리는 이는 처음엔 그런 태도를 혐오했더라도 점차 그 혐오감을 잃게 마련이다.

세대를 거듭해 나타나는 가족 성격의 유사성은 아마도 오래 함께 살며 대화하는 과정에서 서로 닮아가려는 성향의 결과일 것이다. 다만 그것이 전적으로 도덕적 영향 때문만은 아니다. 마치 외모가 유전적 요소에 의해 닮듯이, 성격 역시 일정 부분은 생물학적·물리적 요인에 따라 닮아간다.

하지만 개인이 맺는 모든 관계 가운데, 가장 존중할 만한 애착은 단연 우정이다. 그것은 상대의 훌륭한 행실과 품격을 깊이 경험하고 오래 교류한 끝에 생겨난 존경과 신뢰 위에 세워진다. 이런 우정은 억지로 맞추거나 편의상 습관이 되어버린 공감에서 비롯되지 않는다. 오히려 그 사람이 본래 존중과 사랑을 받을 만한 존재라는 사실을, 자연스럽고도 자발적으로 느끼는 데서 비롯된다.

이런 깊이 있는 유대는 진정한 미덕을 지닌 사람들 사이에서만 가능하다. 미덕 있는 사람들만이 서로의 품성과 행동에 대해 온전한 신뢰를 품을 수 있으며, 결코 상처를 주거나 받지 않으리라는 확신 속에서 관계를 이어갈 수 있다.

가장 오래가는 관계는 미덕에서 온다

악덕은 늘 변덕스럽지만, 오직 미덕만이 규칙적이고 정연하다. 미덕에 기반한 애착은 모든 인간관계 중에서도 가장 도덕적인 형태이며, 그래서 가장 오래가고, 가장 안전하며, 결국 가장 큰 행복을 가져다주는 애착이기도 하다. 이러한 우애는 특정한 누군가에게만 한정될 필요가 없으며, 지혜롭고 고결한 모든 사람을 품을 수 있다. 그들은 오랜 세월 친밀한 교류를 통해 익숙해졌고, 그들의 미덕과 지혜는 우리가 온전히 신뢰할 수 있는 기반이 된다. 반면 우애를 너와 나라는 좁은 울타리 안에 가두려는 이들은, 우애의 현명한 신뢰를 사랑의 질투와 어리석음으로 혼동하는 것이다.

젊은 시절의 친밀함은 종종 성급하고 무분별하며 때로는 경솔하다. 그것은 고귀한 행위와 무관한, 단지 비슷한 성격이나 취향, 같은 학문이나 오락, 혹은 인정받지 못한 기이한 원칙이나 의견에 기초하는 경우가 많다. 이러한 관계는 순간의 기분으로 시작되어 금세 사라지기 일쑤다. 그 짧은 시간 동안 아무리 유쾌했더라도, 결코 고결한 우애라는 이름에 걸맞지는 않다.[36]

누군가에게 선의를 베풀고 싶을 때, 과거에 우리에게 먼저 따뜻함을 건넨 사람만큼 마음이 자연스럽게 향하는 대상은 없다. 인간의 행복에 꼭 필요한 상호 간의 친절은, 본디 자연이 인간을 위해 마련한 제도이다. 그래서 과거에 우리에게 친절을 베푼 사람에게 그것을 되갚아야 할 도덕적 의무가 자연스럽게 발생한다. 비록 모두가 받은 은혜만큼 감사하지는 않

---

36 이처럼 스미스는 '유용성에 기반한 우애'와 '미덕에 바탕을 둔 우애'를 구분하고 있다. 이는 아리스토텔레스의 『니코마코스 윤리학』과 키케로의 『의무론』에서 영향을 받은 것으로 보인다. 두 철학자의 도덕 체계에 대한 논의는 7부에서 다시 자세히 다룰 것이다.

더라도 자선을 베푼 이의 고결한 마음은 늘 공정한 관찰자의 따뜻한 존중 속에서 정당한 평가를 얻는다. 오히려 천박한 배은망덕은 사회 전체의 분노를 불러일으켜, 자선을 베푼 이에 대한 일반적 존경심을 오히려 더 강하게 하기도 한다.

사람은 왜 부자에게 끌리고, 약자에게 연민을 느낄까?

자애로운 사람은 자신이 베푼 선행의 보상을 결코 잃지 않는다. 때로는 그 은혜를 받은 당사자로부터는 충분한 보답을 받지 못할 수도 있다. 그러나 결국에는 다른 누군가를 통해 열 배에 가까운 형태로 되돌려받게 마련이다. 친절은 또 다른 친절을 낳는 근원이다. 만약 사회 속에서 다른 사람의 사랑과 존경을 받는 것이 인간의 중요한 열망이라면, 가장 확실한 길은 먼저 그들에게 사랑과 배려를 행동으로 보여주는 것이다.

우리가 본능적으로 자혜를 베푸는 이들 말고도, 특별한 상황에 놓인 사람들은 개인적 인연이 없더라도 자연스럽게 우리의 관심과 호의를 끌어당긴다. 이들은 직접적인 관계가 없거나 개인적으로 뚜렷한 자질을 지닌 경우, 혹은 우리에게 도움을 주었거나, 단지 그 상황 자체로 우리의 주의를 끌 만한 사람들이다. 대표적으로, 큰 행운이나 불행을 겪고 있는 사람들, 지극히 부유하거나 지극히 가난하고 비참한 처지에 놓인 사람들이다. 사회적 위계와 질서를 유지하기 위해, 우리는 부유하거나 권력을 지닌 이들에게는 자연스럽게 존경을 표하고, 반대로 가난하거나 불행한 이들에게는 동정과 연민을 느끼게 된다.

그러나 사회의 평화와 질서는 비참한 사람들을 돕는 것보다 더 근본적인 가치이다. 그래서 우리가 훌륭한 사람에게 품는 존경심은 때로 지나치면 상대를 불편하게 만들 수 있고, 반대로 비참한 사람에 대한 동정은 부족할 경우 그들을 깊이 상처 입히고 불쾌하게 만들 수 있다.

도덕주의자들은 우리에게 자선과 동정을 실천하라고 권하고, 부와 권력의 위세에 현혹되지 말라고 경고한다. 하지만 그런 매혹은 매우 강력하다. 그래서 일반 대중은 현명하고 도덕적인 사람보다 부유하고 권력 있는 사람에게 더 큰 호감을 갖는 경향이 있다. 자연은 이러한 인간의 한계를 고려해 비교적 안전한 판단 기준을 마련해두었다. 지혜와 미덕은 눈에 잘 띄지 않고 판단하기 어렵지만, 신분과 재산은 명백하고 쉽게 구별되므로 사람들은 이를 바탕으로 사회적 지위를 판단하고 질서를 형성하게 된 것이다. 자연은 이렇게 불완전한 인간의 분별력 속에서도 사회를 안정시키기 위한 자애로운 지혜를 발휘한 셈이다.

이처럼 우리 마음속 친절을 불러일으키는 요소가 두 가지 이상 결합하면, 그 감정은 한층 더 강렬해진다. 이는 새삼 설명할 필요도 없다. 우리가 우월함에 대해 본능적으로 품는 존중과 호의는, 그것이 지혜나 미덕과 함께할 때 더욱 깊어진다. 그런데 아이러니하게도, 가장 미덕 있고 고귀한 이들이 불운이나 고통에 가장 자주 처하게 되고, 우리는 그런 이들의 고난에 훨씬 더 강한 동정심을 느끼게 된다. 이는 도덕적으로 동등하지만 덜 고귀한 사람에게 느끼는 감정보다 훨씬 깊은 것이다.

공정한 마음은 어떻게 판단하는가

비극 연극이나 로맨스 소설에서 가장 감동적인 이야기는 고결하고 관대한 왕이나 왕자가 불행에 빠지는 장면이다. 그들이 고난 속에서도 지혜와 용기를 잃지 않고, 마침내 예전의 위엄과 안전을 되찾는 모습을 보면 우리는 종종 지나치게 열정적이고 심지어 터무니없을 정도로 그들을 찬탄하게 된다. 그들의 고통에 공감해 느낀 슬픔과, 회복된 번영을 보며 느낀 기쁨은 우리가 원래 그들의 지위와 품성에 대해 가졌던 호의를 한층 더 깊게 만든다.

하지만 때로는 서로 다른 선한 감정들이 충돌하면서, 어떤 감정을 우선해야 할지 판단하기 어려운 경우가 생긴다. 예를 들어 어떤 상황에서 감사가 우애보다 앞서야 하는지, 혹은 반대여야 하는지, 특정한 사람에 대한 애정이 사회 전체의 안전을 지키는 인물에 대한 배려보다 앞설 수 있는지와 같은 문제들이다. 이처럼 복잡한 상황에서는 일반적인 도덕 규칙이나 외부의 기준으로는 명확한 판단이 어렵다. 이런 때는 전적으로 내면의 사람, 이른바 공정한 관찰자—우리 행동을 판단하는 가장 뛰어난 재판관이자 최종 결정자—의 판단에 따라야 한다.

우리가 전적으로 공정한 관찰자의 입장에서 생각하고, 실제로 그의 시선으로 우리 자신을 바라보며, 그가 들려주는 목소리에 성실하고 경건하게 귀를 기울인다면 그는 결코 우리를 속이지 않을 것이다. 이처럼 우리 내면의 공정한 판단만으로도 행동의 기준은 충분하다. 도덕적 판단을 내리기 위해 결의론적인 규칙[37]에 의존할 필요는 없다. 세상은 너무도 다양한 상황과 인물 그리고 복잡하고 섬세하게 변화하는 환경으로 가득 차 있기 때문이다. 그 미묘한 차이를 감지할 수는 있지만 획일적 규칙을 적

---

37 '결의론'(casuistry)은 라틴어 '카수스'(casus: 사례 또는 사정)에서 유래한 용어로, 복잡한 윤리적 딜레마를 해결하기 위해 구체적인 상황에 성경의 가르침, 교회법, 전통, 사회 관습 그리고 이성적 판단을 적용하려는 시도다. 그러나 현실은 너무 다양하고 복잡해 이런 일반 원칙을 정확히 적용하기 어렵다. 이 때문에 현대 윤리학에서는 결의론보다는 양심을 중심 원리로 삼는다. 양심이란, 일반적인 도덕 규범을 각자의 구체적인 상황 속에서 어떻게 적용할지를 결정하는 내면의 기준이다.

영국의 버틀러 주교는 양심을 이성의 기능으로 이해했지만 애덤 스미스의 스승인 프랜시스 허치슨 박사는 양심, 즉 도덕 감각을 인간이 타고난 본능—성욕이나 식욕처럼—으로 보았다. 스미스는 『도덕감정론』 전반에 걸쳐 이 양심의 개념을 '공정한 관찰자'라는 용어로 일관되게 표현한다. 이 공정한 관찰자는 개인의 내면에서 도덕적 판단을 이끄는 중심적 역할을 하며, 이 책 전체를 관통하는 핵심 주제다. 결의론은 『도덕감정론』 제7부에서 다시 본격적으로 다뤄지며, 제6부는 그 윤리 이론을 미덕이라는 관점에서 보다 깊이 있고 구체적으로 해설하는 내용을 담고 있다.

용하는 것은 사실상 불가능하다.

볼테르의 아름다운 비극 『중국의 고아』[38]를 보면 우리는 충직한 신하 잠티가 오래도록 섬겨온 군주의 유일한 후계자를 살리기 위해 자신의 아이를 기꺼이 대신 내어주는 장면에서 그의 용기에 깊은 감동을 받는다. 또한 그의 아내 이다메는, 남편이 감추고 있는 비밀이 드러날 위험을 감수하면서도 타타르족에게 납치된 자기 아이를 끝내 되찾아온다. 우리는 그녀의 행동을 비난하기는커녕 오히려 그 모성애에 마음을 빼앗기고, 더욱 깊은 사랑을 느낀다.

---

38 볼테르의 비극 『중국의 고아』는 비교적 후기 작품으로, 1755년에 무대에 올려졌다. 이 작품은 중국 송나라를 배경으로 한다. 왕실의 유일한 후계자인 어린 왕자는 고위 관리 잠티에게 맡겨진다. 하지만 이 사실을 알아챈 타타르족이 왕자를 넘기라고 압박하자, 잠티는 왕자의 목숨을 지키기 위해 자신의 친아들을 대신 내어준다. 잠티의 아내 이다메는 과거 칭기즈칸의 청혼을 받은 적이 있었다. 이 인연을 이용해, 그녀는 남편이 대신 내준 그 아이를 타타르족의 손아귀에서 다시 구해낸다. 작품에서 언급되는 "남편이 감추고 있는 비밀"이란, 왕자 대신 자신의 아이를 희생시켰다는 사실을 가리킨다.

사회 집단에 대한 자혜의 자연스러운 순서에 대하여[39]

— ◆ —

개인을 도와야 할 순서가 있듯이, 사회 집단에도 돌봐야 할 순서가 있다. 그리고 우리가 가장 크게 도움을 줄 수 있는 집단일수록 가장 먼저 돌봐야 할 대상으로 간주된다.

공정한 관찰자와 애국자의 딜레마

국가는 우리가 태어나 교육받고 살아가도록 보호해주는 공동체다.

---

39 '자혜'(慈惠)의 원어는 beneficence이다. 이 단어는 라틴어 '베네피키움'(beneficium) 에서 유래했으며, '베네'(bene: 좋은)와 '파케레'(facere: 행하다)의 합성어다. 라틴어 본래의 의미는 '선행'(善行)에 가깝지만, 사회 집단이나 타인에게 긍정적인 지원이나 혜택을 제공하는 행위를 가리킬 때 사용되므로, 본 번역에서는 '자혜'로 옮겼다. 한 편 스미스는 이어지는 제3장에서 benevolence라는 단어를 사용하는데, 이는 '자애' 로 번역하였다. 두 단어는 유사하지만 의미에 미묘한 차이가 있다. '자혜'는 주로 자 비로운 외적 행위를 뜻하며, '자애'는 내면의 정서, 곧 사랑이나 선의를 품는 마음을 가리킨다.

일반적으로 국가는 우리의 행위가 낳는 결과—행복이든 고통이든—에 가장 큰 영향을 미칠 수 있는 사회 집단이며, 그만큼 인간 본성은 우리가 국가를 강하게 의지하도록 이끈다. 게다가 우리가 사랑하고 아끼는 자녀, 부모, 친척, 친구, 후원자 등도 대부분 이 국가 안에 속해 있다. 그들의 안전과 번영은 일정 부분 국가의 안전과 번영에 달려 있으므로 국가는 우리 자신의 이기적 감정뿐 아니라 자애적 감정의 대상까지 모두 아우르는 사회적 단위가 된다.

국가는 우리와 고유한 연관을 맺고 있기에, 그 번영과 영광은 곧 우리의 명예와 자부심으로 이어진다. 우리는 자국을 유사한 다른 국가들과 비교하며 우월함에 자긍심을 느끼고, 반대로 어떤 면에서 뒤처졌다고 느낄 때는 자기도 모르게 수치를 느끼기도 한다. 역사 속 위대한 인물들— 전사, 정치가, 시인, 철학자, 문인들—에 대해서는 때로 지나치게 편파적인 찬사를 보내며, 외국의 동급 인물들보다 훨씬 높게 평가하려는 경향도 있다(동시대 인물에 대해서는 질투에서 비롯된 부정적 편견이 개입되기도 한다).

정의롭고 올바른 삶을 떠올리면 가장 먼저 국가의 안전과 명예를 위해 헌신한 애국자의 모습이 그려진다. 그는 공정한 관찰자가 자신을 바라보는 시선으로 스스로를 바라보며 행동하는 사람이다. 비록 엄밀한 판단자의 눈에는 그도 국가 구성원 중 하나일 뿐이며 특별히 더 가치 있다고 보기 어려울지라도, 애국자는 언제나 공동체의 안보와 군사적 임무, 더 나아가 대중의 명예를 위해 기꺼이 자신을 희생하려 한다.

하지만 그런 희생이 아무리 정당하고 타당해 보일지라도, 그것을 기꺼이 감당하기란 결코 쉽지 않다는 사실을 우리는 잘 안다. 실제로 그런 일을 해낼 수 있는 이들이 얼마나 드문지도 알고 있다. 그래서 그런 행동은 단순한 동의를 넘어, 깊은 존경과 경외 그리고 찬사를 불러일으킨다. 그는 가장 숭고한 미덕에 주어지는 모든 찬사를 받을 만한 자격이 있다.

반대로, 특정한 상황에서 조국의 이익을 적국에 넘기고 하찮은 개인적 이익을 취하려는 자—즉, 내면의 양심의 소리를 무시하고, 자신과 관련된 모든 이들의 안녕보다 자신의 이익을 우선시하는 자—는 가장 경멸받아 마땅한 유형의 배신자다. 그는 어떤 악당보다 더 비열하고 혐오스러운 자다.

애국심은 때로 우리로 하여금 이웃 나라의 성장과 발전을 질투하거나 불안한 시선으로 바라보게 한다. 독립된 국가들 사이에는 그들보다 상위의 중재 권한을 가진 권력이 존재하지 않기 때문에 각 국가는 상대방에 대해 늘 불신과 두려움을 품고 지낸다. 실제로 각국은 상대국에게서 기대할 수 있는 만큼만 정의를 베풀며, 그 이상을 기대하지 않는다.

국제법에 대한 존중, 그리고 국가 간에 마땅히 지켜야 할 규칙에 대한 외형적인 존중은 종종 명분에 불과하다. 아주 작은 이익이 걸려 있거나, 사소한 위협만 있어도, 국가 간 약속이나 규범은 쉽게 무시되거나 대놓고 훼손되는 경우가 많다. 각 국가는 주변국이 국력을 키우면 자신이 언젠가 그 나라에 종속될지도 모른다고 상상하며 불안을 키운다.

이처럼 국가 간의 질서와 적대감은 겉으로는 비열하고 이기적으로 보이지만 뿌리에는 조국을 향한 충성과 사랑이 깔려 있다.

편협한 애국심을 넘어, 더 큰 인간성으로

대(大) 카토는 어떤 주제로 연설하든 항상 같은 문장으로 마무리했다. "제 생각에, 카르타고는 반드시 멸망해야 합니다." 이는 조국을 오랫동안 괴롭혀 온 적국에 대한 거의 광기에 가까운 분노에서 비롯된, 거칠고 공격적인 애국심의 표현이었다.

반면 스키피오 나시카는 모든 연설을 이렇게 끝맺었다. "제 생각에, 카르타고는 결코 멸망되어서는 안 됩니다." 이는 더 이상 로마의 위협이 되지 않는 옛 적국이기에 그들의 번영을 적개심 없이 받아들일 수 있다는 관대하고 계몽된 정신의 표현이었다.

프랑스와 잉글랜드가 서로의 육군과 해군력이 강화되는 것을 경계할 수는 있다. 그런데 그들은 군사력 외의 영역, 예컨대 상대국의 국민 생활, 영토 경작, 제조업 발전, 상업 성장, 항구의 안전과 확장 그리고 인문학과 학문 분야의 진보까지 질시하고 있다. 이는 분명 양국의 위상에 걸맞지 않은 태도다.

이러한 발전들은 단지 한 나라만이 아니라 인류 전체의 삶을 실제로 향상시킨다. 그런 진보를 통해 인류는 더 큰 혜택을 누리게 되고, 인간성은 한층 고양된다. 각국은 자신이 더 탁월해지기 위해 노력할 뿐 아니라 이웃 국가의 발전을 질투하거나 방해하는 대신 오히려 그것을 기꺼이 촉진하려는 인류애적 태도를 보여야 한다. 이것이야말로 편협한 국가주의나 질시가 아니라 진정한 의미의 건전한 국가 경쟁이 지향해야 할 목표다.[40]

애국심과 인류애는 공존할 수 있는가

애국심은 인류애에서 비롯된 감정이 아닌 듯하다. 오히려 애국심은 인류애와 전혀 다른 감정이며, 때로는 그것과 충돌하는 행동을 요구하기도 한다. 프랑스에는 영국보다 세 배나 많은 인구가 있다. 인류 전체의 관점에서 본다면 프랑스의 번영이 영국의 번영보다 더 중요하게 여겨질 수 있다. 하지만 어떤 영국인이 그런 이유만으로 프랑스의 번영을 자기 나라보다 더 중요하게 여긴다면 그는 좋은 시민이라 평가받기 어려울 것이다.

우리가 조국을 사랑하는 까닭은 단지 인류라는 거대한 집단의 한

40　국가적 편견을 넘어서고, 자유 무역이 가져다주는 상호 이익을 이해하는 태도는 스미스가 『국부론』에서 전개한 자유주의적 상업 사상의 핵심을 이룬다.

부분이어서가 아니다. 우리는 그러한 일반론과는 무관하게, 조국 그 자체를 사랑한다. 인간의 감정 체계를 설계한 자연의 지혜는, 각 개인이 자기 능력과 이해의 범위 안에서 가장 적절한 역할을 수행하는 것이 결국 인류 전체의 이익에도 가장 부합한다고 판단한 듯하다.

국가적 편견이나 적대감은 보통 인접국을 넘어서 확대되지는 않는다. 우리는 어리석게도 프랑스를 우리의 천적이라 부르며, 프랑스 역시 같은 방식으로 영국을 주적으로 여긴다. 그러나 양국 모두 중국이나 일본의 번영에 대해서는 질투하지 않는다. 그렇다고 그런 먼 나라들을 향한 우리의 선의가 큰 영향력을 발휘하는 것도 아니다.

정치인은 공공 영역에서 가장 넓고 강력한 자선을 실천할 수 있는 사람이다. 그는 인접국이나 가까운 나라들과의 동맹을 기획하고, 국가들 사이의 평화와 안정, 권력 균형을 유지하는 협상을 주도한다. 이런 정치적 조율을 이끄는 인물은 대개 자국의 이익을 최우선으로 삼으며, 다른 고려는 거의 하지 않는다.

그러나 실제로 정세를 보는 정치가의 시야는 그보다 더 넓을 수 있다. 뮌스터 조약 당시 프랑스의 전권대사였던 다보 백작은 (그의 미덕을 의심하던 레츠 추기경의 증언에 따르면) 유럽 전역의 평화를 회복하기 위해 기꺼이 자신의 생명을 바칠 각오가 되어 있었다. 영국의 윌리엄왕 또한 프랑스를 견제하며 유럽 여러 국가의 자유와 독립을 수호하는 데 열의를 보였다. 이는 프랑스가 당시 영국의 자유와 독립을 위협하는 주된 존재였기 때문이다. 이러한 협력적 태도는 앤 여왕 초기 내각에도 어느 정도 이어졌던 것으로 알려져 있다.

국가는 이해관계의 균형 위에 서 있다

모든 독립국은 다양한 계층과 사회 집단으로 구성되며 이들 각각은 고유한 권력, 특권, 면제 권한을 갖고 있다. 사람은 본능적으로 다른 계층보다 자신이 속한 집단에 더 큰 애착을 느낀다. 자신의 이익과 허영심 그리고 친구와 동료들의 이해관계가 그 집단과 깊이 연결되어 있기 때문이다. 그는 자신이 속한 집단의 특권과 권한이 확장되기를 바라며 다른 집단이 이를 침해하려 하면 지키려 힘쓴다.

국가의 구조는 이러한 계층과 집단들이 어떤 방식으로 나뉘어 있으며, 각각의 권력과 특권, 면제권이 어떻게 분배되어 있는지에 따라 결정된다. 그리고 그 구조의 안정성은 각 집단이 외부 침해에 맞서 자신들의 고유 권리를 얼마나 효과적으로 방어할 수 있는가에 달려 있다. 어느 한 계층의 지위나 영향력이 약해지거나 커지면 그만큼 국가의 구조도 달라질 수밖에 없다.

이러한 계층과 집단들은 모두 자신의 안전과 보호를 국가에 의지하고 있다. 그들 중 가장 편향된 이들조차도, 자기 집단이 국가의 번영과 보존을 위해 존재하며, 국가에 종속되어 있다는 점은 부정하지 않는다. 그러나 특정 계층의 권력이나 특권, 면제권이 줄어들어야만 국가 전체가 더 나아질 수 있다고 설득하는 일은 쉽지 않다.

이런 편향은 때로 불합리해 보이지만, 사실은 중요한 기능을 한다. 그것은 급진적인 변화를 억제하고, 국가 내부의 다양한 집단 사이에 형성된 균형을 유지하려는 힘으로 작용한다. 어떤 경우에는 인기 있는 제도 개혁이나 정부 형태의 전환을 방해하는 것으로 보일 수 있지만, 실제로는 전체 체제의 안정성과 지속 가능성에 중요하게 이바지한다.

혼란 속에서 드러나는 진짜 애국심

애국심은 일반적으로 두 가지 상이한 원리를 포함하고 있다.

첫째는, 현재 확립된 정부의 구조와 형태에 대한 존중.

둘째는, 동포 시민의 삶이 안전하고 훌륭하며 행복하게 유지되도록 진심으로 바라는 마음이다.

따라서 법을 존중하지 않거나 정부의 정당한 권위에 따르려 하지 않는 사람은 시민이라 할 수 없고, 동료 시민 전체의 복지를 증진하려는 노력을 외면하는 사람은 훌륭한 시민이라 할 수 없다.

평화롭고 안온한 시대에는 이 두 원리가 충돌하지 않는다. 기존 정부를 지지하는 것이 곧 시민들의 안전하고 안정된 삶을 유지하는 가장 확실한 수단이 되기 때문이다. 특히 그 정부가 실제로 그러한 삶을 보장해 주고 있음을 체감할 때, 이러한 인식은 더욱 강해진다.

그러나 사회에 불만이 팽배하고 파벌 갈등이 격화되며 질서가 무너질 때, 이 두 원리는 서로 다른 방향으로 사람들을 이끌 수 있다. 그런 상황에서 현명한 이조차도 기존 정부가 더는 공공의 평온을 유지할 수 없으며, 그 구조에 변화가 필요하다고 판단하게 된다. 이런 시기야말로 진정한 애국자는 극도의 정치적 분별력을 발휘해야 한다. 지금이 과거 체제를 지지하며 그것의 권위를 회복시킬 때인지, 아니면 과감하지만 위험을 동반한 새로운 체제로 나아갈 때인지를 신중히 결정해야 하기 때문이다.

타국과의 전쟁과 국내의 정치 분열은 애국심을 가장 강하게 드러낼 수 있는 두 가지 상황이다. 외세와의 전쟁에서 성공적으로 조국을 위해 헌신한 영웅은 전체 국민의 열망을 실현한 인물로 여겨지며, 이에 따라 보편적인 찬사와 감사를 받는다. 반면 국내 분열의 시기에는 경쟁하는 각 정치 세력의 지도자들이 절반의 시민에게는 칭송을 받지만, 나머지 절반에게는 날선 비난의 대상이 된다. 이들은 아무리 훌륭한 성과를 내더라도 그 진정성과 공로가 쉽게 의심받는다. 그래서 외적과의 전쟁에서 얻은 명예는 대체로 내분 속에서 얻는 명예보다 훨씬 더 순수하고 정당한 것으로 평가된다.

그러나 승리한 당파의 지도자가 적절한 절제력과 인품 그리고 당내에서조차 존중받는 권위를 갖추고 있다면 그는 때로 가장 화려한 군사적 승리나 대외 정복보다도 훨씬 더 중요한 기여를 할 수 있다. 국가 체제를 재정립하거나 개혁해, 단순한 당파 지도자를 넘어 위대한 입법자이자 국가 개혁자로 인정받을 수 있다. 그의 탁월한 제도 개혁은 수많은 세대에 걸쳐 국민의 평온과 행복을 보장하게 될 것이다.

극단은 언제나 현실을 잃는다

파벌 싸움과 사회 혼란이 심해질수록 어떤 정치 제도의 이념은 사람들의 인간적인 연민이나 동포 시민이 겪는 고통과 결합하기 쉽다. 이렇게 결합된 이념은 때로는 공공 정신과 어우러져 좋은 활력을 주지만, 동시에 그 정신을 극단으로 몰아붙여 광신에 가까운 열정으로 변질되기도 한다.

불만 세력의 지도자들은 언제나 설득력 있어 보이는 개혁안을 내세운다. 그들은 그 개혁이 현재의 불편함과 고통을 해소할 뿐만 아니라 앞으로 다가올 시대에도 유사한 문제들이 반복되지 않도록 할 것이라 주장한다. 그리고 이를 실현하기 위해 새로운 국가 구조를 제안하며 오랜 세월 동안 대제국의 국민에게 평화와 안전, 심지어 영광을 안겨주었던 기존 정부 체제의 핵심 요소들을 폐지하자고 요구한다. 이런 개혁 세력은 평소엔 직접 경험해보지도 못한 이상적인 체계에 깊이 매료된다. 그 체계는 지도자들의 과장된 언변 속에서 찬란히 미화되고, 황홀한 그림에 도취된 이들은 현실 감각을 잃는다.

이러한 지도자들의 본래 의도는 대부분 자신의 권력 강화를 위한 것이다. 그러나 시간이 흐르면 그들 중 상당수는 처음엔 자신이 꾸며낸 궤변에 스스로 속게 되고, 결국 나약하고 단순한 추종자들처럼 위대한 개혁을 진심으로 열망하게 된다. 설령 그들이 이성적으로는 이 모든 것이 망상임을 알고 있다 해도, 결국은 지지자들의 기대를 배반하지 못하고 자신의 신념이나 양심을 거슬러서라도 공동의 환상에 동조하는 듯한 행동을 취하게 된다.

그 결과, 파벌은 극단에 치우쳐 조율이나 절충, 합리적 협상을 거부한 채 과도한 요구만을 내세우다 결국 아무 성과도 얻지 못한다. 그리고 조금만 더 온건했더라면 충분히 해결할 수 있었던 사회의 불편과 고통은 끝내 해소되지 못한 채 방치되고 만다.

이상에 취한 설계자, 현실을 존중하는 정치가

진정한 공공 정신은 인간애와 자애에서 비롯된다. 그런 정신을 지닌 사람은 기존의 권력과 특권이 비록 개인의 것일지라도 존중하며, 그것이 국가를 구성하는 주요 계층이나 집단의 것이라면 더욱 신중하게 존중한다. 그는 일부 권력과 특권이 다소 남용되고 있다고 느끼더라도, 그것을 강제로 제거하려 하기보다는 점진적으로 완화하는 데 만족한다. 사람들이 뿌리 깊은 편견을 지니고 있을지라도, 그것을 이성이나 설득으로 바꾸기 어렵다면 결코 무력으로 그들을 억누르려 하지 않는다.

이러한 사람은 키케로가 플라톤의 신성한 격언이라 부른 말을 따르는 자다. 곧, "부모에게 폭력을 써서는 안 되듯 국가에도 폭력을 행사해서는 안 된다"라는 원칙을 철저히 지킨다. 그는 자신의 공적 이상을 시민들의 오래된 습관과 편견에 맞춰 조정하고, 받아들여지지 못한 제도로 생긴 불편은 실용적인 방법으로 풀어내려 한다. 비록 이상적인 제도를 확립할 수 없다 하더라도 그는 기존의 제도를 개선하려는 노력을 멈추지 않는다. 고대 그리스의 정치가 솔론처럼, 최선의 법을 세울 수 없다면 사람들이 감당할 수 있는 최선의 제도를 마련하려 한다.

반면 제도 자체에 집착하는 사람은 스스로 매우 영리하다고 여기기 쉽고, 자신이 구상한 이상적 정부 체계의 완전함에 매혹되어, 그 구상의 사소한 요소 하나라도 수정되는 것을 참지 못한다. 그는 자신이 설계한 계획이 지닌 아름다움에 도취되어, 그것에 저항하는 현실의 이해관계나 뿌리 깊은 사회적 편견을 고려하지 않는다. 그는 사회를 하나의 거대한 체스판으로 보고, 사람들을 마음대로 움직일 수 있는 말로 여긴다. 그러나 체스판 위의 말들은 손의 지시에만 반응하지만 인간 사회의 구성원들은 각자 고유한 원칙과 동기를 가지고 움직인다. 그들의 작동 원리는 제도를 설계한 자가 부여하려 한 원칙과 다를 수밖에 없다. 하지만 제도 집착자는 이 사실을 외면한다.

만약 이 두 작동 원칙—사회 구성원의 실제 동기와 제도 설계자의 이상—이 일치하거나 같은 방향을 향한다면 사회는 조화롭게 운영될 수 있으며 성공과 행복에 이를 가능성이 크다. 그러나 이 원칙들이 충돌하거나 상반된다면 사회는 반드시 심각한 혼란과 무질서에 빠지게 될 것이다.

오만한 개혁이 무너뜨리는 것들

정치인이 정책과 법률을 설계하고 개선해 나가려면, 그것의 이상적 형태에 대한 체계적인 구상이 전제되어야 한다. 그러나 수많은 반대에도 불구하고, 그 아이디어가 요구하는 모든 요소를 한 치의 예외 없이 확립하려 하거나 그것을 단번에 실현하려는 태도는 극도로 오만한 행동이다. 그것은 자신의 판단을 절대 기준으로 삼고, 자신만이 현명하고 중요하다고 믿는 착각에서 나온다. 즉 동포 시민이 자신에게 맞춰야지, 자신이 그들에게 맞출 필요는 없다는 착각이다.

이러한 오만함은 모든 정치 지도자 중에서도 특히 군주에게서 가장 자주 발견된다. 그들은 자신의 판단이 다른 누구보다도 탁월하다는 확신에 사로잡혀 있다. 그래서 개혁 군주가 자신의 전능함을 믿고 새로운 국가 구조를 설계할 때, 그들은 그 구조 안에서 자신에게 반대할 가능성이 있는 모든 요소를 가장 해로운 것으로 간주한다.

그들은 플라톤이 말한 신성한 격언—"국가는 나를 위해 존재하는 것이 아니라 내가 국가를 위해 존재한다"—을 경멸하며, 국가가 자신을 위해 만들어졌다는 망상에 빠진다. 이런 태도 아래서 그들의 개혁은 결국 기존 권력의 균형을 파괴하는 방향으로 흐른다. 귀족의 권위를 약화시키고, 도시와 지방의 자치적 특권을 줄이며, 국가를 이끌어 온 유능한 개인과 계층을 무력화시켜 군주의 명령에 절대 복종하도록 만든다. 결국 그들은 국가의 활력을 꺾고 국민을 군주의 권력에 종속된 존재로 만들고자 한다.

제3장
보편적 자애⁴¹에 대하여

━━━━━━━━━━━━ ◆ ━━━━━━━━━━━━

우리의 실질적인 도움과 영향력이 조국을 넘어 더 넓은 공동체로 확장되는 경우는 매우 드물다. 그러나 우리의 선의는 지리적 경계에 제한되지 않으며, 때로는 세계 전체를 향해 확장될 수 있다. 무고하고 신중한 존재를 떠올릴 때, 우리가 그 행복을 바라지 않거나 그 고통을 보고 아무런 불편함도 느끼지 않는 상황은 상상하기 어렵다. 반대로 우리가 아는 사람이 타인에게 피해를 입히는 장면을 떠올릴 때, 자연스럽게 증오나 분

─────────

41 자애의 원어 benevolence는 라틴어 '베네볼렌티아'(benevolentia)에서 유래했으며, 이는 '베네'(bene: 좋은)와 '볼렌티아'(volentia: 의지, 바람)가 결합된 말이다. 앞서 등장한 '베네피키움'(beneficium)과 구별하여 이를 '자애'로 번역했지만 실제로 두 단어는 의미상 큰 차이가 없다. 좋은 행동은 본래 좋은 의지에서 비롯되기 때문이다. 스미스는 『도덕감정론』에서 benevolence를 '사랑'과 거의 같은 의미로 사용하고 있다. 그러나 그는 '사랑의 감정'과 '사랑의 행위'를 구분하며 각각 다른 어휘를 선택하고 있으므로, 이에 따라 본 번역에서는 beneficence는 '자혜', benevolence는 '자애'로 구분해 옮겼다.

노를 느끼게 된다.

그러나 이처럼 누군가에 대한 반감조차도 결국은 보편적 자애에서 비롯된 것이다. 무고한 이들의 행복이 타인의 악의로 인해 방해받을 때, 우리는 그들의 고통과 분노에 깊이 공감하고 함께 분개한다. 이런 공감은 단순한 감정이 아니라 고귀하고 관대한 인간 본성의 표현이다.

이러한 보편적 자애가 참된 위안과 기쁨의 원천이 되려면, 한 가지 전제가 필요하다. 즉 인간이란 존재가, 가장 낮은 자든, 가장 위대한 자든 상관없이, 모두 지혜롭고 자애로운 신의 보호와 돌봄 아래에 있다는 깊은 확신이 있어야 한다. 신은 자연의 모든 운동을 주관하며, 자신의 변함없는 완전함 속에서 가능한 한 세상에 최대의 행복이 지속되도록 의지를 다한다.[42]

이런 보편적 자애의 관점에서 보면 세상을 아버지 없는 곳으로 여기는 생각은 인간이 품을 수 있는 가장 절망적인 관념이다. 그런 의심은, 우리를 둘러싼 무한하고 이해할 수 없는 세계가 끝없는 고통과 절망으로 가득 차 있다는 믿음에서 비롯된다. 설령 눈부신 번영이 눈앞에 펼쳐지더라도, 이러한 생각은 상상력의 어두운 그림자를 걷어내지 못하고, 마음에 드리운 불안을 지우지 못한다.

그러나 참으로 현명하고 도덕적인 사람은 어떤 고난과 역경 속에서도 이러한 절망에 빠지지 않는다. 그는 보편적 자애의 질서가 존재한다는 깊은 확신을 평생의 습관처럼 간직하고 있으며, 그 확신은 삶의 고통 속에서도 결코 사라지지 않는 내적 기쁨을 가능하게 한다.

---

42 스미스의 보편적 자애에 대한 사상은, 그의 스승 허치슨 박사의 이타주의와 도덕 감각 이론, 그리고 헨리 케임스(1696-1782)의 『도덕과 종교에 관한 에세이』(Essays on the Principles of Morality and Natural Religion)에서 영향을 받았다. 케임스는 스코틀랜드의 철학자이자 행정가로 활동한 인물이다.

신의 질서에 순응하고, 인간의 일을 감당하라

현명하고 덕성 있는 사람은 자신이 속한 특정 계층이나 집단의 공익을 위해 개인적인 이익을 기꺼이 희생할 줄 안다. 그리고 그는 그 집단의 이익 역시, 국가 전체의 더 큰 이익을 위해 희생되어야 한다고 믿는다. 그러한 집단들은 국가라는 더 큰 공동체의 일부에 불과하기 때문이다. 나아가 그는, 국가 또한 신이 직접 다스리는 더 큰 질서—즉, 이성과 지성을 갖춘 존재들이 구성한 우주의 전체 질서—에 속해 있기에, 모든 하위의 이익은 전체의 선을 위해 마땅히 희생될 수 있다고 생각한다.

그는 자비롭고 전지한 신이 세상을 주재한다는 확고한 믿음을 갖고 있다. 부분적인 악이나 고통조차도 결국은 궁극적 선을 이루기 위한 불가피한 선택이라고 여긴다. 그래서 그는 자기 자신이나 친구들, 자신이 속한 공동체, 나아가 조국에 닥친 불행조차도 전체 세계의 번영을 위한 일부라고 받아들인다. 그는 그러한 신의 섭리에 담담히 복종하는 것을 자신의 의무로 여긴다.

심지어 그는 이렇게까지 생각한다. 만약 자신이 세상의 질서와 그 안에 얽힌 모든 인과의 신비를 충분히 이해할 수 있다면 그러한 불행이 발생하기를 오히려 간절히 바랐을지도 모른다고 말이다. 이처럼 세상의 위대한 주재자의 뜻에 고결한 마음으로 순응하고 따르는 태도는 인간 본성의 한계를 넘는 어떤 신적 경지가 아니라 이성적 인간이라면 도달할 수 있는 고귀한 자세다.

상관인 장군을 신뢰하고 존경하는 훌륭한 군인들은, 오히려 평탄하고 안전한 곳으로 향할 때보다 돌아오지 못할지도 모를 황량한 주둔지로 떠날 때 더 밝고 단호한 태도로 진군한다. 안전한 곳으로 이동할 때 그들이 느끼는 감정은 지루한 일상의 의무감일 뿐이다. 그러나 황량한 곳으로 향할 때는 자신이 인간으로서 할 수 있는 가장 고귀한 일을 하고 있다는 자긍심을 느낀다.

그들은 자신이 향하는 주둔지가 단순한 명령의 결과가 아니라 군 전체의 안전과 전쟁의 승리를 위해 불가피하게 선택된 것임을 잘 알고 있다. 그들은 더 큰 체계의 번영을 위해 자신의 작은 체계를 기꺼이 내어놓는다. 동료들을 뒤로하고 떠나며, 그들이 남아 누릴 평온과 성공을 진심으로 기원한다. 그리고 위험하지만 영예로운 임무를 부여받았다는 자부심 속에서 기꺼이, 때로는 환호성을 지르며 그 길로 나아간다.

그 어떤 위대한 장군이라 할지라도, 이 세상의 궁극적 주재자인 신보다 더 깊은 신뢰와 더 뜨거운 애정을 받을 자격은 없다. 현명한 사람은, 크든 작든 개인적 또는 공동체적 고난이 닥쳤을 때, 그것이 단지 신에 의해 세상의 황량한 주둔지로 파견된 것일 뿐임을 깨닫는다. 그리고 온 세상의 선을 위한 일이 아니라면 그러한 명령은 애초에 내려지지 않았을 것이라고 믿는다. 그는 그런 운명 앞에 겸손히 순응할 뿐 아니라 오히려 마음 깊이 그것을 받아들이고자 한다. 마치 훌륭한 군인이 언제든 출정할 준비가 되어 있듯이, 현명한 사람 역시 언제 어떤 상황에도 자신에게 주어진 소명을 기꺼이 감당할 준비가 되어 있어야 한다.

신성한 존재는 그 자애와 지혜로, 태초부터 지금까지 세상이라는 거대한 질서를 설계하고 운행해왔으며, 언제나 가능한 한 가장 큰 행복을 실현하려 애써왔다. 이 생각은 인간이 사유할 수 있는 모든 주제 가운데 단연 가장 숭고한 사상이다. 그 어떤 관념도 이 앞에서는 필연적으로 하찮게 느껴진다.

이처럼 숭고한 명상에 깊이 잠긴 것처럼 보이는 사람은 우리에게 극진한 존경의 대상이 된다. 비록 그의 삶이 오직 명상에만 바쳐졌더라도, 우리는 그를 국가에서 가장 유능하고 열정적으로 일하는 관료보다 더 큰 경외와 존경의 눈길로 바라본다. 로마 황제 마르쿠스 안토니누스의

『명상록』은 이러한 사상을 중심 주제로 삼고 있다. 그의 공정하고 자애로운 통치도 높이 평가받지만, 그가 남긴 철학적 성찰과 고결한 인품이야말로 후대의 보편적 찬사를 이끌어낸 진정한 이유였다.[43]

그러나 세상이라는 거대한 질서를 관리하고, 모든 이성적이고 분별 있는 존재들의 보편적 행복을 돌보는 일은 인간이 아닌 신의 몫이다. 인간에게는 그보다 훨씬 작고 제한된 역할이 주어져 있으며, 인간의 한정된 능력과 좁은 이해 범위를 고려할 때 이는 오히려 더 적절한 분담이다. 인간에게 더 어울리는 과제는 우주적 사유가 아니라, 자기 자신과 가족, 친구 그리고 조국의 행복을 돌보는 일이다.

설령 인간이 더 숭고한 주제를 깊이 명상한다 하더라도 그것이 상대적으로 덜 고귀해 보이는 실천적 과제를 소홀히 해도 된다는 정당화가 될 수는 없다. 철학자가 사색에 몰두한 나머지 일상적 의무를 소홀히 한다면 그는 결국 아비디우스 카시우스[44]가 제기한 비판에서 자유롭지 못

---

43 『명상록』은 스미스의 스승인 프랜시스 허치슨이 특히 높이 평가한 책으로, 그는 이 책을 글래스고에서 번역하여 출판하기도 했다. 『명상록』은 일관되게 소극적 덕목보다 적극적 덕목이 더 우월하다는 점과, 인간은 서로에게 자애를 베풀 의무가 있다는 점을 강조한다. 스미스가 이 책을 자주 인용한 사실에서 알 수 있듯, 그는 스토아학파의 사상에서 깊은 영향을 받았다. 전반적으로 스미스의 스토아 철학에 대한 평가는, 스토아주의자였던 키케로의 비평을 상당 부분 참조하고 있다. 스토아 철학은 『도덕감정론』 제7부 제1편 제1장 III절에서 비교적 상세하게 논의된다.

44 가이우스 아비디우스 카시우스(약 130-175)는 로마의 집정관이자 시리아 총독을 지낸 인물이다. 그는 다뉴브강 유역에서 게르만족과 전쟁을 치르던 마르쿠스 아우렐리우스 황제가 사망했다는 허위 정보를 틈타 반란을 일으켰고, 이후 약 3개월간 동방 지역에서 황제로 자칭했다.
175년, 아우렐리우스 황제가 다뉴브 전선에서 연이은 승리를 거둔 뒤 반란 진압을 위해 동방으로 진군하던 중, 카시우스는 부하 장교에게 암살되었다. 황제는 현지에 도착하기도 전에 그가 죽었다는 소식을 들었고, 결과적으로 카시우스를 사면할 기회조차 갖지 못했다. 그는 카시우스의 가족과 지인들을 너그럽게 대했으며, 반란에 가담하라는 내용이 담긴 카시우스의 편지들조차 열어보지 않고 불태워버렸다.

할 것이다. 카시우스는 (비록 그 비판이 부당했을 수도 있지만) 황제 마르쿠스 안토니누스가 철학적 명상에 지나치게 몰두한 나머지, 로마 제국의 번영이라는 현실적 책무를 소홀히 했다고 비난했다. 아무리 고결한 철학적 사유라 해도, 실질적이고 구체적인 책임을 외면한 채 이루어져서는 안 된다는 것이 핵심이다.

마르쿠스 아우렐리우스 황제는 로마의 5현제 가운데 한 명으로 꼽히며, 철학적 명상과 실천을 겸비한 통치자로 평가받는다. 그가 제국의 행정을 소홀히 했다는 카시우스의 주장은 반역자의 근거 없는 중상에 지나지 않는다. 황제는 통치 후반부 10여 년 동안 거의 끊임없이 원정에 나서면서도 틈틈이 철학적 성찰을 기록했다. 그는 스토아 철학의 언어인 그리스어로, 라틴어가 아닌 메모 형식의 짧은 글들을 남겼고, 후세의 편집자들이 이를 정리해 『명상록』이라는 책으로 묶었다.

제3편

자기 제어에 관하여

완전한 신중함, 엄격한 정의 그리고 적절한 자애의 원칙에 따라 행동하는 사람을 우리는 도덕적으로 완성된 인물이라 부를 수 있다. 그러나 아무리 이러한 규칙들을 완벽히 알고 있다 해도 그것만으로 도덕적 행동이 저절로 보장되지는 않는다. 내면의 격정은 언제든 사람을 잘못된 길로 이끌 수 있다. 평소에는 침착하게 따르던 도덕 규칙도, 감정이 격해지면 쉽게 어기게 된다. 아무리 올바른 지식을 가지고 있더라도, 그것을 실천하려면 강한 자기 통제가 필요하다. 자기 제어가 없다면 우리는 도덕적 의무를 항상 지켜내기 어렵다.

유혹과 분노, 서로 다른 통제의 기술

고대 도덕주의자들 가운데 몇몇 탁월한 사상가들은 격정을 두 가지 유형으로 구분했다.

첫째는, 단 한 번 억제하는 것조차 상당한 자기 통제가 필요한 격정이다.

둘째는, 한두 번 혹은 짧은 시간 동안은 억누르기 쉽지만, 삶 전반에 걸쳐 끊임없이 반복되며 결국 사람을 큰 도덕적 일탈로 이끄는 유혹이다.[45]

두려움과 분노는, 다른 몇몇 격정과 함께 섞일 때, 첫 번째 유형에 속한다. 반면 안락, 쾌락, 칭찬 그리고 여러 형태의 이기적인 만족에 대한 욕망은 두 번째 유형에 해당한다. 전자는 강렬한 감정이 순간적으로 폭발하여 억제 자체가 매우 어렵고, 후자는 단기적으로는 억누르기 쉬우나 반복적인 유혹으로 인해 결국 도덕적 약점이 된다.

요약하자면 격정은 힘으로 우리를 밀어붙이고 유혹은 달콤함으로 우리를 끌어당긴다. 앞서 언급한 고대 도덕주의자들에 따르면 전자는 인내, 용기, 강인한 정신으로 다스려야 하며, 후자는 절제, 품위, 겸손, 온건함으로 통제하는 것이 바람직하다.

절제는 사람을 위대하게 만든다

이 둘을 통제하는 일은 본래 그 자체로 아름답고, 사람들의 존중과 찬사를 받을 만하다. 자기 제어는 실질적인 유용성에서 비롯된 미덕일 뿐만 아니라 신중함·정의·자애 같은 도덕적 원칙에 따라 행동하도록 이끌어주는 힘이 되기도 한다.

이런 격정을 절제하고 억제하는 일은, 그 노력의 크기와 탁월함에 따라 깊은 존경과 감탄을 불러일으킨다. 또한 그 절제가 오랫동안 일관되

---

45 여기서 말하는 '고대 도덕주의자'는 주로 플라톤과 아리스토텔레스를 가리킨다. 플라톤은 분노의 통제와 쾌락의 통제를 명확히 구분했으며, 아리스토텔레스는 영혼의 비이성적 측면과 관련된 미덕들 가운데 용기와 절제를 별개의 덕목으로 다루었다. 이들의 이러한 사상은 『도덕감정론』 제7부에서 다시 자세히 논의된다.

게, 그리고 공정하게 이어지는 모습은 그 자체로 사람들의 마음에 강한 울림을 남긴다.

예를 들어 극심한 위기 속에서도 흔들림 없는 침착함을 유지하고, 고문과 죽음의 위협 앞에서도 감정과 말, 행동 모두를 완벽히 절제하며 무심한 관찰자처럼 반응하는 사람이 있다면 우리는 그에게 본능적으로 경외의 감정을 느끼게 된다. 더 나아가, 누군가가 자유와 정의, 인류애와 애국심을 위해 고통을 감내하고 있다면 우리는 그 고통에 깊이 공감하고, 그를 박해하는 이들에게 분노를 느낀다. 동시에 그의 의도에는 따뜻한 동정과 감사를, 그의 고결한 정신에는 숭고한 감동을 품는다. 이러한 감정들이 하나로 뒤섞이며, 결국 그는 가장 열정적이고 뜨거운 존경의 대상이 된다.

고대와 현대의 역사 속에서 가장 특별한 호의와 애정을 받은 인물들을 떠올려보라. 그들 중 상당수는 진리, 자유, 정의를 위해 처형대에 올랐고, 그 마지막 순간조차 품위와 평정을 잃지 않았다. 만약 소크라테스가 평범하게 침대에서 생을 마쳤더라면, 위대한 철학자로서 그가 누린 후대의 찬란한 명예는 결코 같은 빛을 내지 못했을 것이다.

영국의 조각가 조지 버튜와 네덜란드 판화가 호우브라켄이 조각하거나 그린 잉글랜드의 걸출한 역사 인물들의 두상을 볼 때, 그중 몇몇 인물의 조각 아래에 새겨진 참수의 상징인 도끼를 보고 마음이 움직이지 않는 사람은 드물 것이다. 토머스 모어 경, 롤리 가문, 러셀 가문, 시드니 가문 등 이들의 두상 아래 도끼가 새겨져 있는 모습은 흔히 조각상에 곁들여지는 화려하고 장식적인 문장보다 훨씬 더 깊은 위엄과 감동을 자아낸다.

이러한 숭고한 기개는 단지 무고하고 도덕적인 인물들에게만 고귀함을 더하는 것이 아니다. 때로는 가장 끔찍한 범죄자의 성격조차 일정한 호의 어린 관심을 불러 일으킨다. 예컨대 좀도둑이나 노상강도가 처형장에 끌려가서도 품위와 침착함을 잃지 않고 태연하게 죽음을 맞이하는 모습을 보면 우리는 비록 그에 대한 처벌이 정당하다고 여기면서도, 그렇게 고결하고 강인한 기질을 지닌 이가 어쩌다 그토록 저열하고 극악한 범죄에까지 이르렀는지를 안타까운 마음으로 보게 된다.

전쟁이 가르쳐준 고귀한 감정들

전쟁은 이러한 종류의 위대함을 배우고 실천할 수 있는 탁월한 훈련장이 된다. 흔히들 말하듯, 죽음은 공포의 가장 궁극적인 대상이며, 죽음의 두려움을 극복한 사람은 어떤 자연적 재난 앞에서도 쉽게 침착함을 잃지 않는다. 전쟁터에 나간 이들은 죽음에 익숙해지고 그 경험으로 초보적이고 미신적인 두려움에서 벗어난다. 그들은 죽음을 단지 생명의 소멸이라는 하나의 자연적 현상으로 받아들이며, 생명을 집착의 대상으로 여기지 않듯 죽음도 혐오의 대상으로 삼지 않는다. 그들은 실전을 통해 처음엔 극도로 위험해 보이던 상황들조차 실은 극복 가능하다는 것을 몸으로 체득한다. 용기와 활력, 침착함만 갖추면 아무런 희망이 없어 보이던 상황에서도 명예롭게 탈출할 수 있다는 가능성을 체득한다. 그렇게 죽음에 대한 공포는 점차 사라지고 오히려 위기에서 벗어날 수 있다는 확신과 기대가 자라난다.

그 결과, 그들은 예전보다 훨씬 과감하게 위험에 자신을 내맡기며, 위험을 회피하려는 태도를 줄이고, 그 속에서도 침착함을 유지하는 법을 터득한다. 이렇게 죽음과 위험을 두려워하지 않는 습관은 군인의 직업을 고귀하게 만들었고, 인류는 자연스럽게 다른 어떤 직업보다 군인에게 더 높은 지위와 위엄을 부여해왔다. 모든 시대에 이상적인 영웅으로 여겨지는 사람에게서 가장 두드러지는 특징은, 조국을 위해 군인의 임무를 능숙하고 훌륭하게 수행하는 능력이다.

물론 전쟁의 업적은 종종 정의의 기준을 무시하거나 인류애를 고려하지 않은 방식으로 수행된다. 그럼에도 전쟁 속에서 이루어진 비범한 업적은 우리에게 강한 인상을 남기며, 설령 그것을 이룬 인물이 무척 쓸모없거나 도덕적으로 결함이 있는 자라 하더라도 우리는 어느 정도 존경심을 품게 된다. 우리는 심지어 사략선 해적들의 업적에까지 관심을 갖는다. 역사 속에서 범죄적인 목적을 좇던 자들이 겪은 고난과 극복한 장애 그리고 맞선 위험의 기록조차 때로는 전형적인 영웅담만큼이나 흥미롭고 감탄을 자아낸다.

분노를 절제하는 태도는 많은 경우, 두려움을 이겨내는 것만큼이나 고귀하고 관대한 행동으로 여겨진다. 정당한 분노가 적절히 표현된 말은 고대와 현대를 막론하고 웅변 속에서 가장 인상 깊고 찬사를 받은 구절로 남았다. 고대 그리스의 데모스테네스가 필리포스왕을 맹렬히 비판한 연설이나, 로마의 키케로가 카틸리나의 음모를 고발한 연설은 그 대표적인 예다. 이 연설들의 아름다움은 격정이 품위 있게, 그리고 적절하게 통제된 상태에서 표현되었기 때문에 가능한 것이다.

그러나 이처럼 정당한 분노는 어디까지나 절제된 분노이며, 공정한 관찰자도 공감할 수 있는 수준에서 이뤄진 것이다. 반대로 고함을 치며 소란을 피우는 격정은 늘 불쾌하고 공격적으로 느껴진다. 그런 경우, 우리의 관심은 분노하는 사람에게서 벗어나, 오히려 그가 분노하게 된 원인을 제공한 사람에게로 옮겨간다.

용서의 위대함은 경우에 따라, 잘 통제된 분노보다 더 고귀한 도덕적 태도로 여겨진다. 만일 어떤 사람이 자신을 불쾌하게 만든 상대가 스스로 잘못을 인정했거나, 그렇지 않더라도 공익을 위해 그 원수와 협력해야 하는 상황에서 과거의 적대감을 내려놓고 진심과 신뢰를 담아 행동할 수 있다면 그는 마땅히 가장 높은 찬사를 받을 자격이 있다.

화를 참는다고 다 잘하는 것은 아니다

하지만 분노를 억제하는 일이 언제나 고귀한 모습으로만 나타나는 것은 아니다. 실제로 두려움은 종종 분노를 억제하게 만드는 주된 동기가 된다. 이 경우에는 억제의 가치보다 그 저급한 동기가 더 두드러져, 오히려 고귀함이 손상된다.

분노는 본래 공격성을 유발하는 감정이며, 때로는 두려움을 뛰어넘는 일종의 용기나 우월감의 표현처럼 보일 수도 있다. 어떤 이들은 허영심 때문에 분노에 사로잡히기도 한다. 그러나 두려움에 사로잡힌 사람은 그 감정에서 결코 자긍심을 얻을 수 없다.

허영심 많고 나약한 사람은 자신보다 약하거나 감히 반항하지 못하는 이들 앞에서 과장된 감정을 드러내며, 마치 자신의 기개를 과시하듯 격렬하게 분노를 표현한다. 이들은 자신의 무례함을 과시함으로써 타인에게 강렬한 인상을 남기려 한다. 설령 호감을 얻지 못하더라도 최소한 두려움의 대상으로 보이기를 바라는 것이다.

현대의 관습은 오랫동안 결투라는 풍습을 통해 개인적 복수를 정당화해왔고, 그로 인해 두려움으로 인한 분노 억제는 오히려 비겁함으로 여겨져 경멸의 대상이 되기도 했다. 하지만 이런 풍습이 사라진 오늘날의 시각에서 본다면 분노를 억제하는 이유가 두려움 때문이었다는 사실이 더욱 명백해진다. 물론 동기가 무엇이든, 두려움에 의한 억제도 일정한 품위를 지닌 행위일 수 있다. 하지만 분노의 억제가 진정한 의미에서 존중받기 위해서는, 반드시 절제와 품위 그리고 적절성에 대한 깊은 감각에서 비롯되어야 한다. 그렇지 않다면 그것은 그저 억제처럼 보일 뿐 고귀함과는 거리가 멀다.

신중함·정의·자애의 원칙은 평온한 시기에는 잘 드러나지 않지만 가장 큰 위기와 유혹 속에서도 끝까지 지켜낼 때 비로소 그 진정한 가치가 밝혀진다.

자기 제어가 무너지면 큰 이익을 얻을 수 있고, 정의를 지키면 심각한 손해를 입게 되는 상황에서도, 우리는 정의의 원칙을 경건한 마음으로 끝까지 지켜야 하며, 우리가 베푼 자선을 받은 사람이 배신하거나 은혜를 모른다 해도, 그 때문에 우리의 자애로운 마음이 꺾여서는 안 된다. 이런 흔들림 없는 자세야말로 진정으로 고귀한 지혜와 미덕의 증거다.

자기 제어는 그것 자체로 하나의 위대한 미덕일 뿐 아니라 다른 모든 미덕의 빛나는 토대가 된다. 두려움을 억제하고 분노를 통제하는 일은 언제나 숭고한 능력으로 여겨진다. 정의와 자애의 원칙 속에서 발휘될 때, 그것은 단순히 하나의 탁월한 미덕에 그치지 않고, 다른 모든 미덕의 영광을 더욱 빛나게 한다.

그러나 자기 억제는 항상 고결한 동기에서 나오는 것만은 아니다. 때로는 전혀 다른, 덜 순수한 동기에서 비롯되기도 한다. 이런 경우에도 겉으로는 강한 인격처럼 보일 수 있지만, 실제로는 불의한 행동을 숨기거나 위선을 감추기 위한 수단이 될 위험이 있다. 가장 용감한 행동이 가장 큰 불의를 수행하는 데 사용될 수 있고, 겉으로는 침착하고 유쾌해 보이는 태도가 실은 가장 잔혹한 보복 의지를 감춘 것일 수도 있다.

감정을 억누르고 숨기는 일에는 강인한 정신력이 필요하다. 하지만 그런 감정의 억제는 진실성과는 거리가 먼 위장이며, 때로는 거짓과 위선의 그림자를 피할 수 없다. 그럼에도, 이런 자기 억제와 감정 통제는 많은 사람에게 인상적이고 존경스러운 자질로 인정받는다.

감정을 숨긴 자들이 지켜낸 것들

　카테리나 데 메디치의 감정을 숨기는 능력은 통찰력 있는 역사학자 다빌라에게 찬사를 받았고, 훗날 브리스톨 백작이 되는 딕비 경의 절제된 감정 표현은 엄숙하고 양심적인 클라렌던 경의 칭찬을 받았다. 초대 섀프츠베리 백작의 절제된 태도 역시 신중한 사상가 로크에게 높은 평가를 받았다. 키케로조차도 이러한 감정의 위장을 단순한 기만으로 보지 않았다. 그는 그것을 지나친 엄숙함은 아니더라도 사회적 관습 속의 한 형태로서 유연함이라는 미덕으로 인정받았다. 실제로 키케로는 호메로스의 율리시스, 아테네의 테미스토클레스, 스파르타의 리산드로스, 로마의 마르쿠스 크라수스 같은 인물들을 그러한 유연성을 갖춘 사례로 들었다.

　이처럼 교묘하고 복잡한 감정 위장은 특히 파벌 싸움과 내전으로 사회가 혼란에 빠졌을 때 자주 등장한다. 법이 무력해지고 아무리 결백해도 그 자체로는 안전을 보장받을 수 없는 시대에는 많은 사람이 살아남기 위해 재치와 기교에 의지한다. 이들은 대개 그때그때 우세한 세력에 기대 보호받으려 한다.

　이처럼 감정을 숨기고 처세에 능한 태도는 종종 차분하면서도 단호한 용기를 동반한다. 그런 태도를 유지하다 들키면, 생명을 잃을 수 있는 치명적인 위험을 감수해야 하기 때문이다. 그런 성격은 적대 세력의 적개심을 부추기거나 누그러뜨리는 데 활용될 수 있으며, 어떤 경우에는 유용하지만 동시에 매우 위험하기도 하다.

　반대로 덜 거칠고 과격한 감정을 억제하는 일은 이러한 방식으로 악용되기가 훨씬 어렵다. 절제, 품위, 겸손, 온화함과 같은 미덕은 언제나 타인의 호감을 불러일으키며, 사악한 목적으로 이용되는 경우는 거의 없다. 깨끗한 삶의 태도, 존중받을 만한 근면과 절약 또한 마찬가지다. 이러한 미덕들은 허세 없는 명예를 동반하며, 모두 꾸준한 자기 제어를 통해 길러지는 것이다.

조용하고 사적인 삶을 선택하고 그 길을 성실히 걸어가는 사람들 역시 이러한 원칙에서 비롯된 고유의 아름다움과 우아함을 자연스럽게 얻는다. 비록 그것이 영웅이나 정치가, 입법자의 위대한 업적에 뒤따르는 찬란한 영광에는 미치지 못할지라도, 그 속에서 느끼는 만족감과 기쁨이 결코 작지 않다.

감정을 얼마나 보여줘야 적절할까

자기 제어의 특성에 대해서는 이 책의 여러 부분에서 이미 충분히 다뤘으므로, 여기서 다시 자세히 설명할 필요는 없을 것이다. 지금 논의 하려는 것은 적절성의 문제다. 즉 어떤 감정이 공정한 관찰자에게 얼마나 수용될 수 있는가는 감정의 종류에 따라 서로 다르게 나타난다. 어떤 감 정은 지나치게 표현되더라도 부족하게 표현되는 것보다 덜 불편하게 느 껴진다. 이런 경우, 그 감정의 적절함은 부족함보다는 과도함 쪽에 더 가 까운 모습으로 나타난다. 반대로 다른 감정들은 지나친 표현보다는 다소 부족한 표현이 오히려 더 용인되며, 적절함의 기준도 과도함보다는 부족 함에 더 가까이 놓인다.

이러한 차이는 공정한 관찰자가 얼마나 공감할 수 있느냐와 깊은 관련이 있다. 앞서 말한 과도함이 더 용인되는 감정은 당사자 입장에서 직접 느끼기에 비교적 자연스럽고 수용 가능한 경우가 많다. 반대로 어떤 감정은 그 자체가 당사자에게조차 불쾌하거나 견디기 힘든 경험으로 다 가오기 때문에 그런 감정이 부족하게 표현되더라도 관찰자는 오히려 그 점을 이해하고 받아들이기 쉽다. 그 결과, 감정의 적절성에 대한 기준도 상대적으로 완화된다.

내가 관찰한 바로는 이 원칙에는 예외가 없다. 몇 가지 사례만 들어도 이 일반 법칙은 충분히 증명될 것이다.

사회 집단에서 사람들을 하나로 묶는 감정들—예컨대 인간애, 친절, 상호 애정, 우정, 존중 같은 성향—은 때로 과하게 표현될 수 있다. 그러나 이 감정이 아무리 과도하더라도 우리는 그 당사자를 싫어하기보다는 오히려 흥미롭고 호감 가는 사람으로 여긴다. 그런 감정을 비판할 수는 있겠지만 대부분 동정심이나 호의 어린 시선으로 바라보며, 결코 미워하지 않는다. 어떤 경우에는 그런 과도한 감정에 스스로 빠지는 일이 당사자에게 오히려 유쾌하고 기분 좋은 경험이 되기도 한다.

물론 그런 감정이 마땅치 않은 대상에게 향할 경우, 그것은 결국 당사자에게 실질적이고 고통스러운 번민으로 되돌아온다. 하지만 그럴 때조차도 대개 주위 사람들은 그를 향한 강한 연민을 느끼며, 그의 감정을 나약하거나 분별없다고 경멸하는 이들을 향해 분노를 표출하곤 한다.

반대로, 이런 사회적 감정이 부족한 경우, 즉 무정한 성향은 훨씬 더 부정적인 결과를 낳는다. 감정과 고통에 무감각한 사람은 타인에 대해서도 그렇지만, 결국 타인도 그에게 같은 방식으로 반응하게 된다. 그렇게 되면 그는 모든 우정의 가능성에서 배제되고, 인간 사회의 가장 따뜻하고 편안한 기쁨들로부터도 소외된다.

위험과 고통에 대한 태도: 용기, 침착함 그리고 사회적 존경

분노, 증오, 질투, 악의, 복수심처럼 공동체를 해치고 타인을 배제하는 감정들은, 일반적으로 결핍보다는 과잉 상태에서 훨씬 더 불쾌하게 느껴진다. 이런 감정이 과도하게 표출되면, 당사자는 스스로 비참하고 고통스러운 상태에 빠질 뿐 아니라 주변 사람에게는 혐오 혹은 두려움의 대상이 되기 쉽다. 반면 이러한 감정의 결핍은 크게 비난받지 않지만 경우에 따라 분명한 결함으로 간주되기도 한다.

예컨대 정당한 분노의 부재는 남성적 기질에서 본질적인 약점으로 간주되며, 이는 종종 자신이나 가까운 이들을 모욕이나 부당한 대우로부터 지켜내지 못하게 만든다. 심지어 정의감이나 공정성처럼 고상한 원칙도 그 표현이 도를 넘거나 적절한 균형을 잃으면 순식간에 질투라는 가장 추한 감정으로 변질될 수 있다. 질투란, 정당한 우월성을 지닌 이들에 대해 이유 없는 적개심과 반감을 품는 감정이다.

하지만 중요한 문제에서 정당한 자격이 없는 사람이 자신보다 높은 자리에 오르거나 앞서 나가는 것을 그대로 두는 사람은, 마땅히 나약함과 비겁함의 비난을 피할 수 없다. 이러한 나약함은 대개 무기력함이나 소극적인 온순함 혹은 성가신 갈등을 피하려는 신중하지 못한 관용에서 비롯된다. 이런 사람은 당시에는 그 지위를 그다지 중요하지 않게 여겨 기꺼이 양보했지만 시간이 지나면 그 결정을 후회하며 뼈저리게 뉘우친다. 그리고 처음에 관대함으로 보였던 태도는, 결국 자신이 양보한 상대를 향한 질투와 반감, 우월한 지위에 대한 분노로 뒤바뀐다.

더구나 그런 우월한 지위를 획득한 자는, 처음에는 자격이 부족했을지라도 그 지위 자체가 주는 경험과 환경 덕분에 점차 실제로 그 지위를 감당할 능력을 갖추는 경우가 많다. 이 세상에서 평안하게 살아가기 위해 목숨이나 재산을 지키는 것이 중요하듯, 자신의 위엄과 사회적 위치를 지키는 것 또한 반드시 필요하다.

개인적인 위험과 고통에 대한 감정 역시, 분노의 감정처럼 결핍보다는 과잉에서 더 강한 반감을 불러일으킨다. 겁쟁이는 사람들 사이에서 가장 경멸받는 성격이며, 반대로 죽음을 앞에 두고도 침착함과 평정을 유지하는 사람은 가장 큰 존경을 받는다. 우리는 남성적인 강인함과 흔들림 없는 의지로 고통, 심지어 고문까지 견디는 사람을 존중한다. 반면 그 고통을 이기지 못하고 울부짖거나 한탄하는 사람은 그다지 존중받지 못한다.

또한 다혈질적인 사람은 사소한 불쾌감에도 지나치게 격렬하게 반응하며, 스스로 괴로움을 자초하고 타인에게는 불쾌한 인상만 남긴다. 반면 일상의 작고 반복되는 손실이나 불운 앞에서도 흔들림 없는 차분한 기질을 지닌 사람은, 세상의 도덕적·물질적 해악이 들끓는 중에서도 사물의 흐름을 내다보며 절제된 방식으로 고통을 받아들인다. 이러한 태도는 그 자체로 축복이며, 그와 함께하는 이들에게 편안함과 안정감을 전해 준다.

참는다고 다 미덕은 아니다: 절제와 무감각의 구분

인간이 자신의 손해나 불행에 대해 느끼는 감정은 대개 지나치게 강한 경향이 있지만, 반대로 지나치게 약할 수도 있다. 자신의 불행에 거의 아무 감정도 느끼지 않는 사람은, 대체로 타인의 불행에도 무관심하며 그들을 도우려는 마음 또한 희박하다. 마찬가지로 자신에게 가해진 부당함에 거의 분노하지 않는 사람은, 타인에게 가해진 부정에 대해서도 둔감하며, 그들을 보호하거나 대신 응징하려는 마음도 약하다.

삶의 여러 사건에 무감각해지면 결국 미덕의 핵심인 행동의 적절성을 섬세하게 인식하는 능력이 둔화된다. 우리는 자신이 초래한 결과에 무관심할 때, 자신의 행위가 얼마나 적절한지에 대해서도 거의 신경 쓰지 않게 된다. 자신에게 닥친 고통과 부정의에 충분히 고통을 느끼면서도, 동시에 자기 품위가 요구하는 바를 더 크게 자각하고, 감정에 함몰되지 않으며, 자신의 가슴속에서 스스로를 인도하는 고귀한 이성의 목소리에 따라 모든 행동을 조율하는 사람, 이런 사람이야말로 진정한 미덕을 구현하는 중이다. 그는 사랑과 존경, 찬사를 받아 마땅하다.

위엄과 적절성에 기반한 고결한 절제와 단호함은, 결코 무감각과 같은 것이 아니다. 무감각이 깊어질수록 자제력의 고귀함은 오히려 점차 빛을 잃는다.

개인적인 손해, 위험, 고통에 대한 감정이 완전히 결여되어 있다면 그런 상황에서는 자기 제어의 장점이 아예 발현되지 못한다. 하지만 이런 감정은 본래 쉽게 강렬해질 수 있고, 실제로도 자주 그렇다. 그럴 때 이 극단적인 감정을 제어하는 적절성의 감각, 곧 가슴속 판관의 권위는 실로 고귀하고 경이롭게 느껴진다.

하지만 이처럼 격렬한 감정을 억제하는 일은 심신을 지치게 하고, 일상적인 행위를 지나치게 부담스럽고 번거롭게 한다. 개인은 극심한 노력으로 놀라운 덕성을 보여줄 수 있지만, 이 두 가지 원칙—예민한 감수성과 강력한 자기 제어— 사이의 갈등, 즉 내면의 전쟁이 격해진 상태에서는 결코 평온한 내적 만족이나 행복과 조화를 이루기 어렵다.

선천적으로 감정이 예민하거나 초기 교육과 훈련을 통해 그것이 충분히 완화되지 않은 사람은, 의무나 도덕이 특별히 요구하는 경우가 아니라면, 스스로 조화롭게 어울리지 못할 환경은 가능한 한 피하는 것이 현명하다. 허약하고 민감한 기질을 지닌 이는 고통과 역경, 신체적 고난에 지나치게 예민하므로 감내해야 할 고통이 많은 군인의 삶을 무턱대고 선택해서는 안 된다. 마찬가지로 손해에 과도하게 민감한 사람은 섣불리 파벌 싸움이나 정치적 다툼에 뛰어들어선 안 된다. 설령 그에게 적절성의 감각이 있어 그런 감정을 억제할 수 있다 해도, 극단적 상황 속에서는 마음의 평정이 흐트러지기 마련이다. 그 안에서 내리는 판단은 평소의 날카로움과 정확함을 유지하기 어렵고, 결국 그 사람은 본래 적절하게 행동하려는 사람이었음에도 불구하고 충동적이고 경솔한 결정을 내리게 되며, 그로 인해 평생 부끄러운 기억을 안고 살아가게 될 수 있다.

이렇듯 자기 제어를 온전히 실천하려면, 타고난 것이든 길러진 것이든 일정한 수준의 대담함과 강인한 체질 그리고 인내력이 반드시 뒷받침되어야 한다. 이러한 기질은 자기 제어의 덕목을 실현하는 데 있어 최고의 준비 조건이라 할 수 있다.

즐거움을 모르는 사람은 매력도 없다

전쟁과 당파 싸움은 누구에게나 인내력과 결단력을 길러주는 최고의 훈련장이다. 그것은 나약함을 치유하는 훌륭한 치료제이지만, 그 효과를 충분히 익히기도 전에 시련이 갑작스럽게 닥친다면 오히려 불쾌한 결과를 낳을 수도 있다.

삶의 즐거움이나 오락, 향락에 대한 감정도 마찬가지다. 지나치거나 지나치게 부족하면 모두 불쾌함을 낳는다. 하지만 일반적으로 볼 때, 즐거움을 추구하는 마음이 지나친 경우가 그렇지 못한 경우보다 덜 거슬리게 느껴진다. 관찰자든 당사자든, 기쁨을 향한 활발한 성향은 오락과 재미에 무감각한 태도보다 훨씬 더 호감 있게 받아들여진다. 우리는 청년의 쾌활함, 심지어 어린아이의 장난기에도 끌리지만, 노년에 흔히 나타나는 생기 없는 엄숙함에는 쉽게 지루함을 느낀다.

물론 즐거움을 추구하는 태도가 적절한 판단 없이 제멋대로 흐르거나, 시간이나 장소, 연령이나 상황에 맞지 않으면 당연히 비난받아 마땅하며, 개인과 사회 모두에 해가 된다. 그러나 대부분 문제는 즐거움을 추구하는 마음이 지나친 데 있는 것이 아니라 그것을 조율할 수 있는 적절성과 의무감이 부족하다는 데 있다. 예컨대 또래가 즐기는 기분 전환이나 오락에는 무관심하고, 책이나 일 외에는 아무것도 흥미를 보이지 않는 젊은이는 지나치게 형식적이고 융통성 없어 보여 사람들의 반감을 사기 쉽다. 그는 비록 무절제한 행동을 하지 않더라도 흥미 없는 태도 그 자체로 칭찬받지 못한다.

자만은 밉지만, 자기비하는 더 아프다

자기 평가라는 것도 지나치게 높을 수도 있고, 반대로 지나치게 낮을 수도 있다. 일반적으로 자신을 높이 평가하는 것은 기분 좋고, 자신을 초라하게 여기는 것은 불쾌한 일이다. 당사자 입장에서 보자면, 약간의 자만은 약간의 자기 비하보다 훨씬 덜 괴롭다. 이 점에는 큰 이견이 없을 것이다.

그러나 공정한 관찰자의 눈에는 전혀 다른 판단이 내려진다. 자기 평가가 부족한 모습은 과도한 자만보다 훨씬 덜 거슬리며, 실제로도 사람들은 스스로를 지나치게 높이 평가하는 이들에게 더 자주 불만을 드러낸다. 이를테면 누군가가 우리 앞에서 자신이 더 우월하다는 듯 주제넘게 행동한다면 우리는 곧바로 모욕감을 느끼고 그의 자만심을 비난한다. 이때 우리의 자존심과 허영심이 자극되면서 더 이상 그의 태도를 공정하게 판단하기 어려워진다. 반대로 누군가가 다른 사람 앞에서 부당한 대우를 당하거나 이유 없는 낮은 평가를 받고도 아무런 대응조차 하지 않는다면 우리는 그를 안타깝게 여기기보다는 무기력하거나 천박하다고 판단하기 쉽다.

한편, 누군가가 실제보다 과도하게 자신을 드러내고 나서려 할 때, 비록 우리는 그것을 전적으로 긍정하진 않지만 그 사람에게 일종의 흥미를 느끼게 된다. 특별히 질투심이 섞이지 않는다면 지나친 자기 과시도 일정 부분은 용인된다. 그러나 그로 인한 불편함은, 누군가가 부당하게 깎아내려져 모욕당할 때 느끼는 불쾌감과는 비교할 수 없을 만큼 약하다.

우리의 성격과 행동 그리고 스스로의 가치를 평가할 때는 자연스럽게 두 가지 기준을 참고하게 된다. 하나는 완전하고 이상적인 적절성의 기준, 즉 우리가 개념적으로 이해할 수 있는 최고의 모습이다. 다른 하나는 현실적으로 도달 가능한 근사치의 기준, 다시 말해 세상에서 흔히 받아들여지고 우리 주변의 친구나 동료, 경쟁자들이 실제로 도달했을 법한 수준이다.

우리는 이 두 기준을 완전히 무시한 채 자기 자신을 판단할 수 없다. 적어도 내 생각에는 불가능하다. 다만 흥미로운 점은 타인의 관심이나 심지어 같은 사람의 관심조차도 시기나 맥락에 따라 이 두 기준 사이를 오가며 편향된다는 것이다. 어떤 때는 더 높은 완전성의 기준에 관심이 쏠리고, 다른 때는 현실적인 근사치에 집중되기도 한다.

완전성의 기준에 주목할 때는 아무리 지혜롭고 훌륭한 사람일지라도 자신의 성격과 행동에서 결점과 불완전함만을 보게 된다. 그는 자신을 자랑하거나 내세울 근거는 찾지 못하고, 오히려 부끄러움, 후회, 참회의 이유만을 발견하게 된다. 한편으로 근사치의 기준을 기준점으로 삼을 때는 그 기준보다 높거나 낮은 쪽으로 기울며, 그에 따라 우리는 남들보다 뛰어나다고 느끼거나 반대로 뒤처졌다고 느끼게 된다.

불완전함을 아는 자가 완전함을 향한다

현명하고 도덕적인 사람은 앞서 말한 두 기준 가운데 첫 번째, 즉 정확한 적절성과 완전성이라는 이상적 개념에 깊은 관심을 기울인다. 모든 사람의 마음속에는 이런 개념이 자리 잡고 있으며, 이는 자신과 타인의 성격과 행동을 지속적으로 관찰하는 과정에서 점진적으로 형성된다.

우리가 마음속에서 위대한 반인반신이라 부르는 존재, 곧 행동의 최종 심판자이자 판단의 기준은 이렇게 내면에서 천천히 그리고 꾸준히 형성되는 개념이다. 이 개념은 누구에게나 크고 작은 차이는 있지만 일정한 형태로 그려지고 색채가 더해지며, 전체적인 틀이 갖추어진다. 다만 그 정교함은 각자가 지닌 감정의 섬세함과 예민함 그리고 관찰에 기울이는 관심과 주의력에 달려 있다.

현명하고 도덕적인 사람은 누구보다 예리하고 세심한 감각으로 사람과 세상을 관찰하며, 매일 자신 속에서 몇 가지 장점은 더 발전시키고, 몇몇 결점은 수정해 나간다. 그는 누구보다도 이 도덕적 이상에 대해 오랫동안 고민해왔으며, 그 개념을 보다 명확하게 이해하고 있다. 그는 올바른 행동이란 무엇인지에 대해 더 정교하고 선명한 이미지를 마음속에 그려왔다. 그래서 그러한 이상이 지닌 강렬하고 숭고한 아름다움에 깊이 매혹된다.

그는 자기 성격을 가능한 한 이 완전함의 전형에 가깝게 만들고자 끊임없이 노력한다. 이는 마치 신성한 예술가인 자연이 창조한 원형(原型)을 모방하려는 시도와 같다. 물론 그는 완벽에 도달하지 못함을 잘 알고 있다. 아무리 최선을 다해도 결과는 어딘가 부족하고 어설프며, 자신의 인간적인 모사(模寫)가 불멸의 원본에 얼마나 못 미치는지를 절실히 느끼며 슬픔과 좌절을 경험한다. 그는 자주 자신의 삶을 되돌아보며 걱정한다. 주의 부족, 판단 부족, 성격적 한계 때문에 자신이 얼마나 자주 적절함의 기준을 어겼는지, 또 자신이 따르고자 했던 이상적인 모범에서 얼마나 멀어졌는지를 곰곰이 성찰한다.

그가 두 번째 기준, 즉 친구와 지인들이 일반적으로 도달한 탁월함의 근사치를 기준으로 삼을 때는 자신의 우월함을 느낄 수도 있다. 그러나 그의 주요한 관심은 항상 첫 번째 기준, 즉 정확한 적절성과 완전성이라는 이상적인 기준에 머물러 있다. 그렇기에 그는 두 번째 기준과의 비교를 통해 느낄 수 있는 자긍심보다, 첫 번째 기준과의 간극에서 비롯되는 겸허함을 훨씬 더 깊이 체감한다.

그는 결코 거만하지 않으며, 자신보다 실제로 못한 사람들을 깔보거나 무례하게 대하지 않는다. 오히려 그는 자신의 불완전함을 누구보다 깊이 인식하고 있으며, 완전성에 조금이라도 가까워지는 것이 얼마나 힘든 일인지를 잘 알기 때문에 다른 이들의 결함이나 부족함을 경멸하지 않는다. 그는 타인의 열등함을 조롱하기는커녕 진심 어린 연민의 눈으로 바라본다. 그들을 돕고자 조언을 아끼지 않고 자신의 삶과 행동을 본보기로 삼아 그들의 성장과 개선을 기꺼이 도우려 한다.

만일 어떤 특정한 자질에서 누군가가 자신보다 뛰어나다면―수많은 자질 중 모든 면에서 완벽한 사람은 존재하지 않기에― 그는 결코 질투하지 않는다. 오히려 그 자질을 갖추는 일이 얼마나 어려운지 알기에, 그들의 뛰어남을 기꺼이 존중하고, 마땅한 찬사를 아끼지 않는다.

요컨대, 그의 정신에는 진정한 겸허함이 깊이 새겨져 있고, 그의 태도와 행동에서도 그 품성이 분명하게 드러난다. 그는 자신의 가치를 균형 있게 인식하는 동시에, 다른 사람의 가치도 온전히 평가할 줄 아는 사람이다.

진짜 위대한 사람은 자기 작품에 만족하지 않는다

회화, 시, 음악, 웅변, 철학 등 모든 자유롭고 창조적인 예술 분야에서 진정으로 뛰어난 예술가들은 언제나 자신이 만든 가장 훌륭한 작품에서조차 불완전함을 느낀다. 그들은 자신이 마음속에 그려온 이상적인 완성의 기준에 훨씬 못 미친다는 사실을 누구보다 절실히 인식한다. 그들이 아무리 노력해도 도달할 수 없는 그 완벽함은, 열심히 모방은 할 수 있을지언정 결코 동일해질 수 없다는 것을 스스로도 잘 안다.

자신의 작품에 완전히 만족하는 이는 열등한 예술가뿐이다. 그런 사람은 이상적인 완벽함이라는 개념 자체에 거의 관심이 없으며, 그에 대해 깊이 생각해본 적도 없다. 오히려 그는 자신보다 수준이 낮은 예술가들의 작품에만 관심을 두고, 자신의 결과물을 그들과 비교하면서 안도한다.

프랑스의 뛰어난 시인 부알로(그의 일부 작품은 고대든 현대든, 동종의 가장 뛰어난 시인들과 비교해도 결코 뒤처지지 않는다)는 훌륭한 예술가 중에는 자기 작품에 만족하는 이가 없다고 말하곤 했다. 그런데 그의 지인이었던 상퇴유는 자신이 쓴 작품에 언제나 완벽히 만족한다고 자랑삼아 말했다. 상퇴유는 라틴어 운문을 쓰는 작가였지만, 실제로는 학생 수준의 재능밖에 없었고, 그럼에도 스스로를 시인이라고 믿는 우쭐함이 있었다. 그러자 부알로는 장난스럽지만 의미심장한 표정으로 이렇게 응수했다. "그렇다면 자네는 훌륭한 사람들 중에서 유일하게 자기 작품에 만족하는 사람일세."

부알로는 자신의 작품을 평가할 때 언제나 이상적인 완벽함이라는 궁극적 기준과 비교했다. 그 완벽함은 그가 시 예술의 특정 분야에서 오랜 시간 숙고하며, 인간이 생각할 수 있는 한계까지 밀어붙여 정립한 기준이었다. 내 생각에 상퇴유는 자신의 작품을 평가할 때 당대의 다른 라틴어 시인들과 비교했을 것이다. 그런 기준이라면, 상퇴유는 실제로 그리 뒤처지지 않았거나 어쩌면 그들보다 나은 점도 있었을 것이다.

이렇게 말해도 될지 모르지만 평생 자신의 말과 행동을 이상적인 완전성의 기준에 맞춰 유지하며 살아간다는 것은, 하나의 독창적인 예술 작품을 완성하는 일보다 훨씬 더 어려운 일이다. 예술가는 외부 방해 없이 작업에 몰두하며, 자신의 기술과 경험, 지식을 차분하게 활용할 수 있다. 하지만 진정으로 현명한 사람은 어떤 상태에 있든—건강할 때든 병들었을 때든, 성공했을 때든 낙심했을 때든, 피로하거나 무기력할 때든, 집중이 잘될 때든 흐릴 때든— 언제나 자신의 행동이 적절함을 잃지 않도록 지켜내야 한다.

그는 어떤 돌발 상황이나 예기치 못한 고통에도 흔들리지 않아야 하며, 타인의 부정의에 분노하더라도 그 부정을 스스로 되풀이하지 말아야 한다. 치열한 당파 싸움에서도 냉정을 잃지 말아야 하며, 전쟁의 고통과 위험 앞에서도 낙담하거나 경악하지 않아야 한다.

    자신의 가치와 성격, 행동을 평가하는 데 있어 오해하는 이들이 있다. 그들은 대부분 두 번째 기준, 즉 다른 사람이 통상 도달하는 수준의 탁월함에만 관심을 둔다. 이런 사람들 중에는 자신이 그 기준을 훨씬 뛰어넘었다고, 그리고 누구나 공정하게 본다면 그렇게 인정할 것이라고 착각하기도 한다. 그러나 그들이 실제로 따르는 기준은 이상적 완벽이 아니라 평균적 완벽의 기준이다.

    그 결과, 그들은 자신의 약점과 불완전에 대한 자각이 희박하며, 겸손함도 거의 없다. 대체로 자만하고 오만하며, 자신의 평범한 능력에는 과도한 찬사를 보내면서 다른 이의 장점은 폄하하거나 무시한다.

    그들의 성격은 대체로 바르지 못하며, 그들의 진짜 가치는 겸손하고 진실한 미덕을 지닌 사람들에 비해 훨씬 뒤떨어진다. 그럼에도 지나치게 자신을 드러내는 뻔뻔스러운 태도는 사람들의 시선을 끌고, 때로는 대중은 물론이고 훨씬 뛰어난 이들까지도 쉽게 현혹시킨다. 세속과 종교의 영역에서조차 가장 무지한 사기꾼들이 놀라울 만큼 자주 성공하는 사례를 보면 대중이 얼마나 쉽게 근거 없는 과장과 허세에 현혹되는지 여실히 드러난다.

    더 나아가, 만일 그 허세가 일정 수준의 실제 능력이나 성취와 결합되어 있고, 외적인 화려함까지 겸비하며, 사회적으로 영향력 있는 인물의 후원까지 등에 업게 된다면 그는 그 허세를 더욱 정교하게 포장할 수 있게 되고, 마침내 대중의 열광적인 찬사를 얻게 된다.

    이러한 경우, 이성을 중시하는 사람조차 그 거센 찬사의 물결에 휩쓸려 냉정한 판단을 유지하기 어려워진다. 무분별한 환호의 소음은 분별력을 흐리게 하고, 그는 마침내 그 인물을 우러러보며 감탄에 빠진다. 심지어 당사자가 스스로 믿는 허세보다 관찰자가 그것을 더 진지하게 받아들이고, 더 열렬한 찬사를 보내는 일까지 일어난다.

우리가 질투심을 배제하고 볼 때 단순히 누군가를 찬미하는 행위만으로도 심리적 만족을 얻으며, 그 결과 근거 없는 환상 속에서 그의 모든 면을 이상적 완전성의 구현처럼 신격화하기도 한다. 그러나 그 인물을 가까이서 지켜본 이들, 특히 통찰력 있는 이들에게는 그런 과장된 자기 과시가 결코 감춰지지 않는다. 오히려 그들은 그의 오만한 태도를 정확히 간파하고, 때로는 조용한 냉소와 함께 은밀히 비웃기도 한다.

멀리서는 존경과 찬탄으로 보일 수 있는 허세도, 가까이에서 보면 허점이 고스란히 드러나기 마련이다. 실제로 시대를 풍미하며 널리 칭송받았던 인물들 가운데 다수는 진정한 위대함과는 거리가 있었으며, 그들의 명성과 평판이 오랜 세월을 넘어 전해지는 경우조차도, 대개는 과장된 허상 위에 세워진 것이었다.

자만은 성공의 그림자다: 위인들의 커다란 성공과 과대망상

세상에서 말하는 위대한 성공이나, 인류의 감정과 여론을 좌우하는 강력한 권위는 대개 일정한 수준의 과도한 자기 확신과 자화자찬 없이는 이루어진 적이 드물다. 역사 속에서 가장 화려한 인물, 가장 탁월한 업적을 남긴 인물, 인류의 삶과 사고방식에 가장 큰 전환을 일으킨 인물들—성공한 전쟁 영웅, 영향력 있는 정치가이자 입법자, 많은 추종자를 확보하고 성공적으로 세력을 이끈 종파나 당파의 설립자 및 지도자들—은 대부분 그들의 실제 탁월함보다, 때때로 그와는 무관한 오만함과 자기 과시로 인해 더 두드러졌다.

이러한 과도한 자기 확신은, 신중한 사람이라면 감히 떠올리지도 못할 일들을 감행하게 할 뿐 아니라 추종자들이 그것을 정당화하고 지지하도록 유도하는 데에도 필수적으로 작용한다. 만일 그런 일이 실제로 성공을 거두게 되면, 이 자기 확신은 종종 그들을 거의 광기와도 같은 허영심의 상태로 몰아넣는다.

　알렉산드로스대왕은 단지 백성이 자신을 신처럼 여기길 바랐을 뿐만 아니라 실제로 스스로도 그런 존재라고 믿은 듯했다. 신이라면 죽음을 초월해야 할 텐데, 오히려 가장 인간적인 죽음의 순간에 그는 자신을 이미 신들의 반열에 올려놓았을 뿐 아니라 자신의 노모 올림피아도 거기에 포함하라고 친구들에게 요청했다.[46] 추종자와 제자들은 그에게 경배를 바쳤고, 대중은 열광적인 찬사를 보냈으며, 마침내 신탁은 이러한 열광을 반영하듯 그를 가장 지혜로운 자로 선언했다. 반면 소크라테스는 자신을 신으로 착각하는 일은 없었지만, 어떤 보이지 않는 신적 존재로부터 암시를 받는다는 믿음까지는 떨쳐내지 못했다.[47]

　카이사르는 대체로 이성적인 인물이었으나 자신을 비너스 여신의 후손이라 믿는 허영심만큼은 제어하지 못했다. 그는 스스로 증조모라 부

46　알렉산드로스가 자신을 신의 혈통이라 믿고 신으로 추앙받고자 했던 태도는 고전 역사 서술에서 자주 언급되는 대표적인 사례다. 특히 그는 어머니 올림피아를 신격화하려 했는데, 이는 자신이 곧 신의 아들이라는 상징적 정체성을 더욱 확고히 하려는 시도로 해석된다.

47　소크라테스의 '다이몬'(Daimon)은 개인 내면에서 울리는 신적 직관 혹은 도덕적 경고로 이해된다. 그는 외적 권위가 아닌 내면의 소리를 따라야 한다고 믿었으며, 이 다이몬은 그가 어떤 행동을 하지 말아야 할 때 명확한 경고의 형태로 나타났다고 전해진다. 이는 도덕 판단의 근거가 외부의 규범이 아니라 개인 안에 내재된 어떤 '초월적 감응'에 있다는 점을 상징한다.

　애덤 스미스가 『도덕감정론』에서 제시한 '공정한 관찰자'는 이와 유사한 구조를 갖는다. 그는 도덕 판단의 궁극적 기준이 타인의 시선이 아니라 우리가 상상 속에서 구축하는 이상적 인물—즉, 가슴속의 반인반신(demigod)이라고 부를 수 있는 존재—의 시선이라고 주장했다. 이는 특정한 신에 종속되지 않지만 윤리적 권위로 작동하는 초월적 개념이라는 점에서 다이몬과 철학적으로 유사한 계보에 놓인다.

　다이몬이 개인의 삶을 인도하는 초월적 신호라면, 공정한 관찰자는 사회적 맥락에서 우리의 자아를 규율하는 내면의 재판관이다. 둘 다 보이지 않지만 강력한 영향력을 지니며, 궁극적으로는 인간의 행위와 성찰을 고양하는 데 목적을 둔다.

른 그 여신의 신전 앞에서, 자리에서 일어서지도 않은 채 로마 원로원 의원들을 맞이했다. 이 저명한 단체는 카이사르에게 최고 수준의 영예를 수여하는 칙령을 전달하러 온 참이었다. 이러한 무례하고 오만한 태도는, 유치한 허영심이 드러난 다른 여러 행동과 함께, 날카로운 지성과 분별력을 지닌 인물에게서는 좀처럼 찾아볼 수 없는 모습이었다. 그의 오만한 태도는 민심의 질투를 키웠고높 마침내 암살자들이 행동에 나서도록 용기를 주는 불씨가 되었다.

오늘날의 종교나 사회적 관습은 뛰어난 인물들이 자신을 신이나 예언자로 여기는 상황을 거의 허용하지 않는다. 그러나 큰 성공과 대중의 열광이 결합되면, 가장 현명한 사람들조차 자신을 실제 이상으로 과대평가하게 마련이다. 그 결과, 그들은 과도한 자만에 빠져 경솔하고 때로는 파국적인 모험을 감행한다.

말버러 공작은 무려 10년간 압도적인 군사적 성과를 이뤄냈음에도 단 한 번의 경솔한 발언이나 행동 없이 자신의 품위를 지켰다. 이는 그의 천성적인 신중함과 탁월한 자기 통제력 덕분이다. 내 생각에, 말버러 공작과 같은 수준의 냉철함과 절제력을 지닌 전사는 역사적으로도 매우 드물다. 위대한 구스타브 아돌프, 외젠 공작, 고(故) 프로이센 국왕 프리드리히 빌헬름, 콩데 친왕 같은 걸출한 장군들조차 말버러의 균형감에는 미치지 못했다. 튀렌 자작이 그나마 가장 근접한 인물이었으나 그의 생애에서 나타난 여러 결정을 살펴보면 그 역시 말버러만큼 완전하지는 않았다.

사람은 높은 자리에 대한 욕심과 자부심에, 사소한 계획이나 사업에서 작은 성공까지 경험하면 어느새 자만에 빠져들기 쉽다. 결국 그는 점차 자신의 역량을 과신하게 되고, 이는 종종 파산이나 파멸로 이어지는 무리한 시도를 부추기거나 정당화하는 유혹으로 작용한다.

공정한 관찰자는 생기 있고 관대한 성품을 지닌 고결한 인물들의 진정한 가치를 존중하며, 마땅한 찬사를 보낸다. 이와 같은 찬사는 충분한 근거를 지닌 정당한 감정에서 비롯되므로 일관되고 지속적이며, 그 인물이 겪는 외적 성공이나 실패와는 무관하게 유지된다. 하지만 그들이 품은 과도한 자만심과 주제넘은 태도에 대한 평가는 전혀 다른 차원의 문제다.

현실적으로, 그들이 성공을 거두는 동안에는 공정한 관찰자조차도 종종 그 위세에 압도당하고 만다. 눈부신 성공은 관찰자의 분별력을 흐리게 만들고, 그들의 결정 속에 담긴 지나친 무모함이나 때로는 분명한 부정의마저 제대로 인식하지 못하게 한다. 오히려 그는 그들의 성격적 결함까지도 관대하게 보며, 비판하기는커녕 열광적으로 칭송하는 입장에 놓인다.

그러나 그들이 실패나 불운을 겪게 되면, 상황은 단번에 반전된다. 예전에는 영웅적 기개로 추앙받던 성격은 돌연 무모한 경솔함이나 어리석은 과시욕으로 치부된다. 한때 번영의 빛에 가려졌던 탐욕과 불의의 그늘은 이제 선명히 드러나며, 결국 그들이 일군 사업의 빛나는 성과조차 그 오점으로 인해 심각하게 훼손된다.

도덕적 감정의 대혼란

카이사르가 파르살루스 전투에서 승리하지 않고 패배했다면 그에 대한 평가는 오늘날보다 훨씬 냉혹했을 것이다. 그의 성격과 행적은 카틸리나보다 조금 나은 수준으로 여겨졌을지 모른다. 당시 가장 온순한 이들마저 그의 정치 행보를 로마의 법과 질서를 해치는 사악한 시도로 보았을 것이다. 카토가 이미 가차 없이 비판했지만 만약 그가 내전에서 패배했다면 훨씬 더 가혹한 비난을 받았을 것이다.[48]

---

48 키케로와 함께 소(小) 카토는 귀족파(Optimates)의 핵심 인물이었고, 반면 카틸리나와 카이사르는 방종과 선동으로 대표되는 평민파(Populares)에서 손잡고 활동했다.

동시에 그의 진정한 미덕들—세련된 감각, 간결하고 우아한 문체, 절제된 언변, 뛰어난 전략, 역경 속 기지, 위기에서의 침착한 판단, 친구에 대한 충직함, 적에게 베푼 전례 없는 관대함—은 오늘날 우리가 카틸리나의 장점들을 뒤늦게 인정하듯, 패배한 영웅의 덕목으로 여전히 높이 평가되었을 것이다.

그러나 카이사르도 예외가 아니었다. 끝없는 야망에서 비롯된 그의 오만과 불의는 마침내 모든 장점을 삼켜버렸다. 결국 운명은 도덕적 감정의 흐름에 결정적인 영향을 미친다. 같은 인물이라 하더라도 그가 성공했느냐 실패했느냐에 따라 사람들은 전혀 다른 평가를 내린다. 어떤 경우에는 그에게 열렬한 찬사와 애정을 보내고, 또 어떤 경우에는 극심한 증오와 경멸을 퍼붓는다. 그 사람이 실제로 어떤 사람인가보다, 운명이 그에게 어떻게 작용했는지가 그 평가를 좌우한다.

하지만 이러한 도덕적 감정의 혼란 속에도 나름의 유용성이 있다. 이 경우뿐 아니라 수많은 사례에서 우리는 인간의 나약함과 어리석음마저도 신의 지혜가 작용하는 수단임을 깨닫고 경외심을 갖는다. 우리가 성공에 대해 찬사를 보내는 이유는 인간의 부와 위대함에 대한 자연스러운 존중에서 비롯되며, 동시에 사회 질서와 위계 체계를 유지하는 데 필수적인 감정 반응이기도 하다. 우리는 이러한 찬사를 통해 운명과 역사적 흐름 속에서 주어진 우월한 존재들에게 자발적으로 복종하는 법을 배운다. 때로는 저항이 불가능한 운명의 폭력 앞에서조차, 일종의 숭배와 경외심으로 그 권력에 순응하게 되는 것이다.

카이사르나 알렉산드로스처럼 찬란한 명성을 지닌 인물의 무력 행사는 물론, 아틸라, 칭기즈 칸, 티무르처럼 잔혹하고 야만적인 정복자들의 폭력조차도 이런 운명의 권력에 해당한다. 이런 강력한 지배자들 앞에서 인류는, 비록 그것이 나약하고 어리석은 찬탄이라 하더라도 본능적으로 경외의 시선을 보낸다. 결국 우리는 이런 찬사를 통해 저항할 수 없는 힘 앞에서는 복종이 가장 합리적인 선택임을 받아들이게 되고, 그 권력이 마치 영원할 것처럼 여기며 순응하는 법을 익힌다. 결국 절대적 권세 앞에서는 어떤 저항도 무력할 수밖에 없음을 체득하는 것이다.

아첨에 둘러싸인 자는 진실을 듣지 못한다

그러나 번영의 시기에는 스스로를 과대평가하는 사람이라 해도, 때로는 올바르고 겸손한 미덕을 지닌 이보다 더 쉽게 대중의 지지를 얻을 수 있다. 멀리서 바라보는 사람들, 곧 대중의 갈채는 종종 겸손한 사람보다 성공을 드러내는 사람에게 쏠리기 때문이다. 하지만 모든 것을 공정하게 따져본다면 진정한 가치와 지속적인 이점은 언제나 후자, 즉 겸손한 사람에게 더 크게 돌아간다. 실제로 자신에게 속한 것 외엔 아무것도 자기 것이라 주장하지 않으며, 타인에게도 그런 인정을 바라지 않는 사람은 드러나는 굴욕이나 탄로를 두려워하지 않는다. 그는 자신의 성품이 지닌 진실성과 내면의 단단함에 만족하며 스스로 안정을 느낀다.

그에게 찬사를 보내는 이들은 많지 않을지라도, 그를 가장 가까이에서 깊이 아는 현명한 사람들은 그 누구보다도 진정한 존경을 보낸다. 참으로 지혜로운 사람은 비록 단 한 사람일지라도 깊이 생각해 내린 인정을, 수많은 무지한 군중이 보내는 박수보다 훨씬 더 소중하고 만족스럽게 여긴다. 이는 고대 그리스 철학자 파르메니데스의 일화에서도 잘 드러난다. 어느 날 그가 아테네의 광장에서 철학적 연설을 하자, 플라톤을 제외한 청중이 모두 자리를 떴다. 그러나 그는 개의치 않고 계속 말을 이었다. 그리고는 "플라톤 한 사람만 있어도 나에게는 충분한 청중"이라고 말했다.[49]

자기 잘난 맛에 도취된 사람은 전혀 다른 모습을 드러낸다. 현명한 이들은 그를 곁에서 바라보며 오히려 칭찬을 아낀다. 그러나 번영에 취한 그는 그런 신중하고 공정한 평가를 오히려 불쾌하게 여긴다. 그것이 자신이 내세우는 과장된 자화자찬에는 턱없이 못 미치기 때문에 그는 이를 악의나 질투로 곡해한다. 결국 그는 가장 충실한 친구들을 의심하고, 그들과 함께 있는 것 자체를 불편해하며 점점 멀어진다. 심지어 그들이 과거에 베풀었던 도움에 대해서도 감사하기는커녕 배은망덕은 물론이고 잔인함과 부정의로 되갚는다. 반면 아첨꾼과 배신자들을 가까이 두는데, 이들은 그의 허영심과 오만함을 부추기며 신임을 얻는다. 그렇게 해서 처음에는 다소 결점이 있으나 기본적으로는 밝고 존중받을 만했던 성격이, 결국에는 추하고 파괴적인 성격으로 타락한다.

알렉산드로스대왕 역시 번영의 절정에 이르렀을 때, 자신이 존경하던 장수 클레이토스를 살해했다. 이유는 단지 그가 알렉산드로스보다 아버지 필리포스의 공적을 더 높이 평가했다는 것이었다. 그는 자신을 동방의 전제 군주처럼 숭배하길 거부한 마케도니아 출신의 역사학자 칼리스테네스를 고문 끝에 죽였고, 아버지 필리포스의 충직한 친구이자 명망 높은 장군이었던 파르메니온에게도 아무 근거 없는 혐의를 씌운 뒤 유일하게 살아 있던 아들을 먼저 고문해 죽이고, 이어 본인까지 잔인하게 제거했다. 파르메니온의 다른 아들들 역시 모두 전장에서 전사한 뒤였다.

파르메니온은 어떤 인물이었는가? 알렉산드로스대왕의 아버지 필리포스 2세는 이렇게 말한 바 있다. "아테네인들은 매년 열 명의 장군을 뽑을 수 있을 만큼 운이 좋지만, 나는 평생 단 한 명의 파르메니온밖에 얻

---

49 파르메니데스(기원전 515-450년경)의 생애 시기를 고려하면, 그가 플라톤(기원전 427-347)과 실제로 만났을 가능성은 없다. 따라서 스미스가 인용한 이 일화는 사실에 근거한 기록이 아닌 상징적 비유로 보아야 한다.

지 못했다." 그만큼 파르메니온은 필리포스가 가장 신뢰한 최측근이자, 국정을 함께 이끈 고굉지신(股肱之臣)이었다. 필리포스는 그가 항상 경계하며 주의를 기울이기에 자신은 마음 놓고 쉴 수 있다고 말했고, 잔치 자리에서는 "파르메니온은 술을 마시지 않으니 안심하고 마시라"며 신하들에게 권하곤 했다.

기록에 따르면 알렉산드로스의 모든 승리는 파르메니온과 그의 조언 덕분이었다. 그가 없었다면 알렉산드로스는 한 번도 완전한 승리를 거두지 못했을 것이라는 평가도 있다. 그러나 역사의 아이러니는, 정작 알렉산드로스 사후 그에게 아첨을 일삼던 주변 인물들에게 어떤 결말이 주어졌는지를 보여준다. 그들은 왕이 죽자 곧 권력과 권위를 그대로 승계했고, 결국 서로 담합해 제국의 영토를 분할해 가졌다. 원래 국왕의 가족과 친척에게 돌아가야 할 땅이었다. 그들은 살아남은 알렉산드로스의 혈족을 남녀 가리지 않고 모두 제거했다.

이러한 역사를 볼 때 인간 사회는 위대한 인물들의 지나친 자기 과시를 때로는 너그럽게 받아들이고 심지어 거기에 매료되기까지 한다는 사실을 알게 된다. 그들이 뚜렷한 우월성과 탁월함을 보여줄 경우, 사람들은 기백, 아량, 고결함이라는 말로 찬사와 존경을 보낸다. 여기에는 본질적으로 강한 긍정적 가치 판단이 담겨 있다.

그러나 어떤 사람이 뚜렷한 탁월함도 없이 자신을 과대평가하면 우리는 전혀 다른 반응을 보인다. 그런 과장은 불쾌하고 설득력이 없으며 쉽게 거부감을 불러일으킨다. 우리는 그것을 자만이나 허영이라 부르는데 특히 허영은 항상, 자만은 대체로 부정적인 의미로 쓰인다. 이처럼 우리는 진짜 뛰어난 인물의 과장은 관대하게 수용하면서도 그에 미치지 못하는 사람의 자기 과장은 쉽게 견디지 못한다.

자만심과 허영심의 차이

이 두 악덕은 과도한 자기 평가라는 점에서는 겉보기엔 비슷해 보일 수 있으나, 실제로는 여러 면에서 뚜렷하게 다르다.

오만한 이는 마음속 깊이 자신이 남보다 뛰어나다고 확신한다. 그러나 우월성의 근거가 무엇인지 짐작하기 어려운 경우도 많다. 그는 사람들이 자신을 볼 때, 자신이 스스로를 평가하듯 바라봐주기를 기대한다. 그는 이를 일종의 공정한 평가라 여기며, 타인이 자신을 그만큼 존중해주지 않으면 모욕감을 느끼고, 심지어 분노와 불쾌감을 드러낸다. 그 감정은 마치 실제 피해를 입은 것처럼 격렬할 때도 있다.

하지만 그는 그 우월감의 근거가 무엇인지 굳이 설명하려 들지 않는다. 오히려 타인의 인정을 구하는 것을 경멸하며, 그런 태도를 의도적으로 내비친다. 그는 자신의 탁월함을 직접 강조하기보다는, 상대방의 열등함을 드러냄으로써 자신이 우위에 있다는 인식을 심으려 한다. 그에게 중요한 것은 존중을 얻는 것이 아니라 타인으로 하여금 스스로 위축되고 열등감을 느끼게 만드는 것이다.

허영심 많은 사람은 내면에서 진정으로 확신하지 못한다. 남들이 자신에게 있다고 믿어주길 바라는 그 우월성이 실제로 자기 안에 존재하는지 스스로도 확신하지 못하기 때문이다. 그는 다른 사람이 자신을 볼 때, 자신의 속마음까지 다 알고 있다는 전제하에 실제 모습보다 훨씬 더 근사하고 빛나는 외양으로 자신을 평가해주길 기대한다. 그래서 상대방이 자신을 있는 그대로—꾸밈없는 진짜 모습 그대로— 바라보는 것 같을 때, 그는 단순한 불쾌감을 넘어 깊은 굴욕을 느낀다.

그는 자신이 기대하는 평가를 받을 자격이 있다는 인상을 주기 위해, 실제보다 과장된 자질과 성취를 드러내며 과시하려 한다. 그가 그러한 자질을 일정 부분 갖고 있을 수도 있고, 전혀 없거나 아주 미미한 수준일 수도 있다. 심한 경우 그는 그 허세를 진실인 양 꾸미기도 한다.

그는 오만한 사람처럼 타인의 존중을 경멸하지 않는다. 오히려 그 존중을 간절히 원하고, 그것을 얻기 위해 애쓴다. 그는 상대방의 평가를 무시하거나 분개하기보다는 기꺼이 존중하려 들며, 그것이 자신에 대한 인정으로 돌아오리라 기대한다. 그는 타인에게 아첨을 받아내기 위해 먼저 아첨하고, 좋은 평판을 얻기 위해 공손하고 친절하게 행동한다. 때로는 눈에 띄게 과시하면서도 실질적인 도움까지 베풀며 상대의 호감을 끌어내려 한다. 그렇게 해서라도 자신의 가치에 대한 긍정적 평가를 확보하고 싶어 하는 것이다.

허영심 많은 사람은 재능과 미덕을 가장하는 데 그치지 않고, 권력과 부가 주는 존경심마저 차지하려 든다. 그의 옷차림, 마차, 생활 방식은 실제보다 더 높은 신분과 더 많은 부를 가진 듯 보이도록 과시적으로 꾸며진다. 그는 젊은 시절 몇 해 동안 이런 어리석고 무거운 짐을 떠안다가 삶을 다하기도 전에 대개 빈곤과 고통 속에 빠져든다.

다만 허영이 유지되는 동안 그는 남들이 자신을 모른 채 속아 넘어간다는 사실만으로 큰 만족을 느낀다. 그는 사람들이 자기의 속마음을 알고 평가한다고는 여기지 않는다. 오히려 자신이 지어낸 과장된 모습대로 남들이 자신을 바라본다고 상상하며 스스로 흡족해한다. 그렇게 왜곡된 거울 속에 비친 자신을 바라보며 허영을 충족시키는 것이다.

이런 허영 중에서도 가장 흔한 모습은, 이름 없는 외지인이 외국을 방문하거나 지방 사람이 수도에 잠시 체류할 때 드러난다. 이런 경우 허영은 종종 과도하게 부풀려지며, 지각 있는 사람에겐 뻔히 드러나는 우스운 짓거리일 뿐이다. 물론 대부분의 다른 사례와 마찬가지로 이 어리석음이 즉시 드러나지 않을 수도 있다. 그들이 그곳에 오래 머물지 않는다면 불명예스러운 진실이 드러나는 것을 피할 수도 있고, 몇 달 혹은 몇 년 동안 허영에 탐닉한 후 고향으로 돌아가 궁핍하게 지내며 그간의 낭비를 수습하게 될지도 모른다.

반면 오만한 사람은 이런 어리석음으로 비난받는 일이 거의 없다. 그는 자신의 체면과 품위를 중시하며, 자립심을 지키려 애쓴다. 가진 것이 많지 않을 때는 더욱 절제하며 절약하려 노력한다. 그래서 허영심 많은 사람의 과시적 소비는 그에게 극히 불쾌한 일이다. 그런 허세는 그의 절제된 삶을 빛바래게 만들기 때문이다. 게다가 분수에 맞지 않는 무례하고 거만한 태도는 그의 분노를 불러일으키고, 그는 이에 대해 이야기할 때마다 거침없는 분노와 신랄한 비난을 쏟아낸다.

오만은 냉소를, 허영은 아첨을 부른다

오만한 사람은 자신과 비슷한 수준의 사람들과 함께 있을 때조차 마음 편히 지내지 못할 때가 많다. 자신보다 더 우월한 이들과 함께 있을 때는 훨씬 더 불편해한다. 그 자리에서는 자신의 오만함을 드러낼 여지가 없고, 상대의 침착한 태도와 품위 있는 말투에 압도되어 차마 허세를 부릴 엄두조차 내지 못한다. 그는 자신이 존경하지도 않고, 진심으로 친구 삼고 싶지도 않으며, 실상 자신의 품격에 어울리지 않는 이들—즉 아첨꾼이나 하인, 자신보다 지위가 낮은 사람들—의 무리 속에서 위안을 찾는다. 그는 자신보다 뛰어난 사람을 좀처럼 만나려 하지 않고, 혹 만나더라도 만남 자체를 즐기기보다는 그들과 어울릴 자격을 갖추고 있음을 과시하고자 애쓴다.

이는 클라렌던 경이 애런델 백작을 두고 남긴 평가와 흡사하다. 백작은 궁정에 자주 드나들었는데, 거기서야말로 자신보다 뛰어난 인물을 만날 수 있다고 믿었기 때문이다. 반대로 클라렌던은 궁정에 거의 가지 않았는데, 실제로 그곳에서 자신보다 뛰어난 이들을 보았기 때문이었다.

반면 허영심 많은 사람은 오만한 이와는 사뭇 다르다. 그는 자신보다 뛰어난 이들의 무리에 섞이길 주저하지 않고, 오히려 그들의 환심을 사려 애쓴다. 그는 그들이 지닌 영예와 명성이 주변 사람들에게까지 반사된다고 믿는다. 그래서 왕실이나 고관대작의 주변을 맴돌며, 마치 곧 높은 자리에 오를 사람처럼 행동한다. 그러나 만약 그가 이미 훨씬 더 값진 행복을 지니고 있고, 그것을 제대로 누릴 줄만 알았다면 굳이 그런 방식으로 자신을 드러내려 하지 않았을 것이다.

그는 훌륭한 사람들의 모임에 참석할 수 있게 되면 기뻐하고, 거기서 쌓은 인연을 과장해 다른 사람에게 자랑하는 일을 더욱 즐긴다. 그는 가능한 한 상류층, 여론을 주도하는 인물, 재치 있는 사람들, 지식인, 인기 있는 인물들과 어울리려 한다. 그리고 어떤 이유로든 변덕스러운 대중의 평판이 그 친분을 맺은 인물들에게 불리하게 돌아설 때 그들을 감싸기보다 조용히 거리를 둔다.

그는 다른 사람의 호감을 얻기 위해 방법을 가려 쓰는 법이 없다. 불필요한 과시, 근거 없는 허세, 끊임없는 영합, 잦은 아첨 같은 방식이 마구잡이로 동원된다. 그러나 그의 아첨은 대체로 활기차고 유쾌한 편이며 노골적이고 천박한 아첨꾼들에게서 흔히 느껴지는 불쾌함은 찾아보기 어렵다. 반대로 오만한 사람은 아첨하는 법이 없고, 누구에게도 정중하게 대하는 일이 드물다.

그렇지만 허영은 온갖 근거 없는 허세에도 불구하고 대체로 생기 있고 쾌활하며, 온화하고 유순한 열정을 자주 드러낸다. 반면 오만은 늘 엄숙하고 음울하며, 거칠고 냉혹한 감정이다. 허영 많은 사람의 거짓은 대부분 무해한 과장이며, 자신을 돋보이려는 것이지 타인을 깎아내리려는 의도는 없다. 공정하게 말하자면, 오만한 사람은 대체로 비열한 거짓을 할 만큼 스스로를 낮추지는 않는다. 그러나 일단 체면까지 버리고 그런 거짓말을 할 경우, 그것은 결코 순진한 것이 아니다. 그 거짓은 타인에게 해를 끼치고, 그들을 폄하하려는 의도를 담고 있다.

그는 남이 부당하게 과대평가받는다고 느끼면 분노하며, 그들의 탁월함이 어디서 나오든 억지로 깎아내리고 무시하려 한다. 직접 중상모략을 꾸며내는 경우는 드물지만, 그런 이야기를 곧이곧대로 믿는 것을 즐기고, 그것을 퍼뜨리는 데도 주저하지 않는다. 때로는 원래의 이야기 위에 과장을 덧붙이기까지 한다. 허영이 만들어내는 거짓은 대체로 악의 없는 과장에 지나지 않는다. 그러나 오만에서 비롯된 거짓은, 그가 체면마저 잊을 만큼 격해졌을 때 거의 언제나 타인을 해치려는 악의적 의도를 품게 된다.

우월한 이들의 약점은 왜 더 밉게 보일까?

오만과 허영에 대한 우리의 반감은, 그 악덕을 지닌 사람을 실제보다 낮게 평가하도록 만든다. 우리는 그들을 평균 이하로 깎아내리는 경향이 있는데, 사실 대부분 이는 잘못된 판단이다. 오만하거나 허영심 많은 사람조차 일반적인 수준보다는 높은 자질을 갖추고 있는 경우가 많기 때문이다. 비록 오만한 사람이 자기 생각만큼 훌륭하지 않거나, 허영심 많은 사람이 보여주고 싶어 하는 모습만큼 뛰어나지 않더라도 그들의 실제 역량은 평균을 상회한다. 우리가 그들의 허세와 실체만을 비교할 때는 그들을 경멸하게 되지만, 이들을 대다수 경쟁자와 비교하면 전혀 다른 모습이 드러난다. 그들은 대부분 분명히 더 뛰어난 면모를 보인다.

이처럼 실질적인 우월성을 갖춘 이들일수록 오만은 종종 존중할 만한 여러 미덕과 결합된다. 진실성, 성실함, 높은 명예심, 깊고 변함없는 우정, 굳건한 의지와 결단력이 그러하다. 한편 허영은 보다 쾌활한 성향의 미덕들과 함께 나타나는 경우가 많다. 인간에 대한 따뜻한 관심, 예의 바름, 자잘한 도움을 기꺼이 베풀고자 하는 태도, 때로는 진심 어린 관대함도 포함된다. 물론 허영심 많은 사람에게는 이 관대함조차도 가능한 한 돋보이는 방식으로 과시하고픈 경향이 있다.

18세기 유럽에서 프랑스인은 경쟁자나 적들로부터 허영심이 강하다는 비난을 받았고, 스페인인은 오만하다는 비판을 받았다. 그럼에도 불구하고 많은 사람이 프랑스인을 밝고 유쾌한 민족으로, 스페인인을 기품 있고 위엄 있는 민족으로 받아들이곤 했다.

'허영심 많다'(vain)나 '허영'(vanity)이라는 표현은 결코 긍정적인 의미로 쓰이지 않는다. 우리는 누군가를 좋게 말하려 할 때조차 "그 사람, 허영심이 좀 있긴 한데 왠지 밉기보단 정이 가"라든가, "허영스러운데도 가끔은 그게 매력처럼 느껴지네" 같은 식으로 말하곤 하지만 이 역시 결국 허영을 성격에서 드러나는 약점이나 조롱거리로 여기는 데 지나지 않는다.

겉만 번지르르해 보여도, 진짜 자질은 자란다

'오만한'(proud)이나 '오만'(pride)이라는 단어는, 아이러니하게도 때때로 긍정적인 의미로 사용되기도 한다. 우리는 종종 어떤 사람에 대해 "그는 자존심이 강해서 비열한 일을 견디지 못한다"라고 말한다. 이런 태도는 흔히 '오만'으로 오해되곤 하나, 실제로는 고상한 기개와 도량(度量)의 표현일 수 있다.

세상사를 꿰뚫어본 철학자 아리스토텔레스는 도량이 큰 사람의 성품을 다채롭게 묘사했는데, 이는 지난 두 세기 동안 흔히 스페인 사람의 전형적인 성격으로 여겨졌다. 그들은 결정을 내릴 때 신중하고, 행동에 옮길 때는 느긋하고 무거운 태도를 보인다. 말투는 엄숙하고, 걸음걸이나 몸짓도 느릿해 자칫 나태하거나 빈둥거리는 듯 보이기도 한다.

그러나 그들은 사소한 일에는 결코 부산하게 움직이지 않으며, 진정으로 가치 있는 일 앞에서는 누구보다 단호하고 민첩하게 행동한다. 위험을 즐기는 편은 아니지만, 일단 피할 수 없는 큰 위험 앞에 섰을 때는 오히려 그 신중함을 내려놓고, 마치 생명을 전혀 개의치 않는 사람처럼 과감하게 자신을 던진다.

오만한 사람은 대개 자기 자신에 과도하게 만족하고 있어, 자신의 성격을 고쳐야 한다는 생각조차 하지 않는다. 스스로 완벽하다고 느끼는 사람은, 당연히 어떤 개선의 시도도 경멸한다. 이런 자족감과 과도한 우월감은 청년기부터 노년에 이르기까지 이어지며, 결국 셰익스피어의 『햄릿』에서처럼, 성유도 바르지 못하고 병자성사도 받지 못한 채 모든 죄를 이고서도 끝까지 그 자만을 품은 채 죽음을 맞는다.[50]

허영심 많은 사람은 전혀 다른 양상을 보인다. 그가 열망하는 존중과 찬사는 실은 진정한 영광에 대한 갈망에서 비롯된다. 즉 자신의 능력과 자질이 타인의 인정을 받을 만할 때 누릴 수 있는, 정당한 명예에 대한 동경이다. 그러나 문제는 허영심 많은 사람이 아직 그에 걸맞은 자질이나 재능을 갖추지 못했다는 점이다. 영광에 대한 사랑은 인간 본성에서 가장 고귀한 열정은 아닐지라도, 분명 그에 준하는 높은 가치를 지닌다. 허영은 이러한 영광을 너무 이르게, 충분한 자격 없이 차지하려는 조급한 시도에 불과한 것이다.

이를테면 스물다섯도 채 되지 않은 아들이 멋만 부릴 줄 아는 한심

---

50 셰익스피어의『햄릿』1막 5장에서, 유령이 된 햄릿의 아버지는 아들에게 이렇게 고백한다. "나는 잠든 사이 동생의 손에 목숨을 잃었고, 그와 함께 왕관과 왕비도 빼앗겼다. 성찬식도, 도유식도, 병자성사도 받지 못한 채, 살아 있는 동안 지은 죄를 정리할 겨를도 없이, 온갖 불완전한 상태로 하나님의 심판대 앞에 서게 되었지. 아, 이 얼마나 끔찍하고, 끔찍하고, 또 끔찍한 일이란 말이냐!"

한 모습으로 비칠 수도 있다. 그러나 그렇다고 그가 마흔이 되기 전에 현명하고 품격 있는 인물로 성장할 가능성이 희박하다고 단정지어서는 안 된다. 지금은 내실 없이 겉만 번지르르하고 허세만 부릴지라도, 그가 지닌 자질과 잠재력을 차근차근 갈고닦는다면 언젠가는 진정한 미덕을 갖춘 사람으로 성장할 수 있기 때문이다.

교육의 가장 중요한 비결은 인간의 허영심을 바람직한 목표에 집중시키는 데 있다.[51] 한심한 아들이 사소한 성과 하나로 우쭐대는 모습은 단호히 제지해야 한다. 그러나 그렇다고 그가 진지하게 추구하는 더 큰 업적마저 허황되다며 꺾어서는 안 된다. 사람은 어떤 것을 진심으로 원하지 않으면 시도조차 하지 않기 때문이다. 그의 열망을 북돋우고, 실행 가능한 길을 마련해주며, 때로는 성과가 다 이루어지지 않았더라도 이미 이룬 듯이 행동할 때 너그럽게 이해해주는 것이 필요하다. 이것이 허영심을 교육적으로 올바른 방향으로 이끄는 방법이다.

이제까지 오만과 허영이 성격에 따라 어떻게 다른 방식으로 드러나는지 살펴보았다. 오만한 사람은 흔히 허영심을 함께 지니며, 허영심 많은 사람도 때로는 오만한 태도를 보인다. 실제로 받아야 할 존중 이상을 요구하는 사람은 남들도 자신을 그렇게 평가해주길 바란다. 반대로 남들의 평가가 자격보다 높기를 기대하는 사람은 결국 스스로도 자신을 과대평가하는 셈이다.

이처럼 인간은 누구나 실제보다 높게 평가받고자 하는 경향이 있다.

---

51 스미스는 이 대목에서 존 로크의 교육 사상에 영향을 받은 것으로 보인다. 로크는 교육의 핵심은 "존경받고자 하는 인간의 욕구"를 잘 활용하는 데 있다고 보았다. 사람은 누구나 타인의 존중을 원하며, 이 욕구를 바르게 이끌면 미덕을 함양할 수 있다는 것이다. 루소도 『에밀』에서 이와 같은 원칙을 "교육의 훌륭한 비밀"로 언급한 바 있다.

두 악덕은 한 사람 안에 혼재되어 나타나는 경우가 많고, 이로 인해 그 특징 역시 서로 뒤섞이기 쉽다. 그래서 우리는 얄팍하고 무례한 허영이, 악의적 조롱을 품은 오만과 뒤섞인 모습을 보기도 한다. 이럴 때면 그 사람의 성격을 정확히 어떻게 규정해야 할지, 그것이 오만인지 허영인지 판단하기 어려워 우왕좌왕하게 되는 것이다.

겸손의 역설: 왜 진짜 실력자는 자리에서 밀려나는가

평균을 훨씬 웃도는 능력과 공로를 지닌 사람도 때로는 자신을 과대평가하기도 하고, 정반대로 지나치게 과소평가하기도 한다. 이런 유형의 사람은 그리 위엄 있어 보이지 않으며, 사적으로 교류할 때도 불쾌한 인상을 주는 일이 드물다. 그는 늘 겸손하고 주제넘지 않으며, 이런 태도는 동료들에게 큰 편안함을 준다. 하지만 동료들이 탁월한 안목과 너그러움을 갖추지 못했다면 그에게 약간의 호감은 품을지언정 깊은 존경까지는 보내지 않는다. 그리고 그런 소박한 다정함만으로는 존중의 결여에서 생기는 차가움을 온전히 메우지 못한다.

보통 수준의 안목을 가진 사람들은 상대가 스스로를 평가하는 방식을 그대로 따르며, 그 이상으로 높여 평가하는 일은 드물다. 누군가 자신의 자질에 대해 확신을 갖지 못하는 모습을 보면 오히려 그를 신뢰하지 않게 된다. 그래서 진정한 자격이 있는 사람보다, 자신에 대해 지나치게 자신만만한 어리석은 사람을 더 높이 평가하고, 결국 그 자리를 내어주게 된다.

설령 동료들이 일정한 분별력을 갖추고 있더라도 마음에 여유와 관대함이 없다면 겸손한 사람의 조심스러운 태도를 오히려 물고 늘어지며 약점 삼는다. 그는 충분한 자격도 없으면서, 오히려 상대보다 자신이 더 낫다고 오만하게 착각한다. 그렇게 홀대받은 사람은 성품이 온화하기에 처음엔 묵묵히 참지만, 결국에는 지치고 피로해진다. 하지만 그 무렵이면 이미 늦었다. 애초 자신이 마땅히 차지했어야 할 자리를, 더 노골적이고 공로조차 없는 동료가 차지해버렸기 때문이다. 이제 그는 자리를 다시 찾을 기회조차 얻지 못한다.

이처럼 소박한 기질을 지닌 사람이 인생에서 공정한 안목과 태도를 지닌 친구를 만난다면 그건 정말 큰 행운이다. 그리고 과거의 다정함 덕분에 그런 친구들에게서 실제로 공평한 대우까지 받았다면 그것은 행운 중에서도 특별한 행운일 것이다. 하지만 현실은 그와 다르다. 지나치게 주제넘지 않으려 애쓰며 야심조차 품지 못했던 젊은이는, 결국 아무런 성취도 이루지 못한 채 초라한 넋두리나 늘어놓는 불만 많은 노인이 되어버리기 십상이다.

조용한 열등감의 심리: 왜 어떤 이들은 스스로를 지나치게 낮출까

자연이 평균 이하의 자질을 부여한 사람들 가운데 일부는 실제보다 훨씬 낮게 자신을 평가하는 경우가 있다. 이처럼 과도한 겸손은 때때로 그들을 백치처럼 보이게 한다. 이 점을 유념하고, 주변에서 백치로 여겨지는 사람들을 살펴보면 흥미로운 사실을 발견한다. 그들 중 많은 이들이 실제로는 보통 사람들과 비교해 판단력에서 그리 뒤처지지 않는다는 점이다. 이들 중 상당수는 특별한 교육을 받지 않았음에도 읽기·쓰기·셈하기 같은 기본적인 능력을 제법 훌륭히 익혔다. 반면 사회적으로 정상으로 여겨지는 사람 중에서도, 아무리 세심한 교육을 받고 심지어 나이가 들어 배움에 대한 열의를 갖고 있음에도 세 가지 기술 중 어느 하나조차 제대로 익히지 못한 경우가 많다.

사람들은 보통 자기와 비슷한 지위나 처지의 사람들과 어깨를 나란히 하려는 자존심 때문에 용기와 단호함을 내세워 자기 자리를 지킨다.

반면 백치는 정반대의 본능이 작용하여 자신이 만나는 모든 사람보다 한 단계 아래에 있다고 여긴다. 그로 인해 학대받기 쉬우며, 때로는 격렬하게 분노하는 상태에 빠지기도 한다. 하지만 아무리 친절과 관용, 정중한 대우를 받아도, 그가 스스로 동등한 위치로 올라서는 일은 좀처럼 일어나지 않는다.

그럼에도 만약 그를 대화의 장으로 불러낼 수 있다면 그의 말이 꽤 적절하고 심지어 신중하기까지 하다는 사실을 알게 될 것이다. 그는 자기 열등감을 분명히 자각하고 있어 늘 위축되고 사람들의 시선과 접촉을 피하려 한다.

더 나아가, 백치는 상대가 아주 겸손하게 행동하더라도 상대가 자신을 무의식적으로나마 한참 아래로 보고 있을 것이라 느낀다. 물론 이런 태도의 원인은 대부분 이해력의 둔함과 무감각에서 비롯된다. 그러나 일부 백치는 그렇지도 않다. 그들은 이해력 면에서 일반인과 크게 다르지 않지만 또래와 동등한 위치에 서도록 이끄는 자존심이 결여되어 있다는 점에서 차이를 보인다.

허세보다 위험한 것은 자기비하

자신의 행복과 만족에 가장 도움이 되는 자기 평가는, 공정한 관찰자 역시 가장 쉽게 받아들일 수 있는 수준과 일치한다. 즉 스스로 과하지도 부족하지도 않게 적절하게 평가하는 사람은, 타인으로부터 자신이 합당하다고 여기는 존중을 받지 못하는 일이 좀처럼 없다. 그는 자신에게 정당하게 주어져야 할 것 이상을 바라지 않으며, 그만큼의 인정만으로도 충분히 만족한다.

반면 오만하거나 허영심이 많은 사람은 항상 불만족을 품는다. 오만한 사람은 자신보다 더 우월해 보이는 타인에게 부당한 우위를 빼앗겼다고 느끼며 분노하고 괴로워한다. 허영심 많은 사람은 자신이 내세우는 근거 없는 허세가 들통날까 봐 늘 불안에 시달린다. 실제로 과장된 허세가 탁월한 능력과 미덕 그리고 운까지 뒷받침될 때, 무심한 대중은 이를 찬사로 받아들일 수 있다. 그러나 현명한 사람들은 속지 않는다. 문제는 허영심 많은 인물도 이를 안다는 데 있다. 그가 진정으로 바라는 것은 대중의 환호가 아니라 현명한 사람들의 인정과 존중이기 때문이다.

하지만 그는 자신의 허세가 그들에게 간파되었을 것이고, 내심 경멸당하고 있으리라는 의심을 떨치지 못한다. 만약 그들과 진정한 친분을 쌓을 수 있었다면 그런 의심 없이 안심하며 큰 만족을 누렸겠지만 현실은 대개 그 반대다. 그는 끝내 그들과 가까워지지 못하고, 오히려 적대적인 관계로 치닫는다. 처음에는 속으로 질투와 반감을 품는 데서 시작하지만 결국엔 노골적이고 거센 증오를 드러내는 사람이 되고 만다.

우리는 흔히 오만하거나 허영심 많은 사람에게 반감을 품기 때문에 그들을 실제 자질보다 낮게 평가하는 경향이 있다. 그러나 그들이 직접 우리에게 무례하게 굴지 않는 한 대놓고 홀대하거나 대우를 깎아내리는 일은 드물다. 대체로 우리는 갈등을 피하고자 심지어는 자신의 편안함을 위해서라도 그들의 허세를 눈감아주고 오히려 그것에 맞춰주려 한다.

반대로 자신을 과소평가하는 사람은, 그가 스스로 내린 낮은 평가를 주변 사람들조차 그대로 따르거나, 심지어 더 가혹하게 대하는 경우가 많다. 그는 자기 자신을 부당하게 대할 뿐 아니라 타인에게도 훨씬 쉽게 학대당한다. 결국 그는 오만하거나 허영심 많은 사람보다 더 큰 불행을 겪는 처지가 된다.[52]

대체로 어떤 상황에서든 과도한 겸손보다는 약간의 오만이 차라리 낫다. 자기 자신에 대한 평가에서도, 일정 수준의 과장은 일정 수준의 부족함보다 당사자에게도, 그리고 이를 지켜보는 공정한 관찰자에게도 덜 불쾌하게 느껴지는 경우가 많다.

　따라서 다른 감정이나 열정, 습관과 마찬가지로 자기 평가 역시 공정한 관찰자가 가장 쉽게 받아들일 수 있는 수준일 때 당사자에게도 가장 자연스럽고 수용하기 쉬운 기준이 된다. 그리고 공정한 관찰자의 눈에 보기에 지나침과 부족함 중 어느 쪽이 덜 불편한지에 따라, 당사자 역시 자연스럽게 그 중 덜 거슬리는 방향을 선택하게 된다.

52　백치가 스스로를 평균 이하의 존재로 여기며 자신을 깎아내리면, 사람들은 그에 발 맞춰 그를 깔보게 되고, 나아가 그보다 훨씬 더 가혹하게 대하는 경향이 있다.

6부의 결론

자신의 행복을 돌보려는 마음은 우리로 하여금 신중함이라는 미덕을 따르도록 이끈다. 마찬가지로 타인의 행복을 염두에 두는 마음은 정의와 자애의 미덕을 요구한다. 정의는 타인에게 해를 끼치지 않도록 금지하며, 자애는 타인의 행복을 증진시키는 방향으로 작용한다.

신중함, 정의, 자혜라는 세 가지 미덕 가운데 신중함은 본래 우리의 이기적 감정에서 비롯되고, 정의와 자혜는 자애적 감정에서 비롯된다. 하지만 결국 이 모든 미덕을 실천하게 만드는 진정한 힘은, 다른 사람의 감정에 대한 관심과 배려에서 나온다. 즉 타인이 어떤 감정을 실제로 갖고 있는지, 어떤 감정을 가져야 할지, 그리고 특정한 상황에서 어떤 식으로 감정이 작동할지를 상상하고 고려하는 능력이야말로, 이 모든 미덕을 이끌고 실천으로 이끄는 가장 강력한 동력이다.

신중함, 정의 그리고 적절한 자혜의 길을 일관되게 걷는 사람은 세상에 없다. 어떤 사람도 평생토록 혹은 긴 세월 동안 그 미덕의 길을 한 치도 어기지 않고 꾸준히 걸어가지는 못한다. 우리의 행동은 종종 가슴속에서 들려오는 상상 속의 공정한 관찰자—곧 내면의 위대한 동반자이자, 행동의 궁극적인 판관이자 중재자—의 목소리에 귀 기울이지 않을 때가 많다.

예컨대 낮 동안 공정한 관찰자가 정한 규칙을 어긴 적이 있다면—절제가 과하거나 느슨했다든가, 근면함이 지나치거나 부족했다든가, 혹은 충동이나 무신경으로 인해 이웃의 이익이나 행복을 해쳤다든가, 그것을 증진시킬 명백한 기회를 소홀히 했다면— 그 내면의 관찰자는 저녁 무렵, 우리에게 그러한 모든 부주의, 회피, 위반에 대해 책임을 묻는다. 그 책망은 보통 자기 행복을 향한 어리석고 부주의한 태도를 겨냥하지만 더 나아가 타인의 행복을 외면하고 소홀히 한 점을 더욱 날카롭게 지적한다.

미덕의 두 기둥: 자기 제어와 적절성의 감각

자기 절제의 미덕은 신중함·정의·자혜와는 달리, 대부분 거의 전적으로 하나의 원칙에 의해 지탱된다. 그것은 다름 아닌 '적절성의 감각', 곧 상상의 공정한 관찰자의 시선을 의식하며 스스로를 조율하는 태도다. 이 원칙이 사라지는 순간, 인간의 감정은 본능에 휩쓸려 제어 없이 폭주한다. 분노는 격렬함에 휩쓸리고, 두려움은 불안에 지배당하며, 허영은 시간과 장소의 제약이 없다면 가장 요란하고 무례한 방식으로 드러나고, 감각적 욕망은 점점 더 노골적이고 추잡하며 수치스러운 탐닉으로 빠져든다.

다른 사람들이 실제로 어떤 감정을 느끼는지, 또 어떤 감정을 느껴야 마땅한지, 특정 상황에서 어떤 감정을 가질 것인지에 대한 고려, 이러한 존중이야말로 격렬하고 통제되지 않은 감정들을 억누르고, 공정한 관찰자가 공감하고 받아들일 수 있는 수준으로 감정을 가다듬게 만드는 거의 유일한 기준이다.

　실제로 어떤 경우에는, 격정이 적절성의 감각 때문이 아니라 그 감정에 따를 경우 생길 수 있는 부정적인 결과를 신중히 고려한 끝에 억제되기도 한다. 하지만 이런 식의 억제는 감정을 약화시키지는 못한 채, 격정을 그대로 마음속에 눌러둘 뿐이다. 예를 들어 두려움 때문에 분노를 누른 사람은 그 감정을 완전히 버리는 것이 아니라 더 안전하게 터뜨릴 순간을 기다리며 가슴속에 묻어둔다.

　어떤 사람이 자신이 입은 손해를 다른 사람에게 털어놓고 있을 때, 그 말을 듣는 동료가 보이는 보다 온화한 반응—동정과 공감에서 비롯된 감정—을 접하면, 그의 내면에서 타오르던 격정의 불길은 즉시 누그러들기 시작한다. 그 순간 그는 자연스레 보다 차분하고 공정한 관점으로 그 사건을 바라보게 되고, 처음 품었던 암울하고 끔찍한 감정의 무게에서도 벗어나게 된다. 이로써 단지 분노를 억제하는 데 그치지 않고, 실제로 그것이 한층 진정되었음을 느끼게 된다. 그 결과, 처음에 상상했을지도 모를 과도하고 폭력적인 복수의 충동도 힘을 잃게 된다.

　이처럼 적절성의 감각에 의해 억제된 감정은 자연스럽게 그 강도가 누그러지고 완화된다. 그러나 그와 달리, 단지 이성적 판단이나 신중한 계산에 의해 억제된 감정은 종종 정반대 결과를 낳는다. 겉으로는 억제된 듯 보여도 내면에서는 격정이 계속 쌓이고, 시간이 지난 뒤 아무도 관심을 두지 않는 순간에, 오히려 처음보다 열 배나 더 격렬한 형태로 갑작스레 폭발하는 경우도 많다.

　물론 분노 역시 다른 격정과 마찬가지로 신중한 숙고만으로도 어느 정도 절제될 수는 있다. 이때 요구되는 것은 일정 수준의 자기 통제와 의연한 기개다. 공정한 관찰자의 눈에는 이러한 억제가 다소 냉정하고 차가운 신중함으로 비칠 수도 있다. 그러나 같은 분노라도, 그것이 적절성의 감각에 의해 자연스럽게 누그러지고 공정한 관찰자가 공감할 수 있는 수준으로 다듬어진 경우라면, 그는 단지 존중을 넘어 따뜻한 찬사와 감탄을 보낼 것이다.

요컨대, 신중한 계산을 통해 감정을 억제하는 데서도 일정 수준의 도덕적 미덕은 드러날 수 있다. 하지만 그것은 적절성의 감각으로 절제되고 다듬어진 격정이 보여주는 높은 도덕적 품위와는 분명히 다르다.

우리가 미덕에 끌리는 진짜 이유

신중, 정의, 자혜 같은 미덕은 일반적으로 누구에게나 긍정적이고 수용 가능한 인상을 준다. 처음에는 이 미덕들이 행동을 실천한 사람에게만 의미 있는 덕목처럼 보이지만, 시간이 지나면 공정한 관찰자 역시 이 미덕들의 가치를 인식하게 된다.

우리는 신중한 사람을 보면 그가 지닌 차분함과 안정감이 자연스레 전해져 와 그의 성품에 호감을 느낀다. 정의로운 사람을 대할 때는 그가 남에게 피해를 주지 않으려 세심히 배려하는 모습을 통해 주변 사람들과 공동체가 안심하는 마음을 함께 공감한다. 자혜로운 사람에게는, 그가 베푸는 도움을 받은 이들의 감사한 마음과 존경심에 자연스럽게 이입되고, 우리 역시 그 사람의 가치를 높이 평가하게 된다.

이처럼 우리는 이런 미덕들을 승인하는 동시에, 그 미덕들이 가져오는 유익한 영향과 실천자의 성품에 대해 긍정적인 평가를 하게 되며, 이는 결국 우리가 느끼는 적절성의 감각과 결합되어 강한 도덕적 지지를 형성한다. 이 감정은 우리가 신중, 정의, 자혜 같은 미덕을 높이 평가하는 핵심적인 이유가 된다.

그러나 자기 절제의 미덕을 대할 때는 상황이 조금 다르다. 이 미덕의 결과는 반드시 유쾌하게 느껴지지는 않기 때문이다. 경우에 따라 우리는 자기 절제의 결과로 생기는 감정이 불편하거나 불쾌하다고 느낄 수도 있다. 그렇다 해도 그 미덕 자체에 대한 우리의 존중이 사라지지는 않는다.

예를 들어 가장 영웅적인 용기는 정의로운 목적에도, 때로는 부정한 목적에도 쓰일 수 있다. 물론 정의를 위한 용기가 더 큰 사랑과 찬사를 받겠지만 설령 그것이 부정한 맥락에서 발휘되었다 해도 용기라는 자질 그 자체는 여전히 경외와 존경의 대상이 된다.

마찬가지로 자기 절제의 미덕에서 가장 두드러지고 찬란하게 보이는 것은 그 행위의 위대함과 일관성 그리고 이를 가능하게 하는 적절성의 감각이다. 하지만 정작 그 미덕이 만들어내는 실제 효과는 종종 너무 쉽게 간과되고 만다.

도덕 철학의 체계에 관하여

제1편

도덕적 감정의 이론에서 살펴야 할 여러 문제에 관하여

도덕적 감정의 본질과 기원을 설명하려는 다양한 이론 가운데, 가장 널리 알려지고 설득력 있는 몇몇 이론을 살펴보고자 한다. 그러면 독자는 내가 지금까지 전개해온 이론이 이들 이론과 상당 부분에서 일치함을 발견하게 될 것이다. 이미 제시된 논점을 종합해보면 인간 본성에 대한 특정한 통찰이 어떻게 개별 저자들의 사유 체계를 형성했는지 이해할 수 있다.

　　세상에서 권위 있고 훌륭하다고 평가받는 도덕 체계들은 궁극적으로 내가 밝히려는 원칙 가운데 일부에서 출발한 것들이다. 이러한 점에서 보자면, 이들 체계는 모두 인간의 자연적 성향에 기초하고 있으므로 일정 부분 타당하다고 할 수 있다. 그러나 동시에, 이들 중 상당수는 도덕 감정의 본질을 편협하고 불완전하게 바라본 결과, 그 체계의 일부는 오류를 포함하게 되었다.

미덕의 소재지와 그런 미덕을 만들어내는 마음의 기능

도덕의 원칙을 논의할 때 반드시 검토해야 할 핵심 문제는 다음 두 가지다.

첫째, 미덕은 어디에 존재하는가? 어떤 성향이나 행동이 뛰어난 성격으로 간주되며, 그 결과로 타인의 존경, 명예, 승인을 받는 자연스러운 대상이 되는가?

둘째, 우리에게 그런 성격을 추구하도록 이끄는 정신의 작용은 무엇인가? 다시 말해, 인간의 마음은 왜 특정한 행동은 선하다고 여기고, 다른 행동은 잘못되었다고 판단하며, 어떤 것은 승인과 보상의 대상으로 삼고, 어떤 것은 비난과 처벌의 대상으로 여기는가? 이처럼 도덕적 판단을 가능하게 하는 내면의 원리는 무엇인가?

우리는 첫 번째 문제를 논의할 때, 다음과 같은 여러 입장을 검토해야 한다. 허치슨 박사처럼 미덕의 본질을 자애(慈愛)에 두는 견해, 클라크 박사처럼 사회적 관계에서의 적절한 행동에 두는 견해, 혹은 또 다른 이들처럼 실질적이고 지속 가능한 행복을 현명하고 신중하게 추구하는 태도에 두는 견해들이 있다.[53]

두 번째 문제, 즉 미덕을 형성하고 우리에게 그것을 권하는 내면의 작용이 무엇인가에 대해서는 보다 다양한 관점을 살펴야 한다.

도덕적 성품이 어떤 특성으로 구성되어 있든, 우리는 그것이 왜 인간에게 바람직하다고 여겨지는지를 생각해야 한다. 결국 미덕은 자기 자신과 타인 모두의 이익을 증진하는 성향을 지닌다. 그렇다면 우리는 어떻게 그런 사실을 알아차리고 받아들이게 되는가?

---

[53] 미덕의 소재지에 대해서는 제7부 제2편 제1-3장에서 다루고 있으며, 이때 미덕의 세 가지 주요 영역으로 행동의 적절성, 신중함, 자애를 제시하고 있다.

그것은 자기애 때문일까? 아니면 진실과 거짓을 구별하듯, 서로 다른 성격의 차이를 식별하는 이성의 작용일까? 혹은 도덕적 성향에는 만족과 기쁨을, 그 반대에는 혐오와 불쾌를 느끼게 하는 도덕 감각(moral sense)이라 불리는 독특한 인지 능력일까? 아니면 마지막으로, 공감의 한 형태이거나 그와 유사한 성향에서 비롯된 인간 본성의 또 다른 원리를 주장하는 보다 자유로운 이론들일까?[54]

나는 먼저 첫 번째 문제와 관련된 여러 이론을 검토한 뒤, 이어서 두 번째 문제에 대한 이론들을 살펴보고자 한다.

---

[54] 두 번째 주제는 제7부 제3편 제1-3장에서 다루어지며, 이때 미덕을 형성하는 마음의 작용으로 자기애(이기심), 이성 그리고 도덕 감각이 제시된다.

제2편

미덕의 본성을 설명하는
여러 이론에 관하여

서문

미덕의 3대 소재지: 적절함, 신중함, 자애

탁월하고 찬사받을 만한 성품을 이루는 미덕의 본질과 그것이 뿌리 내리는 마음의 기질에 대해서는 크게 세 가지 견해가 있다.

첫째, 일부 학자들에 따르면 도덕적 성품은 특정한 감정이 아니라 모든 감정을 적절히 통제하고 조율하는 능력에 있다. 감정이 어떤 대상을 향하는지, 또 얼마나 강하게 향하는지에 따라 그것이 미덕이 되기도 하고 악덕이 되기도 한다. 이들의 관점에서 미덕의 본질은 행위의 적절성에 있다.

둘째, 다른 이들은 미덕이 사적 이익과 행복을 신중하게 추구하는 능력에 있다고 주장한다. 다시 말해, 개인적 목적을 토대로 생겨나는 감정을 적절히 다스리고 이끌어가는 힘이 미덕이라는 것이다. 이 경우 미덕은 곧 신중함에 뿌리를 둔다.

셋째, 또 다른 이들은 미덕은 오직 타인의 행복을 증진하려는 감정에서만 비롯된다고 본다. 자신만의 행복을 위한 감정에서는 미덕이 나올 수 없고, 참된 미덕은 언제나 사심 없는 자애의 동기에서만 비롯된다는 견해다.

미덕은, 감정이 적절히 통제되고 인도될 때, 모든 감정에서 차별 없이 비롯된다고 볼 수도 있고, 또는 여러 감정 중 특정한 부류나 일부 감정에서만 비롯된다고 볼 수도 있다.[55]

우리가 가진 감정은 크게 이기적 감정과 이타적(자애적) 감정으로 나눌 수 있다. 만약 미덕이 모든 감정에 두루 적용되지 못하고 일부 감정에만 해당된다면 그 통제와 지시는 필연적으로 이 두 범주 중 하나에 한정될 수밖에 없다.

결국 미덕의 본질은 세 가지로 요약된다. 모든 감정에 적용되는 '적절성', 이기적 감정을 다스리는 '신중함', 이타적 감정에서 비롯되는 '자애'가 그것이다. 이 세 가지를 벗어난 다른 설명은 성립하기 어렵다. 물론 이 셋과는 다른, 이른바 제4의 원리를 주장하는 이들도 있지만, 나는 그러한 주장들 역시 결국 이 세 개념 중 하나로 환원된다는 사실을 증명해 보일 것이다.

---

[55] 이처럼 미덕이 인간의 행동을 통제하고 인도하는 기능에 대해서는 제6부에서 상세히 논의한 바 있다.

제1장

행위의 적절성에 미덕의 본질이 있다고 보는 체계들에 대하여

════════════ ◆ ════════════

플라톤, 아리스토텔레스, 제논은 미덕이란 인간의 행위가 지닌 적절성 혹은 특정 대상이 불러일으키는 감정이 그 대상에 얼마나 합당한가에 달려 있다고 보았다.

I. 플라톤의 미덕론

플라톤의 철학 체계에서 인간의 영혼은 작은 국가이자 공화국처럼 구성되어 있으며, 이는 서로 다른 기능을 수행하는 세 가지 계층으로 이루어져 있다.

이성, 의지, 욕망: 인간 내면의 삼중 구조[56]
첫째는 판단 기능으로, 이는 단지 어떤 목적을 이루기 위한 수단을 결정할 뿐 아니라 그 목적 자체가 추구할 만한 가치가 있는지를 판단하고, 다양한 목적 간에 어느 정도의 상대적 가치를 부여해야 할지를 결정하는 역할을 한다.

플라톤은 이 기능을 이성이라 불렀으며, 감정과 행동 전체를 아우르고 다스리는 근본 원리로 여겼다. 이 기능에는 진위(眞僞)를 분별하는 인식 능력뿐 아니라 욕망이나 감정의 적절성 여부를 판단하는 능력도 포함된다.

그러나 이 이성의 지배를 받는 감정과 욕망들은 주인에게 자주 반기를 들기 쉬우며, 플라톤은 이 반란적 성향을 가진 요소들을 다시 두 계층으로 나누었다.

첫 번째는 분노나 의지에서 비롯된 감정들로, 스콜라 철학자들이 영혼의 성마른 부분(the irascible part of the soul)이라고 불렀던 영역에 해당한다. 야망, 원한, 명예에 대한 갈망, 수치에 대한 두려움, 승리에 대한 집착, 우월감, 복수심 등이 여기에 속한다. 이러한 감정들은 비유적으로 우리가 흔히 기백 혹은 불꽃 같은 성질이라 부르는 성향에서 비롯된다.

두 번째는 욕망 혹은 탐욕에 속한 감정들이다. 이는 쾌락을 추구하는 성향에서 비롯되며, 스콜라 철학자들은 이를 영혼의 굶주린 부분(the concupiscible part of the soul)이라 불렀다. 이 부류는 신체적 욕구 전반을 포함하며, 안락함과 안전에 대한 욕망 그리고 모든 관능적 쾌락을 향한 추

---

56 플라톤은 『국가』에서 정의를 도덕의 핵심으로 설명한다. 그에 따르면 정의로운 사회란 수호자 계급, 보조자 계급, 생산 계급이라는 세 계층이 조화를 이루는 상태를 말한다. 이 세 계급은 인간 본성의 세 가지 기능—이성, 의지, 욕망—에 각각 대응한다. 플라톤은 사회가 이들 세 계층 간의 균형과 질서를 유지할 때 정의로운 공동체가 되듯, 개인 역시 이성, 의지, 욕망이 내적 조화를 이룰 때 비로소 진정한 행복에 이를 수 있다고 보았다.

구가 여기에 해당한다.

우리가 차분히 사고할 수 있을 때, 무엇이 진정으로 추구할 만한 것인지 판단하고 세운 행동 원칙과 계획은, 대개 우리 스스로에 의해 무너지는 일이 드물다. 예외가 있다면 두 가지 격정 때문이다. 하나는 통제할 수 없는 야망이나 분노, 다른 하나는 현재의 안락과 쾌락이 주는 유혹과 압박이다. 이 두 계열의 격정은 인간을 쉽게 오도하지만 그럼에도 인간 본성에서 결코 제거할 수 없는 필수적인 요소들이다.

첫 번째 격정은 우리를 위험과 해악으로부터 보호하고, 사회 속에서 우리의 지위와 품위를 지키며, 고귀하고 명예로운 목표를 추구하도록 이끈다. 또 같은 이상을 좇는 사람들을 알아보게 해주는 역할도 한다. 두 번째 격정은 신체의 유지와 생존에 필수적인 욕구를 충족시키는 데에 목적이 있다.

이때 이성의 통제력, 명확한 판단 그리고 일관된 실행력이 결합된 상태가 신중함이라는 미덕의 핵심이다. 플라톤에 따르면 신중함이란, 보편적이고 논리적인 기준에 따라 추구할 가치가 있는 목적과 그에 적합한 수단을 공정하고 명확하게 인식하는 능력이다.

성마름이나 기개에 해당하는 첫 번째 계열의 격정은, 이성의 지시에 따라 명예롭고 고귀한 목적을 향해 모든 위험을 무릅쓰는 용기와 단호함을 얻을 때 진정한 미덕으로 승화된다. 이때 우리는 이를 흔히 불굴의 정신이나 용맹이라 부른다. 플라톤의 관점에서 이 계층의 격정은 두 번째 계층보다 훨씬 더 고상하고 고귀한 본성을 지닌다. 실제로 많은 경우, 그것은 이성의 보조자 역할을 하며 낮고 탐욕스러운 욕망을 억누르는 데 기여한다.

우리는 때때로 자기 자신에게 분노를 느낀다. 그것은 내면의 쾌락 추구 본능이, 이성이 반대하는 행동을 하도록 우리를 유혹할 때다. 이럴 때 성마른 본성은 불려 나와 이성의 편에 서서 굶주린 욕망에 맞서 싸우게 된다.

우리 본성에 내재한 세 가지 요소—이성, 성마름, 욕망—가 서로 조화를 이루고, 성마른 감정이나 욕망이 이성이 거부하는 만족을 추구하지 않으며, 이성이 요구하는 것 외에는 아무것도 하려 들지 않을 때, 우리는 가장 이상적인 상태에 도달하게 된다. 이런 완전한 내적 조화가 바로 우리가 절제라 부르는 미덕의 본질이다. 다만 여기서 절제는 단순한 자제라기보다는 온건함, 침착함 혹은 정신의 평정이라 불러야 더 정확하다.

이 체계에 따르면 정신의 세 기능이 각기 자신에게 부여된 역할에 충실하고, 서로의 고유 영역을 침해하지 않으며, 이성은 지시하고 감정은 그것에 순응할 때, 나아가 각 감정이 적절한 대상과 상황에 걸맞은 강도로 표현될 때, 비로소 4대 미덕[57] 가운데 가장 숭고한 마지막 미덕인 정의가 실현된다. 플라톤은 이처럼 완전한 내면의 질서와 조화를 정의라 불렀으며, 이는 고대 피타고라스학파의 전통을 따른 명명이다.

여기서 주목할 점은, 그리스어에서 정의를 뜻하는 단어가 매우 다양한 의미로 사용된다는 사실이다. 내가 아는 한, 거의 모든 언어에서 정의에 해당하는 개념은 유사한 방식으로 다양한 의미를 내포하고 있으며, 이들 의미 사이에는 서로 자연스러운 연관성이 있다. 예를 들어 어떤 의미에서 정의롭다는 것은 이웃에게 피해를 주지 않고 그의 신체, 재산, 명예를 직접적으로 침해하지 않는 태도를 의미한다. 이것이 앞서 설명한 좁은 의미의 정의이며, 이 정의는 사회적으로 강제될 수 있고 위반 시에는 처벌을 받는다.

그러나 또 다른 의미에서 우리는, 타인의 성격이나 상황 그리고 우

---

57 고대 그리스-로마 철학에서 신중(prudence), 절제(moderation), 인내(fortitude), 정의(justice)는 인간이 갖추어야 할 네 가지 핵심 미덕이었다.

리와의 관계를 고려할 때 마땅히 느껴야 할 애정이나 존중 또는 긍정적인 평가를 마음속에 품지 않거나 그에 따라 행동하지 않을 경우, 그 사람에게 공정하지 않다는 평가를 받는다. 정의의 넓은 의미는 단순히 남에게 해를 가하지 않는 것을 넘어 마땅히 존중받아야 할 이에게 그에 걸맞은 위치와 대우를 보장하지 않을 때도 위반된다고 본다. 우리가 그를 해치지는 않더라도 그가 공정한 관찰자의 눈에 합당하다고 여겨질 수 있는 자리에 이르도록 도와주지 않는다면 우리는 그에게 모종의 부당함을 저지르는 셈이다.

정의의 세 가지 의미: 교환적, 분배적, 보편적

정의라는 단어의 첫 번째 의미는 아리스토텔레스와 스콜라 철학자들이 말한 교환적 정의(communicative justice)로, 그로티우스가 정의한 보충적(보상적) 정의(justitia expletrix)에 해당한다. 이는 타인의 권리를 침해하지 않고, 각자에게 마땅히 돌아갈 몫을 자발적으로, 그리고 정당하게 보장하는 행위를 뜻한다.

두 번째 의미는 이른바 분배적 정의(distributive justice)로, 그로티우스가 한정적 정의(justitia attributrix)라고 부른 개념과 일치한다.[58] 이는 우리가 가진 자원이나 재화를 적절히 활용해 자선이나 관용의 목적에 맞게, 혹은 그에 가장 걸맞은 사람들에게 분배하는 행위를 포함한다. 이러한 넓은 의미에서 정의는 모든 사회적 미덕을 포괄하는 개념으로 이해된다.

그런데 정의라는 단어는 앞서 살핀 두 가지 의미와는 또 다른, 그러

---

58 아리스토텔레스가 말하는 분배적 정의는 다소 상이한 개념이다. 그것은 공동체의 공공 자원을 구성원들에게 적절한 기준에 따라 분배하는 정의를 의미한다. 이에 대해서는 『니코마코스 윤리학』 제5권 제2장을 참고하라.—원주

나 두 번째 의미와 유사한 방식으로 사용되는 경우가 있다. 이 마지막 의미는 훨씬 더 포괄적이며, 내가 알기로 거의 모든 언어에서 공통으로 인정받는 보편 개념이다. 이 정의는 공정한 관찰자의 시각에서 보기에 마땅히 그래야 하거나 자연스럽게 그러해야 한다고 여겨지는 일련의 판단 기준과 관련된다. 즉 우리가 어떤 대상을 마땅히 받아야 할 존중의 정도로 평가하지 않거나, 충분한 열의로 추구하지 않을 경우, 우리는 부당하다는 평가를 받게 된다.

우리는 어떤 시나 그림에 대해 정당한 찬사를 보내지 않으면 부당하다는 평을 듣고, 반대로 과도하게 칭찬하면 공정하지 않다는 비판을 받는다. 마찬가지로 특정한 이익이나 목표에 마땅한 주의를 기울이지 않을 때 사람들은 자신에 대해서조차 부당하다고 말한다. 이처럼 가장 넓은 의미에서 정의란 단지 교환적 정의나 분배적 정의에 해당하는 의무에만 한정되지 않는다. 신중함, 용기, 절제와 같은 다른 모든 미덕까지도 아울러, 곧 행위와 품행의 정확하고 완전한 적절성을 뜻한다.

이상이 플라톤이 설명한, 찬사와 승인의 대상이 되는 미덕의 본질, 곧 정신의 질서와 조화를 기반으로 한 마음의 절제에 대한 개념이다. 플라톤은 정신의 각 기능이 서로의 영역을 침범하지 않고 맡겨진 고유한 역할에 충실하며 그에 맞는 힘과 활력으로 임무를 수행할 때 비로소 참된 미덕, 곧 마음의 절제가 실현된다고 보았다. 그의 설명은 우리가 앞서 논의한 행동의 적절성 개념과 모든 측면에서 정확히 일치한다.

II. 아리스토텔레스: 중용의 미덕

아리스토텔레스에 따르면[59] 미덕은 올바른 이성에 따른 중용의 습관에 있다. 그는 모든 개별적 미덕이 두 극단의 악덕 사이, 즉 지나침과 모자람 사이에 위치한다고 보았다. 하나의 악덕은 특정 대상에 대해 지나치게 민감하게 반응하는 성향이고, 다른 악덕은 그 대상에 대해 지나치게 무감각하거나 둔감한 성향이다. 이를테면 용기란 비겁함과 무모함이라는 두 악덕 사이의 중용이다. 비겁함은 두려움에 지나치게 얽매이는 것이고, 무모함은 반대로 지나치게 둔감해 사람들에게 불편함을 준다. 같은 방식으로, 절약은 탐욕과 사치 사이에 있고, 탐욕은 이익을 지나치게 집착하고, 사치는 그에 대한 관심이 지나치게 부족하다. 관대함은 오만과 소심함이라는 두 극단 사이에 위치한다. 오만은 자기 가치와 존엄을 과장하여 스스로를 지나치게 높이 평가하는 것이고, 소심함은 그 반대로 자신을 지나치게 낮게 보는 태도다.

이러한 아리스토텔레스의 설명은 앞서 논의한 행동의 적절성 그리고 부적절성이라는 기준과 정확히 들어맞는다. 그는 미덕의 본질을 올바른 감정 자체가 아니라 이성과 중용을 바탕으로 한 습관적 절제에서 찾았다.[60] 이를 더 깊이 이해하려면, 미덕이 단순히 감정의 일시적 상태가 아니라 일정한 성향이나 인격적 특성으로 자리 잡은 것임을 알아야 한다.

아리스토텔레스는 어떤 행위가 단지 감정에 따라 나타난 결과라고 해도, 그것이 미덕으로 간주되려면 그 감정이 이성에 의한 합리적 통제 아래 있어야 한다고 주장했다. 그리고 그 통제가 개인의 습관적이고 일관된 성향으로 자리 잡았을 때, 우리는 그것을 진정한 미덕이라 부를 수 있다. 예를 들어 어떤 사람이 갑작스러운 충동이나 일회적인 감정에 따라

59　아리스토텔레스의 『니코마코스 윤리학』 2권 5장 이하, 3권 5장 이하를 참고하라.—원주

60　아리스토텔레스의 『니코마코스 윤리학』 2권 1, 2, 3, 4장을 참고하라.—원주

관대한 행동을 했다면 우리는 그 행동을 관대한 행위라고는 부를 수 있을 지언정, 그 사람을 관대한 성품을 가진 사람이라고 단정할 수는 없다. 진정한 미덕은 그런 행위가 반복적이고 습관적인 성향에 기반할 때만 성립되기 때문이다.

어떤 행동을 이끌어낸 동기나 내면의 성향은 매우 적절하고 정당했을 수는 있다. 하지만 그것이 성격에서 비롯된 지속적이고 일관된 특성이라기보다, 일시적이고 우발적인 기분의 영향이라면, 그 행위는 아무리 칭찬받을 만하더라도 그 사람에게 도덕적 명예나 미덕의 평판을 가져다주지 않는다. 우리가 누군가를 관대하다, 너그럽다, 도덕적이라 부를 때는 그 성향이 그의 일상과 습관 속에 자리 잡았다는 뜻이다.

그러나 어떤 종류이든, 설령 그것이 아무리 적절하고 모범적이었다 해도, 단 한 번의 행동만으로 그 사람이 실제로 그런 성품을 지녔다고 판단하기는 어렵다. 만약 단 한 번의 행동만으로 어떤 미덕의 소유자라 인정받을 수 있다면 인류 역사상 가장 쓸모없는 사람조차도 모든 미덕을 갖춘 인물로 평가받을 수 있을 것이다. 누구나 한 번쯤은 신중하거나 공정하거나 절제하거나 용감하게 행동하는 경우가 있기 때문이다.

하지만 한 번의 칭찬받을 행위만으로 그 사람에게 미덕의 명성이 붙는 일은 거의 없다. 반대로 평소 매우 절제된 삶을 살아온 사람이라 해도 단 한 번의 포악한 행동으로 인해, 그에 대한 우리의 인식은 심각하게 손상되며, 때로는 이전의 긍정적 평판이 완전히 사라지기도 한다. 이러한 단발적인 행동은 그의 습관이 확립되지 않았음을 보여주고, 우리가 생각했던 만큼 믿을 만한 사람은 아닐 수 있다는 인상을 남긴다.

아리스토텔레스는 미덕이 실제적인 습관에 있다고 보았고, 이에 대해 플라톤과 상반된 입장을 취했다.[61] 플라톤은 해야 할 것과 하지 말아야 할 것에 대해 올바른 감정과 이성적 판단이 있다면 그것만으로도 완전한 미덕이 구성될 수 있다고 보았다. 그의 관점에서 미덕은 일종의 지식이며, 무엇이 옳고 그른지를 명확히 아는 사람은 반드시 그것에 따라 행동한다고 믿었다. 플라톤에 따르면 격정은 이성이 내린 명확한 판단을 뒤엎고 반대되는 행동을 하게 만들지는 않지만 판단이 애매하거나 확신이 부족할 경우에는 우리의 행동에 영향을 미칠 수 있다. 이에 대해 아리스토텔레스는 이견을 제시한다. 그의 말에 따르면 이해에 기초한 확신이라도 뿌리 깊은 습관만큼 강하지 않으며 진정한 도덕성은 지식이 아니라 반복된 행동에서 비롯된다.

III. 조화로운 영혼: 스토아 철학의 내면 설계도

스토아학파의 창시자 제논에 따르면[62] 모든 동물은 본성적으로 자신을 보존하려는 성향을 지니고 있다. 그는 인간이 자기애의 원칙을 부여받았다고 보았으며, 이는 단순히 생존을 넘어서 자신의 본성과 그 모든 능력을 가능한 한 완전하고 탁월한 상태로 유지하려는 경향을 말한다.

자기애의 기본 방향

인간의 자기애는 신체와 정신 그리고 그 각각의 기능과 능력까지 아우른다. 우리는 본능적으로 신체와 정신의 모든 측면을 가능한 한 최상의 상태로 지키고 유지하려는 열망을 품는다. 따라서 제논에 따르면 이러

---

61   아리스토텔레스의 『대윤리학』 1권 1장을 참고하라. ―원주
62   키케로의 『최고선악론』 3권, 디오게네스 라에르티오스의 『철학자의 삶』 7권 부분 84
       를 참고하라. ―원주

한 상태를 지지하거나 촉진하는 모든 것은 선택할 가치가 있으며, 반대로 이를 해치거나 방해하는 요소는 피해야 할 것이다. 그래서 건강, 체력, 민첩성 같은 신체 조건은 물론, 이를 뒷받침하는 외적 요소들—부, 권력, 명예, 타인의 존경과 긍정적 평가—은 자연스럽게 추구할 가치가 있다고 간주된다. 이들은 존재하는 편이 없는 것보다 항상 더 낫다는 평가를 받는다. 반면 질병, 허약함, 과체중, 신체적 고통 그리고 이를 초래할 수 있는 외부 환경—가령 빈곤, 영향력 부족, 경멸이나 적대감 등—은 자연스럽게 기피 대상이 된다.

스토아학파는 이렇게 긍정적이거나 부정적인 요소 각각에 속한 대상 사이에도 분명한 우열과 우선순위가 있다고 보았다. 예컨대 긍정적 부류 중에는 건강이 체력보다, 체력이 민첩성보다 더 우선되고, 평판은 권력보다, 권력은 부보다 더 선호된다. 반면 부정적 부류 중에서는 허약함이 과체중보다 더 기피되고, 수치는 빈곤보다, 빈곤은 권력 상실보다 더 회피해야 할 대상이다.

가장 덜 해로운 것을 선택하라: 스토아학파가 말한 미덕의 본질

미덕과 행위의 적절성은 어디에 있는가? 그것은 본성이 우리에게 제시하는 다양한 선택지와 피해야 할 대상들 사이에서 무엇을 택하고 무엇을 거부해야 할지를 정확하게 분별하는 데 있다. 모든 것을 얻을 수 없는 상황에서는 가능한 선택지 중 가장 바람직한 것을 고르고, 위험을 피할 수 없다면 가장 해롭지 않은 것을 받아들이는 게 핵심이다.

우리는 이렇게 정확한 판단력과 적절한 분별력으로 대상을 선택하거나 거부하고, 그 대상이 자연의 저울에서 차지하는 무게에 따라 그에 걸맞은 주목과 관심을 기울여야 한다. 이처럼 판단하고 행동하는 것이야말로 스토아학파가 강조한 행위의 적절성이자, 곧 미덕의 본질이다. 이것이 곧 그들이 말한 일관된 삶, 자연에 따른 삶이며, 본성 혹은 창조자의 질서와 법칙에 맞게 살아가는 태도다.

여기까지 살펴본 적절성과 미덕에 관한 스토아학파의 주장은, 아리스토텔레스나 고대 소요학파의 견해와 크게 다르지 않다. 본성이 우리에게 선택할 만하다고 한 주요 대상에는 가족, 친척, 친구, 국가, 인류 전체 그리고 더 나아가 세계의 보편적 번영까지 포함된다. 본성은 또한 두 사람의 번영이 한 사람의 번영보다 낫고, 다수 또는 모든 사람의 번영은 훨씬 더 가치 있다는 점도 가르쳐왔다. 이처럼 우리 자신은 단지 한 개인에 불과하며, 우리의 번영이 전체 혹은 대다수의 번영과 충돌할 경우, 심지어 우리가 선택권을 갖고 있더라도, 그 선택은 자연스럽게 더 큰 선호 대상으로 대체되어야 한다. 본성은 우리에게 이렇게 판단하고 행동하라고 알려준다.

이 세상의 모든 사건은 지혜롭고 전능한 신의 섭리 아래서 이루어지며, 우리는 어떤 일이 벌어지든 그것이 결국 전체의 조화와 우주의 완성을 향하고 있다고 믿어야 한다. 따라서 우리가 빈곤이나 병약함 혹은 그 밖의 불행을 겪게 될 때, 먼저 정의와 타자에 대한 우리의 도덕적 의무가 허용하는 한도 내에서, 가능한 모든 수단을 동원해 그 고통에서 벗어나려 노력해야 한다.

그러나 그렇게 해도 상황을 바꿀 수 없다면 그다음에는 세상의 질서와 전체의 완성을 위해 지금 이 상태가 지속되어야 한다는 신의 의지에 순응할 줄 알아야 한다. 만일 전체의 번영이 우리 같은 작은 존재의 행복보다 훨씬 더 큰 가치라면, 그리고 우리가 처한 이 상황이—비록 불쾌하더라도— 우리 내면의 완성, 곧 감정과 행위의 적절함을 유지시켜주는 조건이라면, 우리는 그 순간부터 이 상황을 기꺼이 받아들이고 사랑해야 마땅하다.

실제로 우리가 어떤 불리한 상황에 처해 있을 때, 그 상황에서 벗어날 기회가 주어진다면 그것을 받아들이는 것이 우리의 도덕적 의무다. 세상 질서는 더 이상 우리가 그 자리에 머물 필요가 없음을 알려주며, 세상을 주재하는 위대한 이성(유피테르)은 명백히 우리에게 그 상황에서 물러나라고 요구하기 때문이다. 그는 우리가 따라야 할 길을 매우 분명하게 제시한다.

우리의 친척, 친구 혹은 국가가 겪는 고난에 대해서도 같은 원칙이 적용된다. 더 큰 도덕적 의무를 해치지 않는 범위 내에서, 그들이 겪는 재난을 우리가 막거나 끝낼 수 있는 능력이 있다면 그렇게 하는 것이 분명 우리의 의무다. 이것이야말로 행동의 적절성이며, 유피테르가 우리에게 부여한 도덕 규칙은 그런 행동을 요구하고 있다.

그러나 달리 방법이 없다면 그 사건을 가능한 여러 경우 중 가장 바람직한 일로 받아들여야 한다. 그것이 전체의 조화와 번영에 가장 잘 어울린다고 믿기 때문이다. 진정으로 현명하고 공정한 사람이라면 오히려 그런 사건이 일어나기를 기꺼이 바라야 한다. 우리의 이익은 전체 속에 포함된 부분으로 보아야 하며 전체의 번영이야말로 우리의 바람이 지향해야 할 궁극적이고 유일한 목표다.

나는 전체의 일부다: 에픽테토스의 지혜

에픽테토스는 이렇게 말한다.

"우리가 어떤 사물은 본성에 따른다고 하고, 다른 사물은 본성에 반한다고 말할 때, 그것이 뜻하는 바는 무엇인가? 그것은 우리가 자신을 다른 모든 사물과 분리된 독립적 존재로 여긴다는 뜻이다. 예를 들어 발의 본성만 생각한다면 발은 언제나 깨끗한 상태로 있어야 한다. 그러나 발이 몸의 일부임을 인정한다면 때로는 진흙을 밟고 가시를 디디며, 필요하다면 몸 전체를 위해 절단될 수도 있다. 만약 이런 현실을 받아들이지 않는다면 그 발은 더 이상 발이 아니다.

우리 자신에 대해서도 같은 사고방식이 필요하다. 당신은 누구인가? 사람이다. 만약 당신이 자신을 독립적이고 초연한 존재로만 여긴다면 오래 살고 건강하며 부유하게 사는 것이 본성에 따르는 삶일 것이다. 하지만 당신이 자신을 인간이자 전체의 일부로 이해한다면 공동체의 필요에 따라 병들고, 항해 중 불편을 겪고, 가난을 겪으며, 때로는 천수를 누리지 못하고 죽는 일도 감당해야 할 몫이다. 그런데 왜 불평하는가? 그것은 발이 제 역할을 거부해 더 이상 발이 아니게 되는 것처럼 당신 역시 사람다운 삶에서 벗어나는 것임을 왜 깨닫지 못하는가?"

현명한 사람은 신의 섭리, 곧 운명에 결코 불평하지 않는다. 설령 자신의 삶이 무너진 듯 보여도, 세상이 혼란에 빠졌다고 여기지 않는다.[63] 그는 자신을 자연의 다른 모든 구성 요소와 단절된 독립된 존재로 보지 않으며, 오직 자신만을 위한 완결된 전체로도 생각하지 않는다.

그는 인간 본성과 세상을 다스리는 위대한 섭리자의 시선으로 자신을 바라보려 한다. 말하자면, 그는 신적인 이성의 감정에 자신을 이입하여, 전체 질서의 유익에 따라 조율되는 방대한 체계 속에서 자기 자신을 단지 하나의 작은 원자, 미세한 입자로 받아들인다. 그는 세상 만사가 지혜롭게 마련되었다는 확신 속에서 주어진 운명을 언제나 기꺼이 받아들인다. 만약 세상의 모든 연관과 질서를 미리 알고 있었다면 그 운명이야말로 자신이 바라던 것이라고 느꼈을 것이며, 그래서 현재의 운명에도 만족한다. 그 운명이 삶이라면 그는 살아 있음에 감사하고, 그것이 죽음이

---

63 이 문단과 이어지는 세 문단은, 애덤 스미스가 1790년 제6판 이전 판본에서 제1부에 두었던 스토아 철학 관련 내용을 이곳으로 옮겨오면서 크게 확장한 부분이다.

라면 자연이 자신을 더 이상 이 세상에 머물게 할 필요가 없다고 판단한 것이므로, 그는 주저 없이 기꺼이 그가 향해야 할 자리로 나아간다.

이런 스토아학파의 사상에 깊이 공감한 한 냉소주의 철학자[64]는 이렇게 말했다.

"나는 나에게 닥칠 어떤 운명도 같은 기쁨과 만족으로 받아들인다. 그것이 부든 빈곤이든, 쾌락이든 고통이든, 건강이든 병약함이든, 모두 다를 바 없다. 나는 신들이 어떤 방식으로든 내 운명을 바꾸려 하지 않기를 바란다. 만약 이미 내려주신 은혜 이상을 신들에게 청해야 한다면 나는 단 하나의 부탁만 하겠다. 신들이 나를 통해 이루고자 하는 일이 무엇인지 미리 알려주시길. 그래야 내가 그 상황 속에 기꺼이 나 자신을 내려놓고, 신들이 마련하신 일을 기쁘게 받아들이며 순응하는 모습을 보여드릴 수 있을 테니."

스토아 철학자가 세상을 대하는 태도

에픽테토스는 이렇게 말했다.

"내가 항해를 나선다면 나는 최선의 배와 가장 능숙한 키잡이를 고용하고, 내 사정과 의무가 허락하는 한 가장 좋은 날씨를 기다릴 것이다. 신들이 내게 부여한 신중함과 적절성의 원칙이 그렇게 하라고 요구하기 때문이다. 그러나 만약 폭풍이 몰아쳐 배의 튼튼함도, 키잡이의 능력도 그것을 감당하지 못한다면 나는 그 결과에 대해 아무런 염려도 하지 않을 것이다. 나는 이미 내 몫의 일을 다했기 때문이다. 신들이 정한 인간 행위

---

64 에픽테토스(약 60-138년)는 자신을 세상의 일부로 인식할 것을 강하게 권한 스토아 철학자였다. 같은 시기 또 다른 스토아 철학자인 로마 황제 마르쿠스 아우렐리우스 (121-180년) 역시 『명상록』에서 이 주제를 반복적으로 강조하며 같은 메시지를 전하고 있다.

의 규칙 속에는 '걱정하라, 낙담하라, 두려워하라'는 명령이 없다. 우리가 항구에 닿든 바다에 빠지든, 그것은 유피테르 신의 영역이지, 나의 영역이 아니다. 나는 그 판단을 전적으로 신에게 맡기며, 어떤 결과가 오더라도 마음의 평정을 잃지 않고 흔쾌히 받아들일 것이다."

세상을 이끄는 자애로운 지혜를 깊이 신뢰하고, 그 지혜가 세운 질서를 온전히 받아들이는 태도는 스토아학파 현인에게 자연스럽게 다음과 같은 깨달음을 안긴다. 곧, 인간사에서 일어나는 모든 사건은 근본적으로 중요하지 않으며, 인간의 참된 행복은 두 가지에 있다. 첫째, 이성적 존재 전체의 공동체, 곧 신과 인간이 함께하는 위대한 공화국의 질서와 조화를 묵상하고, 둘째, 그 공동체의 구성원으로서 자신에게 맡겨진 의무를 성실히 수행하는 데 있는 것이다.

그 의무가 크든 작든, 자신의 노력이 적절했는지 아닌지는 그에게 매우 중요한 문제이지만, 그 결과가 성공이든 실패든, 그것은 중요하지 않다. 어떤 결과를 맞이하더라도 그것이 그의 마음에 강한 기쁨이나 슬픔, 욕망이나 혐오 같은 감정을 일으키지는 않는다.

그는 분명 어떤 사건을 선호하고, 어떤 상황은 선택하고 어떤 것은 거부하기도 한다. 그러나 그 선호는 그것이 본질적으로 더 낫기 때문이 아니다. 다만, 신들이 부여한 적절한 행동의 규칙에 따라 그렇게 해야 한다고 판단했을 뿐이다.

결국 그의 감정은 단 두 가지로 환원된다. 하나는 자신의 의무를 올바르게 수행하려는 감정, 다른 하나는 이성적 존재 전체의 최대 행복을 향한 감정이다.

그는 이 두 번째 감정을 위해 세상을 다스리는 조물주의 지혜와 권능에 평온히 기대고, 첫 번째 감정인 의무 수행의 성실성에 대해서만 근심한다.

그가 걱정하는 것은 결과 그 자체가 아니라 자신이 그 상황에서 얼마나 적절하게 행동했는지에 대한 것이다. 어떤 사건이라도, 그는 이것이 위대한 목적을 실현하는 데 도움이 되리라는 믿음으로, 그 목적을 이루기 위해 더 높은 지혜와 힘에 의지한다.

어떤 상황에서도 흔들리지 않는 적절성이라는 미덕

우리가 어떤 것을 택하거나 피할 때 기준은 분명하다. 사물이 본래 지닌 성질이 무엇을 말해주는지를 따르는 것이다. 거기서 우리는 무엇이 자연스럽고 조화로운지 배운다. 중요한 것은 그것을 머리로 아는 데 그치지 않고 직접 실천해 몸으로 익힐 때 비로소 깊은 깨달음과 만족을 얻는다는 점이다. 우리는 그러한 행위 속에서 자연스럽게 질서와 품위, 조화와 아름다움을 느끼며, 그 결과로 얻게 되는 만족감은 다른 어떤 외적 보상—예컨대 우리가 실제로 원하는 것을 얻거나 꺼리는 것을 피하는 것—보다 훨씬 더 큰 가치를 지닌 것으로 다가온다.

우리가 어떤 것을 선택하거나 거부할 때, 그것이 올바르려면 처음부터 사물의 본질이 말해주는 기준 위에 서 있어야 한다. 우리는 그 사물들을 통해 자연의 질서와 구조를 배우고 깨닫는다.

그러나 진정한 현인—즉 감정을 이성의 원리에 온전히 맡긴 사람—은 어떤 상황에서도 이 기준을 흔들림 없이 지켜낸다. 풍요로울 때는 쉽게 선을 행할 기회를 주신 신(유피테르)의 배려에 감사하고, 고난의 때에는 더욱 강한 정신과 도덕적 승리를 준비하게 해주신 조물주의 뜻에 똑같이 감사한다. 강한 상대를 만났을수록 싸움은 더 치열해지지만 그만큼 승리는 더 빛난다. 이런 마음으로 임한다면 결국 승리는 거의 확실하다.

그렇다면 우리가 잘못하지 않고 온전히 적절성에 따라 행동했는데도 불시에 고통이 찾아온다면 그 일로 부끄러워해야 할 까닭이 어디 있겠는가?

　따라서 세상에 절대적인 악은 존재하지 않고, 오히려 모든 일에는 그 나름의 최선과 유익이 깃들어 있다. 용기 있는 사람은 경솔함 때문이 아니라 운명에 따라 위험에 처하더라도 결코 위축되지 않는다. 그는 그러한 위기가 자신의 영웅적 용기를 발휘할 기회가 된다는 것을 알고 있으며, 그에 맞서는 행동 속에서 자부심과 칭찬받을 만한 기쁨을 느낀다.

　자신의 삶을 치열하게 단련한 사람은, 가장 강한 자와 겨루어야 하는 상황조차 거리낌 없이 받아들인다. 마찬가지로 자신의 모든 감정을 철저히 다스릴 줄 아는 사람은 세상의 위대한 관리자, 즉 조물주가 자신에게 부여한 자리라면 그 어떤 환경이라도 기꺼이 받아들이고 두려워하지 않는다.

　그는 신적 자비를 통해 어떤 상황에서도 흔들림 없는 미덕을 지니게 되었다. 그것이 쾌락이라면 그는 절제할 줄 알고, 고통이라면 묵묵히 견디며, 위험이나 죽음 앞에서도 두려움 없이 담대함과 불굴의 정신으로 맞선다. 삶 속에서 어떤 일이 벌어지든, 그는 늘 굳건한 자세로 그것을 받아들이며, 진정한 영광과 행복은 외부의 결과가 아니라 오직 감정과 행동이 조화를 이룬 적절성에서 비롯된다고 믿는다. 그리고 아무리 극단적인 상황 속에서도 이 기준을 잃거나 흔들리는 법이 없다.[65]

인간의 삶은 일종의 게임

　스토아학파는 인간의 삶을 정교한 기술이 요구되는 하나의 게임으

---

[65]　이 문단부터 이 절의 마지막까지는 1790년 제6판에서 새롭게 추가된 부분이다. 이를 통해 우리는 애덤 스미스가 스토아 철학에 얼마나 깊은 관심과 애정을 가지고 있었는지를 분명히 확인할 수 있다.

로 본다. 이 게임에는 숙련된 기술뿐만 아니라 때때로 운이라고 불리는 예측 불가능한 요소도 개입된다. 그러나 그들이 보기에 이 게임에서 중요한 것은 판돈이나 결과가 아니다. 진정한 즐거움은 정정당당하게 임하고, 최선을 다해 능숙하게 플레이하는 그 과정에 있다. 설령 모든 기술을 발휘했음에도 운명의 장난으로 훌륭한 선수가 패배한다면 그 패배는 결코 비극이 아니다. 오히려 그것은 유쾌하게 받아들일 일이다. 그는 어떤 잘못도 저지르지 않았으며, 부끄러워 할 이유도 없다. 그는 이 게임이 주는 고유한 즐거움을 온전히 맛보았기 때문이다.

반대로 미숙한 선수가 수많은 실수를 저지른 끝에 뜻밖의 승리를 거두었다면 그 승리는 정작 당사자에게 큰 만족을 주지 못한다. 그는 자신의 온갖 실수를 되새기며 오히려 굴욕을 느낀다. 게임하는 내내 그는 규칙에 대한 무지, 두려움과 의심, 망설임 등 불쾌한 감정에 휘둘리고, 이로 인해 게임의 진정한 기쁨은 전혀 경험하지 못한다. 그리고 자신이 총체적 실수를 했음에도 이긴 것임을 자각하는 순간, 굴욕감은 더욱 깊어진다.

스토아학파에 따르면 인간의 삶은 아무리 많은 이익이 따르더라도 결국 '2페니짜리 판돈'에 불과하다. 그들에게 인생은 너무 사소하고 덧없는 것이어서, 전력을 다해 집착하거나 간절히 붙들 대상이 될 수 없다. 우리가 진정으로 관심을 쏟아야 할 것은 무엇을 얻느냐가 아니라 어떻게 살아가느냐, 곧 삶이라는 게임을 풀어가는 태도와 행동의 적절성이다. 행복을 단순히 판돈을 따는 것, 즉 외부의 성공이나 결과로 본다면 우리는 자기 능력과 통제를 벗어난 요소들에 인생의 행복을 맡기는 셈이다. 그렇게 되면 우리는 필연적으로 끝없는 불안과 두려움 그리고 크고 작은 실망 속에서 흔들릴 수밖에 없다.

반대로 행복의 기준을 행동의 적절성에 두면 이야기는 달라진다. 게임을 정정당당하고 현명하게, 능숙하게 해내는 것이 핵심이기 때문이다. 그렇게 되면 행복은 외부에서 주어지는 운에 좌우되지 않고, 오로지 우리의 규율, 훈련, 성찰, 관심 속에 자리 잡는다. 다시 말해, 행복은 우리가 스스로 다룰 수 있는 것이 되며, 그 어떤 행운의 변덕도 그것을 흔들 수 없게 된다. 우리의 행동 결과가 우리 능력 밖에 있다면 그것은 우리의 관심 밖에 있는 것이기도 하다. 그러므로 우리는 그런 결과에 대해 불안해할 이유도, 좌절하거나 탄식할 이유도 없다.[66]

문은 항상 열려 있다: 인생은 결국 선택의 문제

스토아학파는 인간의 삶 자체가, 그에 수반되는 다양한 이익이나 불이익과 마찬가지로 상황에 따라 선택하거나 거부할 수 있는 대상이라고 본다. 삶의 조건이 자연의 이치에 맞고, 본성이 받아들일 수 있는 게 더 많다면 그 삶은 이어갈 가치가 있다. 이성적인 판단, 즉 행동의 적절성은 우리에게 그렇게 살아가라고 말한다. 반면 개선의 여지도 없고, 본성이 받아들이기 어려운 조건이 대부분이라면, 그 삶은 오히려 거부할 대상이 된다. 이 경우, 현자는 스스로 삶에서 물러나는 것이 타당하다고 판단하며, 그가 따라야 할 행동 규범—즉, 신들이 내려준 적절성의 원칙— 또한 그러한 이탈을 정당한 행위로 인정한다고 여긴다.

---

66 인생을 게임에 비유한 설명은 에픽테토스의 『담론』 제2권 5장에서 명확히 드러난다. "공놀이를 잘하는 사람을 보라. 그는 공이 좋은지 나쁜지를 따지지 않는다. 그의 기술은 오직 그 공을 어떻게 받아내고 어떻게 던지느냐에 집중되어 있다. (…) 인생에서 벌어지는 여러 사건도 이 공과 같다. 그는 왜 그런 일이 일어났는지를 따지지 않고, 그 사건을 어떻게 다루고 어떤 태도로 대응할지를 고민한다. 우리 역시 마찬가지다. 우리는 구기 선수처럼 살아야 한다. 공이 어떤 공인가에 마음 쓰지 말고, 그 공을 어떻게 다룰 것인가에 집중해야 한다."

에픽테토스는 이렇게 말했다.

"누군가가 내게 니코폴리스에서 살지 말라고 명령했다. 그래서 나는 그곳을 떠났다. 아테네에서도 살지 말라고 했다. 나는 아테네를 떠났다. 로마에서도 살지 말라고 했다. 나는 로마를 떠났다. 그리고 기아라라는 바위투성이 작은 섬에서 살라는 명령을 받았다. 그래서 나는 그 섬에 가서 살고 있다. 그런데 그 집에서 연기가 피어오른다. 연기가 약하다면 견디고 머무를 것이다. 하지만 연기가 너무 심하다면 나는 어떤 폭군도 나를 따라올 수 없는 곳, 내가 원하는 곳으로 떠날 것이다. 문은 항상 열려 있다. 나는 언제든지 떠날 수 있고, 세상 전체에 열려 있는 평화로운 집으로 물러날 수 있다는 사실을 늘 마음에 새기고 있다. 내게 영향을 미칠 수 있는 건 단지 내가 입고 있는 외투와 내가 끌고 다니는 육신뿐이지, 그 외에는 아무도 내게 권력을 행사할 수 없기 때문이다."

스토아 철학자들은 또 이렇게 말했다.

"만약 당신 삶의 환경이 전반적으로 고통스럽고 불쾌하다면 즉 당신의 집이 연기로 가득 차 숨쉬기 어려울 정도라면 그 집을 조용히 떠나라. 불평하거나 투덜대거나 원망하지 말고, 담담하고 기쁜 마음으로 걸어 나가라. 그리고 신들에게 감사하라. 그들은 무한한 자비로 죽음이라는 안전하고 평온한 항구를 마련해두었다. 그것은 인생이라는 폭풍우 몰아치는 바다에서 우리를 언제든지 구해낼 준비가 된, 누구에게나 열려 있는 피난처다. 이곳은 인간의 분노와 불의가 결코 닿지 않는, 신성하고도 평화로운 안식처이다. 이 피난처는 가기를 꺼리는 사람도, 간절히 원했던 사람도 모두 품을 만큼 넓고 여유롭다. 이곳은 모든 불평의 이유를 없애며, 어리석음과 나약함 외에는 인생에 진정한 고통이 없다는 사실을 스스로 깨닫게 해준다."

삶을 떠나는 것도 하나의 덕이다

스토아 철학의 몇 안 되는 기록들 중 일부를 보면 이들은 삶과의 이별조차 때때로 유쾌하게, 심지어 경쾌하게 받아들이는 모습을 보인다. 그런 구절들을 곱씹어 보면 마치 우리에게 이렇게 말하는 듯하다. "삶이 불쾌하거나 마음에 들지 않으면 언제든 떠날 수 있다. 그것이 이성에 부합한다면 더는 붙들 이유가 없다."

에픽테토스는 이렇게 말한다.

"어떤 이와 함께 저녁 식사를 하면서 그가 미시아 전쟁에 대해 길게 이야기하는 것을 불평한다면 그는 이렇게 말할 것이다. '친구여, 내가 한 지역에서 고지를 점령한 이야기를 했으니, 다른 지역에서 포위당한 이야기까지 들려줘야 하지 않겠나?' 그가 하는 이야기가 지루하다면 애초에 그와 저녁을 함께하지 말라. 하지만 함께 식사하기로 했다면 그의 이야기를 불평 없이 들어줘야 한다. 인생의 고통스러운 일들이란 대개 이와 같다. 당신이 직접 벗어날 수 있는 일이라면, 그에 대해 불평하지 말라."

그러나 이런 유쾌함 뒤에 가려진 스토아 철학의 진심은 결코 가볍지 않다. 삶을 계속 이어갈지, 아니면 떠날지를 결정하는 일은 스토아 철학에서 가장 심각하고 숙고를 요하는 주제 중 하나다. 그들에 따르면 우리가 삶을 떠날 수 있는 시점은 단 하나, 우리를 이 세상에 보낸 존재, 곧 자연의 섭리 혹은 신의 명령이 명백히 그렇게 한다고 판단되는 때뿐이다.

그러나 우리는 단지 삶에 정해진 자연적 수명이 다했을 때뿐만 아니라 지금 이 순간이 삶을 떠나야 할 때라고 스스로 판단할 수도 있다. 즉 세상을 다스리는 전능한 섭리가 우리의 현재 상황을 전반적으로 선택이 아닌 거부의 대상으로 삼았다고 여겨질 때, 신이 우리에게 내려준 위대한 행동 규칙은 조용히 이렇게 말하는 듯하다. 이제는 떠날 때다. 그 순간, 우리는 마치 장엄하고 자애로운 신적 목소리가 명백히 그렇게 하라는 말을 들었다고 생각할 수도 있다.

이러한 이유로 스토아학파에 따르면 현자는 비록 완전한 행복을 누리고 있더라도, 경우에 따라 삶에서 물러나는 것[67]이 오히려 그의 의무일 수 있다. 반대로 약한 사람은 비참한 상태에 있을지라도, 그의 상황이 그렇다면 삶에 머무는 것이 그의 의무일 수도 있다.

현자가 처한 상황이 선택보다 거부가 더 합당하다고 여겨질 만큼 불리하다면 그 삶은 결국 거부의 대상이 되고, 신이 부여한 규범은 그에게 조용히 삶에서 물러나라고 요구한다. 그럼에도 현자는 여전히 자신이 삶에 머무르는 동안은 완전히 행복하다. 그는 자신의 행복을 어떤 외적 성공이나 쾌락이 아닌, 올바르게 선택하고 올바르게 거부하는, 즉 행동의 적절성에 두기 때문이다. 그에게 진정한 행복은 결과가 아닌, 노력과 판단의 정당함에서 비롯된다.

반대로 나약한 사람이 삶을 이어가기에 충분히 적합한 환경에 놓였다면, 설령 불행할지라도 그 삶에 머무는 것이 그의 의무다. 그러나 그는 주어진 조건을 제대로 활용하지 못하기에 불행하며, 좋은 패를 쥐고도 활용할 줄 모르는 참가자처럼 인생의 과정과 결말 어디에서도 진정한 만족을 얻지 못한다.[68]

불운을 이기는 마음: 스토아에서 시작된 내면의 기술

스토아학파는 특정한 상황에서 자발적 죽음이 정당할 수 있다고, 다른 어떤 고대 철학 학파보다도 강하게 주장했다. 그러나 이런 사상은 스

---

67 삶에서 벗어나는 것은 구체적으로 '자살'을 말하는데 스토아학파는 오랜 세월 자살 옹호자들로 알려져 왔다.

68 키케로의 『최고선악론』 3권 13장을 참고하라. 올리버의 판본이다. —원주

토아만의 전유물이 아니었으며 심지어 평온과 여유를 중시하는 에피쿠로스 학파조차 일정 부분 이를 받아들였다.

고대 철학의 주요 학파들이 형성된 시기, 즉 펠로폰네소스 전쟁 기간과 그 직후 수십 년 동안, 그리스의 거의 모든 공화국은 격렬한 내분과 피비린내 나는 외적 전쟁에 끊임없이 휘말려 있었다. 각 국가는 단순한 우위 확보에 그치지 않고, 경쟁 상대를 완전히 제거하거나 최소한 가장 굴욕적인 상태로 몰아넣으려 했다. 전쟁에서 포로로 잡힌 이들은 남녀노소 가리지 않고 노예로 전락했고, 마치 가축처럼 노예 시장에서 가장 높은 값을 부르는 이에게 팔렸다.

당시 대부분의 국가는 규모 면에서 크지 않았음에도, 서로 주고받은 참화는 반복되었고, 결국 그 재앙은 자국에도 되돌아왔다. 그처럼 혼란스러운 시대에는 아무리 고결하고 유능한 공직자라 해도 자신의 안전을 보장받을 수 없었다. 조국 내에서도, 언젠가 반대 파벌이 득세하면 가장 가혹하고 수치스러운 처벌을 받을 수 있었기 때문이다. 전쟁 중 포로가 되거나 소속 도시가 정복당할 경우 그가 겪을 손실과 모욕은 훨씬 더 클 수밖에 없었다.

그러나 인간은 누구나 자연스럽게 또는 필연적으로 자신에게 닥칠 수 있는 고통에 점차 익숙해진다. 마치 선원이 언제든 폭풍과 난파, 침몰을 각오하며, 실제로 그런 일이 닥쳤을 때 어떤 기분이 들고 어떻게 대처할지를 미리 떠올리는 것처럼 말이다.

같은 맥락에서, 고대 그리스의 애국자나 영웅들 역시 자신들이 살아가는 시대가 언제든 참화를 불러올 수 있다는 사실을 알고 있었다. 그들은 상상을 통해 그러한 고난에 미리 익숙해지려 노력했으며, 실제로 그러한 시련에 대비해 마음의 준비를 갖추곤 했다. 마치 아메리카 원주민들이 "죽음의 노래"를 미리 준비하고, 적에게 포로로 잡혔을 경우 수많은 구경꾼의 조롱과 모욕, 질질 끌며 이어지는 고문 속에서 죽음에 이를 상황을 가정하며 어떻게 품위 있게 행동할지를 생각해두는 것처럼 말이다. 그리스의 영웅들도 마찬가지로 추방당하고, 포로로 잡히고, 노예로 전락하고, 고문당하고, 마침내 처형대에 오르게 되었을 때 어떻게 이를 견디고 감내할지를 미리 숙고하지 않으면 안 되었다.

이처럼 모든 철학 학파는 인간의 미덕에 대해 일관되게 다음과 같은 결론을 내렸다. 즉 현명함과 공정함, 단호함과 평정심을 갖춘 삶이야말로 이 세상에서 행복에 도달할 수 있는 가장 신뢰할 만하고 설득력 있는 길이라는 것이다.

그러나 이 미덕이 반드시 그를 외부 세계의 재난으로부터 보호해주지는 않는다. 오히려 불안정한 사회 속에서는 그 덕 때문에 더 큰 위험을 감수해야 하는 경우도 있었다. 그래서 철학자들은 진정한 행복이 외부적 행운이나 불운에 의존하지 않는다는 점을 보여주기 위해 노력했다. 스토아학파는 행복이 전적으로 운명과 무관하다고 주장했고, 플라톤 학파와 소요학파는 운과의 관련성을 일정 부분 인정하면서도 본질적인 행복은 그로부터 상당히 독립적이라 보았다.

현명하고 고결한 행위는 어떤 일이든 성공으로 이끌 가능성이 가장 높은 방식일 뿐만 아니라 설령 실패하더라도 그 자체로 깊은 내적 위안을 준다. 도덕적인 사람은 자신의 행동에 대해 마음 깊이 확신과 자긍심을 가질 수 있으며 설령 외적인 상황이 비참하다 해도 내면은 여전히 조화롭고 평화로운 상태를 유지할 수 있다.

그는 또 자신이 내린 선택이 이성적이고 공정한 사람들에게 인정받고 있다고 믿었다. 그들은 그의 불운을 안타까워하면서도 그의 선택에서 고결함을 보고 존경을 보낸다는 것이다. 그런 믿음은 결국 고결한 행동이 스스로를 위로하는 힘이 될 수 있다는 뜻이기도 하다.

삶의 문이 닫히는 순간, 철학은 시작된다

그 철학자들은 인간 삶에서 벌어질 수 있는 가장 큰 불행조차 우리가 보통 상상하는 것보다 훨씬 더 견딜 만한 것임을 보여주려 했다. 그들은 빈곤에 몰렸을 때, 추방을 당했을 때, 대중의 부당한 비난에 직면했을 때, 죽음이 가까워진 노년에 이르러 눈이 멀고 귀가 멎은 채로 고통을 겪을 때조차도 여전히 삶 안에서 누릴 수 있는 위안들이 있음을 지적하려 했다. 나아가 그들은 고문이나 병, 자식의 죽음, 가까운 이를 잃는 슬픔 같은 극심한 고통 속에서도 삶의 태도를 잃지 않도록 돕는 다양한 사유를 내놓았다.

이처럼 고대 철학자들이 남긴 글 중 오늘날까지 전해지는 몇몇 파편은 고대 세계에서 가장 유익하고도 흥미로운 지적 유산이라 할 만하다. 그들의 사상에 깃든 기개와 당당함은 현대 철학에서 종종 보이는 낙담과 비탄의 어조와 뚜렷하게 대비된다.

그들은 시인 존 밀턴이 말했듯, 마음을 삼중의 강철 같은 인내로 무장하게 만드는 사유들을 제시하려 했다. 무엇보다도 그들은 제자들에게 확신을 심어주고자 했다. 죽음 속에는 본질적인 악이 없으며, 또한 악이 존재할 수도 없다는 것. 그리고 만약 삶이 더 이상 이성적으로 일관된 태도를 유지할 수 없을 만큼 고통스러워진다면 해결책은 가까이에 있으며, 삶을 벗어나는 문은 언제나 열려 있고, 원한다면 누구나 두려움 없이 그 문을 통해 걸어나갈 수 있다는 것 말이다.

그들에 따르면 현세 너머에 아무것도 없다면 악도 없을 것이며, 만일 사후 세계가 존재한다면 신들이 그곳에 있을 것이고, 올바른 사람은 마땅히 신들의 보호를 받게 되므로 두려워할 이유가 전혀 없다.

요컨대, 이 철학자들은 "죽음의 노래"를 준비했다. 그리고 고대의 애국자와 영웅들은 마침내 때가 이르면 그 노래를 불렀다. 여러 학파 가운데서도, 스토아학파야말로 가장 활력 넘치고 고결한 죽음의 노래를 준비한 철학자들이었다고 할 수 있다.

그리스 사회에서 자살이 보편적인 관행이었다고 보기는 어렵다. 클레오메네스를 제외하면, 저명한 그리스의 애국자나 영웅 가운데 자발적으로 생을 마감한 사례는 거의 기억나지 않는다. 아리스토메네스의 죽음이나 아약스의 자결은 모두 역사적으로 실증 가능한 시기보다는 훨씬 앞선 신화적 전승에 가까운 이야기다. 테미스토클레스의 죽음에 대한 일반적인 설화는 형식상 역사 시대에 속하나, 내용 면에서는 오히려 고대 우화에 가까운 낭만적 요소로 채워져 있다.

플루타르코스가 전해주는 수많은 그리스 영웅 가운데, 자살이라는 방식으로 생을 마친 인물은 클레오메네스 한 명뿐이다. 반면 테라메네스, 소크라테스, 포키온과 같은 인물은 분명 용기가 있었다. 이들은 투옥을 견디고, 동족이 부당하게 선고한 사형 선고를 묵묵히 받아들였다. 용맹한 에우메네스는 반란을 일으킨 병사들에게 붙잡혀 적장이었던 안티고노스에게 넘겨졌지만, 어떤 폭력도 택하지 않은 채 스스로 굶어 죽는 길을 택했다. 또 다른 장수 필로포이멘은 메세니아인에게 포로로 붙잡혀 지하 감옥에 갇힌 채 은밀히 독살되었다고 한다. 철학자 중에서도 비슷한 방식으로 생을 마친 이들이 있다고는 하나, 이들에 대한 기록은 진실성이 부족하며 후세에 전해지는 이야기는 대부분 신뢰가 가지 않는다.

제논의 죽음에 대한 3가지 전승

스토아학파의 창시자 제논의 죽음에 대해서는 세 가지 서로 다른 전승이 전해진다.

첫 번째 이야기에 따르면 그는 98세까지 건강을 유지했으며, 어느 날 학교에서 나오는 길에 넘어져 손가락 하나가 부러지거나 탈구된 것 외에는 별다른 부상을 입지 않았다. 그는 두 손으로 땅을 치며 에우리피데스 비극 속 니오베의 대사, "내가 왔다, 그대는 왜 나를 불렀는가?"를 읊조린 뒤 집으로 돌아가 목을 맸다고 한다. 그 나이였으면 조금 더 인내심을 가졌어야 하지 않았을까 싶다.

두 번째 설은, 앞서 언급된 사고를 당한 뒤 식음을 전폐하고 스스로 굶어 죽었다는 것이다.

세 번째 전승은, 그가 일흔둘의 나이로 자연사했다는 것이다. 이 이야기는 세 가지 가운데 가장 개연성이 높으며, 동시대인의 증언으로 뒷받침된다. 그 증언자는 원래 노예였으나 제논의 친구이자 제자가 된 페르세우스로, 제논의 삶과 죽음에 대해 누구보다 잘 알 수 있었던 인물이었다.

로마의 초대 황제 아우구스투스 시대에 활동한 티레의 아폴로니오스가 전한 첫 번째 이야기는 제논의 죽음으로부터 약 200~300년이 지난 후의 기록이다. 두 번째 이야기가 누구에 의해 전해졌는지는 알려지지 않았다. 스토아학파의 일원이었던 아폴로니오스는, 자발적 죽음에 관해 풍부한 논의를 펼친 학파의 창시자 제논이 그런 방식으로 삶을 마감했다면 오히려 그를 칭송했을지도 모른다.

문학가들은 종종 당대 최고의 군주나 정치인들보다 사후에 더 자주 회자되지만 생전에 널리 알려지지 못하고 생전에는 주목받지 못해 그들의 삶이나 일화가 역사에 기록되는 일은 드물다. 후대의 역사가들은 독자의 호기심을 충족시켜야 하는 동시에, 당시의 정본(正本) 문서가 부족한 탓에 자신의 서술을 뒷받침하거나 반박할 확실한 자료 없이, 상상력을 동원해 이야기를 채워 넣는다. 그러다 보니 때로는 사실성이 부족하고 신뢰하기 어려운 이야기들이, 적절한 근거와 타당성을 갖춘 설명보다 더 큰 권위를 얻는 경우도 생긴다. 디오게네스 라에르티오스는 아폴로니오스가 전한 설을 분명히 선호했다. 반면 루키아노스와 락탄티우스는 제논이 고령으로 생을 마감했다는 보다 온건한 전승을 믿었던 것으로 보인다.

로마 시대 자살의 풍경

이러한 자살의 풍조는 활기차고 독창적이며 순응적인 기질을 지닌 그리스인들보다는, 자부심이 강한 로마인들 사이에서 훨씬 더 일반적으로 나타났던 것 같다. 그러나 로마 사회에서도 건국 초기나 이른바 도덕적인 공화정 시대에는 이러한 풍조가 아직 뿌리내리지 않았던 듯하다.

레굴루스[69]의 죽음에 얽힌 통속적인 이야기는 실제라기보다 우화에 가깝지만 그렇게 전해진 데에는 나름의 이유가 있었을 것이다. 만약 자살하지 않고 카르타고인의 고문을 끝까지 견뎌낸 것이 당대의 기준에서 수치로 여겨졌다면 굳이 그를 자살한 것처럼 꾸며낼 이유는 없었을 것이다. 오히려 자발적 죽음을 명예로 여기는 인식이 그보다 훨씬 나중에 형성되었음을 방증하는 셈이다. 고문의 감수를 불명예로 여기는 인식은 공화정 말기에 이르러서야 등장한 것으로 보인다.

공화정의 몰락에 앞서 벌어진 수차례의 내전에서는 적수에게 포로로 잡히느니 차라리 스스로 목숨을 끊는 쪽을 택한 유력 인사들이 적지 않았다. 키케로가 찬미하고, 카이사르가 질책한 카토의 죽음은 인류 역사상 가장 널리 알려진 자살의 찬반 양론을 상징한다. 카토의 자살은 두 인물의 논쟁에서 중심이 되었으며, 그의 죽음은 영광의 상징처럼 기억되어

---

69 마르쿠스 아틸리우스 레굴루스(Marcus Atilius Regulus, 기원전 3세기 인물). 로마 해군의 제독이었던 그는 기원전 255년, 카르타고와의 해전에서 패하여 포로로 붙잡혔다. 카르타고는 레굴루스에게 속전 협상을 위해 로마로 돌아가되 반드시 되돌아오겠다는 맹세를 요구하고 그를 석방했다. 그러나 로마에 도착한 레굴루스는 속전을 지불하지 말 것을 원로원에 강력히 권고한 뒤, 약속대로 카르타고로 돌아갔고, 그곳에서 온갖 고문 끝에 생을 마감했다. 이후 그는 '불굴의 의지'를 지닌 로마의 영웅으로 칭송받게 되었지만, 이 일화는 카르타고의 잔혹함을 강조하고 로마인의 기개를 선전하기 위해 로마 쪽에서 의도적으로 창작한 이야기라는 설도 있다.

세대를 넘어 명성을 이어갔다.[70]

결국 카토의 자살을 둘러싼 논쟁에서, 키케로의 웅변이 카이사르의 비판보다 우위를 점했다. 자살을 찬양하는 진영이 비난하는 진영보다 훨씬 우세했으며, 이후로도 자유를 사랑하는 이들은 카토를 공화정의 가장 존경할 만한 순교자로 여겼다.

레츠 추기경의 말처럼, 파벌의 수장은 언제나 옳다. 그는 동료들의 신뢰를 얻는 한, 그 어떤 행동도 정당화될 수 있다. 추기경은 자신이 여러 차례 그러한 경험을 통해 그 진리를 확인했다고 고백했다. 카토는 여러 덕목 외에도, 술자리의 흥을 돋우는 데 능한 인물로 알려져 있었다. 카토의 정적들이 그를 늘 술에 취한 방탕한 사람이라 몰아세우자, 세네카는 이렇게 응수했다. "카토가 절제 없이 타락했다는 것을 증명하는 것보다 그의 술버릇마저 고결하고 품위 있었다는 것을 증명하는 일이 훨씬 더 쉬울 것이다."

로마 제정 시기에는 이러한 방식의 죽음, 즉 자살이 오랫동안 하나의 유행처럼 널리 퍼져 있었던 것으로 보인다. 소 플리니우스의 서간집에는 자살을 택한 여러 인물의 이야기가 등장하는데, 냉철하고 신중한 스토아 철학자의 눈으로 보자면 이들 대부분은 정당하거나 불가피한 이유보다는 허영심과 과시욕에 따라 죽음을 선택한 듯하다.[71]

---

70 여기서는 마르쿠스 포르키우스 카토(소 카토, 기원전 95-46)를 말한다. 키케로가 기원전 46년에 쓴 『카토』에서 카토의 죽음은 강력히 찬양되었고, 이에 반해 카이사르는 『안티카토』를 집필하여 그 죽음을 비판했다(현재는 대부분 소실되었다). 카토는 공화정 말기 내전에서 폼페이우스를 지지했으나, 카이사르가 승리하고 자신이 머물던 아프리카의 모든 도시가 항복하자, 스스로 항복하기를 거부하고 자결을 택했다. 그는 자살 전날 밤 플라톤의 『파에돈』을 읽은 것으로 전해진다. 이 작품은 철학자의 죽음을 다룬 대화편으로, 진정한 철학자는 죽음을 영혼이 육체로부터 해방되는 과정으로 이해하며, 천상에 이른 영혼은 선한 친구들과 함께 영원한 삶을 누린다고 묘사된다.

71 대표적인 로마 시대의 자발적 죽음 사례로 아리아와 그 남편 파에투스의 이야기가 있다. 파에투스는 클라우디우스 황제 시절, 집정관을 지냈으며 서기 42년 달마티아

유행에 민감한 여성들마저, 꼭 그럴 이유가 없는데도 스스로 목숨을 끊는 선택을 하곤 했다. 어떤 경우에는 벵골의 여성들처럼 남편의 죽음을 따라 무덤까지 동행하기도 했다.[72] 이렇게 죽음이 하나의 유행처럼 번지면서, 원래라면 일어나지 않았을 죽음들이 실제로 적지 않게 발생했다. 다만 인간의 허영과 무분별한 감정에서 비롯된 이러한 혼란스러운 현상이 아주 대규모로 확산된 것은 아닌 듯하다.

죽음을 말한 철학, 삶을 지킨 철학

자살을 옹호하거나 찬양하는 원칙—즉, 어떤 상황에서 인간이 자살이라는 극단적 행위를 인정받을 수 있는지를 논하는 원칙—은 이른바 자살 철학의 가장 세련된 형태에서 비롯된 것이다.[73] 그러나 자연은, 우리가 건강하고 건전한 상태에 있을 때, 결코 자살을 유도하지 않는다.

반란에 연루되어 본국으로 송환된 뒤 자살 명령을 받았다. 이 명령을 거부하면 즉시 군사들이 들이닥쳐 곤봉으로 머리를 내리쳐 기절시키고 칼로 잔혹하게 찔러 죽였으며, 그의 재산은 몰수되고 시신은 매장도 허락되지 않았다. 자신도 죽을 각오를 했던 아리아는 두려움에 망설이던 남편을 향해 마지막 용기를 북돋아주었다. 그녀는 남편의 허리에서 단도를 뽑아 들고 "여보, 이렇게 하는 거예요"라고 말하며 자신의 가슴을 찔렀다. 숨이 끊어지기 직전, "여보, 아프지 않아요"(Phaete, non dolet)라고 말하며, 마지막 순간까지도 남편의 두려움을 덜어주려 애썼다. 파에투스는 아내의 피가 묻은 그 칼로 자신의 가슴을 찔러 자결했다.

72 옛 인도의 풍습인 사티(suttee)를 의미한다. 인도에서는 남편이 먼저 사망하면 살아 있는 아내는 그의 화장 때 함께 불타 죽어야 하는 풍습이 있었다. 인도를 오랜 세월 식민지로 지배했던 대영제국은 이 풍습을 없애기 위해 상당한 노력을 했으나 근절되지 않았다. 사티는 진정한 아내를 의미하는 산스크리트어 사티(sati)에서 왔다.

73 자살의 정당성에 관한 논의가 다시 본격화된 데에는, 데이비드 흄 사후인 1777년에 출간된 그의 에세이 「자살에 관하여」가 어느 정도 영향을 미쳤다. 이 글에서 흄은 자살이 비난받을 일이 아니라는 입장을 옹호하며, "모든 고대 철학자들의 견해"를 근거로 제시하고자 했다. 그러나 실제로 글에서 명시적으로 언급된 인물은 세네카, 타키투스, 플리니우스, 세 사람뿐이었다.

실제로 세상에는 우울증이라는 실질적인 질환이 존재한다. 이는 인간 본성이 겪는 여러 재난 중 하나로, 극심한 자기파괴 충동을 동반한다. 이 병에 걸린 사람은 저항할 수 없는 죽음의 충동에 시달리며, 때로는 외부적으로 아무 문제가 없어 보이는 상황—가령 사회적 성공이나 종교적 감동이 극대화된 순간—에서도 불쌍한 희생자들을 자살이라는 극단적 선택으로 몰고 가곤 한다.

이처럼 병적 충동에 휘말려 목숨을 끊은 사람들은 책망의 대상이 아니라 오히려 위로와 연민을 받아야 마땅하다. 인간으로서 감내할 수 있는 고통의 범위를 한참 넘어선 상태에서 그들을 비난하거나 처벌하려는 시도는 부당할 뿐 아니라 비이성적이기까지 하다. 더욱이 그런 자살이 남겨진 친구나 가족에게 끼치는 충격은 이루 말할 수 없다. 그들은 언제나 완전히 무고하며, 사랑하는 이의 죽음을 그런 방식으로 맞이해야 한다는 사실만으로도 이미 깊은 상처를 입는다.

자연은 건강한 상태에 있는 인간에게 언제나 고통을 피하려는 방향으로 작용한다. 많은 경우, 자연은 우리에게 위험을 무릅쓰더라도 자신을 보호하라고 요구하며, 그 과정에서 죽음에 이를 수도 있다. 우리가 어떤 고통으로부터 결코 벗어날 수 없고, 그 속에 머물러야만 할 때도, 자연의 법칙이나 공정한 관찰자의 판단, 혹은 인간 본성 깊은 곳의 도덕 감정은 그 해답으로 자살을 명령하지 않는다.

우리가 자살을 결심하게 되는 진짜 이유는 고통을 이겨낼 만큼의 용기와 단호함이 우리 안에 부족하다는 사실을 스스로 깨달았기 때문이다. 결국 자살은 강인함이 아니라 나약함의 결과일 뿐이다. 아메리카 원주민이 적대적인 부족에게 붙잡혔을 때, 고문과 조롱을 피하기 위해 스스로 목숨을 끊었다는 이야기를 들어본 적은 없다. 그는 차라리 남자답게 고문을 견뎌내며, 자신을 조롱한 적에게 열 배의 경멸과 조롱으로 맞서는 편을 더 영예로운 태도로 여긴다.

삶과 죽음을 모두 담담하게 받아들이면서도, 동시에 신의 뜻과 자연의 섭리에 완전히 순응하고, 인생에서 벌어지는 모든 일을 기꺼이 받아들이는 이런 태도는 스토아 철학의 도덕 체계를 이루는 두 가지 핵심 사상에서 비롯된다. 하나는 독립적이고 기백 넘치지만 때때로 냉혹했던 에픽테토스의 사상에서, 다른 하나는 온화하고 자애로우며 인정 많은 또는 안토니누스(마르쿠스 아우렐리우스)의 철학에서 유래한 것이다.[74]

에픽테토스는 본래 에파프로디토스라는 주인의 해방 노예였다. 젊은 시절에는 잔혹한 주인의 학대에 시달렸고, 장년기에는 로마 황제 도미티아누스의 시기와 변덕으로 인해 로마와 아테네에서 추방되어 니코폴리스에 유배되었다. 당시 그는 언제든지 기아라 섬으로 추방되거나 처형될 수 있다는 불안 속에서 살았다. 그가 폭정 속에서 평정을 지킬 수 있었던 유일한 방법은, 인간 삶 자체를 철저히 경멸하는 마음가짐을 키우는 것이었다.[75] 에픽테토스는 대체로 큰 기쁨을 표현하지 않는 인물이었다. 그러나 유일하게 활력과 생동감이 넘쳤던 순간이 있었으니, 그것은 그가 인간 삶의 모든 쾌락과 고통이 얼마나 헛되고 덧없는지를 강하게 설파할 때였다.

---

74 여기서 로마 스토아학파 내부에 존재했던 두 가지 뚜렷한 흐름을 확인할 수 있다. 하나는 자기 제어를 중시하는 흐름이고, 다른 하나는 자애를 강조하는 흐름이다. 애덤 스미스는 이러한 구분을 인식하고 있었으며, 그의 해석은 가타커(『스토아학파의 격언들』)나 흄(『스토아학파』)과 일정 부분 차이를 보인다. 가타커와 흄 역시 스미스처럼 섭리와 자애에 초점을 맞췄지만, 자기 제어의 강조는 상대적으로 약했다.

75 도미티아누스(재위 81-96)는 서기 89년, 이탈리아 전역에서 철학자들을 추방했는데, 이는 그의 아버지 베스파시아누스가 로마에서 철학자들을 내쫓은 지 불과 18년 뒤의 일이었다. 에픽테토스는 그 박해를 피해 니코폴리스로 이주했으며, 이후 마르쿠스 아우렐리우스와 더불어 애덤 스미스에게 깊은 영향을 끼친 스토아 철학자로 평가된다.

철학자 황제 마르쿠스 아우렐리우스

문명화된 로마 세계의 절대 군주였던 온화한 황제 마르쿠스 아우렐리우스는 자신에게 주어진 역할이나 운명에 대해 그 어떤 불평도 품지 않았다. 그는 일상의 모든 과정에 만족을 느꼈고, 일상의 흐름 속에서 일반적인 시선으로는 미처 인식되지 않는 세밀한 아름다움까지도 발견하며 기쁨을 누렸다.

그는 청년기와 노년기 모두 그 나이만의 적절함과 품위가 있음을 인정하며 높이 평가했다. 청춘의 활력과 건강함이 자연의 일부인 것처럼 노년기의 나약함과 쇠퇴 역시 자연의 일부로 받아들였다. 죽음이 노년기의 적절한 결말이라면, 청년기는 유년기의 결말이며, 성년기는 청년기의 결말이라는 식이다. 모든 인생의 국면은 그 자체로 자연에 속하고, 필연적인 흐름 속에 있다는 것이 그의 인식이었다.

황제는 어느 글에서 이런 비유도 남겼다. "우리는 의사가 환자에게 말을 타라거나 냉수 목욕을 하라거나 맨발로 걷도록 처방하는 것을 흔히 본다. 그렇다면 세상을 다스리는 위대한 의사이자 지휘자인 자연이 어떤 사람에게 질병을, 또 어떤 사람에게는 사지 절단을, 그리고 또 다른 이에게는 자식의 죽음을 처방했다고 말하는 것도 같은 이치일 것이다."

실제로 평범한 의사의 처방만으로도 환자들은 쓰디쓴 약을 넘기고, 고통스러운 수술을 기꺼이 견딘다. 단지 그 처방이 언젠가 건강을 회복시켜 줄 수도 있다는 희박한 가능성만으로도 말이다. 이와 마찬가지로 인간 역시 자연이라는 더 크고 지혜로운 의사가 내리는 고통스러운 처방─불치병, 상실, 재난─을 결국 자신에게 건강과 번영, 나아가 궁극적인 행복을 가져다줄지도 모른다는 믿음으로 받아들여야 한다.

아우렐리우스는 나아가 이렇게 확신했다. 자연이 내리는 이런 고통스러운 결정들은 개인의 행복에 머물지 않고, 세상의 건강과 번영 그리고 유피테르의 위대한 섭리와 조화를 이루는 우주의 질서 전체에도 기여한다는 것이다. 만일 그것이 진정으로 부당하고 불필요한 일이었다면 전지한 창조자이자 우주의 지휘자인 자연이 세상에 그것을 허락했을 리 없다.

세상 만물은 가장 미세하고 사소한 부분조차도 서로 긴밀히 맞물려 있으며, 모두가 하나의 거대한 통합적 질서와 조화를 이루도록 설계되어 있다. 따라서 이 우주에서 일어나는 모든 사건은, 아무리 사소하고 하찮아 보일지라도, 시작도 끝도 없는 인과의 사슬 속에서 반드시 필요한 일부이며, 전체 체계의 존속과 유지에 필수적인 요소다. 모든 사물은 그 자체로 전체의 구조와 배열 속에서 주어진 자리와 역할을 갖는다. 그렇기 때문에 이 체계를 구성하는 어떤 것도 불필요하거나 우연히 존재하는 것은 없다.

그런데 자신에게 닥친 일을 진심으로 받아들이지 못하고, 차라리 일어나지 않았기를 바란다면 이는 무엇을 뜻하는가? 그는 단지 개인의 불만을 표출하는 데 그치는 것이 아니라 세상의 운동을 거스르고, 그 운동을 가능하게 하는 원인과 결과의 거대한 연쇄를 끊어내려는 자와 같다. 그러나 그러한 연쇄와 체계가 유지될 때에만, 이 우주의 질서와 조화 역시 지속될 수 있다. 결국 사소한 불편을 피하려 눈앞의 일을 거부하는 사람은, 세계라는 거대한 유기체의 질서를 깨뜨리고 뒤흔들려는 자와 같다.

마르쿠스 아우렐리우스는 다른 글에서 다음과 같이 말했다. "오, 세상이여. 그대에게 알맞은 모든 것은 나에게도 알맞다. 그대에게 때맞춘 일이라면, 내게도 결코 이르지도 늦지도 않다. 그대의 계절이 가져다주는 모든 것은 내게 열매로 맺힌다. 그대로부터 모든 것이 나오고, 그대 안에 모든 것이 있으며, 그대를 위해 모든 것이 존재한다. 어떤 이는 '오, 사랑하는 케크롭스의 도시여!'라고 말한다. 하지만 너는 이렇게 말하지 않겠는가? '오, 사랑하는 신의 도시여!'라고."

스토아학파 철학자들 혹은 적어도 그 일부는 이처럼 정교하고 통합적인 우주관에서 출발해, 그들의 다양한 철학적 역설들을 논리적으로 연역하고자 했다.

아주 작은 것과 아주 거대한 것이 상통한다는 역설

스토아학파의 현인은 세상을 다스리는 위대한 관리자, 곧 신적 이성의 관점에 자신을 일치시키려 노력한다. 그는 신의 시선에서 사물을 바라보려 하며, 인간적 감정이나 판단이 아닌 우주의 섭리에 따라 만사를 이해하고자 한다.

그런데 그 위대한 관리자, 즉 조물주는 자신의 섭리 안에서 일어나는 모든 사건을 동일하게 바라본다. 인간이 보기에는 어떤 사건이 작고 사소해 보이고, 어떤 사건은 거대하고 중대해 보일 수 있다. 하지만 조물주의 관점에서는 둘 사이에 본질적인 차이가 없다. 시인 포프의 표현을 빌리자면, 한 개의 비눗방울이 터지는 일이나 세상이 통째로 무너지는 일이나 조물주에게는 동일한 사건에 불과하다. 그 이유는 이 모든 사건이, 크든 작든 간에, 영원의 차원에서 예정된 인과의 연쇄 속에 있는 동등한 한 조각이기 때문이다. 그리고 이 모든 것은 동일한 우주적 자애와 무오류의 지혜로부터 비롯된 결과다.

스토아의 현인 역시 조물주와 같은 시선으로 세상을 바라보려 한다. 그에겐 크고 작은 사건 사이의 경계가 의미 없다. 다만 그는 자신에게 맡겨진 작은 영역—일상에서 실제로 판단하고 행동할 수 있는 제한된 범위— 안에서 가장 합리적이고 적절하게 행동하려 애쓴다. 그것이 자신의 도리이자 운명이다. 그러나 그 결과가 성공이든 실패든, 그는 집착하지 않는다. 그가 맡은 소우주가 최고의 번영을 이루든 완전히 무너지든, 그것이 전적으로 자신의 통제에 달려 있지 않음을 잘 알기 때문이다. 물론 모든 것이 자신의 의지에 달려 있었다면 그는 당연히 번영을 선택하고 파괴를 피했을 것이다. 하지만 세상은 그런 식으로 움직이지 않는다.

그 결과가 자신의 통제 밖에 있음을 아는 사람은, 더 높은 지혜에 자신을 맡기며 어떤 일이 일어나더라도 놀라지 않는다. 그는 이렇게 생각한다. "만약 내가 세상의 모든 사물이 얽힌 연관성과 인과의 질서를 온전히 알았다면 지금 내게 닥친 이 일이야말로 내가 진정으로 원했던 것이라 여겼을 것이다." 그는 그런 마음으로 운명을 온전히 받아들이며, 지금 벌어진 현실에 깊은 만족을 느낀다. 그가 취한 모든 행위는 원칙의 지침에 따라 수행되었기에, 어떤 것이든 동일하게 완전하다.

스토아학파 철학자들이 자주 말하는 역설적 표현을 빌리자면, 그가 단지 손가락 하나를 뻗었을 때조차, 마치 조국을 위해 목숨을 바친 것과 다름없이 칭찬받고, 존중받을 만한 가치 있는 행위를 수행한 셈이다. 세상을 통치하는 위대한 이성(조물주)에게는 세상을 창조하거나 파괴하는 일이나, 하나의 거품이 생겨나고 터지는 일이나 그 모두가 동등하게 쉬운 일이며, 동일한 신적 지혜와 자애의 표현이기 때문이다.

따라서 스토아 현인의 관점에서 보자면 우리가 흔히 말하는 위대한 행동이라는 것도 사소한 행동보다 더 많은 노력이나 고귀함이 필요한 것이 아니다. 둘 다 같은 원칙에서 나왔고 수행되는 방식도 똑같이 자연스럽다. 결국 위대한 행동은 어떤 면에서도 사소한 행동보다 우월하지 않으며, 더 큰 찬사나 영광을 요구할 이유도 없다.

완전한 삶이 아니면 아무것도 아니다

완전한 지혜에 도달한 사람은 누구나 똑같이 행복하다. 반면 그 경지에 조금이라도 미치지 못한 사람은, 그가 그 상태에 얼마나 근접했는지에 상관없이 동일하게 비참하다. 그 비유는 명확하다. 물속에서 단 1인치 아래에 있는 사람이나 100야드 아래에 있는 사람이나 똑같이 숨을 쉴 수 없다는 것과 같다.

따라서 자신의 사사로운 감정(개인적 · 편파적 · 이기적 욕망)을 완전히 억제하지 못한 사람, 보편적 선과 행복이 아닌 다른 무엇인가를 진지하게 추구하는 사람, 자기 중심적 열망에 집착하면서, 그것을 충족시키기 위해 분투하는 사람, 그리고 그런 열망에서 파생되는 고통과 혼란의 수렁에서 벗어나지 못한 사람은 결코 참된 자유와 평온의 경지에 도달할 수 없다.

진정한 현인의 삶은 오직 이러한 모든 조건을 초월한 사람만이 누릴 수 있다. 그는 자유와 독립의 맑은 공기를 들이마시며, 흔들림 없는 내적 평온과 완전한 행복을 누릴 수 있다. 스토아 철학자들 중 일부는, 현인의 행위가 언제나 완전하며, 그것도 모든 면에서 고르게 완전하다고 말한다. 그러므로 이 지혜에 도달하지 못한 사람의 행위는 언제나 불완전하며, 그 또한 고르게 흠결이 있다.

그들의 논리에 따르면 진리는 모두 똑같이 참이고 거짓은 모두 똑같이 거짓일 뿐, 더하거나 덜할 수 없다. 마찬가지로 하나의 고귀한 행위는 다른 고귀한 행위보다 더 명예로울 수 없으며, 하나의 수치스러운 행위는 다른 수치스러운 행위보다 더 부끄러울 수 없다. 이는 명중을 목표로 화살을 쐈을 때, 단 1인치를 빗맞힌 경우나 100야드를 벗어난 경우 모두 결국은 빗나간 것이라는 사실과 같다.

그리하여 우리가 보기에는 아무렇지도 않아 보이는 사소한 행동이라 해도, 충분한 이유 없이 부적절하게 행한 것이라면, 그것은 우리가 보기엔 중대한 악행으로 여겨지는 행동—예컨대 살인—을 저지른 경우와 도덕적으로 본질적인 차이가 없다. 예컨대 아무런 정당한 이유 없이 닭을 죽인 사람은 아버지를 살해한 사람과 본질적으로 다르지 않다는 것이 스토아학파 일부 철학자들의 주장이다.

스토아 철학, 말장난인가 실천 윤리인가?

그 두 가지 역설[76] 가운데 첫 번째는 억지스럽다고 할 수 있고, 두 번째는 아예 논할 가치조차 없는 황당무계한 주장이다. 사실 너무 터무니없어, 본래의 의미가 오해되었거나 전승 과정에서 왜곡되었을 가능성이 높다고 의심할 수밖에 없다. 아무리 스토아 철학이 역설적 표현을 즐겼더라도, 제논이나 클레안테스처럼 단순하면서도 정묘한 웅변을 구사한 인물들이 이러한 과장된 역설들—혹은 대부분의 역설들—을 직접 썼다고 보긴 어렵다. 그 역설들은 대체로 억지스러운 트집에 불과하며 스토아 철학의 품위를 높이는 데 전혀 기여하지 않으므로 더 이상 논할 가치가 없다고 본다.

나는 이러한 역설들이 제논과 클레안테스의 제자이자 열성 추종자였던 크리시포스에게서 비롯되었을 것으로 본다. 오늘날 전해지는 기록들을 종합해보면 그는 취향이나 품위에는 별다른 감각이 없었지만, 논리적 추론 능력만큼은 탁월했던 일종의 현학자였다. 그는 스토아 철학의 교리를 일종의 스콜라 철학식 체계—개념 정의, 구분, 미세한 세목 구분 등—로 조직화한 최초의 인물이었을 것이다. 그러나 그러한 인위적 체계는 도덕적·형이상학적 사유에 내재된 일정한 양식을 오히려 훼손하는 방향으로 작용했다. 이처럼 도식에 치우친 사람은, 스승들이 말한 완전한 미덕을 지닌 자의 행복과 그렇지 못한 자의 불행이라는 극단적 대비를 지나치게 문자 그대로 받아들였을 가능성이 크다.

실제로 스토아학파는 완전한 미덕과 행복의 경지에는 이르지 못했

---

76   앞서 나온, "손가락 하나를 뻗는 행위와 조국을 위한 죽음이 도덕적으로 동등하다"는 주장과, "닭을 죽인 사람과 아버지를 죽인 사람 사이에 본질적 차이가 없다"는 주장을 말한다.

더라도 사람들 안에 어느 정도의 능숙함은 있다고 보았다. 그들은 이런 이들을 도덕적 성숙의 단계에 따라 나누었고, 이들이 행한 불완전한 미덕을 '올바름'이라 부르지 않았다. 대신 '적절함', '합당함', '온당함'이라 하여 그럴 듯한 이유와 개연성을 갖춘 조화로운 행위로 이해했다. 이런 구분은 충분히 납득할 만한 설득력을 지닌 것이었다.

이 적절성에 해당하는 라틴어는 키케로가 '의무'(officia)로 표현했고, 세네카는 이를 '조화'(convenientia)라고 불렀다. 내 판단으로는 세네카의 표현이 보다 정확한 의미를 담고 있다. 스토아학파가 말한 실천적 도덕철학은, 이렇게 불완전하지만 현실에서 충분히 실현 가능한 미덕들을 중심으로 구성되어 있다. 이는 키케로의 『의무론』이 말하는 주제이기도 하며, 현재는 소실된 마르쿠스 브루투스의 또 다른 저서에서도 같은 주제가 다뤄졌다고 한다.

공정한 관찰자와 뜨거운 심장 사이

자연이 인간 행위를 구성하고 지도하는 방식은, 스토아학파 철학이 제시하는 계획과 체계와는 본질적으로 다르게 보인다. 우리는 자연스럽게 자신과 가까운 삶의 영역, 이를테면 자기 자신이나 친구, 조국과 관련된 일에 강한 관심을 쏟으며, 그 속에서 희망과 두려움, 기쁨과 슬픔 같은 감정을 크게 경험한다. 그리고 이러한 감정이 때로 지나치게 격렬해져 우리를 흔들 때, 자연은 그에 대한 교정과 균형의 원리를 함께 마련해놓았다. 즉 현실에 존재하거나 혹은 상상 속에 존재하는 공정한 관찰자 또는 마음속의 사람이라 불리는 도덕적 권위가 항상 우리 가까이에 존재하며, 이 격정들을 통제하고 중용(中庸)의 균형 잡힌 상태로 이끌어가도록 우리를 권면한다.

비록 최선을 다했지만 작은 영역에서 일어난 일이 불행하게 끝나더라도 자연은 우리를 위로 없이 버려두지 않는다. 먼저, 내면의 도덕적 자아가 주는 정당한 승인에서 위로가 시작된다. 더 나아가 위로는, 인간의 삶을 이끄는 자비롭고 지혜로운 질서에 대한 신뢰에서 온다. 우리가 겪는 고통조차도 결국 전체의 선을 이루는 데 필요한 과정이라는 믿음, 그리고 그 섭리에 대한 겸허한 순응이 우리에게 큰 힘과 위로를 준다.

자연은 이러한 숭고한 명상—즉 깊은 사유와 통찰—을 인간 삶의 위대한 과업이나 본질적 사명으로 삼지 않았다. 자연은 그것을 그저, 우리가 불행을 겪을 때 주어지는 위안의 자원으로 제시했을 뿐이다. 반면 스토아 철학은 이를 인간 삶의 중심 과업이자 실천 목표로 삼는다.[77] 스토아 철학은 우리에게 이렇게 가르친다. 어떤 상황에서도 우리의 관심은 오직 마음의 질서 그리고 우리가 내리는 선택과 거부의 적절성에만 집중되어야 하며, 그 외의 모든 것—특히 우리가 전혀 통제하거나 지시할 수 없는 일들, 곧 세상의 위대한 관리자(조물주)가 관장하는 영역—에 대해서는 깊이 염려할 필요가 없다고 말이다.

스토아 철학은 우리가 그 어떤 개인적, 편파적, 이기적 감정에도 휘둘리지 않도록 가르친다. 더 나아가, 그런 감정들을 단순히 누그러뜨리는 것에 그치지 않고, 근본적으로 제거하려는 훈련을 강조한다. 그 결과 우리는 자신이나 친구, 조국에게 어떤 일이 닥쳐도 공정한 관찰자가 가질 최소한의 연민이나 감정의 흔들림조차 느끼지 않게 된다.

---

77 애덤 스미스의 설명은, 인생의 '결말'(telos)에 대한 스토아학파의 개념을 다룬 디오게네스의 논의와 비교해볼 수 있다. 디오게네스는 오직 명상에만 몰두하는 삶과 오직 실천적 활동에만 전념하는 삶, 모두를 불완전한 삶의 형태로 보았다. 그는 인간의 이성적 본성에 부합하려면, 명상과 행동이라는 두 영역 모두에 균형 잡힌 여지를 두는 삶이 바람직하다고 보았다. 이와 유사하게, 키케로 역시 정신적 수양에만 치우치고 육체의 덕목을 경시하는 스토아 철학의 경향을 비판한 바 있다.

스토아 철학은 우리에게 이렇게 말하는 셈이다. 자연이 우리에게 일상생활의 적절한 과업으로 규정해준 모든 일은, 그 결과가 성공이든 실패이든 상관없이 무심할 수 있어야 하며, 오직 내면의 질서와 의지의 일치만이 우리의 진정한 관심사가 되어야 한다.[78]

철학적 추론은 우리의 이해를 흐리게 만들고 때로는 기존의 인식을 흔들어놓는다. 그러나 그것이 자연이 원인과 결과 사이에 정립해 놓은 필연적 관계를 근본적으로 무너뜨릴 수는 없다. 우리의 소망과 혐오, 희망과 두려움, 즐거움과 슬픔은—스토아 철학의 모든 이론적 설명에도 불구하고— 인간 각자가 실제로 느끼는 감정의 강도에 따라, 그에 상응하는 적절하고 필연적인 결과를 반드시 불러온다.

그럼에도 우리 내면에 자리한 도덕적 자아, 곧 내면적 인간 혹은 공정한 관찰자의 판단은 이러한 철학적 추론에 크게 영향을 받을 수 있다. 이 위대한 동거인은 철학적 이성을 통해 우리의 개인적이고 편파적이며 이기적인 감정을 누르고, 그 감정들을 보다 절제되고 평온한 상태로 이끌려는 시도를 할 수 있다. 이 내면의 판단을 인도하고 조율하는 것이야말로 모든 도덕 체계가 지향하는 핵심 목적이다.

스토아 철학이 그 추종자들의 성격과 삶의 방식에 큰 영향을 미쳤다는 점은 의심의 여지가 없다. 때로는 그것이 과도한 원칙주의로 이어져 불필요한 극단이나 폭력을 낳기도 했지만 그 철학의 일반적인 지향은, 추종자들을 격려해 영웅적인 관대함과 보편적인 자비를 실천하게 하는 것이었다.

---

78 스토아 철학에서 말하는 '무관심'은 그리스어로 '아파테이아'(apatheia)라고 불리며, 이는 격정으로부터 완전히 자유로운 상태를 의미한다.

IV. 공정한 감정 없이 미덕은 설명되지 않는다

고대의 미덕론 외에도, 몇몇 현대 철학 체계들은 미덕의 본질을 새롭게 정의하고자 했다. 이에 따르면 미덕은 단순히 올바른 행동을 하는 데 있지 않고, 그 행동을 일으킨 감정이 적절한가, 나아가 그 감정을 불러일으킨 원인이나 대상이 합당한가에 달려 있다.

예컨대 클라크 박사는 미덕을 '사물 간의 관계에 따라 합당하게 행동하는 것'으로 보았다. 그는 상황이나 관계에 맞는 적절한 행동을 취하는 데서 미덕이 비롯된다고 주장했다. 울러스턴은 미덕을 '사물의 진실에 따른 행위'라고 정의했다. 즉 사물의 본성과 실재에 부합하게 행동하며, 사물을 실제와 다르게 다루지 않는 것이 곧 미덕이라는 것이다. 한편 새프츠베리 경은 미덕을 '감정들 사이의 균형과 조화'로 이해했다. 그는 미덕이란 어떤 격정도 제자리를 넘지 않도록 조절하며, 감정의 절제와 균형을 유지하는 것이라고 보았다.

이러한 이론들은 서로 다른 방식으로 미덕을 설명하지만 결국 같은 개념을 불완전하거나 모호하게 표현한 데 불과하다. 그리고 이들 이론 중 어떤 것도 감정의 적절성 또는 부적절성을 가늠할 수 있는 명확하고 일관된 기준을 제시하지 못한다. 우리가 의지할 수 있는 유일한 기준은 공정하고 교양 있는 관찰자가 느끼는 동정적 감정뿐이다. 그 외의 어떤 이론 체계에서도 그러한 감정이 타당한지를 판단할 신뢰할 만한 기준은 찾을 수 없다.

이러한 이론 각각은 미덕에 대해 나름대로 설명을 시도했으며, 실제로 설명을 제시했든 그럴 의도를 내포했든 일정한 타당성을 지니고 있다. 물론 일부 현대 철학자들은 자신들의 생각을 표현하는 데 있어 언어적 정확성이나 전달력 면에서 다소 미흡한 점이 있기는 하다. 그러나 기본적으로 적절성 없이 미덕은 성립할 수 없으며, 적절성이 명확히 드러나는 곳이라면, 그 행위는 일정 수준에서 도덕적 승인을 받아 마땅하다.

그럼에도 이런 설명들은 여전히 불완전하다. 적절성은 모든 도덕적 행위에 꼭 필요한 요소이지만 그것만으로는 도덕성을 완전히 설명할 수 없다. 예를 들어 자애로운 행동은 단순히 적절한 수준을 넘어 그 자체로 칭찬과 보상의 가치를 지닌다. 그러나 앞서의 이론들은 이런 자애적 행위가 불러일으키는 깊은 존경심이나 다양한 감정 반응의 복합성을 충분히 설명하지 못한다. 악덕에 대한 설명은 이보다 더 부족하다.

부적절성은 모든 포악하고 비도덕적인 행위에 반드시 포함되지만 그것만으로는 충분하지 않다. 예를 들어 겉보기에는 해가 없어 보이는 사소한 행동에도 심각한 부조리가 숨어 있을 수 있다. 반대로 타인을 고의로 해치려는 중대한 악행은 단순한 부적절성을 넘어 고유한 성격을 띠며, 그 때문에 우리는 단순한 비난을 넘어 분노와 응징, 처벌의 감정을 느낀다. 그러나 지금까지의 어떤 체계도 우리가 이런 행위에 대해 갖는 강한 혐오와 응징의 감정을 충분히 설명하지 못한다.

제2장

신중함을 미덕으로 보는 체계에 대하여

◆

신중함을 미덕으로 보는 체계 중 가장 오래되었고, 그 자료가 비교적 풍부하게 전해지는 것은 에피쿠로스의 체계다. 전하는 바에 따르면 그는 자신의 철학적 원칙 대부분을 앞선 철학자들로부터 차용했고, 특히 아리스티포스의 영향을 많이 받았다. 이 주장은 개연성이 있으나, 설령 사실이라 하더라도 그러한 원칙들을 구체적으로 적용하고 체계화한 방식은 전적으로 에피쿠로스 자신의 고유한 것이다.[79]

에피쿠로스에 따르면[80] 신체적 쾌락과 고통은 인간의 자연스러운 욕구와 혐오의 유일하고도 궁극적인 대상이다. 그는 이것이 너무나 자명

---

79 에피쿠로스는 자신의 형이상학 체계를 데모크리토스로부터, 윤리학 체계는 아리스티포스로부터 차용했다는 비판을 받아왔다.

80 키케로의 『최고선악론』 제1권과 디오게네스 라에르티오스의 『철학자들의 삶』 제10권을 참조하라. ―원주

해 따로 논증할 필요가 없다고 여겼다.[81] 물론 쾌락이라고 해서 언제나 추구해야 할 것은 아니며, 고통이라고 해서 무조건 피해야 할 것도 아니다. 어떤 쾌락은 더 큰 고통을 초래하거나 더 큰 쾌락을 방해할 수 있기 때문에 피해야 하고, 어떤 고통은 더 큰 쾌락을 얻기 위한 수단으로서 감내할 수 있다. 중요한 것은, 이 모든 판단의 기준이 결국 신체적 쾌락과 고통에 근거한다는 점이다. 그것이 인간 욕구의 자연적 대상이며, 동시에 유일한 최종 목적이라는 것이 에피쿠로스의 주장이다.

그에 따르면 우리가 어떤 대상을 소망하거나 회피하는 이유는 그것이 쾌락이나 고통을 유발할 경향이 있기 때문이다. 쾌락을 추구하는 성향은 권력과 부를 가치 있는 것으로 만들고, 고통을 피하려는 성향은 무명과 빈곤을 혐오의 대상으로 만든다. 마찬가지로 명예와 명성은 타인의 존경과 애정을 통해 쾌락을 제공하고 고통을 예방하므로 소중한 것으로 여겨진다. 반대로 불명예와 악평은 타인의 경멸과 적의를 초래하여 신체적 위협으로 이어지기에 기피 대상이 된다.

정신적 쾌락과 고통도 본질적으로 신체적 감각에 기반한다. 정신은 과거에 누렸던 육체적 쾌락을 회상하거나 미래의 쾌락을 기대할 때 기쁨을 느끼고, 과거의 고통을 떠올리거나 앞으로의 고통을 두려워할 때 고통을 경험한다. 이처럼 정신의 감정조차 결국은 신체적 감각의 연장선에 있다는 것이 에피쿠로스 철학의 핵심이다.

죽음을 두려워하지 않을 때, 고통은 힘을 잃는다

그러나 정신의 쾌락과 고통은 비록 궁극적으로 신체에서 비롯되지

---

81 에피쿠로스는 쾌락을 인간 삶의 궁극적 선으로 보았으며, 더 큰 미래의 쾌락을 위해 때로는 현재의 쾌락을 자제하고, 지금의 고통을 감내해야 한다고 가르쳤다.

만, 그 강도는 신체의 감각보다 훨씬 더 크다. 신체는 오직 현재의 찰나적인 감각만을 느끼는 반면 정신은 과거의 기억과 미래에 대한 기대를 함께 감각한다. 이로 인해 정신은 신체보다 더 깊은 고통과 더 큰 즐거움을 경험하게 된다.

에피쿠로스에 따르면 우리가 극심한 신체적 고통을 겪을 때 주의를 기울여보면 실제로 우리를 가장 괴롭히는 것은 현재의 고통 그 자체가 아니라 고통스러웠던 과거의 기억이나 앞으로 닥칠 더 큰 고통에 대한 두려움이라는 사실을 깨닫는다. 각 순간의 고통을 그 자체로 떼어 본다면 실제로는 아주 미약해 거의 신경 쓸 필요조차 없는 수준이다. 신체가 느끼는 고통이란 본질적으로 그 정도에 지나지 않는다.

이와 마찬가지로 우리가 가장 큰 쾌락을 누리는 순간에도 신체가 느끼는 현재의 감각은 전체 행복의 일부에 불과하며, 실제로는 과거의 즐거운 기억이나 미래에 대한 기대로부터 더 큰 즐거움이 비롯된다. 정신이야말로 인간의 기쁨과 고통을 더욱 풍부하게 증폭시키는 중심 역할을 담당한다.

결국 인간의 행복과 고통은 주로 정신에 달려 있다. 따라서 정신이 온전하고, 우리의 생각과 판단이 올바르다면 신체가 어떤 영향을 받든 그것은 그리 중요한 문제가 되지 않는다. 설령 심한 신체적 고통을 겪고 있더라도, 이성과 판단력이 제 기능을 유지한다면 우리는 여전히 상당한 행복을 누릴 수 있다.

우리는 과거의 즐거운 기억이나 미래의 기대를 통해 스스로 위로할 수 있고, 고통의 순간조차 그것이 불가피한 것임을 납득함으로써 고통을 견디는 힘을 얻는다. 지금 느끼는 고통은 어디까지나 찰나의 감각일 뿐이며, 그것만 따로 떼어 생각하면 실상 그리 크지 않다는 것을 떠올릴 수 있다. 고통의 지속에 대한 두려움은 본래 정신의 해석에서 비롯되며, 이는 더 올바른 감정으로 충분히 조절할 수 있다.

에피쿠로스에 따르면 고통이 격렬하다면 오래 가지 않을 것이고, 오래 지속된다면 점차 누그러지며 견딜 만한 시간이 더 많아질 것이다. 어쨌든 죽음은 언제나 가까이에 있으며, 우리가 원하면 곧 찾아와 고통이든 쾌락이든 모든 감정을 종결시킨다. 그렇기에 죽음을 악으로 간주하지 않는 것만으로도 우리의 고통은 상당 부분 완화될 수 있다. 우리가 살아 있는 한 죽음은 존재하지 않고, 죽음이 찾아오면 우리는 이미 사라지기에 죽음은 우리에게 아무 의미도 없다.

실질적인 고통의 감각이 너무 사소해 두려움의 대상이 될 수 없다면 쾌락의 감각도 그보다 더 가치 있는 것이 되긴 어렵다. 실제로 쾌락의 감각은 고통보다 자극이 약하다. 그렇다면 고통이 선한 사람의 행복을 거의 해치지 못한다면 쾌락의 감각도 그런 행복에 더할 것이 거의 없게 된다. 신체가 고통에서 자유롭고 정신이 불안과 두려움에서 해방되었을 때, 그 위에 더해지는 쾌락은 상황의 행복을 다채롭게 만들 수는 있겠지만 그것을 본질적으로 증가시키지는 못한다.[82]

심신의 안락이 최고의 행복

따라서 에피쿠로스에 따르면 신체의 안락과 정신의 평온은 인간 본성의 가장 완전한 상태이며, 인간이 누릴 수 있는 가장 온전한 행복이다. 따라서 자연스러운 욕구가 궁극적으로 추구하는 상태를 이루는 것이 모든 미덕의 유일한 목표이며, 미덕은 그 자체로 바람직해서가 아니라 이러

---

82 고통의 부재와 인생의 올바른 목표로서의 평온은 에피쿠로스 사상의 핵심이다. 그는 불안을 해소하는 데 있어 자연철학의 가치를 높이 평가했는데, 애덤 스미스 역시 『천문학의 역사』라는 논문에서 과학적 탐구의 동기를 이와 유사한 방식으로 설명하고 있다.

한 상태를 이끌어내는 경향이 있기 때문에 바람직한 것이다.

예를 들어 이 철학에 따르면 신중함은 모든 미덕의 근원이지만 그 자체로 즐겁거나 바람직한 것은 아니다. 멀리 내다보며 결과를 고려하는 신중하고 부지런하며 조심성 있는 태도는, 최선의 선을 추구하고 최악의 악을 피하려는 경향 때문에 가치가 있는 것이다.

쾌락을 자제하고 즐거움에 대한 자연스러운 욕구를 억제하는 절제 역시 마찬가지다. 절제는 그 자체로 바람직한 것이 아니라 더 큰 즐거움을 얻기 위해 현재의 즐거움을 유보하거나 현재의 즐거움이 초래할 더 큰 고통을 피하기 위한 수단으로서 유용하기에 가치가 있다. 요컨대, 절제란 쾌락을 향한 신중한 판단이다.

고통을 견디고 힘든 일을 감수하며, 심지어 위험이나 죽음을 무릅쓰는 불굴의 태도는 그 자체가 우리가 바라는 목표는 아니다. 그러나 우리는 더 큰 악을 피하기 위해 그런 선택을 한다. 빈곤이라는 더 큰 고통과 치욕을 피하려고 현재의 고된 노동을 받아들이며, 쾌락과 행복의 수단인 자유와 재산 그리고 우리 자신의 안전이 걸린 조국을 지키기 위해 위험을 감수한다.

이러한 불굴의 자세는, 우리가 처한 현실 속에서 최선을 다해 쾌활하게 임할 수 있게 한다. 또한 이는 고통과 위험, 노고를 냉철히 판단하고, 더 큰 것을 피하고 더 작은 것을 선택하려는 신중함과 침착성, 분별력 덕분에 가능한 것이다.

정의는 왜 단순한 거래가 아닌가: 에피쿠로스에 대한 스미스의 반론

정의도 마찬가지다. 남의 것을 건드리지 않는 행위가 그 자체로 선한 것은 아니다. 내가 내 것을 가지는 것이 당신이 그것을 가지는 것보다 당신에게 더 유리할 이유는 없다. 그럼에도 당신은 내 소유에 간섭해서는 안 된다. 그렇게 행동하면 사람들의 분노와 반감을 불러일으키게 되고, 이는 당신의 정신적 평온과 안정을 완전히 무너뜨릴 수 있기 때문이다. 사람들이 당신에게 보복할 준비가 되어 있고, 당신 스스로 어떤 권력이나 기술 혹은 은폐로도 그것을 피할 수 없다고 느낄 때, 당신의 마음은 두려움과 불안으로 가득 찰 것이다.

이웃, 친척, 친구, 은인, 상사 또는 동료와 같은 다양한 인간관계 속에서 적절한 배려와 예우를 갖추는 또 다른 형태의 정의 역시 같은 이유로 권장된다. 이러한 관계 속에서 적절히 행동함으로써 우리는 공동체 내에서 타인의 존중과 애정을 얻게 되고, 반대로 그렇게 하지 않으면 경멸과 적의를 불러오게 된다. 전자는 우리에게 자연스러운 평온과 안심을 가져다주지만, 후자는 우리의 안락과 평정을 위협한다. 그래서 정의는 모든 미덕 가운데 가장 핵심적인 덕목이며, 그 본질은 타인에 대한 신중하고 분별 있는 태도에 있다.

이상이 미덕의 본성에 관한 에피쿠로스의 학설이다. 그런데 이토록 온화하고 인간적인 성품을 지닌 철학자가 다음과 같은 중요한 사실을 끝내 간과했다는 점은 유감스럽기 그지없다. 즉 신체적 안락이나 정신적 평온과 관련된 미덕이나 악덕이 어떠한 경향성을 띠든 간에, 그것이 다른 사람에게 자연스럽게 불러일으키는 감정—애정, 존경, 경멸, 분노 등—은 그로 인해 초래되는 실제 결과보다 훨씬 더 강력한 욕구와 혐오의 대상이 된다는 사실이다. 또한 모든 고상한 마음은 쾌활하고 존경받을 만한 인물이 되는 것을 무척 중시하며, 그 결과로 얻어지는 타인의 애정과 존중은 우리가 직접 누릴 수 있는 신체적 안락이나 정신적 평온보다 더 소중한 것으로 여겨진다. 반대로 타인의 증오와 경멸, 분노의 대상이 되는 일은 그것만으로도 두렵고 고통스럽게 느껴지며, 신체적 고통보다 훨씬 더 피하고 싶어진다. 이처럼 사람들의 칭찬을 받고자 하는 강한 열망과 비난을 피하고자 하는 본능적 혐오는 단지 그것이 가져올 신체적 결과 때문이 아니라 그 감정 자체가 지닌 도덕적 힘과 사회적 의미에서 비롯된다는 점을 에피쿠로스는 끝내 인식하지 못했다.[83]

미덕은 가장 현명한 자기 보호다

이러한 체계는 분명 내가 세우고자 했던 체계와는 전혀 부합하지 않는다. 그러나 어떤 면(面)[84], 즉 어떤 특정한 자연의 관점에서, 이와 같은 설명이 일정한 개연성을 지닌다는 점을 이해하는 것은 어렵지 않다. 자연의 창조자가 보여준 지혜로운 설계 덕분에 미덕은 일상적인 모든 경우에 있어—심지어 이러한 삶의 조건 속에서도— 가장 확실하고 준비된 지혜이며, 안전과 이익을 얻는 가장 신뢰할 수 있는 수단이 된다.

현실적으로 우리의 성공과 실패는 대부분 타인이 우리를 어떻게 평가하는지, 그리고 우리가 속한 공동체가 우리를 지지하느냐에 좌우된다. 하지만 우호적인 평가를 얻고 비판적 판단을 피하는 가장 효과적이고 안전한 방법은, 사람들이 비난할 이유가 없고 오히려 호의를 가질 수밖에

---

83 스미스는 이 대목에서 에피쿠로스가 외적인 선(善)에만 주목하고, 도덕적 가치에는 무관심했다는 점을 비판하고 있다. 이러한 비판은, 오직 이기심만을 인간 행위의 동기로 본 맨더빌(7부 2편 4장에서 다룬다)에 대한 이후의 비판을 예고하는 한편, 칭찬받을 만한 자격과 도덕적 정당성의 중요성을 강조한 스미스 자신의 입장(3부 2장에서 제시)을 다시 한번 환기한다. 스미스는 인간이 단순히 육체적·정신적 쾌락만을 추구하는 존재가 아니라 도덕적으로 옳은 행위에 헌신하려는 내적 성향 또한 지니고 있음을 강조하며, 에피쿠로스가 이러한 도덕적 동기의 본질을 충분히 설명하지 못한 점을 문제 삼고 있다.

84 여기서 '면'(面, phasis)은 인간의 내면 전체가 아니라 "다른 사람이 관찰할 수 있는 태도나 외적 표현"을 가리키며, 이는 사회적 평가와 밀접히 연결된다. '미덕의 외형', 즉 타인에게 보이는 인상과 평판이 실질적인 사회적 성공에 결정적 역할을 한다는 스미스의 맥락을 강화하는 용어다.

없는 그런 사람으로 사는 것이다.

소크라테스는 이렇게 말했다. "훌륭한 음악가로서 명성을 얻고 싶은가? 그렇다면 그 명성을 얻는 유일하게 확실한 방법은 실제로 훌륭한 음악가가 되는 것이다. 장군이나 정치가로서 조국에 기여하는 사람으로 평가받고 싶은가? 그렇다면 전쟁과 통치의 기술을 익혀 그런 역할에 진정으로 적합한 사람이 되는 것이 최선의 방법이다. 마찬가지로 냉철하고 차분하며 올바르고 공정한 사람으로 여겨지고 싶다면 실제로 그런 사람이 되는 것이 가장 확실한 길이다. 진심으로 쾌활하고, 부끄럽지 않으며, 존중받을 만한 인격을 갖춘 사람이라면, 타인의 애정과 존경을 받지 못할까 봐 두려워할 이유가 전혀 없다."

따라서 미덕의 실천은 대체로 우리에게 이익을 주고, 악덕의 실천은 그 반대로 작용한다. 이런 상반된 두 경향을 곱씹어보면 미덕에는 더 큰 아름다움과 정당성이, 악덕에는 새로운 추함과 부적절성이 덧입혀진다. 절제와 관용, 정의와 자선 같은 덕목은 단순히 올바른 성품일 뿐 아니라 최고의 지혜와 진정한 분별력으로 평가된다. 반대로 무절제와 비겁, 불의와 악의, 추악한 이기심은 단지 부적절한 데 그치지 않고, 눈앞의 이익만 좇는 어리석음과 저열한 성품의 상징으로 여겨진다.

에피쿠로스는 모든 미덕을 오직 유용성이라는 관점에서만 설명하려 했다. 이는 특히 다른 사람에게 규범적 행동의 정당성을 설득하려는 사람들에게 흔히 나타나는 태도다. 어떤 이가 미덕 자체의 아름다움에 감동하지 않는다면 그를 설득할 방법은 오직 하나뿐이다. 곧, 그의 행위가 얼마나 어리석은지를 보여주고, 그로 인해 결국 어떤 고통과 손해를 초래할지를 지적하는 것뿐이다. 그런 방식 외에 도대체 그의 마음을 어떻게 움직일 수 있겠는가?

에피쿠로스는 다양한 미덕을 실용적 유용성 하나로만 귀속시킴으로써 종종 자기만의 독창성을 과시하고자 애쓰는 철학자 특유의 성향을 드러냈다. 그는 될 수 있는 대로 적은 원리로 세상을 설명하려 했으며, 인간의 욕구와 혐오를 모두 신체적 쾌락과 고통으로 환원해 그 경향을 끝까지 밀어붙였다. 그는 원자론[85]의 강력한 옹호자였고, 물질의 가장 단순하고 익숙한 성질과 운동, 배열을 통해 모든 신체적 능력과 특성을 설명하려 했다. 결국 정신의 감정과 격정까지도 신체적 쾌락이라는 물질적 원리로 설명하려 한 그의 접근은, 원자론자 특유의 이론적 만족과 철학적 열정을 동일하게 공유했음을 잘 보여준다.

미덕은 수단인가, 목적인가

에피쿠로스의 철학 체계는, 미덕이란 자연적 욕구의 최초 대상들[86]을 달성하는 데 가장 적합한 방식으로 행동하는 것이라고 본다. 이런 점

---

85 원자론(atomism)은 모든 사물의 근본 구성 요소가 '원자'라고 보는 입장으로, 물질주의와 깊이 연결된 이론이다. 기원전 5세기, 데모크리토스는 모든 존재는 더 이상 나눌 수 없는 공간적 실체, 즉 원자로 이루어져 있다고 주장했다. 에피쿠로스는 기원전 4세기에 이 이론을 계승하고 더욱 체계적으로 발전시켰다. 그에 따르면 원자는 무한한 허공 속에 존재하며, 이 허공을 '공간'이라 불렀다. 공간이 있어야만 운동이 가능하므로, 실체의 존재를 인정한다면 반드시 공간 또한 인정해야 한다. 에피쿠로스는 이 공간을 "만져지지 않는 자연"이라 부르며, 유일한 비가촉(非可觸) 자연이라고 설명했다. 이처럼 에피쿠로스에 따르면 존재의 기본 실체는 원자와 공간(허공)뿐이다. 인간의 정신이나 영혼처럼, 작용하거나 어떤 작용의 대상이 되는 것도 결국은 물질이며, 따라서 물체임이 분명하다는 것이다. 이것이 에피쿠로스 원자론의 핵심 개요다.

86 prima naturae—원주
라틴어로 '자연의 최초 대상들' 또는 '자연적으로 처음 추구되는 것들'을 뜻한다. 인간이 이성적 판단 이전에 본능적으로 선호하거나 꺼리는 기본 대상, 예컨대 신체의 안락, 고통 회피, 건강, 생존, 음식, 안전 등을 가리킨다. 에피쿠로스 윤리학에서 이 개념은 미덕의 실용적 가치를 설명하는 핵심 토대로 작용하며, 고전 스토아 철학이나 아리스토텔레스적 미덕 윤리와의 대비 지점이 된다.

에서 그의 체계는 플라톤, 아리스토텔레스, 제논의 사상과 일정 부분 맥을 같이한다. 그러나 다음 두 가지 핵심 측면에서 이들과 뚜렷이 구별된다.

첫째, 자연적 욕구의 주요 대상에 대한 설명에서 차이를 보인다.

둘째, 미덕이 왜 탁월하며 존중받을 가치가 있는지에 대한 이유 제시가 다르다.

에피쿠로스에 따르면 자연적 욕구의 주된 대상은 오직 신체적 쾌락과 고통의 회피에 있다. 이 외의 것은 궁극적으로 바람직한 대상으로 간주되지 않는다. 반면 플라톤, 아리스토텔레스, 제논은 지식, 인간관계에서 오는 기쁨, 친구나 조국의 행복 같은 다양한 가치들을 그 자체로 바람직한 것으로 본다.

또한 에피쿠로스에게 미덕은 그 자체로 추구해야 할 가치가 아니라 단지 고통을 피하고 쾌락과 평온을 얻기 위한 수단일 뿐이다. 이와 달리 플라톤, 아리스토텔레스, 제논은 미덕을 그 자체로 가장 고귀한 덕목이자, 인간 존재가 추구해야 할 최고의 선으로 본다. 그들에 의하면 인간은 타인과 관계 맺고 공동체 내에서 역할을 수행하기 위해 태어났으며, 진정한 행복은 단순한 감각적 유쾌함을 넘어서 능동적인 실천과 도덕적 적합성에서 비롯된다고 여겼다.

제3장

자애를 미덕으로 보는 체계에 대하여

— ◆ —

자애를 미덕의 핵심으로 삼는 이 체계는, 앞서 본 다른 도덕 이론들만큼 고대까지 거슬러 올라가지는 않지만 그래도 꽤 긴 역사를 지닌다. 이 체계는 아우구스투스 시대 이후 등장한 철학자들, 즉 스스로 절충학파라 부른 이들의 견해로 전해진다. 이들은 주로 플라톤과 피타고라스의 사상을 따랐다고 주장하며, 흔히 후기 플라톤주의자들로 분류된다.[87]

---

87 스미스는 이 대목에서 아우구스투스 치세부터 로마 제국의 몰락까지 활동했던 알렉산드리아 학파 사상가들—대표적으로 포타몬에서 이암블리코스에 이르는 인물—을 언급한다. 이들은 플라톤 철학을 적극 수용하고, 에피쿠로스 철학에는 반대했으며, 종종 기독교 사상도 받아들였다. 스미스는 이 절충학파에 관한 논의에서 디드로의 『백과전서』에 수록된 「절충학파」 항목(명상을 통해 신을 모방하려는 노력, 타인의 안녕을 증진하는 것이 현자의 의무임을 강조한 내용), 모스하임의 『기독교 역사』(1726) 제2부 제1장(특히 절충주의의 목적을 신과의 직접적 교통으로 본 해석), 그리고 허치슨이 남긴 「철학의 기원에 관한 논문」(1756)의 결론부에 실린 언급 등을 참고한 것으로 보인다.

이들에 따르면 신성한 본성의 본질은 자애 또는 사랑에 있으며, 자애는 신의 모든 행위와 속성을 이끄는 유일한 원리다. 신의 지혜는 자애가 지향하는 목적을 실현할 수단을 찾는 데 쓰이고, 신의 전능은 그 목적을 실현하는 데 작용한다. 이러한 속성들 가운데에서도 자애는 여전히 근원적이며 지배적이다. 모든 도덕적 탁월성과 신성의 덕목들은 궁극적으로 이 자애에서 비롯된다.

인간 정신의 완전성 또한 신적 완전성과 어느 정도 유사하거나 그것에 참여함으로써 이뤄진다. 그러므로 인간이 도달할 수 있는 최고의 미덕은, 신의 모든 행동을 관통하는 그 자애와 사랑의 원리를 자기 안에 충만히 채우는 것이다.

이 철학에서 말하는 동기, 즉 자애와 사랑에서 비롯된 인간의 행위만이 참으로 칭찬받을 만하며, 신의 관점에서도 진정한 가치를 지닌다고 할 수 있다. 우리가 신의 행동을 본받을 수 있는 유일한 길은 자애와 사랑의 실천에 있다. 이로써 우리는 신의 무한한 완전성에 경건한 찬사를 바칠 수 있으며, 우리 안에 동일한 신성한 원칙을 길러냄으로써 신의 본성과 우리의 감정 사이에 유사성을 높일 수 있다. 그렇게 할 때 우리는 신의 사랑과 존중을 받을 자격을 더 온전히 갖추게 되며, 마침내 신과 직접 소통하고 교류하는 경지에 이른다. 이것이 이 철학이 우리를 이끌어 도달하게 하려는 최종 목적이다.

이 사상은 초대 교회의 성직자들에게 높이 평가되었고, 종교 개혁 이후에도 경건함과 지식, 따뜻한 성품을 지닌 신학자들이 이어받아 전개했다. 특히 랄프 커드워스 박사, 헨리 모어 박사, 케임브리지의 존 스미스 씨 등이 이 철학을 지지했다.[88] 그러나 고대와 현대를 통틀어 이 체계의 옹호자 가운데 가장 탁월했던 인물은 고(故) 허치슨 박사였다. 그는 놀라울 만큼 예리하고 명쾌한 철학자였으며, 무엇보다도 진지하고 사려 깊은 사상가였다.

자애의 위엄: 인간 본성이 선택한 가장 고귀한 감정

미덕이 자애에 있다는 관점은 인간 본성에서 비롯된 여러 현상으로 뒷받침된다. 앞서 언급했듯, 자애는 모든 감정 중에서도 가장 우아하고 자연스럽게 받아들여지며, 이중적 공감의 작용으로 인해 우리에게 강하게 권장된다. 첫째, 자애는 타인에게 도움을 주고자 하는 자연스러운 경향을 지니고 있고, 둘째, 그러한 자애는 타인의 감사와 보상을 받을 만한 정당한 대상이 되기 때문이다. 이러한 모든 이유로 자애는 인간의 자연적 감정 체계 안에서 가장 우월한 가치를 지니는 감정이다.

자애는 조금 나약하게 비쳐도 크게 거슬리지 않지만, 다른 감정들이 약해지면 대부분 불편하게 다가온다. 과도한 악의, 과도한 이기심, 과도한 분노를 불편하게 여기지 않는 사람이 과연 있을까? 반면 아무리 과도해도 편파적인 우정이나 호의는 상대적으로 거부감을 덜 불러일으킨다. 자애는 행위의 적절성을 굳이 따지지 않아도 실천할 수 있는 거의 유일한 감정이며, 늘 일정한 매력을 유지한다. 이처럼 비판이나 승인의 기준을 고려하지 않고 순수한 본능에서 비롯된 선의에는 사람들의 마음을 움직이는 어떤 따뜻함이 있다. 반면 다른 감정들은 적절성의 감각으로 뒷받침되지 않으면 즉시 불쾌한 인상을 남긴다.

자애는 그것이 발현된 행동에 특별한 품격과 도덕적 아름다움을 부여한다. 반대로 자애가 결여되었거나 자애에 정면으로 반하는 성향은, 그

---

88 이 세 인물을 통칭하여 "케임브리지 플라톤 학파"라고 부른다. 이들은 데카르트, 스피노자, 홉스 등이 주장한 유물론적 형이상학에 비판적인 입장을 취했으며, 플라톤 철학의 이성 개념—곧 영혼의 존재와 작용—을 기독교의 계시와 조화시키는 데 헌신했다.

로부터 비롯된 말이나 행동 전반에 눈에 띄는 추함과 부적절함을 더한다. 우리는 어떤 유해한 행동이 단지 이웃의 행복에 충분한 주의를 기울이지 않았다는 이유만으로도 마땅히 처벌받을 만하다고 느낀다. 이것은 자애의 결핍이 인간 감정 체계 안에서 본능적으로 비난의 대상이 된다는 사실을 보여준다.

순수한 자애만이 미덕이 될 수 있다

이 모든 논의에 더해, 허치슨 박사는 다음과 같은 주장을 펼쳤다.[89] 어떤 행동이 자애에서 비롯된 것으로 보였지만, 그와는 다른 동기가 개입된 것으로 밝혀질 경우, 우리는 그 행동에 대한 긍정적 평가를 그만큼 철회하게 된다. 예를 들어 순수한 감사의 표현처럼 보였던 행동이 사실은 더 많은 호의를 기대한 것이거나 공익적 행위로 보였던 행동이 금전적 이익을 노린 것임이 드러난다면, 그 행위에 담긴 미덕과 칭찬받을 가치는 즉시 사라진다. 이처럼 자애에 이기적 동기가 섞이는 것은 저급한 금속이 정금에 섞이는 것처럼 그 가치를 떨어뜨리며, 때로는 완전히 무력화시키기도 한다.

따라서 허치슨은 진정한 미덕이란 오직 순수하고 이타적인 자애에서 비롯되어야 한다고 보았다.[90] 반대로 처음에는 이기적인 동기처럼 보였던 행위가 사실 자애에서 비롯된 것임이 드러나면 우리는 그 행위를 더

89　허치슨의 『미덕에 관한 연구』 제1절과 제2절을 참고하라. Sect. II. iii; Raphael, British Moralists 1650-1800, §§318-319.―원주
　　여기서 그는 미덕이란 순수한 자애에서 비롯된다고 주장하며, 이기적인 동기가 섞이면 도덕적 가치는 감소한다고 본다.

90　스미스는 여기서뿐 아니라 이후 여러 대목에서도 허치슨을 도덕적 엄격주의자로 평가한다. 스미스가 지적하듯, 허치슨은 여러 저술에서 개인 이익을 추구하는 동기가 개입될 경우, 그 행위의 도덕적 가치는 감소한다고 반복해서 주장했다.

고귀하게 평가한다. 예를 들어 어떤 사람이 과거에 도움을 받았던 은인에게 은혜를 갚기 위해 재산을 모으고 있다는 사실을 알게 되면, 우리는 그에게 더 큰 존경과 호감을 느끼게 된다. 이러한 사례는 자애야말로 어떤 행위에 미덕의 성격을 부여할 수 있는 유일한 감정임을 더욱 분명히 보여준다.

마지막으로, 허치슨에게 미덕 개념의 객관적 증거는 공익이었다. 의무와 도덕적 행위에 관한 모든 논쟁에서 그는 항상 공공의 선이라는 기준을 중심에 놓았다. 그는 보편적 기준에 따라, 인류 전체의 행복을 증진하는 경향이 있는 것은 무엇이든 옳고, 칭찬받을 만하며, 도덕적인 것으로 간주해야 하며, 반대로 그 반대의 성향을 가진 것은 그르며, 비난받을 만하고, 사악한 것으로 보아야 한다고 주장했다.

최근의 수동적 복종과 저항권에 관한 여러 논쟁에서도 지각 있는 이들 사이의 쟁점은 오직 하나였다. 어떤 권리가 침해되었을 때 잠깐의 저항이 불러올 해악이 더 큰가, 아니면 무조건적인 복종이 불러올 해악이 더 큰가 하는 문제였다. 허치슨은 이렇게 덧붙였다. "인류 전체의 행복에 가장 크게 기여하는 것이야말로 도덕적 선이다. 이 명제는 결코 의심받은 적이 없다."

따라서 자애는 어떤 행동에 도덕적 가치를 부여할 수 있는 유일한 동기이며, 그 자애의 정도가 클수록 해당 행동에 대한 칭찬 역시 더 커진다. 예컨대 보다 작은 공동체의 복지보다 더 큰 공동체—인류 전체의 복지—를 지향하는 행동일수록 더 넓고 깊은 자애를 보여주는 것이기에 그만큼 도덕적으로 더 우월하다.

이 관점에서 보면 모든 감정 가운데 가장 도덕적인 감정은 모든 지적 존재의 행복을 최종 목적으로 삼는 감정이고, 반대로 도덕적 성격을 어느 정도 지닌 감정들 중 가장 덜 도덕적인 것은 오직 자기 자신이나 아들, 형제, 친구 등 극히 제한된 대상의 행복만을 목표로 삼는 감정이다.

진정한 도덕적 완성은, 우리의 모든 행위가 가능한 한 가장 큰 선을 추구하게 하고, 모든 저차원적 감정을 인류 보편의 행복이라는 더 높은 기준에 복속시키며, 자신을 전체 인간 공동체의 일부로 인식하게 하여, 자신의 행복을 인류 전체의 행복과 조화시키고 그것에 기여하도록 하는 데 있다.

자애는 미덕을 낳고, 자기애는 그것을 훼손한다

허치슨 박사에 따르면 자기애는 어떤 정도에서든, 어떤 방식으로든 결코 도덕적일 수 없는 원리다. 그것이 공익을 해치는 순간, 자기애는 반드시 부도덕한 것이 된다. 만일 자기애가 단지 개인이 자기 행복을 고려하도록 이끄는 데 그친다면 그런 동기는 칭찬받을 일도 없지만, 동시에 비난받을 이유도 없다. 이러한 이기적 동기에도 불구하고 자애로운 행동이 실현된다면 오히려 그 행동은 더욱 도덕적으로 간주된다. 그것은 순수한 자애의 원리가 얼마나 강력하고 활력 있는지를 입증하는 증거가 되기 때문이다.

허치슨은 나아가, 자기애가 어떤 경우든 도덕적 행위의 동기가 될 수 있다는 견해를 단호히 거부한다.[91] 심지어 자신의 자애로운 행동에 대해 스스로 만족하거나 양심의 긍정적 반응을 기대하는 것조차, 자애의 가치를 손상하는 것으로 보았다. 그는 그것마저 이기적 동기로 간주한 것이다.

자애가 어떤 행동의 동기로 작용한다고 하면, 자칫 그 동기가 순수

---

91 허치슨의 『미덕에 관한 연구』 제2절 4항, 『도덕적 감각에 관한 실례』 제5절 마지막 단락을 참고하라.—원주

하고 사심 없는 미덕의 근원으로서는 충분히 강하지 않다는 뜻처럼 들릴 수 있다. 그러나 인류의 보편적 판단에 따르면 오히려 이러한 동기야말로 행동에 더 높은 도덕적 가치를 부여한다. 때로는 그것이야말로 미덕이 칭송받을 수 있는 유일한 동기로 여겨지기도 한다.

이상이 자애의 관점에서 설명한 미덕의 본질이다. 이 도덕 체계는 인간 감정 중에서도 가장 고귀하고 본능적으로 호감을 사는 감정을 북돋우고, 자기애로부터 비롯된 불의를 억제하는 한편, 그것이 영향을 미치는 대상에게 어떤 명예도 부여하지 못한다는 점을 강조함으로써 일정 부분 자기애를 단죄하기까지 한다.

다른 몇몇 사상 체계가 자애의 고유한 탁월성이 어디에서 비롯되는지를 명확히 설명하지 못했던 것처럼 이 자애 중심의 체계 또한 정반대의 약점을 갖고 있다. 곧 신중함, 경계심, 세심한 주의, 절제, 일관성, 단호함 등 더 낮은 미덕들에 대한 우리의 도덕적 승인이 어디서 비롯되는지를 충분히 해명하지 못하고 있다는 점이다. 이 체계는 감정의 방향과 목적, 그리고 그것이 야기하는 유익이나 해악에 대해서는 큰 비중을 두지만, 정작 그러한 감정을 유발한 동기의 적절성이나 부적절성 혹은 적합성과 부적합성에는 거의 관심을 두지 않는다.

이기적 동기는 미덕의 가치를 떨어뜨린다

우리 개인의 행복과 이익에 대한 관심 역시 많은 경우 칭찬받을 만한 행동 원칙이 된다. 절약, 근면, 신중함, 주의 깊음, 깊은 사색 습관 등은 흔히 개인의 이익을 추구하는 동기에서 비롯되지만, 동시에 사회적으로도 존중받고 높이 평가되는 덕목으로 간주된다.

이기적 동기가 끼어들면 본래 자애에서 비롯된 행동의 고유한 아름다움이 쉽게 손상된다. 그러나 이런 경우, 그 원인은 자기애가 본질적으로 도덕적 동기로서 부적절해서가 아니라 해당 상황에서 자애가 충분한 강도를 갖추지 못했거나 행동의 목적에 온전히 부합하지 못했기 때문이다. 그 결과, 그러한 행동은 불완전한 것으로 간주되며, 대체로 칭찬보다는 비판의 대상이 된다. 반면 자기애만으로도 충분히 유발될 수 있는 행동에 자애로운 동기가 더해졌다고 해서, 그 행동의 적절성이나 행위자의 미덕에 대한 평가가 실제로 낮아지는 경우는 드물다.

예를 들어 누군가가 가족이나 친구를 지나치게 챙기느라 자기 건강이나 생계, 재산을 소홀히 했다면, 그것은 분명 결점이지만 경멸보다는 연민과 동정의 대상이 될 것이다. 그렇다고 해도 그러한 태도는 그 사람의 인격적 품위와 존경받을 가치를 어느 정도 손상시킨다. 부주의하거나 절약심이 부족한 행동은 일반적으로 부정적으로 인식되지만, 이는 자애의 결여 때문이 아니라 자기 자신에 대한 정당한 배려가 부족한 데에서 비롯되었다고 보는 것이다.

결의론자들은 인간 행동의 옳고 그름을 판단하는 기준은 그것이 사회의 복지나 무질서에 어떤 영향을 주는지에 달려 있다고 말한다. 그렇다고 사회 복지를 도모하려는 배려가 유일한 도덕적 동기가 되어야 한다는 뜻은 아니다. 다양한 동기가 경쟁하는 상황에서는 그런 동기가 여러 다른 동기 사이에서 균형을 잡아주어야 한다는 뜻이다.

신은 사랑으로, 인간은 이익과 균형으로 움직인다

자애, 즉 사랑은 신성(神性)의 유일한 행동 원리로 보인다. 실제로 그렇게 믿게 만드는 설득력 있는 근거들이 존재한다. 외부의 어떤 것도 필요로 하지 않고, 행복을 온전히 자기 안에 갖춘 독립적이며 전능한 존재가 자애 외에 어떤 다른 동기에서 행동할 수 있을지 의문이 든다. 하지만 인간은 신과 달리 불완전한 존재라서, 살아가고 번영하기 위해 수많은 외부 요인에 기대야 하기에 그만큼 다양한 동기로 움직일 수밖에 없다. 우리 존재의 조건에서 비롯된 이러한 감정들이 인간 행동에 자주 영향을 미치는데, 만약 그런 감정들이 모두 도덕적이지 못하거나 도덕적 가치가 없는 것으로 간주된다면 인간 본성은 극히 곤란한 입장에 처하게 될 것이다.

이처럼 미덕의 본질을 설명하려는 체계는 크게 세 가지로 나뉜다. 첫째는 미덕이 행위의 적절성에 있다고 보는 이론, 둘째는 신중함에 있다고 보는 이론, 셋째는 자애에 있다고 보는 이론이다. 이 세 가지가 미덕에 관한 주요한 설명 체계이며, 겉보기에 다른 설명도 결국에는 이 셋 가운데 하나로 귀결된다.

예컨대 미덕이 신의 의지에 대한 순종이라고 보는 체계는 결국 신중함의 이론이나 적절성의 이론으로 환원된다. 만약 누군가 "왜 우리는 신의 뜻에 순종해야 하는가?"라는, 불경스럽고 터무니없어 보일 수도 있는 질문을 던졌다고 가정해보자. 이 질문이 신에게 복종해야 한다는 사실 자체를 의심하는 의도에서 비롯된 것이라면, 이에 대한 정당한 대답은 두 가지 중 하나일 것이다.

첫째, 신은 무한한 권능을 지닌 존재이므로 우리가 그 뜻에 순종하면 영원한 보상을 받고, 거역하면 영원한 처벌을 받게 되기 때문에 마땅히 순종해야 한다는 주장이다.

둘째, 우리의 행복이나 어떤 형태의 보상·처벌과는 무관하게, 피조물은 본질적으로 창조주에게 순종하는 것이 타당하고 조화로운 일이라는 주장이다. 다시 말해, 한계 있고 불완전한 존재는 무한하고 완전한 존재에게 순종하는 것이 마땅하다는 것이다.

이 두 가지 설명 외에 제3의 답변을 상상하기는 어렵다. 만약 첫 번째 설명이 타당하다면 미덕은 곧 신중함, 즉 우리 자신의 궁극적인 이익과 행복을 합리적으로 추구하는 데 있으며, 그런 이유로 신의 뜻에 순종해야 한다는 결론이 나온다. 반면 두 번째 설명이 적절하다면 미덕은 적절성에 기반한 것이며, 우리가 신성에 순종해야 하는 이유는 겸손과 복종의 감정을 신이라는 압도적으로 우월한 존재에 알맞게 맞추는 것이 마땅하기 때문이다.

또한 미덕이 유용성에 있다는 입장은, 미덕이 적절성에 있다는 주장과 실질적으로 동일하다. 이 체계에 따르면 자신이나 타인에게 유익하거나 쾌적한 심성은 도덕적으로 찬양받는 반면 유해하거나 불쾌한 성향은 비난받는다. 그러나 감정이 유익하거나 유쾌하다는 평가는 그것이 어느 정도까지 허용되는가에 달려 있다. 모든 감정은 일정한 균형 안에서 유지되어야 하며, 그 한계를 넘어서면 오히려 해로워진다.

결국 이 체계에 따르면 미덕은 특정한 감정 하나에 있는 것이 아니라 모든 감정이 적절한 수준으로 조절되어 있는 상태, 즉 균형과 조화 속에 있다는 것이다. 내가 제시하고자 하는 이론과 이 체계의 유일한 차이는 다음과 같다. 이 체계는 감정의 적절성을 판단하는 기준으로 효용성을 내세우는 반면 내가 주장하는 이론은 공정한 관찰자의 공감을 그 기준으로 삼는다는 점이다.

제4장
방종한 체계에 대하여

━━━━━━━━━━━ ◆ ━━━━━━━━━━━

    지금까지 살펴본 모든 도덕 체계는, 미덕과 악덕 사이에 본질적이고 실제적인 구분이 존재한다고 본다. 곧, 어떤 감정이 적절한지 부적절한지, 자애와 그 외의 행동 원칙 사이에 어떤 차이가 있는지, 또는 참된 신중함과 근시안적 어리석음이나 충동적 경솔함 사이에는 명확하고 실질적인 차이가 있다는 점을 인정한다. 전반적으로 이들 체계는 칭찬받아 마땅한 성향은 북돋우고, 비난받을 성향은 억제하려는 방향을 지향한다.

    다만 이들 중 일부 체계는 감정의 균형을 다소 무너뜨리며, 특정한 행동 원칙에 지나친 강조나 편향을 부여하기도 한다. 예컨대 미덕을 적절성으로 정의한 고대의 도덕 체계는, 주로 위엄 있고 고결하며 존경할 만한 덕목들을 미덕의 전형으로 삼았다. 자기 절제, 자제력, 불굴의 의지, 관대함, 재산에 대한 초연함, 고통·빈곤·추방·죽음 같은 외부 사건에 대한 초연함 등이 그에 해당한다. 이러한 위대한 실천 속에서 가장 고상한 형태의 적절성이 드러난다고 본 것이다.

반대로 온화하고 상냥하며 부드러운 미덕들, 곧 따뜻한 인간성을 보여주는 자애의 덕목들은 상대적으로 소홀히 다루어졌고, 스토아학파에서는 아예 하찮게 여겨졌다. 그들은 이런 미덕을 연약함의 표현으로 간주하며, 진정한 현자는 그런 감정조차 품지 말아야 한다고 가르쳤다.

반면 자애를 중심으로 한 도덕 체계는 온화하고 상냥한 미덕들을 가장 고귀한 미덕으로 격상시키고 적극 권장하지만 보다 고결하고 존중받을 만한 정신적 특성들은 오히려 소홀히 다루는 경향이 있다. 심지어 절제나 자제와 같은 덕목조차 미덕이라 부르기를 꺼리며, 그것을 도덕적 자격이나 칭찬의 대상으로 인정하지 않는다.

자애 중심 체계에서는 개인의 이익을 추구하는 모든 행동 원칙을 훨씬 더 부정적으로 평가한다. 이러한 체계에 따르면 신중함이나 절제 같은 미덕들은 그 자체로 가치를 지니지 않으며, 오히려 자애와 결합할 경우 자애의 순수성과 고결함을 훼손한다고 본다. 따라서 개인적 이익을 챙기는 데 활용되는 신중함은 결코 미덕으로 간주될 수 없다.

반대로, 미덕이 신중함에 있다고 보는 체계는 주의, 경계, 냉정, 절제 같은 신중한 습관을 최고의 미덕으로 권장하면서, 자애의 미덕은 오히려 평가절하한다. 이 체계는 신중함의 아름다움을 훼손하고, 자애의 고귀함까지도 무시하는 경향이 있다.

미덕은 가장 실용적인 선택이다

그러나 이런 한계에도 불구하고, 세 가지 도덕 체계는 모두 인간의 가장 훌륭하고 바람직한 성품을 기르려 한다는 점에서는 뜻을 같이한다. 인류 전체가 이 중 하나의 체계를 따르거나, 혹은 철학적 신념에 따라 삶을 규율하는 소수라도 이러한 체계의 가르침에 따라 행동한다면 그것만으로도 사회에는 커다란 유익이 된다. 우리는 각 체계에서 고유한 통찰과 가치를 배울 수 있다. 예컨대 적절성을 강조하는 고대의 체계는 우리의 마음속에 불굴의 의지와 아량을 길러줄 수 있고, 자애의 체계는 인간 정신을 부드럽게 하여 인류애를 고양하며, 함께 살아가는 사람들을 향한 상냥함과 보편적 사랑을 불러일으킬 수 있다.

세 체계 중 가장 불완전하다고 여겨지는 에피쿠로스 체계조차, 상냥하고 존중할 만한 미덕이 어떻게 우리 자신의 이익과 삶의 안락, 안전, 평온에 기여하는지를 잘 보여준다. 에피쿠로스는 행복을 안락과 안전의 성취에 두었으며, 미덕이야말로 그것을 얻는 가장 확실하고도 유일한 수단임을 독창적인 방식으로 입증하고자 했다. 특히 미덕이 마음의 평온에 도움을 준다는 점은, 다른 철학자들조차 에피쿠로스를 높이 평가했던 가장 큰 이유였다. 그는 더 나아가 상냥한 성품이 외적인 번영과 안전에도 기여한다는 점을 강조했다.

이러한 이유로 고대 세계에서는 다른 철학 학파에 속한 인물들도 에피쿠로스의 저술을 폭넓게 연구했다. 에피쿠로스의 사상을 가장 강하게 비판했던 키케로조차도, 미덕이 행복을 실현하는 데 충분하다는 자신의 논증을 에피쿠로스 체계에서 끌어왔을 정도였다. 심지어 에피쿠로스 학파에 가장 반대했던 스토아 철학자인 세네카조차, 어떤 철학자보다도 에피쿠로스를 자주 인용했다.

맨더빌 박사의 이기심 강조 철학

그러나 미덕과 악덕 사이의 구분 자체를 근본적으로 무너뜨리는 또 하나의 체계가 있다. 그 점에서 이 체계는 매우 유해하다. 내가 말하는 것은 맨더빌 박사의 체계다. 맨더빌의 이론은 거의 모든 측면에서 오류투성이지만, 인간 본성의 몇몇 외면적 특징은 그의 주장을 부분적으로 지지하는 듯 보이기도 한다. 맨더빌은 다소 거칠고 투박하지만 생생하고도 유려

한 문체로 자신의 극단적인 개념을 묘사함으로써 그 이론에 일종의 진실성과 개연성의 외피를 입히는 데 성공했다. 이 때문에 미덕의 본질을 명확히 분별하지 못하는 독자는 그의 주장을 쉽게 수긍하게 된다.

그에 따르면 적절성의 감각이나 타인의 칭찬과 인정을 바라는 마음에서 나온 모든 행위는 결국 허영심에서 비롯된다. 즉 인간은 타인의 행복보다 자신의 행복에 훨씬 더 깊은 관심을 갖고 있으며, 어떤 경우에도 진심으로 타인의 번영을 자신의 번영보다 우선시할 수 없다는 것이다. 누군가가 그렇게 보일 때조차, 그것은 단지 우리를 기만하기 위한 위장이며, 본질적으로는 여타의 경우와 마찬가지로 이기적인 동기에서 비롯된 행동일 뿐이라는 것이다.

그의 주장에 따르면 인간의 여러 이기적인 정념 가운데 가장 강력한 것은 허영심이며, 사람은 타인의 갈채에 쉽게 도취되어 큰 기쁨을 느낀다. 자신이 동료의 이익을 위해 희생하는 것처럼 보일 때조차, 실상은 그 행동이 상대방의 자기애에 호소하여 호의적인 반응을 얻으리라는 기대에서 비롯된 것이다. 다시 말해, 그로 인해 얻게 될 심리적 만족이 자신이 포기한 이익을 뛰어넘을 것이라고 판단한 것이다. 결국 그의 행동도 다른 이기적 행동들과 본질적으로 다를 바 없는, 낮고 이기적인 동기에 기반한 것이다.[92]

---

92 18세기 초 런던에서 팸플릿 작가이자 시인으로 활동했던 버나드 맨더빌은 『꿀벌의 우화』라는 제목의 교묘하고 풍자적인 시 형태의 우화에 산문을 섞어 책을 발표했다. 이 시에서 탐욕스럽고 이기적인 벌들은 엄청난 활력을 발휘해 부유하고 번영하는 벌집 사회를 만들어낸다. 즉 개별 벌들의 악덕이 모여 전체 공동체의 번영이라는 미덕을 이룬다는 것이다. 맨더빌은 이 이야기를 통해 벌들의 세계를 묘사하면서, 사실이는 인간 사회에도 그대로 적용된다고 주장한다. 인간 본성의 가장 이기적이고 허영적인 측면조차도 오히려 공동선을 창출해낸다는 것이다.
그는 마지막 부분에서 이렇게 썼다. "이리하여 모든 개별 요소는 악덕으로 가득하지

하지만 그는 스스로 완전히 이타적이라는 환상에 빠져 자신을 자랑스럽게 여긴다. 이러한 이타성에서 나오는 자기 확신이 없다면 자신뿐 아니라 타인의 눈에도 결코 칭찬받을 자격이 없는 존재로 보일 것이기 때문이다. 결과적으로 맨더빌 박사는 사익보다 공익을 앞세우는 모든 공공 정신은 거짓이며, 인간의 미덕도 실은 허영과 아첨, 자만이 꾸며낸 껍데기에 불과하다고 보았다. 사람들이 자랑하고 경쟁하려 드는 그 미덕이란, 결국 인류를 기만하는 장식에 불과하다는 것이다.

허영은 어떻게 고상함을 흉내내는가

가장 너그럽고 공공 정신이 충만한 행동조차도, 어떤 의미에서는 자기애에서 비롯된 것이 아닐까? 이 흥미로운 질문에 대한 논의는 지금 이 자리에서는 다루지 않겠다. 내가 보기에, 이 문제의 해답은 미덕의 실재를 확립하는 데에 결정적인 역할을 하지는 않는다. 자기애 역시 도덕적 행동의 동기가 될 수 있기 때문이다.

내가 여기서 밝히고자 하는 핵심은 이것이다. 자신을 명예롭고 고귀한 존재로 만들고자 하는 열망, 즉 존중과 인정을 받을 만한 존재가 되려는 욕구를 허영이라 부르는 것은 부당하다는 점이다. 진실된 명성과 평판

만 전체로 보면 그것은 하나의 천국이 된다. 평화 시에는 아첨을 받고, 전쟁 시에는 두려움의 대상이며, 외국인에게는 존경을 받는다. 그들의 화려한 부와 생활 방식은 다른 모든 벌집의 기준이 된다. 이것이 그들의 국가를 복되게 하는 요소들이다. 죄악은 서로 결탁해 그들을 위대하게 만들고, 정치가 그로부터 수천 가지 술수를 배워온다. 미덕은 악덕의 좋은 영향력을 통해 그것을 자신의 동반자로 만든다. 그리고 마침내, 다수 중 가장 악한 성향이 공동선을 만들어낸다." 이처럼 맨더빌은 개인의 이기심과 허영심 같은 '악덕'이야말로 실제로 사회 전체의 번영을 이끄는 동력이라고 보았다. 그의 이러한 주장은 당시의 도덕 철학자들에게 큰 충격이었으며, 많은 반박과 논쟁을 불러일으켰다.

을 향한 열망 그리고 진정 존경받을 자격이 있을 때 그 존경을 바라는 욕구는 결코 허영이 아니다. 명성을 향한 열망은 인간 정신이 품을 수 있는 가장 고귀하고 훌륭한 열정 가운데 하나이며, 존경받고자 하는 욕구는 비록 전자보다는 덜하지만 여전히 그 다음가는 고상한 열정이다.

반면 전혀 칭찬받을 만하지 않거나 기대하는 만큼의 찬사를 받을 수 없는 특성에 대해 찬사를 바라는 사람, 사소한 옷차림이나 장신구, 평범한 행동에 불과한 성취로 인격의 가치를 증명하려는 사람은 분명히 허영심에 사로잡혀 있다. 또한 실제로는 아무런 공로가 없음에도 그것이 자기 것인 양 찬사를 기대하거나 본인이 절대 한 적 없는 모험담을 자랑하거나 남의 저작물을 자기 것처럼 표절하는 이들도 모두 허영심이라는 저급한 감정의 소유자다.

조용한 존중이나 내면의 승인만으로는 결코 만족하지 못하고 끊임없이 외적 찬사와 환호를 바라는 사람들—예를 들어 칭송을 직접 들어야만 안심하고, 존경의 표현과 대접을 집착하며, 명예직을 탐내고, 사람들이 자신을 찾고 따르며, 공공장소에서 주목받는 것을 즐기는 사람들—은 모두 허영에 사로잡힌 자들이다. 이러한 허영은 앞서 언급한 고귀한 두 열정(명예와 존경)과는 전혀 다른 차원의 것으로, 만일 전자가 인간 정신의 가장 고상한 표현이라면, 허영은 그 가장 저열하고 하찮은 감정이라 하겠다.

진짜 자존심은 타인의 박수에 기대지 않는다

하지만 이 세 가지 열정, 즉 영광의 대상이 되고자 하는 욕구, 진정한 존중을 받을 자격을 갖추고 그것을 추구하는 욕구, 자격과 상관없이 단지 찬사를 받고자 하는 하찮은 욕망(허영)은 본질적으로 완전히 다른 것이다. 앞의 두 가지는 언제나 사람들에게 인정받지만, 마지막 것은 언제나 경멸당한다.

그러나 이 세 감정 사이에는 어렴풋한 유사성이 있다. 이 지점에서, 활기 넘치는 저자 맨더빌은 자신의 생생하고 유쾌한 문장력으로 그 유사성을 과장하여 독자를 혼란스럽게 만들었다. 허영과 진정한 명예욕은 모두 외부의 존중과 승인을 바라는 점에서 겉으로는 비슷해 보인다. 하지만 후자는 정당하고 이성적이며 공정한 감정인 반면 전자는 부당하고 불합리하며 터무니없는 감정이라는 점에서 본질적인 차이가 있다. 진정으로 존중받을 만한 자격을 갖춘 사람이 존중을 바라는 것은, 그가 마땅히 받아야 할 것을 요구하는 것이다.

반대로, 자격이 없음에도 존중받기를 바라는 사람은 스스로 누릴 정당한 권리가 없는 것을 요구하는 것이다. 진정으로 존중받을 만한 사람은 대체로 쉽게 만족하며, 다른 이들이 자신을 충분히 인정하지 않는다고 해도 시기하거나 의심하지 않는다. 또한 남들의 칭찬이나 예우 등 외적인 평가를 얻기 위해 과도하게 애쓰거나 집착하지 않는다.

하지만 허영에 사로잡힌 사람은 결코 만족을 모른다. 그는 다른 이들이 자신을 충분히 존중하지 않는다는 의심과 시기에 늘 시달린다. 스스로 그럴 자격이 없음을 어렴풋이 알면서도, 그 이상의 대우를 바라는 내밀한 욕망이 있기 때문이다. 그래서 누군가가 예우나 격식에서 조금만 부족해도 그것을 심각한 무시나 모욕으로 받아들인다. 타인이 자신을 향한 존중을 거두었을지 모른다는 불안감에 시달리며, 끊임없이 주위를 살피고, 자신이 무시당한 것은 아닌지 초조하게 반응한다. 그래서 허영심이 강한 사람은 늘 새로운 인정이나 존중을 받고 싶어 하며, 누군가 자신을 칭찬하거나 복종하지 않으면 화를 참지 못한다. 그에게는 외적인 인정이 자존의 거의 유일한 근거이기 때문이다.

영광스럽고 존중받는 사람이 되고 싶은 욕구, 영광과 존중을 향한 열망, 그리고 미덕과 진정한 영광을 사랑하는 마음은 서로 긴밀히 연결되어 있다. 이들은 모두 진정으로 고귀한 존재가 되려는 열망을 공유한다는 점에서 닮아 있다. 동시에, 진정한 영광조차 결국 타인의 감정과 평가를 전제로 하기에, 때로는 허영이라는 비판을 받기 쉽다는 점에서도 유사하다.

극도로 관대한 사람은 미덕 그 자체를 목적으로 삼으며, 자신에 대한 타인의 실제 평가에는 무심할 수 있다. 그러나 그조차도 마음속으로는 타인들이 이러이러한 방식으로 자신을 평가할 것이라는 상상—즉, 실제로 영광이나 찬사를 받지 못하더라도 그럴 자격은 분명히 있다는 확신—을 하며 기쁨을 느낀다. 그는 사람들이 지금 자신을 어떻게 생각하는지보다, 그들이 자신의 마음과 상황을 제대로 이해하게 된다면 반드시 자신을 높이 평가할 것이라는 믿음을 더 중요하게 여긴다. 자신은 그런 인정을 받을 만한 사람이라는 확신이, 그에게는 자긍심의 원천이 된다.

그는 사람들이 지금 당장 자신을 어떻게 보든 크게 신경 쓰지 않는다. 대신, 사람들이 마땅히 내려야 할 올바른 평가를 중시한다. 그는 자신이 영광과 존중을 받을 자격이 있다는 확신을 가지고 있으며, 비록 지금은 오해받더라도 사람들이 언젠가 그의 동기와 처지를 제대로 이해하고 공정하게 판단한다면 결국 자신에게 합당한 존경을 보낼 것이라 믿는다. 이 확신이 그의 행동을 이끄는 가장 숭고한 동기다.

이처럼 진정한 미덕을 사랑하는 태도는 사람들의 일시적인 의견보다 이성과 적절성에 부합하는지를 더 중시한다는 점에서, 진정한 영광을 향한 열망과 맞닿아 있다.

그러나 두 열정 사이에는 분명한 차이도 있다. 예컨대 오직 무엇이 옳고 정당한가, 무엇이 존중받을 가치가 있는가를 따져가며 행동하는 사람은, 비록 그런 인정이나 칭찬을 한 번도 받지 못하더라도 인간 정신이 도달할 수 있는 가장 고결하고 순수한 동기에 따라 움직인 것이다. 반면 타인의 승인을 받을 만한 자격을 갖추었음을 스스로 믿으면서도 그 인정을 절실히 원하고 바라는 사람은—비록 대체로 칭찬받을 만한 인물이기는 해도— 그의 동기 속에는 인간적인 허약함과 결점이 스며 있다. 그는 타인이 자신을 제대로 알아주지 않거나 불공정하게 대할 경우 자존심에 상처를 입을 수 있고, 자신의 행복이 다른 사람의 질투나 잘못된 판단에 따라 흔들릴 위험도 안고 있다.

무엇이 참으로 존중받고 인정받을 만한 일인가에만 마음을 두는 사람은, 행복이 외부 환경이나 타인의 변덕에 휘둘리지 않기에 훨씬 더 평온하다. 그는 타인의 무지에서 비롯된 경멸이나 비난을 자기 것으로 받아들이지 않으며, 그로 인해 굴욕감을 느끼지도 않는다. 그런 비난은 자기 자신의 성격이나 행동을 잘못 이해한 결과이기 때문이다. 그들이 그의 진짜 모습을 알게 된다면 결국에는 존중과 사랑을 보내게 될 것이다. 좀 더 분명히 말하면, 그들이 미워하고 경멸한 것은 그 사람이 아니라 그들이 오해한 다른 누군가였던 셈이다.

예를 들어 무도회에서 친구가 적의 복장을 하고 나타났을 때 우리가 그를 몰라보고 화를 낸다면, 그는 억울해하기보다 오히려 재미있어 할 것이다. 부당한 비난을 받을 때, 진정한 아량을 지닌 사람이 보이는 태도가 이와 같다. 하지만 인간 본성이 이처럼 단단한 경지에 이르는 일은 극히 드물다. 허영에 쉽게 들뜨는 것은 대개 가장 연약하고 보잘것없는 사람들이지만, 사실이 아닌 비난이나 오해는 가장 의연하고 절제력 있는 사람에게조차 때로는 상처를 주고 당황하게 만들 수 있다.

맨더빌의 도발: 미덕은 기만일 뿐인가?

맨더빌 박사는 허영이라는 하찮은 동기가 도덕적 행동의 출발점이라고 주장하는 데서 그치지 않고, 인간 미덕의 불완전성을 다양한 측면에서 지적하려 시도한다. 그의 주장에 따르면 인간의 미덕은 본래 열정을 완전히 제어하는 수준에 도달하지 못하며, 우리는 사실상 열정을 극복하는 것이 아니라 교묘히 방종하고 있을 뿐이다. 쾌락에 대한 절제 역시 진정한 금욕이라기보다는 조잡한 사치 혹은 감각적 쾌락의 한 형태에 지나지 않는다고 본다.

그의 주장에 따르면 인간 본성의 유지에 꼭 필요하지 않은 것은 모두 사치일 뿐이다. 심지어 깨끗한 셔츠를 입거나 편리한 집에서 사는 것조차 일종의 악덕으로 여겼다. 가장 정당한 남녀의 결합에서도 그는 성적 쾌락에 따른 기쁨을 호색이라는 해로운 열정의 한 형태로 보았다.

그는 또한 큰 희생 없이도 쉽게 실천할 수 있는 절제나 정절 같은 미덕마저 조롱했다. 이처럼 그의 궤변은 언제나 모호한 언어로 포장되어 있었다. 어떤 열정은 처음부터 불쾌하거나 모욕적인 뉘앙스를 담은 이름으로 불리기 때문에 사람들은 오히려 그 이름 덕분에 그 감정을 더 쉽게 알아차리게 된다. 그리고 그 이름이 강한 반감이나 불쾌감을 불러일으키면, 사람들은 자연스럽게 그 감정에 주의를 기울이고 부정적인 평가를 덧붙이게 된다.

어떤 감정은 인간의 자연스러운 정신 상태 속에 너무 은밀하게 스며들기 때문에 우리는 그것을 전혀 인식하지 못하거나 감정이 상당히 가라앉고 억제된 뒤에야 비로소 이름을 붙인다. 따라서 우리가 사용하는 명칭은 그 감정이 실제로 작동하는 생생한 상태를 지칭하지 않고, 억제된 형태에서의 모습만 반영한다. 이 때문에 쾌락과 성적 욕망을 지칭하는 일반적인 명칭[93]은 그 감정의 가장 극단적이고 불쾌한 측면만을 강조하게

---

93   사치와 색욕—원주

된다. 반면 절제와 정절이라는 말은 감정 그 자체보다는, 어느 정도 통제되고 억제된 상태를 표현하는 개념이다. 따라서 만약 감정이 완전히 사라지지 않고 여전히 내면에 남아 있다는 점을 포착해낼 수 있다면 맨더빌은 그것을 근거 삼아 절제와 정절이라는 미덕의 그럴듯한 외형을 무너뜨리고, 그것이 사실은 인간의 무지와 단순함에서 비롯된 자기기만에 불과하다고 주장한다.

그러나 절제나 정절 같은 미덕은 열정을 아예 없애거나 무디게 하라고 요구하지 않는다. 이 미덕들은 단지 그 격정의 맹렬한 힘을 적절히 조절함으로써 그것이 개인에게 해를 끼치지 않고, 사회를 불안하게 하거나 불쾌하게 만들지 않도록 하는 것을 목표로 삼는다.

이기심과 허영이 사회를 형성한다는 맨더빌의 주장

맨더빌 박사의 저작[94]에서 가장 큰 오류 중 하나는, 모든 격정(열정)을 그 정도나 방향과 무관하게 무조건 부도덕한 것으로 간주했다는 점이다. 그는 모든 격정을, 실제 감정이든 겉으로만 그렇게 보이는 것이든 가리지 않고 허영심으로 단정했다. 그리고 이러한 궤변을 바탕으로, 개인의 악덕이 사회적 이익을 낳는다는 자신의 대표 주장을 강화했다.

예컨대 장엄함을 사랑하는 마음, 세련된 예술과 삶의 질 향상에 대한 취향, 옷·가구·마차 등 일상에서 기분 좋음을 주는 물건에 대한 애호, 건축·조각·회화·음악 등에 대한 감상력까지, 그 모든 것이 그런 취향을 누릴 여유가 있는 사람에게조차 사치, 색욕, 과시욕으로 여겨진다. 그러나 그의 논리에 따르면 그런 악덕이야말로 사회 전체에 유익한 것이다. 그가 그토록 경멸스러운 이름을 붙였던 이러한 감정과 행동이 없었다면

---

94 『꿀벌의 우화』—원주

예술은 권장될 이유도 없었고 결국 아무도 관심을 두지 않아 쇠퇴했을 것이기 때문이다.

사실 이러한 주장은 맨더빌 이전 시대부터 존재했던 금욕주의 전통—곧 미덕이란 인간의 모든 격정을 억제하거나 말소하는 데 있다는 관점—에서 비롯된 것이다. 그는 이 금욕주의의 전제를 활용해 다음 두 가지를 입증하고자 했다.

첫째, 인간 사회에서 그러한 격정의 완전한 정복, 즉 소멸은 실제로 한 번도 일어난 적이 없다.

둘째, 만약 그것이 정말로 보편화된다면 모든 산업과 상업 활동은 중단되고, 넓은 의미에서 인간 사회의 모든 활동 자체가 마비되어 심각한 사회적 손실이 불가피하다는 점이다.

두 주장을 통해 맨더빌은 다음과 같은 결론에 도달했다. 첫 번째 주장에 따라, 진정한 미덕이라는 것은 존재하지 않으며, 우리가 미덕이라 여기는 것조차 사실은 단순한 속임수 혹은 사회적 기만에 불과하다. 그의 두 번째 주장에 따르면 사회가 번영하려면 개인의 악덕이 불가피하게 필요하며, 따라서 그것은 오히려 공익으로 인정되어야 한다.

허영의 철학, 진실을 가장한 궤변

이상이 한때 세상에 큰 파문을 일으켰던 맨더빌 박사의 체계이다. 그의 주장은 그 자체로 새로운 악덕을 만들어낸 것은 아니었지만, 적어도 기존에 존재하던 악덕들조차 더욱 뻔뻔하게 드러나도록 만들었고, 전에는 상상할 수 없었던 방탕하고 대담한 방식으로, 타락한 동기를 정당화하고 그것을 공개적으로 인정하게끔 조장했다.

이 체계가 외견상 아무리 파괴적으로 보이더라도, 그것이 몇몇 측면에서 진실과 겹치는 부분이 없었다면 그토록 많은 이들이 쉽게 빠져들지는 않았을 것이다. 동시에, 만약 그런 요소들이 조금도 없었다면 더 나은 원칙을 따르는 사람들, 혹은 긴밀한 사회적 관계 속에 있는 이들 사이에서 이토록 보편적인 경악과 반발을 불러일으키지도 않았을 것이다.

이는 자연철학의 몇몇 이론과도 닮았다. 한때는 그럴듯해 보여 널리 퍼졌지만 실제로는 진실과는 아무런 관련이 없었던 체계들이다. 예컨대 데카르트의 소용돌이 이론[95]은 한때 매우 영리한 민족으로 평가받던 프랑스인들에게 거의 한 세기 동안이나 천체의 운동을 설명하는 가장 만족스러운 이론으로 여겨졌다. 그러나 그 놀라운 결과들을 이끌어냈다고 주장한 원인들은 실제로 존재하지도 않았고, 이론상으로도 불가능한 것이었으며, 설령 그런 원인이 존재한다고 하더라도 그것이 그러한 결과를 낳을 수 없음이 입증되었고, 지금은 누구나 그 사실을 알고 있다.

그러나 도덕 철학은 자연철학과 다르다. 맨더빌처럼 도덕 감정의 기원을 설명하려는 사람이라 해도, 진실과 전혀 닮지 않은 이론으로는 우리를 끝내 설득할 수 없다. 물론 어떤 여행자가 먼 나라에 대해 이야기하면서 사실인 양 가장 황당한 허구를 늘어놓고, 순진한 이들을 속일 수는 있다. 하지만 그가 우리 이웃에서 일어난 일이나, 심지어 우리가 사는 교구에서 벌어진 일에 대해 뭔가를 설명하려 든다면 사정은 달라진다. 우리가 직접 눈으로 확인하지 않고 무관심하게 넘긴다면 그는 이 경우에도 우리를 상당히 속일 수 있을 것이다. 가장 교묘한 거짓말일수록 일정 부분은

---

95 17세기 프랑스 철학자 르네 데카르트(René Descartes)가 제시한 우주론 체계로, 천체의 움직임을 보이지 않는 '에테르'(ether)의 소용돌이 운동으로 설명하려 한 이론이다. 그는 공간을 진공이 아닌 물질(에테르)로 가득 찬 연속체로 보고, 태양을 중심으로 회전하는 소용돌이들이 행성들을 밀어내며 공전하게 만든다고 주장했다. 이 이론은 뉴턴의 만유인력 법칙이 등장하기 전까지 한 세기 가까이 유럽에서 광범위하게 받아들여졌지만, 이후 실험적 증거 부족과 역학적 한계로 폐기되었다. — 편집주

진실을 닮아 있으며, 그 안에 어느 정도 사실이 섞여 있기 때문이다.

자연 철학자들은 우주의 거대한 현상을 설명하거나 먼 나라의 사정을 전하겠다고 주장할 수 있다. 이 경우, 그들의 말이 그럴듯해 보이기만 하면, 우리는 그 말에 쉽게 속아 넘어갈 수 있다. 그러나 도덕 감정의 기원, 인간의 욕망과 승인·불승인의 감정이 어디서 비롯되는지를 설명하려는 사람은, 곧 우리가 살아가는 이 사회, 이 교구 그리고 우리의 일상 감정 구조까지 해석하겠다고 주장하는 셈이다. 이처럼 가까운 문제에 대해 터무니없는 설명을 내놓는 사람은, 마치 집사가 꾸며낸 이야기를 무심히 믿고 흘려듣는 게으른 주인과도 같다.

하지만 그런 설명은 오래 가지 못한다. 그 체계가 신뢰를 얻으려면, 적어도 일부분은 진실에 부합해야 하며, 아무리 과장되었더라도 어느 정도는 현실과 닮아 있어야 한다. 그렇지 않으면, 조금만 유심히 들여다봐도 그 속임수는 쉽게 들통날 것이다. 만약 어떤 저자가, 도덕적 감정과 아무런 관련이 없는 원칙을 그런 감정의 근원이라고 주장한다면 그는 심지어 가장 순진한 독자에게조차 터무니없고 우스꽝스럽게 보일 것이다.

제3편

도덕적 승인의 근원에 대한 여러 다른 체계에 관하여

서문

미덕의 본성에 대한 탐구에 이어 도덕 철학에서 가장 중요한 문제 중 하나는 승인의 원리이다. 이 원리는 특정한 성격이나 행위가 왜 우리에게 유쾌하거나 불쾌하게 느껴지는지를 설명하려는 것이다. 또한 어떤 행위를 더 선호하거나 어떤 것은 옳고 다른 것은 틀렸다고 판단하며, 어떤 사람이나 행위에는 칭찬과 보상이 주어지고 또 다른 이에게는 비난과 처벌이 주어지는 이유를 놓고 정신의 작용이 어떻게 돌아가는지와 관련된다.

승인의 3가지 원천: 자기애, 이성, 감정

이러한 승인의 원리에 대해 철학자들은 크게 세 가지 설명을 제시해왔다.

자기애(Self-love)를 중시하는 입장에 따르면 우리는 자신의 행복이나 불이익에 끼치는 영향을 기준으로 자신과 타인의 행동을 승인하거나 거부한다. 이성(Reason)을 강조하는 이들은, 인간은 진위(眞僞)를 구별하는 능력을 통해 행동이나 감정이 적절한지 부적절한지를 판단한다고 주장한다. 마지막으로, 감정(Sentiment)을 중시하는 견해에 따르면 우리의 판단은 전적으로 즉각적이고 자연스러운 감정의 결과이며, 어떤 행동이나 성격에서 오는 본능적인 만족감이나 혐오감이 판단의 기초가 된다는 것이다.

따라서 자기애, 이성, 감정, 이 세 가지는 인간이 도덕적 판단을 내리는 기준, 즉 승인의 원리를 설명하는 세 가지 주요 관점이다.

이제 이러한 서로 다른 이론들을 살펴보기 전에, 한 가지 분명히 해두고 싶은 점이 있다. 우리는 왜 어떤 행동을 좋다고 여기고 다른 행동은 나쁘다고 여기는지에 관한 질문, 즉 승인 감정의 근원에 대한 문제는 이론적으로는 매우 중요한 철학적 주제다. 하지만 실생활에는 거의 영향을 주지 않는다. 예를 들어 무엇이 미덕인가라는 문제는 실제로 우리가 옳고 그름을 판단할 때 큰 영향을 준다.

반면 우리가 어떤 행동을 보고 왜 좋다고 느끼는가에 대한 질문은, 그 행동이 실제로 옳은지 그른지를 판단하는 데 큰 영향을 미치지 않는다. 결국 이 문제는 우리 내면의 감정과 생각이 어떤 과정을 거쳐 생겨나는지 알아보려는 철학적 호기심에 가까운 주제다.

제1장

자기애를 승인의 근원으로 보는 여러 체계에 대하여

━━━━━━━◆━━━━━━━

자기애로 승인 원리를 풀어내지만 모두 같은 주장을 하는 것은 아니어서 체계마다 혼란과 모호함이 빚어진다. 홉스와 그의 많은 추종자[96]에 따르면 인간이 사회를 이루는 이유는 타인에 대한 자연스러운 애정 때문이 아니라 자신의 안락과 안전을 유지하려면 타인의 도움이 필수적이기 때문이다.

이러한 이유로 사회는 인간에게 없어서는 안 될 존재가 되며, 사회에 기여하는 일이라면 결국 자신에게도 이득이 돌아온다고 여긴다. 반대로 사회를 위협하거나 해를 끼칠 수 있는 요소는 자신에게 고통이나 해를 줄 수 있는 것으로 본다.

미덕은 사회를 지탱하는 토대이며, 악덕은 그 토대를 무너뜨리는 위험이다. 그리하여 사람들은 미덕을 유쾌하게, 악덕을 불쾌하게 느낀다.

---

[96] 푸펜도르프, 맨더빌.—원주

미덕을 통해 번영과 안정이 기대되고, 악덕을 통해 파멸과 혼란이 예상되기 때문이다.

감정의 기원, 철학이 말하지 못한 것들: 사회적 질서와 간접 공감

미덕은 사회 질서를 증진시키고, 악덕은 그것을 방해한다. 이 사실을 냉정하고 철학적인 시각에서 바라보면 미덕은 고결하고 아름다운 모습을 드러내고, 악덕은 혐오스럽고 추한 양상을 띤다. 이러한 관점은 내가 앞서 언급한 바와 같이, 본질적으로 문제가 되지 않는다.

인간 사회는 추상적이고 철학적인 시선으로 보면 하나의 거대한 정밀 기계처럼 보인다. 이 기계가 질서 있게 조화를 이루며 움직일 때, 우리는 수많은 유쾌한 결과를 경험하게 된다. 인간이 만든 고귀하고 정교한 기계와 마찬가지로 이 기계의 작동을 더 부드럽고 원활하게 만드는 모든 요소는 그 자체로 아름답게 느껴진다. 반대로 작동을 방해하는 요소는 그것만으로도 불쾌함을 불러일으킨다. 같은 맥락에서 볼 때, 미덕은 사회라는 기계를 매끄럽게 돌리는 윤활유와 같아 즐거움을 주고, 악덕은 그 톱니를 삐걱이게 하는 녹처럼 본능적 거부감을 일으킨다.

이러한 시각에서 승인과 불승인의 감정이 생겨난다고 보는 견해는, 사회 질서에 대한 존중을 바탕으로 하므로 전에 설명했듯 유용한 것에 아름다움을 부여하는 원칙으로 설명될 수 있다. 이 점에서 이 이론은 일면 상당한 개연성을 지닌 것처럼 보인다.

이 체계의 옹호자들이 미개하고 고립된 삶과 문명화된 사교적 삶을 비교하면서, 후자가 지니는 무수한 장점을 강조할 때 우리는 쉽게 설득당한다. 그들은 질서와 미덕이 어떻게 문명사회를 유지하는 데 기여하고, 반대로 악덕과 법의 부정이 어떻게 사회를 붕괴시키고 야만으로 이끄는지를 효과적으로 설명한다. 이 설명을 통해 독자는 마치 새로운 세계가 열린 듯한 인상을 받는다. 미덕은 전보다 더욱 고귀하고 아름답게 보이고, 악덕은 더 노골적으로 추악하게 느껴진다.

　독자는 이 체계를 통해 미덕과 악덕을 새롭게 이해하고, 그때 느끼는 놀라움과 감탄은 이 이론이 보여주는 독특하고 깊은 통찰에서 나온다. 그러나 동시에 그는 곧 깨닫는다. 자신이 일상에서 미덕과 악덕에 대해 내렸던 승인과 불승인의 감정은 이 철학적 설명과는 전혀 다른 차원의 것이었음을 말이다.

　반면 이런 철학자들은 우리가 사회의 복지에 보이는 관심 그리고 그에 따라 미덕에 부여하는 존중이 자기애에서 비롯된다고 본다. 예컨대 우리가 오늘날 소 카토의 미덕에 찬사를 보내고 카틸리나의 악행을 혐오한다고 해서, 그들의 행동이 오늘을 사는 우리에게 실제로 어떤 이득이나 피해를 주었기 때문은 아니라는 것이다.

　이들에 따르면 우리가 옛 시대나 다른 나라의 미덕을 존중하고 악덕을 비난하는 이유는 그 사건이 오늘 우리의 삶에 직접적인 영향을 주었기 때문이 아니다. 그런 판단은 결국, 우리가 그 시대와 장소에 있었더라면 혹은 오늘날 비슷한 상황에서 같은 인물을 만났더라면 틀림없이 이익을 얻거나 손해를 입었을 것이고, 그에 따라 감정이 움직였으리라는 가정에 바탕을 둔다.

　요약하면, 이 저자들이 분명히 설명하지는 못했지만 암묵적으로 전제하고 있는 핵심 개념은 간접적 공감이다. 즉 우리가 미덕을 찬양하고 악덕을 비난하는 이유는 그로 인해 실제로 어떤 이익을 얻거나 손해를 입었기 때문이 아니다. 오히려, 그런 성품으로 인해 영향을 받은 사람들의 감사나 분노에 우리가 간접적으로 공감하기 때문에 그런 감정이 생긴다. 이 철학자들 또한 만약 우리가 그런 인물들과 함께 사회를 구성하고 있었다면 어떠한 혜택이나 해를 입었을 것이라고 이미 언급한 바 있다. 그리고 그러한 언급 속에, 우리 감정의 기저에 있는 이 간접적 공감이 암시되어 있는 것이다.

공감은 이기적 원리가 아니다

하지만 공감은 어떤 의미로 보더라도 이기적인 원리로 설명될 수 없다. 물론 내가 누군가의 슬픔이나 분노에 공감할 때, 그것이 마치 자기애에서 비롯된 감정처럼 보일 수도 있다. 그런 감정은 상대의 입장이 되어 보고, 그 상황에 처한 내가 어떤 감정을 느낄지를 상상함으로써 생겨나기 때문이다. 하지만 공감이란 본질적으로, 그런 상상을 통해 나 자신과 타인의 위치를 바꾸는 데서 비롯된다. 중요한 점은, 이 상상 속에서 바뀌는 것은 단지 상황만이 아니라 그 사람의 몸과 성격까지도 내가 완전히 바꾸어 그 사람이 되어보는 것이라는 점이다.

예를 들어 내가 당신의 외아들이 세상을 떠난 일에 조의를 표할 때, '내가 아들을 잃었다면 어떤 기분일까?'라고 상상하는 것이 아니다. 오히려 '내가 만약 지금의 당신이라면, 어떤 고통을 느낄까?'를 상상하는 것이다. 즉 나는 단순히 당신의 처지에 놓인 나 자신을 상상하는 것이 아니라 온전히 당신이 되어 그 감정을 느껴보려는 것이다.

이처럼 내가 느끼는 슬픔은 철저히 당신에게서 비롯된 것이며, 나 자신에 대한 감정이 아니다. 다시 말해, 그것은 결코 이기적인 감정이 아니다. 내 고유한 신체와 성격에 닥친 일을 상상해서 생긴 감정이 아니라 전적으로 타인에게 집중된 감정이기 때문이다. 그런 감정을 어떻게 자기중심적이라고 말할 수 있겠는가?

이를테면 어떤 남자가 출산 중인 여성에게 깊은 동정을 느낄 수는 있지만, 자기 자신의 몸과 기질로 그녀의 고통을 직접 상상하는 것은 거의 불가능하다. 그럼에도 인간의 모든 감정과 행위를 자기애에서 기인한다고 설명하려는 이론은 오랫동안 사람들 사이에서 널리 퍼져왔다. 그러나 내가 알기로, 그런 이론이 자기애라는 개념을 명확하고 일관되게 정의한 적은 단 한 번도 없었다. 오히려 그 이론들은 대부분 공감이라는 감정의 구조를 제대로 이해하지 못한 데서 비롯된 오해에 지나지 않는다.

제2장

이성을 승인의 근원으로 보는 여러 체계에 대하여

◆

홉스의 주장: 만인의 상호 투쟁과 정부의 필요성

홉스는 이렇게 주장한다. 자연 상태는 곧 전쟁 상태이며, 시민 정부가 수립되기 이전의 시대에는 인간이 안전하고 평화로운 사회를 누리는 것이 불가능하다고 보았다. 따라서 사회를 유지하려면 시민 정부를 지지해야 하며, 이 정부가 무너지면 곧 사회 전체가 붕괴된다고 여겼다.

그러나 시민 정부는 최고 통치자에 대한 국민의 복종을 기반으로 유지된다. 통치자가 권위를 잃는 순간, 모든 정부 체계는 붕괴한다. 그렇기에 자기 보존을 추구하는 인간은 사회 질서를 유지하는 모든 행위에 찬사를 보내고, 그 질서를 해칠 수 있는 모든 행동에는 비난을 보내야 마땅하다. 사람들의 말과 생각이 일관되게 논리적이라면, 이 원리는 그들로 하여금 통치자에 대한 복종을 칭찬하고, 반항이나 불복종은 비난하도록 만든다. 칭찬받을 만한 것과 비난받을 만한 것이라는 개념은 곧 복종과 불복종 문제에도 똑같이 적용되어야 한다. 결국 민정 통치자의 법이야말로 무엇이 정의롭고 불의한지, 옳고 그른지를 판단하는 유일하고 최종적인 기준이 되어야 한다는 것이다.

홉스는 이러한 주장을 통해 양심의 판단 기준을 교회의 권위가 아닌 국가 권력의 직접적인 통제하에 두고자 했다. 그가 살던 시대의 실제 사례들을 보면 사회 혼란은 주로 교회 권력의 야심과 간섭에서 비롯된다고 인식했기 때문이다.

이러한 이유로 홉스의 주장은 신학자들로부터 극심한 반발을 샀다. 그들은 홉스를 거칠고 신랄하게 비난했다. 또한 그의 이론은 도덕 철학자들도 받아들이기 힘들었는데, 홉스는 선과 악, 정의와 불의 사이에는 본래 구분이 없으며, 모든 도덕적 판단은 민정 통치자의 자의적인 결정에 따라야 한다고 주장했기 때문이다.

차가운 이성에 근거한 반박에서부터 격렬한 논박에 이르기까지, 그의 사상은 온갖 방식으로 공격을 받았다. 이처럼 급진적인 주장이 잘못되었음을 입증하려면, 다음과 같은 점을 증명해야 한다. 즉 모든 성문법이나 제도가 생기기 이전부터 인간의 정신은 본래 이성적 능력을 지니고 있었으며, 그 이성을 통해 우리는 어떤 행동이나 감정이 옳고 칭찬받을 만하며 도덕적인지, 반대로 어떤 것이 잘못되고 비난받을 만하며 파괴적인지를 스스로 구별할 수 있었다는 사실이다.

도덕은 법이 아닌 이성에서 나온다: 커드워스 박사의 홉스 반박

커드워스 박사는 어떤 행위가 옳은지 그른지를 판단하는 기준이 법 자체일 수는 없다고 하며 타당하게 지적했다.[97] 만약 법이 그 기준이라면, 그 법을 따르느냐 따르지 않느냐에 따라 행동이 옳거나 그르거나, 혹은

---

[97] 『불변하는 도덕』 1권.—원주

도덕적으로 무관하다는 셋 중 하나가 되어야 한다. 그러나 준수 여부가 아무런 도덕적 의미를 갖지 않는 법이라면, 그것은 당연히 도덕 구분의 근원이 될 수 없다. 법을 지키는 일이 옳고 어기는 일이 그르다고 말하려면 그보다 앞서 옳고 그름을 가르는 개념이 있어야 한다. 다시 말해 도덕의 기준은 법 이전부터 존재한다.

따라서 모든 법률에 앞서 인간의 정신이 이미 도덕적 옳고 그름을 구분하는 개념을 갖고 있다는 점에서, 이런 구분은 필연적으로 이성에서 비롯되었다고 결론지을 수 있다. 다시 말해, 이성이 옳고 그름을 가려내는 방식은, 진실과 거짓을 판별하는 방식과 본질적으로 같다.

이러한 결론은 일정 부분 진실을 담고 있다. 그러나 다른 측면에서는 다소 성급한 추론일 수 있다. 이 같은 주장은 인간 본성에 대한 철학적 탐구가 아직 초기 단계였던 시기에 더욱 널리 받아들여졌다. 즉 인간 정신의 다양한 기능들이 서로 어떤 역할을 하고 어떻게 구분되는지를 명확히 분석하기 이전의 시기였다.

홉스와의 논쟁이 치열하던 당시에는, 도덕적 판단이 어떤 정신 작용에서 비롯되는지를 이성 외의 다른 가능성으로는 거의 생각하지 않았다. 그래서 그 시대 사람들은, 어떤 행동이 미덕인지 악덕인지를 판단할 때, 그것이 더 높은 법률에 따르는지보다는 이성과 일치하는지를 기준으로 삼았다. 그리고 이로써 이성은 승인과 불승인의 궁극적인 원천이자 기준으로 자리 잡게 되었다.

미덕은 이성에 순응한다

미덕이 이성을 따르는 것이라는 주장은 일정 부분에서 타당하다. 실제로 이성은 우리가 승인하거나 거부하는 도덕적 판단의 핵심 기준으로 작용한다. 우리가 정의로운 행동을 해야 한다는 일반적인 규칙을 인식하게 되는 것도 이성의 작용 덕분이다. 또한 우리는 같은 이성을 통해 어떤 행동이 분별 있고, 품위 있으며, 관대하거나 고결하다는 다소 모호하고 직관적인 기준을 세운다. 그리고 우리는 이 기준들을 늘 마음에 품고, 그것에 맞춰 자신의 행동을 조율하려고 노력한다.

도덕의 일반 원칙은 다른 모든 일반 원칙과 마찬가지로 경험과 귀납을 통해 형성된다. 우리는 다양한 구체적 사례 속에서 도덕적 감정이 유쾌하거나 불쾌하게 작용하는 것을 경험하고, 그 감정들이 사회적으로 승인되거나 거부되는 모습을 관찰한다. 이러한 반복적 경험을 바탕으로 우리는 귀납의 방식으로 보편적인 도덕 규칙을 형성하며, 이 귀납 과정은 전통적으로 이성의 작용으로 간주된다. 따라서 이성과 연관지어 도덕 원칙과 개념이 형성된다고 말하는 것은 매우 타당하다.

우리는 이러한 일반 원칙과 개념을 통해 대부분의 도덕 판단을 이끌어낸다. 반면에 도덕 판단을 건강 상태나 기분 같은 순간적인 감정에만 의존한다면 판단은 매우 불확실하고 불안정해질 수밖에 없다. 그러므로 우리가 옳고 그름에 대해 내리는 가장 견실한 판단은 반드시 이성과 귀납을 통해 형성된 원칙과 개념에 의해 통제되어야 한다. 이럴 때라야 비로소 미덕은 이성을 따른다고 적절하게 말할 수 있고, 그럴 경우에만 이성이 승인과 불승인의 근원적 기준이자 원리로 인정된다.

이성이 아닌 감정이 도덕을 만든다

이성은 도덕의 일반 규칙을 형성하는 원천이며, 우리가 내리는 모든 도덕 판단의 기반이 되는 기능이다. 그러나 우리가 옳고 그름을 처음으로 인식하는 것이 이성에서 비롯되었다고 가정하는 것은 어리석을 뿐만 아니라 논리적으로도 설명되지 않는다. 심지어 이러한 일반 규칙을 구성하는 데 사용된 개별 사례들조차, 처음에는 이성의 판단 대상이 아니라 즉각적인 감각과 느낌을 통해 인식되는 대상일 수밖에 없다. 이 최초의 인식은 일반 규칙을 만드는 다른 경험과 마찬가지로 이성이 아니라 즉각적인 감각과 느낌의 대상이다.

우리는 다양한 사례에서, 어떤 유형의 행위가 반복적으로 정신에 유쾌함을 주고, 또 다른 유형은 반복적으로 불쾌함을 준다는 사실을 발견하면서 도덕의 일반적인 규칙을 형성한다. 그러나 이성은 어떤 대상을 본래적으로 즐겁거나 괴로운 것으로 만들 수 없다. 다만 그것이 즐거움이나 괴로움을 일으키는 수단인지만 밝혀줄 수 있다. 다시 말해, 어떤 것이 그 자체로 유쾌하거나 불쾌하게 여겨지려면 반드시 즉각적인 감각이나 정서의 반응이 개입되어야 한다. 따라서 개별적인 모든 사례에서 미덕이 본질적으로 정신에 유쾌함을 주고, 악덕이 본질적으로 불쾌함을 준다면 우리가 미덕에 끌리고 악덕을 멀리하는 까닭은 이성이 아니라 곧바로 작동하는 감각과 정서 때문이다.

쾌와 불쾌는 인간의 욕망과 혐오를 이끄는 근본적인 동기이지만, 이 구분은 이성이 아닌 즉각적인 감각과 느낌을 통해 이루어진다. 그러므로 미덕이 그 자체로 욕망의 대상이 되고, 악덕이 그 자체로 혐오의 대상이 된다면 이를 처음으로 인식하고 구별해내는 기능은 어디까지나 이성이 아니라 감각과 감정인 것이다.

도덕은 느끼는가, 아니면 판단하는가

그러나 이성이 승인과 불승인의 근거로 여겨질 수 있다는 점에서 사람들은 오래도록 이런 감정을 이성의 작용에서 비롯된 것으로 여겨왔다.

허치슨 박사는 도덕적 구분이 정말로 이성에서 비롯되는지, 아니면 어느 측면에서는 즉각적인 감각과 느낌에 근거하는지를 비교적 명확하게 구분해낸 최초의 인물이다. 그는 '도덕 감각'(the moral sense) 개념을 예로 들어 충실히 설명했으며, 내 판단으로는 거의 반박할 수 없을 만큼 설득력 있게 논증했다.

이 주제에 대해 여전히 논쟁이 이어지고 있다면 그것은 아마도 허치슨 박사의 논지를 충분히 숙고하지 않았거나 혹은 특정 표현 방식에 과도하게 집착한 탓일 것이다. 후자의 경우는 특히 식자층에서 흔히 나타나는 약점이며, 흥미로운 주제를 다룰 때일수록 더욱 두드러진다. 심지어 미덕 있는 사람들조차 자신이 익숙하게 여겨온 한 구절의 표현을 쉽게 포기하지 못한다.

제3장

감정을 승인의 근원으로 보는
여러 체계에 대하여

━━━━━━━━━━ ◆ ━━━━━━━━━━

감정을 승인 판단의 근거로 삼는 체계는 두 가지 상이한 유형으로 나뉜다.

I. 첫 번째 견해에 따르면 승인 판단은 우리가 어떤 행동이나 성격을 접했을 때 느끼는 특정한 종류의 감정, 즉 마음의 독특한 지각 능력에 근거한다. 이 지각은 때로 유쾌하게, 때로는 불쾌하게 우리의 감정에 작용하며, 유쾌한 반응을 유발한 대상은 옳음, 칭찬할 만함, 미덕의 낙인을 받고, 불쾌한 반응을 유발한 대상은 그름, 비난받을 만함, 악덕으로 평가된다. 이 감정은 다른 감정과 구별되며, 특정한 인지 능력에서 비롯된다고 보아, 학자들은 이를 특별히 도덕 감각이라 명했다.

II. 다른 견해는, 승인 판단을 설명하기 위해 도덕 감각과 같은 새로운 지각 능력을 가정할 필요는 없다고 본다. 이 입장에 따르면 자연은 다른 경우들과 마찬가지로 이 경우에도 놀라운 경제성의 원리에 따라 하나의 동일한 능력에서 다양한 결과를 도출해낸다. 이 능력은 누구나 지니고 있으며, 늘 사람들의 주목을 받아온 그 힘, 즉 공감(sympathy)이다. 공감만으로도 앞서 말한 모든 도덕적 효과를 충분히 설명할 수 있다는 것이다.

I. 도덕 감각이란 무엇인가?

허치슨 박사[98]는 승인이라는 판단이 자기애에서 비롯된 것이 아님을 강하게 주장했다. 또한 그 판단이 이성의 작용에서 나오는 것도 아님을 설득력 있게 증명했다. 따라서 승인은 특별한 기능에서 비롯된 것이며, 자연이 이 효과를 내기 위해 인간의 마음에 부여한 고유한 능력으로 이해해야 한다. 그는 자기애와 이성을 승인 판단의 근거에서 제외했기에, 그 자리를 대신할 수 있는 새로운 심적 기능을 설정할 필요가 있었다.

허치슨은 이 새로운 인지 능력을 도덕 감각이라 명명하고, 이를 청각이나 촉각과 같은 외부 감각과 유사한 것으로 보았다. 외부 감각이 사물과 접촉해 소리·냄새·맛을 지각하듯, 도덕 감각도 마음속 감정과 반응을 통해 그것에 호감이나 혐오, 미덕이나 악덕, 옳고 그름의 성격을 부여한다고 본 것이다.

허치슨의 도덕 감각 이론과 그 한계

인간의 마음에는 단순한 관념(아이디어)을 형성해내는 여러 감각 혹은 지각 능력[99]이 있으며, 이는 크게 두 가지로 나뉜다. 하나는 직접적 감각(또는 선천적 감각)이고, 다른 하나는 반사적 감각(또는 결과적 감각)이다.

98　허치슨의 『미덕에 관한 탐구』—원주
99　허치슨의 『열정론』—원주

직접적 감각은 마음이 외부 사물을 즉각적으로 지각하는 능력이다. 이 경우, 지각은 사전 지식이나 선행 개념 없이 즉시 발생한다. 예컨대 소리를 듣거나 색을 인식하는 감각이 이에 해당한다. 이러한 지각은 어떤 관념을 전제로 하지 않는다. 반면 반사적 감각은 어떤 대상을 판단하거나 감지하기 위해 앞선 지각이나 관념을 필요로 한다. 조화나 아름다움 같은 추상적 성질이 이에 해당한다. 도덕 감각도 이 부류에 속하며, 특정한 행동이나 성격을 도덕적으로 판단할 때는 이미 쌓여 있는 감정과 인식의 틀이 작동한다.

이러한 감각을 존 로크는 반성(reflection)이라 불렀고, 이를 통해 인간의 다양한 열정과 정서에서 비롯된 단순 관념들을 이끌어냈다. 허치슨은 같은 기능을 직접적인 내면 감각이라고 불렀으며, 미추(美醜)나, 미덕과 악덕을 구별하는 인간의 심적 능력은 이 반사적·내면적 감각의 결과라고 보았다.

허치슨은 이 이론을 보완하기 위해 자연의 유추[100]에 호소했다. 그는 인간의 마음속에 도덕 감각과 매우 유사한 형태의 반사적 감각들이 존재한다는 점을 제시하며 자신의 주장을 뒷받침했다. 예를 들어 인간은 외

---

100 자연의 유추(analogy of nature)란, 인간이 '자연'과 '영혼'으로 이루어진 세상을 이해할 때 사용하는 사고방식이다. 여기서 '자연'은 단순히 우리가 눈으로 보는 산과 강 같은 물리적인 사물이 아니라 "나 자신이 아닌 모든 것"을 뜻하는 개념으로 이해된다. 다시 말해, 감각으로 직접 인식되는 대상이라기보다, 우리가 마음속에서 구성하고 유추해낸 세계 전체를 가리킨다. 허치슨이 말한 도덕 감각은 이러한 '자연의 유추'와 닮아 있다. 예를 들어 우리는 자연 속의 색, 형태, 소리에서 아름다움이나 조화 같은 개념을 느끼는데, 이는 감각기관을 통해 직접 인식한 것이 아니라 내면의 감각을 통해 만들어낸 것이다. 마찬가지로 우리는 어떤 사람의 행동이나 성품을 볼 때, 단순히 그 장면을 눈으로 보는 것만으로 미덕이나 악덕을 판단하는 것이 아니다. 보다 섬세한 내면 감각이 작동해서, 그 행위가 도덕적으로 옳은지 그른지를 느끼게 되는 것이다.

부 사물을 통해 미적 감각을 형성하고, 타인의 행복이나 고통에 공감하며 공동체 의식을 발전시키며, 명예와 수치심, 심지어 조롱에 대한 감정도 유사한 방식으로 느낀다.

심오한 철학자 허치슨 박사는, 승인의 원리를 청각이나 시각과 같은 외부 감각에 비견되는 도덕 감각 개념을 통해 설명하고자 여러 노력을 기울였다. 그러나 아이러니하게도, 많은 학자는 이 원리에서 도출된 여러 결과가 오히려 그 자체를 반박하고 있다고 주장한다. 허치슨 박사 본인 역시, 감각 그 자체와 감각의 대상이 되는 성질을 혼동하는 것은 어리석은 일임을 인정했다.[101]

예컨대 우리는 흑백을 구별하는 시각, 고음과 저음을 구별하는 청각, 단맛과 쓴맛을 구별하는 미각을 갖고 있지만, 그 감각 자체를 흑백이나 고저, 감고(甘苦)라고 부르지는 않는다. 마찬가지로 도덕 감각 자체를 미덕이나 악덕, 선이나 악이라 부를 수는 없다. 그런 성질은 감각 자체가 아니라 그 감각이 지각하는 행위와 성격에 속한다.

가령 어떤 사람이 잔인함과 부정의를 최고의 미덕으로 여기고, 공평함과 인간애를 하찮은 악덕이라 여기며 그에 따라 승인과 불승인을 판단한다고 하자. 이런 심리 구조는 개인에게도 사회 전체에도 심각한 불편을 초래할 뿐 아니라 본질적으로도 괴이하고 놀랍고 부자연스러운 것이다. 그러나 그렇다고 그 사람의 마음 자체를 악덕 혹은 사악함 자체라고 말할 수는 없다.

---

101 허치슨의『도덕 감각에 대한 예증』제1장, 제3판, p.237 이하. 라파엘 편『영국 도덕 철학자 선집 1650-1800』§364.—원주

도덕은 이성의 판단이 아닌 감정의 문제

가령 우리가 어떤 오만한 폭군이 자행한 야만적이고 부당한 처형을 보고 그 장면에 갈채를 보내며 찬사를 외치는 방관자를 목격했다고 하자. 우리가 그 방관자의 행동을 사악하고 극도로 악덕하다고 판단한다 해서, 그것이 비이성적인 평가라 말할 수는 없다. 이는 고귀하고 관대한 감정을 저버린 도덕적 타락에 대한 정당한 비판이며, 그런 잔혹한 행위를 어리석게 승인한 태도에 대한 당연한 질타다.

그런 장면을 눈앞에서 본다면, 우리는 희생자에 대한 연민을 제쳐두더라도 방관자의 비열하고 무감각한 태도에 깊은 혐오와 분노를 느낄 수밖에 없다. 때로는 폭군보다 방관자를 더 미워할 수도 있다. 폭군의 잔인한 행동은 질투나 분노, 두려움 같은 강한 감정에서 나온 것일 수 있어서, 어느 정도는 이해할 수 있는 여지가 있다.

반면 그 방관자의 그런 환호작약하는 감정은 어떠한 정당한 동기나 필연성도 없이 나타난 것이므로 더욱 혐오스럽다. 우리가 가장 경멸하는 것은 이런 감정의 왜곡이며, 이런 감정은 가장 깊은 혐오와 분노의 대상이 된다. 우리는 이러한 감정 구조를 단순히 불쾌하거나 부도덕한 것으로 넘기지 않고, 도덕적 타락의 가장 극단적이고 끔찍한 상태로 간주한다.

이와는 반대로 올바른 도덕 감정은 충분히 칭찬할 만하며 선한 성향을 드러낸다. 어떤 상황에서든 대상을 제대로 분별해 칭찬하거나 비난할 줄 아는 사람은 그 자체로 도덕적 승인을 받을 만하다. 우리는 그 사람의 섬세하고 정밀한 도덕 감각에 감탄하며 그의 탁월한 정의감에서 나오는 판단에 이끌린다.

하지만 우리는 그가 남의 행동을 평가하는 도덕적 기준을 자기 행동에도 일관되게 적용하는지는 확신할 수 없다. 미덕은 단지 섬세한 감정만으로는 완성되지 않으며, 그것을 지탱할 마음의 습관과 결단력이 뒤따라야 한다. 실제로 도덕적 판단이 아무리 뛰어나도 결단이나 실천이 따르지 못하는 경우가 흔하다.

그러나 이런 단호한 성품은 다소 불완전한 결과를 낳을 수 있을지언정, 진정한 악행과는 양립할 수 없는 것이다. 이처럼 단단한 마음가짐은 완전한 미덕이 뿌리내릴 수 있는 가장 든든한 토양이 된다. 다만, 선한 의도를 가지고 있고 그것을 의무로 여기는 이들 가운데도 도덕 감정이 조잡하거나 둔감하여 오히려 타인에게 불쾌감을 주는 경우도 있다.

따라서 승인이라는 개념은 외적 감각처럼 특정 지각 능력에 기반한 것이 아니라 어떤 사람이나 행동을 옳고 그르다고 판단할 때 마음속에서 일어나는 특정한 정서에 바탕을 둔다. 승인과 불승인은 어떤 인물이나 행동을 접할 때 마음속에서 일어나는 특정한 정서로 이해할 수 있다. 예컨대 분노는 피해에 대한 정서이고, 감사는 은혜에 대한 정서인 것처럼 승인 또한 옳음에 대한 정서로 간주된다. 결국 우리는 이런 정서에 도덕 감각 혹은 옳고 그름의 감정이라는 이름을 붙이게 된다.

허치슨 도덕 체계에 대한 두 가지 반론

그러나 감정에 대한 이러한 설명은, 기존의 도덕 감각 이론에 제기된 반론들과는 다르다 해도, 여전히 반박하기 어려운 두 가지 문제에 직면한다.

첫째, 어떤 감정이 상황에 따라 다양한 방식으로 표현된다 해도, 그 감정을 특정한 유형으로 구분하게 해주는 공통된 특징은 여전히 분명히 존재한다. 그리고 이 일반적 특징은 개별적 변화보다도 훨씬 더 뚜렷하게 드러나는 경우가 많다.

예를 들어 분노는 하나의 특정한 정서 유형이다. 남성의 분노는 여성의 분노와 다르고, 어린이의 분노와도 또 다르게 나타난다. 이처럼 분노는 대상의 성격이나 조건에 따라 다르게 표출되지만, 이 모든 경우에 공통된 분노의 핵심 특성은 유지된다. 이러한 구분은 특별한 통찰이 아니더라도 주의 깊은 사람이라면 누구나 인식할 수 있다.

하지만 분노가 상황에 따라 미묘하게 달라지는 양상을 제대로 감지하려면 훨씬 더 섬세한 주의력이 필요하다. 전자의 일반적 특징은 많은 이들이 쉽게 알아차리지만, 후자의 세밀한 차이를 인지하는 사람은 드물다. 이 점은 도덕적 승인과 불승인의 감정에도 그대로 적용된다. 만약 승인과 불승인이 감사나 분노처럼 다른 감정과 뚜렷이 구분되는 고유한 정서 유형이라면, 다양한 맥락 속에서 변형되더라도 일관되게 식별할 수 있는 공통된 특징을 보여야 할 것이다. 그것이 우리가 당연히 기대하는 바다.

그러나 현실은 그 기대와 다르다. 우리가 경험하는 승인과 불승인의 감정은, 서로 간에 본질적으로 완전히 다른 느낌을 준다. 예컨대 다정하고 섬세하며 따뜻한 감정에 대해 느끼는 승인과, 위엄 있고 대담하며 고결한 감정에 대해 느끼는 승인은 서로 본질적으로 상이하다. 두 경우 모두 각각에 대해 완전한 승인을 보일 수는 있지만, 우리가 느끼는 감정의 결은 분명히 다르다. 부드러운 감정을 접할 때 우리는 마음이 누그러지고 온화해지지만, 위대한 감정을 접할 때는 마음이 고양되고 감탄하게 된다. 이처럼 두 감정 사이에는 공통된 정서적 구조가 보이지 않으며, 따라서 승인이라는 개념으로 이 둘을 하나의 동일한 감정 유형으로 포괄하기는 어렵다.

지금까지 내가 공들여 확립해온 도덕 체계에 따르면 앞서 언급한 감정 간의 차이는 당연한 결과다. 우리가 어떤 행동을 승인할 때 느끼는 감정은, 불승인할 때 느끼는 감정과는 정반대의 성격을 띤다. 승인이라는 감정은 본래 그 행동이 불러일으킨 긍정적 감정들에 공감하면서 생기기 때문이다. 따라서 승인과 불승인은 애초에 같은 감정일 수 없다. 만약 승인이 단지 대상에 반응해 자연스럽게 생겨나는 또 하나의 독립적인 감정일 뿐이라면, 승인과 불승인의 감정이 이렇게 완전히 다른 모습으로 나타나는 이유를 설명할 길이 없다.

이와 같은 설명은 불승인의 경우에도 마찬가지로 적용된다. 예를 들어 잔인함이 불러일으키는 공포와 비루함이 불러일으키는 경멸은 전혀 다른 감정이다. 두 악덕에 대한 반응은 단순한 강도의 차이가 아니라 성격 자체에서 구별된다.

둘째, 앞에서 언급했듯이 허치슨 박사에 따르면 인간의 감정은 단순히 적절하거나 부적절하다고만 평가되는 것이 아니라 그 자체에 선하거나 악한 성격이 새겨져 있다고 본다. 즉 감정 그 자체가 도덕적 가치를 지닌다는 주장이다.

그런데 여기서 의문이 생긴다. 그렇다면 우리는 적절하거나 부적절한 승인 그 자체를 또다시 어떻게 승인하거나 불승인할 수 있는가?

이 질문에 대한 답은 하나뿐이다. 누군가 제3자의 행동을 승인했을 때, 그 판단이 우리의 생각과 일치하면 우리는 그 사람의 감정을 승인하며 도덕적으로 옳다고 여긴다. 반대로 그 판단이 우리와 다르면 우리는 그것을 불승인하고 잘못된 판단이라고 여긴다. 결국 승인과 불승인은 관찰자의 감정이 피관찰자의 감정과 일치하느냐에 달려 있다는 것이다.

그렇다면 다시 묻지 않을 수 없다. 만약 이 관계가 한 사례에서 분명하게 드러난다면 왜 다른 모든 경우에도 똑같이 적용되지 못하는가? 그렇다면 굳이 새로운 지각 능력 같은 별도의 원리를 상정할 이유가 어디 있겠는가?

도덕 감각은 왜 이름을 갖지 못했는가

나는 승인이 특정 감정에 뿌리를 둔다는 모든 설명에 이렇게 반론한다. 만약 그 감정이 다른 감정과 뚜렷이 구별되고 신의 섭리에 따라 인간 본성의 핵심 원리로 작용한다면, 왜 지금까지 주목받지 못했으며 대부분의 언어에서 고유한 이름조차 갖지 못했는가?

　도덕 감각이라는 표현조차도 비교적 최근에 등장한 개념으로, 아직 영어 어휘 안에서도 일반적으로 통용되지 않는다. 승인(approbation)이라는 단어 역시 얼마 전부터 철학자들이 이런 종류의 감정을 지칭하기 위해 특별히 끌어다 쓴 것이다. 실제로 언어 사용 관행을 보더라도, 우리는 어떤 건물의 구조나 기계의 설계, 음식의 맛처럼, 취향이나 만족감을 충족시키는 대상에 대해서만 승인한다는 표현을 써왔다.

　양심(conscience)이라는 말도 우리가 도덕적으로 승인하거나 불승인하게 하는 능력을 곧바로 지칭하지는 않는다. 다만 우리는 양심의 명령을 따르거나 거슬러 행동하는 자신을 보면서, 그 안에 도덕적 판단 기능이 있음을 자연스럽게 인정한다.

　그런데 사랑, 증오, 기쁨, 슬픔, 감사, 분노처럼, 이 도덕 감각의 영향 아래 있다고 여겨지는 감정들은 모두 일찍이 각자의 이름을 갖고 있다. 반면 이 모든 감정을 판단하고 지배한다고 여겨지는 가장 핵심적인 감정—즉 도덕 감각—은 일부 철학자들의 논의를 제외하면 거의 주목받지 못했으며, 누구도 이를 가리키는 고유한 단어를 마련하지 않았다. 이것은 과연 자연스러운 일인가? 매우 의아한 일이다.

도덕 감각은 단독으로 작동하는가

　도덕 감각 체계에 따르면 우리가 어떤 성품이나 행동을 승인할 때 느끼는 감정은 네 가지 근원에서 비롯된다. 이 네 가지는 서로 다른 성격을 지니고 있지만, 기본적으로 다음과 같다.

　첫째, 우리는 그 행동을 한 사람의 동기에 공감한다.

　둘째, 그 행동으로 혜택을 받은 사람들이 느끼는 감사에 공감한다.

　셋째, 그 행동이 앞의 두 가지 공감을 가능하게 해주는 일반적 규칙에 부합한다고 판단한다.

넷째, 그 행동이 개인이나 사회의 행복을 증진하는 체계의 일부라면, 우리는 거기서 효용 자체의 아름다움을 느낀다. 이는 잘 짜인 기계에서 느끼는 미감과 비슷하다.[102]

어떤 사례에서 이 네 가지 원천을 모두 없앤다면, 과연 무엇이 남을까? 남아 있는 감정이 있다면, 그것이야말로 도덕 감각, 곧 독립된 도덕적 기능에서 비롯된 것이라 할 수 있다. 누군가가 이를 실제로 면밀히 검토한 적이 있다면 말이다.

어쩌면 누군가는 도덕 감각이라는 특별한 능력이 실제로 존재하며, 특정한 경우에는 기쁨, 슬픔, 희망, 두려움 등 다른 감정과 섞이지 않은 채, 독립적으로 작동한다고 주장할 수도 있을 것이다. 그러나 그런 주장은 사실상 성립하기 어렵다.

나는 도덕 감각이 다른 어떤 감정에도 기대지 않고 홀로 작동하는 모습을 단 한 번도 본 적이 없다. 공감과 반감, 감사와 분노, 기존 규칙에 대한 동의와 반발, 그리고 유기체나 사물에서 느껴지는 질서와 아름다움의 감정 등 이러한 요소들과 완전히 무관하게, 오직 도덕 감각 하나만으로 작동하는 감정이 실제로 존재한다는 주장은, 경험적으로 입증된 바 없다.

---

102 예를 들어 길에서 한 학생이 넘어졌을 때 누군가 달려와 그를 부축해주는 모습을 본다고 해보자. 1) 우리는 먼저 그 사람이 돕고자 한 선한 동기에 공감한다. 2) 동시에 넘어진 학생이 안도하며 느낄 감사의 마음에도 함께 공감한다. 3) 나아가, '어려움에 처한 누군가에게 도움을 주는 건 옳다'라는 일반적 규칙에 그 행동이 부합한다고 느낀다. 4) 이런 행동이 모두에게 안전하고 따뜻한 사회를 만드는 데 기여한다는 점에서 아름다움을 느낀다.—편집주

II. 효용에서 공감을 찾는 체계

우리의 도덕적 감정이 공감에서 비롯된다고 설명하는 또 다른 체계가 있다. 그러나 이 체계에서 말하는 공감은 지금까지 내가 설명해온 공감과는 본질적으로 다르다. 이 이론은 미덕의 근거를 효용에서 찾는다. 곧 어떤 성품이나 행위가 주는 유익을 보며 관찰자가 느끼는 쾌감을, 그 유익을 얻은 이들의 행복에 대한 공감으로 해석하는 것이다.

이런 식의 공감은, 우리가 행위자의 동기에 공감하는 경우나, 그로 인해 혜택을 입은 사람들이 느끼는 감사의 감정에 공감하는 경우와는 분명히 다르다. 오히려, 이는 우리가 정교하게 설계된 기계를 보며 느끼는 만족감과 유사한 감정에서 비롯된다.

하지만 이런 종류의 공감은, 앞서 말한 두 가지 공감—즉, 행위자의 내면 동기에 대한 공감이나 감사의 정서에 대한 공감—의 대상이 될 수 없다. 나는 이미 이 책의 제4부에서, 이와 같은 효용 기반 공감 이론, 즉 감정의 근원을 효용성에 두는 체계에 대해 비판한 바 있다.[103]

---

103 스미스는 여기서 데이비드 흄이 주장한, 효용을 공감의 근거로 삼는 도덕 이론에 이의를 제기하고 있다.

제4편

도덕 실천 규칙을 다루는
여러 저자들의 방식에 관하여

문법과 수사학의 규칙

이 책의 제3부에서 우리는 다음과 같은 사실을 확인한 바 있다. 도덕 규칙 중에서 오직 정의의 규칙만이 정밀하고 분명하며 일관성을 가진다. 반면 다른 미덕의 규칙은 대체로 느슨하고 모호하며 확정적이지 않다.

이 차이를 보다 쉽게 설명하기 위해 비유를 들어보자. 정의의 규칙은 문법의 규칙에, 다른 미덕들의 규칙은 수사학의 규칙에 각각 비견될 수 있다. 문학 비평가나 수사학자가 내놓는 글쓰기 규칙은 장엄하고 우아한 문장을 위한 지침이 될 수 있다. 하지만 그런 규칙은 언제나 정확히 작동하기보다는 우리가 지향해야 할 이상적인 문장을 위한 큰 틀과 방향만을 보여준다.

도덕 규칙도 이와 비슷하다. 각 규칙은 그 적용 가능성과 정확성의 정도가 서로 다르다. 그래서 도덕 규칙을 수집하고 정리해 일종의 체계로 만들고자 했던 여러 저자는 서로 다른 두 접근 방식으로 나뉘었다.

첫 번째 부류인 갑은 전체적으로 느슨하고 부정확한 접근 방식을 취한다. 이들은 다양한 미덕 가운데 하나의 미덕[104]에 집중하여 그에 대한 규칙만을 중심으로 설명한다. 두 번째 부류 을은 자신의 체계에 문법적 정확성을 부여하고자 한다. 하지만 을의 이론 가운데서도 일부 미덕에 대해서만 그러한 정확성이 확보될 수 있다. 따라서 갑 유형은 도덕을 문학 비평가처럼 기술하고, 을 유형은 도덕을 문법학자처럼 기술한다. 이제 먼저 갑 유형의 접근 방식을 보도록 하자.

I. 문학 비평가적 접근: 고대의 도덕론자들

이 범주에는 고대의 거의 모든 도덕 사상가를 포함시킬 수 있다. 그들은 다양한 미덕과 악덕을 두루 설명하며, 어떤 기질의 추함과 비참함을 드러내고 다른 기질의 적절함과 행복함을 부각한다. 그러나 구체적 사례마다 빠짐없이 들어맞는 정밀하고 일관된 도덕 규칙을 내놓지는 않는다. 이들의 접근은 마치 언어가 현실을 설명하는 방식과 비슷하다. 즉 이들은 다음의 두 가지 핵심 질문을 중심으로 도덕을 탐구한다.

첫째, 각각의 미덕을 형성하는 감정은 어디에서 비롯되는가? 우정, 인정, 관대함, 정의, 도량 같은 미덕 그리고 그 반대에 위치한 악덕의 핵심을 이루는 내면의 감정이나 정서는 어떤 성질의 것인가?

---

104 감정에는 다양한 형태가 있지만, 이 맥락에서 주로 다루는 것은 앞에서 플라톤과 키케로가 언급한 네 가지 핵심 미덕—신중함, 절제, 인내, 정의—과 관련된 감정들이다.

둘째, 그런 감정이 실제로 어떤 행동을 이끌어내는가? 다시 말해, 다정하고 관대하며 용감하고 정의로운 사람은 일상의 구체적 상황에서 그 감정에 따라 어떤 행동을 선택하게 되는가?

특정한 미덕을 이루는 감정을 제대로 그려내려면 예리하고 섬세한 필력이 필요하다. 어느 정도까지는 가능하지만 그 감정이 상황에 따라 변하고 달라지는 모습을 모두 포착해 표현하는 것은 사실상 불가능하다. 감정이 겪는 변화는 실로 무한한데, 언어는 그 복잡한 변화를 모두 담아내기에 한계가 있으며, 이를 표현할 적절한 어휘 역시 턱없이 부족하기 때문이다.

예를 들어 우정을 보자. 우리가 노인에게 느끼는 우정과 아이에게 느끼는 우정은 다르다. 근엄한 이에게 품는 우정과 다정하거나 활달한 이에게 느끼는 우정도 다르며, 남자에게 느끼는 우정과 여자에게 느끼는 우정 역시 구분된다. 심지어 여기에 어떤 이성적 열정이 개입되지 않았다고 해도, 그 감정은 여전히 다르게 나타난다. 그렇다면 이처럼 다양하고 무한한 우정의 변주들을 모두 포착해 정확하게 묘사하는 것이 과연 가능할까?

그럼에도 위와 같은 다양한 사례를 관통하는 따뜻한 우정과 친밀한 애착의 공통된 정서는 분명히 존재한다. 우리는 그 공통된 감정을, 어느 정도 충분한 정확성으로 탐구하고 서술할 수 있다. 이러한 방식으로 그려진 감정의 초상은 완벽하게 정밀하지는 않겠지만 원형을 떠올릴 수 있을 만큼 충분히 유사한 특징을 담고 있을 것이다. 그리고 결정적으로, 우리는 이 우정이라는 감정을, 선의나 존경, 경탄, 존중과 같은 다른 유사 감정들과도 분명히 구별해 인식할 수 있다.

각각의 미덕이 우리에게 요구하는 통상적인 행동 방식을 대략적으로 묘사하는 일은 비교적 쉽다. 그러나 그와 달리, 행동의 내면적 동기나 정서, 즉 그 감정을 정밀하게 기술하는 일은 사실상 불가능하다. 인간의 마음속에서 일어나는 다양한 열정과 감정의 미묘한 변화를 언어로 모두 표현해낸다는 것은 불가능에 가깝다. 그런 감정의 미세한 변양은 상호 간에 명확히 구분될 수 있는 체계가 없고, 우리가 파악할 수 있는 것은 고작 그 감정이 겉으로 드러낸 효과—예컨대 표정 변화, 행동 반응, 결단의 단서, 결과로 이어진 행위— 정도에 그친다.

이러한 한계 때문에 키케로는『의무론』제1권에서 네 가지 주요 미덕[105]을 충실히 실천할 것을 권하고, 아리스토텔레스는『니코마코스 윤리학』에서 인간의 행동을 이끄는 다양한 심성의 습관—예컨대 관대함, 통큼, 도량, 쾌활함, 선의— 등을 열거하며 이를 미덕 목록에 포함할 만하다고 보았다. 그러나 이러한 성품들이라고 해서 언제나 깊은 도덕적 가치를 인정받는 것은 아니다. 과연 이들이 미덕이라는 고귀한 명칭을 가질 자격이 있는가에 대해서는 여전히 의문이 남는다.

이처럼 도덕철학자들의 작업은 도덕적 행위의 모습을 선명하고 생생하게 그려낸다. 이런 글들은 우리 안에 미덕을 향한 사랑과 악덕을 향한 혐오를 일깨우며, 도덕 감정을 바로잡고 한층 세련되게 다듬는다. 세심한 관찰과 정제된 통찰을 통해 인간의 자연스러운 도덕 직관을 탐색하고, 보다 정직하고 고결한 행동 습관을 기르도록 유도한다. 만일 이러한 책들이 없었더라면, 우리는 무엇을 통해 도덕적 삶에 대한 길잡이를 얻을 수 있었겠는가?

도덕 규칙을 이런 방식으로 다루는 것이 우리가 말하는 윤리학이다. 이 학문은 문학 비평처럼 극도의 정밀성을 요구하지는 않지만 여전히 유익하고 즐겁다. 윤리학은 웅변(인간의 언어 표현)을 그 어떤 학문보다도 우

---

105 신중, 절제, 인내, 정의.

아하게 가꾸며, 의무와 관련된 사소한 규칙들에도 새로운 깊이를 불어넣는다.

이러한 교리들은 이처럼 문학적 수사와 정서적 장식을 갖추었을 때, 감수성이 풍부한 청년들에게 가장 숭고하고도 오래 지속되는 인상을 심어줄 수 있다. 그 장식이 청년 특유의 자연스러운 관대함과 결합되면, 비록 일시적인 감흥이라 할지라도 그들의 영웅적 결단을 불러일으킬 수 있으며, 결국 가장 고귀하고 유익한 도덕적 습관을 확립하게 하는 데 도움을 준다. 우리에게 미덕의 실천을 권면하는 모든 도덕적 교리는, 어떤 형식을 띠든 간에 결국 이와 같은 방식으로 전개되는 윤리학이라는 학문을 통해 실현된다.

II. 문법학자의 경우: 결의론과 자연법

두 번째 유형에 속하는 도덕 사상가들로는, 중세와 근세 기독교 교회에서 활동한 결의론자들과, 17세기와 18세기에 등장한 자연법 사상가들이 있다. 이들은 도덕적 행동의 전반적 방향을 제시하거나 권유하는 데 그치지 않고, 구체적 상황 하나하나에 대해 정확하고 엄밀한 도덕 규칙을 설정하려 한다. 이러한 규칙적 접근이 가장 효과적으로 작동하는 미덕은 정의이므로, 이 두 집단의 도덕 철학자들 역시 대부분 정의에 관한 논의를 중심에 둔다. 그러나 그들이 정의를 다루는 방식은 서로 매우 다르다.

자연법 이론가들은 이런 질문에 주목한다. 갑은 을에게 어떤 의무를 요구할 수 있는가? 그 의무를 강제할 근거는 무엇인가? 공정한 관찰자는 갑이 을에게 의무를 강제하는 것을 정당하다고 볼 수 있는가? 갑은 권리를 지키기 위해 누구에게—재판관이나 중재자에게— 사건을 맡겨야 하는가? 재판관은 을에게 어떤 처벌이나 배상을 명할 수 있는가?

반면 결의론자들은 을에게 어떤 의무를 강제할 수 있느냐는 문제보다, 다음과 같은 내면적 도덕 판단의 문제에 더 주목한다. 그들은 이렇게 묻는다. 을이 스스로 도덕적으로 옳은 판단을 내리고 있는가? 즉, 정의의 원칙을 충분히 존중하면서, 양심에 따라 자신이 해야 할 행동을 자발적으로 선택하는가가 중요하다는 것이다. 결의론자들의 생각에 따르면 을은 자신이 갑에게 부당한 일을 했거나, 자신의 도덕적 성품을 해치는 행동을 했을지 모른다는 사실 앞에서 두려움과 양심의 가책을 느껴야 한다. 그리고 그 진지한 성찰 속에서 앞으로의 행동을 정해야 한다.[106]

이처럼 비교해보면 자연법 이론의 목적은 재판관이나 중재자가 내릴 판단의 기준을 마련하는 것이며, 결의론의 목적은 양심적인 사람이 스스로 따를 수 있는 도덕 규칙을 정립하는 데 있다. 우리가 법학이 제시하는 모든 규칙을 철저히 지킨다 해도—그 규칙들이 정당한 것이라면— 그 결과는 단지 외적 처벌을 피하는 데 그칠 수 있다. 그러나 결의론의 도덕 규칙을 충실히 따른다면 우리의 행동은 양심과 성실함에 뿌리를 두게 되고, 그로써 우리는 타인의 진정한 칭찬과 존경을 받을 만한 사람이 된다.

강도에게 어쩔 수 없이 한 약속도 지켜야 하는가

이런 일은 실제로 자주 일어난다. 선량한 사람은 정의의 일반 규칙을 양심적으로 존중하기 때문에 어떤 행동을 스스로 마땅히 해야 할 일로

---

106 자연법은 외부의 강제와 제도적 정당성에, 결의론은 내면의 양심과 자발적 결의에 초점을 둔다. 자연법 이론가는 "을이 빌린 돈을 갚지 않았다면 재판관이 강제로 갚게 할 수 있는가?"라고 묻는다면 결의론자는 "을은 빌린 돈을 갚지 않은 것이 부정의임을 스스로 깨닫고, 양심에 따라 갚으려는 결심을 할 수 있는가?"라고 확인한다.—편집주

여긴다. 그러나 동시에, 그런 행동을 외부에서 억지로 강요하거나 재판관이나 중재자가 이를 법적으로 부과하는 것은 부당하다고 느낀다.

예를 하나 들어보자. 어떤 여행자가 노상강도에게 생명의 위협을 받는 상황에서, 상당한 금액의 돈을 주겠다고 강제로 약속하게 되었다고 하자. 이처럼 폭력에 의해 강제된 약속은 과연 도덕적 혹은 법적 의무가 될 수 있을까? 이 질문에 대해서는 오래전부터 많은 논의가 있어 왔다.

우리가 이 사안을 순전히 법률적 문제로만 간주한다면 답은 명확하다. 노상강도가 자신이 가한 폭력을 근거로 여행자에게 약속 이행을 강제할 권리가 있다고 하는 것은 터무니없는 주장이다. 이 약속을 억지로 지키게 하려는 시도는 분명 범죄이고, 그런 요구는 오히려 더 무거운 처벌을 불러온다.

여행자가 강도보다 강한 사람이어서, 위협에 맞서 그를 죽였다고 해도, 강도는 피해를 주장할 수 없다. 그러므로 여행자의 약속 불이행에 대해 불만을 제기할 정당한 권리가 없다. 그렇기에, 재판관이 여행자에게 그 약속을 지키라고 판결을 내린다거나, 행정 당국이 강도에게 법적 소송을 제기하라고 조언한다면 그것은 우스꽝스러울 뿐만 아니라 정의에 대한 조롱이 될 것이다. 결국 이 문제를 법률적 관점에서만 접근한다면 그 약속을 이행할 아무런 의무도 없다.

그러나 이 문제를 결의론의 관점, 즉 개인의 도덕적 양심과 내면의 의무감의 문제로 본다면 그렇게 간단히 결론이 나지 않는다. 진실한 약속은 어떤 상황에서든 지켜야 한다는 정의의 일반 규칙을 깊이 존중하는 사람이라면, 상황이 어떻든 약속은 약속이다는 생각을 하지 않을 수 없기 때문이다. 이 지점에서 도덕적으로 애매하고 복잡한 의문이 발생한다.

노상강도의 실망은 굳이 고려할 필요가 없다. 그는 아무런 정당한 피해를 입지 않았으며, 따라서 여행자에게 약속 이행을 요구할 권리도 없다. 이 문제는 더 논의할 가치조차 없는 것이다. 하지만 시선을 여행자로 돌려보면 이야기는 조금 달라진다. 그는 자신의 인격적 위엄과 도덕적 명예를 스스로 어떻게 다뤄야 할지 고민할 수 있다. 그가 진실을 중시하고 거짓이나 배신을 본능적으로 혐오하는 사람이라면, 위협 속에서 한 약속일지라도 그것을 어기는 것은 자신의 도덕적 일관성과 성품을 해친다고 느낄 수 있다.

이 문제와 관련해 결의론자들 사이에서는 크게 두 가지로 입장이 갈린다. 하나는, 그런 약속은 지킬 필요가 없다고 보는 입장, 다른 하나는 모든 약속은 의무로서 반드시 이행되어야 한다고 보는 입장이다. 전자의 입장에는 고대의 키케로, 근대의 푸펜도르프와 그의 해설자 바르베이락, 그리고 결코 피상적인 결의론자라 할 수 없는 허치슨 박사 등이 속한다. 반면 후자의 입장에는, 몇몇 초기 기독교 교부들과 현대의 유명한 결의론자들이 포함된다.

인류 보편의 감정에 비추어볼 때, 이런 종류의 약속일지라도 어느 정도는 존중해야 한다는 인식이 분명히 존재한다. 그러나 그 약속을 어느 정도까지 존중해야 하는지, 그리고 모든 상황에 예외 없이 일반 규칙을 적용해야 하는지는 쉽게 결정할 수 없다. 사람들은 대체로 약속을 가볍게 하지만 아무런 정당한 사유 없이 약속을 어기는 사람을 친구나 동료로 선택하지 않는다.

예를 들어 노상강도에게 5파운드를 주겠다고 약속하고도 이를 지키지 않은 여행자에게는 약간의 비난이 가해질 수 있다. 그러나 만약 그가 약속한 금액이 그보다 훨씬 큰 액수였다면 어떤 행동이 과연 옳은 것인지에 대해선 적잖은 도덕적 의문이 따라붙게 될 것이다. 그 금액이 여행자의 재산을 탕진시킬 만큼 크다거나, 또는 훨씬 유익한 자선 사업에 쓸 수 있는 정도의 액수라면, 단지 사소한 약속을 성실히 지키겠다는 이유로 막대한 돈을 노상강도에게 건네는 행위는, 어떤 관점에서는 도덕적으로 문제가 있거나 최소한 부적절한 판단으로 보일 수 있다.

노상강도와의 약속을 지키겠다고 가산을 탕진해 빈털터리가 된 사람이나, 자신이 부자라는 이유로 수십만 파운드를 기꺼이 내놓는 사람은, 상식적으로 보아 매우 괴팍하고 비상식적인 인물로 여겨질 것이다. 그런 낭비는 의무감에도 부합하지 않고, 자기 자신이나 타인을 대하는 일반적 행동 원칙과도 어긋나며, 무엇보다 강요된 약속을 이행해야 한다는 도덕적 논리와도 조화를 이루지 않는다.

하지만 이러한 경우에 적용할 일관된 규칙을 정하거나 이럴 땐 얼마까지가 적절한 금액인가를 일률적으로 판단하는 것은 사실상 불가능하다. 그 결정은 여행자의 성격, 경제적 형편, 약속의 진지함, 당시 상황의 맥락 등에 따라 달라질 수밖에 없다. 만약 약속한 사람이, 과거에 그런 비상식적인 약속(실제로 기이한 성향을 가진 이들 중에는 이런 약속을 하는 경우도 있다)을 통해 실제 혜택을 받은 경험이 있다면 그는 다른 사람보다 더 많은 금액을 기꺼이 지불하려 할 수도 있다.

여기서 우리는 다음과 같은 일반 원칙을 말할 수 있다. 엄격한 도덕적 적절성만을 기준으로 본다면 이러한 약속들은 반드시 지켜져야 한다. 단, 그것이 다른 신성한 의무들과 충돌하지 않는 경우에 한해서다. 예컨대 공공의 이익을 해치지 않아야 하며, 감사, 자연스러운 애정, 정당한 자혜의 원칙에 따라 돌봐야 할 사람들에 대한 책임과도 모순되지 않아야 한다. 그러나 앞서 지적했듯이, 이러한 다양한 동기들을 어떻게 저울질해야 하는지, 어떤 외적 행동이 옳은지, 그리고 어떤 상황에서 이런 미덕들이 약속 이행과 충돌하는지에 대해서는 정밀하고 보편적인 규칙이 따로 존재하지 않는다.

정당한 사유가 있어 약속을 어긴다 해도, 그 사람에게는 어느 정도 불명예가 따른다. 약속이 부적절했다고 뒤늦게 깨달을 수는 있지만, 그 약속을 했다는 사실에 대한 도덕적 책임은 사라지지 않는다. 그런 행위는 관대함과 명예라는 고귀한 원칙에서 다소 벗어난 것이기 때문이다.

용기 있는 사람은 차라리 죽음을 택할지언정 약속을 어기지 않으려 한다. 특히 약속을 지키지 않으면 어리석어 보일 수 있고, 어겼을 경우 불명예가 따를 가능성이 있는 약속이라면 더욱 그러하다. 이런 부류의 약속은, 상황이 어떻든 간에 위반하는 순간 다소간의 불명예를 피하기 어렵다. 배신과 거짓은 가장 위험하고 두려운 악덕 가운데 하나이며, 동시에 사람이 가장 쉽게 빠질 수 있는 악덕이기도 하다. 그렇기에 우리는 그 어떤 악덕보다도 그것을 더 조심하고 경계하는 것이다.

또한 우리는 신뢰를 배반하는 행위에 본능적으로 깊은 수치심을 부여한다. 그런 배신은 마치 여성의 정절을 강제로 빼앗는 일과도 비슷한 성격을 지닌다. 앞서 언급한 이유들과 마찬가지로 우리는 정절을 지나칠 정도로 보호하려는 경향을 보이며, 그 감정은 배신이든, 정절의 침해든 극도로 민감하게 반응한다. 정절을 잃는 일은 회복 불가능한 불명예로 여겨진다. 그 어떤 변명이나 사정, 슬픔이나 참회도 그것을 속죄할 수 없다. 우리는 이 문제에 있어 지나치게 예민해서, 심지어 강간조차 불명예로 간주하며, 마음의 순결이 신체의 오염을 씻어주지는 못한다고 생각한다.

따라서 비록 그 약속이 전혀 존중할 만하지 않은 상대에게 한 것이라 해도, 그것이 엄숙하게 맹세된 것이라면 신뢰의 배신이라는 점에서 큰 비난의 대상이 된다. 믿음은 인간관계에서 가장 귀한 덕목이므로 우리는 도덕적 빚이 없는 사람에게도, 심지어 합법적으로 자기 생명을 빼앗을 수 있는 사람에게도 약속만큼은 지켜야 한다고 여긴다.

믿음을 저버린 사람이 이렇게 주장할 수도 있다. "나는 내 목숨이 위태로운 상황에서 어쩔 수 없이 그 약속을 했지만 그 약속을 지키는 일은 다른 더 고귀한 의무들과 충돌하기 때문에 이행하지 않았다." 하지만 이런 항변은 다소 정상 참작은 되더라도 그 불명예를 지워주지는 못한다. 결국 그는 본질적으로 수치와 얽힌 행위를 저지른 셈이다.

물론, 그의 성품 전체가 회복 불가능할 만큼 훼손된 것은 아닐 수 있다. 하지만 그는 조롱의 대상이 되었으며, 그 불명예는 쉽게 지워지지 않는다. 그리하여 이런 종류의 경험을 한 사람은, 그 일을 자발적으로 다른 사람에게 말하려 하지 않는다.

도덕은 법보다 깊고, 더 오래되었다

이 사례는 결의론과 법학 사이의 차이를 잘 보여준다. 흥미로운 것은, 두 학문이 모두 '정의의 일반 규칙'이라는 동일한 의무 개념을 다룰 때조차도 그 차이가 여전히 뚜렷하게 드러난다는 점이다. 이 차이는 단순한 형식적 구분이 아니라 실제적이고 본질적인 것으로, 결의론과 법학이 지향하는 목적이 서로 다르기 때문이다.

그럼에도 두 학문은 공통된 주제를 다루기 때문에 자연스럽게 유사점이 생긴다. 이로 인해 법학 문제를 다룬다고 선언한 저자 대부분은, 실제로는 그들 스스로 인식하지 못한 채, 때로는 법학의 원리에 따라, 때로는 결의론의 원리에 따라 판단을 내리곤 한다. 이처럼 둘을 구분하지 않은 채 논의를 진행하면서, 법학을 다룬다면서도 결과적으로 결의론의 문제로 빠져드는 경우가 적지 않다.

하지만 결의론은 단순히 정의의 규칙을 철저히 존중하는 데 그치지 않는다. 그것은 기독교적 의무와 보다 넓은 도덕적 의무까지 포괄하는 교리 체계를 포함한다. 이 학문이 크게 발전할 수 있었던 데에는 로마 가톨릭교회의 비밀 고해 제도가 큰 역할을 했다. 이 제도는 야만과 무지의 시대에 로마 가톨릭이 도입한 것으로, 신자는 기독교적 순결 규범에서 조금이라도 벗어난 행동이나 생각까지도 고해소에서 고해신부에게 고백해야 했다. 고해신부는 고해 내용을 듣고, 신자가 어떤 의무를 어느 측면에서 위반했는지를 판단한 뒤, 그에 대한 보속으로 어떤 고행을 해야 하는지를 알려주고, 마지막으로 신의 권위를 빌려 그들을 사면했다.

심리 고백이 윤리 체계로 발전하기까지

자신이 잘못을 저질렀다는 자각, 또는 자신의 행동이 잘못일지도 모른다는 의심은 인간에게 깊은 심리적 부담을 안긴다. 오랜 범죄 습관으로 마음이 무뎌진 사람을 제외하면, 대부분은 이런 생각만으로도 불안과 두려움을 느낀다. 다른 종류의 고통과 마찬가지로 이러한 내면의 고통을 겪는 사람은 본능적으로 그것을 해소하고자 한다. 마음속 고뇌를 믿을 만하고 신중하며 비밀을 지켜줄 사람에게 털어놓고 싶은 것이다.

죄를 고백하며 느끼는 수치심은 고백이 안겨주는 해방감으로 일정 부분 상쇄된다. 고백을 받아주는 이의 공감과 이해는 마음의 압박을 덜어주고, 그들은 자신이 결코 무가치하지 않음을 깨닫고 안도한다. 과거의 행위가 비난받더라도, 현재의 태도는 도덕적으로 승인받을 수 있다. 그 성찰은 잘못된 과거를 상쇄하기에 충분하며, 그는 다시 존경받을 수 있는 존재로 회복될 수 있다.

원시 종교의 시대, 재능 있는 많은 사제들은 거의 모든 가정에게 깊은 신뢰를 얻었다. 그들은 당시 사회가 제공할 수 있는 온갖 지식—비록 사소할지라도—을 갖추고 있었고, 비록 그들의 태도가 다소 거칠고 무질서했지만 동시대 사람들과 비교하면 세련되고 단정해 보였다. 그 결과, 사람들은 그들을 단순히 종교 의식을 집행하는 역할에 그치지 않고, 삶의 도덕적 기준을 이끌어주는 지도자로 여기게 되었고, 그들과 가까운 관계를 맺은 사람은 사회적 명성을 얻은 반면 사제들로부터 외면당한 사람은 심각한 치욕의 낙인을 피할 수 없었다.

옳고 그름을 가르는 판관으로 여겨진 사제들은 자연스럽게 양심의 문제를 상담하는 조언자가 되었고, 신자들은 비밀스러운 일을 고백하며 그것을 인정받는 징표로 삼았다. 이들은 사제의 조언이나 승인을 받지 않고는 어떤 중요한 문제에도 함부로 결정을 내리지 않았다. 이런 분위기에서 사제들은 행동 규칙을 제시할 정당한 권위를 자연스럽게 갖게 되었다. 실제로 공식적인 규칙으로 정립되어 있지 않았더라도, 문제 상황이 생기면 신자들은 늘 그래왔듯 사제를 찾아가 상담했다.

이러한 흐름 속에서, 고해 사제에게 요구되는 자질은 성직자 교육의 필수 요소가 되었고, 이를 위해서는 일종의 양심 사례집이 필요하다는 인식이 생겼다. 즉 판단이 어렵고 복잡한 도덕적 사례들을 체계적으로 수집하고 정리한 책자가 만들어졌으며, 이는 고해를 듣는 사제와 참회의 길을 걷는 신자 모두에게 유익하다고 여겨졌다. 그렇게 해서 결의론 문헌들이 등장하게 된 것이다.

결의론이 다룬 세 가지 도덕 위반

결의론자들이 주로 다루는 도덕적 의무는 일반적인 규칙에 포함되며, 이를 어길 경우 어느 정도의 후회나 처벌에 대한 불안이 따른다. 결의론 책자가 만들어진 목적은, 이러한 의무를 위반했을 때 생기는 양심의 가책을 덜어주기 위한 것이었다.

그러나 어떤 미덕이 결핍되었다고 해서 항상 양심의 가책이 따르는 것은 아니다. 예컨대 어떤 상황에서 더 관대하거나 친절하게 행동하지 않았다고 해서 모두가 고해소를 찾아가는 것은 아니다. 이런 부작위(무엇을 하지 않은 행위)를 명확한 규칙 위반으로 보기는 어렵다. 이런 상황은 일반적으로 다음과 같은 성격을 지닌다. 즉 그 규칙을 준수하면 칭찬과 보상의 자격이 주어지겠지만 준수하지 않았다고 해서 비난이나 처벌의 대상이 되는 것은 아니다. 결의론자들은 이러한 미덕의 실천을 의무를 넘어선 행위, 즉 필요 이상의 직무 수행으로 보았으며, 그렇기에 그것을 엄격히 요구할 수는 없었고, 자연스럽게 결의론 문헌에서는 다루지 않게 되었다.

따라서 고해 신부에게 고백의 대상이 될 수 있으며, 결의론자들이 도덕적 판단의 대상으로 삼는 위반 행위는 다음 세 가지 유형으로 나눌 수 있다.

첫째, 가장 주요한 것은 정의의 규칙을 위반한 경우이다. 이 규칙들은 명시적이고 구체적이며, 이를 어긴 사람은 신과 인간 모두로부터 처벌과 고통을 받을 수 있다는 두려움을 느끼게 된다.

둘째, 순결의 규칙을 어긴 경우이다. 이는 넓은 의미에서 정의의 규칙을 침해한 것으로 간주된다. 순결을 해친 사람은 용서받기 어려운 피해를 타인에게 입힌 자로 여겨지며, 그 책임은 중대하다. 물론, 남녀 간의 대화에서 예의를 지키지 않은 정도의 사소한 경우는 정의의 규칙 위반으로 보기는 어렵다. 하지만 일반적으로 순결 규칙을 어기는 일은 누구나 명백히 잘못으로 인식하며, 그 행위는 사회적 불명예를 낳고 양심적인 사람이라면 수치심과 후회를 느낀다.

셋째, 진실성의 규칙을 위반한 경우이다. 이 역시 항상 정의의 규칙을 어긴 것은 아니다. 실제로 많은 경우, 진실을 어긴 행위는 외부적으로 처벌되거나 법적으로 제재받지는 않는다. 예를 들어 거짓말은 분명 좋지 않은 행위이며, 흔히 있는 악덕이지만, 누군가에게 직접적인 피해를 주지 않는 경우도 많다. 이런 상황에서는 피해자도, 제3자도 보복이나 배상을 요구할 권리를 가지지 못한다. 그럼에도 거짓말은 명백한 규칙 위반이며, 사실이 밝혀질 경우 수치심과 불명예를 피할 수 없다.

왜 우리는 믿고 싶어 하고, 신뢰받길 원하는가

어린아이들은 타인의 말을 거의 그대로 믿는 경향이 있다. 이는 자연이 내린 하나의 판단처럼 보인다. 유년기와 교육 초기 단계에서, 아이들이 자신을 돌보는 어른들에게 거의 무제한에 가까운 신뢰를 보이는 것은 생존을 위해 필수적이다. 그래서 아이들은 다소 과도하게 타인의 말을 쉽게 믿으며, 인간 사회의 기만을 여러 차례 겪은 후에야 비로소 어느 정도의 의심과 불신을 갖게 된다.

어른이 되면, 타인의 말을 믿는 정도는 사람마다 다르다. 현명하고 경험이 많은 사람일수록 쉽게 믿지 않으려는 경향이 있다. 하지만 믿어야 할 자리에서조차 남의 말을 전혀 믿지 않거나, 그럴듯한 이야기들을 무조건 의심하고 배척한다면 일상생활을 제대로 영위하기 어렵다. 문제는, 처음에는 설득력 있어 보였던 이야기들도 시간이 지나면서 거짓으로 드러나는 경우가 있다는 것이다. 우리는 뒤늦게서야 좀 더 주의 깊게 생각했다면 진실이 아님을 알아차릴 수 있었을 텐데 하고 후회하게 된다.

이는 인간에게 남의 말을 어느 정도 믿으려는 자연스러운 성향이 있음을 보여준다. 그 본능을 억제하고 불신을 가르치는 것은 경험과 지혜뿐인데, 이 둘은 언제나 충분하지 않다. 실제로, 가장 신중하고 현명한 사람들조차 때때로 엉뚱한 이야기에 속고 나서, 어떻게 그런 말을 믿었을까 하고 스스로 놀라고 부끄러워하는 경우가 많다.

우리가 하는 일과 관련해 신뢰하는 누군가가 있다면 그는 단순한 협력자를 넘어 지도자이자 길잡이로 여겨지며, 우리는 자연스럽게 그를 존경하고 따르게 된다. 그리고 그런 존경의 감정은, 우리 자신도 누군가로부터 그런 존경을 받고 싶다는 욕망으로 이어진다. 우리는 단지 남들의 감탄을 받는 것만으로는 만족하지 않는다. 먼저, 그 감탄을 받을 만한 자격이 우리에게 있다는 확신이 필요하다. 마찬가지로 신뢰를 받는 것 자체보다 신뢰받을 자격이 있다는 자기 인식이 앞서야 비로소 만족할 수 있다.

이처럼 칭찬받고 싶은 욕망과 칭찬받을 자격에 대한 욕망, 신뢰받고 싶은 욕망과 신뢰받을 자격에 대한 욕망은 유사해 보이지만, 실은 서로 다른 차원의 것이다.

남의 신뢰를 얻고, 설득하며, 이끌어가는 일에 대한 욕망은 인간에게 가장 본능적이면서도 강력한 욕망 중 하나다. 이러한 욕망의 기반에는 인간 고유의 언어 능력이 있다. 동물들에겐 언어가 없고, 따라서 동료를 설득하거나 이끌려는 욕망도 거의 찾아볼 수 없다. 더 크게 보면 남보다 앞서고자 하는 야망, 타인을 인도하고 지휘하려는 욕망, 사회적 영향력을 행사하려는 충동은 모두 인간 특유의 것이며, 그 실현을 가능하게 하는 핵심 도구가 언어다.

누군가가 내 말을 믿지 않을 때 우리는 굴욕을 느낀다. 타인이 나를 신뢰할 만한 사람으로 보지 않거나, 내가 고의로 속일 수 있는 사람이라 여겼기 때문이다. 이런 판단이 느껴질수록 굴욕은 더욱 깊어진다. 상대방에게 거짓말쟁이라고 말하는 것은 가장 큰 모욕 중 하나다.

하지만 고의로 타인을 속여온 사람이라면, 그런 모욕을 감수할 수밖에 없다는 사실을 잘 알고 있다. 자신이 신뢰받을 자격이 없다는 사실도 분명히 인식한다. 그는 평범한 일상에서, 또 동료들 사이에서 안락함과 만족을 누릴 수 있는 기본 조건인 타인의 신임을 얻지 못한다는 것을 뼈저리게 느낀다. 만약 어떤 사람이 아무도 내 말을 믿어주지 않는다고 느낀다면 그는 사회로부터 추방된 듯한 소외를 경험한다. 사람들 앞에 나서는 것이 두렵고, 공동체 안으로 다시 들어가는 것 자체가 고통일 수 있다. 그 절망감이 극에 달하면 생명을 포기하고 싶을 만큼의 비참함에 휩싸이기도 한다.

그러나 자기 자신을 이렇게까지 비하하며 굴욕적으로 생각하는 사람은 거의 없다. 내 생각에, 가장 악의적인 거짓말쟁이도 스무 번은 진실을 말하고 한 번 거짓말하는 정도에 불과하다. 왜 그런가? 신중한 사람들조차 의심이나 불신보다, 믿으려는 경향이 강하게 작용하며, 진실에 무심한 사람들조차도 대부분은 진실을 왜곡하거나 과장하기보다 있는 그대로 말하는 경향이 더 크기 때문이다.

우리는 고의가 아니더라도 타인을 오도했을 때 부끄러움을 느낀다. 우리 역시 종종 남에게 속은 경험이 있기 때문이다. 물론 이런 의도치 않은 허위가 반드시 진실성의 결핍이나 진실에 대한 무관심을 뜻하지는 않는다. 하지만 이는 판단력이나 기억력 부족, 지나친 신뢰, 충동적인 성격을 드러내며, 그 사람의 설득력과 지도자로서의 신뢰에 상처를 준다. 실수로 남을 잘못 이끈 사람과 고의로 속인 사람은 전혀 다른 취급을 받는다. 실수한 사람은 여전히 다시 믿을 수 있지만, 고의로 속인 사람은 다시는 신뢰받지 못한다.

솔직한 사람과 숨기는 사람

솔직함과 개방성은 신뢰를 불러온다. 우리는 자신의 말을 거리낌 없이 내보이며, 우리를 진심으로 믿어주는 사람을 더욱 신뢰한다. 그런 사람은 명확한 길을 제시하며 우리를 인도하고, 우리는 기꺼이 그의 안내에 자신을 맡긴다. 반대로 침묵과 은폐는 의심을 낳고, 우리는 목적지를 알 수 없는 곳으로 우리를 이끄는 사람을 따르길 꺼린다.

대화와 사교의 가장 큰 즐거움은 감정과 의견의 조화에서 비롯된다. 여러 악기가 박자를 맞춰 하나의 음악을 만들어내듯, 마음과 마음이 어우러질 때 비로소 진정한 교감이 이루어진다. 그러나 이런 조화는 감정과 생각이 자유롭게 교환될 때만 가능하다. 그래서 우리는 본능적으로 상대의 내면을 알고 싶어 하며, 그의 마음 깊은 곳에 다가가 진정한 감정과 정서를 들여다보려 한다.

이러한 자연스러운 욕구를 채워주는 사람, 곧 마음을 열고 진심을 드러내며 우리를 맞아들이는 사람은 무엇보다 따뜻한 환대를 건네는 것이다. 자신의 감정을 솔직하게 표현할 줄 아는 사람은, 그 용기만으로도 상대의 마음을 기쁘게 한다. 이처럼 숨김없는 진정성은 어린아이의 서툰 말조차 사랑스럽게 만드는 힘이 있다.

상대가 열린 마음을 가진 사람이라면 그 생각이 아무리 미숙하거나 부족하더라도 우리는 그 마음속으로 들어가려 한다. 우리의 시선을 그들의 눈높이에 맞추고, 그들이 보는 방식으로 세상을 함께 보려 애쓴다. 진심을 알고자 하는 우리의 욕망은 때로 지나치게 강해져, 상대가 숨기고 싶어 하는 사적인 영역까지 파고드는 불편하고 집요한 호기심으로 바뀌곤 한다. 이런 경향을 다스리려면 적절한 신중함과 절제 그리고 타인의 입장을 헤아릴 수 있는 공감 능력이 필요하다. 우리는 이러한 궁금증이 공정한 관찰자의 기준에서도 정당하다고 여겨질 만한 수준으로 조절하는 훈련을 해야 한다.

반대로 호기심이 적절히 절제되어 있고 상대방의 비밀을 억지로 캐내려는 의도가 없음에도 그런 궁금증마저 억누르려는 태도는 오히려 불쾌함을 유발한다. 순진한 질문에도 답변을 회피하고 아무 문제 없는 물음조차 거절하며 자기 자신을 모호한 벽 속에 가두는 사람은 내면에 벽을 세워 누구도 들어오지 못하게 한다. 우리는 정당한 호기심으로 그 벽을 넘으려 다가가지만, 뜻밖에도 무례하고 차가운 거절에 부딪혀 되돌아온다.

이처럼 침묵과 은폐를 선호하는 사람은 따뜻한 성품을 가진 이로 보이지는 않지만 그렇다고 멸시나 경멸의 대상이 되지도 않는다. 다만 그가 우리에게 차갑게 대하니, 우리 역시 그를 향해 같은 거리감을 둘 수밖에 없다. 그는 사랑이나 칭찬은 받지 못하지만 증오나 격렬한 비난도 받지 않는다. 자신이 지나치게 신중하고 과묵하다는 사실을 부끄러워하지 않으며, 오히려 그것을 현명한 선택이라 여긴다. 그의 행동이 때때로 부정적 영향을 주고, 심지어 해로울 수도 있지만, 그는 그 점을 결의론자들에게 털어놓을 생각도 없고, 설령 털어놓는다 해도 별다른 비난이나 죄책감을 느끼지 않을 것이다.

그러나 잘못된 정보, 부주의, 충동성이나 무모함 때문에 본의 아니게 남을 속이게 된 경우는 다소 다르게 봐야 한다. 예를 들어 그가 별로 중요하지 않은 일상의 뉴스에 대해 거짓을 말했을 경우, 진실을 중시하는 사람이라면 그 소식이 사실이 아님이 밝혀졌을 때 부끄러움을 느끼며 즉시 자신의 실수를 인정하려 할 것이다.

만약 그가 언급한 내용이 중대한 사안이었고, 그 거짓 정보로 인해 누군가에게 불행하거나 치명적인 결과가 초래되었다면 그는 스스로를 좀처럼 용서하지 못할 것이다. 유죄는 아닐지라도, 고대인들이 말한 속죄의 필요를 깊이 느끼며, 자신의 능력 안에서 가능한 한 모든 보상을 하려 한다. 이런 사람은 자신의 사례를 자주 결의론자들에게 가져간다. 결의론자들은 일반적으로 그를 우호적으로 대하며, 때로는 무모함을 지적하긴 해도 거짓의 오명을 씌우지는 않는다.

하지만 결의론자들이 더 자주 접해야 할 사람은 따로 있다. 말을 교묘히 비틀며 의도를 숨기고, 고의로 남을 기만하면서도 자신이 진실을 말하고 있다고 스스로 합리화하는 사람이다. 이런 사람에 대해 결의론자들은 다양한 방식으로 판단해왔다. 경우에 따라 그의 기만 동기를 수용해 무죄로 보기도 하지만 공정한 판단을 위해 오히려 더 자주 유죄 판정을 내리곤 했다.

형식적 규칙이 놓치는 인간 윤리의 섬세함

따라서 결의론 책자들이 다루는 핵심 주제는 대체로 다음과 같다. 정의의 규칙을 얼마나 양심적으로 지켰는가? 타인의 생명과 재산을 어느 정도까지 존중했는가? 손해를 입혔다면 그에 대한 배상 책임은 어디까지인가? 순결과 겸손의 규범을 따랐는가? 소위 육욕의 죄는 어떤 방식으로 나타나는가? 진실성의 원칙을 유지했는가? 맹세와 약속, 계약의 의무를 성실히 이행했는가?

결의론 책자들은 감정과 정서를 판단 기준으로 삼아 일률적인 규칙을 세우려 했지만 이런 시도는 대체로 무의미하게 끝났다. 도덕적 섬세함이 경박한 양심의 흔들림으로 바뀌는 지점을 어떻게 규정할 수 있는가? 침묵과 비밀이 진실 은폐로 전락하는 시점은 어디인가? 유쾌한 풍자가 혐오스러운 거짓말이 되는 경계는 무엇인가? 우아하고 자연스러운 태도가 무책임하고 무관심한 방종으로 떨어지는 순간은 언제인가? 이러한 문제들은 단순한 규칙으로는 결코 포착할 수 없는 인간 도덕의 복잡성과 유연함을 드러낸다.

이와 관련된 문제들은 상황에 따라 전혀 다르게 판단되곤 한다. 같은 행위도 갑의 경우에는 정당하다고 여겨지지만, 을의 경우에는 무효로 간주되기도 한다. 조금만 조건이 달라져도, 행동의 적절성과 타당성에 대한 판단은 매번 달라진다. 그래서 결의론 책자들은 천편일률적으로 따분할 뿐 아니라 실질적인 도움도 거의 되지 않는다. 그것을 참조해야 할 사람에게조차 별 유익을 주지 못한다. 설령 결의론자가 옳은 판단을 내린다 해도 마찬가지다. 실제 삶에서 마주치는 사례들은 책에 수록된 사례들보다 훨씬 더 복잡하고 다양하기 때문이다. 현실 사례가 책 속 예시와 정확히 일치하는 일은 거의 없으며, 일치하더라도 그저 우연일 뿐이다.

진심으로 자신의 의무를 다하려는 사람이 이 책자들에 지나치게 의

존한다면 그는 정신적으로 매우 허약한 사람이다. 반대로 자신의 의무를 등한시하려는 사람에게도 이 책자는 별 도움이 되지 않는다. 그 어떤 책도 우리를 더 고결하고 관대한 사람으로 이끌지 못하며, 성품을 순화하거나 따뜻한 인정과 연민을 길러주지도 않는다. 오히려 우리 양심을 속이도록 유도하고, 본질적인 도덕적 의무는 흐릿하게 만든 채 사소한 규칙에 집착하게 만든다.

결의론 책자들은 본질과는 무관한 세세한 정확성에 집착하다 보니 오히려 중대한 판단 오류를 일으킨다. 결국 내용은 지루하고 불편하며, 실용성 없는 형이상학적 논의로 가득하다. 무엇보다 도덕 철학서가 지녀야 할 핵심인 감정을 흔들고 도덕적 정서를 일깨우는 힘조차 없다.

도덕 철학의 두 기둥: 윤리학과 법학

따라서 도덕 철학에서 진정으로 유익한 영역은 윤리학과 법학이다. 결의론은 본질적으로 폐기되어야 마땅하다. 고대 도덕 철학자들은 이 문제를 훨씬 더 건전하고 실용적으로 다루었다. 그들은 엄밀한 정확성을 추구하지 않고, 정의·겸손·진실성과 같은 미덕의 기반이 되는 감정들을 포괄적으로 묘사하는 데 만족했다. 또한 그런 미덕들이 자연스럽게 이끄는 일상적인 행동 양식들을 설명하는 데 집중했다.

물론 고대 철학자들 가운데서도 결의론자의 교리와 유사한 시도를 한 이들이 있었다. 대표적인 예가 키케로의 『의무론』 제3권이다. 이 책에서 키케로는 결의론자처럼 명확한 판단이 어려운 상황들—예컨대 상충하는 의무 사이에서 어떤 행동이 적절한지를 고민해야 하는 사례들—에 대해 일정한 규칙을 제시하고자 했다. 『의무론』 제3권의 내용을 보면 키케로 이전에도 이와 유사한 접근을 시도한 철학자들이 있었던 것으로 보인다. 그러나 키케로나 그보다 앞선 철학자들 모두 완전한 체계를 구축하려 한 것은 아니었다. 그들은 단지 현실에서 마주치는 복잡한 상황 속에서 어떤 규칙을 따르는 것이 옳은지 판단하기 어려운 사례들을 제시하는 데 그쳤다.

자연법과 실정법의 차이: 법은 정의를 얼마나 담아내는가

모든 실정법 체계는 자연법 체계, 즉 정의의 구체적 규칙들을 열거하려는 불완전한 시도로 볼 수 있다. 사람들은 자신에게 가해진 부정(不正)을 결코 묵과하지 않기에, 공공 행정기관은 정의라는 미덕의 실현을 강제하기 위해 공화국의 힘, 즉 공권력을 행사할 필요가 있다. 이러한 사전적 조치 없이 방치된다면 민간 사회는 곧 유혈과 무질서가 난무하는 무대가 되고, 사람들은 조금의 피해만 입어도 즉각적으로 사적 복수에 나설 것이다.

사람들이 제각기 정의를 추구하다 생길 혼란을 막기 위해 권위를 지닌 정부는, 누구에게나 공정한 정의를 베풀고 억울함을 호소하면 이를 바로잡겠다고 약속한다. 잘 다스려지는 국가는 재판관이 시민 간의 분쟁을 판결하고, 그러한 판결을 뒷받침하는 규칙들을 사전에 설정해둔다. 이러한 규칙들은 대체로 자연법과 일치하도록 설계되지만, 항상 완벽하게 부합하는 것은 아니다. 때로는 정부 제도의 필요나, 국가 권력을 좌우하는 특정 집단의 이해관계가 실정법에 영향을 미쳐, 자연법과 어긋나는 경우도 생긴다.

일부 국가에서는 국민의 무례함과 야만성으로 인해 정의에 대한 자연스러운 감정이 문명국 수준처럼 정교하고 정확하게 발전하지 못했다. 이러한 국가들의 법률 역시 그들의 풍속처럼 조잡하고 무례하며 세련되지 못한 형태를 띠었다. 또 다른 국가에서는 사법제도가 제대로 갖춰지지 않아 정규적인 법적 절차가 확립되지 못한 경우도 있었다. 이는 그 국민의 문화 수준이 완성된 사법제도를 수용할 수 있을 만큼 충분히 성숙해 있음에도 불구하고 발생한 일이다.

어느 국가에서도 실정법이 자연법과 완전히 일치하는 경우는 없다. 그렇기에 각국의 실정법은 다양한 시대와 문화 속에서 형성된 인간 감정의 산물로서 중요한 사료적 가치를 지니지만, 자연법의 정확한 구현이라고는 할 수 없다.

법률가들은 여러 나라의 실정법이 서로 다르며 종종 불완전하거나 더 발전된 형태임을 인식하면서, 실정법에서 벗어나 보편적이고 본질적인 정의의 규칙—즉 자연법—이 어떤 것이어야 하는지를 깊이 고찰했다. 이 과정에서 그들은 이른바 자연법 체계를 구성하거나 다양한 실정법들 속에서 일관되게 나타나는 공통 원리를 도출하려고 노력했다.

이러한 흐름 속에서 법률가들은 실정법을 다루는 과정에서 자연법적 통찰을 함께 고려하지 않고는 체계적인 서술이 불가능하다는 사실을 깨달았다. 이들의 추론은 점차 자연법이라는 독자적 사유 체계를 형성해 나갔고, 시간이 흐르며 일반 이론으로 자리 잡아 국가 제도와는 구별되는 법철학의 영역이 되었다.

고대 도덕가들에게서는 정의의 규칙들을 조목조목 열거한 사례를 거의 찾아볼 수 없다. 키케로는 『의무론』에서, 아리스토텔레스는 『니코마코스 윤리학』에서 정의에 대해 논의하긴 했지만 그것은 다른 미덕들처럼 추상적이고 이론적인 수준에 머물렀다. 우리는 키케로의 『법률』이나 플라톤의 『법률』에서 실정법 제정의 근거가 되는 자연법 규칙들을 기대할 수도 있지만, 실제로 이들 저작에서 다루는 법률은 정의 그 자체보다는 국가 행정의 규율을 중심으로 구성되어 있다.

자연법 원칙을 바탕으로 모든 국가의 실정법을 설명하려 한 최초의 시도는 그로티우스에게서 찾아볼 수 있다. 전쟁법과 평화법에 관한 그의 논문은 비록 불완전한 것이기는 하지만 그래도 지금까지 나온 이 주제들에 관한 것 중에서 가장 완성된 책이다.

　나는 또 다른 저술에서 법과 정부의 일반 원칙들을 설명하고, 그것이 사회의 여러 시대와 시기를 거치며 어떤 변화를 겪어왔는지를 살펴보려 한다. 여기에는 정의와 관련된 문제뿐 아니라 치안, 재정, 군사 제도 그리고 법의 대상이 되는 그 밖의 모든 영역도 포함될 것이다. 그러므로 지금 이 자리에서는 법학의 역사에 대해 더 이상 자세히 들어가지는 않겠다.

특별 논문

언어의 최초 생성에 관한 여러 고려 사항, 그리고 원초적 언어와 혼합 언어의 서로 다른 특성에 관하여

어떤 대상을 지칭하기 위해 특정한 소리를 붙이는 행위는 곧 실체 명사의 탄생으로 이어진다. 이는 언어가 형성되기 시작한 첫 번째 단계였을 것으로 추정된다. 예컨대 전혀 언어 교육을 받지 않았고 인간 사회와 단절된 채 성장한 두 명의 미개인을 상상해보자. 이들은 서로 의사소통을 하기 위해, 특정한 사물을 가리킬 필요가 있을 때마다 임의의 소리를 내어 상대방에게 자신의 의도를 전달하려 할 것이다. 그렇게 반복되는 과정에서, 그들에게 가장 친숙하고 자주 언급되는 사물들이 처음으로 이름을 갖게 되었을 것이다.

가령 거친 날씨로부터 몸을 보호해준 동굴, 배고플 때마다 열매를 따 먹던 나무, 갈증을 해소해준 샘물 등은 언젠가 각각 그들을 상징하는 고유한 음성으로 불리기 시작했을 것이다. 이렇게 하여 cave(동굴), tree(나무), fountain(샘물)과 같은 단어들이 생겨났을 것이며, 이들은 두 사람이 공유하는 원시 언어 속에서 특정 사물을 지시하는 명사로 기능했을 것이다.

고유 명사에서 보통 명사로, 인간 언어의 확장

이 미개인들이 점차 더 폭넓은 경험을 하게 되면서, 다른 동굴, 다른 나무, 다른 샘물 등을 발견하고 그 사물들을 지칭할 필요가 생겼을 것이다. 이때 그들은 이미 사용하던 단어들—cave(동굴), tree(나무), fountain(샘물)—을 새로운 사물에도 그대로 적용했을 가능성이 크다. 이 새로운 대상들은 기존에 이름 붙인 사물들과 매우 흡사했기 때문이다. 그렇게 두 미개인은 새로운 사물을 보자마자, 자연스럽게 과거에 자주 접했던 익숙한 사물을 떠올렸을 것이고, 따라서 이를 언급하거나 지칭할 때도 이전에 쓰던 같은 이름을 썼을 것이다. 그들의 마음속에는 여전히 그 처음 본 동굴, 나무, 샘물이 생생하게 떠올랐을 것이다.

이 과정을 통해, 하나의 사물만을 지칭하던 고유 명사가 점차 유사한 사물 전체를 가리키는 보통 명사로 확장되었다. 마치 말 배우기 초기에 있는 어린아이가, 집에 오는 모든 사람을 엄마 혹은 아빠라고 부르는 것과 같다. 즉 자신이 알고 있는 특정 대상에게만 쓰이던 말을 모든 유사한 존재에게 적용하게 되는 것이다.

나는 예전에 강을 river라는 고유명사로만 알고, 다른 이름은 전혀 들어본 적이 없다는 한 어릿광대를 만난 적이 있다. 아마 그는 다른 강을 본 경험이 없었을 것이다. 그렇기에 river는 그에게 특정한 강의 이름처럼 느껴졌던 것이다. 만약 그가 다른 강을 처음 보게 된다면 그것 역시 river라고 부르지 않겠는가? 마찬가지로 템즈 강가에 사는 어떤 무지한 사람이 있다고 하자. 만약 그가 river라는 보통 명사를 모르고 오직 템즈라는 고유명사만 안다면 다른 강을 처음 마주쳤을 때 그 강 역시 템즈라고 부르려 하지 않겠는가?

그러나 이처럼 유사한 대상을 기존 명칭으로 지칭하는 습관은, 강(river)이라는 보통 명사를 잘 아는 사람에게조차도 흔히 일어난다. 예를 들어 어떤 영국인이 외국에서 커다란 강을 보고 이를 묘사하려 한다면 자연스럽게 그것을 "또 하나의 템즈"라고 표현할 것이다.

　역사 속에서도 이와 유사한 사례를 쉽게 찾을 수 있다. 스페인 탐험가들이 멕시코 해안에 처음 도착했을 때, 그들은 그곳의 물자, 인구, 동식물 등 모든 면에서 자국보다 훨씬 풍요롭고 우수한 자연환경을 목격했다. 그들은 감탄하며 "이곳은 제2의 스페인이다!"라고 외쳤고, 이후 그 땅을 뉴 스페인이라 불렀다. 이 불행한 명칭은 지금까지도 사용되고 있다.

　이처럼 우리는 위대한 영웅을 보며 알렉산더라 부르고, 뛰어난 웅변가에게는 키케로, 탁월한 철학자에게는 뉴턴이라는 이름을 붙인다. 문법학자들은 이러한 명명 방식을 환칭(換稱, antonomasia)이라 부른다. 이는 일상 언어에서 매우 일반적인 현상이며, 오늘날에는 다소 불필요해 보이기도 하지만, 인간이 유사한 사물의 이름을 빌려 대상을 부르는 경향이 얼마나 강한지를 잘 보여준다. 이렇게 하여 본래 특정 개체만을 가리키던 단어가 유사한 여러 대상에 적용되며 일반화되는 과정을 거친다.

　하나의 개체 이름이 유사한 다수의 개체에 확대 적용되면서 오늘날 종(種)과 속(屬) 분류 개념의 기초가 마련되었다. 이러한 일반화 과정을 통해 사물들을 종류별로 구분하고 명명하는 체계가 생겨난 것이다.

　하지만 이러한 분류 체계의 기원에 대해서는 모든 이가 명확히 설명할 수 있었던 것은 아니었다. 예컨대 교묘하고도 웅변에 능한 제네바의 루소는, 종과 속이 어떻게 탄생했는지를 설명하려다 오히려 큰 혼란에 빠지고 말았다.[107]

　종이란 유사한 사물들의 집합을 가리키는 개념이며, 그 집합 전체에 하나의 명사를 부여해 구성원 어느 하나를 지칭할 때도 동일한 명사를 사

---

[107]　루소의 『불평등 기원론』 제1부, p.376, 377.—원주

용한다. 이렇게 해서 단수의 고유 명사가 다수의 보통 명사로 발전하게 된 것이다.

형용사·전치사의 기원과 추상의 발달

상당히 많은 사물이 고유한 종류[種]와 부류[屬]로 분류되고, 이에 따라 보통 명사가 부여되면, 그 하위에 속한 수많은 개별 사물은 각각 고유한 이름을 갖기 어렵다. 따라서 동일한 종에 속한 어떤 특정한 사물을 다른 유사한 사물들과 구별하고자 할 때는 다음 두 가지 기준이 사용된다.

1) 그 사물 고유의 성질
2) 그 사물이 다른 것들과 맺고 있는 관계

이렇게 하여 사물의 성질과 관계를 표현하는 또 다른 계열의 단어들이 나왔다.

형용사는 특정 사물의 성질을 제한하거나 학자들의 표현대로 구체화한다. 예컨대 green(푸른)이라는 형용사는 어떤 사물이 지닌 색이나 상태를 명확히 규정함으로써 같은 종에 속한 다른 사물들과 구별되게 만든다. 예를 들어 green tree(푸른 나무)라는 표현은, 마르고 시든 나무와 구별되는 싱싱한 상태의 나무를 가리키며, 형용사를 통해 사물의 성질이 구체적으로 드러나게 된다.

전치사는 유사한 사물들 사이의 관계를 보다 구체적으로 나타낸다. of, to, for, with, by, above, below 등의 전치사는 두 명사 간의 상대적 위치나 상태를 연결시켜준다. 예컨대 "the green tree of the meadow"(초원의 푸른 나무)라는 구문은 단순히 나무의 성질뿐 아니라 그 나무가 초원이라는 다른 사물과 맺고 있는 공간적 관계까지도 보여준다.

성질이나 관계는 그 자체로는 추상적인 개념이기 때문에 이를 표현하는 형용사는 반드시 구체적인 실체 명사와 함께 사용된다. 따라서 성질이나 관계가 구체적인 맥락 속에서 드러나는 경우가, 순수한 추상적 개념으로 드러나는 경우보다 훨씬 더 이른 시기에 형성되었을 것으로 짐작된다. 예를 들어 green이나 blue와 같은 형용사는 greenness나 blueness 같은 추상 명사보다 먼저 나왔을 가능성이 높다. 마찬가지로 above나 below 같은 전치사도 superiority(우위), inferiority(열위) 같은 추상 명사보다 먼저 만들어졌을 것으로 보인다.

이는 추상 명사를 만드는 작업이, 구체적인 사물을 지칭하는 단어를 만드는 것보다 훨씬 높은 수준의 개념화를 요구하기 때문이다. 실제로 추상 명사의 어원을 살펴보면 대부분이 구체적 의미를 가진 단어에서 파생되었음을 확인할 수 있다.

형용사의 탄생과 인간의 개념화 능력

명사에 붙는 형용사가 그 형용사에서 유래한 추상명사보다 먼저 등장했다는 점은 분명하지만 그렇다고 그것이 단순한 발명이었다고 보기는 어렵다. 형용사를 만들어내려면 상당한 수준의 추상화와 일반화가 필요했다. 예컨대 green, blue, red 등 색을 나타내는 형용사를 만든 이들은 먼저 다양한 사물을 관찰하고, 그들 사이의 색채적 유사성과 차이점에 주목했을 것이다. 그리고 이러한 차이를 바탕으로 사물들을 구별된 범주로 나누었을 것이다.

앞서 cave라는 명사의 생성 방식에서 보았듯이, green이라는 형용사 역시 처음에는 어떤 개별 사물의 이름으로 사용되었을 가능성이 있다. 이후 유사한 성질을 가진 다른 사물에도 적용되면서 환칭의 방식으로 보통 명사화된 것이다. 이렇게 볼 때 green은 특정 실체가 아닌, 그 실체의 속성을 가리키는 단어이며, 본래부터 다른 실체에도 적용 가능한 형용사였다고 볼 수 있다.

어떤 사물을 처음으로 green이라는 형용사로 구분한 사람은 분명 green이 아닌 사물들도 함께 관찰했을 것이다. 그리고 그 사물과의 차이를 인식한 끝에, 특정 성질을 지칭하는 단어를 만든 것이다. 따라서 형용사의 발명은 단순한 명명 행위가 아니라 비교·구별·개념화라는 인지 작용을 수반한다.

또한 그런 단어를 만들어낸 사람은 그 성질이 특정 사물에서 추상된 것임을 인식하고 있었을 것이다. 즉 해당 성질이 사물에 본래 속하지 않았더라도 존재 가능한 것으로 사고했다는 뜻이다. 이처럼 가장 단순해 보이는 색채 형용사의 탄생조차도, 우리가 생각하는 것보다 훨씬 심화된 형이상학적 추론을 전제로 한다. 형용사 중에서도 가장 덜 철학적인 축에 속하는 색이름조차도, 배열·분류·비교라는 복잡한 인지적 절차 없이는 만들어질 수 없었다.

이러한 추론을 종합해보면 언어 형성의 초기 단계에서 형용사가 만들어졌다고 보기는 어렵다. 형용사는 명사보다도 늦게, 더 고차원적인 인지 활동을 통해 탄생했을 가능성이 높다.

형용사는 수식하고, 전치사는 연결한다

서로 다른 실체들이 지닌 성질을 구분하는 데에는 형용사 외에도 다른 방식이 있다. 이 방식은 성질과 실체를 추상적으로 분리하거나 고도의 개념화를 요구하지 않기 때문에 형용사보다 훨씬 자연스럽게 언어의 초기 단계에서 등장했을 가능성이 크다. 이러한 이유로 언어가 처음 생겨날 무렵에는 형용사보다 먼저 실체의 구분이 사람들 머릿속에 자리 잡았다고 볼 수 있다.

이 방식은 실체 명사에 어미 변형을 가하여 성질을 표현하는 것이다. 많은 언어에서 명사의 어미만 바꿔도 남성·여성·중성을 구분할 수 있었는데 이는 굳이 형용사를 만들지 않아도 성질의 차이를 드러내는 효과적인 수단이었다.

예를 들어 라틴어에서는 lupus/lupa, equus/equa, juvencus/juvenca, Julius/Julia, Lucretius/Lucretia처럼, 명사의 어미만 바꾸어 사람이나 동물의 성별을 구별한다. 형용사 없이도 성차를 자연스럽게 표현하는 것이다. 반면 forum, pratum, plaustrum과 같은 명사들은 중성 어미를 통해 해당 실체의 중성적 상태를 나타낸다.

이처럼 남성형, 여성형, 중성형의 구분은 실체가 지닌 특정한 상태를 드러내는 성질로 간주되며, 이를 표현할 때는 형용사 같은 일반적이고 추상적인 수단보다도 명사의 어미변화가 훨씬 직접적이고 구체적이었다. 이 방식은 명사가 가리키는 사물의 성질을 더 직접적이고 사실적으로 드러내준다.

자연 속에서 어떤 사물의 성질이 그 사물에 내재된 제한 조건으로 드러나듯, 언어에서는 그 성질이 명사의 어미 변화를 통해 표현된다. 이렇게 되면 실체와 성질이 언어 속에서 자연스럽게 하나로 묶이게 되고, 이는 우리가 외부 세계를 인식하거나 개념을 조직하는 방식과도 잘 맞아떨어진다. 결국 고대 언어에서 공통적으로 발견되는 남성·여성·중성의 명사 체계는 이런 언어적 기원에서 비롯되었다고 볼 수 있다.

이런 장치를 통해 인간은 사물을 능동적인 것과 수동적인 것으로, 동물을 남성과 여성으로 구분하는 가장 기본적이고 중요한 분류를 형용사 없이도, 또 성질을 아우르는 별도의 일반 명사 없이도 표현할 수 있었다.

내가 알고 있는 범위 내에서, 남성·여성·중성의 세 가지 성을 초과하여 더 많은 성(gender) 구분을 가진 언어는 없다. 다시 말해, 형용사를 사용하지 않고 명사 자체의 어미 변화만으로 표현할 수 있는 성질은 이 세 가지에 국한된다. 물론 내가 접하지 못한 언어 중에는 일부 명사가 이 세 가지 이외의 성질까지 드러낼 수도 있을 것이다. 사실 이탈리아어 등 몇몇 언어에서는 축소형 명사의 어미를 달리 변형함으로써 명사가 지시하는 사물의 성질을 보다 세밀하게 조정하고 구분하는 예도 있다.

하지만 명사가 그 원형을 유지하면서도 동시에 무한한 어미 변화를 수용하는 것은 불가능하다. 현실 세계의 사물은 매우 다양한 성질을 지니고 있으며, 상황에 따라 그 성질들을 구체적으로 표현하고 구분하려면 명사는 지나치게 복잡한 변화 체계를 가져야 하기 때문이다. 따라서 명사의 어미 변화는 형용사의 필요성을 일정 기간 억제할 수는 있지만, 결국 그 필요를 완전히 제거할 수는 없다.

그리고 형용사가 한 번 만들어지고 나면, 사람들은 자연스럽게 그것을 명사와 비슷한 형식으로 구성하려 했다. 형용사의 본질이 명사의 의미를 제한하거나 꾸며주는 데 있으므로, 언어 사용자들은 형용사에도 명사와 동일한 어미를 부여해 두 범주 간의 유사성을 맞추려 한 것이다. 소리의 비슷함이나 같은 음절의 반복은 언어적 유비(analogy)의 중요한 토대가 되기 때문에 명사가 성(젠더)에 따라 어미가 달라지면 형용사도 거기에 맞춰 어미를 변화시키는 방식이 자연스럽게 자리 잡았다. 예컨대 라틴어에서는 magnus lupus (큰 숫늑대), magna lupa (큰 암늑대), magnum pratum (넓은 초원)처럼 명사와 형용사의 어미가 서로 일치한다.

명사의 성에 따라 형용사의 어미가 변화하는 현상은 모든 고대 언어에서 공통으로 나타난다. 이는 형용사에 성이 본래 내재해 있어서가 아니라 귀에 유쾌하게 들리는 소리의 유사성과 운율적 일치감 때문에 정착된 것으로 보인다. 예를 들어 a great man과 a great woman에서 great는 동일한 의미를 유지하며, 수식하는 명사의 성이 달라지더라도 의미 자체에는 변화가 없다. 라틴어의 magnus, magna, magnum 역시 모두 '위대한'이라는 같은 뜻을 지니며, 단지 명사의 성에 따라 어미가 달라질 뿐 그 의미에는 아무런 차이가 없다.

이처럼 성(젠더)은 명사(실체)에 속하는 특성이지, 형용사(성질)의 속성은 아니다. 일반적으로 형용사는 특정한 실체를 수식하는 기능에 머물며, 그 자체가 독립적인 주체로 기능하지 않는다. 다만 형용사가 추상화되어 명사로 전환되었을 때, 비로소 그것은 다른 성질의 주체가 될 수 있다.[108]

따라서 형용사는 다른 형용사를 수식할 수 없다. A great good man이라는 표현에서는 great과 good 두 형용사가 각각 man을 수식할 뿐 서로를 수식하지 않는다. 반면에 the great goodness of the man이라는 구에서는 goodness가 추상명사로 기능하며, great이라는 형용사가 그 성질을 수식할 수 있다.

전치사의 발명과 인간 언어의 진화

만약 형용사의 발명이 상당한 추상화와 사고의 비약을 요구했다면 전치사의 발명은 그보다 더 고차원적인 인지 능력을 필요로 했다. 전치사는 단순히 사물의 성질을 표시하는 데 그치지 않고, 두 사물 사이의 관계를 구체적으로 밝혀주는 기능을 수행하기 때문이다.

예를 들어 above는 관련된 사물들 사이의 공간적 우위(superiority)를

---

108 예를 들어 good이라는 형용사는 항상 구체적인 명사를 수식하는 데 쓰이지만, 그로부터 파생된 추상명사 goodness는 고유한 속성을 지닌 독립적인 개념으로, 다른 추상명사(가령 greatness, purity 등)와 결합하여 더 복합적인 의미를 형성할 수 있다.

표현하지만 이는 superiority 같이 추상명사로 개념적으로 설명되는 것이 아니라 누구나 이해할 수 있는 구체적인 위치 관계를 드러낸다. The tree above the cave라는 구절에서 above는 tree와 cave 사이의 공간적 관계를 명확히 보여준다. 이러한 기능 특성상, 전치사는 반드시 다른 명사와 결합해야 그 의미가 완성된다.

이처럼 전치사의 발명은 형용사보다 훨씬 더 고차원적인 추상화와 일반화 과정을 필요로 한다. 그 이유는 주로 다음 세 가지에 기인한다.

첫째, 관계라는 개념은 성질보다 훨씬 더 형이상학적이다. 사람들은 대개 어떤 사물의 성질은 직관적으로 쉽게 인식한다. 반면 사물들 사이의 관계를 정확히 인지하고 설명할 수 있는 사람은 드물다. 성질은 감각으로 즉각 포착되지만 관계는 감각으로는 드러나지 않기 때문이다. 이로 인해 성질을 나타내는 형용사보다 관계를 나타내는 전치사가 훨씬 더 추상적이고 포괄적인 개념을 담는 것은 자연스러운 일이다.

둘째, 전치사는 두 사물 간의 구체적인 관계를 표현하는 기능을 하면서도 그것이 언어로 처음 만들어질 때는 관계 자체를 일단 추상적으로 사고할 수 있어야 했다. 전치사는 오로지 관계만을 지시하는 단어로, 관계를 구성하는 대상들의 성질은 전혀 담아내지 않기 때문이다. 따라서 이러한 단어를 만들어내기 위해서는 대상을 개별적으로 인식하는 수준을 넘어, 대상들 간의 상호 연결을 개념적으로 포착할 수 있는 사고 능력이 전제되어야 했다.[109]

셋째, 전치사는 본질적으로 매우 일반화된 단어이다. 따라서 그것이 처음 발명되었을 때부터, 하나의 특정한 관계를 표현하면서도 동시에 여

---

109 "the tree above the cave"라는 표현에서 above는 tree와 cave 사이의 위치 관계만을 나타낼 뿐 각각의 사물이 지닌 고유한 성질은 전혀 반영하지 않고 있다는 의미다.

러 유사한 관계까지 포괄할 수 있었다. 예를 들어 above라는 전치사를 처음 만든 사람은 먼저 두 사물 사이에 존재하는 우위 관계를 인식했을 것이다. 그러나 거기서 그치지 않고, 그는 같은 방식으로 below가 나타내는 열위 관계나 beside가 표현하는 병렬 관계도 함께 파악했을 가능성이 크다. 즉 그는 이러한 전치사가 단일한 관계뿐만 아니라 그것과 구별되는 다양한 유형의 관계까지도 언어로 포괄할 수 있다는 사실을 인지했을 것이다. 이런 수준의 인식은 단순한 직관을 넘어선 비교와 일반화의 사고 과정을 필요로 한다.

이러한 점에서 볼 때, 형용사를 처음 만들었던 이들이 직면했던 어려움보다 전치사를 처음 발명한 이들이 겪었을 난관은 훨씬 더 복잡했을 것으로 짐작된다. 실제로 인류는 언어 형성 초기 단계에서 명사의 어미 변형만으로도 다양한 성질을 표현하려 애썼고, 이런 방법을 통해 형용사의 발명을 상당 기간 미뤘던 것으로 보인다. 하물며 형용사보다도 더 높은 수준의 추상화와 개념화를 요구하는 전치사의 발명은, 가능한 한 늦추고 피하려 했을 가능성이 크다.

고대 언어들에서 나타나는 명사의 다양한 격(格, case)[110]은, 관계를 표현하는 보다 자연스럽고 직관적인 방식으로 탄생한 발명품이다. 그리스어나 라틴어의 주격과 속격은 영어에서 전치사가 담당하는 역할을 일정 부분 대신하며, 상관어와의 관계를 명사의 어미 변화로 나타낸다. 예를 들어 다음과 같은 표현을 보자.

---

110 격(case)은 명사의 문장 내 역할이나 상태를 나타낸다. 라틴어에는 주격, 속격, 여격, 대격, 탈격, 호격의 여섯 가지 격이 있으며, 예를 들어 '친구'를 뜻하는 amicus의 격 변화는 다음과 같다. amicus, amici, amico, amicum, amico, amice. 이를 우리말로 옮기면 각각 '친구', '친구의', '친구에게', '친구를', '친구로(서)', '친구여'에 해당한다.

fructus arboris (the fruit of the tree: 나무의 열매)

sacer Herculi (sacred to Hercules: 헤라클레스에게 바쳐진)

이 문장에서 arboris와 Herculi는 각각 of와 to에 해당하는 관계를 드러내고 있는데, 이는 별도의 전치사를 사용하지 않고도 격 변화만으로 그 의미를 전달하는 방식이다.

이처럼 명사의 격 변화를 통해 관계를 표현하는 방식은, 별도의 비교나 추상화의 노력을 요구하지 않는다. 예컨대 arboris나 Herculi와 같은 표현은 일반적이고 포괄적인 관계 개념을 나타내는 단어가 아니다.[111] 그것은 단지 특정한 문맥 속에서, 특정한 사물 간의 관계를 직관적으로 표현한 것에 불과하다. 이를 처음 사용한 이들도 어떤 개념적 원리나 규칙을 의도한 것이 아니었으며, 단지 그러한 용법이 자연스럽고 유용했기 때문에 그렇게 말했을 뿐이다.

이러한 표현은 다른 사람들에게도 쉽게 모범 사례로 작용했을 것이다. 따라서 이와 유사한 상황에서 상관어 명사에 유사한 격 변화를 적용해 비슷한 관계를 표현하려는 시도가 뒤따랐을 가능성이 크다. 그러나 이러한 모방은 인위적인 규칙 제정이 아니라 언어 사용자들이 유비와 음성적 유사성에 끌려 자연스럽게 축적한 결과였다. 나는 이러한 유비와 소리의 유사성이야말로 문법 규칙 형성에서 핵심적인 역할을 했다고 본다.

결국 명사의 격 변화에 의한 관계 표현은 별도의 추상화나 일반화

---

111 영어의 of나 to 같은 전치사는 어떤 사물이든 자유롭게 연결할 수 있는 공통적 표현이다. 하지만 라틴어에서 arboris나 Herculi처럼 명사의 어미를 바꾸는 방식은 '나무'나 '헤라클레스'처럼 특정한 대상과의 관계만 나타낸다. 다시 말해, 전치사는 어떤 말과도 조합이 가능하지만 명사의 격 변화는 그 명사에만 딱 맞는 관계를 보여준다는 점에서 제한적이다.

혹은 비교 과정을 거치지 않아도 되는 직관적 방식이었다. 그러나 전치사의 발명은 이런 개념적 과정을 필수적으로 거쳐야 했고, 그만큼 최초의 발명자는 훨씬 더 복잡하고 고차원적인 인지 능력을 필요로 했다.

OF는 왜 모든 관계를 품게 되었는가

격의 수는 언어마다 다르다. 예를 들어 그리스어에는 5개, 라틴어에는 6개, 아르메니아어에는 10개의 격이 있다. 이는 명사의 어미를 변형하는 방식과 그 경우의 수에 따라 달라진다. 언어의 초기 창안자들은 사물 간의 관계를 표현하기 위해 이런 격변화를 활용했다. 이후에는 명사의 격 대신 사용할 수 있는, 훨씬 더 일반적이고 추상적인 전치사가 만들어지게 되었다.

오늘날 전치사는 고대 언어의 격을 대신하는 기능을 하며, 매우 일반적이고 추상적이며 형이상학적인 성격을 지닌다. 시간의 흐름으로 보자면, 전치사는 아마 언어의 발달 과정에서 가장 나중에 발명된 요소일 것이다. 상식적인 사람에게 "above라는 전치사가 어떤 관계를 표현하느냐"고 물으면, 그는 곧바로 "우위의 관계"라고 답할 것이다. below는 "열위의 관계"라고 즉시 말할 것이다. 하지만 "of라는 전치사는 어떤 관계를 나타내는가?"라고 묻는다면 상황이 달라진다. 만약 그 사람이 그 질문에 진지하게 생각해본 적이 없다면 일주일을 주어도 마땅한 답을 내놓기 어려울 것이다.

전치사 above나 below는 고대 언어에서 격변화를 통해 표현되던 관계를 직접적으로 나타내지는 않는다. 그러나 of는 고대 언어의 속격이 담당하던 관계를 어느 정도 계승하고 있다. 속격은 본질적으로 형이상학적인 속성을 지니며, of 역시 일반적인 관계도 표현하지만 실제로는 관련어와의 결합을 통해 구체적인 의미를 드러낸다.

예를 들어 above가 곧장 '우위'라는 공간적 관계를 표현하는 반면 of 는 고정된 의미 없이 결합된 명사들의 관계에 따라 다양한 뜻을 띤다. 그렇기에 우리는 서로 정반대 의미를 지닌 관계에도 동일한 전치사 of를 사용할 수 있다. 이는 관계의 성격이 전치사 자체가 아닌, 그것이 연결하는 두 명사의 의미와 배열에서 비롯되기 때문이다. 다음 예문을 보자.

The father of the son. / The son of the father.

(아들의 아버지. / 아버지의 아들.)

The fir-trees of the forest. / The forest of the fir-trees.

(숲에 속한 전나무들. / 전나무로 이루어진 숲.)

아버지와 아들의 관계는 방향성이 다르고, 부분과 전체의 관계 또한 서로 반대지만, 모두 of라는 전치사 하나로 표현된다. 이는 of가 특정한 유형의 관계를 지정하지 않고, 단지 연결이라는 일반적 관계만을 나타내기 때문이다. 결국 의미는 전치사가 아니라 그것이 연결하는 명사들의 상호관계에서 비롯된다.

내가 지금까지 전치사 of에 대해 말한 내용은 to, for, with, by 등 다른 전치사에도 동일하게 적용된다. 이는 현대어에서 고대어의 격을 대신하는 전치사들 전반에 해당하는 이야기다. 이들 전치사는 모두 매우 추상적이고 형이상학적인 관계를 표현한다. 누구나 직접 시도해보면 알 수 있듯, 이러한 관계들은 단순히 명사들만으로는 쉽게 표현하기 어렵다. 예컨대 above가 공간적 우위를 직관적으로 보여주듯 명확히 떠오르지는 않는다.

하지만 이들 전치사 중에서도 of는 특히 가장 추상적이다. 다른 전치사들은 일반적으로 특정한 관계를 보다 명확히 가리키는 반면 of는 관계의 유형을 거의 드러내지 않는다. 이 때문에 of는 전치사들 중에서 가장 형이상학적인 단어로 간주된다. 따라서 고대 언어의 격을 대신하는 전치사들은 그만큼 더 추상적이며, 발명하기도 훨씬 어려웠을 것이다.

그러나 사람들은 of, to, for 등 추상적 관계를 표현하는 전치사들이 지시하는 관계를 일상적으로 자주 접했기 때문에 이를 명확히 나타낼 표현 수단이 반드시 필요했다. 이처럼 고대 언어의 격을 대신하는 전치사들은 현대어에서 매우 빈번하게 사용된다. 실제로 of, to, for, with, from, by 같은 전치사들은 거의 모든 문장에서 빠지기 힘들 정도다. 반면 above, below, near, within, without, against처럼 더 구체적이고 감각적인 관계를 표현하는 전치사들은 쓰임새가 제한적이어서, 한 페이지에 한두 번 나올까 말까 할 만큼 상대적으로 사용 빈도가 낮다.

격을 대신하는 이들 전치사가 매우 추상적인 만큼 발명이 어려웠다면 그만큼 발명의 필요성은 더 절실했을 것이다. 사람들은 그런 관계를 끊임없이 경험하며 반복적으로 표현해야 했기 때문이다.

다만 고대 언어에는 전치사로 대체될 수 없었던 격들도 있다. 대표적으로 주격, 대격, 호격이 그것이다. 이 세 격은 현대어에서는 명사의 어

---

112 고대 언어에서는 명사의 역할을 구분하기 위해 어미에 변화를 주는 격 변화가 발달해 있었다. 대표적으로 주격(주어), 대격(목적어), 호격(호명어)이 있으며, 각각 문장에서 행위의 주체, 대상, 그리고 부름의 대상 역할을 맡는다. 예컨대 라틴어에서는 Marcus(주격), Marcum(대격), Marce(호격)처럼 하나의 이름이 문장 내 역할에 따라 어미가 달라진다. 반면 현대어(예: 영어, 한국어)에서는 이러한 격 변화가 거의 사라졌고, 그 대신 어순, 문장 구조, 구문적 위치를 통해 명사의 문법적 기능이 나타난다. 예를 들어 영어 문장에서 "Marcus loves books"라는 표현에서 'Marcus'는 주격으로 주어의 위치에 있고, 'books'는 대격으로 목적어 자리에 위치해 격 역할을 수행한다. 또한 누군가를 부를 때는 "Hello, Marcus!"와 같이 호격이 어순과 억양으로만 드러난다. 이런 방식은 고대어에서 사용된 전통적인 격 체계를 대체하는 현대 언어의 문법적 적용이라 볼 수 있다.—편집주

미 변화로 표현되지 않으며, 대신 어순이나 문장 구조, 구문적 위치를 통해 나타난다.[112]

단수, 양수, 복수 그리고 고대 문법의 구조

사람들은 단 하나의 사물과 여러 개의 사물을 구분해야 하는 상황을 자주 맞닥뜨린다. 따라서 수를 표시하는 방법은 언어 발달에 있어 필수였다. 수는 many, more와 같은 단어를 통해 막연히 표현되거나, 구체적인 숫자 단어를 통해 나타날 수도 있으며, 혹은 셀 수 있는 명사의 어미 변화를 통해 단수와 복수를 구별할 수도 있다. 언어가 처음 만들어지던 시기에 인류는 이 중에서도 특히 명사의 어미 변화를 이용하는 방식에 의존했을 것으로 보인다.

일반적으로 말해, 특정 사물과 무관하게 존재하는 숫자라는 개념 자체는 인간의 정신이 만들어낸 가장 추상적이고 형이상학적인 개념 중 하나다. 따라서 언어 생성 초기의 미개 사회에서 이러한 숫자 개념이 자연스럽게 형성되었을 가능성은 낮다. 당시 사람들은 사물이 하나인지, 둘인지 혹은 여러 개인지를 구분하긴 했지만 이를 a, an, many 같은 형이상학적 형용사로 표현하기보다는, 명사의 형태를 변화시켜 그 수량을 표시했다. 이로 인해 모든 고대 언어에 단수와 복수 개념이 등장했으며, 이 전통은 오늘날의 많은 언어에서도 여전히 유지되고 있다.

많은 원시 언어들이 단수, 이중(dual), 복수의 세 가지 수 개념을 갖고 있었던 것으로 보인다. 그리스어, 히브리어, 고트어 등에서도 이러한 이중 수 표현이 존재한다. 초기 사회의 인류는 사물의 수를 1, 2 그리고 3 이상으로 나누어 인식했고, 이를 별도의 숫자 단어 없이, 명사의 형태 변화를 통해 표현하는 것이 보다 자연스럽고 직관적인 방식이었다.[113] 오늘날에는 1, 2, 3, 4 등의 숫자 개념이 보편적이고 익숙하지만 사실 이는 인류 문명 발달의 산물로 매우 정교하고 발달된 추상 개념이라 할 수 있다.

예를 들어 3실링, 3펜스, 세 명의 사람, 세 필의 말과 같은 구체적 표현이 아니라 순수한 추상 개념으로서의 '3'을 떠올려보라. 그렇게 하면 '3'이라는 형이상학적인 개념어가 인류의 언어 초기 단계에서 손쉽게 발명되었을 리 없다는 사실을 깨닫게 된다. 실제로 일부 원시 부족 언어에는 '1', '2', '3 이상의 수'를 아예 명시적으로 표현하는 단어 자체가 존재하지 않는다는 보고도 있다. 다만 이러한 부족들이 '하나, 둘, 셋'을 숫자라는 추상 개념을 통해 구분했는지, 아니면 명사의 단수형·양수형·복수형을 통해 표현했는지에 대해서는, 지금까지 명확히 확인된 자료는 발견하지 못했다.

한편, 단수와 복수 사이에 적용되는 문법적 관계는 양수에도 동일하게 적용된다. 따라서 고대 언어에서는 단수형, 양수형, 복수형 각각에 동일한 수의 격 변화가 부여되며, 그 결과 명사의 어미 변화 체계는 매우 복잡해진다. 예컨대 고대 그리스어 명사 하나는 단수, 양수, 복수에 각각 5격이 부여되어, 결과적으로 15가지 형태로 달라진다.

고대 언어에서 형용사는 수식 대상인 명사의 성뿐만 아니라 격과

---

113 고대 언어에서는 하나의 명사에 단수, 이중(양수), 복수의 형태가 각각 존재했다. 예를 들어 라틴어에는 이중 수는 없고 단수와 복수만 존재한다. 라틴어 명사 amicus(친구)는 단수형과 복수형이 따로 있으며, 각각이 여섯 가지 격변화를 따른다. 단수형 amicus의 여섯 격은 다음과 같다.
amicus, amici, amico, amicum, amico, amice
복수형 amici의 여섯 격은 다음과 같다.
amici, amicorum, amicis, amicos, amicis, amici
반면 영어에서는 'friend'라는 단수형 명사에 단순히 -s를 붙여 'friends'라는 복수형을 만들고, 이 명사들은 격에 따라 형태가 달라지지 않는다. 대신 전치사(of, to 등)나 문장 내 위치를 통해 격의 기능을 대신한다. 이러한 차이를 통해 라틴어 명사 어미 변화가 영어보다 훨씬 복잡하고 정교하게 발달되어 있음을 알 수 있다.

수에 따라서도 어미가 변화한다. 예컨대 고대 그리스어의 형용사는 3개의 성(gender), 3개의 수(number), 5개의 격(case)을 기준으로 총 45가지 어미 변화 형태를 지닌다. 이는 명사와 형용사 사이의 일치를 중시했던 고대 언어의 문법 원칙에 따른 것으로, 앞서 언급했듯 유비(類比)의 개념과 음운의 반복적 규칙성에 근거한 것이다.

이러한 어미 변화는 형용사의 의미 자체에는 영향을 미치지 않는다. 예를 들어 라틴어에서 magnus vir(위대한 사람), magni viri(위대한 사람의), magnorum virorum(위대한 사람들의)처럼, magnus, magni, magnorum은 모두 '위대한'이라는 동일한 의미를 가지며, 단지 수식하는 명사의 격·수에 따라 형태만 달라질 뿐이다.

결국 형용사는 명사의 성질을 꾸며줄 뿐이며, 명사가 문장에서 격에 따라 형태가 달라져도[114] 그 성질 자체가 변하는 것은 아니다. 따라서 형용사의 어미 변화는 문법적 일치를 위한 형식적 장치일 뿐 의미 변화를 일으키지는 않는 구조적 특성이다.

최초의 동사는 비인칭 동사

고대 언어에서 명사의 어미 변화는 매우 복잡하지만 동사의 어미 변화는 그보다 훨씬 더 복잡하다. 명사와 동사 모두 이러한 복잡성은 동일한 언어 원리에 기반한다. 따라서 언어가 처음 만들어지는 단계에서 추상적이고 일반화된 형태를 고안해내는 일은 매우 어려운 과제였을 것이다.

---

114 명사의 격은 그 명사가 문장 내에서 다른 명사들과 맺는 관계를 나타낸다. 주격, 속격, 여격, 대격, 탈격, 호격 등 여섯 가지 격은 각각의 문법적 기능을 통해 명사들 사이의 관계를 드러낸다. 예를 들어 "I gave him a book"이라는 문장에서 '나(I)'는 주는 주체로서 주격, '그(him)'는 받는 대상으로서 여격, '책(a book)'은 주어진 사물로서 대격을 취한다.

그럼에도 동사는 언어 형성 초기부터 반드시 존재했을 것이다. 동사 없이는 어떤 단정이나 서술도 불가능하기 때문이다. 인간은 어떤 사물이 존재한다 혹은 존재하지 않는다는 사실에 대한 의견을 표현하기 위해 언어를 사용한다. 따라서 우리가 단정하려는 사건이나 사실을 표현하는 핵심 단어는 언제나 동사일 수밖에 없다.

가장 먼저 발명된 동사는 아마도 비인칭 동사였을 것이다. 이들 동사는 단 하나의 단어로 하나의 사건 전체를 포괄적으로 표현하며, 개념의 단순성과 통일성을 그대로 담아낸다. 이들은 주어와 술어로 나뉘지 않으므로 별도의 추상화나 인위적 사고 과정을 거칠 필요가 없다.

예컨대 라틴어 pluit(비가 온다), ningit(눈이 온다), tonat(천둥 친다), lucet(날이 밝다), turbatur(혼란스럽다) 같은 단어들은 모두 그 자체로 하나의 완전한 사건 서술이자 단정이다. 이와 달리 Alexander ambulat(알렉산더는 걷는다), Petrus sedet(페트루스는 앉아 있다)와 같은 문장은 사건을 인위적으로 주어와 술어로 나누어 표현한다. 하지만 "알렉산더가 걷는다"는 개념은 본래 하나의 단일한 인지 단위이므로, 이를 둘로 나누는 것은 언어적 제약에서 비롯된 불완전한 표현 방식에 불과하다.

결국 사건을 하나의 단어로 표현하지 못하기 때문에 주어와 술어라는 두 요소를 조합해 설명하는 것뿐이다. 누구나 imber decidit(비가 내린다) 또는 tempestas est pluvia(비가 오는 날씨다)보다, pluit(비온다)라는 단어 하나가 자연 현상을 훨씬 더 직관적이고 명료하게 설명한다는 사실을 알 수 있다.

앞의 두 문장을 보면 하나는 '비'라는 자연 현상을 두 개의 단어로, 다른 하나는 세 개의 단어로 나누어 표현하고 있다. 이러한 표현은 본래 pluit라는 단어 하나로 간결하게 전달될 수 있는 사건을, 인위적으로 주어와 술어라는 두 부분으로 나누는 문법적 완곡어법에 해당한다. 이러한 분해는 순수하게 형이상학적인 조작의 결과이며, 원초적인 언어 환경에서는 오히려 자연스럽지 않은 방식이다. 따라서 언어가 막 생겨나던 초창기에는 pluit처럼 단일한 비인칭 동사들이 가장 먼저 사용되었을 가능성이 크다.

실제로 나는 히브리어 문법학자들로부터 흥미로운 이야기를 들은 바 있다. 히브리어의 어근 단어들—즉 다른 단어들이 파생되는 근간이 되는 단어들—은 대부분 동사였으며, 그중에서도 비인칭 동사였다는 것이다.[115]

언어가 발달하면서 이런 비인칭 동사가 점차 인칭 동사로 변화해 갔다는 것은 충분히 상상 가능한 일이다. 예컨대 venit(온다)라는 동사를 보자. 이 단어는 단지 어떤 추상적인 존재가 다가온다는 뜻이 아니라 구체적인 대상—예를 들면 사자 같은 위협적인 동물—이 다가온다는 의미로 사용될 수 있었다. 언어를 막 만들어가던 시기에 인간들이 무서운 동물이 다가오는 것을 보고 서로에게 'venit!'이라고 외쳤다면 그 표현은 곧 "사자가 온다!"는 경고로 작용했을 것이다. 이처럼 venit라는 단어 하나만으로도 눈앞에서 벌어지는 사건을 또렷하게 전달할 수 있었던 것이다.

언어가 더 발달함에 따라, 미개인들은 무서운 대상이 다가올 때 그 대상에 이름을 붙이기 시작했다. 가령 "venit ursus"(곰이 온다), "venit lupus"(늑대가 온다) 하고 외쳤을 것이다. 이처럼 venit라는 동사는 이제 사자뿐 아니라 여러 무서운 동물의 출현을 나타내는 말이 되었고, 더 이상 특정 사물만이 아니라 특정한 종류의 존재가 다가오고 있음을 표현하게

---

115 비인칭 동사는 '누가' 하는지를 말하지 않고도 하나의 단어로 상황 전체를 표현하는 동사다. 예를 들어 라틴어 pluit는 '비가 온다'는 뜻인데, 우리말처럼 "비가"라는 주어 없이도 그냥 pluit 하나만으로 뜻이 완성된다. 영어의 It rains처럼 들리지만, 라틴어에서는 It조차 없이 동사 하나만 쓰는 것이 특징이다. —편집주

되었다. 의미가 점차 일반화되면서 단어 하나만으로는 사건 전체를 충분히 설명하기 어려워졌다. 이를 보완하기 위해 명사가 함께 쓰이게 되었고, 그 결과 venit는 비인칭 동사에서 인칭 동사로 바뀌었다.

사회가 더욱 복잡해지면서 이런 변화는 가속화되었고, 오늘날 "온다"는 표현은 좋은 것이든, 나쁜 것이든 혹은 무관심한 것이든 모든 종류의 도래를 포괄하는 의미로 확장되었다. 이러한 과정을 통해 대부분의 비인칭 동사들은 인칭 동사로 발전하게 되었고, 대부분의 사건은 하나의 단일한 개념이 아니라 여러 형이상학적 요소로 분할되어 표현되었다. 그 결과, 거의 모든 문장과 어구는 다양한 품사를 통해 이루어지게 된 것이다.[116]

언어의 발달과 마찬가지로 글쓰기 기술도 비슷한 과정을 거쳤다. 인류가 글로 사고를 표현하기 시작했을 때는 글자 하나가 단어 전체를 나타냈다. 그러나 단어의 수는 사실상 무한에 가깝기 때문에 사람들은 기억해야 할 글자의 양이 지나치게 많아져 큰 부담을 겪었다. 이로 인해 단어를 구성 요소로 분해하고, 단어 자체가 아니라 그 요소들을 표상하는 글자를 만들어야 할 필요가 생겼다. 그 결과 하나의 단어는 더 이상 하나의 글자

---

[116] 오늘날 대부분의 동사들은 완결된 사건 전체를 표현하기보다는, 그 사건의 일부 속성만을 나타낸다. 따라서 이러한 동사들이 의미를 완성하려면 주격 명사의 도움이 필요하다. 그러나 일부 문법학자들은 언어의 자연스러운 발전 과정을 고려하지 않고, 자신들의 통일된 문법 원칙을 절대화하며 "모든 동사는 명시적으로든 암묵적으로든 반드시 주어를 필요로 한다"라고 주장해왔다. 그래서 이들은 사건 전체를 하나의 단어로 전달하는 pluit(비가 온다)와 같은 비인칭 동사에도 억지로 주어를 부여하려 한다. 그래서 아직까지도 이 단어에 대응하는 주어가 무엇인지 집요하게 따지며 스스로 곤혹을 겪고 있다. 이들에 따르면 어떤 동사든 주어 없이 존재할 수 없으며, 예외란 없다. 예컨대 상크티우스(Francisco Sanctius, 16세기 라틴어 문법학자—옮긴이)는 『미네르바』(Minerva)라는 저서에서 pluit는 본래 pluvia pluit(비가 비를 내린다)라는 형태였고, 여기서 pluvia가 생략된 것에 불과하다고 주장한다. 참조 Sactii Minerva, I. iii, c. 1.—원주

가 아니라 여러 글자의 조합으로 구성되게 되었다. 이렇게 글자를 통한 단어 표현은 이전보다 훨씬 더 정교하고 복잡해졌지만, 동시에 체계적으로 정리될 수 있었다.

이처럼 단어 하나를 구성하는 글자가 많아졌음에도, 전체 언어 체계는 약 24개의 글자만으로 수많은 단어를 표현할 수 있게 되었다. 이와 같은 원리는 언어의 초기 구성 방식에서도 유사하게 작동했다. 처음에는 어떤 사건 하나를 특정한 단어 하나로 표현하려 했지만 사건 역시 무수히 다양하므로 단어 수도 무한히 많아질 수밖에 없었다. 결국 사람들은 필요에 따라 그리고 자연의 이치에 따라 모든 사건을 더 기본적인 형이상학적 요소들로 나누고, 개별 사건이 아닌 그 구성 요소들을 가리키는 단어들을 만들어냈다. 이로써 개별 사건 표현은 더 정교하고 복잡해졌지만, 전체 언어 체계는 더 일관성 있고, 상호 연결되며, 기억하기 쉽고 이해하기 쉬운 방향으로 발전하게 되었다.

비인칭 동사에서 인칭 동사로

이렇게 동사들이 사건을 여러 형이상학적 요소로 나누어 표현하는 과정을 거치면서, 점차 인칭 동사로 발전하게 되었다. 따라서 초기에는 이러한 동사들이 대부분 3인칭 단수 형태로 사용되었을 것이라는 추정이 자연스럽다. 영어를 비롯한 현대 언어에서는 더 이상 비인칭 동사가 남아 있지 않다. 고대 언어에서 비인칭으로 쓰였던 동사들조차 결국 3인칭 단수형으로 정착하게 되었다. 이들 동사의 어미 변화는 인칭 동사의 3인칭 단수와 동일한 형태를 취하게 된 것이다. 이러한 언어의 자연스러운 발달 과정을 고려할 때, 오늘날 대부분의 동사들이 3인칭 단수 형태를 기본형으로 삼아 인칭 동사로 정착하게 된 것은 매우 자연스러운 결과라 할 수 있다.

그러나 하나의 동사가 어떤 사건을 서술할 때는 그 사건이 화자에게 속하는지, 청자를 가리키는지 아니면 제3자를 지칭하는지를 분명히 드러낼 필요가 있었다. 영어에서는 이를 보통 인칭 대명사를 동사 앞에 배치하여 처리한다. 예를 들어

1. I came.

2. You came.

3. He or it came.

첫 번째 문장은 화자를, 두 번째는 청자를, 세 번째는 제3자나 사물을 가리킨다. 초기 언어를 제정한 사람들도 이와 같은 방식으로 인칭을 구분했을 것으로 추정된다. 즉 동사 venit 앞에 인칭 대명사를 붙여서, 다음과 같이 표기했을 것이다.

1. ego venit.

2. tu venit.

3. ille 혹은 illud venit.

동사의 인칭 관계를 처음으로 표현해야 했던 시점에, 만약 그 언어에 ego나 tu 같은 인칭 대명사가 이미 존재했다면 언어의 제정자들은 분명 그러한 표현 방식을 택했을 것이다. 그러나 우리가 지금 다루고 있는 언어의 아주 초기 단계에서 이런 인칭 대명사들이 존재했을 가능성은 극히 낮다. 오늘날에는 이러한 대명사들이 너무도 익숙하게 느껴지지만, 사실 ego와 tu, 영어의 I와 you 같은 단어들은 매우 추상적이고 형이상학적인 개념을 담고 있다. 가령 I(나)라는 단어는 매우 특별하다. 말하는 순간마다 그 뜻은 변함없이 화자 자신을 가리키기 때문이다. 즉 그 사용자는 매번 달라지지만 그 의미는 말하는 사람 자신으로 고정되는 독특한 대명사인 것이다.

I(나)라는 단어는 왜 가장 추상적인 단어인가

따라서 I라는 단어는 다양한 주어 자리에 쓰일 수 있는 일반적인 표현이며, 논리학자들의 설명처럼 여러 대상을 포괄할 수 있는 개방된 구조를 갖는다. 이 점에서 I는 대부분의 일반 명사들과는 본질적으로 구분된다. 예컨대 man이라는 단어는 특정한 속성을 공유하는 사람들의 범주를 가리키지만, I는 그런 일반적 분류가 아니라 발화 행위를 수행하는 구체적 개인, 즉 화자 자신만을 가리킨다. 이 단어는 단수 명사이면서도 보통 명사처럼 기능하는, 매우 독특한 성격을 지닌다. 다시 말해 가장 개별적인 정체성과 가장 보편적인 지시 기능이 동시에 결합되어 있는 것이다.

이처럼 고도로 추상적이고 형이상학적인 개념을 표현하는 단어는 언어의 형성 초기 단계에서 인간의 사고 속에 쉽게 등장했을 리 없다. 실제로 인칭 대명사 같은 표현은 아이들이 언어를 익힐 때도 마지막에 배우는 경우가 많다. 어린아이는 자기 자신을 지칭할 때 "I walk"나 "I sit"이라고 말하기보다 "Billy walks", "Billy sits"처럼 제3자화된 방식으로 표현하는 경향이 있다. 이런 점에서 볼 때, 언어 형성 초기 단계에서는 I와 같은 인칭 대명사 없이, 그 역할을 동사의 어미 변화만으로 해결했을 가능성이 크다.

이와 마찬가지로 고대인들은 어떤 동사를 1인칭, 2인칭, 3인칭의 주체와 연결해 사용하고자 했을 때, 인칭 대명사를 따로 덧붙이기보다는 동사의 어미 변화를 통해 그 관계를 표현하는 방식을 택했다. 이는 대부분의 고대 언어에서 공통으로 나타나는 보편적 특성이었다. 예를 들어 라틴어의 veni는 '내가 왔다', venisti는 '네가 왔다', venit는 '그가(혹은 그것이) 왔다'는 의미를 담고 있으며, 별도의 인칭 대명사 없이도 영어의 I came, you came, he(it) came과 동일한 내용을 전달할 수 있다.

따라서 동사는 사건의 주체가 누구인지(1인칭, 2인칭, 3인칭)와 수의 차이(단수, 양수, 복수)에 따라 어미를 달리함으로써 다양한 관계를 표현했다. 이는 수사(數詞)의 개념을 발명하기 어려웠던 시기에, 명사의 어미 변화를 통해 수 개념을 표현했던 방식과 유사하다. 동사의 어미 변화 또한 그러한 유비(類比)의 원리에 따라 발전했을 것이다.

이처럼 대부분의 고대 언어에서는 1인칭, 2인칭, 3인칭의 단수와 복수를 구분하는 여섯 가지 기본 동사 어미 변화가 존재하며, 경우에 따라 여덟 가지에서 아홉 가지까지 발견되기도 한다. 더불어 동사는 시제, 서법, 태[117]에 따라서도 어미가 달라지기 때문에 동사의 어미 변화는 명사의 그것보다 훨씬 더 미묘하고 복잡하다.

언어는 대부분의 지역에서 이러한 방식으로 발전해왔으며, 명사나 동사의 어미 변화가 과거보다 단순해지는 경우는 거의 없었다. 그러나 민족 간의 접촉과 혼합, 그리고 그로 인한 문장 구조의 변화는 언어의 기본 체계에도 영향을 미쳤고, 그 결과 어미 변화는 점차 간소화되었다. 그럼에도 복잡한 어미 변화는 모국어 화자에게 별다른 어려움을 주지 않는다. 대부분은 아주 어린 시절, 어머니 품에서 자연스럽고 무의식적으로 언어를 습득하기 때문에 이처럼 복잡한 변화를 따로 의식하지 않고도 능숙하게 구사하게 된다.

그러나 정복이나 이주로 인해 두 민족이 뒤섞이면 언어 습득은 훨씬 어려워진다. 이 경우, 각 민족은 서로 의사를 전달하기 위해 상대방의 언어를 배워야 하는데, 대부분은 그 언어의 기본 원칙이나 구조를 체계적

---

117 시제란 사건이 일어나는 시간을 나타내는 문법 범주로, 현재, 과거, 미래뿐 아니라 반과거, 대과거, 현재완료, 과거완료, 미래완료 등이 있다. 서법(敍法)은 화자의 태도나 발화를 전달하는 방식으로, 명령법, 직설법, 가정법, 기원법 등이 포함된다. 태는 행위의 주체와 대상 간의 관계를 나타내며, 일반적으로 능동태와 수동태로 나뉜다. 고대 그리스어에는 이 둘 사이의 중간적 성격을 지닌 중간태도 존재했다.

으로 배우지 못하고, 대화 중에 들은 표현을 따라 하며 습득하게 된다. 이로 인해 명사나 동사의 복잡한 어미 변화는 큰 혼란을 일으키며, 사람들은 이를 제대로 이해하지 못한 채 언어가 제공하는 다양한 편의적 표현 방식에 의존해 그 부족함을 보완하려 애쓰게 된다.

그들은 명사의 격 변화에 익숙하지 않았기 때문에 자연스럽게 전치사를 사용하여 그 부족함을 보완하려 했다. 예를 들어 한 롬바르디아인이 라틴어로 어떤 사람을 설명하려 한다고 가정해보자. 그 사람이 로마 시민이며 로마를 위해 어떤 일을 한다는 뜻을 표현하고자 하는데, 이 롬바르디아인은 로마(Roma)라는 단어의 속격이나 여격 형태를 알지 못한다고 해보자. 그러면 그는 격 변화 대신, ad(~에게)나 de(~의)와 같은 전치사를 덧붙여 말을 구성하려 한다. 그 결과 Romae(로마의) 대신 da Roma, de Roma 같은 표현이 사용되었고, 이것이 오늘날 이탈리아어의 al Roma, di Roma와 같은 형태로 이어진 것이다. 오늘날의 이탈리아어는 고대 롬바르디아인과 로마인의 언어가 융합된 결과로, 명사 변화 대신 전치사를 통해 사물 간의 관계를 표현하고 있는 셈이다. 이처럼 전치사는 고대 언어의 격 변화를 대체하는 문법 요소로 언어 구조 속에 자리 잡게 되었다.

투르크인이 콘스탄티노플을 점령한 이후, 그리스어에도 유사한 변화가 일어났다. 단어 자체는 예전과 크게 다르지 않았지만, 문법 체계는 완전히 달라져 전치사가 기존의 명사 격 변화를 대체하게 된 것이다. 이러한 변화는 언어의 기본 구조와 원칙 측면에서 볼 때, 일종의 간소화라 할 수 있다. 즉 복잡한 명사 어미 변화 대신, 성별이나 수, 격에 따른 다양한 변형을 거치지 않고 하나의 보편적인 명사형과 전치사를 통해 관계를 표현하는 방식으로 바뀐 것이다.

'존재'는 가장 늦게 발명되었다: be 동사와 수동 표현의 기원

앞서 설명한 변화가 일어난 이후, 동일한 방식이 동사의 영역에도 적용되어 복잡한 동사 어미 변화 역시 점차 사라지게 되었다. 그 결과 오늘날 대부분의 언어에는 존재 동사라 불리는 단어가 도입되었다. 라틴어의 sum, 영어의 I am(be 동사)이 그것이다. 이 be 동사는 어떤 특정한 사건을 표현하는 것이 아니라 단지 존재 그 자체를 나타내므로, 모든 동사 중에서도 가장 추상적이고 형이상학적인 개념을 담고 있다. 따라서 언어 제정의 초기 단계에서부터 존재했을 가능성은 낮다.

그러나 이 동사가 일단 생긴 이후에는, 다른 동사들과 마찬가지로 시제와 서법의 체계를 갖추었으며, 특히 수동 분사와 결합하여 기존의 복잡했던 수동태 표현을 대체할 수 있게 되었다. 이로 인해 수동태 표현은 이전보다 훨씬 단순하고 규칙적으로 변하게 되었다. 이는 명사의 격 변화가 전치사 도입으로 간소화된 것과 같은 원리다.

예컨대 라틴어 동사 amor의 1인칭 수동형을 알지 못했던 롬바르디아인이 "나는 사랑받는다"는 뜻을 표현하고자 할 때, be(sum) 동사와 수동 분사를 활용해 ego sum amatus[에고 숨 아마투스]라고 말했을 것이다. 여기서 현대 이탈리아어 표현인 Io sono amato[이오 소노 아마토](I am loved)가 유래한 것이다.

조동사의 등장과 동사 변화

이와 유사한 방식으로 활용되는 또 다른 동사가 있으니, 소유 동사인 habeo([하베오], 영어의 have)이다. 이 동사 역시 be 동사처럼 매우 추상적이고 형이상학적인 개념을 담고 있으므로, 언어 형성 초기 단계에서 발명되었을 가능성은 낮다. 그러나 이 habeo 동사는 수동 분사와 결합하여 대부분의 능동태를 표현할 수 있게 되었으며, 이는 be 동사가 수동태 대부분을 표현하게 된 것과 유사한 원리다.

예컨대 "I had loved"라는 말을 하고자 하는 롬바르디아인이 라틴어 동사 amaveram([아마웨람])의 1인칭 대과거형을 알지 못했다고 가정해보자. 이 경우 그는 habeo 동사를 활용하여 ego habebam amatum([에고 하베밤 아마툼]) 혹은 ego habui amatum([에고 하부이 아마툼])과 같은 방식으로 말했을 가능성이 크다. 이러한 표현에서 현대 이탈리아어의 Io ebbi amatum([이오 에비 아마툼], "나는 사랑한 적이 있다" 혹은 "내가 사랑했었다")이라는 형태가 나왔다.

이처럼 하나의 민족이 다른 민족과 뒤섞이면서, 다양한 조동사를 사용하는 방식이 확산되었고, 그 결과 동사의 어미 변화 역시 명사의 변화처럼 점차 단순화되고 균일화되는 방향으로 나아가게 되었다.

복잡에서 단순으로: 각 언어들의 변천 과정

언어의 일반적인 원리를 요약하면 다음과 같다. 문장 구조가 단순할수록 명사와 동사의 어미 변화는 복잡해지고 반대로 어미 변화가 단순해질수록 문장 구성은 복잡해진다.

예컨대 고대 그리스어는 문장 구조가 비교적 단순한 언어였다. 이는 오늘날 그리스인의 조상으로 알려진 헬레니아인과 펠라스기아인 같은 방랑 민족이 사용하던 원시 언어에서 기원했기 때문이다. 그리스어 어휘의 대부분은 약 300개의 기본 어근에서 파생되었다. 이는 그리스인들이 외래어에 기대지 않고, 기존 단어를 합치고 어미를 바꾸는 방식으로 새로운 어휘를 스스로 길러냈다는 증거다. 이로 인해 그리스어의 명사와 동사 어미 변화는 내가 아는 한 어떤 유럽 언어보다 복잡하다.

반면 라틴어는 고대 그리스어와 에트루리아어(고대 토스카나 지방의 언어)가 융합된 결과물이다. 그만큼 언어 구조는 보다 타협적이고, 어미 변화는 상대적으로 간결하다. 예를 들어 라틴어는 쌍수(雙數)를 채택하지 않았고, 동사의 서법에서도 그리스어에만 있던 기원법은 사라졌다. 시제는 하나의 미래형만 있으며, 부정과거와 대과거가 그리스어만큼 세분되어 있지 않다. 또한 중간태가 존재하지 않으며, 수동태는 대부분 수동분사와 존재 동사(be동사)를 결합해 표현하는 방식이다. 능동·수동의 활용에 있어서도 라틴어는 그리스어보다 훨씬 단순한 체계를 갖는다.[118]

현대 프랑스어와 이탈리아어도 이러한 변화를 잘 보여준다. 프랑스어는 라틴어와 고대 프랑크어의 결합에서 비롯되었고, 이탈리아어는 라틴어와 롬바르디아어의 융합 결과로 나타났다. 이 두 언어는 라틴어보다 문장 구성이 더 복잡해진 대신, 명사와 동사의 어미 변화는 훨씬 간결해졌다.

프랑스어와 이탈리아어에서는 명사의 어미 변화 체계, 곧 6격 구분

---

118 이 문단에서 언급된 문법 용어들은 고대 언어의 구조를 이해하는 데 핵심이 되는 개념들이다. 간단히 설명하면 다음과 같다. 쌍수(Dual Number)는 단수(하나)와 복수(여럿) 사이, 정확히 둘일 때만 사용하는 형태로, 고대 그리스어에는 있었지만 라틴어에는 없다. 서법(Mood)은 말하는 사람의 태도를 표현하는 방식으로, 사실을 말할 때(직설법), 명령할 때(명령법), 가정할 때(가정법) 등이 있다. 기원법(Optative Mood)은 그리스어에만 있는 특별한 서법으로, 소망이나 바람을 표현할 때 쓰이는데 라틴어에는 존재하지 않는다. 부정과거(Imperfect)는 과거의 지속적이거나 반복적인 행동을 나타내는 시제이다. 대과거(Pluperfect)는 과거보다 더 이전에 일어난 일을 표현할 때 사용된다. 중간태(Middle Voice)는 동작의 주체가 스스로에게 작용을 가할 때 쓰는 문법적 태로, 능동도 수동도 아닌 중간적 표현이다. 그리스어에만 존재한다. 이는 주어가 자기 자신에게 행위를 가할 때 쓰는 문법적 태인데, 한국어에는 없지만 예를 들어 설명하자면 '나는 씻는다'가 능동태라면, '나는 스스로 씻는다(I wash myself)'는 중간태이다. 수동분사(Past Participle)는 어떤 동작의 결과 상태를 형용사처럼 나타내는 말이다(예: 사랑받은, 쓰여진). 존재 동사(Be 동사)는 '존재함' 또는 '상태'를 표현하는 기본 동사로, 영어의 be(am, is 등), 라틴어의 sum이 이에 해당하며 수동태 문장에서 자주 사용된다(가령 I am loved). 이러한 문법 요소들은 고대 언어들이 사건의 주체, 시점, 태도 등을 정교하게 표현하기 위해 사용했던 체계로, 현대 언어의 문법 발달에도 깊은 영향을 미쳤다.—편집주

이 완전히 사라졌다. 또한 동사 어미 변화 중에서는 수동태 표현이 사라졌고, 능동태에서도 일부 어미 변화가 소멸되었다. 이처럼 줄어든 문법적 변화는 수동 분사와 존재 동사(be 동사)를 결합해 수동태를 대신 표현하거나 소유 동사(have)와 수동 분사를 조합하여 능동태의 일부를 보완하는 방식으로 대체되고 있다.

영어는 고대 색슨어와 노르만 정복(1066년)을 통해 도입된 프랑스어가 융합된 언어이다. 프랑스어는 오랫동안 영국 궁정과 법률 언어의 지위를 차지했으며, 에드워드 3세(1312 – 1377) 시기까지도 공식 언어로 사용되었다. 이후에 등장한 영어는 색슨어 기반 위에 프랑스어의 어휘와 문장 구조가 결합된 형태로 발전하였다.

이러한 기원 탓에 영어는 프랑스어나 이탈리아어보다 문장 구조는 복잡하지만 명사와 동사의 어미 변화는 훨씬 단순하다. 프랑스어와 이탈리아어는 여전히 명사의 성(gender)에 따른 구분과 형용사의 어미 변화를 부분적으로 유지하고 있다. 반면 영어에서는 형용사가 어떤 명사를 수식하더라도 형태가 바뀌지 않는다.

동사의 경우도 마찬가지다. 프랑스어와 이탈리아어는 여러 시제를 동사의 어미 변화만으로 표현하는 데 반해, 영어는 대부분의 시제를 조동사를 통해 구성한다. 영어 동사의 어미 변화는 사실상 'I love, loved, loving'의 세 가지 형태로 제한된다. 이 세 형태로 표현할 수 없는 나머지 시제와 태는 조동사(will, have, do 등)를 결합하여 나타낸다. 특히 영어는 be, have뿐만 아니라 do/did, will/would, shall/should, can/could, may/might 등 다양한 조동사 체계를 동원해 문법적 결핍을 보완한다. 이는 프랑스어나 이탈리아어가 단지 be와 have의 조합만으로 동사 활용을 구성하는 것과 대조된다.

언어와 기계의 유사점

이와 같이 언어는 시간이 흐르며 기본 원리와 구조는 단순해졌지만, 문장의 구성 방식, 즉 구문(syntax)은 오히려 더 복잡해졌다. 이는 기계 엔진의 발달 과정과도 유사하다. 모든 기계는 처음 발명될 때는 복잡한 구조와 여러 구성 요소를 가지고 있다. 각각의 움직임에는 고유한 원리가 따르며, 그에 따라 다양한 부품이 필요하다. 하지만 후대의 기술자들은 하나의 원리를 활용해 여러 동작을 수행할 수 있다는 사실을 발견했고, 그 결과 기계는 점점 더 단순해지며, 더 적은 수의 기어와 구성 요소로 더 많은 기능을 수행하게 되었다.

언어의 발전도 이와 닮아 있다. 처음에는 명사의 격이나 동사의 시제를 표현하기 위해 각각 전용의 어형(특정한 단어 형태)을 사용했으며, 각 격이나 시제는 고유한 어미 변화를 가졌다. 그러나 세월이 흐르며 사람들은 불과 몇 개의 전치사와 조동사만으로도 수많은 격과 시제를 표현할 수 있다는 사실을 발견했다. 결과적으로 오늘날 언어에서는 단 4~5개의 전치사, 6개 정도의 조동사만으로도, 고대 언어들이 복잡한 어미 변화를 통해 수행하던 문법 기능을 충분히 표현할 수 있게 된 것이다.

언어는 단순해졌지만, 말은 더 길어졌다

언어의 단순화는 겉보기에는 기계의 단순화와 비슷한 원리에서 비롯된 것처럼 보인다. 그러나 그 결과는 전혀 다르다. 기계의 단순화는 효율성과 완성도를 높이지만, 언어의 근본 원리를 단순화하는 것은 오히려 표현력을 떨어뜨려 언어가 지닌 다양한 목적을 충분히 수행하지 못하게 만든다. 이 차이를 구체적으로 살펴보면 다음 세 가지로 정리할 수 있다.

첫째, 언어 구조의 단순화는 표현을 오히려 더 장황하게 만들었다. 과거에는 한 단어만으로도 충분히 의미를 전달할 수 있었지만, 현대 언어에서는 같은 뜻을 나타내기 위해 여러 단어가 필요하다. 예를 들어 라틴어 Dei(신의)나 Deo(신에게)는 별도의 단어나 어순 조정 없이도 그 대상이 문장 속에서 어떤 역할을 하는지를 명확히 드러낸다. 그러나 영어에서는 각각 of God, to God처럼 두 단어로 풀어 써야 한다. 이처럼 명사의 어미 변화가 사라지면서, 현대어는 고대 언어에 비해 표현이 더 길고 복잡해졌다.

동사의 경우 그 차이는 더 두드러진다. 라틴어 amavissem은 '나는 사랑했었을 것이다'를 단 한 단어로 표현하지만 영어는 I should have loved처럼 네 단어를 써야 한다. 이처럼 문법적 기능을 담당하던 어미 변화가 사라진 탓에 표현은 장황해지고, 문장은 간결미와 웅변적 힘을 잃게 되었다. 글쓰기를 경험해본 사람이라면, 간결함이야말로 표현의 미학이라는 점을 잘 알 것이다.

둘째, 언어의 단순화는 듣기 좋은 소리의 다양성을 줄인다. 고대 그리스어나 라틴어는 명사와 동사의 풍부한 어미 변화 덕분에 오늘날의 영어로는 구현하기 어려운 고유의 리듬과 음률을 지니고 있었다. 이탈리아어는 그 유려함과 감미로운 울림 덕분에 라틴어를 능가하고, 때로는 고대 그리스어에 견줄 만큼 아름다운 소리를 들려주기도 한다. 그러나 표현의 폭과 형태 변화의 다양성 측면에서는 이탈리아어조차도 그리스어와 라틴어에 비해 한참 못 미친다.

셋째, 언어의 단순화는 듣기 좋은 소리를 만들어내기 어려울 뿐만 아니라 단어를 귀에 자연스럽고 조화롭게 들리도록 배열하는 데에도 제약을 준다. 문법 구조가 단순화된 언어일수록 단어의 위치가 고정되는 경향이 강해진다. 특정 단어를 문장 속 다른 자리에 배치하면 더 낭랑하고 듣기 좋은 리듬이 형성될 수 있음에도, 문법상의 제약으로 인해 그 위치를 바꾸지 못하는 것이다. 반면 고대 그리스어나 라틴어에서는 형용사와 명사가 문장 속에서 멀리 떨어져 있어도, 각 단어의 어미 변화가 그 관계를 분명히 보여주기 때문에 의미가 혼동되지 않는다. 어순이 자유로우면서도 문법적 명확성이 유지되었기에, 표현의 유연성과 소리의 조화를 동시에 추구할 수 있었다.

가령 베르길리우스의 첫째 줄[119]은 이러하다.

Tityre, tu patulae recubans sub tegmine fagi.

[티티레, 투 파뚤라에 레쿠반스 숩 테그미네 파기.]

("티티루스여, 너는 넓은 너도밤나무 그늘 아래 기대어 누워 있구나.")

우리는 이 문장에서 tu(너)는 recubans(비스듬히 누워 있는)과, patulae(펼쳐진)는 fagi(너도밤나무)와 각각 호응한다는 사실을 어렵지 않게 알 수 있다. 비록 단어들이 멀리 떨어져 있어도, 문법적 연결은 흐트러지지 않고 또렷이 드러난다. 이는 명사의 격이 서로 일치함으로써 의미의 혼란 없이 문장의 구조적 유연성을 가능하게 하기 때문이다.

그렇다면 이번에는 이 라틴어 문장을 단어의 순서를 그대로 유지한 채 영어로 옮겨보자.

---

119 이 구절은 베르길리우스의 『농경시』(*Eclogues*) 제1편의 첫 구절이다. 『농경시』는 모두 10편으로 구성되어 있으며, 베르길리우스가 28세였던 기원전 42년에 집필을 시작해 3년 만에 완성했다. 그중에서도 특히 제4편은 매우 중요하다. 이 시에서 시인은 완전히 새로운 시대를 열 인물이 곧 태어날 것이라고 예언한다. 중세에는 이 시가 그리스도의 탄생을 예언한 작품으로 간주되어 널리 칭송받았다. 그러나 이를 단지 새 시대의 도래를 '아이'라는 이미지로 형상화한 상징적 표현으로 보는 해석도 있다. 천지개벽의 소망은 고대이든 현대이든 인간이 끊임없이 품어온 시대적 열망이기 때문이다.

Tityrus, thou of spreading reclining under the shade beech.

설령 오이디푸스가 이 문장을 본다 해도 해석하지 못할 것이다. 이 영어 문장에서는 어미 변화가 거의 없기 때문에 명사와 형용사의 호응 관계를 파악할 수 없기 때문이다. 동사도 마찬가지다. 라틴어에서는 동사가 문장 어느 자리에 놓이든 의미의 혼란이나 불편이 발생하지 않는다.

영어는 단어의 문중 위치가 중요

그러나 영어에서는 동사의 위치가 거의 항상 엄격하게 고정되어 있다. 대부분의 경우, 동사는 반드시 주어 다음에 오며, 목적어나 목적절 앞에 위치해야 한다. 예를 들어 라틴어 두 문장을 보자.

Joannem verberavit Robertus.
Robertus verberavit Joannem.

이 둘은 어순이 달라져도 의미는 변하지 않는다. 어미 변화 덕분에 누가 주어이고 누가 목적어인지 명확하기 때문이다. 하지만 이 라틴어 문장을 영어로 번역하면 다음과 같이 된다.

John beat Robert.
Robert beat John.

이 경우, 어순이 바뀌면 뜻도 완전히 달라진다. 따라서 영어에서는 주어(S), 동사(V), 목적어(O)의 기본 구조가 철저하게 지켜져야 하며, 이 세 요소의 순서를 바꾸면 의미 자체가 변질된다. 프랑스어나 이탈리아어 역시 영어와 마찬가지로 이러한 어순 규칙에 상당히 엄격한 편이다.

반면 고대 언어에서는 명사나 동사의 어순에 더 큰 융통성이 허용된다. 주어, 동사, 목적어가 문장 내 어디에 위치하든, 문법적 기능은 형태 변화로 명확히 드러난다. 예를 들어 호라티우스의 라틴어 시[120]를 존 밀턴이 영어로 직역한 부분을 보자.

Who now enjoys thee credulous all gold

Who always vacant, always amiable

Hopes thee; of flattering gales

Unmindful—

그러나 라틴어에서는 이 모든 호응관계가 아주 분명하게 드러난다.

이 영역시는 기존의 영어 문법으로는 정확한 해석이 어렵다. 첫 줄의 credulous가 thee가 아니라 who를 수식하는지, all gold는 무엇과 연결되는지 애매하다. 넷째 줄의 Unmindful이 둘째 줄의 who를 가리키는지, 아니면 셋째 줄의 thee와 연결되는지도 명확하지 않다. always vacant, always amiable이라는 표현 역시 who를 수식하는지 thee를 수식하는지

---

120 호라티우스(기원전 65-기원전 8)의 『서정시』는 총 4권, 103편의 짧은 시로 구성되어 있으며, 기원전 30년대에 집필된 것으로 추정된다. 이 작품은 공적·사적인 삶의 다양한 주제를 다루며, 절제된 언어와 뛰어난 운율 감각, 사고와 표현의 정밀한 일치, 세련된 주제의식과 아이러니, 자기 비하적 유머 등으로 고전 서정시의 정수로 평가받는다. "엄마도 예쁘지만 딸은 더 예뻐," "때때로 미친 척하는 것도 즐겁다"와 같은 구절은 오늘날까지도 널리 인용된다. 여기 인용된 시는 『서정시』 제1권 제5편의 한 대목이다.

판단이 모호하다.[121]

그러나 이 시가 라틴어로 쓰였다면 격 변화 덕분에 단어들의 상호 관계가 훨씬 명확하게 드러났을 것이다.

Qui nunc te fruitur credulus aurea

Qui semper vacuam, semper amabilem

Sperat te; nescius aurae fallacis.

(지금, 너를 황금 같은 존재로 믿고 즐기는 순진한 소년,

언제나 너를 비어 있고, 언제나 사랑스러운 이로 기대하네.

그러나 그는 배신하는 바람을 알지 못한다네.)

라틴어에서는 형용사의 어미 변화가 수식 대상을 분명히 가리켜 주므로 어순이 달라져도 문장의 뜻이 정확히 전달된다. 반면 영어에서는 이러한 기능이 전혀 작동하지 않기 때문에 어순 변경이 곧 의미 혼란으로 이어진다. 고대인들이 시든 산문이든 글을 쓸 때, 이렇게 어순을 자유롭게 조정할 수 있었다는 사실은, 그들의 작문 과정이 얼마나 유연하고 창조적이었는지를 오늘날로서는 상상하기 어려울 정도다. 특히 시에서는

---

121 이 영역시는 영어 문법에 익숙한 독자에게는 문장의 구조가 매우 혼란스럽게 느껴진다. 예컨대 첫 줄의 credulous(잘 믿는)가 thee(너)를 수식하는지, 아니면 who(누구)가 그런 성격이라는 뜻인지 불분명하다. all gold(모두 금처럼 귀한)도 무엇을 꾸미는지 애매하다. 넷째 줄의 Unmindful(잊은, 무심한)이 앞 문장의 who를 가리키는지, 아니면 thee를 가리키는지도 알 수 없다. 마찬가지로 always vacant, always amiable(항상 비어 있고, 항상 사랑스러운)이라는 말이 who를 설명하는지 thee를 설명하는지도 명확하지 않다. 즉 영어는 격변화가 없어 단어들의 문법적 관계를 어순에 의존해야 하는데, 이 시처럼 어순이 자유로울 경우 누가 누구를 수식하고 지시하는지 파악하기 어렵다는 뜻이다.—편집주

운율 구성에 있어 이와 같은 어순의 자유로움이 결정적인 장점이 되었음은 두말할 나위 없다. 산문의 경우에도 문장 구조와 배열에서 비롯되는 조형적 아름다움은, 표현이 장황하고 구속적이며 단조로운 현대 언어를 사용하는 작가들에 비해 훨씬 더 손쉽고도 완성도 높게 구현되었을 것이다.

해설

도덕은 상상력과 공감의 산물

이종인

『도덕감정론』(1759)은 애덤 스미스가 37세에 발표한 역작으로, 글래스고 대학에서의 윤리학 강의 노트를 바탕으로 집필되었다. 스미스는 생전에 이 저서를 『국부론』보다 더 우수한 작품으로 평가했으며, 생을 마감하던 해인 1790년에도 〈6부. 미덕의 성격에 대하여〉를 전면 개정하여 제6판을 출간했다. 이 최종본이 오늘날 학계에서 표준 텍스트로 통용되고 있다.

『도덕감정론』은 『국부론』의 사상적 토대를 이루는 저작이지만, 처음부터 그러한 평가를 받았던 것은 아니다. 이 두 저서가 겉보기에 상반된 주제를 다루고 있기 때문이다. 『도덕감정론』이 공감(sympathy)과 공정한 관찰자(impartial spectator) 개념을 통해 타인에 대한 관심과 이타적 감정을 탐구한 반면 『국부론』은 개인의 이기심과 자기 이해관계가 어떻게 국가 번영에 기여하는지를 논했다. 이에 많은 학자들은 이타심을 강조하는 한 저작과 이기심에 주목하는 다른 저작이 과연 어떻게 사상적 상보 관계를 형성할 수 있는지에 의문을 제기해왔다.

스미스 역시 이러한 문제의식을 공유하며 지속적으로 『도덕감정론』의 내용을 수정·보완했다. 특히 주목할 만한 점은 『국부론』 표준판(제3판, 1786년)이 출간된 지 4년 후인 1790년, 『도덕감정론』 제6판에 새로운 내용을 추가한 것이다. 이는 사회가 정의 없이는 유지될 수 없듯, 경제 역시 도덕적 행위라는 토대 위에서만 존속할 수 있다는 스미스의 사상을 한층 선명하게 드러낸 부분이다.

이 해설은 저자의 생애, 저작의 성립 과정, 저작 개요, 사상적 배경, 상상력과 공정한 관찰자, 자연의 기만과 보이지 않는 손, 스미스의 행복론, 분업과 교환의 중요성 순으로 전개된다.

1. 저자의 생애

애덤 스미스는 1723년 5월, 스코틀랜드 동부 해안의 작은 항구 도시 커콜디에서 법무관이자 세관장이었던 아버지(동명의 애덤 스미스)의 유복자로 태어났다. 부유하고 인맥이 넓은 가문 출신이었던 그는 어머니 마거릿 더글러스의 헌신적인 양육 아래 성장했다. 어머니는 재혼하지 않고 홀로 아들을 키웠는데, 이러한 가정환경이 스미스로 하여금 평생 독신으로 지내며 어머니에게 깊은 효심을 바치게 한 배경이 되었다.

스미스는 커콜디의 지역 학교에서 교육을 받았으며, 10세에 라틴어를 배우기 시작했다. 당시 관례대로 14세라는 어린 나이에 글래스고 대학에 입학한 그는 수학을 특히 좋아했으며, 철학자이자 윤리학자였던 프랜시스 허치슨 교수의 가르침을 받았다. 스코틀랜드 계몽운동의 주도자였던 허치슨은 (라틴어가 아닌) 영어로 강의한 최초의 글래스고 대학 교수였으며, 후일 스미스는 자신의 학문적 사상, 특히 『도덕감정론』의 근간이 허치슨의 영향에서 비롯되었음을 인정했다.

17세가 된 스미스는 스넬 장학금을 받아 옥스퍼드 대학으로 유학을 떠났다. 건강이 좋지 않았음에도 그는 글래스고에서 옥스퍼드까지 560킬로미터를 말을 타고 이동했다. 그러나 그는 옥스퍼드의 교육 방식에 실망했다. 타성에 빠진 고전 위주의 획일적 교육과 새로운 사상을 거부하는 보수적 분위기가 그에게 맞지 않았던 것이다. 그는 옥스퍼드에서 23세까지 머물며 많은 독서를 하면서 독학했고, 이 무렵 데이비드 흄과의 서신 교류도 시작되었다.

1746년, 스미스는 스넬 장학금을 포기하고 커콜디의 고향 집으로 돌아와 홀어머니를 모시며 지내기 시작했다. 이 시기 그는 옥스퍼드 재학 중 읽었던 영국 작가들에 대해 유료 강의를 하며 시간을 보냈다. 그는 영국 시인 가운데 알렉산더 포프와 토머스 그레이를 높이 평가했으나, 존 밀턴의 짧은 시에는 흥미를 느끼지 못했다. 또한 존 드라이든을 윌리엄 셰익스피어보다 더 뛰어난 시인으로 보았고, 셰익스피어에 대한 볼테르의 평가에 공감하기도 했다.

볼테르의 셰익스피어 비판은 다음과 같다. "셰익스피어는 다소 천재의 불꽃을 지닌 야만인에 불과하다. 그 불꽃은 오직 끔찍한 어둠 속에서만 빛을 발한다." 당시 프랑스 고전주의 드라마의 엄격한 형식을 선호했던 스미스는 셰익스피어의 자유분방한 작풍, 특히 드라마의 3원칙(시간, 장소, 성격의 일치)을 무시한 구성 방식을 납득하기 어려웠던 듯하다. 그는 『햄릿』에 대해서도 인상적인 독백 몇 개를 제외하면 별다른 매력을 느끼지 못한다고 말한 바 있다.

이러한 인식은 스미스 개인의 취향이라기보다 17~18세기 영국 지식인 사회 전반에 공유되던 분위기였다. 셰익스피어가 오늘날과 같은 세계적 작가로 자리매김하게 된 것은, 프랑스 중심의 문학 질서에 저항했던 괴테와 독일 낭만주의자들이 그를 재조명한 18세기 말부터였다. 그런 점에서 스미스가 프랑스 문학의 영향 아래 셰익스피어를 저평가했던 것은 당대 배경을 감안할 때 자연스러운 일이었다.

스미스는 특히 볼테르의 희곡을 좋아했다. 그는 『도덕감정론』에서 볼테르의 희곡 『마호멧』과 『중국의 고아』를 언급하며, 극 속 상황이 인간의 도덕 감정과 어떻게 연결되는지를 분석했다. 스미스는 문학 작품 속 허구적 상황이 현실의 도덕 감정에 어떤 영향을 미치는지를 설명하기 위해, 볼테르의 연극을 효과적인 사례로 활용한 것이다.

1751년, 28세에 스미스는 글래스고 대학교 논리학 교수로 임명되었다. 이후 그는 재무관, 대학 사무국 큐레이터, 부총장, 대회의 이사 등 다양한 보직을 맡았으며, 이는 학내에서 그의 능력과 신망이 두터웠음을 보여준다. 얼마 지나지 않아 그는 스승 허치슨의 뒤를 이어 도덕철학 교수직에 올랐고, 이 시기에 증기기관의 발명가인 제임스 와트와도 교류하면서 기계가 생산성을 비약적으로 끌어올릴 수 있음을 직접 목격했다. 훗날 스미스는 글래스고에서 보낸 시절을 회고하며 "그곳에서 보낸 13년이 내 생애에서 가장 유익하고 명예로운 시기였다"라고 술회했다.

1759년, 36세에 스미스는 첫 주요 저작인 『도덕감정론』을 출간한다. 그는 일찍이 인간의 상상력을 핵심 자질로 간주하며, 이를 중심축으로 한 세 권의 저서를 구상했다. 첫 번째가 도덕 감정을 다룬 『도덕감정론』, 둘째가 경제 체계를 분석한 『국부론』, 셋째가 상상력의 가장 정교한 발현으로 계획한 '통치 이론'(법학과 정치학에 관한 저작)이었다. 그러나 세 번째 저서는 끝내 집필되지 못했다.

1763년, 『도덕감정론』의 성공 이후 그는 버클루 공작의 제안으로, 당시 17세였던 공작의 장남과 함께 유럽 여행에 동행하는 가정교사직을 맡게 되었다. 이 여행에는 연간 300파운드의 급여와 200파운드의 경비, 여기에 더해 여행 후 종신 연금 300파운드가 보장되어 있었다(당시 연간 300파운드는 숙련 노동자의 임금의 6~7배에 달해, 오늘날 가치로 약 7만5천 파운드 [한화 1억5천만 원 이상]에 해당하는 고액이었다). 프랑스를 포함한 여러 유럽 국가를 순회하는 동안 스미스는 파리에서 케네, 튀르고 등 당대의 저명한 경제학자들과 교류했고, 제네바에서는 볼테르를 다섯 차례 이상 만났다. 스미스는 볼테르의 지성에 깊은 인상을 받았으며, 그의 대표적인 사회참여 사건인 장 칼라스 사건도 『도덕감정론』에서 다루고 있다.

하지만 1766년, 여행 중 동행했던 제자의 동생이 사망하면서 여행은 예기치 않게 종료되었고, 스미스는 고향 커콜디로 돌아와 『국부론』 집필에 착수했다. 이 대작의 기본 구상은 여행 중 머물렀던 프랑스 툴루즈에서 처음 떠올랐으며, 그 영향으로 『국부론』에는 프랑스의 역사, 경제, 행정, 세무, 관습에 관한 상세한 언급이 있다. 스미스는 이후 10년이 넘는 동안 이 책을 집필하고 반복적으로 수정했다.

1776년 출간된 『국부론』 초판은 학계와 정계에 큰 반향을 일으켰다. 특히 세금 제도를 다룬 제5권은 정치가들의 주목을 받았다. 1778년에는 과거 제자였던 한 귀족의 도움으로 스코틀랜드 세관의 세관장에 임명되어 7년간 재직했다. 이 직책으로 연 600파운드의 수입이 추가되었고, 기존에 받던 버클루 공작의 연금 300파운드와 더불어 안정된 경제 기반을 마련할 수 있었다. 이를 계기로 그는 커콜디를 떠나 에든버러의 팬뮤어 하우스로 이사하여, 어머니 마거릿 더글러스와 이종사촌 진 더글러스의 보살핌 속에서 생활했다.

1785년 무렵, 스미스는 다시금 두 권의 저작을 준비한다. 하나는 법학(정치학)을 주제로 한 책이고, 다른 하나는 문학·철학·시·웅변 등 여러 분야를 아우르는 수사학 책이었다. 그러나 그는 『도덕감정론』 제6판의 〈저자 공지〉에서 밝힌 대로, 노년의 무력감과 여러 사건으로 인해 두 원고 모두 탈고하지 못한 채 초고로만 남겼다. 임종을 앞두고 그는 지인에게 부탁하여 이 원고들을 모두 불태우게 했지만 훗날 글래스고 대학에서 그의 강의를 수강한 제자들이 남긴 노트가 발견되면서 『법학 강의』와 『수사학 강의』라는 제목으로 사후 출간되었다.

애덤 스미스는 평생 홀어머니를 지극한 정성으로 모셨다. 그에게 이 세상에서 가장 소중한 존재는 어머니, 친구 그리고 책이었다. 스미스는 약 3천 권에 달하는 책을 소장하고 있었는데, 인쇄술이 아직 널리 퍼지지 않았던 18세기 당시로서는 보기 드문 장서량이었다. 오늘날에도 3천 권은 개인 기준으로는 상당한 규모다.

스미스는 말년 12년을 에든버러의 팬뮤어 하우스에서 보내며 조용한 삶을 이어갔다. 그리고 사망하던 해인 1790년, 『도덕감정론』의 여섯 번째 개정판을 내놓았다. 그는 자신의 죽음을 예감한 듯, 이 판에서 스토아 철학의 종교적 언설을 덧붙였다. 책의 7부, 2편, 제1장에는 다음과 같은 문장이 실려 있다.

불평하거나 투덜대거나 원망하지 말고, 담담하고 기쁜 마음으로 걸어나가라. 그리고 신들에게 감사하라. 그들은 무한한 자비로 죽음이라는 안전하고 평온한 항구를 마련해두었다. 그것은 인생이라는 폭풍우 몰아치는 바다에서 우리를 언제든지 구해낼 준비가 된, 누구에게나 열려 있는 피난처다. 이곳은 인간의 분노와 불의가 결코 닿지 않는, 신성하고도 평화로운 안식처이다. 이 피난처는 가기를 꺼리는 사람도, 간절히 원했던 사람도 모두 품을 만큼 넓고 여유롭다. 이곳은 모든 불평의 이유를 없애며, 어리석음과 나약함 외에는 인생에 진정한 고통이 없다는 사실을 스스로 깨닫게 해준다.

1790년 7월 17일, 스미스는 조용히 생을 마감했다. 그의 묘비에는 이렇게 새겨져 있다. "『도덕감정론』과 『국부론』의 저자 애덤 스미스, 이곳에 잠들다." 또한 묘소에 세워진 흉상에는 다음과 같은 문구가 새겨져 있다. "노동은 모든 재화를 창출하는 본원적 토대이며, 그 자체로 가장 신성하고 침범할 수 없는 것이다."[122]

2. 저작의 성립 과정

애덤 스미스는 1759년 『도덕감정론』 초판을 출간한 이후, 생애 마지막 30년 동안 총 다섯 차례에 걸쳐 이 책을 수정·보완했다. 이러한 지속적인 개정을 통해 우리는 도덕에 대한 그의 사유가 시간의 흐름 속에서도 끊임없이 진화했음을 알 수 있다. 그렇다면 그는 왜 '도덕'이라는 주제에 이토록 집착했을까? 그것은 그가 살았던 시대가 도덕적으로 타락한 사회였기 때문이다.

스미스의 고향 스코틀랜드는 1707년 영국과의 합병으로 정치적 독립성을 상실했다. 잉글랜드와의 통합은 스코틀랜드 내부에서는 논란이 많았지만, 당시 급속히 성장 중이던 영국 상업 시장에 편입된다는 실리를 고려해 타협이 이루어졌다. 이 시기는 대항해 시대 이후 산업혁명이 본격화되며 사회와 경제가 급변하던 시기로, 상업 자본주의가 사회 전반에 깊숙이 뿌리내리기 시작한 시점이었다.

---

[122] 본 해설의 주요 내용은 애덤 스미스 전기의 고전으로 평가받는 존 레이(John Rae)의 『애덤 스미스의 생애』(*Life of Adam Smith*, 1895)를 바탕으로 하였고, 최근의 연구 성과는 이언 심프슨 로스(Ian Simpson Ross)의 『애덤 스미스의 생애 제2판』(*The Life of Adam Smith*, Second Edition, 2010)을 참고하여 보완했다.

『도덕감정론』은 이처럼 물질적 욕망과 힘의 논리가 팽배하던 시대에 상업 사회의 폐해를 제어하고 시민 사회의 도덕적 기반을 되살리려는 치열한 문제의식에서 탄생했다. 스미스는 제국주의적 팽창과 해외 식민지 개척, 노예무역이 정당화되던 현실을 예리하게 비판했다. 아프리카 흑인을 가장 값비싼 '상품'으로 삼아 거래하는 노예무역은 그에게 깊은 윤리적 충격을 안겼고, 그는 이러한 시대적 흐름을 "도덕적 타락"으로 규정하며 상업사회의 탐욕을 비판했다.

그는 "탐욕은 미덕이다"(Greed is Good)라는 상업 자본주의의 암묵적 구호에 날카로운 경고를 보냈다. 돈이 최고의 가치로 숭배되던 시대에, 그는 금전 제일주의를 제어하고, 인간 본성의 도덕적 기준을 세워야 한다고 역설했다. 특히 스코틀랜드 계몽주의 철학자들, 즉 허치슨, 흄, 스미스를 비롯한 지식인들은 자신들의 철학이 잉글랜드 중심의 실용주의적 사고와 다르다는 점을 강조하며, 물질적 변화에 대응할 수 있는 윤리적 기반의 중요성을 설파했다.

이런 문제의식에 따라 스미스는 인간 존재에 대한 다음과 같은 근본 질문을 던졌다.

- 인간은 왜 부와 권력을 갈망하는가?
- 왜 우리는 그것을 가진 이들을 부러워하는가?
- 왜 타인의 인정과 칭찬을 갈구하는가?
- 왜 우리는 남보다 우월하다는 사실을 과시하고 싶어 하는가?
- 행위의 적절성과 미덕의 기준은 어디에 있는가?
- 인간의 행복은 어떻게 완성되는가?
- 결국 인간은 어떤 존재인가?

『도덕감정론』은 이러한 질문들에 철학적·도덕적 해답을 제시하려는 시도였다. 그러나 스미스는 이 저작을 집필하고 수정해나가는 과정에서, 세상이 그의 이상과는 정반대로 흘러가는 것을 목격해야 했다. 말년에는 프랑스 혁명이 발발했고, 이성의 이름으로 자행되는 폭력과 광기에 스미스는 경악했다. 이성의 진보가 오히려 잔혹함을 정당화하는 시대가 열린 것이다.

그는 서구 사회에서 새롭게 형성된 부와 권력을 가진 계층이 도덕적 기반 없이 지도층으로 자리잡는 현실을 깊이 우려했다. 이러한 시대적 불안과 도덕적 위기의식이 『도덕감정론』을 반복적으로 개정하게 한 근본 배경이었다. 1788년, 사망 2년 전의 스미스는 이렇게 남겼다. "내가 할 수 있는 최고의 일은, 지금껏 출간한 책들을 가장 훌륭하고 완전한 상태로 남기는 것이다." 그의 이러한 의지는 『도덕감정론』을 생애 내내 다섯 차례에 걸쳐 끊임없이 수정하고 완성도를 높이려는 집념으로 이어졌다. 그의 집필은 평생에 걸쳐 철학적 유산을 빚어내는 장엄한 과정이었다.

그렇다면 제2판에서 제6판까지의 개정은 구체적으로 어떤 변화와 발전을 보여주었을까?

제1판(1759년 4월). 초판은 출간 직후 학계와 독자들로부터 큰 찬사를 받았지만, 동시에 일부 비판도 따랐다. 스코틀랜드의 목사 조지 리드패스는 다음과 같이 평가했다.

"그는 내가 보기엔 20쪽이면 충분히 힘차고 명확하게 전달할 수 있었을 내용을 무려 400쪽에 걸쳐 지루하게 늘어놓고 있다. 왜 이런 일이 벌어졌을까? … 아마 평생 어린 대학생을 상대로 강의한 습관이 몸에 배어 있기 때문일 것이다. 이 책에서 가장 탁월한 부분은 고대 및 현대의 도덕 철학 체계를 정리한 마지막 장이다."

이처럼, 스미스의 학문적 성과는 높이 평가되었지만, 문체의 장황함과 반복성에 대한 비판은 초판부터 제기되었다.

제2판(1761년 1월). 초판 출간 2년 뒤에 발행된 제2판은, 앞선 비판을 의식해 전반적으로 문장을 간결하게 다듬은 것이 특징이다. 스미스는 불필요한 반복을 줄이고 표현을 정제하려는 노력을 기울였지만, 여전히 동일한 개념이 여러 차례 반복되는 경향이 있었다. 이는 원고의 대부분이 대학 강의에서 유래했기 때문으로 보인다. 그러나 반복은 독자에게 핵심 개념을 재확인시키는 수사적 장치로 이해할 수 있어, 반드시 단점으로만 평가할 것은 아니다.

제3판(1767년 5월). 초판 이후 8년 만에 발간된 제3판에서는 중요한 추가물이 포함되었다. 「언어의 최초 생성에 관한 여러 고려사항 그리고 원초적 언어와 혼합 언어의 서로 다른 특성에 관하여」라는 제목의 짧은 논문이다. 이 글에서 스미스는 인간의 언어, 사교, 경제 활동에서 중요한 역할을 하는 '교환'(exchange) 개념을 언어철학적으로 해석하려 했다. 언어의 기원을 도덕감정 체계와 연결 지으려는 시도였던 것이다.

기존 국내 번역서들에서는 이 논문을 부속적인 글로 간주해 생략한 경우가 많았으나, 이 번역본에서는 저자의 의도를 존중하여 이 논문을 본문에 함께 수록했다. 이는 스미스의 윤리학과 언어철학이 긴밀히 연결되어 있음을 보여주는 중요한 자료로, 그의 사상의 폭넓은 스펙트럼을 이해하는 데 기여한다.

제4판은 초판 출간 15년 뒤인 1774년 10월에 발표되었다. 이 판에서는 본문의 내용보다 눈에 띄는 변화가 제목에 있었다. 기존의 간결한 제목인 『도덕감정론』 뒤에 다음과 같은 긴 부제가 붙었다. "처음에는 타인의, 나중에는 자기 자신의 행동과 성향에 관한 인간의 자연스러운 판단 원리에 대한 분석 시론." 이 부제는, 인간 내면에 존재하는 이기심(자기 중심성)과 이타심(타인 배려의 원리)이 어떻게 작동하는지를 분석하려는 이 저작의 철학적 의도를 보다 분명히 드러내고 있다.

제5판은 그로부터 7년 후인 1781년 9월에 출간되었고, 이후 1790년 4월, 생의 마지막 석 달을 앞두고 내놓은 제6판은, 이전의 모든 판본과는 차원이 다른 대대적 개정으로 사실상 한 권의 새로운 책이라 불릴 만했다. 스미스는 제6판 서문에 해당하는 〈공지〉에서 개정의 요지를 간단히 밝혔으나, 그 실질적 변화는 훨씬 방대하고 구조적으로도 정비된 형태를 취하고 있다. 제6판의 주요 추가·개정 내용은 다음과 같다.

- **1부 제3편 제3장**: 부자와 권력자를 숭배하고 가난한 사람을 멸시할 때, 도덕 감정은 어떻게 타락하는가
  → 스미스는 계급과 재산이 인간의 도덕 감정에 어떻게 왜곡된 평가를 불러오는지를 철저히 분석했다.
- **3부 (전면 개정)**
  제1장. 자기 승인과 불승인의 원리에 대하여
  제2장. 칭찬과 칭찬받을 자격, 비난과 비난받을 자격에 대하여
  제3장. 양심의 영향과 권위에 대하여
  제4장. 자기기만의 속성과, 일반 규칙의 출처와 활용
  → 이 네 장에서는 인간 내면의 도덕 판단 메커니즘, 특히 양심과 내적 심판자의 역할을 한층 더 세련되고 정교하게 다듬다.
- **6부: 미덕의 성격에 대하여**
  → 완전히 새롭게 집필된 이 장에서는 정의, 관용, 용기 등 '미덕'을 구성하는 주요 가치들을 하나하나 분석하고, 그것이 도덕 감정과 어떻게 관련되는지 상세히 서술했다.

- **7부: 도덕 철학의 체계에 대하여**

  → 제2편 제1장에서는 고대와 현대의 도덕철학 체계들을 네 가지로 나누어 고찰했다.

  I. 플라톤의 미덕론

  II. 아리스토텔레스: 중용의 미덕

  III. 조화로운 영혼: 스토아 철학의 내면 설계도

  → 이전 판들에 흩어져 있던 설명들을 이곳에 집중적으로 수록했다.

  IV. 공정한 감정 없이 미덕은 설명되지 않는다

  → 이 장은 스미스가 자신이 속한 지적 전통을 스스로 정리하고, 이 철학적 맥락 속에서 『도덕감정론』이 어떤 위치에 있는지 명확히 하고자 한 시도로 볼 수 있다.

- **7부 제4편: 도덕 실천 규칙을 다루는 여러 저자들의 방식에 대하여**

  → 마지막 편에서는 진실성에 대한 의무와 원칙을 중심으로 다양한 사상가의 입장을 소개하며, 도덕 실천에 대한 스미스 자신의 관점을 첨언했다.

3. 저작의 개요

『도덕감정론』은 결코 만만한 책이 아니다. 독자의 이해를 돕기 위해, 본문에 들어가기 앞서 각 부의 주요 내용을 간략히 정리해두면 도움이 될 것이다. 이는 다른 철학서도 마찬가지인데, 사전에 개략적인 구도를 파악하고 독서에 임하면, 개별 장이 당장의 주제와 관련 없어 보이더라도 결국 전체적인 사유의 흐름 속에서 유기적으로 연결되어 있음을 깨닫게 된다.

이 책은 총 7개의 부로 구성되어 있다. 그중 1~5부는 도덕 감정의 형성과 작동 원리를 설명하는 데 초점을 맞춘다. 스미스에 따르면 인간의 감정은 타인의 행동을 지켜보며 발생하며, 그 행동에 대해 우리는 칭찬하거나 비난하는 방식으로 반응한다. 이처럼 감정과 행위는 상호작용하며 도덕 판단의 근거가 된다.

- 1부는 어떤 행위가 '적절한가'에 대한 기준을 다룬다. 행위가 불러일으키는 감정, 그리고 그 감정에 대한 우리의 반응이 중심 주제다.
- 2부는 행위에 대한 평가가 어떻게 공로와 과실로 나뉘며, 이것이 사회적 포상이나 처벌로 이어지는지를 설명한다.
- 3부에서는 인간이 어떤 기준을 통해 특정 행위를 승인하거나 불승인하게 되는지를 분석한다. 다시 말해, '칭찬받을 자격'과 '비난받을 이유'가 어떻게 도출되는지를 규명한다.
- 4부는 '효용'이 도덕적 감정에 미치는 영향을 다룬다. 특정 행위가 개인 혹은 공동체에 유익함을 줄 경우, 그 효용성이 승인 감정에 어떤 작용을 하는지를 검토한다.
- 5부는 사회의 관습, 유행, 제도 같은 외부 요인이 도덕 판단에 어떤 영향을 끼치는지를 분석한다.

이 5개의 부는 행동과 감정, 포상과 처벌, 승인과 불승인 그리고 효용이라는 요소들을 통해 도덕 감정이 작동하는 구조를 체계적으로 설명하고 있다. 이 과정에서 반복적으로 등장하는 핵심 개념은 자기애(이기심), 동감(sympathy), 그리고 공정한 관찰자(impartial spectator)이다. 이 가운데 공정한 관찰자 개념은 스미스의 도덕철학에서 매우 중요한 위치를 차지하며, 타인의 시선뿐 아니라 내면화된 자아의 시선을 통해 도덕 판단이 형성된다는 점을 보여준다. 스미스는 '외부의 관찰자'와 '내면의 자아'라는 두 축을 설정하여 공정한 관찰자의 작동 원리를 상세히 설명한다. 이 개념은 아래에서 다시 자세히 다룰 것이다.

- 6부는 도덕적 미덕의 성격을 규명한다. 스미스는 미덕의 본질이 신중함(prudence), 정의(justice), 자혜(beneficence)에 있다고 보고, 이러한 미덕이 실천되려면 자기 통제와 판단의 적절성이 전제되어야 한다고 말한다.
- 7부는 도덕철학의 역사적 계보를 살핀다. 고대 그리스 철학자들로부터 시작해 스미스의 동시대 사상가들에 이르기까지, 각 철학자가 도덕을 어떻게 정의해왔는지를 검토한 뒤, 마지막 장에서 스미스 자신의 도덕 이론을 간략하게 정리한다.

이상의 1~7부의 내용을 간략히 요약하면 다음과 같다.

『도덕감정론』의 핵심은 도덕 감정의 기원이 '공감'(sympathy)에 있다는 통찰이다. 우리는 상상력을 통해 타인의 입장에 자신을 대입함으로써 그 사람이 왜 그런 감정이나 행동을 보이는지를 이해한다. 그리고 "내가 그 처지라면 똑같이 반응했을 것"이라고 판단할 때, 우리는 그의 열정적 감정에 공감하게 된다. 이처럼 공감은 양보와 관용, 절제와 인내심과 같은 미덕의 토대가 된다.

반대로, 증오나 분노와 같은 비사교적 열정은 불쾌함을 유발하며, 자상함, 관대함, 다정함 등은 사회적으로 유쾌한 감정으로 간주된다. 이기심(혹은 자기애)은 스미스에게 있어 악덕으로 규정되지는 않지만 유쾌하지도 불쾌하지도 않은 중립적인 감정으로 취급된다.

도덕 판단의 기준은 어떤 행위 자체가 아니라 그 행위를 불러낸 감정이 얼마나 적절한가에 있다. 그리고 행위의 '공과'는 그 결과에 따라 평가된다. 스미스는 이러한 도덕적 판단이 개인 내면에 존재하는 양심, 곧 '공정한 관찰자'에 의해 수행된다고 본다. 인간은 자신의 행위를 돌아보는 상상력과 내면의 판단자에 의해 감정을 조율하고, 도덕적 기준을 세워간다.

그렇다면 미덕은 어디에 존재하는가? 스미스는 3가지를 제시한다.

- 행위의 적절성(propriety)
- 신중함(prudence)
- 자혜(beneficence)

스미스는 도덕적 가치가 타인의 승인에서 나오며, 도덕은 이성이나 감정만이 아니라 이기심과 공감의 균형에서 형성된다고 보았다. 그는 사회가 단지 개인의 이익만을 추구하는 체계로 전락해서는 안 된다고 보았다. 공감은 이기심과 같지 않으며, 타인을 향한 공감은 배려와 도덕적 책임감에서 비롯되기 때문이다.

이러한 전체 구조를 종합적으로 보면 1~5부는 6부와 7부에서 제시된 스미스의 도덕 철학을 구체적으로 뒷받침하는 내용으로 읽힌다. 따라서 독자에게는 7부를 먼저 읽고, 이어서 1~5부, 마지막으로 6부를 읽는 방식도 권할 만하다. 특히 6부는 이 책 전체의 핵심으로, 도덕적 감정을 어떻게 함양하고 구체화할 것인지에 대한 스미스의 철학이 응축되어 있다. 또한 스미스가 생애 마지막까지 고민한 윤리의 정수를 담고 있으며, 도덕적 인간의 길을 성찰하는 데 깊이 음미할 만한 대목이다.

요컨대, 『도덕감정론』은 단순히 도덕이란 무엇인가를 묻는 책이 아니다. 그것은 인간 감정의 작동 메커니즘, 행위의 적절성 기준, 그리고 공동체 속에서 도덕이 어떻게 공유되고 내면화되는지를 총체적으로 규명하는 철학적 프로젝트라 할 수 있다.

4. 저작의 사상적 배경

스미스의 도덕철학은 그의 스승 프랜시스 허치슨 박사와 동료 철학자인 데이비드 흄으로부터 큰 영향을 받았다. '도덕 감정'이라는 개념을 최초로 제시한 인물은 영국의 철학자 섀프츠버리(1671-1713)였다. 이후 스미스의 글래스고 대학 시절 은사인 허치슨(1694-1746)과 그의 철학적 동료 흄(1711-1776)이 이 이론을 더욱 발전시켰다.

섀프츠버리는 도덕 감정이 인간 내부에서 자생적으로 작동하는 자연적 감정이라고 보았다. 식욕이나 성욕처럼 본능적인 감정이며, 우리가 어떤 행동에 대해 도덕적 감흥을 느끼는 것은 마치 자연의 아름다움에서 미적 감동을 느끼는 것과 유사하다는 주장이다. 그는 도덕적 판단의 기준을 "인류 전체의 조화에 기여하는가"라는 점에 두었으며, 이 조화를 사회 전체의 복지로 해석했다.

허치슨은 섀프츠버리의 이러한 사상을 계승하여, 인간이 타인을 도우며 기쁨을 느끼는 이유는 선천적으로 도덕 감정을 갖고 있기 때문이라고 주장했다. 그는 이를 '도덕 감각'(moral sense)이라는 개념으로 명명했다. 이 도덕 감각은 시각이나 청각처럼 외부 자극 없이도 작동하는 독립적인 내적 기관으로 간주되며, 교육 없이도 인간은 본능적으로 도덕을 지향하려는 성향을 지닌다는 것이다.

허치슨의 이론은 현대 언어학에서 촘스키의 '언어 본능' 개념과 유사한 면이 있다. 촘스키는 어린아이가 제한된 언어 입력(input)만으로도 그 이상의 언어 표현(output)을 생성해낸다는 실험을 통해 언어 능력이 유전적으로 내재되어 있다는 주장을 펼쳤다. 허치슨 역시 도덕 감각 또한 학습을 넘어서 본능적으로 내장된 능력이라고 본 것이다.

허치슨은 인간의 도덕 감정이 본래 미덕을 인정하고 악덕을 거부하는 성향을 지닌다고 보았다. 덕 있는 행동은 자비와 이타심에서 비롯되며, 이는 자연스럽게 칭찬과 존경을 불러일으킨다. 반면 자기애(이기심)에서 비롯된 행위는 도덕적으로 중립적이며, 일반적으로 칭찬이나 비난의 대상이 되지 않는다. 그러나 허치슨은 이기심만을 동기로 삼는 사람은 자기 이익에 유리하다면 비도덕적 행위도 서슴지 않을 위험이 있으므로, 이기심은 경계해야 할 감정으로 보았다.

허치슨은 또한 덕스러운 행위가 사람의 마음을 기쁘게 하고 행복을 가져다준다는 점을 인정하면서도 쾌감만으로는 도덕 판단의 충분조건이 될 수 없다고 보았다. 그는 도덕의 기준을 '최다수의 최대 행복'이라는 원리에 두었고, 이 사상은 훗날 벤담과 밀에게 계승되어 공리주의라는 체계로 완성되었다.

스미스는 스승인 허치슨 박사로부터 깊은 사상적 영향을 받았지만, 도덕 감각(moral sense)에 대한 핵심 입장에서는 분명한 거리를 두었다. 허치슨은 인간에게 선천적으로 도덕 감각이 내재해 있다고 보았지만, 스미스는 영국 경험론 전통에 입각해 이 개념을 비판적으로 재구성한다. 그는 도덕 감정은 구체적 행위와 사회적 상황 속에서 축적되는 경험의 산물이지, 처음부터 인간 내부에 본능적으로 존재하는 독립된 감각이라 보기는 어렵다고 본다. 이러한 입장은 『도덕감정론』 제7부에서 보다 명확히 설명된다.

스미스는 『도덕감정론』은 물론 『국부론』에서도 이기심(self-love)을 인간의 중요한 정서로 강조한다. 그는 이기심이 단지 부정적인 것이 아니라 이타심(altruism)조차 가능하게 하는 전제가 된다고 본다. 자신을 사랑할 줄 아는 사람만이 타인을 진정으로 사랑할 수 있으며, 자기 자신조차 미워하는 사람이 남을 사랑한다는 것은 본질적으로 불가능하다는 것이 그의 주장이다.

스미스는 인간 감정을 언어에 빗대어, 이기심은 마음의 문법이요 이타심은 그 위를 장식하는 수사법이라고 비유했다. 즉 이기심은 인간 감정의 구조를 이루는 기본 틀이며, 이타심은 그 구조를 아름답게 표현해내는 정서적 장치라는 뜻이다.

스미스의 도덕 감정 이론에서 공감(sympathy)은 중심 개념이다. 이때의 공감 개념은 동료 철학자 데이비드 흄에게서 유래한 것이다. 흄은 도덕의 타당한 기준을 효용(utilitarian principle)에 두고, 사회적 승인을 통해 효용이 인정될 때만 도덕적 정당성을 확보할 수 있다고 주장했다. 그는 도덕의 근원을 친밀한 타인에 대한 공감 능력에서 찾았다. 오늘날 '공감'이라는 말이 종종 '동정'이나 '연민' 정도로 이해되는 데 반해, 흄이 말한 공감은 타인의 행복과 고통에 함께 기뻐하고 함께 아파하는 능동적 감정이입을 의미한다.

더 나아가 흄은 도덕적 판단은 이성보다 정서에 기초한다고 보았다. 도덕은 선험적으로 주어지는 지식이 아니라 정서의 작동을 통해 특정 행동을 승인하거나 불승인하는 경험적 과정에서 비롯된다는 것이다. 따라서 정의와 불의에 대한 감각은 자연적 본능이 아니라 교육과 관습을 통해 형성된 인위적 산물이며, 이는 반드시 사회적으로 도야(陶冶)되어야 한다고 그는 주장한다.

흄은 도덕적 공감의 발전 단계를 세 가지로 구분했다.

• 제1단계: 가까운 사람의 행복과 고통에 대해 마치 자신의 일처럼

반응하는 공감.
- 제2단계: 거리나 관계의 유무를 넘어서, 멀리 떨어진 타인의 행복도 동일하게 소중히 여기는 단계.
- 제3단계: 사회 전체의 복지를 위해 공감을 확대 적용하는 단계.

스미스는 흄의 공감 이론을 전반적으로 수용하면서도, 중요한 지점에서는 분명한 차이를 드러냈다. 흄이 공감의 기준을 효용에서 찾은 데 비해, 스미스는 공감이 타인의 행위를 승인하거나 불승인하는 도덕적 판단, 그리고 그에 따른 포상과 처벌에서 비롯된다고 보았다. 더 나아가 스미스는 공감의 작동 근거를 '공정한 관찰자'라는 내면적 이상 인물에 두었으며, 이 점에서 흄과 명확히 구분된다. 즉 공감은 외부의 사회적 승인뿐 아니라 인간 내면의 도덕적 기준에 따라 형성된다는 것이다.

스미스는 또한 당대 프랑스 계몽주의 사상, 특히 볼테르에게도 적지 않은 영향을 받았다. 그는 버클루 공작의 아들과 함께 유럽을 순회하던 중, 파리에서 볼테르를 직접 만나 교류했고, 그의 종교관과 사회적 문제의식에서 큰 자극을 받았다. 스미스가 종교에 대해 비교적 유연한 태도를 유지했던 것도 볼테르의 영향으로 해석된다.

그는 『도덕감정론』에서 볼테르의 희곡 두 편을 직접 인용하며, 문학적 허구 속 도덕 상황이 실제 인간 감정에 어떻게 반응을 유도하는지를 설명했다. 또한 볼테르가 강력히 개입했던 장 칼라스 사건—종교적 편견과 오심에 맞서 싸운 대표적 사례—도 구체적으로 다루고 있다. 이처럼 스미스는 자신의 도덕철학 속에 철학·문학·정치·사회적 경험을 유기적으로 통합하며, 도덕 감정의 작동을 보다 생생하게 조명했다.

마지막으로, 『도덕감정론』 전체에 깊이 스며 있는 철학적 기반은 고대 그리스의 스토아 철학이다. 특히 스미스는 로마 황제 마르쿠스 아우렐리우스의 『명상록』에서 큰 영향을 받았다. 아우렐리우스의 사상을 요약하면 다음과 같다. 자연은 하나의 통일된 신성한 실체이며, 곧 신 혹은 이성이며 질서 그 자체다. 인간의 미덕(virtue)은 이 자연의 질서에 자신을 조화시키는 데서 비롯된다. 이 조화는 인간이 도달할 수 있는 최고의 선(summum bonum)이다.

스토아 철학이 그린 이상적 인간은, 욕망과 감정, 신념과 반응 같은 자기 안의 영역을 완전히 지배할 줄 아는 존재였다. 이 세계는 모든 사건이 필연적으로 전개되는 질서 속에 있으며, 인간의 자유란 그 흐름에 대해 승인하거나 불승인할 수 있는 내면의 태도와 판단 능력에 달려 있다. 스토아 철학에 따르면 자연에서 비롯된 것은 결코 악할 수 없다. 따라서 죽음도 악이 아니며, 일상에서 마주하는 불행이나 고난 또한 본질적으로 악이라 할 수 없다.

이러한 철학은 『도덕감정론』 전반에 걸쳐 반복적으로 드러난다. 예컨대 스미스는 자기 절제, 미덕, 자연 질서에 대한 신뢰를 자주 언급하고, 삶의 행·불행은 악이 될 수 없다는 주제를 다양한 맥락 속에서 설명한다.

특히 스미스는 북아메리카 원주민의 〈죽음의 노래〉에 깊은 인상을 받아, 이를 저서에서 두 차례 언급한다. 그는 이 노래를 다음과 같이 묘사한다.

[이 노래는] 적에게 붙잡혀 온갖 고문을 당하며 죽음을 맞이할 때 부르는 노래로, 고문자에 대한 조롱과 죽음, 고통에 대한 철저한 경멸을 담고 있다. 이 노래는 특별한 상황이 아니더라도 일상적으로 불리며, 전쟁에 나서기 전이나 전장에서 적을 마주했을 때, 또는 어떠한 인간적인 불운이나 공포도 자신의 결의나 목표를 흔들 수 없음을 보여주고자 할 때 반드시 부른다.

이 노래는 아우렐리우스가 강조했던 '자기 제어의 철학'을 실천적으로 구현하는 사례로 읽을 수 있다. 이러한 맥락에서 많은 학자는 스미스 도덕철학의 심층에는 단순한 감정론을 넘어선 보다 근원적인 세계관, 즉 '자연과 조화를 이루는 인간'이라는 스토아적 이상이 자리하고 있다고 평가한다. 그의 철학은 내면의 자기 통제와 자연 질서에 대한 신뢰를 바탕으로 인간의 도덕적 품위를 구현하려 했다는 점에서, 스토아학파의 전통을 잇는다고 볼 수 있다.

이처럼 허치슨 박사, 데이비드 흄 그리고 스토아 철학의 사상을 종합하여 전개된 애덤 스미스의 『도덕감정론』은, 전통적인 미덕 윤리(virtue ethics)와 깊은 연관성을 보인다. 특히 『도덕감정론』 속에는 아리스토텔레스의 '중용'(中庸) 사상이 분명하게 반영되어 있다.

아리스토텔레스는 『니코마코스 윤리학』 제1권 제6장에서 유다이모니아(eudaimonia, 행복)에 이르는 세 단계를 제시한다.

첫째, 인간 행위의 궁극적 목적은 '행복'이며, 둘째, 그 행복은 이성에 따라 행동하는 것에서 비롯된다. 셋째, 이성에 따른 행위는 인간이 추구해온 전통적 가치들의 핵심 기준이 된다고 본다.

그는 인간을 사회적 존재로 규정하며, 인간은 타인과 관계를 맺고 어떤 행위를 하면서 살아가야 하고, 그 행위는 행복을 실현하는 방향으로 조율되어야 한다고 강조한다. 이로부터 발전된 것이 미덕 윤리이다.

미덕 윤리는 "나는 어떻게 행동해야 하는가?"(How should I act?)라고 옳고 그름을 따지는 행위 중심 윤리학에서 더 나아가, "나는 어떻게 살아야 하는가?"(How should I live?)라는 삶의 태도와 인격 형성의 문제에 더 깊이 집중한다. 즉 '무엇을 하느냐'보다 '어떤 사람이 되어야 하는가'에 중점을 둔다. 『도덕감정론』 역시 이 질문을 중심에 두고 전개되는 윤리학적 탐구라 할 수 있다.

스미스는 인간의 도덕 감정과 윤리적 발전을 6단계의 도식으로 설명되는 구조 안에 암묵적으로 담아낸다.

- 1단계: 순수한 이기심에 따른 행위
- 2단계: 상호 이기심의 교환, 즉 타인 역시 나와 같은 욕망을 지닌 존재로 인식하며 형성되는 초기 상호성
- 3단계: 대인 관계의 중요성이 인식되며 감정 조절과 배려가 작동하기 시작하는 단계
- 4단계: 사회 질서와 법의 준수를 통해 공동체의 일원으로 책임감 있게 살아가려는 단계
- 5단계: 사회 계약론적 관점에서, 도덕 규범은 절대적인 것이 아니라 사회적 합의에 따라 조정 가능한 것으로 인식하는 단계
- 6단계: 보편적 원칙에 입각하여 내면의 양심, 즉 공정한 관찰자의 판단에 따라 스스로를 통제하는 자율적 인격의 단계

스미스의 『도덕감정론』은 주로 1~4단계의 도덕 감정과 사회적 상호작용을 중심으로 전개되지만, '공정한 관찰자'와 '보이지 않는 손' 개념을 도입해 5단계와 6단계로 나아가는 윤리적 성숙의 가능성을 넌지시 드러낸다. 특히 6단계에 이르면, 인간은 외부의 법이나 사회적 인정이 아니라 내면화된 보편 윤리와 자기 통제를 통해 도덕적으로 완성된 삶을 지향한다.

결국, 스미스의 도덕 철학은 인간이 사회적 존재로서 점차 성숙해가는 과정, 즉 이기심에서 출발해 이타적 존재로 나아가는 윤리적 성장의 여정을 섬세하게 묘사하는 미덕 윤리학의 현대적 재구성이라 할 수 있다.

5. 상상력과 공정한 관찰자

스미스가 제시한 『도덕감정론』의 핵심 개념 중 하나인 '공정한 관찰자'(impartial spectator)는 단순히 철학적 허구가 아니라 당대 문화적 배경 속에서 발전한 개념이다. 특히 '관찰자'라는 용어는 스미스가 태어나기 약 10년 전 발간된 영국의 유명한 잡지 『스펙테이터』(*The Spectator*)에서 차용한 것이다.

이 잡지는 1711년부터 1714년까지 매일 발행된 에세이 연재물이었으며, 신흥 중산층 독자들에게 큰 인기를 끌었다. 주인공 '관찰자'는 런던의 일상, 도덕, 문학을 비평하는 교양 있는 지식인으로 설정되었고, 잡지의 기획 의도는 도덕에 위트를 더하고, 위트로 도덕을 견제하는 것이었다. 스미스는 이러한 스펙테이터적 시선에 영향을 받아, 도덕성과 균형 감각을 갖춘 '공정한 관찰자'라는 이상적 인물상을 제시한 것이다.

스미스는 이 개념 앞에 자주 '상상한'(imagined)이라는 수식어를 붙인다. 이는 공정한 관찰자가 현실에 실재하는 인물이 아니라 우리의 상상력 속에서 형성되는 내면의 존재임을 의미한다. 다시 말해, 상상력이 없다면 공정한 관찰자도 존재할 수 없고, 상상력이 풍부할수록 그 관찰자의 판단은 더욱 정교하고 세련된다.

그렇다면 상상력이란 무엇인가? 영국의 경험론 전통에서 상상력은 감각 자료를 재구성하는 능력으로 정의되었다. 토머스 홉스는 상상을 두 가지로 나누었는데, 하나는 단순한 상상으로, 예를 들어 과거에 본 인물이나 달리는 말을 떠올리는 것이고, 다른 하나는 복합적 상상으로, 사람과 말을 결합해 반인반마(半人半馬) 같은 실재하지 않는 존재를 창조하는 경우다.

한편, 독일 철학자 임마누엘 칸트는 상상력을 재생적 상상력과 생산적 상상력으로 구분했다. 전자는 감각으로 받아들인 불완전한 정보를 재구성하여 온전한 형상으로 이해하게 하며, 후자는 다양한 감각 경험을 종합해 새로운 의미 구조, 즉 개념적 통합의 세계를 만들어낸다. 상상력은 이처럼 익숙한 것 속에서 새로운 의미를 발견하고 연결하는 창조적 사고의 원천이다.

영국의 문학 평론가 새뮤얼 콜리지는 상상을 '공상'과 '구성적 상상력'으로 나누었다. 공상은 단순한 조합이지만, 구성적 상상력은 새로운 질서를 창조하고 모든 세부를 의도적으로 통제하는 힘이다. 그는 이 상상력을 "통일체를 형성하는 능력"(shaping into the unity)이라고 불렀다.

미국의 작가 에드가 앨런 포는 상상력을 더욱 독창적으로 정의했다. 그는 상상력이란 아름다움과 추함, 또는 그에 준하는 상반된 요소들 사이에서 새로운 제3의 성질을 창조하는 능력이라고 보았다. 이로써 세상에는 없던 감정이나 풍경, 개성이 탄생한다. 포는 이를 통해 아름다우면서도 추한 것, 예컨대 뜨거운 아이스 아메리카노 같은, 모순 속의 조화를 상상력의 산물로 제시했다. 사람들은 그러한 독창적 조합이 실제로 눈앞에 펼쳐질 때, "어째서 우리는 지금껏 이런 생각을 하지 못했을까"라는 경이와 감탄을 동시에 경험한다.

이러한 논의를 스미스의 공정한 관찰자 개념에 적용해보면 공정한 관찰자는 신도 아니고, 평범한 인간도 아닌, '제3의 존재'로서의 도덕적 인간의 이상형이라 할 수 있다. 그는 풍부한 상상력에 의해 구성된 내면의 판단자로, 감정에 휘둘리지 않으며, 타인의 관점을 자기 안에 재현함으로써 도덕적 판단의 균형과 통찰을 제공한다.

따라서 상상력이 결여된 사람은 내면에 공정한 관찰자를 형성하기 어렵고, 결과적으로 도덕적 아름다움, 즉 보이지 않는 윤리적 질서를 감지하고 판단하는 능력도 제한된다. 철학자들과 문학가들이 정의한 상상력은 다양하지만 그 핵심은 같다. 상상력은 창조의 원천이며, 도덕적 인간을 형성하는 데 있어 결정적인 능력이다. 그리고 스미스가 말한 공정한 관찰자는 그 상상력이 빚어낸 윤리적 자아의 형상화인 것이다.

스미스는 『도덕감정론』 서두에서 인간의 상상력을 설명하는 것으로 이야기를 시작한다. 그에 따르면 상상력은 타인에 대한 공감(sympathy)을 가능하게 하는 힘이며, 도덕 감정의 출발점이다. 그는 이 개념을 설명하기 위해 극단적인 예로 고문당하는 사람의 사례를 들며 다음과 같이 서술한다.

> 우리는 상상력을 발휘해 스스로를 타인의 자리에 놓고, 그의 고통을 마치 함께 짊어진 듯 느끼려 한다. 말하자면 그의 몸속으로 들어가, 어느 정도는 그와 동일한 사람이 되어 그의 감각을 짐작해보는 것이다. 물론 실제보다는 강도가 약하겠지만 그가 느끼는 것과 유사한 감정을 경험하게 된다.

스미스는 도덕적 인간으로 성숙하기 위해서는 상상력을 끊임없이 단련하고 정련해야 한다고 거듭 강조한다. 그는 이를 위한 구체적 방법으로 연극, 로맨스 소설, 역사책을 많이 접할 것을 권한다. 실제로 그는 『도덕감정론』에서 볼테르의 희곡, 라신의 『페드르』, 셰익스피어의 『햄릿』, 중산층의 삶을 다룬 당시 유행하던 소설들, 리비우스의 『로마사』, 플루타르코스의 『영웅전』 등 고전 문학과 역사서를 상상력 계발의 주요 도구로 언급한다.

그렇다면 이 상상력의 산물로 등장하는 '공정한 관찰자'란 어떤 존재인가? 스미스는 공정한 관찰자를 "자기 자신을 남의 눈으로 바라보는 능력을 지닌 자"라고 규정한다. 그러나 우리는 보통 자기 자신을 타인의 눈으로 보지 못한다. 자기애(self-love)라는 필터가 시야를 왜곡하기 때문이다. 인간은 자기에게 유리한 것만 보려 하며, 불리한 것은 무시하거나 외면하려는 경향이 있다. 이기심은 타인의 관점을 가리는 일종의 내면 필터이기도 하다.

『바빌론 탈무드』에는 이러한 인간의 이기적 성향을 신랄하게 풍자한 다음과 같은 말이 있다. "로마인은 모두 자신을 위해 일한다. 시장은 창녀들을 위한 것이고, 목욕탕은 위생을 위해, 다리는 세금을 걷기 위해, 도로는 이 모든 것을 가능하게 하기 위해 만들어졌다. 결국 그 모든 업적은 자기 이익, 즉 자기애에서 비롯된 것이다."

스미스가 반복적으로 강조하는 도덕 판단의 구조는 세 겹의 시선으로 이뤄진다.

첫째, 이기심의 시선.

둘째, 동정(sympathy)의 시선.

셋째, 공정한 관찰자의 시선.

그러나 현실에서 우리는 자주 '왜곡된 자기상(self-image)'을 갖는다. 아무리 거울이 있다고 해도, 내면의 자아가 그것을 직시하지 않는다면 자기 얼굴이 아닌 엉뚱한 얼굴을 진짜라고 착각한다.

이런 자기를 보는 능력의 결핍을 스코틀랜드 시인 로버트 번스는 「이에게」(To a Louse)라는 시에서 유머러스하면서도 통찰력 있게 묘사한다. 그는 교회에서 어떤 여인의 모자 위로 이가 기어가는 것을 보고, 만약 그녀가 타인의 시선으로 자신의 모습을 볼 수 있었다면 얼마나 민망했을까 하는 상상을 하며, 다음과 같은 시구를 남긴다.

남들이 우리를 바라보는 대로
우리 자신을 바라볼 수 있는 능력

하느님께서 그런 능력을 우리에게 주신다면
우리 안의 수많은 실수와
어리석음이 사라질 텐데….

공정한 관찰자는 자기 자신을 들여다보는 두 명의 내면적 인물을 전제로 한 개념이다. 스미스는 이 관계를 다음과 같이 설명한다.

> 우리가 자신의 행동을 돌아보고, 그에 대해 스스로 승인할지, 아니면 비난할지를 판단하려 하는 순간, 우리는 자기 자신을 둘로 나누게 된다. 하나는 행동을 판단하는 관찰자로서의 나이고, 다른 하나는 그 행동을 판단받는 행위자로서의 나다.
> 관찰자인 나는, 마치 남이 나를 보듯 스스로를 바라보며, 그 입장에서 내 행동을 평가하려 애쓴다. 내가 스스로에게 묻는 것이다. "내가 다른 사람이었다면 이런 행동을 어떻게 봤을까?"
> 행위자인 나는 그 평가를 받는 대상이다. 이렇게 마음속에 이중 구조가 만들어지는 것이다. 관찰자는 재판관의 역할을, 행위자는 피고인의 역할을 맡는다. 그러나 한 사람이 완전히 동일한 기준으로 두 역할을 동시에 수행하는 건 불가능하다. 마치 원인과 결과가 동시에 존재하길 바라는 것만큼이나 불가능한 일이다.

즉 인간 내면에는 언제나 두 인격이 공존하며, 우리는 이 둘을 완전히 일치시킬 수는 없지만, 그 간극을 줄이려는 노력 속에서 도덕적 성숙이 일어난다. 스미스는 이 구조를 평생을 걸쳐 도달해야 할 도덕적 이상으로 제시한다.

이 두 내면의 인물은 훗날 프로이트의 정신분석학에서 말하는 자아

(ego)와 초자아(superego)의 구조와도 자연스럽게 연결된다. 행위하는 '자아'와 이를 판단하는 '초자아', 즉 내면화된 이상적 기준이 서로 긴장 관계를 유지하면서 인간의 도덕 감정이 형성된다는 점에서 스미스의 통찰은 시대를 앞선 것이다.

한편, 공정한 관찰자 개념은 동양 사상의 '자기 성찰' 전통과도 닮아 있다. 예컨대 불교 선종의 수행자는 '시심마'(是甚麼, 이것은 무엇인가?)라는 화두를 스스로에게 반복하며 끝없는 자기 물음을 던진다. 이는 곧 소크라테스의 "너 자신을 알라"는 철학적 명제와도 상통한다.

거울 속 자신의 얼굴이 못생겼다면 그것을 미덕으로 보완해야 하고, 잘생겼다면 그 얼굴에 합당한 행동으로 책임을 져야 한다. 그러려면 단지 머릿속 자화상에 의존하지 않고, 외부에 놓인 객관적 거울, 즉 '공정한 시선'을 통해 스스로를 바라보아야 한다.

스미스의 비유를 빌리면, 공정한 관찰자란 자기 시선을 자아 밖으로 끌어내어, 마치 몸 밖에서 자신을 내려다보듯 관조하는 존재다. 마치 한 사람이 자신의 영혼을 몸 밖으로 분리시켜, 그 눈으로 자신의 행동과 존재를 내려다보는 것과 같다.

보다 일상적인 비유를 들자면, 공정한 관찰자는 후진 주차를 하는 운전자와도 비슷하다. 운전자의 몸은 차량 안에 있지만, 그의 시선은 차 밖으로 나와 마치 차량을 위에서 내려다보듯 공간을 조율하며 주차를 시도한다. 이때 자동차는 우리의 자아(ego)이고, 협소한 주차 공간은 사회 규범이나 초자아(superego)의 상징일 수 있다. 우리가 제대로 후진하려면, 내부 시야만으로는 불가능하고 반드시 외부적·객관적 시선이 필요하다.

결국, 공정한 관찰자란 자기 행동을 남의 시선으로 바라볼 줄 아는 사람이며, 동시에 타인의 행동에서 자기 모습을 발견할 줄 아는 사람이다. 스미스는 이 상상적이면서도 실천적인 존재를 통해 도덕적 인간의 형성과 내면 윤리의 작동 방식을 심오하게 통찰해낸 것이다.

6. 보이지 않는 손과 자연의 기만

스미스가 사용한 '보이지 않는 손'(the invisible hand)이라는 표현은 그의 저작에서 총 세 차례 등장한다.

첫 번째는 논문 「천문학의 역사」(The History of Astronomy) 제3장 2절에서이다. 여기서 스미스는 고대 자연 철학의 세계관을 설명하며 다음과 같이 서술한다.

불은 위로 타오르고, 물은 신선해지며, 천체는 내려오고, 가벼운 물질은 위로 떠오른다. 이러한 움직임은 각 사물이 지닌 고유한 성질에서 비롯된 필연적 결과이다. 우리는 유피테르 신의 '보이지 않는 손'이 이 일들을 조율하고 있다는 사실을 그동안 깨닫지 못했을 뿐이다.

두 번째는 『도덕감정론』 제4부 제1장에 나타난다. 여기서 스미스는 부자와 가난한 자 사이의 경제적 분배를 설명하면서, 의도하지 않았지만 결과적으로 나타나는 사회적 효용을 강조한다.

부자는 단지 자신에게 돌아온 생산물 중 가장 귀하고 쾌적한 부분만을 선택할 뿐 실제로 가난한 이들보다 더 많은 양을 소비하지 않는다. 그는 수천 명의 사람을 고용하고, 그들의 노동을 통해 이룬 모든 개량의 혜택을 자기 혼자 누리려 하지만 결과적으로 그 열매는 자연스럽게 가난한 이들과 나누게 된다. 그가 아무리 허영과 끝없는 욕망을 좇는다고 해도,

그는 결국 '보이지 않는 손'에 의해 자신도 모르게 생필품을 가난한 이들과 나누게 된다. 이는 마치 토지가 모든 사람에게 골고루 분배되었을 때와 거의 같은 결과를 낳는다. 그는 의도하지도, 인식하지도 못한 채 사회 전체의 이익을 증진하고 인류의 번영에 기여하는 수단을 만들어낸다.

세 번째는 『국부론』 제4권 제2장에서 등장한다. 여기서 스미스는 개인의 경제적 선택이 어떻게 공공의 이익으로 이어지는지를 설명한다.

일반적으로 개인은 공공 이익을 추진하려는 의도가 없고 또 자신이 그런 이익을 얼마나 많이 추진하는지도 알지 못한다. 해외 산업보다 국내 산업을 선호하는 것은 자신의 안전을 지키려는 의도이고, 또 국내 산업이 최대 가치를 올리도록 유도하여 자기 이익을 올리려는 목적에서 그렇게 한다.

다른 많은 경우에도 그러하지만 그는 이 경우에 '보이지 않는 손'에 인도되어 자기가 전혀 의도하지 않은 목적을 추구한다. 개인이 공공 이익에 매진하려는 의도를 가지지 않는다는 사실이 사회를 위해 나쁘기만 한 것은 아니다. 개인은 자기 이익을 추구함으로써 사회 이익을 일부러 추구했을 때보다 더 효과적으로 사회를 위한 이익을 따르기 때문이다.

이 세 인용을 종합해보면 보이지 않는 손은 단순히 시장의 자율 조정 기능이라는 협소한 의미를 넘어, 인간의 인식 바깥에서 작동하는 초월적 질서, 곧 신의 섭리 혹은 자연의 힘을 암시한다.

특히 「천문학의 역사」에 나타난 바와 같이, 이 개념은 일종의 신의 작용(Act of God)을 지칭하며, 이는 스미스가 말하는 '자연의 기만'(the deception of nature) 개념과도 연결된다. 흔히 '기만'은 부정적으로 이해되지만, 스미스가 말하는 '자연의 기만'은 인간이 의도하지도 깨닫지도 못하는 사이 선한 결과로 이끄는 정교한 자연의 메커니즘을 가리킨다. 즉 인간 입장에서는 기만처럼 보이지만, 신 혹은 자연의 관점에서는 정교한 질서의 작동이다.

스미스는 저작 곳곳에서 신을 '자연의 저자', '우주의 주재자', '사물의 관리자'라 일컫고, 이를 범신론적 자연 질서와 동일시한다. 그는 다음과 같이 말한다. "우리가 자연의 질서를 방해한다면 그것은 곧 하느님의 뜻을 거스르는 것이나 다름없다."

스미스에게 '자연(Nature)'은 단지 물리적 세계만이 아니라 인간의 본성과 정서, 도덕 감정까지 포함하는 포괄적 개념이다. 그의 문맥에서 'nature'는 종종 인간의 본성을 뜻하는 동시에, 전능하고 선한 신의 작용을 지칭한다.

이 점을 더 자세히 설명하기 위해 스피노자의 자연관을 간략히 인용해보자. 스피노자는 자연을 두 가지 차원으로 구분한다. "능산하는 자연"(natura naturans)과 "소산된 자연"(natura naturata)이다.

능산(能産: 적극적으로 생산)하는 자연은 신이 자연을 초월하면서도 그 안에 내재해 있는 존재를 의미한다. 신은 우주의 본질이자 원리이며, 자연 전체에 스며들어 그것과 하나가 된다. 이러한 능동적·창조적 측면을 스피노자는 '능산(能産)하는 자연'이라고 부른다.

이에 반해 소산된 자연은 그 신으로부터 파생된 모든 구체적 존재를 말한다. 곧 일자(一者)인 신으로부터 생성된 수많은 다자(多者), 즉 피조물들이 소산된 자연이다. 인간 역시 예외는 아니다. 인간의 육체와 그 안에 깃든 정신(또는 영혼)은 신으로부터 비롯된 산물이기에 인간성 자체를 자연의 일부로 간주할 수 있다.

이처럼 능산하는 자연이 '일'(一)이라면, 소산된 자연은 '다'(多)이며,

이 둘은 서로를 포함하고 조화롭게 작용한다. 이는 곧 '일다상용'(一多相容), 즉 하나와 많음이 서로 조화를 이루며 공존한다는 원리로 귀결된다. 이 개념은 시계의 비유로도 설명될 수 있다. 인간은 시계 장치 안의 하나의 톱니바퀴에 불과하다. 전체 시계가 어떻게 작동하는지는 개별 톱니바퀴인 인간에게는 명확히 파악되지 않는다. 설사 어느 정도 안다고 해도, 그 작동 원리는 인간의 시선에서 보면 때때로 기만처럼 느껴질 수 있다.

이와 같은 인식 한계를 마르쿠스 아우렐리우스는 『명상록』의 마지막 부분에서 다음과 같이 표현했다. "너는 세상이라는 도시의 한 시민임을 기억하라." 즉, 우리는 전체 질서 속의 한 부분일 뿐이며, 자연의 전체 작동 원리를 온전히 이해하기는 어렵다는 것이다. 스미스가 말한 '보이지 않는 손' 또한 이런 자연 질서의 기만적 작용, 즉 인간의 의도나 인식을 초월한 결과로 나타나는 신성한 조율로 이해할 수 있다. 우리는 전체 작동 원리를 알 수 없으며, 때로는 그 작동이 우리에게 기만적으로 보일 수 있다. 그러나 그것은 전체의 조화를 위한 부분의 제한된 시각일 뿐 본질적으로는 선한 질서의 일부인 것이다.

이처럼 스미스의 '보이지 않는 손'은 단지 시장경제만을 설명하는 은유가 아니라 인간 이성과 도덕 감정, 그리고 사회 질서 너머에서 작동하는 자연과 신의 섭리를 가리키는 심오한 철학적 은유로 이해되어야 한다.

우리는 자연을 보통 다음과 같은 방식으로 인식한다. 먼저 자연의 아름다운 물리적 형태에서 감각적 즐거움을 느끼고, 이어서 그 아름다움이 단지 외형에만 있지 않고, 자연에 깃든 더 높은 질서와 법칙, 즉 영혼의 요소가 그것에 기여한다고 여긴다. 마지막으로 그 아름다움을 이성의 작용을 통해 파악함으로써 우리는 자연의 아름다움과 이성의 아름다움을 일치시키고, 그로부터 영혼의 법칙을 깨닫게 된다.

우리가 자연의 외양에서 즐거움을 느끼는 까닭은 자연 그 자체에 내재된 것이 아니라 인간의 지각 능력, 더 나아가 영혼과 자연 사이의 조화에 기반한다. 이처럼 자연은 인간의 영혼에 중요한 세 가지 역할을 한다.

첫째, 아름다움을 느끼고자 하는 마음을 채워준다.

둘째, 영혼이 본능적으로 바라는 깊은 필요를 만족시킨다.

셋째, 결국 우리는 더 근원적인 존재, 즉 '일자(一者)'로 돌아가야 한다는 사실을 자연을 통해 떠올리게 된다.

그런데 언어도 자연을 닮아 있다. 언어보다 먼저 자연이 있었고, 자연보다 먼저는 인간의 영혼이 있었다. 언어는 자연에서 일어나는 일들을 나타내는 기호이고, 자연의 각 현상은 결국 영혼 속에서 일어나는 일을 비추는 상징이다. 그래서 자연은 영혼을 비추는 거울이자, 그것을 표현하는 은유가 된다. 결국 우리는 언어가 어떻게 만들어지고 작동하는지를 살펴보면서 그 안에 담긴 영혼의 움직임까지도 엿볼 수 있게 되는 것이다. "언어는 존재의 집이며, 세계를 구성하는 원리다"라는 말은 이 점을 뜻한다. 스미스가 언어의 본질적 의미에 일찍부터 주목했으며, 『도덕감정론』 제3판에 언어 생성에 관한 논문을 추가한 것도 이러한 맥락에서 이해할 수 있다.

다시 "보이지 않는 손"의 개념으로 돌아가보자.

이 개념은 스미스의 사상에서 이기심(self-love)과 밀접하게 연결되어 있다. 스미스의 사상적 선배 중 한 명은 의사이자 풍자 시인이었던 버나드 맨더빌(Bernard Mandeville, 1670~1733)이다. 맨더빌은 18세기 초 런던에서 「벌들의 우화」(Fable of the Bees)라는 냉소적인 시를 발표해 주목받았다. 이 시에서 탐욕스럽고 이기적인 벌들은 활발한 활동력을 보이며, 그 결과 벌집은 놀라운 번영을 이룬다. 맨더빌은 "악덕은 미덕을 낳는다"는 파격적인 주장을 통해 사적 욕망이 오히려 공동선을 창출할 수 있다고 말한다. 즉 부와 사치를 향한 욕망(악덕)이 근면과 저축이라는 미덕을 유도했고, 그것이 사회의 번영으로 이어졌다는 것이다.

스미스는 이러한 맨더빌의 사상을 부분적으로 수용하면서도 중요한 수정과 보완을 가했다. 그는 인간의 이기심을 단순히 자기애로 취급하지 않았다. 오히려 "자기 자신에 대한 사랑"이야말로 남을 사랑하고, 더 나아가 사회 전체를 사랑할 수 있는 기초라고 보았다. 그러나 이 자기애는 반드시 도덕에 기반해야 하며, 그렇지 않은 이기심은 타인을 향한 도덕적 행위로 확장될 수 없다고 경고했다.

이기심의 원어는 self-love이다. 스미스는 인간이 자기 자신을 사랑하고 자신의 이익을 추구하는 일을 성실히 해나갈 때, '보이지 않는 손'(invisible hand) 또는 '자연의 기만'이 작용하여 결과적으로 사회의 공동선이 더 강하게 추진된다고 보았다. 여기서 말하는 이기심은 단순한 욕심이 아니라 인간의 자연적 자유를 설명하는 심리적 요인이다. 이러한 이기심에서 출발한 개인의 사회적 행동들이 서로 영향을 주고받으면서 객관적인 사회 질서가 형성된다. 그리고 그 질서가 어떻게 유지되는지를 설명하는 핵심 개념이 '보이지 않는 손'이다.

비록 스미스가 『도덕감정론』에서 이 손을 신의 손이라 명시하진 않았지만, 여러 대목에서 보이지 않는 손이 곧 자연, 즉 신성(神性)이 인간에게 건네는 사랑의 손임을 암시한다. 이 개념은 18세기 계몽주의 시대의 이신론(理神論)에서 영향을 받은 것이다. 스미스는 인간의 이기심이 사회 질서를 의도적으로 만들어낸다고 본 것이 아니라 각자가 자신의 이익을 위해 행동하는 가운데, 의도하지 않은 결과로서 사회 전체의 조화가 이루어진다고 보았다. 다시 말해, 이기심에서 비롯된 개인의 행동을 통해 신의 보이지 않는 손이 섭리하고, 겉보기에는 무질서해 보일지라도 그 이면에는 보이지 않는 질서와 법칙이 작동하고 있다는 것이다.

이러한 생각은 앞서 언급한 '시계' 비유와 맞닿아 있다. 신이 우주라는 거대한 시계를 감아놓고 더는 개입하지 않더라도 그 시계는 질서 있게 잘 작동한다는 것이다. 사회 질서 또한 마찬가지로 신이 이미 구조를 설정해두었기 때문에 인간 이성만으로도 그것을 유지하고 보완해 나갈 수 있다는 생각이다.

'보이지 않는 손'으로 나아가는 중간 경로는 앞서 말한 '공정한 관찰자'다. 이는 스미스가 다음과 같이 서술한 문장에서 잘 드러난다.

> 우리가 마음속에서 위대한 반인반신(the great demi-god within the breast)이라 부르는 존재, 곧 행동의 최종 심판자이자 판단의 기준은 이렇게 내면에서 천천히 그리고 꾸준히 형성되는 개념이다. 이 개념은 누구에게나 크고 작은 차이는 있지만 일정한 형태로 그려지고 색채가 더해지며, 전체적인 틀이 갖추어진다. 다만 그 정교함은 각자가 지닌 감정의 섬세함과 예민함 그리고 관찰에 기울이는 관심과 주의력에 달려 있다.

즉, 인간은 상상력이라는 정신적 기능을 통해 '공정한 관찰자'의 위치에 도달할 수 있고, 이는 다시 반인반신적 상태로 이어진다. 더 나아가 이 경로를 따라 신의 경지, 즉 '보이지 않는 손'의 작용을 자각하는 차원에까지 이른다. 스미스는 이러한 공정한 관찰자를 "행동의 위대한 재판관이자 중재자"(the great judge and arbiter of conduct)로 묘사하면서 인간 내부에 내재한 일종의 도덕적 통제 장치로 이해했다.

공정한 관찰자는 고대 철학자 소크라테스가 말한 '다이몬'과도 유사하다. 소크라테스는 자신의 내면에서 들려오는 신성한 암시, 즉 다이몬(daimon)의 존재를 믿었으며, 다이몬은 어원상 '운명을 배정하는 존재'를 뜻한다. 이는 인간에게 행운과 불운, 피할 수 없는 운명을 부여하는 신적 중개자이다. 스미스의 공정한 관찰자 역시 인간도, 신도 아닌 중간적 위치에서 인간의 삶과 선택을 바라보며 판단한다는 점에서 이 다이몬과 닮아 있다. 결국 공정한 관찰자는 보이지 않는 손의 존재를 자각하는 내적 주체이자, 인간을 신성의 차원으로 인도하는 도덕적 동력이다.

스미스는 이러한 공정한 관찰자에게 신성의 영감을 부여하면서, 신의 본성을 다음과 같이 설명한다.

> 신은 자연의 모든 운동을 주관하며, 자신의 변함없는 완전함 속에서 가능한 한 세상에 최대의 행복이 지속되도록 의지를 다한다. 이런 보편적 자애의 관점에서 보면 세상을 아버지 없는 곳으로 여기는 생각은 인간이 품을 수 있는 가장 절망적인 관념이다. 그런 의심은, 우리를 둘러싼 무한하고 이해할 수 없는 세계가 끝없는 고통과 절망으로 가득 차 있다는 믿음에서 비롯된다. 설령 눈부신 번영이 눈앞에 펼쳐지더라도, 이러한 생각은 상상력의 어두운 그림자를 걷어내지 못하고, 마음에 드리운 불안을 지우지 못한다.
>
> 그러나 참으로 현명하고 도덕적인 사람은 어떤 고난과 역경 속에서도 이러한 절망에 빠지지 않는다. 그는 보편적 자애의 질서가 존재한다는 깊은 확신을 평생의 습관처럼 간직하고 있으며, 그 확신은 삶의 고통 속에서도 결코 사라지지 않는 내적 기쁨을 가능하게 한다.

스미스에게 공정한 관찰자와 보이지 않는 손 그리고 신은 모두 연결된 개념이다. 인간의 내면에 내재한 이 도덕적 감응 체계는 단순한 자기 통제 수준을 넘어, 인간을 더 높은 도덕적·영적 차원으로 끌어올리는 사다리 역할을 한다.

7. 스미스의 행복론

스미스의 행복론은 일반적인 상식과 다르다. 많은 사람은 권력과 부가 많으면 자연스럽게 행복해진다고 믿는다. 그러나 스미스는 이 책에서, 행복은 그런 방식으로 얻어지는 것이 아니라고 말한다.

그에 따르면 "무엇을 가지면 행복할 것"이라는 생각은 환상일 뿐이며 "그럼에도 행복하겠다"는 태도가 진정한 행복의 길이라고 강조했다. 행복은 미래의 조건이 아니라 지금 여기서 추구해야 할 것이다. 권력과 부는 언제든 주인을 배신할 수 있는 야생마 같은 것이며, 그런 불안정한 것을 좇아 한평생을 보내는 건 어리석은 일이다.

스미스는 18세기 상업 사회의 물질주의를 비판하며, 타락한 마음에서 행복이 비롯될 수 없다고 본다. 이를 설명하기 위해 그는 '가난한 사람의 아들' 이야기를 예시로 든다.

가난한 아들은 부자들의 삶을 동경하며, 자신도 부와 명성을 얻으면 평온하고 행복한 삶을 살 수 있을 거라 믿었다. 그는 이를 위해 평생을 바쳤고, 육체는 피로에 시달리고 정신은 불안에 잠식됐다. 잠시라도 쉬면 남보다 뒤처질 것 같아 늘 조급했고, 결국 그는 현실에서 누릴 수 있었던 일상의 평온마저 잃어버렸다. 노년에 이르러 얻은 부와 휴식은 이미 희생한 것에 비해 너무 늦고, 너무 작았다.

스미스는 말한다. 권력과 부는 얻기도 어렵지만 지키는 건 더 어렵다. 얻은 뒤에는 더 큰 불안, 공포, 슬픔에 시달리며, 병과 죽음의 위험까지 감수해야 한다. 결국 사람을 편안하게 할 것 같았던 권력과 부가 오히려 병의 원인이 된다. 그렇게 위태롭고 탐욕과 질투에 시달리는 것을 왜 추구하느냐고 묻는다. 차라리 적게 가지고 이웃과 나누며 살아가는 것이 더 평온하고 만족스러운 삶이 아니겠느냐는 것이다.

스미스는 이런 문제의식을 제기하며 고대 그리스 에피로스 왕의 일화를 들려준다. 에피로스 왕의 총신이 왕에게 한 말은, 인간 삶의 거의 모든 보편적 상황에 적용될 수 있는 통찰을 담고 있다.

왕은 총신에게 앞으로 수행할 정복 사업들을 차례로 이야기했고, 마침내 계획을 모두 설명했다. 그러자 총신이 물었다. "폐하, 그 모든 정복을 완수한 후에는 무엇을 하실 생각입니까?" 왕이 답했다. "그다음에는 친구들을 불러 함께 술을 마시며 즐거운 시간을 보내야지." 그러자 총신이 다시 묻는다. "폐하, 그 즐거움은 지금 당장도 누릴 수 있는데, 왜 굳이 나중까지 기다리십니까?"

스미스는 이 고사를 통해 우리 곁에도 에피로스 왕처럼 미래의 행복만을 추구하다가 당장 누릴 수 있는 소박한 즐거움을 스스로 놓치는 사람들이 적지 않음을 일깨운다. 우리가 누릴 수 있는 진정한 행복은, 우리의 실제적이고 소박한 현실 속에 언제나 가까이 있으며, 우리의 손이 닿는 범위 안에 있다는 것이다. 허영심이나 우월감 같은 경박한 즐거움을 제외하면, 단순한 자유와 평온 속에서도 우리는 충분히 깊은 만족을 누릴 수 있다. 지금 내게 주어진 것을 소중히 여기고, 현재 이 자리에서 즐기라고 스미스는 강조한다. 이미 편안한 때를 맞이했음에도, 공연히 남과 비교하며 괴로워하지 말라는 것이다. "아직 내 재산은 100억이 안 돼", "아직 사장이 되지 못했어" 하는 식의 불평 속에 머물다 보면 이미 확보한 소중한 것조차 시시하게 느껴져 결국 아무것도 누리지 못한다.

이어서 스미스는 스토아학파 철학을 인용한다. 스토아는 인생에서 따라오는 여러 이익을 단지 작은 판돈 정도로 여겨야 한다고 가르친다. 중요한 것은 그 판돈 자체가 아니라 인생이라는 게임을 어떻게 잘 풀어나가느냐는 것이다. 행복을 '무언가를 얻는 것'이라 생각하는 순간, 우리는 행복을 통제할 수 없는 외부 요인에 맡기게 된다. 그것이 "무엇이 있다면 행복하겠다"는 착각, 그 함정이다.

스미스는 여기서 다시 스토아의 게임 비유를 꺼낸다. 우리가 공놀이를 할 때, 공이 어떤 재질인지, 얼마나 낡았는지를 문제 삼지 않는다. 중요한 건 공을 차고 던지며 몸을 움직이는 행위 자체에서 오는 즐거움이다. 그런데 인생에서 얻을 수 있는 이득에만 집착한다면 이는 공놀이라는 전체 게임은 외면한 채, 오로지 공 자체에만 몰두하는 꼴이다. 본말이 전도된 것이다. 마치 수레가 말을 끄는 것처럼 삶의 순서가 뒤틀린 셈이다.

우리가 인생이라는 게임을 잘못 이해하고 엉뚱한 방향으로 펼쳐나가다 보면 필연적으로 스스로를 두려움과 불안 그리고 끊임없는 실망과 좌절 속에 가두게 된다. 그러나 인생의 게임을 공정하게 즐기고, 현명하고 능숙하게 해내는 데 행복의 근거를 둔다면 우리는 언제든 행복할 수 있다. 막연한 미래 불안에서 벗어나, 지금 이 순간의 자신을 있는 그대로 인정하고, 그로부터 편안함을 느낄 수 있게 된다. "나는 나이기 때문에 사랑스럽다"는 감정이 자연스럽게 생기는 것이다.

스미스는 부와 권력이 행복의 수단이 될 수 없음을 강조하며, 진정한 행복은 결국 마음의 평온을 추구하는 것이라고 말한다. 그에게 평온은 두 가지 의미를 갖는다. 하나는 철학자이자 저술가로서 쌓아온 자신의 명성과, 그 명성 덕분에 누리는 존경이 훼손될까 하는 우려이고, 다른 하나는 보다 본질적인 마음의 평화와 정신적 만족이다.

스미스의 행복론은 결국 도덕적인 사람이 되어야 진정한 행복에 이를 수 있다고 말한다. 그는 도덕적 덕성의 핵심을 '행위의 적절성', '신중함', '자애', '자기 제어'로 제시하는데, 이는 고대 4대 미덕인 '정의', '신중', '절제', '인내'와도 대응 관계를 이룬다. 예컨대 '적절성'은 '정의'와, '자기 제어'는 '절제'와, '신중함'은 그대로 '신중함'과 대응된다. 남은 '자애'와 '인내'의 관계는 다소 이견이 있을 수 있으나, "사랑은 성내지 않으며 오래 참는다"는 말처럼, 자애는 인내의 바탕이 되기도 한다.

결론적으로 스미스는 행복한 인간이란 곧 도덕적인 인간이며, 그런 행복에 이르려면 자기 제어가 뛰어난 신중한 사람이 되어야 한다고 말한다. 그는 이 '신중한 인간'을 설명하기 위해 『도덕감정론』 곳곳에서 그 반대 유형인 허영과 오만에 빠진 인간에 대한 풍부한 논의를 펼친다.

8. 분업과 교환의 중요성

『도덕감정론』은 『국부론』의 철학적 기반이 되는 저작이며, 이 두 책을 연결해주는 핵심 매개는 스미스의 언어 이론이다. 스미스가 『도덕감정론』 3판에 언어론 논문을 추가한 것은 언어, 도덕 감정, 국부 개념 간의 유기적 연관성을 의도적으로 드러낸 행위였다.

해당 논문의 정식 제목은 「언어의 최초 생성에 관한 여러 고려 사항 그리고 원초적 언어와 혼합 언어의 서로 다른 특성에 관하여」으로, 1761년 런던의 정기 간행물인 『언어학 잡고』(*The Philological Miscellany*)에 처음 발표되었다. 이후 스미스는 이 논문을 『도덕감정론』 제3판(1767)의 부록으로 포함했고, 생전에 간행된 4판, 5판, 6판(최종판)까지도 꾸준히 함께 수록되었다.

이 글은 국내에서 발간된 『도덕감정론』 번역본들에서 제외되어 왔지만, 최근에는 스미스 연구자들 사이에서 활발히 논의되는 주요 문헌으로 떠오르고 있다. 이 논문에서 스미스는 언어의 발전 과정을 인간 정신과 사회의 발전 양식과 긴밀히 연결 지으며, 언어를 단순한 도구가 아니라 인간 본성과 문명의 진화를 반영하는 메커니즘으로 보았다.

『도덕감정론』 본문에서도 그는 언어의 본질적 역할을 다음과 같이 강조한다.

남의 신뢰를 얻고, 설득하며, 이끌어가는 일에 대한 욕망은 인간에게 가장 본능적이면서도 강력한 욕망 중 하나다. 이러한 욕망의 기반에는 인간 고유의 언어 능력이 있다. 동물들에겐 언어가 없고, 따라서 동료를 설득하거나 이끌려는 욕망도 거의 찾아볼 수 없다. 더 크게 보면 남보다 앞서고자 하는 야망, 타인을 인도하고 지휘하려는 욕망, 사회적 영향력을 행사하려는 충동은 모두 인간 특유의 것이며, 그 실현을 가능하게 하는 핵심 도구가 언어다.

스미스는 이러한 언어의 기원에 대해 비상한 관심을 가졌다. 언어의 발생 과정은 인간의 감정 구조와 사회적 행동 패턴을 파악하는 데 중요한 단서를 제공한다고 보았기 때문이다. "언어는 존재의 집"이라는 철학적 통찰처럼, 인간의 세계관이 모국어에 의해 결정된다는 주장이 있을 정도로 언어는 인간 존재의 핵심 요소이다. 스미스는 이 점을 깊이 인식하고 해당 논문을 집필했기에, 역자는 이 부분을 『도덕감정론』의 해석적 열쇠로 삼아 책의 부록에 포함했다.

이 논문의 핵심 주장은 다음과 같다.

이러한 과정을 통해 대부분의 비인칭 동사들은 인칭 동사로 발전하게 되었고, 대부분의 사건은 하나의 단일한 개념이 아니라 여러 형이상학적 요소로 분할되어 표현되었다. 그 결과, 거의 모든 문장과 어구는 다양한 품사를 통해 이루어지게 된 것이다.

언어의 발달과 마찬가지로 글쓰기 기술도 비슷한 과정을 거쳤다. 인류가 글로 사고를 표현하기 시작했을 때는 글자 하나가 단어 전체를 나타냈다. 그러나 단어의 수는 사실상 무한에 가깝기 때문에 사람들은 기억해야 할 글자의 양이 지나치게 많아져 큰 부담을 겪었다. 이로 인해 단어를 구성 요소로 분해하고, 단어 자체가 아니라 그 요소들을 표상하는 글자를 만들어야 할 필요가 생겼다. 그 결과 하나의 단어는 더 이상 하나의 글자가 아니라 여러 글자의 조합으로 구성되게 되었다. 이렇게 글자를 통한 단어 표현은 이전보다 훨씬 더 정교하고 복잡해졌지만, 동시에 체계적으로 정리될 수 있었다.

스미스는 문장의 분할을 중시하며 저자 주석에서 다음과 같이 덧붙인다. "오늘날 대부분의 동사들은 완결된 사건 전체를 표현하기보다는, 그 사건의 일부 속성만을 나타낸다. 따라서 이러한 동사들이 의미를 완성하려면 주격 명사의 도움이 필요하다. 그러나 일부 문법학자들은 언어의 자연스러운 발전 과정을 고려하지 않고 [있다]."

여기서 스미스가 말한 "대부분의 사건을 하나의 단일한 개념이 아니라 여러 형이상학적 요소로 분할하는 것"과 "단어를 구성 요소로 분해하는 것"은 『국부론』 서두에서 언급한 분업의 효과와 동일한 구조를 따른다. 즉 그는 언어의 발전 속에서 감정 구조의 변화와 유사한 패턴을 읽어 내고, 나아가 그것이 경제 활동의 발전과도 연결된다고 보았다. 인간의 언어, 감정, 행동(경제 활동)은 모두 분업과 교환이라는 동일한 메커니즘 위에서 작동한다는 것이다.

이러한 분업은 심지어 개인 내부에서도 관찰된다. 즉 공정한 관찰자로서 판단을 내리는 자아와, 그 판단을 수용하거나 거부하며 실천하는 자아 사이에서도 역할 분담이 이루어지며, 이들 사이에 교환이 활발하게 이루어질 때 비로소 도덕적 행위가 가능해진다.

결국 분업과 교환은 스미스 철학의 핵심 개념이다. 그의 관점에 따르면 경제는 재화와 용역의 공정한 교환이며, 언어는 사상의 교환, 도덕은 감정의 교환이다. 언어의 핵심 기능인 상상력과 비유 역시 이러한 교환의 원리에 기반하며, 『도덕감정론』의 중심 개념인 '공정한 관찰자' 또한 상상력에 의존한 비유적 개념이다.

스미스는 언어를 통해 이기심과 이타심도 설명한다. 그는 이를 문장에 비유해 이기심은 문법, 이타심은 수사법이라 했다. 문법만으로도 의미 전달은 가능하지만 수사법이 더해져야 말하는 이의 품위와 감정까지 함께 전달된다. 마찬가지로 빵집·정육점·포도주 가게의 행위가 단지 영리 목적일지라도, 이기적 행위들의 총합은 결국 사회를 원활하게 작동시키며 이타적 결과로 이어진다.

언어 역시 마찬가지다. 누군가 특정 대상을 독단적으로 XYZ라고 명명한다고 해서 그 명칭이 통용되지는 않는다. 공정한 관찰자의 시선을 통과한 언어 유통이 있어야만 그 단어가 널리 쓰이고 의미를 획득한다. 이처럼 언어는 사회 내 상호 의존적 교환을 가능하게 하는 기반이다.

언어와 감정의 교환은 결국 행동의 교환으로 이어진다. 앞서 말한 상점들의 판매 행위가 교환되어야 우리의 저녁 식사가 완성되며, 이것이 곧 경제의 본질이다.

이처럼 분업과 교환은 인간 행동의 전 영역에서 작동하는 기본 메커니즘이다.

경제는 재화의 교환,

정치는 권력의 교환,

언어는 사상의 교환,

도덕은 이기심과 이타심의 교환이다.

도덕 감정 또한 결국은 "내 입장을 저 사람의 입장에 대입해본다"는 상호 교환적 감정에서 비롯된다. 대화와 사교의 기쁨도 감정과 의견이 서로 일치할 때 생겨나며, 이러한 조화로운 교감은 분업과 교환의 구조가 뒷받침될 때 가능하다.

스미스는 체스 게임의 비유를 통해 분배와 교환 그리고 협력의 필요성을 강조한다. 그는 체스와 인간 사회를 비교하며, 겉보기에는 유사하지만 본질적으로는 다르다고 말한다. 체스 게임은 정적이고 제한된 규칙에 따라 움직이지만, 인간 사회는 끊임없이 변화하고 복잡한 동적인 체계로서, 분배·교환·협력이 없으면 결코 원활히 작동할 수 없다.

그는 이렇게 설명한다.

체스판 위의 말들은 손의 지시에만 반응하지만 인간 사회의 구성원들은 각자 고유한 원칙과 동기를 가지고 움직인다. 그들의 작동 원리는 제도를 설계한 자가 부여하려 한 원칙과 다를 수밖에 없다. …

만약 이 두 작동 원칙—사회 구성원의 실제 동기와 제도 설계자의 이상—이 일치하거나 같은 방향을 향한다면 사회는 조화롭게 운영될 수 있으며 성공과 행복에 이를 가능성이 크다. 그러나 이 원칙들이 충돌하거나 상반된다면 사회는 반드시 심각한 혼란과 무질서에 빠지게 될 것이다.

스미스는 분업과 교환에 기반한 협력이 원활히 작동하려면 반드시 자유가 보장되어야 한다고 본다. 언어의 자유, 사상의 자유, 행동의 자유가 전제되지 않으면 교환 자체가 불가능해진다. 결국 자유로운 교환이 자유 시장을 가능케 하고, 이는 스미스 경제사상의 핵심 토대가 된다.

스미스 사상의 핵심을 두 단어로 요약한다면 그것은 '자유'와 '도덕'이다. 그는 『도덕감정론』 제7부 제4절에서 인간의 도덕을 언어의 문법에 비유한다. 도덕과 문법은 인간 사회의 기본 규칙이라는 점에서 밀접한 관계를 갖는다.

우리는 이미 언어·사회·서사 구조 안에 놓인 상태로 태어난다. 그리고 언어는 문법을 따를 때만 의미를 갖는다. 예컨대 "나는 밥을 먹는다"라는 문장은 통하지만 "밥은 나를 먹는다"라고 하면 아무도 이해하지 못한다. 모국어를 사용하는 사람은 어린 시절부터 자연스럽게 문법을 내면화하며, 일상에서 그것을 벗어나는 일은 거의 없다.

스미스는 이러한 언어의 문법처럼, 정의의 규칙도 마땅히 내면화되어야 한다고 본다. 사람은 언어를 통해 사회 안에서 자기 삶의 이야기를 만들어가며, 그 이야기의 전개 과정에서 정의를 향해 나아가야 한다는 것이 도덕의 문법이다.

그는 인생을 살아가면서 도덕적인 이야기를 실천해야 한다고 강조한다. 다른 길은 일시적으로는 성공처럼 보일지 몰라도, 결국 불행을 초래할 수밖에 없다. 이야기 만들기가 개인의 삶이라면, 그 핵심은 사회생활이며, 그 안에서 이루어지는 경제 활동 역시 도덕의 규율 안에서 이루어져야 한다. 스미스가 살았던 시대는 부패와 탐욕이 만연한 상업 사회였기에 이것을 제어할 도덕적 기준이 더욱 절실했다고 볼 수 있다.

그는 『도덕감정론』 제6판의 서문 격인 〈공지〉라는 짧은 글에서, 자신의 철학적 유언에 가까운 메시지를 남긴다. 그리고 그 글의 마지막에 『도덕감정론』 초판의 마지막 문장을 다시 인용한다.

나는 또 다른 저술에서 법과 정부의 일반 원칙들을 다루고, 그것이 사회의 여러 시대와 시기를 거치며 어떤 변화를 겪어왔는지도 살펴볼 예정이다. 여기에는 정의와 관련된 문제뿐 아니라 치안, 재정, 군사 제도 그리고 그 밖에 법의 대상이 되는 다양한 목적이 포함될 것이다.

이 인용은 곧 『국부론』으로 이어지는 선언이며, 스미스 사상의 철학적·도덕적 기반이 『도덕감정론』에 놓여 있음을 보여준다.

스미스는 자신이 『국부론』에서 일정 부분 그 약속을 실천했다고 말하면서, 이미 고령에 접어든 상황에서 새로운 대작을 집필하기는 어렵지만 그 계획 자체를 완전히 포기한 것은 아니었다고 밝혔다. 이 글은 그가 세상을 떠나기 3개월 전에 남긴 것이며, 죽음 직전까지도 정치학 저술에 대한 열망을 품고 있었음을 보여준다.

스미스는 『도덕감정론』, 『국부론』 그리고 법학과 정치학을 다룰 계획이었던 『정의론』을 통해 '나 – 타인 – 사회'로 이어지는 인간 행동의 도덕적 질서를 설명하는 3부작을 완성하고자 했다. 그러나 『정의론』은 끝내 쓰지 못했다. 그렇다면 그는 왜 정치학 책을 끝내 쓰지 못했을까?

스미스는 사물의 이치를 투명한 유리창 너머로 들여다보듯 명료하게 파악하고자 하는 이성의 소유자였다. 그러나 현실 정치란 애초에 명료하게 대상화될 수 있는 성질의 것이 아니었다. 정치에 참여하는 사람들은 이익과 불이익, 유불리에 따라 태도를 바꾸고, 일상적으로 자기기만, 자기정당화, 자기망상의 언어를 구사한다.

스미스는 영국 정치에서 토리당과 휘그당 간의 극심한 당파 싸움을 직접 목격했고, 이를 이론적으로 설명하려 시도했으나, 정치의 복잡성과 불확실성은 그의 이상과 충돌했다. 정치에는 문법도, 수사법도 없으며, 오직 "이기는 자가 옳다"는 정글의 법칙이 지배하기 때문이다. 이런 현실에서 정연한 논리로 구성된 정치학 책은 탁상공론에 머물 가능성이 컸고, 스미스는 결국 정치학 저술을 완수하지 못했다.

그러나 이처럼 끝내 쓰이지 못한 『정의론』의 배경은 오히려 역설적으로, 『도덕감정론』과 『국부론』이 얼마나 투명하고 공정한 담론인지를 되새기게 한다. 두 책은 스미스가 구현하고자 한 이성적이고 도덕적인 인간 이해의 결정체이자, 그의 사유가 도달한 철학적 정점이라 할 수 있다.

이상으로 『도덕감정론』의 개요와 주요 사상을 살펴보았다. 이 책은 『국부론』처럼 구체적인 경제 활동을 다룬 저작이 아니라 도덕이라는 추상 개념을 정밀하게 분석한 철학적 저작이다. 따라서 읽기에 결코 쉽지는 않다. 하지만 조급해하지 말고 한 줄씩 찬찬히 읽어 나간다면 그 안에서 생각하는 즐거움을 분명히 발견하게 될 것이다.

또한 지금까지 논의한 『도덕감정론』의 핵심 내용을 숙지하면, 『국부론』 곳곳에서 반복적으로 언급되는 도덕 정신의 본질을 보다 선명하게 이해할 수 있다. 윤리학과 철학을 공부하려는 이에게는 철학개론서를 읽는 것보다도 이 책을 정독하는 편이 훨씬 깊이 있는 공부가 될 수 있다.

참고로 이 책의 원문에는 소제목이 달려 있지 않다. 하지만 독서의 편의를 고려해 번역자는 지나치게 길고 복잡한 원문 구조 속에서 일정한 단위마다 소제목을 삽입했고, 각 문단의 흐름을 미리 짚어줌으로써 독자의 가독성과 이해도를 높이고자 했다. 따라서 각 파트를 읽기 전에 해당 소제목을 먼저 살펴보면 전체 내용을 더 쉽게 이해하는 데 도움이 될 것이다.

애덤 스미스 연보[123]

1723년(출생)

6월 5일, 스코틀랜드 파이프주 커콜디(당시 인구 약 1,500명)에서 태어났다. 아버지 애덤 스미스(1680-1723)는 법률가이자 세관 관리였고, 어머니 마거릿 더글러스(1694-1784)는 파이프주의 유복한 지주 집안 출신이었다. 부부는 1720년에 재혼했으며, 아버지에게는 전처 사이에서 태어난 아들 휴 스미스(11세)가 있었다. 휴는 1750년, 41세에 사망하였고, 이로써 애덤 스미스는 부친의 재산을 상속받게 된다.

부친은 스미스가 태어나기 5개월 전에 세상을 떠났고, 어머니 마거릿은 그 후 평생 아들의 곁을 지켰다. "그의 삶에서 어머니는 처음부터 끝까지

---

123 작가 연보와 역자 해제 중 작가의 생애는 애덤 스미스 전기 중 가장 권위 있는 것으로 평가되는 존 레이(John Rae)의 『애덤 스미스의 생애』(*Life of Adam Smith*, 1895)를 주로 참조했고, 최근 것으로는 이언 심프슨 로스(Ian Simpson Ross)의 『애덤 스미스의 생애 제2판』(2010)을 참고하여 보충했다.

중심이었다"(His mother herself was from first to last the heart of Smith's life). 스미스가 평생 독신으로 지낸 것도 어머니를 성심껏 봉양하기 위함이었다는 말이 전해진다.

이 해, 잉글랜드에서는 조지 2세가 즉위했다.

1727년(4세)

스미스는 집시 여인에게 납치되었으나 스미스 집을 찾은 한 신사가 길에서 집시가 아이를 데려가는 장면을 목격해 신고했고, 인근 레슬리 숲에서 무사히 구조되었다.

1730년(7세)

스미스는 어려서부터 몸이 약했고, 어떤 생각에 몰두하면 멍하니 중얼거리며 주의를 잃는 습관이 있었다. 이 습관은 평생 지속되었다. 또한 젊은 시절부터 건강에 대한 지나친 걱정을 보였고, 이는 심인성 증상의 일환으로 추정된다. 특히 생애 마지막 12년을 보낸 에든버러에서는 이러한 증세가 자주 나타났고, 주로 위장 부위에 심한 통증을 호소했다.

1733년(10세)

커콜디의 버그 학교에 다니며 라틴어를 처음 배우기 시작했다. 독서와 공부를 좋아했고 기억력이 뛰어나 교장으로부터 대학 진학을 권유받았다. 특히 관찰력이 뛰어났는데, 소년 시절 지역의 못 공장을 자주 구경하며 노동 분업에 대한 최초의 아이디어를 얻었을 것으로 보인다.

1737년(14세)

스미스는 14세의 나이에 글래스고 대학에 입학해 도덕 철학자 프랜시스 허친슨의 수제자가 되었다. 그는 허친슨에게서 자연 신학을 배우며, 인간의 자유를 중시하는 사상에 깊은 영향을 받았다. 대학 시절 수학을 특히 좋아했으며, 당시 글래스고 대학은 스코틀랜드 계몽운동의 중심지로 활발한 지적 분위기를 자랑했다.

대학 시절과, 이후 교수로 재직할 때까지 스미스는 이 도시의 진취적이고 지적인 상인들과 활발히 교류하며 대화를 나눴고, 탁월한 관찰력과 이 경험들이 더해져 훗날 위대한 경제학자로 성장하는 기틀이 마련되었다.

1740-1746년(17-23세)

스넬 장학금을 받아 옥스퍼드의 베일리얼 대학으로 유학을 떠났다. 유학 기간은 1740년 6월부터 1746년 8월 15일까지로, 총 6년이었다. 그러나 그는 옥스퍼드에서 수업에는 거의 참여하지 않고 독학에 몰두했다. 『국부론』 제5권 제1장에서 옥스퍼드 교수들이 종신직에 안주하며 연구와 교육에 소홀하다고 강하게 비판한 데서도, 그가 당대 교수진에 깊은 인상을 받지 못했음을 짐작할 수 있다.

비슷한 시기 옥스퍼드를 중퇴한 에드워드 기번 또한 이 학교를 혹평했고, 제러미 벤담 역시 옥스퍼드에서는 배움이 불가능하다고 말한 바 있다.

스미스는 베일리얼 대학 도서관에 틀어박혀 고대 그리스·로마 고전과 영미 문학 작품을 폭넓게 읽었다. 역사가들 가운데는 고대와 현대를 통틀어 『로마사』의 저자 리비우스를 가장 높이 평가했으며, 영국 작가 중에서는 『걸리버 여행기』의 조너선 스위프트를 존경했고, 프랑스 문학에서는 라신의 드라마에 큰 감명을 받았다.

1746년(23세)

봄, 옥스퍼드 유학을 마치고 스코틀랜드로 귀국했다.

1748-1751년(25-28세)

철학자이자 법률가인 헨리 홈(훗날의 케임스 경)의 주선으로 에든버러에 머물며 수사학과 문학에 관한 공개 강연을 시작했다. 이후 민법에 관한 강연도 이어갔다.

1751년(28세)

글래스고 대학에서 논리학 교수로 임명되었다.

1752년(29세)

스승 프랜시스 허친슨이 맡아온 도덕 철학 교수직을 이어받았다. 당시의 도덕 철학은 자연신학, 윤리학, 법학, 정치경제학 등을 포괄하는 광범위한 학문 분야였다.

1755-1756년(32-33세)

단기간 발간된 잡지 『에든버러 리뷰』에 두 편의 논문을 기고했다. 하나는 새로 출간된 닥터 존슨의 『영어 사전』에 대한 비평이었고, 다른 하나는 스코틀랜드의 학문과 문학이 유럽, 특히 잉글랜드와 프랑스에 끼친 영향에 관한 글이었다. 이 시기 유럽 전역에서는 7년 전쟁(1756-1763)이 발발했고, 『국부론』에서도 이 전쟁이 여러 차례 언급된다. 스미스의 사상에 깊은 흔적을 남긴 국제적 사건이었다.

1759년(36세)

『도덕감정론』을 출간한다. 이 책은 출간 직후 호평을 받았으며, 특히 유럽 대륙, 그중에서도 프랑스에서 큰 인기를 끌었다.

1761년(38세)

「언어의 최초 생성에 관한 여러 고려 사항 그리고 원초적 언어와 혼합 언어의 서로 다른 특성에 관하여」(줄여서 「언어의 최초 생성에 관한 논고」)를 잡지 『언어학 잡고』(*Philological Miscellany*)에 발표했다. 같은 해 『도덕감정론』 제2판이 간행되었다.

1764년(41세)

후일 잉글랜드 재무장관이 된 찰스 타운센드(공작의 의붓아버지)의 요청을 받아들여 글래스고 대학 교수직을 사직하고, 버클루 공작의 가정교사 겸 수행원 자격으로 2년간 유럽 여행에 나섰다. 스미스는 이 여행 동안 툴루즈, 제네바, 파리 등지에 머물렀다. 특히 툴루즈에서는 『국부론』 집필에 대한 구상을 시작했는데, 핵심 아이디어들은 글래스고 대학에서 도덕 철학을 가르치며 이미 정립한 것이었다.

제네바에서는 볼테르를 만나 교류했고, 파리에서는 여러 문학 살롱을 드나들며 프랑수아 케네를 중심으로 한 중농주의 경제학자들과 활발히 어울렸다. 스미스는 볼테르에 대해 깊은 존경심을 품었고, 그와 나눈 여러 대화를 소중한 추억으로 간직했다.

1766년(43세)

유럽 여행 중 파리에 머무는 동안 프랑스 극장을 자주 찾았다. 그는 장소·시간·행동의 '삼일치 원칙'을 엄격히 지키는 신고전주의 연극을 특히 좋아했으며, 라신의 『페드르』를 가장 뛰어난 비극으로 꼽았다.

이 무렵 마담 리보보니가 스미스에게 호감을 표현하기도 했고, 크레시를 여행하던 중 아베빌의 한 호텔에 머물렀을 때는 한 후작 부인이 직접 찾아와 사랑을 고백했으나, 스미스는 이를 정중히 거절했다고 한다.

그가 평생 독신으로 지낸 이유는 확실치 않다. 그러나 한 지인에 따르면 청년 시절 스미스는 재색을 겸비한 뛰어난 여성과 사랑에 빠졌으나 이루어지지 못했고, 그 여성 역시 평생 독신으로 살았다고 한다. 이 실연 이후 스미스는 다시는 결혼을 생각하지 않았다는 것이다.

11월, 2년간의 유럽 일정을 마치고 귀국했다.

1767년(44세)

11월 초, 런던에 머물며 약 6개월간 재무장관 찰스 타운센드 밑에서 일했다. 이 시기에 스미스는 영국 왕립학회 회원으로 선출되었으며, 에드워드 기번, 새뮤얼 존슨 등 당대의 지식인 및 문학인들과 교류했다. 같은 해 『도덕감정론』 제3판이 출간되었고, 부록으로 「언어의 최초 생성에 관한 논고」가 실렸다. 스미스는 '교환'의 개념을 핵심에 두었는데, 도덕도 언어도 경제도 결국 타인과 무언가를 주고받으려는 인간 본성에서 비롯된 것이라 보았다.

1767-1778년(44-55세)

스미스는 글래스고를 떠나 고향 커콜디로 돌아가 어머니와 미혼 사촌누이의 보살핌을 받으며 11년을 지냈다. 전기 작가 존 레이는 이 시기의 삶을 다음과 같이 전한다.

"스미스의 친구 데이비드 흄은 시골은 문인에게 맞지 않는다며 에든버러로 이사하라고 여러 번 권했지만 스미스는 고향 생활이 더 성향에 맞다고 했다. 그에게는 해야 할 일이 있었고, 곁에는 어머니가 계셨으며, 책들이 있었고, 날마다 해변을 산책하며 바닷바람을 쐴 수 있었으며, 필요하면 포스만 너머 에든버러에도 언제든 나갈 수 있었다."

이 시기에 그는 『국부론』 집필을 본격적으로 시작했다.

1768년(45세)

『국부론』 집필에 몰두하던 스미스는 매일 커콜디 해변을 혼자 산책하며 생각을 정리하곤 했다. 그러나 그는 필체가 지나치게 난잡하고 악필이라 직접 원고를 쓰지 않고 대필자를 고용해 구술하는 방식으로 집필을 진행했다. 그래서 책은 강연을 듣는 듯한 리듬이 있어 읽기 쉬웠지만, 같은 문장과 표현이 반복되는 경향이 있었다.

1769년(46세)

『국부론』 구상에 깊이 몰입한 나머지 스미스는 종종 현실감각을 잃고 방심 상태에 빠지곤 했다. 대표적인 일화 몇 가지는 다음과 같다.

그는 길을 걸을 때 혼잣말을 중얼거리며 머리를 좌우로 끊임없이 흔드는 습관이 있었다. 이는 떠오르는 생각을 스스로 묻고 답하는 일종의 사유 과정이었다. 한 친구에 따르면 에든버러의 하이스트리트 시장을 걷던 스미스를 본 한 여인이 "정신이 온전치 않은 사람이 혼자 거리를 배회하는데 아무도 제지하지 않는다"며 혀를 찼다고 한다.

또 한번은 커콜디의 어머니 집에서 글을 쓰던 중, 일요일 정원 산책을 하겠다고 실내복(잠옷 위에 입는 가운) 차림으로 나갔다가 생각에 몰입한 나머지 그대로 거리로 나섰고, 무려 25킬로미터 떨어진 덤퍼라인까지 걸어갔다. 교회의 종탑 소리에 정신을 차린 그는, 교회로 향하는 사람들 사이에서 실내복과 슬리퍼 차림으로 서 있는 자신의 모습을 발견하고 놀랐다고 한다.

런던에서 함께 아침식사를 했던 이는 이런 에피소드도 전한다. 스미스는 대화에 몰입한 나머지 버터 바른 빵과 끓는 물을 찻주전자에 넣은 뒤 차를 따른다며 컵에 따랐고, "이렇게 맛없는 차는 처음이다"라고 말하며 스스로 만든 차를 혹평했다.

카드 게임을 할 때도 딴생각에 빠져 자기 차례를 잊거나 전혀 엉뚱한 패를 내놓는 일이 잦아, 글래스고 대학의 동료 교수들은 가급적 스미스와는 브리지 게임을 하지 않으려 했다.

한 번은 버클루 공작의 댈키스 저택에서 저녁 식사를 하던 중 유명 정치인을 맹렬히 비판했는데, 그 정치인의 가까운 친척이 맞은편에 앉아 있었다. 뒤늦게 이를 알아차린 스미스는 말을 멈췄지만, 이내 혼잣말로 "그럼에도 내가 한 말은 모두 사실이다"라고 중얼거렸다.

스미스가 에든버러에서 정부 세관장으로 재직할 당시, 의전 담당자 중에는 화려한 군복 상의를 입고 2미터 길이의 지팡이를 휘두르며 제식 동작을 선보이던 수위가 있었다. 매일 아침 스미스가 출근하면 그는 일종의 환영 의식처럼 제식 훈련을 펼쳤다. 어느 날, 그 광경에 흥미를 느낀 스미스는 자신이 들고 있던 대나무 지팡이로 수위의 동작을 흉내 내기 시작했다. 수위가 '받들어총'을 하면 스미스도 '받들어총'을 하고, '뒤로 돌아', '열중쉬어' 등의 동작도 그대로 따라 했다. 그러나 주변에서 그의 행동이 괴상했다고 아무리 말해도 스미스는 끝내 수긍하지 않았다.

1773-1777년(50-54세)

이 시기 스미스는 주로 런던에서 머물렀지만, 중간중간 고향 커콜디로 돌아가 상당 기간 체류하기도 했다. 그는 런던에서 왕립 학술원의 정식 회원으로 가입했고, 에드먼드 버크, 새뮤얼 존슨, 에드워드 기번 등 당대의 지성인들과 교류했다. 특히 아메리카 식민지의 세금 문제로 런던에 와 있던 벤저민 프랭클린과의 교우는 스미스에게 깊은 인상을 남겼다. 프랭클린과의 대화를 통해 스미스는 식민지 상황을 보다 명확히 이해하게 되었고, 이는 『국부론』 제4권 제7장에서 식민지 문제를 다루는 데 큰 밑거름이 되었다.

스미스는 식민지 방어에 영국이 일방적으로 비용을 부담하는 것은 경제적 관점에서 정당하지 않다고 보았다. 식민지로부터 세금을 거두지 못한다면 대서양 서편의 제국은 실질이 아닌 허상일 뿐이며, 이는 단지 '제국이라는 장신구'에 불과하다고 진단했다. 따라서 그런 제국은 차라리 지금이라도 내려놓는 것이 낫다고 주장했다. 이와 같은 주장은 당시로서는 매우 급진적인 견해였으나, 스미스는 『국부론』 제5권 말미에서 이를 분명히 밝혔다.

> 하지만 이 제국은 여태까지 상상 속에서만 존재했다. 이것은 그레이트
> 브리튼이 실제로 장악한 제국이 아니라 앞으로 건설할 제국이었고, 현
> 재 금이 나오는 금광이 아니라 계획 중인 금광 채굴과 같은 것이었다. …
> 이제 우리 통치자들은 여태껏 추구해왔던 화려한 몽상을 적극 실현하든
> 지, 아니면 그런 꿈에서 깨어나 국민을 깨우려는 노력을 해야 할 때이다.
> 아무리 좋은 계획이라도 완성될 수 없으면 포기해야 한다.

역사의 흐름은 결국 스미스의 예측대로 흘러갔다.

1774년(51세)
『도덕감정론』 제4판이 출간되다.

1776년(53세)
『국부론』 출간. 초판은 발행 6개월 만에 완판되었다.
8월, 평생의 친구였던 철학자 데이비드 흄이 세상을 떠났다. 무신론자였던 흄은 당시 사회에서 비판의 대상이었으나 스미스는 이에 개의치 않고 그의 죽음을 진심으로 애도하는 추도문을 남겼다.

1778년(55세)

스코틀랜드 세관장에 임명되어 커콜디에서 에든버러로 거처를 옮겼다. 이사 뒤에도 어머니 마거릿 스미스와 사촌 진 더글러스가 함께 지내며 살림을 세심히 챙겼다.

『국부론』 제2판이 나왔다.

1781년(58세)

『도덕감정론』 제5판이 출간되었다.

1784년(61세)

내용이 대폭 보강된 『국부론』 제3판이 출간되다. 스미스는 이를 사실상 결정판으로 여겼다.

같은 해, 어머니 마거릿 스미스가 90세를 일기로 별세했다.

1786년(63세)

『국부론』 제4판이 출간되었다.

1787년(64세)

12월 12일, 글래스고 대학 총장에 임명되어 약 2년간 재직했다.

같은 해 11월, 에드워드 기번이 자신의 저서 『로마제국 쇠망사』를 스미스에게 증정하자, 스미스는 감사 편지에서 이렇게 말했다. "지금까지는 볼테르를 살아 있는 문인 중 최고로 여겼지만, 이제 그 자리를 기번에게 내어주겠다."

1788년(65세)

가을, 에든버러 팬뮤어 하우스에서 어머니와 함께 살아온 사촌 진 더글러스가 세상을 떠났다. 이후 스미스는 홀로 남게 되었다.

1789년(66세)

『국부론』 제5판이 출간되다. 오늘날 통용되는 표준판은 이 제5판이다.

스미스는 평생 건강이 썩 좋지 않았다. 특히 건강염려증으로 분류되는 심인성 장애로 자주 고통받았다. 이러한 증상은 학문과 저술에 몰두할 때면 어김없이 찾아왔고, 생애 마지막 12년 동안에는 증상이 더욱 심해져 주로 위장 부위에 극심한 통증을 호소했다.

1790년(67세)

자신의 죽음이 가까워졌음을 직감한 스미스는 남아 있는 미완성 유고를 모두 불태워달라고 지인에게 부탁했고, 실제로 전부 소각되었다. 위대한 작가들은 대개 완벽주의자이기에 미완성 원고를 남기고 싶어 하지 않는다. 『아이네이스』의 베르길리우스와 『성』과 『소송』의 카프카도 죽기 전 원고를 불태워달라고 했으나, 주변인의 판단으로 원고가 남아 후대에 전해졌다. 만약 스미스의 유고가 보존되었다면 『국부론』을 보다 깊이 이해하는 데 귀중한 자료가 되었을 것이다.

이 해에 내용이 대폭 보완된 『도덕감정론』 제6판이 출간되었으며, 오늘날 널리 읽히는 판본 역시 이 6판이다.

7월 17일, 스미스는 오랜 시간 그를 괴롭혀온 만성 장폐색으로 에든버러에서 눈을 감았고, 캐논게이트 교회 묘지에 안장되었다.

『도덕감정론』 인물 사전
(완전판)

※ 가나다 순

ㄱ

구스타브 2세 아돌프(Gustavus Adolphus, 1594-1632)

스웨덴 국왕. 30년 전쟁에서 뛰어난 군 지휘관으로 명성을 떨쳤으며, 근대적 군사 혁신을 주도했다. 실제로 그는 "북방의 사자"(獅子, Lion of the North)라 불리며 군사 혁신가로 인정받았다. 그는 화력 위주의 전열보병 배치와 기병·포병을 아우른 전술적 통합으로 현대적 기동전의 기초를 놓았다는 평가를 받는다. 전사 이후에도 개신교 진영에서 종교적 순교자이자 영웅적 군왕으로 기억되며, 스웨덴을 북유럽 강국으로 끌어올린 인물로 남았다.

그라쿠스 형제(The Gracchi)

티베리우스 그라쿠스(기원전 164-133)와 동생 가이우스 그라쿠스(기원전 154-121)는 로마 공화정 후기의 호민관으로, 평민을 위한 토지 개혁과 곡물법 제정 등 급진적 개혁 정책을 추진한 정치가들이었다. 기득권층의 반발로 형제가 차례로 암살되면서 개혁은 실패로 돌아갔지만, 그들의 시도는 이후 로마 정치의 양극화와 내전으로 이어지는 역사적 분기점이 되었다. 그라쿠스 형제는 개인의 명예보다 공공의 정의를 택했다는 점에서, 스미스가 말하는 '도덕적 이상형'에 가까운 인물로 언급될 수 있다.

네로(Nero, 37-68)

로마 제국의 황제(재위 54-68). 사치와 폭정, 박해로 악명을 떨쳤으며, 특히 로마 대화재(64년)의 책임을 기독교인에게 전가한 일로 잘 알려져 있다. 예술과 공연을 즐겼고 스스로를 시인·가수로 자처하기도 했으나, 잔혹한 처형과 권력 남용으로 인해 사후 '폭군'의 대명사가 되었다. 결국 반란으로 권좌에서 축출되어 자결했다.

니콜라 말브랑슈(Nicolas Malebranche, 1638-1715)

프랑스의 철학자이자 오라토리오회 소속 사제. 대표 저작 『진리 탐구에 관하여』(1674-1675)에서 데카르트의 합리주의와 성 아우구스티누스의 신학을 결합하여, 인간의 인식이 '신 안에서 관조되는 이념'을 통해 이루어진다고 주장했다. "우리는 사물 자체를 보지 않고, 신 안에서 그것을 본다"는 그의 관념은 이후 스피노자, 라이프니츠 등의 철학자들과 논쟁을 불러일으켰다.

그는 감정에 대한 회의적 관점을 드러내는데, 이는 스미스의 감정 중심 윤리학과 대조적이지만, 감정의 한계를 성찰한다는 점에서 유의미한 철학적 배경이 된다.

니콜라 부알로 데프레오(Nicolas Boileau-Despréaux, 1636-1711)

프랑스의 문학 이론가이자 풍자 시인. 『숭고에 관하여』의 번역 및 해설을 통해 '숭고' 개념의 대중화를 도왔으며, 아리스토텔레스적 규범주의 문학관을 고전주의 시기에 정립한 인물로 평가된다. 아카데미 프랑세즈의 회원으로 활동했고, 시 형식의 편지·논문·풍자시 등을 통해 문단 내 강한 영향력을 행사했다.

감탄·경외·존경 같은 고차 감정은 스미스의 감정론 및 숭고론과 접점을 가진다.

니콜라 카티나(Nicolas Catinat, 1637-1712)

루이 14세 시대의 프랑스 장군. 피에몽, 사보이, 네덜란드 등에서 승리를 거두며 뛰어난 전략가로 명성을 얻었고, 그 공로로 프랑스 원수(Marshal of France) 칭호를 받았다. 하지만 스페인 왕위 계승 전쟁 중 외젠 공작과의 전투에서 패한 뒤, 군 지휘에서 물러났다. 이후 공직 활동은 두드러지지 않으며, 생애 후반은 비교적 조용한 은퇴 생활을 보냈다. 절제된 퇴장은 스미스가 강조하는 자기 통제의 미덕과 상응한다.

니콜로 마키아벨리(Niccolò Machiavelli, 1469-1527)

이탈리아 피렌체의 외교관이자 정치사상가. 대표 저작 『군주론』은 권력 유지의 현실적 기술과 정치적 술수, 인간 본성에 대한 냉소적 인식을 담고 있다. 또 다른 저작 『로마사 논고』에서는 공화정의 시민 미덕과 제도적 균형을 강조해 공화주의적 해석의 가능성도 함께 제시했다.

스미스는 『도덕감정론』에서 도덕적 공감과 명예, 타인의 승인 욕구가 인간 행동의 근본적 동기임을 강조한다. 마키아벨리는 그와 달리 통치의 본질을 공포와 힘에서 찾았다. 두 사상은 인간 본성과 사회 통치에 대한 철학적 대비를 이루며, 스미스의 도덕 철학이 어떤 현실주의적 관점과 거리를 두려 했는지를 보여준다.

ㄷ

데모스테네스(Demosthenes, B.C. 384-322)

고대 아테네의 정치가이자 웅변가. 기원전 351년부터 341년 사이 마케도니아의 필리포스 2세의 팽창 정책에 맞서 시민들에게 저항을 촉구한 일련의 '필리피카 연설'로 유명하다.

정치적 위기 속에서도 직접 군자금을 조달하고, 공공연설을 통해 시민참여를 독려하는 등 민주정 수호를 위해 언행일치를 실천한 인물로 평가된다. 알렉산드로스대왕의 집권 이후 아테네의 독립성이 위협받자 반마케도니아 정서를 고취했고, 결국 반란에 가담한 혐의로 자살로 생을 마감했다.

스미스는 시민적 용기와 공공선에 대한 헌신을 강조할 때, 위대한 고전적 인물들의 사례를 자주 언급한다. 데모스테네스는 정의감에 입각한 행동과 설득의 힘을 보여주는 대표 인물로, 스미스가 중시하는 '도덕적 감정의 사회적 영향력'을 상징한다.

데이비드 흄(David Hume, 1711-1776)

스코틀랜드 계몽주의 철학자. 형이상학, 인식론, 윤리학, 미학, 정치경제학, 역사, 자연신학 등 다양한 분야에서 지속적인 영향을 끼친 저술을 남겼다. 대표작으로는 『인간 본성에 관한 논고』(1739-1740), 『인간 이해에 관한 연구』(1748), 『도덕 원칙에 관한 연구』(1751), 『에세이집』(1753), 『잉글랜드사』(1754-1762), 『자연 종교에 관한 대화』(사후 출간, 1779) 등이 있다.

그는 경험주의와 회의주의를 바탕으로 원인과 결과의 인과성, 자아의 연속성, 신의 존재 증명 가능성에 의문을 제기했으며, 감정에 기초한 도덕 판단 이론을 발전시켰다. 무신론적 성향으로 논란을 불렀지만, 애덤 스미스와는 생애 전반에 걸쳐 깊은 우정을 유지했다. 스미스는 흄의 죽음을 애도하며, 그를 "인류 가운데 가장 지혜롭고 덕이 높은 사람 중 하나"라 평했다.

스미스는 흄과 비슷한 문제의식을 공유했으나, "감정의 상호성과 사회적 승인"을 더 중시했다는 점에서 특히 구별된다. 두 사상가는 감정이 도덕 판단의 핵심 근거라는 데 공감했으며, 스미스는 흄의 영향 아래 독자적인 감정 철학 체계를 구축해나갔다.

도미티아누스(Titus Flavius Domitianus, 51-96)

로마 황제(재위 81-96). 초기에는 질서와 효율을 중시한 행정 개혁으로 긍정적인 평가도 있었으나 말기로 갈수록 점차 전제정의 성격을 강화하며 상원과 철학자들에 대한 박해 정책을 단행했다. 특히 89년에는 스토아계 철학자들을 로마에서 추방하거나 처형한 사건으로 악명을 떨쳤다.

그는 자신을 신격화하고 광범위한 감시 정책과 숙청 정치를 벌였으며, 결국 암살로 생을 마쳤다.

스미스는 도덕 감정이 억압될 때 사회는 불균형과 공포로 나아간다고 보았다. 도미티아누스는 철학을 위협적 존재로 간주해 탄압한 황제로, 이성적 성찰과 도덕적 감정의 공론장을 해체한 사례로 해석된다.

디오게네스 라에르티오스(Diogenes Laertius, 서기 약 3세기)

고대 그리스의 철학사가. 저서 『저명한 철학자의 생애와 견해』는 피타고라스학파부터 에피쿠로스에 이르기까지 고대 철학자들의 생애, 일화, 사상 요약을 담고 있으며, 일부 철학자의 발언이나 단편을 전하는 중요한 사료로 평가된다.

당대의 체계적 철학 분석보다는 전기적 사실과 일화 중심의 서술이 많아, 철학적 깊이는 부족하지만 간접적인 사상사적 자료로서의 가치가 크다. 오늘날까지도 고대 철학의 원전이 소실된 경우 중간 매개로서 중요한 문헌으로 인용된다.

ㄹ

라일리우스 가문(The Laelii)

대(大) 가이우스 라일리우스(기원전 약 235-160)는 제2차 포에니 전쟁 시기의 장군이자 정치가로, 스키피오 아프리카누스의 절친한 동료로 활약했다. 그의 아들 소(小) 가이우스 라일리우스(기원전 약 190-129)는 철학적 소양과 웅변으로 명성을 얻었으며, 스키피오 아이밀리아누스와의 깊은 우정으로도 유명하다.

키케로는 『우정에 관하여』에서 두 사람의 관계를 이상적인 우정의 본보기로, 『브루투스』에서는 소 라일리우스를 뛰어난 웅변가로 묘사했다. 특히 소 라일리우스는 스토아 철학에 밝았고, 로마 공화정의 미덕을 실천한 인물로 평가된다. 라일리우스 부자는 우정, 웅변, 철학적 균형을 갖춘 인물로, 스미스가 말하는 공정한 관찰자의 덕성을 구현한 사례다.

락탄티우스(Lactantius, 약 240-320)

로마 제국 말기의 기독교 호교론자. 수사학 교육을 받은 그는 디오클레티아누스의 대박해 이후 콘스탄티누스 대제 치하에서 활동하며, "기독교의 키케로"라는 별명을 얻었다. 대표작 『신성한 규칙』은 이교 철학에 맞서 기독교 신앙의 합리성을 변호한 최초의 체계적 신학 저술 중 하나이며, 당대의 기독교 변증론 발전에 중대한 영향을 주었다.

랠프 커드워스(Ralph Cudworth, 1617-1688)

잉글랜드 철학자이자 케임브리지 플라톤주의학파의 중심 인물. 『우주의 진정한 지적 체계』(1678)에서는 기계론적 무신론에 맞서, 도덕 질서를 가능케 하는 이성적 신의 존재를 변호했다. 사후 출간된 『영구하고 불변하는 도덕에 관한 논문』(1731)에서는 경험주의와 상대주의 윤리에 반대하며, 도덕 원리는 인간 이성에 내재된 불변적 진리임을 강조했다. 그의 사상은 이후의 자연법 윤리학과 계몽주의 도덕철학에 깊은 영향을 주었다.

레굴루스(Regulus, Marcus Atilius Regulus, B.C. 약 3세기)

로마의 정치인이자 장군. 기원전 255년 카르타고와의 전쟁에서 패해 포로가 되었다. 전승에 따르면 그는 협상 때문에 잠시 풀려났으나, 로마에 돌아와 협상 반대를 주장한 뒤 약속을 지키고 다시 카르타고로 돌아가 처형되었다. 다만 이 이야기는 후대에 충성과 희생의 상징으로 전승되었으나 역사적 사실성에는 논란이 있다.

레츠 추기경(Paul de Gondi, Cardinal de Retz, 1614-1679)

프랑스의 성직자이자 정치적 음모의 중심 인물. 파리 대주교구 보좌 주교로 임명된 뒤, 프롱드의 난 시기 귀족 반란 세력과 연대하며 정치적 입지를 넓혔다. 그의『회고록』(1717)은 루이 14세 초기의 권력 암투와 당대 인물들의 성격을 생생하게 그려내고 있으며 17세기 프랑스의 정치적 풍경을 날카롭게 비판한 중요한 문헌으로 평가받는다.

로버트 심슨(Robert Simson, 1687-1768)

스코틀랜드의 수학자이자 글래스고 대학 교수(1711-1761). 유클리드『원론』의 정본 정리와 고대 기하학 복원 작업으로 유명하다.『원뿔곡선론』(1735) 등에서 고전적 기하학 정신을 계승·체계화하였으며, 철학자 프랜시스 허치슨은 그를 "세계 최고의 기하학자"라 평한 바 있다. 스미스가 중시한 학문적 명료성과 구조적 질서에 대한 이상과 유사한 기하학적 이상을 구현한 인물이다.

루이 2세 드 부르봉, 콩데 공(Louis II de Bourbon, Prince de Condé, 1621-1686)

루이 14세 휘하의 프랑스 귀족이자 군사 지휘관. 스페인과의 전투(록루아 전투 등)에서 혁혁한 전공을 세웠으며, 프롱드의 난(1648-1653) 기간에 귀족 반란을 주도했으나, 이후 루이 14세와 화해하고 다시 군사 지휘권을 회복했다. 그의 전술 능력은 당대 유럽에서도 최고로 평가받았다.

루이 13세(Louis XIII, 1601-1643)

프랑스 국왕이자 루이 14세의 아버지. 1610년 즉위 후 미성년 시기에는 어머니 마리 드 메디시스가 섭정하였고, 이후 리슐리외 추기경을 수상으로 임명하여 강력한 왕권 중심의 통치를 추진했다. 그의 치세 동안 30년 전쟁(1618-1648)이 발발했으며, 프랑스는 합스부르크 세력에 맞서 외교·군사 전략을 본격화했다.

루이 14세(Louis XIV, 1638-1715)

'태양왕'으로 불리는 프랑스의 절대 군주. 1661년 마자랭 추기경의 사망 이후 친정 체제를 수립하여, 행정·재정·군사·예술 분야 전반에 걸친 중앙집권 체제를 강화했다. 그는 베르사유 궁전을 세워 귀족을 장악했고, 군사적으로는 스페인과 신성 로마 제국과의 전쟁을 통해 유럽 패권을 노렸다. 그의 통치하에 프랑스 고전주의 예술과 문학은 절정을 맞이했다.

스미스는 절대 권력자가 공공의 승인과 체면에 과도하게 매이는 위험을 지적하는데, 루이 14세는 명예와 외양의 극단적 사례로 이해할 수 있다.

루쿨루스(Lucius Licinius Lucullus, B.C. 118-57경)

로마의 정치가이자 장군. 제3차 미트리다테스 전쟁에서 아르메니아의 티그라네스 2세와 폰투스의 미트리다테스 6세를 상대로 여러 전과를 올렸으며, 소아시아 지역의 도시들을 안정시켰다. 그러나 병사들의 반발과 정치적 견제로 기원전 66년 지휘권을 상실하고 폼페이우스에게 자리를 넘겼다. 은퇴 후에는 사치스러운 생활로 유명해졌으며, 문화 후원자로서 헬레니즘 문화를 로마에 전파하는 데 기여했다.

루키아노스(Lucian, 서기 125년경-180년경)

고대 시리아 출신의 그리스어 풍자 작가. 『망자와의 대화』, 『신들과의 대화』, 『위조 역사』 등에서 철학자, 신화, 사회 통념을 날카롭게 풍자했다. 키니코스 학파와 에피쿠로스주의적 사고를 반영한 그의 글은, 형식주의적 철학에 대한 반감과 실용적 도덕 감각을 드러낸다. 18세기 계몽주의 지식인들 사이에서 특히 큰 인기를 끌었다. 스미스는 가식적인 미덕과 위선적 도덕에 비판적 태도를 보이며, 루키아노스의 풍자정신에 공감했다.

루키우스 유니우스 브루투스(Lucius Junius Brutus, B.C. 6세기경)

로마 공화정의 창건자로 전해지는 전설적 인물. 에트루리아계의 왕 타르퀴니우스 슈페르부스를 몰아내고 공화정을 수립한 인물로, 초대 집정관 중 한 명이 되었다. 아들들이 왕정 복고를 꾀하자, 공화국 수호를 위해 스스로 그들을 처형하는 결단을 내린 사건은 공공의 정의를 위한 개인적 희생의 상징으로 오랫동안 회자되었다. 도덕 감정이 사랑과 연민보다 더 높은 원리로 작동할 수 있음을 보여주는 사례로 인용된다.

루키우스 크라수스(Lucius Licinius Crassus, B.C. 140-91)

로마의 웅변가이자 정치가. 법률 지식과 수사학에 정통했으며, 로마 원로원의 중심 인물로 활동했다. 키케로는 『브루투스』와 『웅변가에 관하여』에서 그를 수사학의 정점에 선 인물로 평가했으며, 공화정 시대의 도덕과 이상을 웅변으로 구현한 사례로 소개했다. 그는 공공 감정과 정의에 호소하는 웅변술의 모범으로 남았다.

르네 데카르트(René Descartes, 1596-1650)

프랑스의 철학자·수학자. 『방법서설』, 『성찰』, 『철학 원리』 등에서 의심을 출발점으로 한 "나는 생각한다, 고로 존재한다"(Cogito ergo sum)로 근대 철학의 토대를 세웠다. 그는 『철학 원리』에서 기계론적 자연철학과 심신 이원론을 전개했으며, 『정념론』에서는 감정을 외부 자극에 따른 기계적 반응으로 보고, 이를 이성이 통제해야 한다고 주장했다.
스미스는 『도덕감정론』에서 데카르트의 기계론적 감정관과 거리를 두며, 감정이란 타인의 시선과 평가 속에서 사회적으로 형성된다고 보았다. 따라서 데카르트는 '개별 자아 중심의 감정 이론'을 대표하는 인물로, 스미스가 제시한 상호적·사회적 감정 이론과 선명한 대비를 이룬다.

리산드로스(Lysander, B.C. 5세기)

스파르타의 군 지휘관으로, 기원전 404년 4월 아테네에게 항복을 받아내고 펠로폰네소스 전쟁을 종결지은 인물이다. 해상 지배를 강화하기 위해 군항과 조공 체계를 재정비했으며, 전후에 아테네에는 친스파르타 정권('삼십인 참주정권')을 수립하는 등 강경한 정치 재편을 주도했다.

리슐리외 추기경(Cardinal de Richelieu, Armand Jean du Plessis, 1585-1642)

프랑스의 성직자이자 정치가. 루이 13세 치하에서 국왕의 수석 행정 장관으로 활동하며 절대왕정의 기반을 다지는 데 핵심 역할을 했다. 국내에서는 위그노(프랑스 개신교도)의 세력을 억제했고, 대외적으로는 합스부르크 세력에 맞서 프랑스의 국제적 영향력을 확대했다. 또한 문학·신학 분야에서도 저술 활동을 했으며, 아카데미 프랑세즈 설립에 관여했다.

ㅁ

마르켈루스(Marcus Claudius Marcellus, B.C. 1세기)

로마의 집정관이자 폼페이우스 진영의 정치인. 공화정의 이상을 지키고자 카이사르에 반대했으며, 내전 이후 그리스로 은거했다. 기원전 46년, 카이사르가 로마 원로원에 요청해 그를 사면한 사건은 일종의 관용 정책으로 해석되며, 키케로의 옹호 연설로도 유명하다.

동정, 관용, 도덕적 승인의 주제를 고려할 때, 마르켈루스의 사면은 승자의 도덕성과 패자의 품위라는 이 책의 주제와 관련된다.

마르쿠스 아우렐리우스(Marcus Aurelius Antoninus Augustus, 121-180)

161년부터 사망할 때까지 로마 황제로 재위했으며, '철학자 황제'로 널리 알려져 있다. 후기 스토아 철학의 대표자이며, 군사 원정 중에 쓴 자성적 기록인 『명상록』은 내면의 질서와 공동체적 책임을 강조하는 철학적 텍스트로, 스토아주의의 실제적 삶을 보여준다. 마르쿠스의 사상은 스미스가 강조한 도덕 감정의 핵심, 즉 자기 통제와 공정성의 감각과 맞닿아 있다.

마르쿠스 유니우스 브루투스(Marcus Junius Brutus, B.C. 85-42)

율리우스 카이사르 암살 음모의 핵심 인물로, "브루투스, 너마저!"라는 카이사르의 말로 대중의 기억에 남아 있다. 공화정 수호를 명분으로 들었지만, 그의 암살 행위는 이후 찬반이 엇갈리는 역사적 사건으로 평가된다. 공화정 이념, 도덕적 확신, 개인적 배신이 얽힌 인물로 평가된다.

브루투스는 도덕 원칙과 감정, 충성 사이의 충돌을 상징하는 인물로, 도덕적 감정의 복합성과 그 위험성을 보여준다.

마리 잔느 리코보니(Marie-Jeanne Riccoboni, 1713-1792)

프랑스의 여성 소설가이자 배우 출신 문필가. 파리에서 활동하며 계몽기 지식인들과 교류했으며, 애덤 스미스와도 간접적으로 접촉했을 가능성이 있다. 여성 작가로는 드물게 국제적 지성 네트워크에 포함된 인물이었다. 섬세한 심리 묘사와 여성의 내면적 고뇌를 다룬 감상 소설로 큰 인기를 끌었다.

막시밀리앙 드 베튠, 술리 공작(Maximilien de Béthune, Duc de Sully, 1559-1641)

프랑스 앙리 4세 치하의 재정 관료이자 행정 개혁가. 농업 장려, 관개 사업, 군비 절감, 재정 투명성 강화 등의 개혁을 통해 프랑스의 경제 기반을 회복시키는 데 기여했다.『술리 회고록』(1638)은 당시 프랑스 내정과 궁정의 분위기를 생생히 전하며, 개인의 공공정신과 효율적 행정의 조화를 보여주는 기록이다.

도덕 감정의 실용적 구현, 즉 공감과 책임감이 결합된 공직 윤리의 모델로 볼 수 있다.

매슈 스튜어트(Matthew Stewart, 1717-1785)

스코틀랜드의 수학자이며, 애덤 스미스와 동시대에 활동했다. 에딘버러 대학교에서 자연철학과 수학을 가르쳤으며, 고전기하학 연구로 명성을 얻었다. 로버트 심슨의 제자로, 스미스와 수학·철학 분야에서 지적 교류를 나눈 학자였다.

ㅂ

버나드 맨더빌(Bernard Mandeville, 1670-1733)

네덜란드 출신의 의사이자 수필가로, 런던에서 주로 활동했다. 대표작『꿀벌의 우화』(1714)는 "개인의 악덕이 공공의 이익을 낳는다"는 도발적인 명제를 통해 도덕과 경제 사이의 관계를 재해석했다. 그는 이기적 욕망과 사치, 탐욕이 결과적으로 사회의 번영과 경제 성장을 이끈다는 관점을 제시했으며, 이는 자유방임적 시장경제의 사상적 선구로 평가되기도 한다.

『도덕감정론』의 핵심 주제 중 하나인 "도덕 감정과 시장의 조화"는 맨더빌의 급진적 주장을 반박하는 과정에서 형성되었다. 애덤 스미스는 맨더빌의 통찰을 인정하면서도 공감과 공정성 없는 이기주의는 사회적 신뢰를 해친다고 명확히 선을 그었다.

베르나르 르 보비에 드 퐁트넬(Bernard Le Bovier de Fontenelle, 1657-1757)

프랑스의 작가이자 과학 해설자, 초기 계몽주의 사상가.『세상의 다원성에 관한 대화』(1686)를 통해 일반 대중에게 코페르니쿠스적 세계관을 알기 쉽게 설명하며 과

학 대중화에 기여했다. 또한 고대 문학과 현대 문학의 우열을 논한 논쟁에서 '현대
파'를 옹호하며 지식의 진보 가능성을 강조했다. 프랑스 과학원 회원으로서, 회원들
의 사후 추도사를 집필하는 역할도 맡아 당대 지성사 정리에 중요한 기여를 했다.

그는 스미스의 지적 세계와 간접적으로 연결된다. 과학적 합리성과 문학적 세련미
의 결합 그리고 지식의 사회적 유통에 대한 관심은 계몽기의 사상가들에게 공통된
주제였으며, 이는 스미스의 저작들에도 고스란히 드러난다. 나아가 이러한 흐름은
학문을 사회적 맥락 속에서 이해하려는 계몽기의 지적 기풍과 맞닿아, 스미스가 경
제와 도덕을 통합적으로 바라본 배경을 설명해준다.

볼테르(Voltaire, 본명 프랑수아 마리 아루에, 1694-1778)

프랑스의 계몽사상가, 시인, 극작가, 역사 저술가. 종교적 관용, 시민의 자유, 계몽된
통치자를 옹호했으며, 당대 유럽의 불합리한 사회제도와 교권주의에 맞섰다.『철학
적 편지』(1734)에서는 영국의 종교와 정치, 과학을 극찬하며 프랑스 사회의 쇄신을
촉구했고,『루이 14세 시대』와『관용에 관한 논문』을 통해서는 역사적 서사 속의 인
간성 회복을 주장했다.

스미스는『도덕감정론』에서 볼테르의 희곡 두 편을 인용하면서, 도덕 감정의 극적
표현으로서 문학의 역할을 긍정적으로 평가했다. 실제로 스미스는 볼테르가 거주
하던 스위스 페르네를 직접 방문해 교류한 바 있다.

블레즈 파스칼(Blaise Pascal, 1623-1662)

프랑스의 수학자, 물리학자, 철학자. 초기에는 진공 실험과 확률 이론 등 과학적 업
적으로 명성을 얻었고, 후기로 갈수록 종교적 사유에 집중했다.『지방에서 보낸 편
지』(1656-1657)에서는 예수회 윤리학의 타협성을 비판하며 예리한 논리와 풍자적
문체로 저항적 신학자의 면모를 드러냈다.『팡세』에서는 인간 존재의 불완전성과
신에 대한 인간의 의존, 이성과 믿음의 경계, 인간 존재의 불안정성 등을 다루었는
데, 그 유명한 '파스칼의 내기' 개념이 담겨 있다. '파스칼의 내기'는 이성으로 신 존
재를 입증할 수 없을 때, 믿는 것이 믿지 않는 것보다 합리적이라는 주장을 펼친 대
표적인 철학 사고실험이다. 그의 사유는 현대 실존주의와 종교철학에도 깊은 영향
을 주었다.

ㅅ

사무엘 푸펜도르프(Samuel Pufendorf, 1632-1694)

독일 출신의 대표적 자연법 철학자이자 계몽주의 시대 유럽 정치사 및 기독교 역사에 관한 방대한 저술을 남긴 사상가. 그는 법의 기초를 신과 인간의 이성에서 찾으려는 시도로 당시 자연법 이론에 결정적인 영향을 주었다. 대표 저작으로는 『자연법과 국가에 관하여』(1672), 『인간과 시민의 의무에 관하여』(1673)가 있으며, 후대 계몽사상가들의 정치철학 형성에도 큰 자극을 주었다.

살루스티우스(Sallust, Gaius Sallustius Crispus, B.C. 약 86-35)

로마의 정치가이자 역사학자. 카이사르의 지지자였던 그는 정계에서 은퇴한 뒤 『카틸리나 음모사』, 『유구르타 전쟁사』와 같은 역사서를 남겼다. 이들 작품은 로마 공화정 말기 정치적 부패와 도덕적 타락을 통렬하게 비판하며, 권력 투쟁과 윤리의 몰락이 공화정 쇠퇴의 핵심 원인임을 고발했다. 문체는 간결하면서도 힘이 있으며, 그의 기록은 로마사의 중요한 사료로 평가된다.

새뮤얼 리처드슨(Samuel Richardson, 1689-1761)

잉글랜드의 소설가이자 인쇄업자. 『파멜라』(1740), 『클라리사』(1748) 등으로 18세기 영문 소설의 감상주의적 경향을 대표하며, 서간체 소설이라는 독창적 형식을 정립했다. 특히 개인의 내면 심리, 도덕적 갈등, 여성의 미덕 등을 섬세하게 다루었다는 점에서 문학사적으로도 중요한 의미를 지닌다. 당시 독자들 사이에서 폭발적 인기를 끌었고, 낭만주의 이전 영국 소설 발전의 초석을 놓은 인물로 평가받는다.

새뮤얼 버틀러(Samuel Butler, 1613-1680)

영국의 풍자 시인이자 극작가. 대표작 『휴디브라스』(*Hudibras*)는 청교도주의를 조롱한 장시로, 리듬감 있는 운율과 신랄한 풍자가 돋보인다. 이 작품은 내전 직후 정치·종교적 혼란기를 배경으로, 위선과 권위주의를 해학적으로 드러냄으로써 당시 대중의 열띤 호응을 얻었다. 그의 재치와 냉소적 현실 인식은 후대 영국 풍자 문학의 전범이 되었으며, 도덕적 위선에 대한 통찰로 17세기 영국 사회를 비판적으로 비추었다.

새뮤얼 클라크(Samuel Clarke, 1675-1729)

잉글랜드의 철학자이자 신학자. 데카르트적 합리주의와 뉴턴의 과학 이론을 결합하여 자연신학을 정립했으며, 형이상학의 기반 위에서 기독교 신앙의 이성적 정당화를 시도했다. 홉스와 스피노자의 유물론, 무신론적 철학에 반대하며, 보일 강연(Boyle Lectures)을 통해『신의 존재와 속성에 관한 입증』,『자연종교의 불변의 의무에 관한 담론』(1704, 1705)을 발표했다. 이는 당대 지성계에 큰 영향을 끼치며 계몽주의 사상에도 영향을 미쳤다.

샤를 드 공토, 초대 비롱 공작(Charles de Gontaut, 1st Duc de Biron, 1562-1602)

프랑스의 군 지휘관으로, 앙리 4세를 위해 프랑스 종교전쟁 기간과 그 이후 오랜 세월 충성을 다하며 공을 세웠다. 특히 스페인 및 반(反)왕당 세력과의 전투에서 탁월한 전과를 올렸다. 그러나 이후 스페인과 사보이 공국 등과 은밀히 접촉하며 내통한 혐의를 받아 결국 루브르궁에서 체포되었고, 반역죄로 유죄 판결을 받고 1602년 파리에서 처형되었다. 명장으로서의 영예와 비극적 몰락이 공존한 인물이다.

샤를 페로(Charles Perrault, 1628-1703)

프랑스 시인이자 고전 동화 작가. 신구 문학 논쟁에서 '현대파'의 입장에서 고대 문학 중심의 문단 질서에 도전했고, 부알로 데프레오와의 논쟁으로 유명하다.『빨간모자』,『신데렐라』,『장화 신은 고양이』등 오늘날까지 전해지는 이야기들을『어머니 거위 이야기』(1697)라는 제목으로 정리하며 동화 장르의 토대를 마련했다. 프랑스 아카데미 회원이기도 했다.

성 아우구스티누스(Saint Augustine, 354-430)

히포의 주교이자 고대 기독교 신학의 중심 인물. 초기에는 쾌락을 좇았으나, 키케로의 저작과 플라톤 철학, 성 암브로시우스의 설교를 통해 회심했다.『고백록』은 서구 최초의 자전적 내면 고백서로, 개인의 죄와 구원, 신과의 관계를 철학적으로 성찰했다.『신국론』에서는 로마 제국의 멸망을 기독교적 관점에서 해석하며, 역사 전체를 신의 섭리 속에서 바라보는 기독교적 역사관을 정립했다. 그의 사상은 중세 스콜라철학의 토대가 되었으며, '의지'와 '은총'에 대한 논의는 이후 도덕철학과 근대 심리학에도 깊은 영향을 남겼다.

세네카(Seneca, Lucius Annaeus Seneca, B.C. 4-서기 65)

로마의 철학자이자 작가, 정치가였던 세네카는 네로 황제의 스승이자 고문으로 활동하며 초기에는 그의 폭정을 어느 정도 완화하려 애썼다. 하지만 궁정 내 권력 다툼과 음모에 휘말려 결국 황제로부터 자살을 명령받았다. 그의 주요 저작에는 도덕 철학적 산문, 철학적 성찰을 담은 서간집, 그리고 스토아 사상을 반영한 비극들이 포함되며, 이들은 모두 금욕, 자제, 내면의 평정을 핵심 덕목으로 삼는다.

소크라테스(Socrates, B.C. 약 469-399)

아테네의 철학자로, 서양 철학사에서 가장 영향력 있는 인물 중 하나. 그는 인간의 무지를 자각시키는 변증법적 문답법을 통해 "지혜란 무엇인가"에 대한 근본적인 물음을 던졌다. 직접 저술을 남기지 않았지만, 제자인 플라톤과 크세노폰에 의해 가르침과 행적이 후대에 전승되었고, 서양 철학의 출발점이자 윤리학의 근본 토대를 세운 인물로 평가받는다. 당대의 정치체제와 관습에 의문을 제기하고 젊은이들에게 비판적 사고를 일깨웠다는 이유로 종교적 불경죄와 청년 타락 혐의로 고발되어 사형을 선고받았으며, 독배를 마시고 생을 마감했다. 법정에서의 최후 진술은 플라톤의 『변명』에 전해지며, 공동체와 진리를 위한 죽음을 택한 상징적 인물로 기억된다. 그의 죽음은 단순한 사법적 사건을 넘어, 사상의 자유와 지적 양심에 대한 상징적 사건으로 평가된다.

소포클레스(Sophocles, B.C. 약 5세기)

고대 아테네의 비극 작가. 아이스킬로스, 에우리피데스와 함께 고대 비극의 황금기를 이끈 3대 극작가 중 한 사람이다. 『오이디푸스왕』, 『안티고네』 등으로 유명하며, 인간의 운명, 신의 뜻, 도덕적 갈등 등의 주제를 심오하게 탐구했다. 극작 구조에서 코로스(합창단)의 역할을 줄이고 인물 중심의 극 전개를 강화함으로써 고전 비극의 형식을 정립했다.

솔론(Solon, B.C. 약 630-560)

아테네의 입법자이자 시인. 정치적·경제적 위기를 해결하기 위해 '세이사크테이아'(채무 면제 조치)를 단행하고, 부의 정도에 따른 정치 권리 분배 등으로 귀족과 평민 간 균형을 도모했다. 드라콘의 가혹한 법을 개혁하며 중용의 정치를 실현했으며,

후대에는 "아테네 민주주의의 설계자"로 존경받았다.

술피키우스 루푸스(Publius Sulpicius Rufus, B.C. 약 121-88)

로마의 정치가이자 웅변가. 키케로는 그의 수사적 재능을 극찬했으며, 라틴 수사학의 전통에서 중요한 인물로 꼽았다. 마리우스와의 협력을 통해 민회 중심의 개혁을 시도했으나, 결국 내전에 휘말려 사망했다. 웅변과 대중 연설이 지닌 힘을 보여주는 대표적 사례로 자주 거론된다.

스키피오 나시카(Scipio Nasica, Publius Cornelius Scipio Nasica Corculum, B.C. 2세기경)

로마의 정치가이자 철학자. 스키피오 아프리카누스의 사위로, 원로원 권위를 옹호하는 보수적 원로원파의 대표 인물이었다. 키케로가 자주 언급한 인물로, 헬레니즘 문화 유입에 비판적이었으며 종교와 전통적 가치 수호를 중시했다. 그는 공공 윤리를 중시한 보수 정치인의 전형으로 기억된다.

스키피오 아이밀리아누스(Publius Cornelius Scipio Aemilianus Africanus Minor, B.C. 185-129)

로마의 장군이자 정치가. 제3차 포에니 전쟁을 이끌어 카르타고를 완전히 파괴함으로써 로마의 지중해 패권을 확고히 했다. 스키피오 아프리카누스가 입양한 손자이자 로마 공화정 후기 군사·문화 엘리트층을 대표하는 인물로, 뛰어난 웅변술과 교양을 갖춘 이상적인 로마 정치가의 모델이었고, 키케로가 『국가론』에서 대화의 주인공으로 등장시킬 정도로 높이 평가받았다. 그러나 그라쿠스 형제의 개혁에 반대하다가 의문의 죽음을 맞았다.

스키피오 아프리카누스(Scipio Africanus, Publius Cornelius Scipio Africanus Major, B.C. 236-183)

로마의 장군이자 정치가. 기원전 202년 제2차 포에니 전쟁에서 한니발을 격파한 영웅으로, '아프리카누스'라는 칭호를 부여받았다. 전투뿐 아니라 포용과 통찰의 리더십으로도 평가받았으며, 로마의 대외 팽창에 결정적 전기를 마련한 인물이다. 승리 후에도 자만하지 않고 인간적 품위를 지킨 장군으로 전해진다.

ㅇ

아리고 카테리노 다빌라(Arrigo Caterino Davila, 1576-1631)

이탈리아의 역사가. 프랑스군에서 복무했고, 카트리나 데 메디치의 궁정에서는 견습 기사로 지냈다. 『프랑스 내전사』(1630)의 저자로, 프랑스 종교 전쟁(위그노 전쟁)을 중심으로 정치·군사적 사건들을 연대기 형식으로 기술했다. 본인의 군 복무 경험과 외교적 관찰을 반영한 이 저서는 냉철하고 사실 중심의 문체로 당대 유럽 귀족층에서 큰 반향을 일으켰다.

다빌라는 당파적 감정에 휘둘리지 않고, 인간의 명예욕과 이기심이 전쟁을 정당화하는 과정을 날카롭게 드러낸 인물이었다.

아리스토메네스(Aristomenes, B.C. 약 7세기)

제2차 메세니아 전쟁(기원전 685-668) 당시 스파르타에 저항한 메세니아의 전설적 지도자. 후대 작가 파우사니아스는 그를 "메세니아 민족의 해방자"로 묘사하며, 포로가 되어 탈출한 이야기를 전한다. 이는 역사보다는 신화적 상징에 가까운 전승으로, 당대 민족의 집단 기억과 저항의 이상을 담고 있다.

아리스토텔레스(Aristotle, B.C. 384-322)

플라톤의 제자이자 알렉산더대왕의 스승으로, 논리학·윤리학·형이상학·정치학·동물학 등 방대한 분야를 개척한 고대 그리스 철학의 핵심 인물. 특히 『니코마코스 윤리학』은 서양 도덕철학의 기초를 놓은 저작으로, 습관(ethos)과 중용(中庸)의 덕(arete)을 강조했다.

스미스는 『도덕감정론』에서 아리스토텔레스를 여러 차례 간접적으로 언급했는데, 인간이 추구하는 '덕의 균형' 개념에서 그의 영향을 받았음을 드러냈다. 스미스는 아리스토텔레스가 말한 '도덕적 탁월성'을 감정 조절과 공감 능력으로 재해석한다. 도덕 감정이 단순한 감정의 분출이 아니라 훈련과 조화를 거쳐 형성된 인격의 산물임을 보여준다.

아리스티데스(Aristides, B.C. 5세기경)

페르시아 전쟁 당시 살라미스 해전 등에서 공을 세운 아테네의 장군이자 정치가.

"공정한 자"(The Just)라는 별칭으로 불렸으며, 테미스토클레스의 권모술수와 대비되는 청렴한 이미지로 고대부터 이상적 정치인의 전형으로 평가받았다.

아리스티포스(Aristippus, B.C. 약 5세기)

키레네 학파의 창시자로, 쾌락을 인간 삶의 최고의 선으로 간주했다. 그는 "쾌락은 순간의 강도에 달려 있으며, 지혜로운 사람은 쾌락을 통제할 수 있어야 한다"고 주장했다. 소크라테스를 스승으로 삼았으나, 스승의 절제된 삶과는 다른 방향으로 나아갔다. 또한 제자에게 수업료를 받았던 최초의 소크라테스학파 인물로 알려져 있다.

아리아노스(Arrian, 본명 루키우스 플라비우스 아리아누스, 약 86-160)

로마 제국 시대의 그리스계 역사가·철학자. 알렉산더 대왕의 원정기를 기록한 『알렉산드로스의 일대기』로 유명하며, 에픽테토스의 제자로서 그의 가르침을 집대성한 『담화록』과 『편람』의 편찬자이기도 하다. 스미스는 스토아적 이상에는 비판적이었지만, 내면의 평정 추구는 일정 부분 긍정했다.

아비디우스 카시우스(Avidius Cassius, 약 130-175)

로마의 정치인이자 장군으로, 철학자 황제 마르쿠스 아우렐리우스 치하에서 시리아 총독과 동방 군단 총사령관을 역임했다. 마르쿠스 황제가 사망했다는 오보를 믿고 반란을 일으켜 자칭 황제로 즉위했으나, 불과 석 달 만에 진압되었고 암살되었다.

아약스(Ajax)

트로이 전쟁에서 활약한 고대 그리스의 영웅으로, 호메로스의 『일리아스』에서 용맹한 전사로 그려진다. 그러나 아킬레우스의 유품을 받지 못하자 굴욕과 분노를 견디지 못하고 자결했다는 비극적 전설은, 소포클레스의 희곡 『아약스』를 통해 널리 알려졌다.

스미스는 아약스의 사례를 들어, 명예욕이 좌절될 때 인간이 겪는 극심한 고통을 설명하며, 공감과 도덕 감정의 긴밀한 관계를 보여주는 대표적 사례로 인용한다. 아약스의 좌절은 공동체가 부여하는 승인과 평가가 도덕 감정에 어떤 결정적 무게를 지니는지를 잘 보여준다.

아우구스투스 카이사르(Augustus Caesar, 본명 가이우스 율리우스 카이사르 옥타비아누스, B.C. 63-14)

로마 제정의 초대 황제로, 내전의 혼란을 수습하고 '팍스 로마나'를 시작한 통치자. 기원전 27년 원로원으로부터 '아우구스투스'라는 칭호를 받고 사실상 전제 군주의 권력을 행사했으며, 이후 로마 제국의 행정·군사·문화 구조를 재편했다.

아이작 뉴턴 경(Sir Isaac Newton, 1642-1727)

근대 과학혁명의 핵심 인물. 『자연철학의 수학적 원리(프린키피아)』에서 만유인력 법칙을 정립하며 자연을 이성적으로 설명할 수 있다는 세계관을 구축했다. 도덕 감정과는 다른 영역에 속하지만 스미스가 강조한 "질서 있는 자연"과 "이해 가능한 우주"라는 계몽주의적 신념에 직접적인 토대를 제공했다.
『도덕감정론』의 세계관은 자연적 조화에 대한 신뢰 속에서 세워졌으며, 감정의 조화도 '자연의 질서'로 이해되었다는 점에서 뉴턴과 간접적으로 맞닿는다.

아틸라(Attila, 406-453)

훈족의 왕으로, 434년부터 사망할 때까지 동·중부 유럽에 강력한 제국을 형성하며 로마 제국의 위협적인 적수로 군림했다. 서·동로마 제국 모두에게 군사적 위협이 되었으나 결혼식 날 급사한 뒤 훈 제국은 급속히 붕괴되었다.

안토니누스(Antoninus)

→ 마르쿠스 아우렐리우스 참조

안티고노스(Antigonus, B.C. 약 382-301)

알렉산드로스대왕 사후 디아도코이(계승자) 전쟁에서 활약한 장군으로, 아시아 지역을 장악한 뒤 스스로 왕위를 선포했으나, 이집트·마케도니아·셀레우코스 연합군에 패해 이프수스 전투에서 전사했다. 아들 데메트리오스를 통해 안티고노스 왕조(마케도니아 왕국)가 이어졌다.

알렉산더 포프(Alexander Pope, 1688-1744)

영국 계몽주의 시대의 대표 시인으로, 『인간론』에서 인간의 불완전성과 질서 있는 우주의 논리를 시적으로 표현했다.『호메로스』서사시의 번역으로도 명성을 얻었으며, 문학과 도덕을 연결하는 작업에 전념했다.

포프는 『인간론』(An Essay on Man)에서 "만물은 질서 안에 있다"(All is order)라는 세계관을 시적으로 표현했다. 인간의 불완전성과 욕망조차도 큰 질서 속의 일부라는 것이 핵심이다.

애덤 스미스는 『도덕감정론』에서 "인간 감정의 질서"를 강조할 때 포프의 시를 직접 인용한다. 구체적으로는, 인간이 타인의 감정에 공감하며 자연스럽게 도덕적 균형을 이루는 과정을 설명하면서, 자연이 짜놓은 위대한 질서 속에서 개인 감정조차 하나의 조화로운 요소로 작동한다는 점을 부각하는 맥락에서 포프를 소환한다.

따라서 포프는 『도덕감정론』에서 단순히 문학적 인용으로 쓰인 게 아니라 "인간 감정은 우연한 충동이 아니라 자연 질서의 일부"라는 스미스의 주장을 뒷받침하는 근거로 활용되었다. 즉 포프가 노래한 우주의 질서와 스미스가 말한 도덕 감정의 질서가 맞닿아 있는 것이다.

알렉산드로스대왕(Alexander the Great, B.C. 356-323)

마케도니아 제국의 왕으로, 불과 10여 년 만에 그리스에서 인도에 이르는 대제국을 건설했다. 아리스토텔레스의 제자로, 정복지에 그리스 문화를 전파하며 헬레니즘 문명의 기초를 놓았다. 그러나 점차 자신의 신성을 주장하며 이에 반대한 자들을 무자비하게 탄압한 것으로도 알려져 있다.

앙리 드 라 투르 도베르뉴, 튀렌 자작(Henri de La Tour d'Auvergne, Vicomte de Turenne, 1611-1675)

프랑스의 명장(名將)으로, 17세기 유럽 전쟁사에서 가장 전략적 통찰력이 뛰어난 지휘관 중 한 사람으로 평가받는다. 프랑스 내전과 30년 전쟁, 프랑스-스페인 전쟁 등 굵직한 전장에 참여했으며, 루이 14세 치하에서는 원수(Marshal of France)로 임명되어 국방의 중추 역할을 수행했다.

튀렌은 군사적 능력뿐 아니라 냉철한 자기 절제와 부하에 대한 자애, 민간인에 대한 배려로도 존경받았다. 특히 그는 승리의 순간에도 자만하지 않고, 패배의 순간에도 감정을 절제하며 전략적으로 상황을 수습했던 인물로 기록된다. 이런 면에서 공감, 자기통제, 도덕적 명예감이 결합된 이상적 도덕 감정의 구현 사례로 평가된다.

앙토냉 농파르 드 코몽, 로쟁 공작(Antonin-Nompar de Caumont, Duc de Lauzun, 1633-1723)

루이 14세 시대의 귀족·군인·외교관. 정치적 발언과 궁정 내 세력 다툼으로 세 차례 수감되었으며, 그중 한 번은 피뉴롤성에서 무려 10년간 장기 구금되었다. 말년에 정치적 사면을 받고 공직에 복귀했으며, 회고록을 통해 당시 궁정 생활과 권력 투쟁의 민낯을 생생히 전했다.

앙투안 후다르 드 라모트(Antoine Houdar de La Motte, 1672-1731)

프랑스의 시인·극작가·비평가. 『송가』와 『우화』를 통해 도덕성과 인간 본성에 대한 성찰을 시적 언어로 풀어냈다. '신구 문학 논쟁'에서는 고전보다 현대 문학이 독자의 감정과 삶에 더 직접적이고 현실적으로 다가간다고 주장하며, 계몽주의적 문예관을 옹호했다. 『도덕감정론』의 맥락에서는 감정의 섬세함과 미적 형성을 강조한 전통과 맞닿아 있다.

앤 여왕(Queen Anne, 1665-1714)

1702년부터 사망 시까지 영국과 아일랜드의 여왕으로 재위. 스튜어트 왕조의 마지막 군주로, 잉글랜드와 스코틀랜드를 통합해 '그레이트브리튼 왕국'을 출범시켰다. 재위 중 말버러 공작의 군사적 활약으로 스페인 왕위 계승 전쟁에서 주요 승리를 거두었으며, 내각 정치의 제도적 기반을 다졌다.

앤서니 애쉴리 쿠퍼, 제1대 섀프츠베리 백작(Anthony Ashley Cooper, 1st Earl of Shaftesbury, 1621-1683)

잉글랜드의 정치가로, 크롬웰과 찰스 2세 양측으로부터 신뢰를 받았다. 그러나 제임스 2세 즉위에 반대하며 망명길에 올랐다. 그는 존 로크를 비서 겸 손자의 가정교사로 채용한 인물로도 알려져 있다.

앤서니 애쉴리 쿠퍼, 제3대 섀프츠베리 백작(Anthony Ashley Cooper, 3rd Earl of Shaftesbury, 1671-1713)

잉글랜드의 계몽철학자이자 미학·도덕철학의 선구자. 『인간, 예절, 의견, 시간에 관한 특징』(1711)의 저자로 널리 알려져 있다. 이 책은 그의 『미덕 혹은 가치에 관한 연구』를 포함하고 있으며, 여기서 '도덕 감각(moral sense)' 이론을 제시했다. 심리적 이기주의, 도덕 개념 이론, 미덕, 이신론, 기독교에 대한 고전적 관점을 아우른 이 저술은 18세기 도덕철학의 핵심 저작으로 평가된다. 그는 도덕 판단이 이성보다는 내면의 감각에서 비롯된다고 보았고, 이 사상은 흄과 스미스를 거쳐 감정 중심의 도덕철학으로 이어졌다.

스미스는『도덕감정론』에서 섀프츠베리의 도덕 감각 이론을 비판적으로 수용하며, 도덕 판단은 단순한 내면 감각이 아닌 '제3자의 시선'을 통한 사회적 공감에 기초한다고 주장한다.

앨저넌 시드니(Algernon Sidney, 1623-1683)

잉글랜드의 공화주의 정치사상가.『정부에 관한 담론』(1698)에서 왕권신수설에 반대하며, 정당한 정치 권력은 국민의 동의에서 비롯된다고 주장했다. '라이 하우스 음모' 사건과 관련해 찰스 2세 암살을 모의한 혐의로 기소되어 처형되었으며, 그의 사상은 사후 존 로크와 미국 독립선언에 큰 영향을 끼쳤다.

에드워드 하이드, 제1대 클라렌던 백작(Edward Hyde, 1st Earl of Clarendon, 1609-1674)

잉글랜드 내전기의 정치가·역사가. 찰스 1세에 충성했으며, 명예혁명 이전 왕당파와의 온건 노선을 대표했다.『잉글랜드 반란과 내전의 역사』는 자신이 목격한 사건을 정치적·도덕적으로 해석한 연대기로, 보수적 입장에서 사회 질서를 옹호했다. 역사 서술에서 "도덕적 감정과 인간 동기의 혼합"을 잘 보여주는 예시로 평가된다.

에우리피데스(Euripides, B.C. 약 5세기)

아테네 비극의 3대 거장 중 한 명으로, 인간 내면의 감정, 특히 분노·질투·죄책감 등 복합적인 심리를 섬세하게 묘사했다.『히폴리토스』,『메데이아』 등에서 인간 본성과 신의 무관심을 문제 삼았다. 스미스는 에우리피데스를 언급할 때 극작가로서의 기교보다 "도덕 감정에 주는 영향"에 주목했다. 특히 에우리피데스의 비극은 공감과 도덕적 승인 사이의 긴장을 드러내는 도구로 활용된다.

에우메네스(Eumenes, B.C. 약 361-316)

알렉산드로스대왕의 비서이자 유능한 군 지휘관. 대왕 사후 디아도코이 전쟁에서 뛰어난 전략가로 활약했으나, 결국 안티고노스에게 패하고 부하들에게 배신당해 사망했다.

에이브러햄 카울리(Abraham Cowley, 1618-1667)

잉글랜드의 시인이자 정치적 은유의 대가. 성서·정치·고전 주제를 다룬 시에서, 감성과 이성의 조화를 추구했다. 대표작 『정부』(*Government*, 1647)는 애정시 형식을 빌렸으나, 인간 본성과 사회 질서에 대한 깊은 통찰을 담고 있다. 스미스가 중시한 "감정의 질서화"를 문학적으로 실현한 대표적 인물로 이해된다.

에파프로디토스(Epaphroditus, 약 1세기)

네로 황제의 해방 노예 출신으로, 황제의 측근 서기관으로 활동했다. 철학자 에픽테토스의 주인이었으며, 에픽테토스가 자유인이 된 경위와 관련하여 간접적으로 언급되는 인물이다. 명확한 기록은 없지만, 에픽테토스 전기에서 그 이름이 반복적으로 등장한다.

에피로스 왕(King of Epirus)

→ 피로스 참조

에피쿠로스(Epicurus, B.C. 341-270)

고대 그리스의 철학자. 인간의 삶에서 가장 중요한 것은 고통을 피하고 평온한 마음을 유지하는 것이라고 보았으며, 이를 쾌락주의 도덕 철학의 핵심으로 삼았다. 그의 사상은 모든 사물은 원자로 이루어졌다는 원자론적 유물론에 기반하고 있으며, 신의 개입 없이 자연 법칙에 따라 세계가 운행된다고 보았다.
『도덕감정론』에서는 에피쿠로스의 이론이 인간 감정과 쾌락에 대한 초기 이론적 틀로 간접적으로 작용한다. 스미스는 에피쿠로스와 달리, 도덕 감정을 공감과 사회적 판단에 근거해 체계화하고자 했다.

에픽테토스(Epictetus, 약 1-2세기)

로마 제국기의 스토아 철학자. 노예 출신에서 자유인이 되었으며, 말년에 니코폴리스에서 철학 학교를 운영했다. 그의 철학은 내면의 평정과 윤리적 자율성을 강조했으며,『담화록』과『편람』은 제자 아리아노스가 기록한 것이다. 스미스는『도덕감정론』에서 에픽테토스의 감정 통제 사상을 부분적으로 받아들이면서도, 단순한 억제가 아니라 "적절한 조절과 공감의 조화"를 더 중요하게 보았다.

오비드(Ovid, B.C. 43-서기 17)

로마 제국 초기의 대표적 시인.『변신 이야기』에서 그리스·로마 신화를 유려한 운문으로 재해석하며 문학적 상상력을 극대화했다.『연애가』와『사랑의 기술』에서는 인간의 사랑, 욕망, 심리적 갈등을 섬세하게 묘사했다. 스미스가 말한 공감의 다양성과 감정의 미학적 표현을 이해하는 데 유의미한 배경이 된다.

오셀로(Othello)

셰익스피어의 비극『오셀로』의 주인공으로, 본래는 고귀하고 정의로운 장군이지만 이아고의 조작에 휘말려 파멸한다. 그가 아내 데스데모나에 대한 질투로 파멸에 이르는 이야기는 인간 감정의 취약성과 자제력 상실이 불러오는 도덕적 붕괴를 보여준다. 스미스가 탐구한 '부정확한 공감'과 '왜곡된 감정 판단'의 대표적 문학적 사례로 이해될 수 있다.

오이디푸스(Oedipus)

고대 그리스 신화 속 테베의 전설적 왕. 부왕을 죽이고 모후 이오카스테와 결혼했다는 비극적 운명을 알게 된 뒤 자책하며 스스로 눈을 찌른다. 소포클레스의『오이디푸스왕』은 운명, 책임, 자기 인식을 깊이 탐구한 고전 비극으로, 인간 감정의 복잡성과 도덕 감정이 맞닥뜨리는 시험을 상징한다.

외젠 드 사부아(Eugène de Savoie, 1663-1736)

프랑스 출신 귀족이자 오스트리아 제국의 군 지휘관. 오스만 제국 및 프랑스와의 전쟁에서 승리를 거두며 유럽 전략 균형에 큰 영향을 미쳤다. 탁월한 군사적 역량과 냉철한 정치 감각으로도 평가받는다.

월터 롤리 경(Sir Walter Raleigh, 약 1552-1618)

잉글랜드의 탐험가이자 작가로, 엘리자베스 1세 시대에는 국왕의 총애를 받았지만,

제임스 1세 치하에서는 음모 혐의로 투옥되었다. 이후 신대륙에서 황금을 찾기 위한 원정을 이끌었으나 성과를 내지 못했고, 귀국 후 재판을 받고 처형되었다.『세계사』를 집필하며 정치적 운명과 철학적 사유를 통합하려 했다.

윌리엄 3세(William III, 1650-1702)

네덜란드 출신으로, 1689년 잉글랜드에 입헌군주제로의 전환을 가져온 명예혁명의 주역. 왕권의 절대성을 제한하고 의회 중심 체제를 수립하며, 이후 영국 자유주의 정치의 기틀을 마련했다. 스미스가 강조한 '사회적 질서'와 '공공의 승인'을 정치적으로 실현한 사례로 평가할 수 있다.

윌리엄 러셀 경(William Lord Russell, 1639-1683)

잉글랜드의 정치가로 휘그당의 중심 인물이자 입헌주의 수호자. 전제 군주제에 반대하고 의회 중심의 정치를 지지했으며, '라이 하우스 음모' 혐의로 앨저넌 시드니와 함께 처형되었다. 사후에는 '자유의 순교자'로 추앙되었다.

윌리엄 로버트슨(William Robertson, 1721-1793)

스코틀랜드 계몽주의 역사학자이자 장로교 목사, 에든버러 대학 학장.『스코틀랜드사』,『아메리카사』,『신성로마황제 카를 5세 치하의 스페인사』 등을 통해 유럽과 제국주의 문명의 발전을 정치·종교·경제 측면에서 통합적으로 서술했다.『도덕감정론』이 탄생한 스코틀랜드 계몽사조의 핵심 인물로, 스미스와 교류하며 도덕 감정 이론과 역사 서술이 어떻게 연결될 수 있는지를 함께 모색하고 상호 영향을 주고받았다.

윌리엄 울러스턴(William Wollaston, 1659-1724)

잉글랜드의 도덕 철학자. 생전 저서『자연 종교 기술』(1724)만을 남겼고, 이 책은 계몽주의 자연법 윤리에 큰 영향을 미쳤다. 인간 이성에 기반한 도덕적 질서의 가능성을 주장했다. 그의 철학은 "진리의 부정이 곧 도덕적 악"이라는 원리에 기초하여 도덕 판단을 진술의 정확성과 연결한 것이다. 스미스가 비판한 '지나치게 추상적인 이성 중심 도덕론'의 사례로 제시되기도 한다. 스미스는 이에 반해 공감과 관찰자의 시선을 통한 도덕 감정 이론을 전개했다.

율리시스(Ulysses, 오디세우스의 로마식 이름)

트로이 전쟁 이후 10년에 걸친 귀향 여정을 담은 호메로스의 『오디세이아』의 주인공. 고난 속에서도 지혜와 인내로 역경을 돌파하는 인물로, 서양 문학에서 지성·용기·인간성의 상징으로 자리잡았다. 그는 감정과 의지를 조화롭게 다스리며, 인간적 약함 속에서도 도덕적 통제와 자기 성찰을 잃지 않는 존재로 그려진다. 저자가 말하는 '감정의 조율과 도덕적 승인'의 이상적 사례로 등장한다.

이아고(Iago)

셰익스피어의 비극 『오셀로』에 등장하는 등장인물로, 오셀로의 부하이자 파멸의 원인을 제공하는 핵심 조력자이다. 교묘한 조작과 거짓말을 통해 오셀로가 아내 데스데모나를 의심하게 하여 끝내 비극으로 몰아넣는다.

이아고는 질투, 열등감, 권력욕 등의 감정을 숨기며, 타인의 감정을 조종하는 데 능한 인물로 묘사된다. 스미스가 경계한 "공감의 왜곡"과 "도덕 감정의 부정확한 전달"이라는 주제를 상징하는 인물로, 타인의 감정 구조를 교란시켜 도덕적 판단을 파괴하는 대표적인 사례이다.

이오카스테(Jocasta)

오이디푸스 신화에 등장하는 테베의 여왕이자, 그의 생모이자 아내. 아들의 정체를 모른 채 결혼하고, 진실을 안 뒤 스스로 생을 마감한다. 이오카스테의 비극은 가족애와 운명, 책임 사이에서 충돌하는 도덕 감정의 깊은 갈등을 드러낸다.

ㅈ

장 드 라퐁텐(Jean de La Fontaine, 1621-1695)

『우화』 시리즈로 유명한 도덕주의 시인. 동물들을 의인화한 고전 우화를 통해 인간의 허영, 탐욕, 지혜 등을 풍자적으로 묘사했다. 그는 고대 문학의 형식미와 도덕적 주제를 결합시켰고, 신구 문학논쟁에서는 고대 문학의 우월성을 옹호했다. 공감과 도덕 교훈의 결합이라는 점에서 강한 문학적 상관성을 지닌다.

장 드 라 플라세트(Jean de La Placette, 1639-1718)

프랑스의 칼뱅파 신학자. 낭트 칙령 폐지 이후 덴마크로 망명해 활동했으며, 『양심의 힘』 등에서 자율적 도덕 판단과 내면 윤리를 강조했다. 스미스의 '관찰자의 시선'과 유사하게, 그는 양심이 감정과 이성의 균형 위에 세워져야 한다고 보았다.

장 라신(Jean Racine, 1639-1699)

프랑스 고전주의 비극의 대표 작가로, 『페드르』, 『안드로마크』 등을 통해 인간의 욕망과 도덕적 갈등, 감정의 비극성을 정제된 운문으로 표현했다. 그의 작품들은 비극적 인간 심리의 섬세한 묘사와 고도로 정제된 언어미로 문학사에서 높은 평가를 받는다. 그는 인물 간의 내면 갈등과 도덕적 긴장을 탁월하게 그려냈으며, 오늘날까지도 고전극의 완성형으로 여겨진다.

스미스는 비극을 통해 독자가 공감의 감정을 연습하게 된다고 보았고, 라신의 작품은 그 대표적 사례 중 하나로 간주할 수 있다.

장 르 롱 달랑베르(Jean Le Rond d'Alembert, 1717-1783)

프랑스의 수학자, 철학자, 백과사전 편찬자. 드니 디드로와 함께 『백과전서』를 공동 편집하며 계몽주의 운동의 핵심 인물로 활동했다. 『백과전서 서문』에서는 인간 지식의 구조와 진보를 체계화하려는 시도를 펼쳤다.

장 바르베이락(Jean Barbeyrac, 1674-1744)

자연법학자이자 번역자. 그로티우스, 푸펜도르프 등의 라틴어 저작을 프랑스어로 충실히 번역했으며, 자신의 주석과 해설을 덧붙여 독립적인 사상가로 평가받는다. 자연법의 합리성과 도덕 감정 사이의 접점을 탐색했던 그의 작업은 스미스의 도덕 철학 배경을 형성하는 데 일정한 역할을 했다.

장 바티스트 뒤보 신부(Jean-Baptiste Dubos, Abbé, 1670-1742)

프랑스의 작가로, 문예 이론과 역사 분야에서 활동했으며, 『시와 회화에 관한 비판적 의견』(1719)에서 예술 감상자의 감정 반응을 중심으로 미학을 정립했다. 감정 이론과 심리적 반응에 대한 체계적 설명은 스미스의 도덕 감정 이론과 관련이 있다. 애덤 스미스가 말한 감정의 '감염성'과 '공감의 조율'이라는 개념은 뒤보의 미학 이론과 자연스럽게 맞닿는다.

장 바티스트 마시용(Jean-Baptiste Massillon, 1663-1742)

18세기 프랑스의 저명한 설교가로, 교리보다 내면의 도덕성과 감정의 정화를 강조하는 설교로 당대 귀족층과 민중 모두에게 큰 영향을 미쳤다. 루이 14세 장례식에서의 추도 연설은 인간의 오만과 죽음 앞의 평등을 절제된 감정으로 전달한 고전으로 남아 있다.

장 상퇴유(Jean Santeuil, 1630-1697)

프랑스의 시인이자 라틴어 운문 작가. 주로 종교적 찬가와 교회 예배용 시편을 집필했으며, 기독교 문학 전통 속에서 라틴어 시의 품격과 고전적 형식을 계승한 인물로 평가된다.

장 자크 루소(Jean-Jacques Rousseau, 1712-1778)

계몽주의를 넘어서 근대적 감정철학과 정치철학의 방향을 제시한 제네바 출신의 사상가. 스미스는 1755년부터 1762년 사이, 루소의 『불평등 기원에 관한 담론』(1755), 『달랑베르에게 보내는 편지』(1758), 『에밀 혹은 교육에 관하여』(1762), 『사회계약론』(1762) 등에서 제시된 감정, 자연성, 도덕성 개념에 깊은 관심을 보였다. 『도덕감정론』과 루소의 사상은 '공감'과 '자연적 본성'에 대한 이해에서 접점을 이루며, 인간 내면의 도덕 감각을 회복하려는 공통된 문제의식을 공유한다.

장 칼라스(Jean Calas, 1698-1762)

툴루즈의 개신교 상인. 아들의 자살을 둘러싸고 "가톨릭 개종을 반대한 아버지가 살해했다"는 혐의가 제기되어 고문 끝에 사형당했다. 이후 볼테르의 강력한 옹호와 진상 규명으로 사후 무죄가 확정되었으며, 프랑스 사법제도의 부당함과 편견에 맞선 상징적 사건으로 남았다.

제임스 1세(James I, 1566-1625)

스튜어트 왕조를 연 국왕으로, 스코틀랜드에서는 제임스 6세(1567-1625), 잉글랜드·아일랜드에서는 제임스 1세(1603-1625)로 불린다. 엘리자베스 1세의 사망 후

1603년 잉글랜드 왕위를 계승하며 처음으로 잉글랜드와 스코틀랜드를 동군연합 형태로 다스렸다. 그의 통치는 아들 찰스 1세에게 이어졌으며, 그는 왕권신수설을 강하게 옹호한 군주로 알려져 있다.

제임스 2세(James II, 1633-1701)

제임스 1세의 아들이자 찰스 2세의 동생. 왕위 계승 이후 가톨릭 신앙과 전제정치를 밀어붙이다가 1688년 명예혁명으로 실각했다. 이후 윌리엄 3세와 메리 2세의 공동 즉위로 입헌군주제가 수립되었다.

『도덕감정론』 맥락에서 그는 '공공의 승인'을 상실한 군주의 사례로 볼 수 있다.

제임스 톰슨(James Thomson, 1700-1748)

스코틀랜드 시인이자 극작가. 자연의 순환과 인간 감정을 조화롭게 그려낸 시집 『사계』(1730)로 널리 알려졌다. 시적 감성과 도덕성의 결합이 두드러진 작가로, 스미스와 같은 계몽주의 인문주의자의 정조와 맞닿는다. 감정의 미학적 표현과 도덕적 수양의 관계를 문학적으로 구현한 사례를 보여준다.

조너선 스위프트(Jonathan Swift, 1667-1745)

아일랜드의 풍자 작가이자 도덕주의자. 더블린 성 패트릭 성당의 주임 사제로 재직. 『걸리버 여행기』(1726), 『드라피어의 편지』(1725) 등으로 정치 권력, 종교 위선, 계몽의 이면을 통렬히 풍자했다. 『도덕감정론』에서 스위프트는 '정의감의 유머화', '공공 감정의 왜곡'에 대한 비판적 사례로 연결될 수 있다. 그의 풍자는 감정과 이성의 긴장 관계를 드러내는 대표적 표현 형식이다.

조셉 프랑수아 라피토(Joseph-François Lafitau, 1681-1746)

프랑스 출신의 예수회 선교사로, 18세기 초 캐나다 퀘벡에서 활동하며 북아메리카 이로쿼이족의 사회와 문화를 체계적으로 관찰·기록했다. 그의 대표작 『태초의 관습과 비교한 아메리카 미개인의 관습』(1724)은 원주민의 생활을 고대 유럽 및 성경 시대와 비교해 서술한 저작으로, 초기 비교 인류학의 고전으로 평가된다. 북미산 인삼에 대한 문헌 최초 기록을 남기며 유럽에 소개하는 데 기여하기도 했다.

조지 딕비, 제2대 브리스톨 백작(George Digby, 2nd Earl of Bristol, 1612-1677)

잉글랜드 내전기 당시 복잡한 정치적 입장을 취했던 귀족 정치가로, 초기에는 의회를 지지하다가 후에 왕당파로 전향했다. 잦은 입장 변화로 정치적 신뢰를 잃었고, 그의 경력은 내전기의 귀족 정치가들이 마주한 이상과 현실의 갈등을 상징적으로 드러낸다.

조지 버클리(George Berkeley, 1685-1753)

아일랜드의 철학자이자 성공회 주교. 유물론과 무신론에 맞서 관념론을 주장했으며, 『인간 지식의 원칙에 관한 논문』(1710)과 『비전 이론에 대한 에세이』(1709) 등으로 기억된다. 스미스에게 그는 실천적 이론가이자, 『알키프론』(1732)을 통해 맨더빌의 도덕관에 반대하는 인물, 『질문자』(1735-1737)를 통해 아일랜드 경제 개혁을 주장한 실천가로도 비쳤다.

조지프 버틀러(Joseph Butler, 1692-1752)

영국의 철학자이자 성공회 주교. 『열다섯 편의 설교』(1726)에서 자기애와 자선의 관계를 분석하며 심리적 이기주의를 비판했고, 『종교의 비유』(1736)를 통해 자연종교 및 개인의 정체성 문제를 탐구했다.
스미스는 버틀러의 이성 중심론에 일부 공감하면서도 도덕 판단의 기초를 감정과 공감의 영역으로 이동시켜 차별화된 입장을 취한다.

조지프 애디슨(Joseph Addison, 1672-1719)

영국 수필가이자 계몽기 사상가. 계몽시대 대표적 잡지 『더 스펙테이터』의 공동 편집자(1711-12)로 있으면서 도덕·예절·감정의 조화를 다루며 대중 교양의 확산에 기여했다. 『카토』(1713) 등 문학작품에서도 미덕의 정치적 의미를 강조했다. 『도덕감정론』에서는 공감과 공적 미덕을 대중적으로 전파한 인물로 간주되고 있다.

존 드라이든(John Dryden, 1631-1700)

잉글랜드 후기 왕정복고기의 시인이자 극작가. 정치 풍자시 『압살롬과 아히토벨』(1681), 문학 평론, 고전 번역 등 다방면에서 활동하며 고전적 균형 감각을 추구했다. 감정의 정제와 문학적 조율이 어떻게 도덕 판단을 돕는지를 보여주는 사례다.

존 로크(John Locke, 1632–1704)

근대 자유주의와 경험론 철학의 기초를 놓은 인물. 잉글랜드의 철학자이자 계몽주의 사상가. 인식론, 정치철학, 교육, 종교 등에 걸쳐 폭넓은 저술을 남겼다. 『인간 이해에 관한 에세이』(1690)에서 인간의 지식은 경험에서 비롯된다고 주장하며 '백지 상태'(tabula rasa)의 인간관을 제시했고, 『시민정부론』(1689)에서는 자연권과 사회계약 이론을 통해 근대 정치철학의 토대를 세웠다. 그는 제1대 섀프츠베리 백작의 주치의이자 측근 비서로 활동하며 정치 이론 형성에 실질적 영향을 주었고, 백작의 손자(훗날 제3대 백작)의 교육에도 관여한 바 있다.

『도덕감정론』에서는 로크의 감각 경험 중심의 인식론이 간접적으로 영향을 미쳤으며, 스미스는 이성과 감정의 상호작용을 통해 보다 풍부한 도덕 판단 모델을 제시했다.

존 밀턴(John Milton, 1608–1674)

잉글랜드의 대서사시 작가이자 공화주의 논객. 『실낙원』(1667)을 통해 신정과 자유, 죄와 구원이라는 근대적 감정 문제를 탐구했으며, 정치적으로는 반군주제 논문으로 왕권을 비판했다. 도덕적 감정과 신념, 죄책감의 내면적 분석이라는 측면에서 스미스가 묘사하는 인간 감정 구조와 공명한다.

존 스미스(John Smith, 1618–1652)

케임브리지 플라톤주의 학파의 대표 사상가로, 신비주의적 감수성과 이성주의를 결합한 철학적 사유를 전개했다. 그의 사후 출간된 『선별 담론』(1660)은 신앙, 도덕, 이성의 관계를 성찰한 작품으로, 플라톤적 전통과 기독교 신학을 조화시키려 했다. 특히 도덕적 직관과 이성적 판단의 통합을 추구한 그의 사상은 스미스의 도덕감정론과 교차되는 정서적·윤리적 관점을 제공한다.

존 처칠, 제1대 말버러 공작(John Churchill, 1st Duke of Marlborough, 1650–1722)

스페인 왕위 계승 전쟁 당시 잉글랜드 총사령관으로 활약하며 블레넘(1704), 라미예(1706), 오우데나르데(1708) 전투에서 중요한 승리를 이끌어 국가적 영웅으로 추앙받았다.

ㅊ

찰스 1세(Charles I, 1600-1649)

잉글랜드·스코틀랜드·아일랜드의 국왕으로, 왕권신수설을 고수하며 의회를 배제하는 전제 정치를 추구한 결과 청교도 혁명(영국 내전)을 초래했다. 내전 패배 후 재판을 받고 최초로 반역죄로 처형된 유럽 군주이며, 이후 일부 왕당파에 의해 '왕권의 순교자'로 숭배되었다.

찰스 1세의 몰락은 도덕 감정과 정치 권력 사이의 단절을 상징한다.

찰스 2세(Charles II, 1630-1685)

찰스 1세의 아들이며, 왕정복고(1660)를 통해 잉글랜드 왕위에 복귀한 국왕. 정치적 균형 감각과 유연한 처신으로 '메리 모나크'(Merry Monarch)라는 별명을 얻었다. 종교와 의회 문제에 있어 직접적인 충돌을 피하며 실용적 중도를 취하려 했지만 가톨릭에 대한 개인적 동조와 후계 문제 등으로 갈등도 적지 않았다. 왕정 복고 이후 잉글랜드, 스코틀랜드, 아일랜드의 국왕으로 즉위해 사망할 때까지 재위했다.

체사레 보르지아(Cesare Borgia, 1475/6-1507)

르네상스 이탈리아의 정치가이자 군 지도자. 교황 알렉산데르 6세의 아들로서, 교황권을 기반으로 교묘하고 냉혹한 권력 확대 전략을 펼쳤으며, 잔인한 수단과 정치적 계산으로 악명이 높았다. 마키아벨리는 『군주론』에서 그를 실용적 이상 군주의 모범 사례로 소개했다. 스미스의 공감 윤리와 정면으로 충돌하는 인물이다. "도덕 감정의 부재 또는 억압"이 어떤 정치적 효과와 윤리적 파장을 초래하는지를 설명하는 반면교사적 사례로 읽을 수 있다.

칭기즈 칸(Genghis Khan, 약 1162-1227)

몽골 제국의 창건자이자 1206년부터 사망할 때까지 전 세계 역사상 가장 넓은 제국을 세운 군사 지도자. 뛰어난 전략가이자 조직자였지만, 대규모 학살과 파괴로도 악명을 떨쳤다. 그의 정복은 유라시아 문명의 교류와 통합을 촉진했지만 그 과정에서 문화적 파괴를 동반했다.

ㅋ

카트리나 데 메디치(Catherine de Medici, 1519-1589)

프랑스 왕 앙리 2세의 왕비이자 세 아들(프랑수아 2세, 샤를 9세, 앙리 3세)의 섭정. 위그노 전쟁과 1572년 성 바르톨로뮤의 날 학살 등 종교 내전에 깊이 관여한 인물로, 일부 역사 서술에서는 냉혹한 정치적 수완의 상징으로 평가되기도 한다.

카밀루스(Marcus Furius Camillus, B.C. 4세기경)

로마 공화정 초기의 영웅으로, 독재관으로 활동하며 갈리아인의 침입으로부터 로마를 수호했다. 시민적 미덕과 헌신의 상징으로 후대에 이상적 공화정 인물로 추앙받았다.

카스티야의 펠리페(Philip of Castile, 1478-1506)

1506년 카스티야의 국왕(펠리페 1세)으로 즉위했으나 몇 개월 만에 급사한 군주. 신성로마제국 황제 막시밀리안 1세의 아들이며, 후아나(광녀 후아나)와의 결혼을 통해 스페인 합스부르크 왕조의 출발점이 되었다. 카를 5세의 아버지로서 유럽 군주제 계보에서 중요한 위치를 차지한다.

카스티야의 후아나(Joanna of Castile, 1479-1555)

'광녀 후아나'로 알려진 스페인의 여왕. 이사벨라 여왕과 페르난도 왕의 딸로, 남편 펠리페 1세의 죽음 이후 충격으로 평생 유폐되었으며, '광녀'라는 이미지는 실제보다 과장된 면이 크다. 신성로마제국 황제 카를 5세의 어머니이기도 하다.

카이사르(Gaius Julius Caesar, B.C. 100-44)

로마 공화정 말기의 정치가·장군. 내전에서 폼페이우스를 꺾고 종신 독재관이 되었으나 그의 권력 집중을 경계한 원로원 귀족들의 암살로 생을 마감했다. 그의 죽음은 공화정의 종말과 제정의 서막을 알리는 결정적 사건이 되었다.

스미스는 "공공 감정이 때때로 반도덕적 행동에 찬사로 반응하는 위험성"을 경고하며 카이사르를 예시로 든다. 그의 죽음은 '도덕적 승인'이 영웅 숭배와 어떻게 충돌할 수 있는지를 보여준다.

카틸리나(루키우스 세르기우스 카틸리나, Lucius Sergius Catilina, B.C. 약 108-62)

로마 말기의 정치가로, 음모를 통해 권력을 장악하려다 키케로에게 폭로당하고 62년 무장 봉기 중 전투에서 전사했다. 그의 이름은 이후 음모와 배신의 대명사처럼 쓰였다.

카틸리나는 야심과 사적 욕망이 공공선과 충돌할 때 어떤 도덕적 파국이 초래되는 지를 보여주는 인물로, 스미스는 그를 개인의 욕망이 이성을 압도하고 사회적 질서를 무너뜨릴 때 발생하는 도덕적 붕괴의 전형적 사례로 언급한다.

카토(대 카토, Marcus Porcius Cato the Elder, B.C. 234-149)

로마의 집정관이자 검열관. 강직한 도덕성과 보수적 정치 철학, 웅변 능력으로 명성을 얻었으며, 훗날 '소 카토'로 불리는 인물의 증조부이다. 검약과 강직한 도덕성을 강조하며 전통적 가치 수호에 헌신했다. 『원로원의 기원』 등을 저술하며 로마의 도덕적 정체성을 구축하는 데 기여했다.

도덕 감정과 공공 미덕의 교차점에서 대표되는 역사적 인물이다.

카토(소 카토, Marcus Porcius Cato the Younger, B.C. 95-46)

우티카의 카토로 알려진 로마 공화정 말기의 정치가. 스토아 철학을 실천하며 카이사르의 독재를 거세게 비판했고, 카이사르가 탑수스에서 승리하자 그의 통치를 받지 않고자 자결로 생을 마감했다. 스토아적 절제와 도덕적 결연함의 상징으로 널리 회자된다.

"극단적 상황에서 이성에 기반한 감정의 절제"를 보여주는 인물로, 스미스가 비판적으로 검토하는 스토아 윤리의 실제 적용 사례로 언급된다.

칼리스테네스(Callisthenes, B.C. 약 360-327)

마케도니아의 역사가로, 알렉산드로스대왕의 정복을 기록했다. 알렉산드로스가 페르시아식 절대 복종 예식인 '프로스키네시스'(proskynesis, 페르시아 제국에서 지배자에게 절대적 복종을 표현하기 위해 허리를 깊이 숙이거나 땅에 입을 대는 예식)를 도입하려 하자 이를 반대하다 처형되었다. 아리스토텔레스의 조카로, 알렉산드로스에 저항한 그는 왕권 신격화를 거부한 헬레니즘 지식인의 상징으로 남았다.

크라수스(Marcus Licinius Crassus, B.C. 115-53)

로마의 장군·정치가. 엄청난 부를 기반으로 정치에 개입해 카이사르·폼페이우스와 제1차 삼두정치를 결성했다. 후에 파르티아 원정 중 전사하였다. 탐욕스럽고 명예욕에 사로잡힌 인물로 회자된다.

퀸틸리아누스(Quintilian, Marcus Fabius Quintilianus, 약 35-100)

로마의 웅변 교사이자 수사학자. 『웅변술 교육』은 교육 철학과 윤리, 문학 해석을 아우른 고전적 수사학의 정수로 꼽힌다. 스미스가 언급하는 '공감과 설득의 힘'의 고전적 원형을 보여주는 인물이다.

크리시포스(Chrysippus, B.C. 약 280-207)

스토아학파의 철학자. 기원전 232년, 클레안테스의 뒤를 이어 학파의 세 번째 수장이 되었으며, 논리학과 윤리학을 통해 스토아 철학의 체계를 정립하고, 총 700편 이상의 저작을 남겼다고 전해진다.
스미스는 스토아 학파의 감정 억제적 도덕관을 소개하고 비판하면서 크리시포스를 거론한다. 저자는 그들의 일관성과 이성 중심성은 인정하지만 감정의 긍정적 역할은 간과되었다고 본다.

클라우디우스(Tiberius Claudius Drusus, B.C. 10-A.D. 54)

로마 제국 제4대 황제(재위 41-54). 선천적 장애와 경시에도 불구하고 즉위 후 행정 개혁과 제국 확장을 추진했다. 그러나 말년에는 궁정 내 음모와 불안정이 커졌으며, 사후 양자 네로가 황위에 올라 로마는 새로운 혼란을 맞았다.

클레안테스(Cleanthes, B.C. 약 331-232)

그리스 철학자이자 스토아학파 2대 수장으로, 철학과 신학의 통합을 시도한 인물. 창립자인 제논의 뒤를 이어 학파를 이끌었다. 『제우스 찬가』는 이성의 신격화와 자연 질서의 조화를 표현한 대표적 작품이다. 이성적 질서와 감정 절제의 연결 구조를 통해 스토아주의의 근간을 형성한 철학자이다.

클레오메네스 3세(Cleomenes III, B.C. 약 260-220)

스파르타의 왕(재위 기원전 235-222). 왕권 강화와 토지 재분배, 부채 탕감 등 급진 개혁을 시도했으나, 기원전 222년 안티고노스 3세에게 패배했다. 이후 알렉산드리아로 망명했으나 반란을 시도하다 실패하고 자결했다. 그의 개혁은 도덕적 이상에도 불구하고 감정적 공감을 얻지 못해 결국 좌절된 사례로 남았다.

클레이토스(Clytus, B.C. 약 4세기)

마케도니아 귀족이자 기병대 지휘관. 기원전 330년 그라니코스강 전투에서 알렉산드로스의 목숨을 구해 총애를 받았으나, 기원전 328년 연회 자리에서 알렉산드로스의 신격화 시도를 정면으로 비판했다가 그의 손에 살해당했다. 권력과 영웅 숭배의 감정이 충돌할 때 어떤 비극이 생기는지를 보여주는 사건이다.

클로드 드 메스메스, 다보 백작(Claude de Mesmes, Comte d'Avaux, 1595-1650)

프랑스의 정치가이자 외교관. 1648년 뮌스터에서 프랑스 대표단의 일원으로서 베스트팔렌 조약 협상에 참여하여 30년 전쟁 종전에 기여했다.

클로드 뷔피에(Claude Buffier, 1661-1737)

프랑스의 예수회 신부이자 철학자. 형이상학, 인식론, 언어 철학에 관한 저작으로 이름을 알렸으며, 『첫 진리들에 관한 논문』(1717)에서 인식의 기초를 상식으로 설정해 스코틀랜드 상식 철학의 선구로 평가되며, 후에 스코틀랜드 상식 철학자들에게 영향을 주었다.
『도덕감정론』이 감정을 토대로 도덕을 설명한다면, 뷔피에는 이성과 감정의 만남을 사유의 출발점으로 삼았다.

키프로스의 제논(Zeno of Citium, B.C. 335-263)

스토아 철학의 창시자. 아테네에서 철학을 공부하고 독자적인 학파를 세웠으며, 금욕과 이성의 조화를 강조하는 스토아주의의 기본 개념인 논리학·윤리학·형이상학의 체계를 마련했다. 이후 크리시포스 등 후계자들에게 의해 이론이 정비되었다. 스미스는 그의 절제 윤리를 소개하면서도 공감 감정의 기능을 간과한 점은 비판한다.

키케로(Marcus Tullius Cicero, B.C. 106-43)

로마의 정치가, 웅변가, 철학자. 카이사르가 권력을 장악하면서 정계에서 물러났고, 이후 『법률론』, 『의무론』, 『최고선악론』, 『신의 본성에 관하여』 등에서 스토아·플라톤·아리스토텔레스의 윤리를 종합하며, 로마식 도덕철학의 기초를 놓았다. 스미스는 『도덕감정론』에서 키케로를 도덕 감정과 공적 미덕을 잇는 사례로 인용하며, 그의 감정을 다스린 웅변술을 긍정적으로 보았다.

E

타키투스(Tacitus, 약 56-118)

로마의 대표적인 역사학자이자 웅변가. 『역사』와 『편년사』를 통해 티베리우스부터 도미티아누스에 이르는 제정 초기 1세기의 권력사를 치밀하게 복원했다. 이 두 대작은 단순한 연대기를 넘어 황제 전제정치하에서 벌어지는 권력의 역학과 정치적 음모, 부패와 폭정의 메커니즘을 날카롭게 해부한다.

그의 문체적 특징인 압축적 표현과 심리적 통찰은 권력이 개인과 사회에 미치는 부식 작용을 생생히 포착해낸다. 특히 공포정치가 만연한 상황에서 공공 영역의 침묵과 도덕적 무감각이 어떻게 확산되는지를 예리하게 관찰했다.

테라메네스(Theramenes, B.C. 약 5세기)

아테네의 정치인. 기원전 404년 스파르타와의 전쟁에서 패한 후 세워진 30인 참주의 일원이었다. 온건 노선을 지향했으나 강경파에게 제거당했다.

공적 정의감과 개인적 도덕 판단 사이에서 양심을 지키다 희생된 사례로, 스미스가 말하는 '공정한 관찰자' 개념과 연결된다.

테미스토클레스(Themistocles, B.C. 약 524-459)

살라미스 해전의 영웅으로 아테네 해군을 이끈 전략가. 페르시아 전쟁 이후 정치적 역풍을 맞아 추방당했으며, 결국 페르시아 왕실에 귀의해 마그네시아 총독으로 여생을 보냈다. 그의 삶은 대중의 감정이 영웅을 추앙하다가도 쉽게 외면할 수 있음을 보여주며, 정의와 감정의 불일치를 드러낸다.

토머스 그레이(Thomas Gray, 1716-1771)

18세기 영국의 시인으로, 대표작 「교회 경내에서 읊은 비가」(일명 「묘반애가」, 1751)는 인간 존재의 덧없음과 감정의 보편성을 노래했다.

토머스 모어 경(Sir Thomas More, 1478-1535)

르네상스 시대 잉글랜드의 법률가이자 인문주의 사상가, 정치가. 그는 헨리 8세 치하에서 대법관을 지냈으며, 기독교 윤리와 정치적 양심을 끝까지 지킨 인물로 평가받는다. 대표 저작인 『유토피아』(1516)는 사유재산의 폐지, 종교 관용, 평등한 교육과 노동 등을 주장하며 이상적인 사회 체제를 설계한 고전적 정치철학서로, 이후 사회주의 사상의 원형 중 하나로 여겨지기도 한다.

모어는 헨리 8세의 이혼과 국왕의 교회 수장 선언에 반대하며, 신앙과 법의 원칙을 이유로 관직에서 물러났다. 이후 끝내 충성 서약을 거부한 죄로 대역죄로 기소되어 처형되었으며, 사형 직전 "나는 국왕의 충실한 신하이나, 하나님의 신하가 먼저입니다"라는 말을 남겼다. 그는 신앙과 양심을 지키려 헨리 8세의 명을 거부하다 처형되었고, 그 삶은 종교적·윤리적 신념이 현실 정치와 어떻게 맞부딪히는지를 보여준다. 스미스의 "도덕적 승인" 개념과 밀접하게 맞닿아 있다.

토머스 버치(Thomas Birch, 1705-1766)

영국의 역사가이자 학술원 서기로, 『도덕감정론』 초판의 기증본 수령자 중 한 명이다. 다양한 전기 작업을 편집했으며, 대표작 『대영제국 저명 인사들의 초상집』(1743)은 자코부스 호우브라켄과 조지 버튜의 세밀한 판화와 전기 정보를 포함하고 있다.

스미스와 동시대 지식인으로서, 계몽기의 공적 지식 유통과 감정 형성의 인문 환경을 이해하는 배경 인물로 평가된다.

토머스 하워드, 애런델 백작(Thomas Howard, Earl of Arundel, 1585-1646)

잉글랜드의 귀족이자 외교관으로, 제4대 서리 백작이자 제1대 노퍽 백작, 그리고 다양한 방식으로 불렸다. 예술 후원자이자 외교관으로, 고전 조각과 회화를 수집하며 17세기 유럽 귀족 예술문화 형성에 기여했다. 오늘날에는 루벤스와 반 다이크의 초상화로 자기 모습을 남긴, 예술 후원자이자 수집가로 더 잘 알려져 있다.

그는 후원자의 안목과 공적 미감이 사회적 감정의 기준을 어떻게 만들 수 있는지를 보여주는 사례다.

토머스 홉스(Thomas Hobbes, 1588-1679)

17세기 영국의 정치철학자로, 근대 사회계약론과 절대주권론의 아버지. 청교도 혁명과 내전의 혼란을 직접 목격한 그는 인간 본성과 정치 질서에 대한 냉혹한 현실주의적 관점을 발전시켰다. 홉스 철학의 핵심은 『리바이어던』(1651)에 집약되어 있다. 그는 인간을 본질적으로 이기적이고 경쟁적인 존재로 규정하며, 자연상태를 "만인의 만인에 대한 전쟁"이 벌어지는 무질서의 장으로 묘사했다. 이러한 상태에서 벗어나기 위해 개인들은 상호 계약을 통해 자연권을 포기하고, 절대적 권력을 가진 주권자(리바이어던)에게 복종해야 한다고 주장했다. 그의 인간관은 철저히 기계론적이다. 인간의 모든 행동과 감정을 물리적 운동의 결과로 환원시키며, 도덕적 선악조차 개인의 욕망과 혐오에 따라 결정되는 상대적 개념으로 파악했다. 이는 도덕의 객관적 기준이나 자연적 동정심의 존재를 부정하는 것이었다.

스코틀랜드 계몽주의 사상가들, 특히 애덤 스미스에게 홉스는 극복해야 할 철학적 출발점이었다. 스미스는 홉스가 부정한 '공감'(sympathy)과 '도덕 감정'(moral sentiments)의 실재를 증명함으로써, 인간이 타인과의 관계 속에서 자연스럽게 도덕을 형성하는 존재임을 보여주려 했다. 그 점에서 『도덕감정론』은 홉스적 세계관에 대한 단순한 비판을 넘어 냉소적 인간관을 도덕적 상호 이해의 철학으로 전환시킨 체계적 응답이라 할 수 있다.

티그라네스 2세(Tigranes II, B.C. 약 140-55)

아르메니아의 국왕이자 당시 시리아 제국을 일시적으로 통합한 정복자. 그러나 로마 공화정과의 충돌 속에서 몰락했으며, 정복과 통치, 몰락의 전형을 보여준다. 미트리다테스 6세와의 동맹을 통해 절정기를 맞았으나 이는 동시에 로마와의 정면충돌을 불러왔다. 기원전 69년 루쿨루스의 침입으로 수도 티그라노케르타가 함락되고, 기원전 66년 폼페이우스의 최후 공격에서 결정적 패배를 당하며 제국의 꿈은 산산이 부서졌다. 흥미롭게도 그의 몰락 과정은 단순한 군사적 패배를 넘어선다. 그는 처음에는 '해방자'로 환영받았으나 곧 '압제자'로 여겨졌고, 민중의 이탈은 로마군의 진격을 쉽게 만들었다.

티레의 아폴로니오스(Apollonius of Tyre, B.C. 1세기 중반)

스토아 철학자로, 제논에 대한 주석서를 쓴 것으로 전해지나, 그의 사상이나 생애는 거의 남아 있지 않다.

티몰레온(Timoleon, B.C. 약 411-337)

코린트 출신의 장군. 시라쿠사를 비롯한 시칠리아의 폭군들을 몰아내고, 카르타고 세력에 맞서 승리를 거두며 시칠리아의 자유와 자치를 회복시킨 인물로 존경받았다.

티무르(Tamerlane, 1336-1405)

중앙아시아의 정복자로, 페르시아, 인도, 오스만 지역까지 군사력을 확장하며 제국을 세웠다. 동시에 잔혹한 학살과 문화 파괴로 악명 높았다.

티불루스(Tibullus, B.C. 약 55-19)

로마의 대표적인 서정 시인으로, 그의 작품은 낭만적 사랑, 전원적 삶의 평온, 인간 내면의 감정에 대한 섬세한 묘사에 중점을 둔다. 일상의 욕망과 자연 속의 단순한 삶을 동경하면서도 이룰 수 없는 사랑의 아픔과 현실에 대한 체념을 시적으로 형상화했다.

ㅍ

파르메니데스(Parmenides, B.C. 5세기 초)

소크라테스 이전의 대표적 그리스 철학자. "존재는 하나이며 변화는 환상이다"라는 급진적 형이상학을 주장했다. 그의 사상은 플라톤의 대화편 『파르메니데스』에 반영되어, 감각과 이성, 현상과 본질의 대립이라는 서양 형이상학의 핵심 문제를 심화시켰다.

파르메니온(Parmenion, B.C. 약 400-330)

마케도니아의 유능한 장군으로, 필리포스 2세 치하에서 복무하며 동방 원정 기반을 마련했고, 이후 알렉산드로스대왕 휘하에서 전투 지휘를 담당했다. 그러나 알렉산드로스의 절대 권력을 견제하려 했고, 그의 아들 필로타스가 반역죄로 처형된 후 함께 숙청되었다. 그는 제국 건설 초기의 핵심 인물이었지만 궁정 권력 다툼 속에서 희생된 인물로 남았다.

파울루스 아이밀리우스(Paulus Aemilius, B.C. 약 229-160)

로마 공화정 후기의 장군이자 정치가. 제3차 마케도니아 전쟁에서 마케도니아 국왕 페르세우스를 피드나 전투에서 격파함으로써 로마의 동방 지배권을 공고히 했다. 애덤 스미스는 그가 전리품을 시민들에게 돌린 장면을 인용하며, 공공선과 명예심이 함께할 수 있음을 강조했다.

파이드라(Phaedra)

아테네 왕 테세우스의 아내이자 히폴리토스의 계모. 의붓아들을 향한 욕망과 좌절이 비극적 결말로 이어진다. 세네카의 『파이드라』, 에우리피데스의 『히폴리토스』, 라신의 『페드르』 등의 작품을 통해 도덕적 감정, 죄책감, 욕망의 통제 불가능성을 상징하는 인물로 반복적으로 다뤄진다.

페르세우스(Persaeus, B.C. 약 306-243)

스토아학파 철학자이자 군 지휘관. 제논의 제자이자 측근으로, 철학과 실천적 정치 활동을 겸한 인물이었다. 안티고노스 2세의 궁정에서 정치에도 참여했다. 그의 저작은 거의 전하지 않지만 철학이 공적 삶과 분리되지 않는다는 초기 스토아의 이상을 대표하는 인물로 언급된다.

페르세우스(Perseus, B.C. 약 213-160)

마케도니아 최후의 국왕(재위 기원전 179-168). 로마에 맞서 싸웠으나 피드나 전투에서 파울루스 아이밀리우스에게 패배하고, 로마 개선식의 포로로 전시된 뒤 유폐되었다. 헬레니즘 왕국 몰락의 상징적 인물로 남았다.

포키온(Phocion, B.C. 402-318)

아테네의 장군이자 정치가. 플라톤의 제자였으며, 마케도니아 세력 속에서 아테네의 이익을 지키려 했다. 검소하고 청렴한 성품으로 존경받았으나, 마케도니아와의 타협적 노선이 아테네 민주 세력의 반발을 사 결국 처형되었다. 공공선을 위한 타협과 개인의 도덕적 정직성 사이의 딜레마를 대표하는 인물이다.

폼페이우스(Pompey, Gnaeus Pompeius Magnus, B.C. 106-48)

로마의 정치인이자 군 사령관. 제1차 삼두정치에서는 카이사르와 동맹을 맺었으나 이후 권력 다툼 끝에 파르살루스 전투에서 패하고 이집트에서 암살당했다. 해외 원정에서 여러 차례 군사적 성공을 거두었으나 크라수스의 스파르타쿠스 진압 공적이나 루쿨루스의 미트리다테스 정복 성과를 가로채려 했다는 비판을 받기도 했다. 그의 삶은 영광과 몰락, 명예욕과 정치적 음모가 교차하는 아이러니를 드러낸다.

표트르 대제(Peter the Great, 1672-1725)

러시아 제국의 근대화를 이끈 차르. 스웨덴의 칼 12세와 벌인 대북방전쟁 승리를 통해 발트해 진출에 성공하고, 러시아를 유럽 열강 반열에 올려놓았다. 수도를 상트페테르부르크로 이전하며 유럽화를 추진했다. 근대화 개혁과 서구화 정책을 단행한 군주이자, 폭력적 개혁과 전제적 권력 행사가 병존한 군주로 평가된다.

프란체스코 페트라르카(Francesco Petrarca, 1304-1374)

이탈리아 르네상스 초기의 시인이자 인문주의자. 연인 라우라에게 바친 서정시와 소네트로 명성을 얻었으며, 중세와 근대를 잇는 인문주의 문학의 선구자로 꼽힌다. 중세의 종교적 세계관에서 탈피해 인간 중심의 감정과 개성의 회복을 시도했다. 인간 내면의 고뇌와 자기성찰을 문학적으로 표현한 그는 이후 세대 인문주의자들에게 큰 영향을 주었고, 도덕 감정의 문학적 형상화를 선취한 인물로 평가된다.

프랑수아 드 라 로슈푸코(François VI, Duc de La Rochefoucauld, 1613-1680)

프랑스 고전주의 도덕철학자. 『격언집』에서 인간 행동의 근저에 있는 자기애, 허영심, 이기심을 해부하듯 분석했다. 인간의 위선과 위엄 뒤에 숨겨진 동기를 집요하게 파고드는 그의 통찰은 윤리적 이기주의의 원형으로 간주된다. 스미스가 강조한 '공감'이나 '관찰자의 시선'과는 상반되는 냉소적 관점이지만, 인간 본성에 대한 반추의 깊이는 철학적 논쟁을 위한 사례가 된다.

프랜시스 허치슨(Francis Hutcheson, 1694-1746)

아일랜드 태생의 철학자이자 장로교 성직자. 초기 스코틀랜드 계몽주의의 핵심 인물로, 글래스고 대학에서 도덕철학 교수로 재직했다. 애덤 스미스의 스승으로서 스코틀랜드 도덕철학의 학문적 기초를 닦았으며, 그의 강의는 스미스의 『도덕감정론』 형성에 직접적인 영향을 주었다.

허치슨은 인간이 본성적으로 '도덕 감각'을 지녔다고 믿었으며, 쾌락의 총합보다 미덕의 직관적 인식과 선의(善意)의 감정을 강조했다. 그의 사상은 로크와 샤프츠베리의 경험론적 전통을 계승하면서 이성과 감정의 조화를 중시하는 스코틀랜드 도덕철학의 방향을 결정지었다. 『도덕감정론』 전반에 깔린 직관주의적 도덕감정론과 윤리적 정서주의는 허치슨의 영향이 뚜렷하게 드러나는 부분이다. 주요 저작으로는 『아름다움과 미덕에 대한 우리 관념의 기원에 관한 연구』(1725), 『도덕 감정과 열정에 관한 에세이』(1728), 『도덕 철학에 대한 짧은 서문』(1747), 『도덕 철학 체계』(1755, 사후 출간) 등이 있다.

프리드리히 2세(Frederick II of Prussia, 1712-1786)

일명 '프리드리히 대왕'. 1740년부터 사망할 때까지 프로이센을 통치하며, 군사적 성공과 계몽주의 사상가들과의 교류, 자유주의적 개혁과 강력한 중앙집권을 결합한 이른바 '계몽절대주의' 군주의 전형으로 평가받는다. 국내 개혁과 종교 관용 정책을 시행했고, 볼테르 등 프랑스 계몽주의자들과 교류했다.

플라톤(Platon, B.C. 429-347)

서양 철학의 기틀을 세운 아테네의 철학자. 소크라테스의 제자이자 아리스토텔레스의 스승으로, 서양 철학 전반에 지대한 영향을 미쳤다. 플라톤은 『국가』에서 철학자가 통치하는 이상국가를 구상하면서 감정보다 이성을 앞세워 사회 질서를 세우고자 했다. 그의 관심은 인간이 어떤 원리에 따라 살아야 하는가, 그리고 정의로운 공동체가 어떤 모습이어야 하는가에 있었다. 반면 스미스는 인간 사회가 실제로 작동하는 방식을 탐구하며, 이성이 아니라 타인의 시선과 공감을 통해 질서가 형성된다고 보았다. 즉 플라톤이 삶의 이상적 원리를 제시했다면, 스미스는 사람들이 현실 속에서 왜 그런 행동을 하는지를 설명하려 했다. 감정의 역할을 새롭게 부각시켜, 도덕적 질서가 현실에서 작동하는 과정을 밝히려고 한 것이다.

플루타르코스(Plutarch, 약 50-120)

그리스의 철학자이자 전기 작가. 『영웅전』을 통해 역사 속 인물의 도덕성과 성품을 조명했고, 이는 애덤 스미스의 인물 서술에도 영향을 미쳤다. 스미스는 플루타르코스를 높이 평가했지만 철학적 일관성의 결여와 신화적 장치의 과도한 사용은 비판적으로 바라봤다.

플리니우스(Pliny, Gaius Plinius Caecilius Secundus, 약 61-112)

'소 플리니우스'로 불리는 로마의 정치가이자 웅변가. 『서한집』의 저자로, 수사학적 세련됨과 당대의 사회상에 대한 기록으로 명성을 얻었다. 『서한집』은 트라야누스 황제에게 보낸 공적·사적 서신들을 모아 당대 로마 사회의 윤리와 정치 문화를 반영하는 책이다.

피로스(Pyrrhus, B.C. 319-272)

에피로스의 왕이자 알렉산드로스대왕의 후계자를 자처한 헬레니즘 시대 최후의 정복 군주. 고대 역사가들은 그를 알렉산드로스, 한니발과 함께 고대 세계 3대 전술가로 평가했다. 기원전 280-275년 이탈리아 원정에서 헤라클레아와 아스쿨룸 전투에서 로마군을 연파했으나, 막대한 피해를 입었다. 아스쿨룸 전투 후 "한 번만 더 이런 승리를 거둔다면 우리는 완전히 파멸할 것이다"라고 한 그의 말에서 '피로스의 승리'라는 표현이 탄생했다. 이는 승리했으나 대가가 너무 커서 실질적으로는 패배에 가까운 상황을 뜻하는 고전적 개념으로 자리 잡았다.

결국 기원전 275년 베네벤툼에서 결정적 패배를 당해 이탈리아를 떠났고, 아르고스에서 허망한 최후를 맞았다. 그의 삶은 개인적 야망과 현실적 한계가 충돌할 때 나타나는 비극적 결말을 보여주며, 스미스가 다룬 "영웅적 야망에 대한 도덕 평가"를 설명하는 역사적 사례로 남는다.

피에르 카를레 드 마리보(Pierre Carlet de Marivaux, 1688-1763)

프랑스 극작가이자 소설가. 18세기 감정주의 문학의 대표 인물로, 섬세한 심리 묘사로 유명하다. 감정에 대한 통찰은 스미스의 정념 이론과 부분적으로 교차하며, 계몽기 유럽의 도덕심 형성과 감수성 문화 발전에 기여했다. 또한 애디슨의 『스펙테이터』를 모델로 삼아 프랑스판 『르 스펙타퇴르』(1722)를 편집했다.

피타고라스(Pythagoras, B.C. 약 6세기)

고대 그리스의 철학자이자 수학자. 모든 존재의 근원을 수적 조화로 본 그의 사상은 플라톤 철학에도 깊은 영향을 주었다. 수적 조화와 윤회의 개념을 통해 우주의 질서와 인간 영혼의 정화를 설명했다. 스미스는 피타고라스의 영향보다는 스토아주의와 아리스토텔레스적 질서에 더 관심을 두었지만, '조화의 감정'이라는 개념에서 피타고라스적 영향도 엿볼 수 있다.

필록테테스(Philoctetes)

소포클레스의 비극『필록테테스』의 주인공. 트로이 전쟁에 참여하던 중 독사에 물린 상처로 인해 렘노스섬에 버려졌다가 오디세우스에 의해 다시 소환된다. 육체의 상처와 배신, 고립을 경험한 그는 인간적 공감의 정수를 구현하는 인물로 그려졌다. 스미스의『도덕감정론』이 말하는 관찰자의 공감 능력은 이러한 '고통받는 인물'에 대한 자연스러운 정서에서 비롯된다.

필로포이멘(Philopoemen, B.C. 약 253–182)

아카이아 동맹의 지도자이자 고대 그리스의 마지막 명장. 스파르타의 전제정치를 제거하고 동맹 내 민주주의 회복을 추진했으나, 강경책으로 반발을 초래했고, 결국 체포되어 독살당했다.

필리포스 2세(Philip of Macedon, B.C. 382–336)

알렉산드로스대왕의 아버지이자 마케도니아를 그리스 세계의 패권국으로 끌어올린 군주. 군사 혁신(팔랑크스 전술, 사리사 창, 기병-보병 협력 체계)을 도입하여 군사술에서 혁명을 일으켰다. 외교적으로는 분열책과 동맹을 통해 그리스 도시국가들을 압도했고, 기원전 338년 카이로네이아 전투에서 아테네·테베 연합군을 격파했고, 이후 코린토스 동맹을 조직하여 그리스 통합을 달성했다.

그러나 기원전 336년, 딸의 결혼식에서 경호원에게 암살당하며 비극적 최후를 맞았다. 그의 페르시아 원정 계획은 아들 알렉산드로스에게 이어져 세계사적 대정복으로 발전했다. 필리포스는 현실 정치의 탁월함과 권모술수의 어두움을 동시에 보여주는 인물로, 스미스가 말한 공공 감정의 양면성을 잘 드러낸다.

ㅎ

헤라클레스(Hercules)

열두 가지 과업으로 유명한 고대 그리스의 영웅. 제우스의 아들로 태어났으나 헤라의 질투로 평생 고난을 겪었다. 초인적인 육체 능력과 용기를 보여주었지만, 분노와 광기로 인한 비극적 면모도 지녔다. 그의 이야기는 에우리피데스와 소포클레스의 비극을 비롯해 수많은 문학작품의 소재가 되었으며, 고통을 통해 영웅이 완성되는 원형적 모습을 제시했다.

헨리 모어(Henry More, 1614-1687)

잉글랜드 철학자. 케임브리지 플라톤주의학파의 중심 인물로, 홉스와 스피노자의 유물론을 반박하고자 했다. 영혼의 불멸성과 신의 존재를 합리적으로 증명하려 시도했으며, 기계론적 세계관에 맞서 정신적 실체의 독립성을 옹호했다. 주요 저작으로는『무신론에 대한 해결책』(1653),『윤리 편람』(1667)이 있다.

헨리 홈, 케임즈 경(Henry Home, Lord Kames, 1696-1782)

스코틀랜드의 문필가이자 판사. 윤리학, 자연신학, 문학 비평, 법사학, 인류학, 교육 등 폭넓은 분야에 걸친 저술로 명성을 얻었다. 스코틀랜드 계몽주의의 핵심 인물로 인간 본성과 사회 진보에 대한 실증적 연구를 선도했다. 대표작으로는『도덕과 자연 종교의 원칙에 관한 에세이』(1751),『비평의 요소』(1762),『역사적인 법률 소책자』(1758),『인간사 개요』(1774),『교육에 관한 느슨한 조언』(1781) 등이 있다. 애덤 스미스의 초기 수사학 강의를 후원한 인물로도 알려져 있다.

호라티우스(Horace, B.C. 65-8)

로마의 시인이자 풍자 작가. 서정시『송가』로 유명하며, "카르페 디엠"(현재를 잡아라)과 같은 주옥같은 표현을 남겼다. 아우구스투스 시대 궁정 문화의 정수를 보여주며, 특히 초기 근대 잉글랜드에서 널리 애독되었다. 그의 작품은 절제된 우아함과 인생에 대한 현실적 지혜로 평가받는다.

호메로스(Homer, B.C. 약 8세기)

고대 그리스의 서사시 시인. 트로이 전쟁을 다룬『일리아스』와 오디세우스의 귀향기를 담은『오디세이아』를 지은 인물로, 서양 문학 전통의 기초를 이룬다. 영웅적 행위와 인간적 감정을 균형 있게 묘사하며, 운명과 신의 의지 앞에서의 인간 존재를 깊이 있게 탐구했다. 후대 모든 서사 문학의 원형이 된 인물로, 스미스가 설명한 도덕 감정의 기원과 영웅적 열정을 이해하는 데도 간접적으로 참고할 수 있는 인물이다.

휴고 그로티우스(Hugo Grotius, 1583-1645)

네덜란드 출신의 자연법 이론가.『전쟁과 평화의 권리에 관하여』(1625)는 프로테스탄트 자연법 사상의 기초를 세운 고전으로, 국제법과 정의로운 전쟁 이론의 출발점이 되었다. 신의 의지와 독립된 이성적 자연법 개념을 제시하며 근대 법학 사상에 결정적 영향을 미쳤다. 또『기독교 종교의 진리』(1627)를 비롯한 신학 저작을 통해 계시종교를 옹호했다. 스미스 역시 그로티우스를 높이 평가하며, 법·정치 제도의 도덕적 기반을 설명할 때 그의 영향을 간접적으로 반영했다.

히폴리토스(Hippolytus)

고대 그리스의 비극적 인물. 순결을 중시하며 사랑의 여신 아프로디테를 무시한 죄로, 계모 파이드라가 그에게 금지된 사랑을 품게 되는 저주를 받는다. 히폴리토스는 그녀의 구애를 거절하고, 파이드라는 자살 전 자신이 유혹당했다고 거짓말을 남긴다. 이로 인해 분노한 아버지 테세우스는 바다의 신 포세이돈에게 아들을 저주해 달라고 청하고, 히폴리토스는 비극적인 죽음을 맞는다. 이 이야기는 에우리피데스의 비극『히폴리토스』를 비롯해 세네카, 라신 등 후대 작가들에게도 반복적으로 다뤄졌다. 그의 순결한 의지와 비극적 운명의 충돌은 깊은 카타르시스를 불러내며, 스미스가 지적한 '왜곡된 공감'의 사례와도 이어진다.

옮긴이 **이종인**

1954년 서울에서 태어나 고려대학교 영어영문학과를 졸업하고 한국 브리태니커 편집국장과 성균관대학교 전문 번역가 양성 과정 겸임 교수를 역임했다. 지금까지 250여 권의 책을 옮겼으며, 최근에는 인문 및 경제 분야의 고전을 깊이 있게 연구하며 번역에 힘쓰고 있다. 옮긴 책으로는 『진보와 빈곤』, 『리비우스 로마사 세트(전4권)』, 『월든·시민 불복종』, 『자기 신뢰』, 『유한계급론』, 『공리주의』, 『걸리버여행기』, 『로마제국 쇠망사』, 『고대 로마사』, 『숨결이 바람 될 때』, 『변신 이야기』, 『작가는 왜 쓰는가』, 『호모 루덴스』, 『폰더 씨의 위대한 하루』 등이 있다. 집필한 책으로는 번역 입문 강의서 『번역은 글쓰기다』, 고전 읽기의 참맛을 소개하는 『살면서 마주한 고전』 등이 있다.

현대지성 클래식 70

도덕감정론

1판 1쇄 발행 2025년 11월 7일
1판 2쇄 발행 2025년 12월 18일

지은이 애덤 스미스
옮긴이 이종인
발행인 박명곤 **CEO** 박지성 **CFO** 김영은
기획편집1팀 채대광, 백환희, 이상지, 김진호
기획편집2팀 박일귀, 이은빈, 강민형, 박고은
기획편집3팀 이승미, 김윤아, 이지은
디자인팀 구경표, 유채민, 윤신혜, 권지혜
마케팅팀 임우열, 김은지, 전상미, 이호, 최고은

펴낸곳 (주)현대지성
출판등록 제406-2014-000124호
전화 070-7791-2136 **팩스** 0303-3444-2136
주소 서울시 강서구 마곡중앙6로 40, 장흥빌딩 10층
홈페이지 www.hdjisung.com **이메일** support@hdjisung.com
제작처 영신사

ⓒ 현대지성 2025

"Curious and Creative people make Inspiring Contents"
현대지성은 여러분의 의견 하나하나를 소중히 받고 있습니다.
원고 투고, 오탈자 제보, 제휴 제안은 support@hdjisung.com으로 보내 주세요.

현대지성 홈페이지

이 책을 만든 사람들
편집 채대광 **디자인** 윤신혜

현대지성 클래식 살펴보기